KB220387

팔리율 I

PALI VINAYA I

팔리율 I

PALI VINAYA I

釋 普雲 國譯

혜안

5

역자의 말

보운

눈빛에 맞추어진 산자락에 낙엽이 빛깔이 변화하며 긴 시간이 흘러갔음을 느끼게 하고, 율장을 번역하면서 문자에 묻혀서 지냈던 세월이 십 년에 다가가고 있다. 때때로 마주치는 육신의 고통보다도 수행자들의 계율을 대하던 번민은 오늘도 마음을 짓누른다.

현생의 몸을 받으면서 율장의 번역과 관련된 많은 시간을 발원하지는 않았다고 생각되는데, 현재의 삶은 번역의 과정을 걸어가고 있고, 원고가 많은 분량으로 쌓이는 것을 보면서 번민도 증가하였던 시간이다. 한역의 『마하승기율』의 번역을 마치면서 쌓였던 번민의 무게가 마음을 짓눌러서 율장의 번역은 삼가하겠다고 깊이 사유하고 다시 거듭하여 사유하였으나, 오늘도 율장을 번역하는 삶은 전생에 지었던 업연의 과보에 대해 참회하면서 세존의 앞에서 머리 숙여 예경올리고 찬탄한다.

인간은 종교라는 측면에서 문자라는 방편을 통하여 문화를 진보시켜 왔고, 지성의 대중성과 합리성을 증대해 왔던 사실을, 중국과 한국 등의 북방불교에 세존의 가르침이 많이 활성화되었던 역사에서 살펴볼 수 있다. 그러나 남방불교는 북방과는 다르게 다양성의 추구보다는 전통성을 중시하였던 것으로 생각된다. 북방에서는 5부의 광율이 전해지고 있으나, 남방에서는 『팔리율』이 구전으로 전해지면서도 유일한 율장으로 자리하고 있는데, 문자로서의 결집이 늦은 점도 필요성이 강하게 요구되지 않은 현실을 수용하였으리라.

한역의 율장에 회향을 마치고 경장의 번역을 준비하던 때에 『팔리율』의 계목과 구성의 차이점을 비교 연구하여 진보된 율장의 유통을 위하여

6

노력하시는 수행자들을 위한 작은 도움이라도 주고자 새롭게 번역을 발원하였다. 한역 율장의 번역에 많은 시간을 보냈던 지난 번역들이 『팔리율』에 관련하여 이해를 넓혀주었고, 번역하는 과정에도 많은 도움을 주고 있어서 남은 부분의 번역도 원만하게 회향할 수 있다고 생각한다.

번역의 세월을 마주하면서 부딪치는 현실의 다른 과제는 출판을 위한 비용이다. 여러 방편으로 비용을 충당하고자 노력하고 있으나, 대부분을 불자들이 보시하는 비용에 의지하고 있다. 따라서 번역 불사가 원만하게 회향할 수 있도록 동참하신 대중들이 현세에서 여러 이익이 충만하게 하시고, 세간의 삼재팔난의 장애를 벗어나게 하시며, 지금의 생(生)의 인연을 마치신 영가들께서는 극락정토에 왕생하시기를 간절하게 발원드린다.

지금까지 여러 부분에서 후원과 격려를 보내주신 은사이신 세영 스님과 죽림불교문화연구원의 사부대중들께 감사드리면서, 이 불사에 동참하신 분들께 불보살들의 가호(加護)가 항상 가득하기를 발원드리면서 감사의 글을 마친다.

불기 2566년(2022) 10월에
서봉산 자락의 죽림불교문화연구원에서
사문 보운이 삼가 적다.

출판에 도움을 주신 분들

경 국丘 설 안尼 이수진 이현수 이수영 홍완표 이수빈
손영덕 오해정 손영상 이지은 손민하 이계철 유혜순
김양순 김혜진 고재형 고현주 김아인 채두석 황명옥
채수학 정송이 정영우 고연서 정지민 정윤민 홍기표
남장규 남이슬 남종구 박광자 하정효 허완봉 이명자
허윤정 김진섭 심성준 조윤주 심은기 강석호 박혜경
강현구 홍태의 권태임 허 민 허 승 함용재 김미경
김봉수 이유진 김성도 김도연 정송순 최재연 하연지
하연주 김태현 김태욱 국윤부 전금란 최새암
손선군﨟 우효순﨟 김길환﨟 손성호﨟 이민두﨟 여 씨﨟 이학헌﨟
오입분﨟 이순범﨟 김옥경﨟 강성규﨟 최재희﨟 고예림﨟 이기임﨟
고장환﨟 김두식﨟 김차의﨟 김창원﨟 주영남﨟 김경희﨟 오오순﨟
정 씨﨟 박맹권﨟 정남구﨟 안병열﨟 윤 씨﨟 박 씨﨟 윤 씨﨟
박 씨﨟 박순애﨟 조인순﨟 박충한﨟 노성미﨟 임응준﨟 곽정준﨟
이연숙﨟 유순이﨟

차 례

비구율 대분별(Bhikkhu Vinaya 大分別)

10

12

일러두기

1 이 책의 저본(底本)은 팔리성전협회(The Pali Text Society, 약칭 PTS)의 『팔리율』
이다.

2 번역은 한역 남전대장경과 PTS의 영문본에서 서술한 형식을 참고하여 번역하
였고, 미얀마와 스리랑카의 팔리율도 참고하여 번역하였다.

3 PTS본의 팔리율의 구성은 건도는 전반부에, 바라제목차는 중간에, 부수는
후반부에 결집되고 있으나, 한역 율장의 번역형식과 같이 바라제목차, 건도,
부수의 순서로 구성하여 번역한다.

4 원문에는 없으나 독자의 이해를 위해 번역자의 주석이 필요한 경우 본문에서
( ) 안에 삽입하여 번역하였다.

5 인명이나 지명은 사분율을 기본으로 설정하였고, 한역 남전대장경에 번역된
용어를 사용하였으며, 팔리어는 주석으로 처리하였다.

6 원문에서 사용한 용어 중에 현재는 뜻이 통하지 않는 용어는 원문의 뜻을
최대한 살려 번역하였으나 현저하게 의미가 달라진 용어의 경우 현재에 통용하
는 용어로 바꾸어 번역하였다.

팔리율(Pali Vinaya) 해제

1. 개요

현재까지 남방불교의 중심에 서있는 율장의 가운데에서『팔리율』은 북방불교의 5대 광율(廣律)인『오분율(五分律)』,『사분율(四分律)』,『십송율(十誦律)』,『마하승기율(摩訶僧祇律)』,『근본설일체유부비나야(根本說一切有部毘奈耶)』등과 같이 전체적으로 완전한 형태를 갖춘 율장이다.

그 결집과 서술의 형식은 한역으로 번역된 율장의 형식과는 다른 형태를 갖추고 있고, 한역 율장은 결집과 역출(譯出)의 과정에서 각 부파에 따른 형식의 분화가 뚜렷하게 일어났던 점과는 다르게 근본불교의 시대에 송출하였던 형태를 갖추고 있는 점이다. 또한 한역 율장에서 특정한 연기(緣起)의 내용은 중국의 문화와 정서에 알맞게 번역하였다고 추정되는 관점과 비교한다면, 오히려 옆에서 지켜보고서 서술하는 것과 같이 현실성을 생생하게 느낄 수 있도록 결집하고 있는 점이다.

내용과 구성에서는 상좌부 율장인『사분율』,『십송율』,『마하승기율』,『근본설일체유부비나야』에서 결집되었던 내용과 많은 부분에서 일치하고 있으나, 한역의 율장에 나타나지 않았던 내용도 다수가 포함되어 있어 세심하게 판단할 필요가 있다. 이러한 결집의 문제는 부파불교의 시대에 각 부파의 종지(宗旨)를 따라서 율장을 결집하면서 부분적으로 발생한 변화를 남방불교의 율사들이 특정하게 수용하였다고 추정할 수 있겠다.

2. 구성과 내용

『팔리율(Pali Vinaya)』은 팔리성전협회(The Pali Text Society, 약칭 PTS)에서는 전체 5권으로 결집하고 있다. 제1권은 마하박가(Mahāvagga) 이고, 제2권은 출라박가(Cūlavagga)이며, 제3권과 4권은 비구와 비구니의 수타 비방가(Sutta-Vibhaṅga)이고, 제5권은 파리바라(Parivāra)로 구성하고 있다. 한역 율장과 비교하여 본다면 마하박가와 출라박가는 한역의 건도(犍度)이고, 수타 비방가는 바라제목차(波羅提木叉)이며, 파리바라는 부수(附隨)로서 강요(綱要)에 해당한다.

한역의『남전대장경(南傳大藏經)』은 전체 5권으로 결집하고 있는데, 제1권에서는 경분별(經分別)인 비구의 계율을 1~4권에 수록하고 있고, 제2권에서는 비구의 계율을 5~8권에, 비구니의 계율을 9~15권에 수록하고 있다. 제3권에서는 대품(大品) 건도(犍度)인 마하박가를 1~10권에 수록하고 있고, 제4권에서는 소품(小品) 건도인 출라박가를 11~22권에 수록하고 있으며, 제5권에서는 부수 1~19권을 수록하고 있다. 전체적으로 56권으로 구성되어 있으므로, 본 번역서는 한역『남전대장경』의 분류체계를 인용하여 대분류로서 제1권부터 제5권으로 나누어 번역하겠다.

제1권과 제2권에 결집된 바라제목차인 비구의 경분별은 1권부터 8권까지로 분류되고 있다. 1권은 비구의 4바라이(波羅夷)를, 2권은 승잔(僧殘)을, 3권은 니살기바일제(尼薩耆波逸提)를, 4권은 비구의 2부정법(不定法)을, 5권은 바일제(波逸提)를, 6권은 바라제제사니(波羅提提舍尼)를, 7권은 중학법(衆學法)을, 8권은 멸쟁법(滅諍法)을 결집하고 있다. 비구니의 경분별은 9권은 바라이를, 10권은 승잔을, 11권은 니살기바일제를, 12권은 바일제를, 13권은 바라제제사니를, 14권은 중학법을, 15권은 멸쟁법을 결집하고 있다.

세부적으로 1권에서 15권까지의 계목을 구체적으로 살펴보면 비구 계율은 4바라이, 13승잔, 2부정법, 30니살기바일제, 92바일제, 4바라제제 사니, 75중학법, 7멸쟁법 등이 있어 227계목으로 구성되어 있고, 비구니

계율은 8바라이, 17승잔, 30니살기바일제, 166바일제, 8바라제제사니, 75중학법, 7멸쟁법 등이 있어서 311계목으로 구성되어 있다.

제3권의 대품(大品)인 마하박가의 1권에서는 일반적인 주석으로 97항목과 섭송(攝頌)을, 2권에서는 포살(布薩) 건도의 36항목과 섭송을, 3권에서는 안거(安居) 건도의 14항목과 섭송을, 4권에서는 자자(自恣) 건도의 18항목과 섭송을, 5권에서는 피혁(自恣) 건도의 13항목과 섭송을, 6권에서는 약(藥) 건도의 40항목과 섭송을, 7권에서는 가치나의(迦締那衣) 건도의 13항목과 섭송을, 8권에서는 의(衣) 건도의 32항목과 섭송을, 9권에서는 첨파(瞻波) 건도의 7항목과 섭송을, 10권에서는 구섬미(俱睒彌) 건도의 5항목과 섭송을 결집하고 있다.

제4권의 소품(小品)인 출라박가의 11권에서는 갈마(羯磨) 건도의 34항목과 섭송을, 12권에서는 별주(別住) 건도의 9항목과 섭송을, 13권에서는 운집(雲集) 건도의 36항목과 섭송을, 14권에서는 멸쟁(滅諍) 건도의 14항목을, 15권에서는 소사(小事) 건도의 36항목과 섭송을, 16권에서는 좌와구(坐臥具) 건도의 21항목과 섭송을, 17권에서는 파승(破僧) 건도의 5항목과 섭송을, 18권에서는 위의(威儀) 건도의 14항목과 섭송을, 19권에서는 차설계(遮說戒) 건도의 5항목과 섭송을, 20권에서는 비구니(比丘尼) 건도의 26항목과 섭송을, 21권에서는 오백결집(五百結集) 건도와 섭송을, 22권에서는 칠백결집(七百結集) 건도와 섭송을 결집하고 있다.

제5권의 강요(綱要)인 부수의 1권에서는 대분별(大分別)로서 비구 계율을 전체적으로 간추리고 있고, 2권에서는 비구니 계율을 전체적으로 간추리고 있으며, 3권과 4권에서는 간략하게 문답하고 있고, 5권에서는 건도를 개략적으로 서술하고 있으며, 6권에서는 증일법(增一法)을 간추리고 있고, 7권에서는 포살 등을 문답하고 있으며, 8권에서는 가타(伽他)를 간추리고 있고, 9권에서는 분쟁의 해결을 간추리고 있으며, 10권에서는 별도의 가타를 간추리고 있다.

11권에서는 꾸짖음(呵責)을 간추리고 있고, 12권에서는 작은 분쟁을 간추리고 있으며, 13권에서는 큰 분쟁을 간추리고 있고, 14권에서는 가치나의를 나누는 것을 간추리고 있고, 15권에서는 우바리가 5법을 묻는 것과 가치나의를 나누는 것을 간추리고 있으며, 16권에서는 파계(破戒)의 연기와 가치나의를 나누는 것을 간추리고 있고, 17권에서는 두 번째의 가타를 결집하고 있으며, 18권에서는 게송을 일으키는 것을 간추리고 있고, 19권에서는 갈마 등을 간추리고 있다.

이러한 구성은 한역과는 다른 형태로 결집되고 있는데, 오히려 율장의 결집에서 근본불교시대의 형태를 간직하고 있다고 볼 수 있다. 그렇지만 『팔리율』은 한역 율장과 비교하여 계목에서 많은 부분이 산실(散失)되었고, 계율이 제정된 직접적인 원인이 되는 연기의 부분과 관련된 인물들이 다른 율장과 어긋나는 점이 많고, 연기가 결락(缺落)된 부분이 발견되고 있어서 한역의 5부 율장과 비교를 통한 추가적인 연구가 매우 필요하다고 생각된다.

비구율 대분별

(Bhikkhu Vinaya 大分別)

경분별(經分別) 제1권

그분이신 여래(如來), 응공(應供),
정등각(正等覺)께 귀명(歸命)하옵니다.

1. 바라이(波羅夷, Pārājika)

1) 불음행(不婬行) 학처(學處)

여러 대덕들이여. 지금부터 4바라이법(波羅夷法)을 송출(誦出)하겠습니다.

(1) 비란자품(毘蘭若品)[1]

1-1 그때 불·세존께서는 비란자(毘蘭若)[2] 나린라(那隣羅)[3]의 빈주만타라
(濱洲曼陀羅)[4] 나무의 아래에서 대비구(大比丘) 500의 대중과 함께 머무르

---

1) 「비란자품」은 『팔리율』을 제외하고는 내용이 율장의 첫 장에 결집되고 있지
   않고, 『십송율(十誦律)』, 『마하승기율(摩訶僧祇律)』, 『근본설일체유부비나야(根
   本說一切有部毘奈耶)』 등은 계목의 가운데에 서술되어 있는데, 부파불교시대에
   부파의 환경에 알맞은 율장을 결집하면서 변화하였던 것으로 추정된다. 경장에
   서는 『대보적경(大寶積經)』(大正藏 11), p.154하, 『불설대승십법경(佛說大乘十法
   經)』(大正藏 11), p.768하 등에서 찾아볼 수 있으므로 처음 결집되었던 율장에는
   본 내용이 수록되었다고 보는 것이 합당하다고 말할 수 있겠다.
2) 팔리어는 verañjā(베란자)의 음사이다.
3) 팔리어 Naḷeru(나레루)의 음사이다.

셨는데, 비란자 바라문(婆羅門)은 이와 같이 들었다.

"석가족(釋迦族)의 출가자인 석자(釋子)인 사문(沙門) 구담(瞿曇)5)은 비란자 나린라의 빈주만타라 나무의 아래에서 대비구 500의 대중과 함께 머무르고 있다. 이 존귀한 구담은 이와 같은 선하고 아름다우며 '아라한(阿羅漢),6) 정등각(正等覺),7) 명행족(明行足),8) 선서(善逝),9) 세간해(世間解),10) 무상사(無上士),11) 조어장부(調御丈夫),12) 천인사(天人師),13) 불세존(佛世尊)14)'이라고 명호(名號)를 드날리고 있다.

그는 이 세계인 천계(天界),15) 마계(魔界),16) 범천계(梵天界),17) 사문(沙門),18) 바라문(婆羅門),19) 인간(人間),20) 천상(天象)21)의 가운데에서 스스로가 깨달음을 증득하여 다른 사람을 위하여 널리 정법을 설하고 있는데, 처음도 좋고, 중간도 좋으며, 말의 끝도 좋다. 문장의 뜻은 교법을 갖추었고, 원만하고 청정한 범행을 보여주고 있으니, 내가 이와 같은 아라한을 볼 수 있다면 옳은 일이다."

---

4) 팔리어 Pucimanda(푸치만다)의 음사이다.
5) 팔리어 Gotama(고타마)의 음사이다.
6) 팔리어 Arahat(아라하트)의 의역이다.
7) 팔리어 Sammāsambuddha(삼마삼부따)의 의역이다.
8) 팔리어 Vijjācaraṇasampanna(비짜차라나삼판나)의 의역이다.
9) 팔리어 Sugata(수가타)의 의역이다.
10) 팔리어 Lokavidū(로카비두)의 의역이다.
11) 팔리어 Anuttara(아누따라)의 의역이다.
12) 팔리어 Purisadammasārathi satthā(푸리사담마사라티 사따)의 의역이다.
13) 팔리어 Devamanussāna(데바 마누싸나)의 의역이다.
14) 팔리어 Buddha bhagavāti(부따 바가바티)의 의역이다.
15) 팔리어 Sadevaka(사데바카)의 의역이다.
16) 팔리어 Samāraka(사마라카)의 의역이다.
17) 팔리어 Sabrahmaka(사브라마카)의 의역이다.
18) 팔리어 Samaṇa(사마나)의 음사이다.
19) 팔리어 Brāhmaṇa(브라마나)의 음사이다.
20) 팔리어 Manussa(마누싸)의 의역이다.
21) 팔리어 Sadeva(사데바)의 의역이다.

1-2 그때 비란자 바라문은 세존의 처소로 나아갔다. 이르러서 서로가 문신하고 위로하는 말을 교환하였고, 물러나서 한쪽에 앉았으며, 비란자 바라문은 이와 같이 세존께 아뢰어 말하였다.

"존자이신 구담이시여! 나는 '사문 구담은 기숙(耆宿)이고 장로(長老)인 바라문을 마주하여도 일어나서 예경하거나 문신(問訊)하지 않으며, 혹은 앉을 자리를 청하지도 않는다.'라고 들었습니다.' 구담이시여. 지금도 이와 같습니다. 구담이시여. 그대가 진실로 기숙이고 장로인 바라문을 마주하여도 일어나서 예경하거나 문신하지 않으며, 혹은 앉는 자리를 청하지도 않았습니다. 구담이시여. 이것은 정당(正當)한 일이 아닙니다."

"바라문이여. 나는 이 세계의 천계, 마계, 범천계, 사문, 바라문, 인간, 천상 등의 가운데에서 나는 일어나서 문신하고, 혹은 앉는 자리를 청할 자를 보지 못하였소. 바라문이여. 만약 여래가 일어나서 문신하거나, 혹은 앉는 자리를 청하였다면 진실로 그대의 머리가 부서졌을 것이오."

1-3 "존중받는 스승인 구담께서는 색(色)의 맛(味)이 없는 자입니다."

"바라문이여. 진실로 하나의 이치가 있고, 이러한 이치에 의지하여 '사문 구담은 색(色)에 맛이 없습니다.'라고 선하게 말하는 것이 나의 일이오. 바라문이여. 일반적으로 색(色)의 맛, 소리(聲)의 맛, 향기(香)의 맛, 혀(味)의 맛, 촉감(觸)의 맛, 이것 등은 여래가 버리는 것이니, 다라수(多羅樹)[22]의 근본을 끊는 것과 같아서 유가 없는 것에 돌아가는 것이며, 미래에도 역시 다시 생겨나지 않는 것이오. 바라문이여. 이러한 이치에 의지하여 '사문 구담이 색에 맛이 없습니다.'라고 선하게 말하는 것을 일이라고 말하오. 그러나 그대들이 말하는 것은 모두가 그렇지 않소."

"존중받는 스승인 구담께서는 즐거움을 누리지 않는 자입니다."

"바라문이여. 진실로 하나의 이치가 있고, 이러한 이치에 의지하여

---

22) 팔리어 Tāla(타라)의 음사로서 인도의 해안 주변에서 자라는 종려과의 교목으로, 야자나무를 가리킨다. 높이 약 20m에 이르고 수액(樹液)은 사탕의 원료로 쓰이며 열매는 식용한다.

'사문 구담이 색에 맛이 없습니다.'라고 선하게 말하는 것이 나의 일이오.
바라문이여. 일반적으로 색의 즐거움, 소리의 즐거움, 향기의 즐거움,
혀의 즐거움, 촉감의 즐거움, 이것 등은 여래가 버리는 것이니, ……
바라문이여. 이러한 이치에 의지하여, …… 그러나 그대들이 말하는 것은
모두가 그렇지 않소."

"존중받는 스승인 구담께서는 지었던 일을 논하지 않는 자입니다."

"바라문이여. 진실로 하나의 이치가 있고, 이러한 이치에 의지하여
'사문 구담은 지었던 일을 논하지 않는다.'라고 말하는 것이니, …… 바라문
이여. 일반적으로 색의 즐거움, 소리의 즐거움, 향기의 즐거움, 혀의
즐거움, 촉감의 즐거움, 이것 등은 여래가 버리는 것이니, …… 다시
생겨나는 법이 없소. 바라문이여. 이러한 이치에 의지하여, …… 그러나
그대들이 말하는 것은 모두가 그렇지 않소."

"존중받는 스승인 구담께서는 단멸(斷滅)을 논하는 자입니다."

"바라문이여. 진실로 하나의 이치가 있고, 이러한 이치에 의지하여
'사문 구담은 단멸을 논하지 않는다.'라고 말하는 것이니, …… 바라문이여.
나는 진실로 탐(貪)·진(瞋)·치(癡)의 단멸을 논하지 않소. 단멸을 설한다면
여러 종류의 악하고 선(善)하지 않은 법이오. 바라문이여. 이러한 이치에
의지하여, …… 그러나 그대들이 말하는 것은 모두가 그렇지 않소."

"존중받는 스승인 구담께서는 싫어하고 버리십니다."

"바라문이여. 진실로 하나의 이치가 있다면, 이러한 이치에 의지하여
'사문 구담은 싫어하고 버린다.'라고 말하는 것이니, …… 바라문이여.
나는 진실로 몸의 악업(惡業), 입의 악업, 뜻의 악업을 싫어하고 버리고,
여러 종류의 성취한 악하고 선하지 않은 법을 싫어하고 버리는 것이오.
바라문이여. 이러한 이치에 의지하여, …… 그러나 그대들이 말하는 것은
모두가 그렇지 않소."

"존중받는 스승인 구담께서는 조복하십니다."

"바라문이여. 진실로 하나의 이치가 있다면, 이러한 이치에 의지하여
'사문 구담은 조복한다.'라고 말하는 것이니, …… 바라문이여. 나는 진실

로 탐·진·치를 조복(調伏)하기 위하여 설법하고, 여러 종류의 악하고 선(善)하지 않은 법을 조복하기 위하여 설법하는 것이오. 바라문이여. 이러한 이치에 의지하여, …… 그러나 그대들이 말하는 것은 모두가 그렇지 않소."

"존중받는 스승인 구담께서는 고행자(苦行者)입니다."

"바라문이여. 진실로 하나의 이치가 있다면, 이러한 이치에 의지하여 '사문 구담은 고행자이다.'라고 말하는 것이니, …… 바라문이여. 나는 진실로 몸의 악업, 입의 악업, 뜻의 악업인 여러 종류의 악하고 선하지 않은 일의 소멸(燒滅)을 위하여 설법하는 것이오. 바라문이여. 악하고 선하지 않은 법을 소멸시켜 마땅히 버린다면, 다라수의 근본을 끊는다면, 없음에 돌아가는 것이고, 미래에도 역시 다시 살아나는 법이 없는 것과 같소. 이것이 나아가 내가 말하는 고행이오. 바라문이여. 여래의 악하고 선하지 않은 법을 소멸하는 것이니, …… 다시 생겨나는 법은 없는 것이오. 이러한 이치에 의지하여, …… 그러나 그대들이 말하는 것은 모두가 그렇지 않소."

"존중받는 스승인 구담께서는 태(胎)를 벗어난 자입니다."

"바라문이여. 진실로 하나의 이치가 있다면, 이러한 이치에 의지하여 '사문 구담은 태를 벗어난 자이다.'라고 말하는 것이니, …… 바라문이여. 나는 진실로 미래에 입태(入胎)를 받거나, 다시 태어나는 것을 벗어났으므로, 다라수의 근본을 끊는다면, 없음에 돌아가는 것이고, 미래에도 역시 다시 살아나는 법이 없는 것과 같소. 이것이 나아가 내가 말하는 미래에 입태를 받거나, 다시 태어나지 않는 법인 것이오. 바라문이여. 이러한 이치에 의지하여, …… 그러나 그대들이 말하는 것은 모두가 그렇지 않소."

1-4 "바라문이여. 비유한다면 혹은 여덟이거나, 혹은 열이거나, 혹은 12개의 계란(鷄卵)이 있는 것과 같소. 오직 그것들의 부모가 계란을 품고서 따뜻하게 한다면 부화(孵化)하여 그 병아리가 안에서 뾰쪽한 발톱으로써

머리를 삼거나, 혹은 부리로써 쪼아서 계란의 껍데기를 깨트리고 안전하게 밖으로 나온다면 마땅히 최고의 장자(長者)라고 말하는 것인가? 최고로 어린 자라고 말해야 하는가?"

"구담이시여. 마땅히 최고의 장자라고 말합니다. 그는 진실로 이 가운데에서 최고로 장자입니다."

"바라문이여. 바로 이와 같소. 나는 무명의 구덩이에 빠졌거나, 암흑인 곳을 만나거나, 유정(有情)이 덮여있는 이러한 세계에서 유일하게 무명의 껍데기를 부수기 위하여, 무상정등각(無上正等覺)을 증득하였던 것이오. 바라문이여. 나는 이 세계의 가운데에서 진실로 최고로 장자이고, 최고로 승자(勝者)인 것이오."

1-5 "바라문이여. 나는 불퇴(不退)의 정진(精進)을 증득하였고, 정념(正念)이 현전(現前)하였으며, 몸이 가볍고 평안하고, 마음이 하나의 경계로 안정되었소. 바라문이여. 나는 욕망을 벗어났고, 선하지 않은 법을 버렸으며, 심사(尋伺)23)를 성취하였으며, 생(生)을 멀리 벗어난 까닭으로 환희(歡喜)가 일어나서 즐거이 초선(初禪)에 머무르는 것이고, 심사를 멸(滅)하면 마음이 안정되어 마음이 오로지 하나이고, 심사가 없음을 성취하면 삼매(三昧)가 생겨나는 까닭으로 환희하면서 즐거이 이선(二禪)에 머무르는 것이며, 환희를 벗어나서 머무르고, 정념과 바른 지혜를 버리면 몸이 쾌락을 버려서 오로지 성자를 성취하여 '정념에 즐거이 머무르는 자가 있다면 이것은 버릴 것이다.'라고 말하면서 삼선(三禪)에 머무르는 것이고, 즐거움도 버리고 괴로움도 버리고서 앞의 환희와 근심을 멸하면 괴롭지도 않고 즐겁지도 않음을 성취할 것이니, 청정(淸淨)하다는 생각을 버린다면 사선(四禪)에 머무르는 것이오."

1-6 "나는 이와 같은 마음으로 청정(淸淨), 순결(純潔), 무예(無穢), 무구(無

---

23) 팔리어 vitarka-vicāra(비타르카 비차라)의 의역으로, 심(尋)은 개괄적으로 사유하는 마음의 작용이고, 사(伺)는 세밀하게 고찰하는 마음의 작용이다.

垢) 등을 지니고서 유연(柔軟)하게 마땅히 지을 것을 지었고, 안락(安樂)을 통달하여 부동(不動)의 상태에 머무르며, 마음이 숙명지(宿命智)를 향하면서 나는 이 세계에 머무르는 것과 같소. 나는 이 세계에 머무르면서 전생의 여러 종류의 주처(住處)를 억념(憶念)한다면, 1생(生)·2생·3생·4생·5생·10생·20생·30생·40생·50생·100생·1000생·10만생·괴겁(壞劫)·생겁(生劫)·성괴겁(成壞劫)에서 그곳에서 태어났고, 이와 같이 이름하며, 이와 같은 종족(種族)이고, 이와 같은 성씨(姓)이며, 이와 같은 음식을 먹었고, 이와 같은 괴로움과 즐거움을 받았으며, 이와 같이 목숨을 마쳤고, 나는 그곳을 까닭으로 죽어서 다른 곳에 태어났으며, 그곳에서는 또한 이와 같이 이름하였으며, …… 이와 같은 괴로움과 즐거움을 받았고, 이와 같이 목숨을 마쳤으며, 나는 그곳을 까닭으로 죽어서 다른 곳에 태어났고, 나는 그곳에서 죽어서 이곳에 태어난 것을 억념하고 있소.

이와 같이 전생의 주처와 여러 종류의 모습과 지방의 처소를 억념하고 있소. 바라문이여. 이 야분(夜分)의 초분(初分)에 나는 마땅히 방일(放逸)하지 않음에 머무르고 열정의 마음으로 정진하는 때에 나는 제일의 지혜(智慧)를 증득(證得)하여 무명(無明)을 없애면 밝음(明)이 일어나서 어둠이 물러가고 빛 이르는 것이 있듯이, 첫째가 부리로써 쪼아서 계란의 껍데기를 깨트리고 밖으로 나왔던 것과 같소."

1-7 "나는 이와 같은 마음으로 청정, 순결, 무예, 무구 등을 지니고서 유연하게 마땅히 지을 것을 지었고 안락을 통달하여 부동의 상태에 머무르며, 마음이 유정들의 생사지(生死智)를 향하면서 나는 청정으로서 인간세계를 초월하는 천안(天眼)으로 유정들의 생멸(生滅)을 보며, 그 유정들의 업에 따른 귀천(貴賤), 아름다움, 추루함, 선취(善趣), 악취(惡趣)를 알고 있소.

여러 현자(賢者)들이 이것의 몸으로 악업(惡業)을 갖추거나 입으로 악업을 갖추었거나, 뜻으로 악업을 갖추고 비방하였거나, 성자(聖者)들이 유정들의 악견(惡見)이나 유정들의 악견의 업을 지녔다면 몸이 파괴되어 목숨을 마친 뒤에 반드시 악취에 떨어지며 지옥에 태어났소. 그것과 반대로 여러 현자들이 몸으로 선업(善業)을 갖추었거나 입으로 선업을 갖추었거나 뜻으로 선업을 갖추고서 비방하지 않았거나, 성자들이 유정들의 성스러운 견해(聖見)를 지녔거나 유정들의 성스러운 견해의 업을 성취하였다면 그들의 몸이 파괴되어 목숨을 마친 뒤에 반드시 선취인 천상(天上)에 태어났던 것이오.

나는 이와 같이 청정하여 그 인간세계를 초월하여 천안으로 유정의 생멸(生滅)을 보았고, 그 유정 등이 그 업을 따른 귀천, 아름다움, 추루함, 선취, 악취를 알고 있소. 바라문이여. 이 야분의 초분에 나는 마땅히 방일하지 않음에 머무르고 열정의 마음으로 정진하는 때에 나는 제2의 지혜를 증득하여 무명을 없애면 밝음이 일어나서 어둠이 물러가고 빛에 이르는 것이오. 바라문이여. 둘째가 부리로써 쪼아서 계란의 껍데기를 깨트리고 밖으로 나왔던 것과 같소."

1-8 "나는 이와 같이 마음에 청정을 지니고서 욕망의 부정(不淨)을 벗어나서 유연하게 마땅히 지을 것을 지었고, 안락을 통달하여 부동의 상태에 머무르며, 마음이 누진지(漏盡智)를 향하면서 나는 '이것이 괴로움(苦)이다.'라고 여실(如實)하게 증득하여 알았고, '이것이 괴로움이 쌓이는 것이다.'라고 여실하게 증득하여 알았으며, '이것이 괴로움을 없애는 것이다.'라고 여실하게 증득하여 알았고, '이것이 괴로움을 없애는 길로 이끄는 것이다.'라고 여실하게 증득하여 알았으며, '이것이 번뇌(漏)이다.'라고 여실하게 증득하여 알았고, '이것이 번뇌가 쌓이는 것이다.'라고 여실하게 증득하여 알았으며, '이것이 번뇌를 없애는 것이다.'라고 여실하게 증득하여 알았고, '이것이 번뇌를 없애는 길로 이끄는 것이다.'라고 여실하게 증득하여 알았으며, 나는 이와 같이 알았고, 이와 같이 알았던 까닭으로 마음에서 욕망의 번뇌를 해탈(解脫)하였으며, 유루(有漏)를 해탈하였고, 해탈하여 번뇌를 보았으며, 무명의 번뇌를 해탈하였고, 해탈에서 해탈의 지혜를 알았으며, 이미 생(生)을 마쳤음을 알고 범행을 이미 닦았으며,

마땅히 지을 것을 지었으므로, 다시 유(有)를 받지 않을 것이오.

바라문이여. 이 야분의 초분에 나는 마땅히 방일하지 않음에 머무르고 열정의 마음으로 정진하는 때에 나는 셋째의 지혜를 증득하여 무명(無明)을 없애면 밝음(明)이 일어나서 어둠이 물러가고 빛에 이르는 것이 있듯이, 셋째가 부리로써 쪼아서 계란의 껍데기를 깨트리고 밖으로 나왔던 것과 같소."

1-9 이와 같이 설법하는 때에 비란자 바라문은 세존께 아뢰어 말하였다.

"존중받는 스승이시여! 구담께서는 최고로 장자이십니다. 존중받는 스승이시여. 구담께서는 최승입니다. 위대한 구담이시여! 위대한 구담이시여! 존중받는 스승이신 구담이시여! 비유하면 넘어진 자를 일으키시려는 것과 같고, 덮인 것을 드러냄과 같으며, 미혹한 자를 위하여 도로(道路)를 보여주신 것과 같고, 여래의 눈을 갖추고 중생과 물건을 보게 하신 것과 같습니다.

이와 같이 존자(尊者)이신 구담이시여! 존중받는 스승이신 구담이시여! 여러 종류의 방편으로 이렇게 설법하여 보여주셨으니, 나는 지금부터 세존이신 구담께 귀의하고 법에 귀의하며 비구 승가께 귀의하겠습니다. 원하건대 존중받는 스승이신 구담께서는 나를 섭수(攝受)하십시오. 나는 지금부터 이후에는 목숨을 마치도록 (삼보께) 귀의하여 우바새가 되겠습니다. 또한 나를 위하여 존중받는 스승이신 구담과 비구 승가들이 비란자에서 안거하는 것을 허락하십시오."

세존께서는 묵연히 청(請)을 받아들이셨다. 이때 비란자 바라문은 세존께서 청을 받아들이신 것을 알고서 자리에서 일어나서 세존께 예경(禮敬)하고 오른쪽으로 돌면서 떠나갔다.

2-1 그때 비란자에서는 걸식을 얻기가 어려웠고, 곡식(穀食)의 병균(病菌)을 인연으로 (줄기와 잎이 말라서) 젓가락과 같아서 취락의 (잔식(殘食)과) 곡식의 이삭에 의지하여 생활하는 것도 어려웠다. 그때 북쪽의 말(馬)

상인이 5백필(匹)의 말을 데리고 우기에 비란자에 이르렀고, 그 마구간24)에 준비하였던 보리를 한 되(升)25)의 양(量)으로 각 비구에게 나누어 주었다.

　비구들은 이른 아침에 옷을 입고 발우를 지니고서 비란자에 들어가서 걸식하였으나 얻지 못하였고 각자 얻었던 되의 양을 가지고 정사(精舍)로 돌아왔으며, 절구로 찧어서 먹었고, 장로 아난도 세존께 공양하고자 세존의 그 음식을 돌의 절구로 되의 보리를 찧었으며. 세존께서는 절구의 소리를 들으셨다. 여래께서는 아시고서 묻고, 역시 아시면서도 묻지 않으며, 때를 아시고서 묻고 때를 아시고서 묻지 않으신다. 여래께서는 뜻과 이익이 있으면 묻고 뜻과 이익이 없으면 묻지 않으신다. 뜻과 이익이 없는 일은 여래의 법에서는 교량(橋梁)을 파괴하는 것과 같은 것이다. 이러한 두 가지의 인연을 까닭으로 세존께서는 여러 비구들에게 물으시는데, 혹은 장차 설법하거나, 혹은 성문(聲聞) 제자들을 위하여 계를 제정하시려는 것이다.

　그때 세존께서는 아난에게 알리셨다.

　"아난이여. 무엇을 하는 소리인가?"

　이때 장로 아난은 세존을 향하여 이 일을 아뢰었다.

　"옳도다. 아난이여. 그대 등의 신심이 있는 자는 (욕심이 적어서 기근을) 이겼으니, 미래의 사람들이 장차 멥쌀을 끓인 죽을 만나더라도 경멸하지 않을 것이네."

2-2 이때 장로(長老) 대목건련(大目犍連)26)이 세존의 처소에 이르렀고, 세존께 예경하고서 한쪽에 앉았다. 한쪽에 앉고서 장로 대목건련은 세존께 이와 같이 아뢰어 말하였다.

　"세존이시여. 지금 비란자는 기근이어서 걸식을 얻는 것이 어렵습니다.

---

24) 일반적으로 견고하게 지은 것이 아니고, 들판에 임시로 설치한 것을 가리킨다.
25) 팔리어 Pattha(파따)의 음사이고, Āḷhaka(알라카)의 1/4의 양을 나타낸다.
26) 팔리어 Mahāmoggallāna(마하목갈라나)의 음사이다.

곡식이 병균을 인연으로 줄기와 잎이 말라서 젓가락과 같고, 취락의 잔식과 곡식의 이삭에 의지하여 생활하기도 쉽지 않았습니다. 이 최하층(最下層)의 대지는 평평한 땅으로 음식의 맛을 구족(具足)하였는데, 비유하면 순수한 벌꿀의 맛과 같습니다. 옳으신 세존이시여. 만약 제가 이 대지를 진동시켜서 바꾼다면 곧 여러 비구들이 자양(滋養)의 음식을 얻을 수 있습니다.”

“목건련이여. 이 땅에 머무르고 있는 유정들을 그대는 어디에 놓아두겠는가?”

“세존이시여. 제가 한 손을 가지고 대지와 같이 변화시키고, 아울러 장차 이 땅에 머무르고 있는 유정들을 그 위에 옮기고서 다른 손으로 대지를 진동시켜 바꾸겠습니다.”

“목건련이여. 멈추게. 그대가 대지를 진동시켜 변화시켜 중생들을 전도(顚倒)시키려고 하지 말게.”

“옳으십니다. 세존이시여. 일체의 비구 승가는 울단월(鬱單越)27)에서 걸식하게 하겠습니다.”

3-1 이때 장로 사리불(舍利弗)28)은 홀로 고요하게 앉아서 사유하는 때에 마음에서 이렇게 생각하였다.

“무엇이 있다면 불·세존의 범행은 오래 머무르지 않는가? 무엇이 있다면 불·세존의 범행은 오래 머무르는가?”

이와 같이 생각하였고 사리불은 포시(晡時)29)에 고요한 처소의 자리에서 일어났으며 세존의 처소에 이르러 세존께 예경하고서 한쪽에 앉았다. 한쪽에 앉고서 장로 사리불은 세존을 향하여 이렇게 말을 지었다.

“세존이시여. 제가 홀로 고요하게 앉아서 사유하는 때에 마음에서 이렇게 생각하였습니다. ‘무엇이 있다면 불·세존의 범행은 오래 머무르지

---

27) 팔리어 Uttarakuru(우따라쿠루)의 음사이다.
28) 팔리어 Sāriputta(사리푸따)의 음사이다.
29) 오후 3~5시까지를 가리킨다.

않는가? 무엇이 있다면 불·세존의 범행은 오래 머무르는가?' 세존이시여.
무엇이 있다면 불·세존의 범행은 오래 머무르지 않습니까? 무엇이 있다면
불·세존의 범행은 오래 머무릅니까?"

　"사리불이여. 비바시불(毘婆尸佛),30) 시기불(尸棄佛),31) 비사부불(毘舍
浮佛)32)의 범행(梵行)은 오래 머무르지 않았으나, 구류손불(拘樓孫佛),33)
구나함모니불(拘那含牟尼佛),34) 가섭불(迦葉佛)35)의 범행은 오래 머물렀
네."

3-2 "세존이시여. 무슨 인연으로써 비바시불, 시기불, 비사부불의 범행(梵
行)은 오래 머무르지 않았으나, 구류손불, 구나함모니불, 가섭불의 범행은
오래 머물렀습니까?"

　"사리불이여. 비바시불, 시기불, 비사부불께서는 성문제자들을 위하여
널리 설법하시면서 피곤하였어도 싫어하지 않았고, 비록 그들에게도
작은 숫자의 계경(契經),36) 기야경(祇夜經),37) 수기경(授記經),38) 계경(偈
經),39) 자설경(自說經),40) 인연경(因緣經),41) 본생경(本生經),42) 미증유경

---

30) 팔리어 Vipassissa bhagavate(비파씨싸 바가바테)의 음사이다.
31) 팔리어 Sikhissa bhagavate(시키싸 바가바테)의 음사이다.
32) 팔리어 Vessabhussa bhagavate(베싸부싸 바가바테)의 음사이다.
33) 팔리어 Kakusandhassa bhagavate(카쿠산다싸 바가바테)의 음사이다.
34) 팔리어 Koṇāgamanassa bhagavate(코나가마나싸 바가바테)의 음사이다.
35) 팔리어 Kassapassa bhagavate(카싸파싸 바가바테)의 음사이다.
36) 팔리어 sutta(수타)의 계경(契經)의 의역이다. 계(契)는 세존의 가르침은 진리와
　　일치한다는 뜻이고, 경(經)은 세존의 가르침을 기록한 문헌이니, 곧 경전을
　　가리킨다.
37) 팔리어 Geyya(게야)의 음사이고, 응송(應頌)·중송(重頌)이라고 번역된다. 산문
　　체로 된 내용을 다시 운문체로 설한 것이다.
38) 팔리어 Veyyākaraṇa(베야카라나)의 의역이고, 내세에 성불한다고 수기하는
　　경전이다.
39) 팔리어 Gāthā(가타)의 의역이고, 운문체로 된 경전을 가리킨다.
40) 팔리어 Udāna(우다나)의 의역이고, 질문하는 사람이 없어도 세존께서 스스로
　　설하신 경전이다

(未曾有經),⁴³⁾ 방등경(方等經)⁴⁴⁾이 있었더라도, 다만 제자들을 위하여 학처(學處)를 제정하여 세우지 않으셨고, 바라제목차(波羅提木叉)⁴⁵⁾를 가르쳐서 보여주시지 않으셨네.

　사리불이여. 곧 이와 같아서 그 여러 불·세존과 세존을 따르던 각자(覺者)인 대성문(大聲聞)들이 입멸한 뒤에 여러 종류의 이름을 까닭으로, 여러 종류의 종성(種性)을 까닭으로, 여러 종류의 계급(階級)을 까닭으로, 여러 종류의 가문(家門)으로 출가하였던 까닭으로, 뒤에 와서 제자들의 그 범행이 빠르게 사라지게 하였네. 사리불이여. 비유하면 판자 위의 여러 꽃을 실로써 꿰매고 감싸지 않는다면 곧 바람이 불면 그것이 흩어져서 부서지는 것과 같네. 그 인연의 이유는 무엇인가? 곧 실로써 꿰매고 감싸지 않은 까닭이네.

　그러나 제불(諸佛)께서는 그 마음으로써 성문 제자들의 마음을 아시고서 교계(敎誡)를 하시면서 피곤하였어도 싫어하지 않으셨네. 사리불이여. 지나간 옛날의 비사부불·응공(應供)·정등각(正等覺)께서는 어느 포외림(怖畏林)의 가운데에서 그러한 마음으로 일천 비구 대중의 마음을 아시고서 '마땅히 이와 같고 사유하고, 마땅히 이와 같이 사유하지 말라. 마땅히 이와 같은 뜻을 짓고, 마땅히 이와 같은 뜻을 짓지 말라. 마땅히 이와 같이 버리고서 이것을 마땅히 구족하고 머물러라.'라고 그들을 교계하셨네.

　사리불이여. 비사부불·응공·정등각의 이와 같은 교계를 받은 일천 비구 대중은 집착을 벗어나서 모두 유루에서 그 마음을 해탈(解脫)하였네.

---

41) 팔리어 Itivuttaka(이티부따카)의 의역이고, 이과 연의 인과를 설하는 경전이다.
42) 팔리어 Jātaka(자타카)의 의역이고, 세존께서 성불하시기 이전에 보살로서 수행한 일과 공덕을 서술한 경전이다.
43) 팔리어 Abbhutadhamma(아뿌다담마)의 의역이고, 세존께서 나투신 여러 신통(神通)을 설하는 경전이다.
44) 팔리어 Vedalla(베달라)의 의역이고, 대승경전을 총칭하여 말한다. 방등(方等)은 가로로 시방(十方)에 뻗치는 것을 방(方)이라 말하고, 세로로 범부와 성인에 통한 것을 등(等)이라고 말한다.
45) 팔리어 Pātimokkha(파티모까)의 의역이고, 계목(戒目)을 가리킨다.

사리불이여. 그때 포외림의 공포를 마주하고서 일반적으로 욕망을 벗어나지 못한 자는 이 숲속에 들어가면 몸의 털이 곤두섰네. 사리불이여. 이 비바시불, 시기불, 비사부불 등의 범행은 이러한 이유로 오래 머무르지 못하였네."

"세존이시여. 그러나 구류손불, 구나함모니불, 가섭불의 범행은 오래 머무른 것은 무슨 인연입니까?"

3-3 "사리불이여. 구류손불, 구나함모니불, 가섭불께서는 성문제자들을 위하여 널리 설법하시면서 피곤하였어도 싫어하지 않았고, 그들을 위하여 설하셨던 계경, 기야경, 수기경, 게경, 자설경, 인연경, 본생경, 미증유경, 방등경이 많으셨고, 제자들을 위하여 학처(學處)를 제정하여 세우셨으며, 바라제목차를 가르쳐서 보여주셨네. 이러한 여러 불·세존과 세존을 따르던 각자인 대성문들이 입멸한 뒤에 여러 종류의 이름을 까닭으로, 여러 종류의 종성을 까닭으로, 여러 종류의 계급을 까닭으로, 여러 종류의 가문으로 출가하였던 까닭으로, 뒤에 왔던 제자들의 그 범행이 오래 머무르게 하셨네.

사리불이여. 비유하면 판자 위의 여러 꽃을 실로써 꿰매고 감싼다면 곧 바람이 능히 불어도 그것이 흩어져서 부서지지 않는 것과 같네. 그 인연의 이유는 무엇인가? 곧 실로써 꿰매고 감쌌던 까닭이네. 사리불이여. 곧 이와 같아서 여러 불·세존과 대성문들이 입멸한 뒤에 여러 종류의 이름을 까닭으로, 여러 종류의 종성을 까닭으로, 여러 종류의 계급을 까닭으로, 여러 종류의 가문으로 출가하였던 까닭으로, 뒤에 왔던 제자들의 그 범행이 오래 머무르게 하셨네. 사리불이여. 이것이 구류손불, 구나함모니불, 가섭불의 범행이 오래 머무른 인연이네."

3-4 그때 장로 사리불은 자리에서 일어나서 오른쪽 어깨를 드러내고 세존을 향하여 합장하고 아뢰어 말하였다.

"세존이시여. 지금이 마땅한 때입니다. 선서(善逝)시여! 지금이 마땅한

때입니다. 세존이시여. 여러 제자들을 위하여 학처를 제정하시어 세워
주시고, 바라제목차를 교계하시어 이와 같은 범행이 오래 세상에 머무르
게 하십시오."

"사리불이여. 그대는 마땅히 그것을 기다리게. 사리불이여. 그대는
마땅히 그것을 기다리게. 여래는 스스로가 그때를 아는 것이네. 사리불이
여. 승가 대중의 가운데에서 오히려 아직 어떠한 유루법(有漏法)이라도
생겨나지 않는 때라면 여래는 성문제자들을 위하여 학처를 제정하고
세우거나, 바라제목차를 교계하지 않네. 사리불이여. 승가 대중에게 만약
어느 한 부류의 유루법이 생겨나는 때가 있다면 여래는 마땅히 성문
제자들을 위하여, 그들의 여러 유루법을 끊어주기 위하여 학처를 제정하
고 세우며, 바라제목차를 교계할 것이네.

사리불이여. 승가 대중의 가운데에서 오히려 아직은 오래도록 번잡하
게 큰 때가 아니고, 승가 대중의 가운데에서 오히려 어떠한 유루법도
생겨나지 않았네. 사리불이여. 만약 승가 대중의 가운데에서 오래도록
번잡하게 큰 때이고, 승가 대중의 가운데에서 마땅히 어느 부류의 한
유루법이라도 생겨난다면, 이때 여래는 여러 제자들을 위하여, 그들의
여러 유루법을 끊어주기 위하여 학처를 제정하고 세우며, 바라제목차를
교계할 것이네.

사리불이여. 승가 대중의 가운데에서 오히려 아직은 (지역의 위에서)
넓게 펼쳐진 번잡하게 큰 때가 아니고, 승가 대중의 가운데에서 오히려
어떠한 유루법도 생겨나지 않았네. 사리불이여. 승가 대중에게 (지역의
위에서) 넓게 펼쳐지거나 난잡하게 큰 때이고, 승가 대중의 가운데에서
마땅히 어느 부류의 한 유루법이라도 생겨난다면, 이때 여래는 여러
제자들을 위하여, 그들의 여러 유루법을 끊어주기 위하여 학처를 제정하
고 세우며, 바라제목차를 교계할 것이네.

사리불이여. 승가 대중은 오히려 아직은 큰 이양(利養)의 때를 얻지
못하였고, 승가 대중의 가운데에서 오히려 어떠한 유루법도 생겨나지
않았네. 사리불이여. 승가 대중이 이양을 얻으면서 난잡하게 큰 때이고,

승가 대중의 가운데에서 마땅히 어느 부류의 한 유루법이라도 생겨난다면, 이때 여래는 여러 제자들을 위하여, 그들의 여러 유루법을 끊어주기 위하여 학처를 제정하고 세우며, 바라제목차를 교계할 것이네.

사리불이여. 승가 대중은 오히려 아직은 다문(多聞)을 얻은 번잡하게 큰 때가 아니고, 승가 대중의 가운데에서 어떠한 유루법도 생겨나지 않았네. 사리불이여. 승가 대중이 다문을 얻은 번잡하게 큰 때이고, 승가 대중의 가운데에서 마땅히 어느 부류의 한 유루법이라도 생겨난다면, 이때 여래는 여러 제자들을 위하여, 그들의 여러 유루법을 끊어주기 위하여 학처를 제정하고 세우며, 바라제목차를 교계할 것이네.

사리불이여. 비구 승가는 진실로 부정(不淨)이 없고, 허물과 근심이 없으며, 흑법(黑法)을 벗어났고, 청정하고 진실한 지역에 머무르고 있네. 사리불이여. 진실로 그렇다네. 이 5백의 비구는 대중의 가운데에서는 최고로 하열(下劣) 자도 역시 수다원을 증득하였으니, 악취(惡趣)에 떨어지지 않으며, 이미 결정(決定)적으로 정각(正覺)을 향하여 나아가고 있네."

4-1 이때 세존께서는 장로 아난을 향하여 말씀하셨다.

"아난이여. 일반적으로 누구에게 안거에 들어가는 청을 받고서 다른 사람을 향하여 알려서 알게 하지 않았다면 뒤에 곧 밖으로 나가서 여러 나라를 유행(遊行)할 수 없는 이것이 여래의 상법(常法)이네. 아난이여. 우리들이 떠나가려면 비란자에게 알려서 알도록 하게."

아난은 세존께 대답하였다.

"알겠습니다. 세존이시여."

이때 세존께서는 하의(下衣)를 입으시고 옷과 발우를 지니고서 시자(侍者)인 장로 아난과 함께 비란자 바라문의 주처(住處)로 가셨다. 이르러서 펼쳐진 자리의 위에 앉았다. 이때 비란자 바라문은 세존의 처소에 이르러 세존의 발에 머리 숙여 예경하고서 물러나서 한쪽에 앉았다. 앉았으므로 세존께서는 비란자 바라문을 향하여 말씀하셨다.

"바라문이여. 그대에게 이곳에서 청을 받았고 우안거(雨安居)를 지냈소. 우리들은 와서 한가로움을 알리고서 밖으로 나가서 여러 나라를 유행하고자 하오."

"존중받는 스승이신 구담이시여! 구담께서는 진실로 나의 청을 받아들여 이곳에서 안거하셨습니다. 그러나 마땅한 공양을 아직 공양하지 못하였는데, 이것은 물건이 없어서가 아니고, 역시 공양을 주지 않으려는 뜻도 아니었습니다. 무슨 까닭으로 이와 같았는가? 나아가 재가자는 마땅히 지을 사무(事務)가 번잡하고 많은 까닭입니다. 존중받는 스승이신 구담이시여! 나의 청을 마땅히 허락하시어 내일에 비구 대중과 이곳에 와서 공양을 받아주십시오."

세존께서는 묵연히 그것을 허락하셨다. 그때 세존께서는 비란자 바라문을 향하여 정법을 열어서 보여주셨고, 교계(敎誡)하셨으며, 용약(踊躍)하면서 환희(歡喜)하게 하셨고, 그러한 뒤에 자리에서 일어나서 떠나가셨다. 이때 비란자 바라문은 밤을 새워 집안사람들에게 맛있고 단단하며 부드러운 음식을 준비시키고서 뒤에 음식의 때에 이른 것을 세존께 알려서 알게 하였다.

"구담이시여. 음식이 준비되었습니다."

이때 세존께서는 이른 아침에 하의를 입고서 옷과 발우를 지니고서 비란자 바라문의 주처에 이르셨고, 비구 대중과 함께 이미 펼쳐진 자리에 앉았다. 이때 비란자 바라문은 세존으로써 비구 대중의 상수(上首)로 삼아서 스스로가 손으로 맛있고 단단하며 부드러운 음식을 받들어 공양하여 배부르게 먹게 하였다. 음식을 먹고서 세존께서 손에서 발우를 내려놓으셨으므로, 삼의(三衣)를 주었고, 여러 비구들에게도 역시 각각 한 벌의 옷을 주었다. 그때 세존께서는 비란자 바라문을 향하여 설법하시어 열어서 보여주셨고, 교계하셨으며, 용약하면서 환희하게 하셨고, 그러한 뒤에 자리에서 일어나서 떠나가셨다.

그때 세존께서는 뜻을 따라서 비란자에 머무르셨고, 수리읍(須離鎭)[46],

---

46) 팔리어 Soreyya(소레야)의 음사이다.

승가시국(僧伽尸國)[47], 건나굴사국(乾那屈奢國)[48]에 머무셨으며 다시 파
야가(波夜迦) 도구(渡口)[49]에 이르렀고, 항하(恒河)를 건너서 바라나(波羅
奈)[50]에 이르셨다. 이와 같이 세존께서는 바라나에서 뜻을 따라서 머무셨
으며, 비사리국(毘舍離國)[51]을 향하여 유행하셨으며, 점차 유행하여 비사
리국에 이르셨다. 세존께서는 그곳에 이르시어 비사리국의 대림(大林)의
중각강당(重閣講堂)에 머무르셨다.

[비란자품을 마친다.]

5-1 그때 비사리의 근처에 가란타(迦蘭陀)[52]의 취락이 있었고, 그곳에
장자가 있어 수제나가란타자(須提那迦蘭陀子)[53]라고 이름하였다. 이때
수제나가란타자는 일의 인연이 있었고, 여러 사람들과 함께 같은 일로
비사리(毘舍離)에 함께 머물렀다. 이때 세존께서는 앉은 처소에서 대중에
게 위요(圍繞)되어 설법하셨고, 수제나가란타자는 세존께서 앉은 처소에
서 대중에게 위요되어 설법하시는 것을 보고서 이렇게 생각을 지었다.
'나도 역시 마땅히 설법을 들어야겠다.'
이 수제나가란타자는 법을 듣는 대중의 처소에 이르러 한쪽에 앉았다.
한쪽에 앉고서 이렇게 말을 지었다.
"세존께서 설하신 법을 나는 이와 같이 알고 이해하였다. '재가에 머무르
는 자가 범행을 지니고서 원만(圓滿)하고 장애(障礙)가 없이 수행하려고

---

47) 팔리어 Saṅkassa(산카싸)의 음사이다.
48) 팔리어 Kaṇṇakujja(칸나쿠짜)의 음사이다.
49) 팔리어 Payāgapatiṭṭhāna(파야가 파띠타나)의 음사이다. payāga(파야가)는 지
　　역의 이름이고 patiṭṭhāna(파티따나)는 알라카의 수도를 가리키는 말이다.
50) 팔리어 bārāṇasī(바라나시)의 음사이다.
51) 팔리어 Vesālī(베살리)의 음사이다.
52) 팔리어 Kalandaga(카란다가)의 음사이다.
53) 팔리어 Sudinna kalandaputta(수딘자 카란다푸따)의 음사이다. sudinna kalanda
　　는 이름이고 putta는 아들이라는 뜻이다.

하여도, 청정하고 무구(無垢)하여서 갈아진 뒤의 진주(眞珠)와 같은 것은 진실로 쉽지 않다. 나는 마땅히 수염과 머리카락을 깎고 가사를 입고 집에서 나와서 집이 없는 몸을 이루어야겠다.'"

그때 그 대중들은 세존께서 정법을 열어서 보여주셨고 교계하셨으므로, 환희하고 용약하면서 자리에서 일어나서 세존께 예경하고 오른쪽으로 돌면서 떠나갔다. 이때 수제나가란타자는 대중이 떠나간 뒤에 세존의 처소로 나아가서 세존께 예경하고서 한쪽에 앉았다. 한쪽에 앉고서 그는 세존께 아뢰어 말하였다.

"세존이시여. 세존께서 열어서 보여주신 설법을 저는 이와 같이 이해하였습니다. '재가에 머무르는 자가 능히 범행을 지니고서 원만하고 장애가 없이 수행하려고 하여도, 청정하고 무구하여서 갈아진 뒤의 진주와 같은 것은 진실로 쉽지 않다. 나는 마땅히 수염과 머리카락을 깎고 가사를 입고 집에서 나와서 집이 없는 몸을 이루어야겠다.' 세존이시여. 저의 출가를 받아주시기를 청합니다."

"수제나여. 그대가 출가하여 집을 떠나와서 집이 없는 몸을 이루고자 하였다면 부모의 허락을 얻었는가?"

"세존이시여. 제가 출가하여 집을 나와서 집이 없는 몸을 이루고자 하였으나, 부모의 허락을 얻지 못하였습니다."

"수제나여. 여래는 부모의 허락을 얻지 못한 자는 출가를 받아들이지 않네."

"세존이시여. 저는 마땅히 이와 같이 짓겠습니다. '부모의 허락을 얻는다면 집을 떠나와서 집이 없는 몸을 이루겠습니다.'"

5-2 이때 수제나가란타자는 비사리에서 사무(事務)를 마치고서 가란타 취락에 이르러서 부모의 허락을 구하였다. 이르러서 부모를 향하여 이와 같이 말을 지었다.

"부모님. 세존께서 열어서 보여주시고 설하신 법을 마주하고서 나는 이와 같이 이해하였습니다. '재가에 머무르는 자가 능히 범행을 지니고서 원만하고 장애가 없이 수행하려고 하여도, 청정하고 무구하여서 갈아진 뒤의 진주와 같은 것은 진실로 쉽지 않다. 나는 마땅히 수염과 머리카락을 깎고 가사를 입고 집에서 떠나와서 집이 없는 몸을 이루어야겠다.' 바라건대 저의 출가를 허락해 주십시오."

말을 마쳤으므로 수제나가란타자의 부모가 그에게 알려 말하였다.

"우리의 아들 수제나여. 그대는 진실로 우리들이 총애(寵愛)하는 하나뿐인 아들이다. 뜻으로 안락하였고 행복한 것으로 둘러싸여 있네. 수제나여. 그대는 고통이 무엇인가를 알지 못하네. 우리들은 오히려 죽을지라도 역시 그대를 떠나보낼 수 없는데, 어찌 하물며 살아있는데 그대의 출가를 허락하겠는가?"

수제나가란타자는 다음 두 번째에도 부모를 향하여 이와 같이 말을 지었다.

"부모님. …… (저의 출가를) 허락해 주십시오."

다시 다음으로 그의 부모는 그를 향하여 말하였다.

"우리들은 …… (그대의 출가를) 허락할 수 없네."

수제나가란타자는 이와 같이 말하였다.

"부모님께서 만약 내가 집을 출가하는 것을 허락하지 않는다면 집이 없는 몸을 이룰 수 없다."

곧 아무도 없는 상점에 이르러 그 땅 위에 드러누웠다.

"나는 이곳에서 만약 출가하지 못한다면 죽더라도 일어나지 않겠다."

이와 같이 수제나가란타자는 첫째 날에 음식을 취하지 않았고, 둘째 날에도 역시 음식을 취하지 않았으며, 셋째 날에도 음식을 취하지 않았고, 넷째 날에도 역시 음식을 취하지 않았으며, 다섯째 날에도 음식을 취하지 않았고, 여섯째 날에도 역시 음식을 취하지 않았으며, 일곱째 날에도 역시 다시 음식을 취하지 않았다.

이때 그의 부모는 그를 향하여 이와 같이 말하였다.

"수제나여. 그대는 진실로 우리들이 총애하는 하나뿐인 아들이네. 뜻으로 안락하였고 행복한 것으로 둘러싸여 있네. 수제나여. 그대는 고통이 어떤 것인가를 알지 못하네. 우리들은 오히려 죽을지라도 역시 그대를 떠나보낼 수 없는데, 어떻게 살아서 그대의 출가를 허락하겠는가? 우리의 아들 수제나여. 일어나서 음식을 받고서 즐기게. 그대는 또한 한편으로 음식과 애욕을 받아서 즐기고, 한편으로 복덕의 즐거움을 행하라. 우리들은 그대의 출가를 허락할 수 없네.”

이와 같이 말하였으나, 수제나가란타자는 묵연히 움직이지 않았다. 두 번을 말하였고, 나아가 세 번을 말하였으며, 수제나가란타자의 부모는 그를 향하여 이와 같이 말하였다.

“…… (그대의 출가를) 허락할 수 없네.”

세 번째에도 말하였으나, 수제나가란타자는 묵연히 움직이지 않았다.

5-3 이때 수제나가란타자의 벗들이 그가 있는 곳에 이르러 이렇게 말을 지었다.

“벗인 수제나여. 그대는 부모의 처소에서 총애받는 하나뿐인 아들이고, 뜻과 같이 안락하였으며, 행복으로 둘러싸여 있었네. 그대는 고통이 무엇인가를 알지 못하네. 그대의 부모는 차라리 죽을지라도 역시 그대를 떠나보내지 않을 것인데, 하물며 살아서 그대가 집에서 출가하는 것을 허락하겠는가? 일어나게! 수제나여. 음식을 받고서 누리고, 그대는 또한 한편에서 음식과 애욕을 받아서 누리며, 한편에서 복덕의 즐거움을 행하게. 그대의 부모는 그대의 출가를 허락하지 않을 것이네.”

이와 같이 말하였으나, 수제나는 묵연히 움직이지 않았다. 두 번째에도, 나아가 세 번째에도 수제나의 벗들이 그를 향하여 말하였다.

“수제나여. 그대는 ……”

세 번을 말하였으나, 수제나는 역시 묵연히 움직이지 않았다.

5-4 이때 수제나가란타자의 친구들이 그의 부모의 처소로 갔고 이르러서 부모에게 말하였다.

“부모님! 수제나는 ‘나는 이곳에서 출가할 수 없다면 곧 죽겠다.’라고 말하였습니다. 그리고 일이 없는 어느 상점의 땅 위에 누웠습니다. 어르신! 만약 수제나의 출가를 허락하지 않는다면 그는 반드시 땅 위에서 죽을 것입니다. 그러나 만약 그의 출가를 허락하신다면 그가 역시 출가하더라도 역시 그를 볼 수 있습니다. 만약 수제나가 출가하는 때에 즐겁지 않다면 그는 다른 곳으로 나아가지 않고, 때에 이르면 그는 반드시 돌아올 것입니다. 청하건대 그의 출가를 허락하십시오."

"그대들이여! 우리들은 수제나의 출가를 허락하겠네."

이와 같았으므로 수제나의 친구들은 수제나가 있는 곳으로 가서 이렇게 말하였다.

"친구 수제나여! 일어나게. 그대의 부모께서 그대의 출가를 허락하였으니, 집이 없는 몸을 이룰 수 있네."

이때 수제나가란타자는 생각하였다.

"부모님이 나의 출가를 허락하였구나."

매우 기뻐하면서 손을 털고서 몸을 일으켰다. 이와 같이 수제나는 여러 날의 사이에 다시 체력을 회복하였고, 뒤에 세존의 처소로 나아갔다. 나아가서 세존께 예경하고서 그러한 뒤에 한쪽에 앉았으며, 한쪽에 앉고서 수제나는 이와 같이 세존께 아뢰어 말하였다.

"세존이시여. 저의 부모님은 제가 집에서 출가하여 집이 없는 몸을 이루도록 허락하셨습니다. 세존이시여. 청하건대 저의 출가를 받아주십시오."

수제나가란타자는 세존의 회상(會上)에서 출가하여 구족계를 받았다. 구족계를 받고 오래지 않아서 장로 수제나는 두타(頭陀)를 행(行)하면서 수행하였으므로 곧 아련야(阿練若)54)에 머물렀고, 걸식하였으며, 분소의(糞掃衣)를 입었고, 차례로 걸식하면서 혹은 발기(跋耆)55)의 취락에 머물렀다.

---

54) 팔리어 Āraññika(아란니카)의 음사이다.

55) 팔리어 Vajjī(바찌)의 음사이다. 세존의 시대에 초기의 16국가의 가운데에 하나이다. Vajjī의 주민들은 Vesālī(베살리)와 Mithilā(미티라)에 수도가 있는 Licchavi(리짜비)와 Videhā(비데하)의 씨족이었다. 세존은 Vajjī를 자주 방문했으며, 세존의

5-5 그때 발기의 취락에서는 걸식(乞食)을 얻기가 어려웠다. 곡식은 병균을 인연으로 줄기와 잎은 말라서 비틀어져서 젓가락과 같았으므로 취락에서 잔식을 의지하여 생활하여도 쉽지 않았다. 이때 장로 수제나는 이렇게 사유하였다.

'지금 발기 취락에서는 걸식을 얻기 어렵다. 곡식은 병균을 인연으로 줄기와 잎은 말라서 비틀어져서 젓가락과 같으므로 취락에서 (잔식을) 의지하여 생활하여도 쉽지 않다. 그러나 비사리에는 나의 친족들이 많이 있고, 진실로 크게 부유하므로 음식과 물건이 풍요롭고 금은과 재물이 많고 넘쳐나며, 대중들은 많은 재물을 갖추고 있고, 곡물은 충분하며 넉넉하다. 나는 마땅히 친족들을 의지하여 머물러야겠다. 친족들은 나를 의지하여 보시를 행하면 복덕을 짓는다. 이와 같다면 여러 비구들은 이양을 얻을 것이고, 나도 역시 걸식을 인연으로 피로하지 않을 것이다.'

이때 장로 수제나는 방사(房舍)를 섭수(攝受)하고서 옷과 발우를 집지(執持)하고 비사리를 향하여 떠나갔다. 차례로 유행하여 비사리에 이르렀고 그곳의 대림의 중각강당에 머물렀고, 장로 수제나의 친족들은 "진실로 수제나가란타자가 비사리에 이르렀다."라고 들었다. 그들은 60개의 큰 그릇에 음식과 물건을 받들어 장로 수제나에게 공양하였다. 장로 수제나는 이 60개의 큰 그릇의 음식과 물건을 가지고서 전전하여 여러 비구들에게 주었다. 이른 아침에 하의를 입고 옷과 발우를 지니고서 걸식하기 위하여 가란타의 취락에 들어가서 차례로 걸식하면서 아버지의 집에 이르렀다.

5-6 그때 존자 수제나 친족 집안의 여노비가 밖으로 나와서 어젯밤에 남은 죽을 버리고자 하였고, 이것을 인연으로 수제나는 여노비를 향하여 이렇게 말을 지었다.

"누이여. 만약 버리고자 한다면 이 발우 안에 담아주시오."

입멸 후에 국가의 재산은 줄어들었고, 아자타샤트루에 의해 정복되었다.

수제나 친족 집안의 여노비가 남은 죽을 가지고 와서 그의 발우 안에 담는 때에 그의 손발과 목소리를 이유로 그를 알아보았다. 수제나 친족 집안의 여노비는 가서 수제나의 어머니에게 말하였다.

"마님! 귀중한 아드님이신 수제나가 이미 오신 것을 아십시오."

"그대가 말한 것이 만약 진실이라면 내가 마땅히 그대에게 노비를 벗어나게 해주겠다."

이때 장로 수제나는 한 담장의 아래에 의지하여 어젯밤에 남은 죽을 먹고 있었다. 장로 수제나의 아버지는 일을 마치고 돌아오면서 수제나가 한 담장에 의지하여 어젯밤에 남은 죽을 먹는 것을 보았다. 보고서 장로 수제나가 있는 곳에 이르러 이렇게 말을 지었다.

"수제나 아들아! 어찌 어젯밤에 남은 죽을 먹고 있는가? 수제나여. 어찌 마땅히 자기 집으로 돌아오지 않는가?"

"거사님! 나는 이미 당신의 집으로 갔고, 그곳에서 남은 죽을 얻어서 왔습니다."

그때 장로 수제나의 아버지는 수제나의 팔과 어깨를 붙잡고서 그를 향하여 이렇게 말을 지었다.

"수제나여. 우리들은 돌아가세."

이때 장로 수제나는 아버지의 집으로 돌아가서 이미 펼쳐진 자리의 위에 앉았다. 이때 장로 수제나의 아버지는 그를 향하여 말하였다.

"수제나여. 드시게."

"멈추십시오. 멈추십시오. 거사여. 나는 오늘의 음식을 이미 취하여 먹었습니다."

"수제나여. 그렇다면 내일에 음식은 허락하겠는가?"

장로 수제나는 묵연히 승낙하였고, 자리에서 일어나서 떠나갔다. 그때 장로 수제나의 어머니는 그 밤을 지내고서 푸른 색깔의 쇠똥으로 땅을 바른 뒤에 2개의 더미를 짓게 하였는데, 하나는 금전(金錢)이었고, 다른 하나는 황금이었다. 쌓았던 큰 더미는 컸으므로 곧 이것의 주변에 사람이 서 있어도 보이지 않았고, 그 주위의 남자도 보이지 않았다. 그것의 주변에 서 있던 남자는 이것의 주변에 서 있던 남자에게 보이지 않았다. 옷감의 부류로써 쌓여있는 보물들을 덮어두고서 네 모서리를 휘장으로 둘러쌌으며 가운데에 의자를 설치하였다. 그러한 뒤에 장로 수제나의 옛 아내에게 알렸다.

"며느리여. 그대는 수제나의 뜻에 알맞게 장신구로 단장하라."

"알겠습니다. 어머님."

장로 수제나의 옛 아내는 이와 같이 그 시어머니에게 대답하여 허락하였다.

5-7 이와 같이 장로 수제나는 이른 아침에 하의를 입고 상의와 발우를 지니고서 그의 아버지의 집에 이르렀고, 이미 펼쳐진 자리의 위에 앉았다. 이때 장로 수제나의 부친이 수제나에게 이르렀고, 두 개의 보물의 더미를 열어서 보여주었으며, 그러한 뒤에 장로 수제나에게 말하였다.

"나의 아들 수제나여. 이것은 그대의 어머니가 시집오면서 더하였던 재산이고, 다른 것은 그대 아버지의 것이고 할아버지의 재물이다. 오! 나의 아들 수제나여. 그대는 속가로 돌아와서 이 재물을 향유하고, 또한 공덕을 행하도록 하라. 오! 나의 아들 수제나여. 그대는 속가로 돌아와서 이 재물을 향유하고, 또한 공덕을 행하도록 하라."

"아버님! 나는 억지로 이러한 일을 할 수 없습니다. 행할 수 없습니다. 나는 진실로 범행을 닦는 것을 즐거워합니다."

두 번째에도 이와 같았고, 나아가 세 번째에도 이와 같았다. 장로 수제나의 아버지가 이와 같이 말하였으므로 수제나는 말하였다.

"나의 아들 수제나여. 이것은 그대의 어머니가 시집오면서 더하였던 재산이고, 다른 것은 그대 아버지의 것이고 할아버지의 재물이다. 수제나여. 그대는 속가로 돌아와서 이 재물을 향유하고, 또한 공덕을 행하도록 하라. 오! 수제나여. 그대는 속가로 돌아와서 이 재물을 향유하고, 또한 공덕을 행하도록 하라."

"거사님! 그대가 만약 진노(瞋怒)하지 않는다면 나는 거사님께 말하겠습니다."

"수제나여. 그대는 말해보게."

"그렇다면 거사님. 그대가 사람들을 청하여 대마(大麻)[56]로 포대(布袋)를 짓게 시키고, 이 재화와 황금을 담아서 채우고 마차로 밖으로 운반하여 항하의 물속에 던지십시오."

"무슨 까닭인가?"

"거사님. 그대는 이것을 인연으로 공포가 있고, 혹은 자재(自在)하지 못하며, 혹은 두려움이 있고, 혹은 노력하는 마음이 있나니, 이와 같이 짓는다면 그대는 곧 이러한 걱정이 없을 것입니다."

이와 같이 말하는 때에 장로 수제나의 아버지는 즐겁지 않아서 이렇게 말하였다.

"아들 수제나여! 어찌 이와 같은 말을 짓는가?"

장로 수제나의 아버지는 수제나의 옛 아내에게 알려 말하였다.

"그렇다면 며느리여. 그대가 이 수제나가 옛날에 좋아하였던 것을, 수제나가 그대와 원하였던 것을 서로 이야기하여 보라."

이 장로 수제나의 옛 아내는 수제나의 두 발을 잡고서 그를 향하여 말하였다.

"나의 남편이여. 그대가 범행의 인연을 닦는다면 그대들 천녀(天女)들의 모습은 어떻습니까?"

"누이여. 나는 여러 천녀들을 위하여 범행을 닦지 않소."

이때 장로 수제나의 옛 아내는 마음으로 생각하였다.

'내 남편인 수제나는 오늘은 나를 누이라고 말하는구나!'

곧 기절하여 땅에 쓰러졌다.

5-8 이때 장로 수제나가 그의 아버지에게 알려 말하였다.

"거사님. 만약 나에게 음식을 주겠다면 지금 주시고, 나를 곤혹스럽지

---

56) 중앙아시아가 원산지이며, 아시아·유럽의 온대·열대에 분포하며, 삼(麻)과의 한해살이 풀이고, 암수가 다른 그루이다. 종자는 식용이나 약용이고 줄기 껍질은 섬유의 원료로 쓰이는데 줄기에서 나오는 진액은 마취 물질을 함유하고 있다.

않게 하십시오."

"나의 아들 수제나가 음식을 청하는구나."

이와 같이 장로 수제나의 부모는 스스로가 손으로 맛있고 단단하며 부드러운 음식으로 공양하여서 배부르게 먹게 하였다. 이때 수제나의 부모는 수제나가 음식을 먹고서 두 손이 발우를 벗어나는 때에 장로 수제나에게 말하였다.

"우리의 아들 수제나여. 이 집안은 진실로 재산이 많고 음식이 풍요롭고, 금·은, 재화, 자구(資具), 여노비 등이 넉넉하고 충분하게 있네. 수제나여. 그대는 속가로 돌아와서 이 재물을 향유하고, 또한 공덕을 행하도록 하라. 오! 수제나여. 그대는 속가로 돌아와서 이 재물을 향유하고, 또한 공덕을 행하도록 하라."

"어머님! 나는 억지로 이러한 일을 할 수 없습니다. 행할 수 없습니다. 나는 진실로 범행을 닦는 것을 즐거워합니다."

두 번째에도 이와 같았고, 나아가 세 번째에도 이와 같았다. 장로 수제나의 어머니가 수제나에게 말하였다.

"수제나여. 이 집안은 진실로 재산이 많고 음식이 풍요롭고, 금은, 재화, 자구, 여노비 등이 넉넉하고 충분하게 있네. 그렇다면 수제나여. 청하건대 속종(續種)[57]을 공급하여 주어서, 리차(離車)[58]의 왕이 우리들의 뒤를 잇는 자식이 없어서 재산을 몰수(沒收)하지 않게 하게."

"어머님. 이것은 내가 능히 할 수 있습니다."

"수제나여. 그대는 어느 곳에 머무는가?"

"어머님. 나는 대림(大林)의 가운데에 머물고 있습니다."

이와 같이 말하고서 장로 수제나는 자리에서 일어나서 떠나갔다.

---

57) 팔리어 Bījaka(비자카)의 번역으로 레몬이나 유자나무의 씨앗을 가리키는 말이었으나, 뒤에 자손이라는 의미로 변화되었다.

58) 팔리어 Licchavi(리짜비)의 음사이고, 남아시아 북동부의 고대 인도-아리아인 부족으로 남쪽의 마가다 왕국과 경계를 이루었고, 수도는 Vesālī(베살리)에 위치하였으며, 소수의 귀족들 중심의 공화국이었다.

5-9 이때 장로 수제나의 부모는 수제나의 옛 아내를 불러서 말하였다.

"그렇다면 며느리여. 그대의 달(月)의 때가 지나간 뒤에 수태(受胎)의 때를 마땅히 나에게 알려라."

"알겠습니다. 어머님."

수제나의 옛 아내는 그녀의 시어머니에게 때가 아니라고 대답하여 말하였다. 수제나의 옛 아내는 달의 때가 지나고서 곧 수태의 때였으므로 수제나의 옛 아내는 그녀의 시어머니에게 알려 말하였다.

"어머님. 저는 월기(月期)가 지나갔고 곧 수태의 때입니다."

"그렇다면 며느리여. 수제나의 마음에 알맞은 장신구로 꾸미도록 하라."

수제나의 옛 아내는 수제나의 어머니에게 대답하여 말하였다.

"알겠습니다. 어머님."

이와 같이 수제나의 어머니와 수제나의 옛 아내는 대림에 있는 장로 수제나의 처소에 이르렀다. 이르러서 수제나에게 말하였다.

"나의 아들 수제나여. 이 집안은 진실로 재산이 많고 음식이 풍요롭고, 금은, 재화, 자구, 여노비 등이 넉넉하고 충분하게 있네. 그러므로 수제나여. 속종을 공급하여 주어서, 리차의 왕이 우리들이 뒤를 잇는 자식이 없어서 재산을 몰수하지 않게 하게."

"어머님. 이것은 내가 능히 할 수 있습니다."

곧 옛 아내의 팔목을 잡고서 숲으로 들어갔으며, 계율이 아직 제정되지 않았던 인연을 까닭으로 유죄(有罪)를 알지 못하여서 옛 아내와 세 차례의 부정(不淨)한 법을 행하였고, 이와 같아서 그 여인은 태(胎)가 있었다. 이때 지거천(地居天)[59]이 크게 외치며 울부짖었다.

"두렵구나! 진실로 부정(垢)과 번민(穢)이 없었고 허물과 환란이 없었던 승가에 수제나가란타자를 이유로 부정함과 번민이 생겨났고 허물과 환란이 일어났구나."

---

59) 팔리어 Bhummā devā(붐마 데바)의 의역이고, 욕계(欲界)의 육천(六天)으로 사왕천(四王天)과 도리천(忉利天)을 말한다.

지거천이 부르짖는 소리를 듣고 사왕천(四王天)[60]도 역시 부르짖었으
며, 나아가 도리천(忉利天)[61]도 부르짖었고, 야마천(夜摩天)[62]도 부르짖
었으며, 나아가 도솔천(兜率天)[63]도 부르짖었고, 화락천(化樂天)[64]도 부
르짖었으며, 나아가 타화자재천(他化自在天)[65]도 부르짖었고, 나아가 범
중천(梵衆天)[66]도 크게 부르짖었다.

이때 장로 수제나의 옛 아내는 임신하여 아들을 낳았다. 장로 수제나의
벗들은 이 아이의 이름을 속종(續種)이라고 지어서 주었고, 수제나의
옛 아내는 속종의 어머니라고 불렀으며, 수제나는 속종의 아버지라고
불렀다. 그 두 사람은 뒤에 모두 출가하였고, 같이 아라한과(阿羅漢果)를
증득하였다.

5-10 그러나 장로 수제나는 의심과 후회가 생겨났다.

'나에게 진실로 이익이 아니고, 나에게 요익하지 않다. 나에게 진실로
악(惡)한 이익이고, 나에게 진실로 선(善)한 이익이 아니다. 나는 이와
같은 선설(善說)하는 법과 율의 가운데에서 출가하였으나, 능히 결국
진실로 원만하고 결함이 없는 행과 청정하고 무구(無垢)한 범행이 생겨나
지 않을 것이다.'

이와 같이 그는 이것을 의심하고 후회하였으므로, 형체가 마르고 여위
었고, 용모(容貌)가 초췌하였으며, 사지(四肢)의 뼈와 혈관이 모두 드러났
고, 마음이 무겁게 가라앉았으며, 뜻이 위축되었고, 고뇌하고 후회하며
비통하였다. 이때 여러 비구들이 수제나에게 말하였다.

"수제나여! 그대는 이전에는 자태에 좋은 빛깔이 있었고 여러 근(根)이

---

60) 팔리어 Cātumahārājikā devā(차투마하라지카 데바)의 의역이다.
61) 팔리어 Tāvatiṃsā devā(타바팀사 데바)의 의역이다.
62) 팔리어 Yāmā devā(야마 데바)의 의역이다.
63) 팔리어 Tusitā devā(투시타 데바)의 의역이다.
64) 팔리어 Nimmānaratī devā(님마나라티 데바)의 의역이다.
65) 팔리어 Paranimmitavasavattī devā(프라님미타바사바띠 데바)의 의역이다.
66) 팔리어 Brahmakāyikā devā(브라마카이카 데바)의 의역이다.

충만하였으며 얼굴빛이 광택이 있었고 피부가 깨끗하고 밝았었는데, 지금 그대의 형체는 마르고 여위었으며 사지의 뼈와 혈관이 모두 드러났고, 마음이 무겁게 가라앉았으며, 뜻이 위축되어 고뇌하고 후회하며 비통하구려. 수제나여. 그대는 범행을 닦는 것이 즐겁지 않은가?"

"여러 장로들이여. 나는 범행을 닦는 것을 즐거워하지 않는 것이 아니고, 나아가 나는 옛 아내와 함께 부정법의 악행을 행하였던 인연입니다. 여러 비구들이여. 나는 이것에 깊은 의심이 생겨났습니다. 나는 진실로 청정하고 무구한 범행을 닦는 것을 즐거워합니다."

"비구 수제나여. 그대는 진실로 마땅히 의심하여 생각하였을 것입니다. 그대는 진실로 후회하였을 것입니다. 그대는 이와 같은 선설하는 법과 율의 가운데에서 출가하였으나, 결국에 원만하고 결함이 없는 진실한 행과 청정하고 무구한 범행이 능히 생겨나지 않을 것입니다. 수제나여. 세존께서는 여러 종류의 방편으로 욕망을 갖추지 않게 설법하셨고 욕망을 벗어나도록 설법하셨으며, 계박(繫縛)을 갖추지 않게 설법하셨고 계박에서 벗어나라고 설법하셨으며, 집착하지 않게 설법하셨고 집착을 없애라고 설법하셨습니다. 그러나 수제나여. 그대는 진실로 장차 세존께서 욕망을 벗어나게 설하신 법으로써 욕망을 갖추었고, 계박을 벗어나게 설하신 법으로써 계박을 갖추었으며, 집착이 없게 설하신 법으로써 집착을 삼았습니다.

비구 수제나여. 세존께서는 여러 종류의 방편으로 어찌 욕망을 벗어나게 설법하여 교만(憍慢)을 깨트리게 하셨고, 갈애(渴愛)를 조복(調服)하게 하셨으며, 집착을 없애게 하셨고, 윤회를 끊어지게 하셨으며, 애욕을 모두 없애게 하셨고, 욕망을 벗어나게 하셨으며, 열반하게 설법하시지 않으셨습니까?

비구 수제나여. 세존께서는 여러 종류의 방편으로 어찌 여러 욕망의 단멸(斷滅)을 설하셨고, 여러 욕망의 생각(想)을 널리 알게 설하셨으며, 여러 욕망의 갈애(渴愛)를 조복하게 설하셨고, 여러 욕망을 찾아서 없애게 설하셨으며, 여러 욕망의 열기를 멈추어 적정하도록 설법하시지 않으셨습니까?

수제나여. 이것은 믿지 않는 자는 신심이 생겨나지 않게 하고, 이미 믿었던 자는 증장(增長)시키지 않습니다. 비구 수제나여. 이것은 오히려 믿지 않는 자는 불신이 생겨나지 않음이 없게 하고, 믿었던 자는 전전하여 일부가 다른 곳으로 향하여 떠나가게 합니다."

5-11 이때 그 여러 비구들은 여러 종류의 방편으로 장로 수제나를 꾸짖고서, 이 일로써 세존께 아뢰었다. 그때 세존께서는 이 인연으로써 비구 승가를 모으셨으며, 장로 수제나에게 물어 말씀하셨다.

"수제나여. 그대가 진실로 옛 아내와 함께 부정법을 행하였는가?"

"세존이시여. 진실로 그렇습니다."

세존께서는 꾸짖으셨다.

"어리석은 사람이여. 이것은 상응(相應)하는 법이 아니고, 수순(隨順)하는 행이 아니며, 위의(威儀)가 아니고, 사문(沙門)의 행이 아니며, 청정한 행이 아니고, 마땅히 행할 것이 아니니라. 그대 어리석은 사람이여. 무슨 까닭으로 이와 같은 선설하는 법과 율의 가운데에 출가하였는데, 결국에 원만하고 결함이 없는 진실한 행과 청정하고 무구한 범행이 능히 생겨나지 않게 하였는가? 나는 여러 종류의 방편으로 욕망을 갖추지 않게 설법하였고 욕망을 벗어나도록 설법하였으며, 계박을 갖추지 않게 설법하였고 계박에서 벗어나라고 설법하였으며, 집착하지 않게 설법하였고 집착을 없애라고 설법하였느니라.

어리석은 사람이여. 내가 욕망을 벗어나게 설한 법으로써 욕망을 갖추었고, 계박을 벗어나게 설한 법으로써 계박을 갖추었으며, 집착이 없게 설한 법으로써 집착을 삼았느니라. 어리석은 사람이여. 나는 여러 종류의 방편으로 어찌 욕망을 벗어나게 설법하여 교만을 깨트리게 하였고, 갈애를 조복하게 하였으며, 집착을 없애게 하였고, 윤회를 끊어지게 하였으며, 애욕을 모두 없애게 하였고, 욕망을 벗어나게 하였으며, 열반하게 설법하였느니라.

어리석은 사람이여. 나는 여러 종류의 방편으로 어찌 여러 욕망의
단멸을 설하였고, 여러 욕망의 생각을 널리 알게 설하였으며, 여러 욕망의
갈애를 조복하게 설하였고, 여러 욕망을 찾아서 없애게 설하였으며, 여러
욕망의 열기를 멈추어 적정하도록 설법하지 않았는가?

어리석은 사람이여. 오히려 남근(男根)을 무서운 독사의 이빨의 안에
넣을지라도 역시 여근(女根)의 가운데에 넣지 않아야 하느니라. 어리석은
사람이여. 오히려 남근을 무서운 독사의 입 안에 넣을지라도 역시 여근의
가운데에 넣지 않아야 하느니라.

왜 그러한가? 어리석은 사람이여. 그것을 인연하는 이유로 진실로
능히 죽음을 받거나, 혹은 죽음의 고통 등을 받거나, 몸이 무너지고
목숨을 마친 뒤에 악한 처소, 악한 도(道), 고통스러운 취(趣), 지옥에
태어나는 것이 아니겠는가? 또한 어리석은 사람이여. 이것을 인연한
이유로 몸이 무너지고 목숨을 마친 뒤에 마땅히 악한 처소, 악한 도,
고통스러운 취, 지옥에 태어나느니라.

그대 어리석은 사람이여. 그대는 진실로 이러한 바르지 않은(不正)
법을 행하였고, 세속의 법, 악한 법, 불결한(穢) 법, 말수(末水)[67]의 법,
가려진 처소의 법에 머물렀나니, 오직 어느 두 사람이 성취한 법이니라.
어리석은 사람이여. 그대는 곧 여러 선(善)하지 않은 것을 처음으로 범한
자이고, 먼저 일으킨 자이니라.

이것은 믿지 않는 자는 신심이 생겨나지 않게 하고, 이미 믿었던 자는
증장시키지 않느니라. 어리석은 사람이여. 이것은 오히려 믿지 않는
자는 불신이 생겨나지 않는 것이 없게 하고, 믿었던 자는 전전(展轉)하여
일부가 다른 곳으로 향하여 떠나가게 하느니라."

이와 같이 세존께서는 여러 종류의 방편으로써 장로 수제나를 꾸짖고서
뒤에 부양(扶養)하기 어렵고, 가르치고 양육함이 어려우며, 욕심이 많아서
만족함을 알지 못하고, 대중의 가운데에 참여(參與)하면서 방일(放逸)하였

---

67) 부정한 법을 끝내고서 뒤에 물로 씻는 것을 가리킨다.

던 허물을 설하셨다. 그러한 뒤에 여러 종류의 방편으로써 부양하기
쉽고, 가르치고 양육함이 쉬우며, 욕심이 적어서 만족함을 알고, 두타행(頭
陀行)을 좋아하며, 단정하여 대중의 가운데에 참여하지 않고 용맹하게
정진하는 아름다움을 설하셨다. 아울러 또한 여러 비구들을 위하여 적절
한 법을 수순하여 설하신 뒤에 여러 비구들에게 알려 말씀하셨다.

　"여러 비구들이여. 이와 같으므로 열 가지의 이익을 까닭으로써 나는
여러 비구들을 위하여 학처(學處)를 제정하겠노라. 승가의 섭수(攝受)를
위하여, 승가의 안락을 위하여, 악인을 조복하기 위하여, 선한 비구들이
안락하게 머무르는 것을 위하여, 현세(現世)의 누(漏)를 방호(防護)하기
위하여, 후세(後世)의 누를 없애기 위하여, 믿지 않는 자에게 신심이
생겨나는 것을 위하여, 이미 믿었던 자의 증장(增長)을 위하여, 정법(正法)
이 오래 머무르는 것을 위하여, 율의 공경과 존중을 위한 것이니라. 여러
비구들이여 그대들은 마땅히 이와 같이 학처(學處)⁶⁸⁾를 송출할지니라."

　"어느 누구의 비구일지라도 만약 부정법을 행하는 자는 바라이이므로,
함께 머무를 수 없느니라."

　이와 같이 세존께서는 여러 비구들을 위하여 학처를 제정하여 세우셨다.

6-1 이때 한 비구가 비사리(毘舍離) 대림(大林)⁶⁹⁾의 가운데에서 머물렀다.
　음식으로써 원숭이를 유혹하였고, 그 원숭이와 함께 부정법을 행하였
다. 이때 그 비구는 이른 아침에 하의를 입고서 옷과 발우를 지니고
걸식하기 위하여 비사리로 들어갔다. 이때 여러 비구들이 방사(房舍)를
돌아다니면서 그 비구의 정사(精舍)에 이르렀다. 그 원숭이는 멀리서
여러 비구들이 오는 것을 보았고, 여러 비구들의 옆으로 달려왔으며,

---

68) 팔리어 Sikkhāpada(시까파다)의 의역이다. 본래의 언어적인 의미는 '교훈', '종교
　적 규칙'을 가리키고, '훈련의 단계', '도덕적 규칙'을 의미하므로 '계율'의 용어보다
　는 '학처'가 합리적이라고 생각되어 이 용어로 선택하여 번역한다.
69) 팔리어 mahāvane(마하바네)의 의역이다. mahā는 크다는 뜻이고, vane는 숲이
　라는 뜻이다.

여러 비구들의 앞에서 엉덩이를 흔들고 꼬리를 들어서 엉덩이를 보여주면서 음행의 모습을 지었다. 이때 여러 비구들은 생각하였다.

'그 비구가 원숭이와 함께 반드시 부정법을 행하였구나!'

그리고 한쪽에 숨어있었다. 이때 그 비구가 비사리에서 걸식하고서 음식을 얻어서 가지고 돌아왔다. 이때 원숭이가 비구의 처소에 이르렀으며, 그 비구는 걸식하여 얻었던 음식의 일부는 스스로가 먹었고, 일부는 그 원숭이에게 주었다. 원숭이는 음식을 먹고서 그를 향하여 엉덩이를 보여주었고 비구는 원숭이와 함께 부정법을 행하였다. 이때 여러 비구들이 그 비구에게 말하였다.

"비구여. 세존께서는 어찌 이미 학처를 제정하여 세우지 않았는가? 그대는 무슨 까닭으로 원숭이와 부정법을 행하는가?"

"장로들이여. 세존께서는 진실로 이미 학처를 제정하여 세우셨으나, 나아가 여인을 마주하고서 말씀하신 것이고, 축생을 가리키지는 않았습니다."

"비구여. 진실로 그렇습니다. 비구여. 이것은 상응하는 법이 아니고, 수순하는 행도 아니며, 위의가 아니고, 사문의 행이 아니며, 청정한 행이 아니고, 마땅히 지을 것이 아닙니다. 무슨 까닭으로 그대는 이와 같은 선설하는 법과 율의 가운데에서 출가하였는데, 능히 목숨을 마치도록 진실로 원만하고 청정한 범행을 행하지 않습니까? 비구여. 세존께서는 여러 종류의 방편으로 어찌 욕망을 벗어나도록 설법하셨고 욕망을 벗어나게 하셨으며, …… 나아가 어찌 욕망의 열기를 멈추고 적정하도록 설법하시지 않았습니까? 비구여. 이것은 오히려 믿지 않는 자는 불신이 생겨나지 않는 것이 없게 하고, …… 전전하여 다른 곳으로 향하여 떠나가게 하였습니다."

이와 같이 여러 비구들은 여러 종류의 방편으로 그 비구를 꾸짖고서, 이 일로써 세존께 아뢰었다. 그때 세존께서는 이 인연으로써 비구 승가를 모으셨으며, 그 비구에게 물어 말씀하셨다.

"비구여. 그대가 진실로 원숭이와 함께 부정법을 행하였는가?"

"진실로 그렇습니다. 세존이시여."

세존께서는 꾸짖으셨다.

"어리석은 사람이여. 이것은 상응하는 법이 아니고, 수순하는 행이 아니며, …… 두 사람이 성취한 법이니라. 어리석은 사람이여. 이것은 오히려 믿지 않는 자는 불신이 생겨나지 않는 것이 없게 하고, 믿었던 자는 전전하여 일부가 다른 곳으로 향하여 떠나가게 하느니라."

"여러 비구들이여. 그대들은 마땅히 이 학처를 이와 같이 송출할지니라. '어느 누구의 비구일지라도 만약 곧 축생과 함께 부정법을 행하는 자는 역시 바라이이므로, 함께 머무를 수 없느니라.'"

이와 같이 세존께서는 여러 비구들을 위하여 학처를 제정하여 세우셨다.

[미후품(獼猴品)을 마친다.]

7-1 그때 여러 비사리 출신의 발기(跋耆) 비구들이 제멋대로 음식을 먹었고, 제멋대로 잠을 잤으며, 제멋대로 목욕하였다. 제멋대로 음식을 먹었고, 제멋대로 잠을 잤으며, 제멋대로 목욕하면서 이치와 같지 않게 뜻을 지었으나, 계를 버리지 않았고, 계에 약해졌으나 알리지 않고서 부정법을 행하였다. 그들은 그러한 뒤에 친족의 불행, 재물과 재산의 손실, 질병의 고통을 인연으로 느꼈던 감각이 있었으므로 장로 아난의 처소에 이르러 이와 같이 말하였다.

"대덕(大德)이신 아난이여. 우리들은 세존을 비방(誹謗)하지 않았고, 법을 비방하지 않았으며, 승가를 비방하지 않았습니다. 대덕이신 아난이여. 우리들은 나아가 자기를 비방하지 않았고, 다른 사람들을 비방하지 않았으나, 우리들은 진실로 복덕이 매우 적습니다. 우리들은 이와 같은 선설하는 법과 율의 가운데에서 출가하였으나, 능히 목숨을 마치도록 진실로 원만하고 청정한 범행을 행하지 않았습니다.

대덕이신 아난이여. 지금 우리들이 만약 세존의 회상에서 출가하여 구족계를 받고, 우리들이 지금부터 선법을 관찰하면서 초분(初分)의 밤부터 후분(後分)의 밤까지 힘써서 보리분법(菩提分法)을 수습하면서 행하고, 오로지 마음으로 수행하면서 안주(安住)하겠습니다. 대덕이신 아난이여. 원하건대 대신하여 이 일을 세존께 알려 주십시오,"

"알겠습니다, 비구들이여."

장로 아난은 비사리 출신의 발기 비구들에게 허락하고서 세존의 처소로 갔다. 이르러서 이 일로써 세존께 아뢰었으며, 세존께서는 말씀하셨다.

"아난이여. 발기의 사람이었거나, 혹은 발기의 출신인 자였더라도, 여래께서 제정하였던 성문제자의 바라이의 학처를 이미 무너트렸는데, 이러한 처소는 있을 수 없느니라."

세존께서는 이 인연으로써 여러 비구들에게 설법하여 알리셨다.

"여러 비구들이여. 어느 비구라도 만약 계를 버리지 않았고, 계에 약해졌는데, 알리지 않고서 부정법을 행하고서 그가 다시 돌아왔다면, 역시 구족계를 받을 수 없느니라. 여러 비구들이여. 비구가 만약 계를 버렸고, 계에 약해졌는데, 알리고서 부정법을 행하고서 그가 다시 돌아왔다면, 마땅히 구족계를 받을 수 있느니라. 그대들은 마땅히 이와 같이 이 학처를 송출할지니라.

'어느 누구의 비구일지라도 비구의 학계(學戒)를 받았는데, 계를 버리지 않았고, 계에 약해졌는데, 알리지 않고서 부정법을 행하였거나, 축생과 함께 부정법을 행하였다면, 역시 바라이이므로, 함께 머무를 수 없느니라.'"

8-1 '어느 누구'는 어느 태어났던 이유, 이름의 이유, 족성(族姓)의 이유, 계(戒)의 이유, 정사(精舍)의 이유, 어느 누구의 사람이 행하였던 지역을 논하는 것이 아니고, 혹은 높은 법랍(法臘)이거나, 혹은 낮은 법랍이거나, 혹은 중간의 법랍이었다면, '어느 누구'라고 말한다.

'비구(比丘)'는 구걸(求乞)하는 비구이니, 일을 따라서 걸식(乞食)하는 비구, 할절의(割截衣)를 입은 비구, 사미(沙彌)인 비구, 자칭비구(自稱比丘), 선래비구(善來比丘), 삼귀의(三歸依)를 이유로 구족계(具足戒)를 받은 비

구, 현선비구(賢善比丘), 진실비구(眞實比丘), 유학비구(有學比丘), 무학비
구(無學比丘), 화합승가(和合僧伽)의 백사갈마(白四羯磨)를 의지한 이유로
허물이 없어서 마땅히 여법(如法)하게 구족계를 받은 비구이다. 이 가운데
에서 화합승가(和合僧伽)를 의지한 이유로 백사갈마에 허물이 없어서
마땅히 여법하게 구족계를 받은 비구이니, 곧 이것을 '비구'의 뜻이라고
말한다.

'학(學)'은 삼학(三學)이니, 증상계학(增上戒學), 증상심학(增上心學), 증
상혜학(增上慧學)이다. 이 가운데에서 증상계학이 곧 이것에서 '학'의 뜻이
라고 말한다.

'계(戒)'는 일반적으로 세존께서 제정하여 세우셨던 학처인 이유로,
이것을 '계'라고 이름하고, 이 계를 수학(修學)하는 자를 '학계(學戒)'를
받았다고 이름한다.

8-2 '계를 버리지 않았고, 계에 약해졌으나 알리지 않다.'는 여러 비구들이
계에 약해졌는데, 곧 계를 버리지 않고서 알렸거나, 혹은 계에 약해졌는데,
곧 계를 버리고서 알린 것이다.

여러 비구들이여. 무엇이 계에 약해졌으나, 곧 계를 버리지 않고서
알린 것인가? 여러 비구들이여. 어느 비구가 있어 만족하지 못하고 즐겁지
못한 이유로 사문법(沙門法)을 떠나가고자 하였고, 비구의 상태가 괴롭고
혐오스러우며 부끄러웠고, 재가의 상태(狀態)를 좋아하고 즐거워하였거
나, 우바새(優婆塞)70)의 상태를 좋아하고 즐거워하였거나, 정인(淨人)71)
의 상태를 좋아하고 즐거워하였거나, 사미(沙彌)72)의 상태를 좋아하고
즐거워하였거나, 외도(外道)73)의 상태를 좋아하고 즐거워하였거나, 사문

---

70) 팔리어 upāsaka(우파사카)의 음사이다.
71) 팔리어 ārāmika(아라미카)의 의역이고, 사찰에서 일상적인 소임을 행하는 재가
인을 가리킨다.
72) 팔리어 sāmaṇera(사마레나)의 음사이고, 금욕주의 수행자를 나타낸다.
73) 팔리어 titthiya(티띠야)는 일반적으로 불교도가 아닌 수행자들을 가리키고,
특히 자이나교의 지지자들을 가리키고 있다.

법이 아닌 상태를 좋아하고 즐거워하였거나, 석자(釋子)가 아닌 상태를 좋아하고 즐거워하면서 "내가 지금 어찌 마땅히 세존(佛)을 버리지 않겠는가?"라고 말하면서 사람들에게 알리는 것이다.

여러 비구들이여. 이와 같이 알렸다면 계에 약해졌으나, 곧 계를 버리지 않은 것이다.

혹은 근심하면서 즐거워하지 않고서, …… 나아가 …… 석자가 아닌 상태를 좋아하고 즐거워하면서, "내가 지금 어찌 마땅히 법(法)을 버리지 않겠는가?"라고 말하면서 사람들에게 알리는 것이다. …… 나아가 …… "내가 지금 어찌 마땅히 승가(僧)를 버리지 않겠는가?"라고 말하면서 사람들에게 알리는 것이다. …… 나아가 …… "내가 지금 어찌 마땅히 계(戒)를 버리지 않겠는가?"라고 말하면서 사람들에게 알리는 것이다. …… 나아가 …… "내가 지금 어찌 마땅히 율(律)을 버리지 않겠는가?"라고 말하면서 사람들에게 알리는 것이다. …… 나아가 …… "내가 지금 어찌 마땅히 학처를 버리지 않겠는가?"라고 말하면서 사람들에게 알리는 것이다.

…… 나아가 …… "내가 지금 어찌 마땅히 설계(說戒)를 버리지 않겠는가?"라고 말하면서 사람들에게 알리는 것이다. …… 나아가 …… "내가 지금 어찌 마땅히 화상(和尙)74)을 버리지 않겠는가?"라고 말하면서 사람들에게 알리는 것이다. …… 나아가 …… "내가 지금 어찌 마땅히 아사리(阿闍梨)75)를 버리지 않겠는가?"라고 말하면서 사람들에게 알리는 것이다.

…… 나아가 …… "내가 지금 어찌 마땅히 화상의 제자를 버리지 않겠는가?"라고 말하면서 사람들에게 알리는 것이다. …… 나아가 …… "내가 지금 어찌 마땅히 아사리의 제자를 버리지 않겠는가?"라고 말하면서 사람들에게 알리는 것이다. …… 나아가 …… "내가 지금 어찌 마땅히 화상과 같은 것을 버리지 않겠는가?"라고 말하면서 사람들에게 알리는 것이다. 나아가 "내가 지금 어찌 마땅히 아사리와 같은 것을 버리지

---

74) 팔리어 upajjhāya(우파짜야)의 의역이고, 한역으로는 친교사(親敎師)로 번역된다.
75) 팔리어 ācariya(아차리야)의 의역이고, 한역으로는 궤범사(軌範師)로 번역된다.

않겠는가?"라고 말하면서 사람들에게 알리는 것이다. …… 나아가 ……
"내가 지금 어찌 마땅히 범행과 같은 것을 버리지 않겠는가?"라고 말하면
서 사람들에게 알리는 것이다.

　…… 나아가 …… "내가 지금 거사가 아니겠는가?"라고 말하면서 사람들
에게 알려서 알게 하는 것이다. …… 나아가 …… "내가 지금 우바새가
아니겠는가?"라고 말하면서 사람들에게 알려서 알게 하는 것이다. ……
나아가 "내가 지금 정인이 아니겠는가?"라고 말하면서 사람들에게 알려서
알게 하는 것이다. …… 나아가 "내가 지금 사미가 아니겠는가?"라고
말하면서 사람들에게 알려서 알게 하는 것이다.

　…… 나아가 …… "내가 지금 외도가 아니겠는가?"라고 말하면서 사람들
에게 알려서 알게 하는 것이다. …… 나아가 …… "내가 지금 외도성문(外道
聲聞)이 아니겠는가?"라고 말하면서 사람들에게 알려서 알게 하는 것이
다. …… 나아가 …… "내가 지금 사문이 아님이 아니겠는가?"라고 말하면
서 사람들에게 알려서 알게 하는 것이다. …… 나아가 …… "내가 지금
석자가 아니지 않겠는가?"라고 말하면서 사람들에게 알려서 알게 하는
것이다.

　여러 비구들이여. 이와 같이 알렸다면 계에 약해졌으나, 곧 계를 버리지
않은 것이다.

　혹은 번민(煩悶)하면서 즐거워하지 않고서, …… 석자가 아닌 상태를
좋아하고 즐거워하면서 "내가 세존을 버리고자 하는데 어떻게 해야 하는
가?"라고 말하면서 사람들에게 알려서 알게 하는 것이다. …… 나아가
…… 석자가 아닌 상태를 좋아하고 즐거워하면서 "나는 석자가 아니고자
하는데 어떻게 해야 하는가?"라고 말하면서 사람들에게 알려서 알게
하는 것이다. …… 나아가 …… "나는 능히 세존을 장차 버리고자 한다."라
고 말하면서 사람들에게 알려서 알게 하는 것이다. …… 나아가 ……
"나는 능히 장차 석자가 아니고자 한다."라고 말하면서 사람들에게 알려서
알게 하는 것이다.

　…… 나아가 …… "오호! 나는 곧 세존을 버렸다."라고 말하면서 사람들

에게 알리는 것이다. ······ 나아가 ······ "오호! 나는 곧 석자가 아니다."라고
말하면서 사람들에게 알려서 알게 하는 것이다. 나아가 "나는 세존을
장차 버리려고 생각한다."라고 말하면서 사람들에게 알려서 알게 하는
것이다. 나아가 "나는 장차 석자가 아니라고 생각한다."라고 말하면서
사람들에게 알려서 알게 하는 것이다.

여러 비구들이여. 이와 같이 알렸다면 계에 약해졌으나, 곧 계를 버리지
않은 것이다.

혹은 번민하면서 즐거워하지 않고서, ······ 석자가 아닌 것을 즐거이
원하면서 "나는 어머니를 억념(憶念)한다."라고 말하면서 사람들에게 알
려서 알게 하는 것이다. ······ 나아가 ······ "나는 아버지를 억념한다."라고
말하면서 사람들에게 알려서 알게 하는 것이다. ······ 나아가 ······ "나는
아이를 억념한다."라고 말하면서 사람들에게 알려서 알게 하는 것이다.

······ 나아가 ······ "나는 자매를 억념하고, ······ 아들을 억념하며, ······
딸을 억념하고, ······ 아내를 억념하며, ······ 친족을 억념하고, ······ 친우(親
友)를 억념하며, ······ 취락을 억념하고, ······ 포구(鎭)를 억념하며, ······
논밭을 억념하고, ······ 금전(金錢)을 억념하며, ······ 기능(機能)을 억념한
다."라고 말하면서 사람들에게 알려서 알게 하는 것이다. 나아가 "담소(談
笑)하고 유희(遊戱)하였던 과거를 억념한다."라고 말하면서 사람들에게
알려서 알게 하는 것이다.

여러 비구들이여. 이와 같이 알렸다면 계에 약해졌으나, 곧 계를 버리지
않은 것이다.

혹은 번민하면서 즐거워하지 않고서, ······ 석자가 아닌 것을 즐거이
원하면서 "나는 어머니가 있으니 내가 마땅히 그녀를 부양(扶養)해야
한다."라고 말하면서 사람들에게 알려서 알게 하는 것이다. ······ 나아가
"나는 아버지가 있으니 내가 마땅히 그를 부양해야 한다."라고 말하면서
사람들에게 알려서 알게 하는 것이다.

······ 나아가 ······ "형제가 있으니, ······ 자매가 있으니, ······ 아들이
있으니, ······ 딸이 있으니, ······ 아내가 있으니, ······ 친족이 있으니 내가

마땅히 그를 부양해야 한다."라고 말하면서 사람들에게 알려서 알게 하는 것이다. …… 나아가 "나는 친우가 있으니 내가 마땅히 그를 부양해야 한다."라고 말하면서 사람들에게 알려서 알게 하는 것이다.

여러 비구들이여. 이와 같이 알렸다면 계에 약해졌으나, 곧 계를 버리지 않은 것이다.

혹은 번민하면서 즐거워하지 않고서, …… 석자가 아닌 것을 즐거이 원하면서 "나에게 어머니가 있으니 마땅히 나를 부양할 것이다."라고 말하면서 사람들에게 알려서 알게 하는 것이다. …… 나아가 …… "나에게 아버지가 있으니 마땅히 나를 부양할 것이다."라고 말하면서 사람들에게 알려서 알게 하는 것이다. …… 나아가 …… "나에게 친우가 있으니 마땅히 나를 부양할 것이다."라고 말하면서 사람들에게 알려서 알게 하는 것이다.

…… 나아가 …… "나에게 취락이 있으니 나는 장차 그곳에 의지하여 생활해야겠다."라고 말하면서 사람들에게 알려서 알게 하는 것이다. …… 나아가 …… "나에게 포구가 있으니 나는 장차 그곳에 의지하여 생활해야겠다."라고 말하면서 사람들에게 알려서 알게 하는 것이다. …… 나아가 …… "나에게 논밭이 있으니 나는 장차 그곳에 의지하여 생활해야겠다."라고 말하면서 사람들에게 알려서 알게 하는 것이다. …… 나아가 …… "나에게 금전이 있으니 나는 장차 그것에 의지하여 생활해야겠다."라고 말하면서 사람들에게 알려서 알게 하는 것이다. …… 나아가 …… "나에게 기능이 있으니 나는 장차 그것에 의지하여 생활해야겠다."라고 말하면서 사람들에게 알려서 알게 하는 것이다.

여러 비구들이여. 이와 같이 알렸다면 계에 약해졌으나, 곧 계를 버리지 않은 것이다.

혹은 번민하면서 즐거워하지 않고서, …… 석자가 아닌 것을 즐거이 원하면서 "수행은 진실로 어렵다."라고 말하면서 사람들에게 알려서 알게 하는 것이다. …… 나아가 …… "수행은 진실로 쉽지 않다."라고 말하면서 사람들에게 알리는 것이다. …… 나아가 …… "나는 정진하지 못한다."라고 말하면서 사람들에게 알려서 알게 하는 것이다. …… 나아가 …… "나는 능히 수행할 수 없다."라고 말하면서 사람들에게 알려서 알게 하는 것이다. …… 나아가 …… "나는 환희(歡喜)하지 않는다."라고 말하면서 사람들에게 알려서 알게 하는 것이다. …… 나아가 …… "나는 즐겁지 않다."라고 말하면서 사람들에게 알려서 알게 하는 것이다.

이와 같이 알렸다면 계에 약해졌으나, 곧 계를 버리지 않은 것이다.

8-3 여러 비구들이여. 무엇을 계에 약해졌다고 알렸고, 역시 계를 버렸다고 말하는가? 여러 비구들이여. 비구가 이것에서 근심하고 즐거워하지 않으며, …… 나아가 …… 석자가 아닌 것을 즐거이 원하면서 "나는 세존을 버렸다."라고 말하면서 사람들에게 알려서 알게 하는 것이다.

이와 같이 알렸다면 계에 약해졌고, 역시 계를 버린 것이다.

혹은 번민하면서 즐거워하지 않고서, …… 석자가 아닌 것을 즐거이 원하면서 "나는 법을 버렸다."라고 말하면서 사람들에게 알려서 알게 하는 것이다. …… 나아가 …… "나는 승가를 버렸다."라고 말하면서 사람들에게 알려서 알게 하는 것이다. …… 나아가 …… "나는 계를 버렸다."라고 말하였고, …… 나아가 …… "나는 율을 버렸다."라고 말하였으며, …… 나아가 …… "나는 학처를 버렸다."라고 말하였고, …… 나아가 …… "나는 설계를 버렸다."라고 말하였으며, …… 나아가 …… "나는 화상을 버렸다."라고 말하였고, …… 나아가 …… "나는 아사리를 버렸다."라고 말하였고, …… 나아가 …… "나는 공주자(共住者)를 버렸다."라고 말하였으며, …… 나아가 …… "나는 아사리의 제자를 버렸다."라고 말하였고, …… 나아가 …… "나는 사형제(師兄弟)를 버렸다."라고 말하였으며, …… 나아가 …… "나는 동학(同學)을 버렸다."라고 말하였고, …… 나아가 …… "나는 동범행(同梵行)을 버렸다."라고 말하였으며, …… 나아가 …… "나는 우바새를 수지(受持)하겠다."라고 말하였고, …… 나아가 …… 나는 정인을, …… 나아가 …… 나는 외도를, …… 나아가 …… 나는 사미를, …… 나아가 …… 나는 외도성문을, …… 나아가 …… 나는 사문이 아니라고, …… 나아가 …… "나는 석자가 아니라고 수지하겠다."라고 말하면서 사람들에게 알려서 알게 하는 것이다.

여러 비구들이여. 이와 같이 알렸다면 계에 약해졌고, 역시 계를 버린 것이다.

또한 근심하면서 즐거워하지 않고서, …… 석자가 아닌 것을 즐거이 원하면서 "나는 세존이 필요하지 않다."라고 말하면서 사람들에게 알려서 알게 하는 것이다. …… 나아가 …… "나는 동범행을 버렸다."라고 말하면서 사람들에게 알려서 알게 하는 것이다.

여러 비구들이여. 이와 같이 알렸다면 계에 약해졌고, 역시 계를 버린 것이다.

또한 근심하면서 즐거워하지 않고서, …… 석자가 아닌 것을 즐거이 원하면서 "나에게 어찌 세존이 필요하겠는가?"라고 말하면서 사람들에게 알려서 알게 하는 것이다. …… 나아가 …… "나에게 어찌 동범행이 필요하겠는가?"라고 말하면서 사람들에게 알려서 알게 하는 것이다.

여러 비구들이여. 이와 같이 알렸다면 계에 약해졌고, 역시 계를 버린 것이다.

혹은 또한 근심하면서 즐거워하지 않고서, …… 석자가 아닌 것을 즐거이 원하면서 "세존께서 나에게 이익이 있겠는가?"라고 말하면서 사람들에게 알려서 알게 하는 것이다. …… 나아가 …… "동범행이 나에게 이익이 있겠는가?"라고 말하면서 사람들에게 알려서 알게 하는 것이다.

여러 비구들이여. 이와 같이 알렸다면 계에 약해졌고, 역시 계를 버린 것이다.

혹은 또한 근심하면서 즐거워하지 않고서, …… 석자가 아닌 것을 즐거이 원하면서 "나는 완전히 세존께 이탈(離脫)하였다."라고 말하면서 사람들에게 알려서 알게 하는 것이다. …… 나아가 …… "나는 완전히 동범행에서 이탈하였다."라고 말하면서 사람들에게 알려서 알게 하는 것이다.

여러 비구들이여. 이와 같이 알렸다면 계에 약해졌고, 역시 계를 버린 것이다.

기타의 일반적인 세존의 명호이거나, 혹은 법의 이름이거나, 혹은 법의 이름이거나, 혹은 계의 이름이거나, …… 혹은 동범행의 이름이거나, 혹은 거사의 이름이거나, …… 혹은 석자가 아닌 이름이 있었거나, 이것 등의 행하는 모습(行相), 특징적인 모습(特相), 드러나는 모습(現相)으로서 사람들에게 알려서 알게 하는 것이다.

여러 비구들이여. 이와 같이 알렸다면 계에 약해졌고, 역시 계를 버린 것이다.

8-4 여러 비구들이여. 무엇을 계를 버렸어도 성립되지 않았다고 말하는 가? 여러 비구들이여. 이것에서 만약 그의 행하였던 모습으로서, 그의 특징적인 모습으로서, 그의 드러나는 모습으로서 계를 버린 것이 있었거나, 어리석고 미쳤던 사람이 그것을 행하였던 모습으로서, 특징적인 모습으로서, 드러나는 모습으로서 계를 버렸다면 계를 버린 것이 성립되지 않는다. 어리석고 미쳤던 사람이 앞에 있었는데, 계를 버렸다면 계를 버린 것이 성립되지 않는다.

마음이 어지러운 사람이 계를 버렸다면, …… 마음이 어지러운 사람의 앞에서 계를 버렸다면, …… 번민으로 고통스러운 사람의 마음이 계를 버렸다면, …… 번민으로 고통스러운 사람의 앞에서 계를 버렸다면, …… 천신(天神)이 앞에 있었는데, …… 축생의 앞에서 계를 버렸다면 계를 버린 것이 성립되지 않는다.

중국(中國)[76] 사람이 변방(邊方)의 사람의 앞에서 계를 버린다고 말하였 는데, 그가 만약 이해하지 못하였다면 계를 버린 것이 성립되지 않는다. 변방 사람이 중국 사람의 앞에서, …… 중국 사람이 중국 사람의 앞에서, …… 변방 사람이 변방 사람의 앞에서 계를 버린다고 말하였는데, 만약 이해하지 못하였다면 계를 버린 것이 성립되지 않는다.

희롱하고 웃고자 하였다면, …… 요란(擾亂)시키고자 하였다면, ……

---

76) 세존께서 머무르시던 북인도의 코살라국, 마가다국 등을 가리키는 말이다.

말하고자 하지 않았으나 말하였다면, …… 말하고자 하였으나 말하지 않았다면, …… 무지(無智)한 사람에게 말하였다면, 지혜가 있는 사람을 향하여 말하지 않았다면, …… 혹은 소유(所有)한 사람을 향하지 않고서 말하였다면 계를 버린 것이 성립되지 않는다.

　여러 비구들이여. 이와 같다면 계를 버린 것이 성립되지 않는다.

8-5 '행하다.'는 남자가 서로를 마주하였거나, 여인이 서로를 마주하면서 생지(生支)[77]로써 그 생지에 삽입하면서 곧 하나의 호마(胡麻)[78]와 같은 양이라도 삽입하였다면 곧 행하였다고 이름한다.

　'부정법'은 곧 바르지 않은 법(不正法), 속가법(俗家法), 불결한 법(穢法), 추악한 법(麤惡法), 말수법(末水法), 가려진 곳의 법(隱處法), 오직 두 사람이 성취하는 법(唯有二人成就法) 등이니, 이것을 부정법이라고 이름한다.

　'축생과 함께 행하다.'는 축생녀와 함께 부정법을 행하는 것이니, 사문이 아니고, 역시 석자가 아니더라도, 어찌 하물며 축생녀와 행하겠는가! 이러한 까닭으로 곧 축생과 함께 행한다고 말하는 것이다.

　'바라이'는 사람의 목을 자르는 것과 비슷하여서 그것이 신체를 의지하므로 역시 살아갈 수 없는 까닭이다. 그러므로 비구가 부정법을 행하였다면 사문이 아니고, 역시 석자가 아니므로 이러한 까닭으로 바라이라고 말한다.

　'함께 머무를 수 없다.'는 함께 머무르는 것은 동일하게 갈마하고 동일하게 계를 설하며(說戒), 함께 배우는 것이니, 이것을 함께 머무른다고 이름한다. 그가 이곳에서 함께 머물 수 없는 이러한 까닭으로 함께 머무를 수 없다고 말한다.

9-1 세 종류의 여인이 있나니, 사람의 여인, 비인(非人)의 여인, 축생녀이다.

---

77) 남녀의 생식기를 가리키는 말인데, 특히 남성을 가리키는 경우가 많다.
78) 참깨, 들깨, 검은깨 등을 통틀어 일컫는 말이다.

세 종류의 2근(根)79)이 있나니, 사람의 2근, 비인의 2근, 축생의 2근이다.

세 종류의 황문(黃門)80)이 있나니, 황문의 사람, 황문의 비인, 황문의 축생이다.

세 종류의 남자가 있나니, 사람의 남자, 비인의 남자, 축생의 남자이다

사람인 여인의 3도(道)에 부정법을 행하는 자는 바라이이고, 3도는 곧 대변도(大便道), 소변도(小便道), 입(口)이다. 비인인 여인의 3도에, …… 나아가 …… 축생녀의 3도에 부정법을 행하는 자는 바라이이며, 대변도, 소변도, 입이다.

2근인 사람의 3도에, …… 나아가 …… 2근인 비인의 3도에, …… 나아가 …… 2근인 축생의 3도에 부정법을 행하는 자는 바라이이며, 대변도, 소변도, 입이다. 황문인 사람의 2도에 부정법을 행하는 자는 바라이이고, 2도는 곧 대변도와 입이다. 비인인 황문의 2도에, …… 나아가 …… 축생인 황문의 2도에, …… 나아가 …… 사람인 남자의 2도에, …… 나아가 …… 비인인 남자의 2도에, …… 나아가 …… 축생남의 2도에 부정법을 행하는 자는 바라이이고, 2도는 곧 대변도와 입이다.

9-2 비구가 음심(婬心)이 일어나서 사람인 여인의 대변도에 생지를 삽입하는 자는 바라이를 범한다. 비구가 …… 나아가 …… 여인의 소변도에, …… 나아가 …… 여인의 입에 생지를 삽입하는 자는 바라이를 범한다.

비구가 음심이 일어나서 비인인 여인의 대변도에, …… 나아가 …… 비인인 여인의 소변도에, …… 나아가 …… 비인인 여인의 입에, …… 나아가 …… 축생녀의 대변도에, …… 나아가 …… 축생녀의 소변도에, …… 나아가 …… 축생녀의 입에, …… 나아가 …… 2근인 사람의 대변도에, …… 나아가 …… 2근인 사람의 소변도에, …… 나아가 …… 2근인 사람의 입에, …… 나아가 …… 2근인 비인의 대변도에, …… 나아가 …… 2근인

---

79) 남성과 여성의 생식기를 동시에 갖춘 자이다.

80) 남녀가 남근(男根)이나, 여근(女根)을 갖추고 있지 않거나, 남녀의 근이 불완전한 자이다.

비인의 소변도에, …… 나아가 …… 2근인 비인의 입에, …… 나아가
…… 2근인 축생의 대변도에, …… 나아가 …… 2근인 축생의 소변도에,
…… 나아가 …… 2근인 축생의 입에 생지를 삽입하는 자는 바라이를
범한다.

　비구가 음심이 일어나서 황문인 사람의 대변도에, …… 나아가 ……
황문인 사람의 입에 생지를 삽입하는 자는 바라이를 범한다. 비구가
음심이 일어나서 황문인 비인의 대변도에, …… 나아가 …… 황문인 비인의
입에, …… 나아가 …… 황문인 축생의 대변도에, …… 나아가 …… 황문인
축생의 입에, …… 나아가 …… 사람인 남자의 대변도에, …… 나아가
…… 사람인 남자의 입에, …… 나아가 …… 비인인 남자의 대변도에,
…… 나아가 …… 비인인 남자의 입에, …… 나아가 …… 축생남의 대변도에,
…… 나아가 …… 축생남의 입에 생지를 삽입하는 자는 바라이를 범한다.

9-3 비구의 원수(怨讎)가 여인과 짝을 지어서 비구의 앞에 왔고, 대변도로
써 생지에 앉아서 삽입하게 시켰는데, 그가 만약 삽입하는 때에 즐거움을
느꼈거나, 삽입하고서 즐거움을 느꼈거나, 머물면서 즐거움을 느꼈거나,
빼내는 때에 즐거움을 느꼈다면 바라이를 범한다.

　비구의 원수가 여인과 짝을 지어서 비구의 앞에 왔고, …… 대변도로써
생지에 앉아서, …… 그가 만약 삽입하는 때에 즐거움을 느끼지 못하였으
나, 삽입하고서 즐거움을 느꼈거나, 머물면서 즐거움을 느꼈거나, 빼내는
때에 즐거움을 느꼈다면 바라이를 범한다.

　비구의 원수가 여인과 짝을 지어서 비구의 앞에 왔고, …… 대변도로써
생지에 앉아서, …… 그가 만약 삽입하는 때에 즐거움을 느끼지 못하였고,
삽입하고서 즐거움을 느끼지 못하였으나, 머물면서 즐거움을 느꼈거나,
빼내는 때에 즐거움을 느꼈다면 바라이를 범한다.

　비구의 원수가 여인과 짝을 지어서 왔고, …… 대변도로써 생지에
앉아서, …… 그가 만약 삽입하는 때에 즐거움을 느끼지 못하였고, 삽입하
고서 즐거움을 느끼지 못하였으며, 머물면서 즐거움을 느끼지 못하였으

나, 빼내는 때에 즐거움을 느꼈다면 바라이를 범한다.

비구의 원수가 여인과 짝을 지어서 비구의 앞에 왔고, …… 대변도로써 생지에 앉아서, …… 그가 만약 삽입하는 때에 즐거움을 느끼지 못하였고, 삽입하고서 즐거움을 느끼지 못하였으며, 머물면서 즐거움을 느끼지 못하였고, 빼내는 때에 즐거움을 느끼지 못하였다면 범하지 않는다.

비구의 원수가 여인과 짝을 지어서 비구의 앞에 왔고, 소변도로써 생지에 앉아서 삽입하게 시켰는데, …… 나아가 …… 입으로써 앉아서 생지를 삽입하게 시켰는데, 그가 만약 삽입하는 때에 즐거움을 느꼈거나, 삽입하고서 즐거움을 느꼈거나, 머물면서 즐거움을 느꼈거나, 빼내는 때에 즐거움을 느꼈다면 바라이를 범한다.

비구의 원수가 여인과 짝을 지어서 비구의 앞에 왔고, 소변도로써 생지에 앉아서 삽입하게 시켰는데, …… 나아가 …… 입으로써 앉아서 생지를 삽입하게 시켰는데, 그가 만약 삽입하는 때에 즐거움을 느끼지 못하였으나, 삽입하고서 즐거움을 느꼈거나, 머물면서 즐거움을 느꼈거나, 빼내는 때에 즐거움을 느꼈다면 바라이를 범한다.

비구의 원수가 여인과 짝을 지어서 비구의 앞에 왔고, 소변도로써 앉아서 생지를 삽입하게 시켰는데, …… 나아가 …… 입으로써 생지에 앉아서 삽입하게 시켰는데, 그가 만약 삽입하는 때에 즐거움을 느끼지 못하였고, 삽입하고서 즐거움을 느끼지 못하였으나, 머물면서 즐거움을 느꼈거나, 빼내는 때에 즐거움을 느꼈다면 바라이를 범한다.

비구의 원수가 여인과 짝을 지어서 비구의 앞에 왔고, 소변도로써 앉아서 생지를 삽입하게 시켰는데, …… 나아가 …… 입으로써 생지에 앉아서 삽입하게 시켰는데, 그가 만약 삽입하는 때에 즐거움을 느끼지 못하였고, 삽입하고서 즐거움을 느끼지 못하였으며, 머물면서 즐거움을 느끼지 못하였으나, 빼내는 때에 즐거움을 느꼈다면 바라이를 범한다.

비구의 원수가 깨어있는 여인을 데리고 비구의 앞에 왔고, …… 나아가 …… 잠자는 여인을 데리고 왔고, …… 나아가 …… 술에 취한 여인을 데리고 왔고, …… 나아가 …… 미쳤던 여인을 데리고 왔고, …… 나아가

…… 전도(顚倒)된 여인을 데리고 왔고, …… 나아가 …… 죽었으나 몸의 대부분이 부패하지 않은 여인을 취하여 비구의 앞에 왔고, …… 나아가 …… 대변도로써 앉아서 생지를 삽입하게 시켰는데, …… 나아가 …… 소변도로써 앉아서 생지를 삽입하게 시켰는데, …… 나아가 …… 입으로써 생지에 앉아서 삽입하게 시켰는데, 그가 만약 삽입하는 때에 즐거움을 느꼈거나, 삽입하고서 즐거움을 느꼈거나, 머물면서 즐거움을 느꼈거나, 빼내는 때에 즐거움을 느꼈다면 바라이를 범한다.

비구의 원수가 깨어있는 여인을 데리고 비구의 앞에 왔고, …… 나아가 …… 잠자는 여인을 데리고 왔고, …… 나아가 …… 술에 취한 여인을 데리고 왔고, …… 나아가 …… 미쳤던 여인을 데리고 왔고, …… 나아가 …… 전도된 여인을 데리고 왔고, …… 나아가 …… 죽었으나 몸의 대부분이 부패하지 않은 여인을 취하여 비구의 앞에 왔고, …… 나아가 …… 대변도로써 앉아서 생지를 삽입하게 시켰는데, …… 나아가 …… 소변도로써 앉아서 생지를 삽입하게 시켰는데, …… 나아가 …… 입으로써 생지에 앉아서 삽입하게 시켰는데, 그가 만약 삽입하는 때에 즐거움을 느끼지 못하였으나, 삽입하고서 즐거움을 느꼈거나, 머물면서 즐거움을 느꼈거나, 빼내는 때에 즐거움을 느꼈다면 바라이를 범한다.

비구의 원수가 깨어있는 여인을 데리고 비구의 앞에 왔고, …… 나아가 …… 잠자는 여인을 데리고 왔고, …… 나아가 …… 술에 취한 여인을 데리고 왔고, …… 나아가 …… 미쳤던 여인을 데리고 왔고, …… 나아가 …… 전도된 여인을 데리고 왔고, …… 나아가 …… 죽었으나 몸의 대부분이 부패하지 않은 여인을 취하여 비구의 앞에 왔고, …… 나아가 …… 대변도로써 생지에 앉아서 삽입하게 시켰는데, …… 나아가 …… 소변도로써 생지에 앉아서 삽입하게 시켰는데, …… 나아가 …… 입으로써 생지에 앉아서 삽입하게 시켰는데, 그가 만약 삽입하는 때에 즐거움을 느끼지 못하였고, 삽입하고서 즐거움을 느끼지 못하였으나, 머물면서 즐거움을 느꼈거나, 빼내는 때에 즐거움을 느꼈다면 바라이를 범한다.

비구의 원수가 깨어있는 여인을 데리고 비구의 앞에 왔고, …… 나아가

…… 잠자는 여인을 데리고 왔고, …… 나아가 …… 술에 취한 여인을 데리고 왔고, …… 나아가 …… 미쳤던 여인을 데리고 왔고, …… 나아가 …… 전도된 여인을 데리고 왔고, …… 나아가 …… 죽었으나 몸의 대부분이 부패하지 않은 여인을 취하여 비구의 앞에 왔고, …… 나아가 …… 대변도로써 앉아서 생지를 삽입하게 시켰는데, …… 나아가 …… 소변도로써 생지에 앉아서 삽입하게 시켰는데, …… 나아가 …… 입으로써 앉아서 생지를 삽입하게 시켰는데, 그가 만약 삽입하는 때에 즐거움을 느끼지 못하였고, 삽입하고서 즐거움을 느끼지 못하였으며, 머물면서 즐거움을 느끼지 못하였으나, 빼내는 때에 즐거움을 느꼈다면 바라이를 범한다.

비구의 원수가 죽었으며 몸의 대부분이 부패한 여인을 취하여 비구의 앞에 왔고, …… 나아가 …… 대변도로써 앉아서 생지를 삽입하게 시켰는데, …… 나아가 …… 소변도로써 생지에 앉아서 삽입하게 시켰는데, …… 나아가 …… 입으로써 앉아서 생지를 삽입하게 시켰는데, 그가 만약 삽입하는 때에 즐거움을 느꼈거나, 삽입하고서 즐거움을 느꼈거나, 머물면서 즐거움을 느꼈거나, 빼내는 때에 즐거움을 느꼈다면 투란차를 범한다.

비구의 원수가 죽었으며 몸의 대부분이 부패한 여인을 취하여 비구의 앞에 왔고, …… 나아가 …… 대변도로써 앉아서 생지를 삽입하게 시켰는데, …… 나아가 …… 소변도로써 생지에 앉아서 삽입하게 시켰는데, …… 나아가 …… 입으로써 앉아서 생지를 삽입하게 시켰는데, 그가 만약 삽입하는 때에 즐거움을 느끼지 못하였으나, 삽입하고서 즐거움을 느꼈거나, 머물면서 즐거움을 느꼈거나, 빼내는 때에 즐거움을 느꼈다면 투란차를 범한다.

비구의 원수가 죽었으며 몸의 대부분이 부패한 여인을 취하여 비구의 앞에 왔고, …… 나아가 …… 대변도로써 생지에 앉아서 삽입하게 시켰는데, …… 나아가 …… 소변도로써 앉아서 생지를 삽입하게 시켰는데, …… 나아가 …… 입으로써 생지에 앉아서 삽입하게 시켰는데, 그가 만약 삽입하는 때에 즐거움을 느끼지 못하였고, 삽입하고서 즐거움을 느끼지 못하였으나, 머물면서 즐거움을 느꼈거나, 빼내는 때에 즐거움을 느꼈다면 투란차를 범한다.

　비구의 원수가 죽었으며 몸의 대부분이 부패한 여인을 취하여 비구의 앞에 왔고, …… 나아가 …… 대변도로써 앉아서 생지를 삽입하게 시켰는데, …… 나아가 …… 소변도로써 생지에 앉아서 삽입하게 시켰는데, …… 나아가 …… 입으로써 생지에 앉아서 삽입하게 시켰는데, 그가 만약 삽입하는 때에 즐거움을 느끼지 못하였고, 삽입하고서 즐거움을 느끼지 못하였으며, 머물면서 즐거움을 느끼지 못하였으나, 빼내는 때에 즐거움을 느꼈다면 투란차를 범한다.

　비구의 원수가 깨어있는 여인을 데리고 비구의 앞에 왔고, …… 나아가 …… 잠자는 여인을 데리고 왔고, …… 나아가 …… 술에 취한 여인을 데리고 왔고, …… 나아가 …… 미쳤던 여인을 데리고 왔고, …… 나아가 …… 전도된 여인을 데리고 왔고, …… 나아가 …… 죽었으나 몸의 대부분이 부패하지 않은 여인을 취하여 왔고, …… 나아가 …… 죽었으며 몸의 대부분이 부패한 여인을 취하여 비구의 앞에 왔고, …… 나아가 …… 대변도로써 생지에 앉아서 삽입하게 시켰는데, …… 나아가 …… 소변도로써 앉아서 생지를 삽입하게 시켰는데, …… 나아가 …… 입으로써 생지에 앉아서 삽입하게 시켰는데, 그가 만약 삽입하는 때에 즐거움을 느끼지 못하였고, 삽입하고서 즐거움을 느끼지 못하였으며, 머물면서 즐거움을 느끼지 못하였고, 빼내는 때에 즐거움을 느끼지 못하였다면 범하지 않는다.

　비구의 원수가 비인의 여인을 데리고 비구의 앞에 왔고, …… 나아가 …… 축생녀, …… 나아가 …… 2근의 사람, …… 나아가 …… 2근의 비인, …… 나아가 …… 2근의 축생을 데리고 비구의 앞에 왔고, …… 나아가 …… 대변도로써, …… 나아가 …… 소변도로써, …… 나아가 …… 입으로써 생지에 앉아서 삽입하게 시켰는데, 그가 만약 삽입하는 때에 즐거움을 느꼈고, …… 나아가 …… 빼내는 때에도 즐거움을 느꼈다면 바라이를 범하며, …… 나아가 …… 삽입하는 때에 즐거움을 느끼지 못하였고, …… 빼내는 때에도 즐거움을 느끼지 못하였다면 범하지 않는다.

　비구의 원수가 잠자지 않는 2근의 축생을 데리고 비구의 앞에 왔고,

…… 나아가 …… 잠자는 2근의 축생, …… 나아가 …… 죽었으나 대부분의 부패하지 않은 2근의 축생을 취하여 비구의 앞에 왔고, …… 나아가 …… 대변도로써, …… 나아가 …… 소변도로써, …… 나아가 …… 입으로써 생지에 앉아서 삽입하게 시켰는데, 그가 만약 삽입하는 때에 즐거움을 느꼈고, …… 나아가 …… 빼내는 때에도 즐거움을 느꼈다면 투란차를 범하며, …… 나아가 …… 삽입하는 때에 즐거움을 느끼지 못하였고, …… 빼내는 때에도 즐거움을 느끼지 못하였다면 범하지 않는다.

비구의 원수가 사람의 황문을 데리고 비구의 앞에 왔고, …… 나아가 …… 비인의 황문, …… 나아가 …… 축생의 황문을 데리고 비구의 앞에 왔으며, 대변도로써, …… 나아가 …… 소변도로써, …… 나아가 …… 입으로써 생지에 앉아서 삽입하게 시켰는데, 그가 만약 삽입하는 때에 즐거움을 느꼈고, …… 나아가 …… 빼내는 때에도 즐거움을 느꼈다면 바라이를 범하며, …… 나아가 …… 삽입하는 때에 즐거움을 느끼지 못하였고, …… 빼내는 때에도 즐거움을 느끼지 못하였다면 범하지 않는다.

비구의 원수가 잠자지 않는 축생의 황문을 데리고 비구의 앞에 왔고, …… 나아가 …… 잠자는 축생의 황문, …… 나아가 …… 죽었으나 대부분의 무너지지 않은 축생의 황문을 데리고 비구의 앞에 왔고, 대변도로써, …… 나아가 …… 소변도로써, …… 나아가 …… 입으로써 생지에 앉아서 삽입하게 시켰는데, 그가 만약 삽입하는 때에 즐거움을 느꼈고, …… 나아가 …… 빼내는 때에도 즐거움을 느꼈다면 바라이를 범한다.

죽어서 대부분이 파괴된 축생의 황문을 취하여 비구의 앞에 왔고, 대변도로써, …… 나아가 …… 소변도로써, …… 나아가 …… 입으로써 생지를 삽입하게 시켰는데, 그가 만약 삽입하는 때에 즐거움을 느꼈고, …… 빼내는 때에도 즐거움을 느꼈다면 바라이를 범하며, …… 나아가 …… 삽입하는 때에 즐거움을 느끼지 못하였고, …… 빼내는 때에도 즐거움을 느끼지 못하였다면 범하지 않는다.

비구의 원수가 사람의 남자를 데리고 비구의 앞에 왔고, …… 나아가 …… 비인의 남자, …… 나아가 …… 축생남과 짝을 지어서 왔고, 대변도로

써, …… 나아가 …… 입으로써 생지에 앉아서 삽입하게 시켰는데, 그가
만약 삽입하는 때에 즐거움을 느꼈고, …… 빼내는 때에도 즐거움을
느꼈다면 바라이를 범하며, …… 나아가 …… 삽입하는 때에 즐거움을
느끼지 못하였고, …… 빼내는 때에도 즐거움을 느끼지 못하였다면 범하지
않는다.

　비구의 원수가 잠자지 않는 축생남을 데리고 비구의 앞에 왔고, ……
나아가 …… 잠자는 축생남, …… 나아가 …… 죽었으나 대부분의 부패하지
않은 축생남을 취하여 왔고, 대변도로써, …… 나아가 …… 입으로써
생지에 앉아서 삽입하게 시켰는데, 그가 만약 삽입하는 때에 즐거움을
느꼈고, …… 빼내는 때에도 즐거움을 느꼈다면 바라이를 범한다.

　죽어서 대부분이 파괴된 축생의 황문을 취하여 왔고, 대변도로써,
…… 나아가 …… 입으로써 생지에 앉아서 삽입하게 시켰는데, 그가 만약
삽입하는 때에 즐거움을 느꼈고, …… 빼내는 때에도 즐거움을 느꼈다면
투란차를 범하며, …… 나아가 …… 삽입하는 때에 즐거움을 느끼지 못하였
고, …… 빼내는 때에도 즐거움을 느끼지 못하였다면 범하지 않는다.

9-4 비구의 원수가 사람의 여인과 짝을 지어서 비구의 앞에 왔고, 대변도
로써, …… 나아가 …… 소변도로써, …… 나아가 …… 입으로써 생지에
앉아서 삽입하게 시켰고, 덮어진 것으로써 덮어지지 않은 것에 삽입하였
거나, …… 덮어지지 않은 것으로 덮어진 것에 삽입하였거나, …… 덮어진
것으로 덮어진 것에 삽입하였거나, 덮어지지 않은 것으로써 덮어지지
않은 것에 삽입하였는데, 그가 만약 삽입하는 때에 즐거움을 느꼈고,
…… 빼내는 때에도 즐거움을 느꼈다면 바라이를 범하며, …… 나아가
…… 삽입하는 때에 즐거움을 느끼지 못하였고, …… 빼내는 때에도 즐거움
을 느끼지 못하였다면 범하지 않는다.

　비구의 원수가 잠자지 않는 사람의 여인을 데리고 비구의 앞에 왔고,
…… 나아가 …… 잠자는 여인을, …… 나아가 …… 죽었으나 대부분의
부패하지 않은 여인을 취하여 비구의 앞에 왔고, 대변도로써, …… 나아가

…… 덮어진 것으로써 덮어지지 않은 것에 삽입하였거나, …… 덮어지지 않은 것으로써 덮어지지 않은 것에 삽입하였는데, 그가 만약 삽입하는 때에 즐거움을 느꼈고, …… 빼내는 때에도 즐거움을 느꼈다면 바라이를 범한다.

죽어서 대부분이 부패한 여인을 취하여 비구의 앞에 왔고, 대변도로써, …… 나아가 …… 덮어진 것으로써 덮어지지 않은 것을 삽입하였거나, …… 덮어지지 않은 것으로 덮어진 것을 삽입하였거나, …… 덮어지지 않은 것으로써 덮어지지 않은 것에 삽입하였는데, 그가 만약 삽입하는 때에 즐거움을 느꼈고, …… 빼내는 때에도 즐거움을 느꼈다면 투란차를 범하며, 즐거움을 느끼지 못하였다면 범하지 않는다.

비구의 원수가 비인의 여인을 데리고 비구의 앞에 왔고, …… 나아가 …… 축생의 여인, …… 나아가 …… 2근의 여인, …… 나아가 …… 2근의 비인, …… 나아가 …… 2근의 축생을 데리고 비구의 앞에 왔고, 대변도로써, …… 나아가 …… 소변도로써, …… 나아가 …… 입으로써 생지에 앉아서 삽입하게 시켰고, 덮어진 것으로써 덮어지지 않은 것에 삽입하였거나, …… 덮어지지 않은 것으로 덮어진 것에 삽입하였거나, …… 덮어진 것으로 덮어진 것에 삽입하였거나, 덮어지지 않은 것으로써 덮어지지 않은 것에 삽입하였는데, 그가 만약 삽입하는 때에 즐거움을 느꼈고, …… 빼내는 때에도 즐거움을 느꼈다면 바라이를 범하며, …… 나아가 …… 삽입하는 때에 즐거움을 느끼지 못하였고, …… 빼내는 때에도 즐거움을 느끼지 못하였다면 범하지 않는다.

비구의 원수가 잠자지 않는 2근의 축생을 데리고 비구의 앞에 왔고, …… 나아가 …… 잠자는 2근의 축생, …… 나아가 …… 죽었으나 대부분의 부패하지 않은 2근의 축생을 취하여 비구의 앞에 왔고, 대변도로써, …… 나아가 …… 덮어진 것으로써 덮어지지 않은 것에 삽입하였거나, …… 덮어지지 않은 것으로써 덮어지지 않은 것에 삽입하였는데, 그가 만약 삽입하는 때에 즐거움을 느꼈고, …… 빼내는 때에도 즐거움을 느꼈다면 바라이를 범한다.

죽어서 대부분이 파괴된 2근의 축생을 취하여 비구의 앞에 왔고, ……
나아가 …… 대변도로써, …… 나아가 …… 덮어진 것으로써 덮어지지
않은 것에 삽입하였거나, …… 덮어지지 않은 것으로써 덮어지지 않은
것에 삽입하였는데, 그가 만약 들어가는 때에 즐거움을 느꼈고, ……
빼내는 때에 즐거움을 느꼈다면 투란차를 범하며, …… 나아가 …… 삽입하
는 때에 즐거움을 느끼지 못하였고, …… 빼내는 때에도 즐거움을 느끼지
못하였다면 범하지 않는다.

비구의 원수가 사람의 황문을 데리고 비구의 앞에 왔고, …… 나아가
…… 비인의 황문, …… 나아가 …… 축생의 황문, …… 나아가 …… 사람의
남자, …… 나아가 …… 비인의 남자, …… 나아가 …… 축생남, ……
나아가 …… 대변도로써, …… 나아가 …… 덮어진 것으로써 덮어지지
않은 것에 삽입하였거나, …… 덮어지지 않은 것으로써 덮어지지 않은
것에 삽입하였는데, 그가 만약 들어가는 때에 즐거움을 느꼈고, ……
빼내는 때에 즐거움을 느꼈다면 투란차를 범하며, …… 나아가 …… 삽입하
는 때에 즐거움을 느끼지 못하였고, …… 빼내는 때에도 즐거움을 느끼지
못하였다면 범하지 않는다.

비구의 원수가 잠자지 않는 축생남을 데리고 비구의 앞에 왔고, ……
나아가 …… 잠자는 축생남, …… 나아가 …… 죽었으나 대부분의 무너지지
않은 축생남, …… 나아가 …… 덮어진 것으로써 덮어지지 않은 것에
삽입하였거나, …… 덮어지지 않은 것으로써 덮어지지 않은 것에 삽입하였
는데, 그가 만약 삽입하는 때에 즐거움을 느꼈고, …… 빼내는 때에도
즐거움을 느꼈다면 바라이를 범한다.

죽어서 대부분이 파괴된 2근의 축생을 취하여 왔고 …… 나아가 ……
대변도로써, …… 나아가 …… 덮어진 것으로써 덮어지지 않은 것에 삽입하
였거나, …… 덮어지지 않은 것으로써 덮어지지 않은 것에 삽입하였는데,
그가 만약 들어가는 때에 즐거움을 느꼈고, …… 빼내는 때에 즐거움을
느꼈다면 투란차를 범하며, …… 나아가 …… 삽입하는 때에 즐거움을
느끼지 못하였고, …… 빼내는 때에도 즐거움을 느끼지 못하였다면 범하지

않는다.

9-5 비구의 원수가 비구와 짝을 지어서 여인의 앞에 이르렀고, 생지로써 대변도에 삽입하게 시켰고, …… 나아가 …… 소변도로써, …… 나아가 …… 입에 삽입하게 시켰는데, 그가 만약 들어가는 때에 즐거움을 느꼈고, …… 빼내는 때에 즐거움을 느꼈다면 바라이를 범하며, …… 나아가 …… 삽입하는 때에 즐거움을 느끼지 못하였고, …… 빼내는 때에도 즐거움을 느끼지 못하였다면 범하지 않는다.

비구의 원수가 비구를 묶어서 잠자지 않는 여인이 있는 곳에 이르렀고, …… 나아가 …… 잠자는 여인, …… 나아가 …… 술에 취한 여인, …… 나아가 …… 미친 여인, …… 나아가 …… 전도된 여인, …… 나아가 …… 죽었으나 부패하지 않은 여인, …… 나아가 …… 죽었으나 대부분이 부패하지 않은 여인의 처소에 이르렀고, 생지로써 대변도에 삽입하게 시켰으며, …… 나아가 …… 소변도로써, …… 나아가 …… 입에 삽입하게 시켰는데, 그가 만약 들어가는 때에 즐거움을 느꼈고, …… 빼내는 때에 즐거움을 느꼈다면 바라이를 범하며, …… 나아가 …… 삽입하는 때에 즐거움을 느끼지 못하였고, …… 빼내는 때에도 즐거움을 느끼지 못하였다면 범하지 않는다.

죽어서 대부분이 부패한 여인이 있는 곳에 이르렀고, 생지로써 대변도에, …… 나아가 …… 소변도로써, …… 나아가 …… 입에 삽입하게 시켰는데, 그가 만약 들어가는 때에 즐거움을 느꼈고, …… 빼내는 때에 즐거움을 느꼈다면 바라이를 범하며, …… 나아가 …… 삽입하는 때에 즐거움을 느끼지 못하였고, …… 빼내는 때에도 즐거움을 느끼지 못하였다면 범하지 않는다.

비구의 원수가 비구를 묶어서 비인인 여인의 처소에 이르렀고, …… 나아가 …… 축생의 여인, …… 나아가 …… 2근의 사람, …… 나아가 …… 2근의 비인, …… 나아가 …… 2근의 축생, …… 나아가 …… 사람의 황문, …… 나아가 …… 비인의 황문, …… 나아가 …… 축생의 황문,

…… 나아가 …… 사람의 남자, …… 나아가 …… 비인의 남자, …… 나아가 …… 축생남의 앞에서 생지로써 대변도에 삽입하게 시켰고, …… 나아가 입에 삽입하게 시켰는데, 생지로써 대변도에 삽입하게 시켰으며, …… 나아가 …… 소변도로써, …… 나아가 …… 입에 삽입하게 시켰는데, 그가 만약 들어가는 때에 즐거움을 느꼈고, …… 빼내는 때에 즐거움을 느꼈다면 바라이를 범하며, …… 나아가 …… 삽입하는 때에 즐거움을 느끼지 못하였고, …… 빼내는 때에도 즐거움을 느끼지 못하였다면 범하지 않는다.

비구의 원수가 비구를 묶어서 잠자지 않는 축생남의 처소에 이르렀고, …… 나아가 …… 잠자는 축생남, …… 나아가 …… 죽었으나 대부분이 부패하지 않은 축생남, 생지로써 대변도에 삽입하게 시켰으며, …… 나아가 …… 소변도로써, …… 나아가 …… 입에 삽입하게 시켰는데, 그가 만약 들어가는 때에 즐거움을 느꼈고, …… 빼내는 때에 즐거움을 느꼈다면 투란차를 범한다.

죽어서 대부분이 부패한 축생남의 앞에서 생지로써 대변도에 삽입하게 시켰고, …… 나아가 …… 입에 삽입하게 시켰는데, 생지로써 대변도에 삽입하게 시켰으며, …… 나아가 …… 소변도로써, …… 나아가 …… 입에 삽입하게 시켰는데, 그가 만약 들어가는 때에 즐거움을 느꼈고, …… 빼내는 때에 즐거움을 느꼈다면 그가 만약 들어가는 때에 즐거움을 느꼈고, …… 빼내는 때에 즐거움을 느꼈다면 투란차를 범하며, …… 나아가 …… 삽입하는 때에 즐거움을 느끼지 못하였고, …… 빼내는 때에도 즐거움을 느끼지 못하였다면 범하지 않는다.

9-6 비구의 원수가 비구를 묶어서 데리고 여인의 앞에 이르렀고, 대변도에, 소변도에, 입에 삽입하게 시켰고, 덮어진 것으로써 덮어지지 않은 것에 삽입하였거나, 덮어지지 않은 것으로 덮어진 것에 삽입하였거나, 덮어진 것으로 덮어진 것에 삽입하였거나, 덮어지지 않은 것으로써 덮어지지 않은 것에 삽입하였는데, 그가 만약 삽입하는 때에 즐거움을 느꼈고,

······ 빼내는 때에도 즐거움을 느꼈다면 바라이를 범하며, ······ 나아가 ······ 삽입하는 때에 즐거움을 느끼지 못하였고, ······ 빼내는 때에도 즐거움을 느끼지 못하였다면 범하지 않는다.

비구의 원수가 비구를 묶어서 데리고 잠자지 않는 여인의 앞에 이르렀고, ······ 나아가 ······ 잠자는 여인, ······ 나아가 ······ 나아가 죽었으나 부패하지 않은 여인의 앞에 이르렀고, 대변도에, 소변도에, 입에 삽입하게 시켰으며, 덮어진 것으로써 덮어지지 않은 것에 삽입하였거나, ······ 덮어지지 않은 것으로써 덮어지지 않은 것을 삽입하였는데, 그가 만약 삽입하는 때에 즐거움을 느꼈고, ······ 빼내는 때에도 즐거움을 느꼈다면 바라이를 범한다.

죽어서 대부분이 부패한 여인의 앞에 이르렀고, 대변도에, 소변도에, 입에 삽입하게 시켰으며, 덮어진 것으로써 덮어지지 않은 것에 삽입하였거나, ······ 덮어지지 않은 것으로써 덮어지지 않은 것에 삽입하였는데, 그가 만약 삽입하는 때에 즐거움을 느꼈고, ······ 빼내는 때에도 즐거움을 느꼈다면 투란차를 범하고, ······ 나아가 ······ 삽입하는 때에 즐거움을 느끼지 못하였고, ······ 빼내는 때에도 즐거움을 느끼지 못하였다면 범하지 않는다.

비구의 원수가 비구를 묶어서 데리고 잠자지 않는 비인인 여인의 앞에 이르렀고, ······ 나아가 ······ 축생남의 앞에 이르렀고, 대변도에, 소변도에, 입에 삽입하게 시켰으며, 덮어진 것으로써 덮어지지 않은 것에 삽입하였거나, ······ 덮어지지 않은 것으로써 덮어지지 않은 것에 삽입하였는데, 그가 만약 삽입하는 때에 즐거움을 느꼈고, ······ 빼내는 때에도 즐거움을 느꼈다면 바라이를 범한다.

죽어서 대부분이 부패한 축생남의 앞에 이르렀고, 대변도에, 소변도에, 입에 삽입하게 시켰으며, 덮어진 것으로써 덮어지지 않은 것에 삽입하였거나, ······ 덮어지지 않은 것으로써 덮어지지 않은 것에 삽입하였는데, 그가 만약 삽입하는 때에 즐거움을 느꼈고, ······ 빼내는 때에도 즐거움을 느꼈다면 투란차를 범하고, ······ 나아가 ······ 삽입하는 때에 즐거움을 느끼지 못하였고, …… 빼내는 때에도 즐거움을 느끼지 못하였다면 범하지 않는다.

9-7 오히려 비구의 원수는 자세하게 설명한 것과 같고, 역시 왕가(王家)의 원수도 이것과 같으며, 도둑의 원수, 포악(暴惡)한 원수, 불량배의 원수도, …… 나아가 …… 이것도 넓고 자세하게 설명한 것과 같다.

도(道)로써 도에 삽입하였다면 바라이를 범한다.

도로써 도가 아닌 곳에 삽입하였어도 바라이를 범한다.

도가 아닌 곳으로써 도에 삽입하였다면 바라이를 범한다.

도가 아닌 곳으로써 도가 아닌 곳에 삽입하였다면 투란차를 범한다.

비구가 잠자는 비구를 마주하고서 음행하였는데, 깨어난 뒤에 즐거움을 느꼈다면 마땅히 함께 죄를 범하고, 깨어난 뒤에 즐거움을 느끼지 않았다면 음행한 자는 마땅히 죄를 범한다.

비구가 잠자는 사미를 마주하고서 음행하였는데, 깨어난 뒤에 즐거움을 느꼈다면 마땅히 함께 죄를 범하고, 깨어난 뒤에 즐거움을 느끼지 않았다면 음행한 자는 마땅히 죄를 범한다.

사미가 잠자는 비구를 마주하고서 음행하였는데, 깨어난 뒤에 즐거움을 느꼈다면 마땅히 함께 죄를 범하고, 깨어난 뒤에 즐거움을 느끼지 않았다면 음행한 자는 마땅히 죄를 범한다.

사미가 잠자는 사미를 마주하고서 음행하였는데, 깨어난 뒤에 즐거움을 느꼈다면 마땅히 함께 죄를 범하고, 깨어난 뒤에 즐거움을 느끼지 않았다면 음행한 자는 마땅히 죄를 범한다.

9-8 무지한 자, 즐거움을 느끼지 못한 자, 어리석고 미친 자, 마음이 어지러운 자, 고통을 받는 자, 최초로 음행을 범한 자는 범한 것이 아니다.

[광설품(廣說品)을 마친다.]

10-1 암컷 원숭이(獼猴), 발기자(跋耆子), 거사(居士), 나형(裸形), 옷(衣), 소녀(少女), 연화색(蓮華色), 근이 바뀐 것(易根), 어머니(母), 딸(女), 자매 (姊妹), 아내(妻), 약한 척추(弱脊), 큰 생지(長根), 여러 구멍(多瘡), 진흙 여인상(泥女像), 나무 여인상(木女像), 순타라의 네 가지의 일(順陀羅四事), 묘지의 네 가지의 일(墓地四事), 뼈(骨), 용녀(龍女), 야차녀(夜叉女), 아귀녀 (餓鬼女), 황문(黃門), 근이 부패한 자(敗根者), 접촉(觸), 발제성의 아라한 (拔提城阿羅漢), 잠자는 자(眠者), 사위성의 네 가지의 일(舍衛城四事), 비사 리의 네 가지의 일(毘舍離四事), 바토가차의 꿈(夢之婆菟迦車), 수발바(須拔 婆), 살타(薩陀), 리차의 네 가지의 일(離車四事), 비구, 사슴(鹿) 등을 설한 것이 있다.

10-2 그때 한 비구가 암컷 원숭이와 부정법을 행하였는데, 그는 후회하는 마음이 생겨났다.

'세존께서 학처를 제정하시어 세우셨는데, 나는 바라이를 범하지 않았 겠는가?'

이 일로써 세존께 아뢰었고, 나아가 세존께서 말씀하셨다.

"비구여. 그대는 바라이를 범하였느니라."

10-3 그때 비사리 출신의 발기자(跋耆子)[81] 비구가 많았으나, 계를 버리지 않았고 계에 약해졌어도, 알리지 않고서 부정법을 행하였는데, 그는 후회 하는 마음이 생겨났다.

'세존께서 학처를 제정하시어 세우셨는데, 내가 바라이를 범하지 않았 겠는가?'

이 일로써 세존께 아뢰었고, 나아가 세존께서 말씀하셨다.

"비구여. 그대는 바라이를 범하였느니라."

---

81) 팔리어 vajjiputtā(바찌뿌따)의 음사이고, 발기족의 출신이라는 뜻이다.

10-4 그때 한 비구가 말하였다.

"만약 이와 같다면 나는 마땅히 범하지 않은 것이다."

거사의 모습으로 생지로써 부정법을 행하였는데, 그는 후회하는 마음이 생겨났다.

'세존께서 학처를 제정하시어 세우셨는데, 내가 바라이를 범하였는가?'

이 일로써 세존께 아뢰었고, 나아가 세존께서 말씀하셨다.

"비구여. 그대는 바라이를 범하였느니라."

10-5 그때 한 비구가 말하였다.

"만약 이와 같다면 나는 마땅히 범하지 않은 것이다."

나형으로 부정법을 행하였는데, 그는 후회하는 마음이 생겨났다.

'세존께서 학처를 제정하시어 세우셨는데, 내가 바라이를 범하지 않았겠는가?'

이 일로써 세존께 아뢰었고, 나아가 세존께서 말씀하셨다.

"비구여. 그대는 바라이를 범하였느니라."

그때 한 비구가 말하였다.

"만약 이와 같다면 나는 마땅히 범하지 않은 것이다."

풀옷(草衣)을 입고서 부정법을 행하였고, …… 나아가 …… 나무껍질 옷(樹皮衣)를 입고서, …… 나아가 …… 나무판자 옷(木片衣)을 입고서, …… 나아가 …… 털로 짰던 옷(髮毛織衣)을 입고서, …… 나아가 …… 말꼬리의 옷(馬毛織衣)을 잡고서, …… 나아가 …… 부엉이 깃털 옷(梟羽衣)을 입고서, …… 나아가 …… 양가죽 옷(羊皮衣)을 입고서 부정법을 행하였는데, 그는 후회하는 마음이 생겨났다.

'세존께서 학처를 제정하시어 세우셨는데, 내가 바라이를 범하지 않았겠는가?'

이 일로써 세존께 아뢰었고, 나아가 세존께서 말씀하셨다.

"비구여. 그대는 바라이를 범하였느니라."

10-6 그때 걸식을 행하는 비구가 수풀 위에 누워있는 소녀를 보고 음욕이 일어나서 엄지손가락으로써 그녀의 소변도에 집어넣었는데, 그 소녀는 죽었다. 그는 후회하는 마음이 생겨났다.

'세존께서 학처를 제정하시어 세우셨는데, 내가 바라이를 범하지 않았겠는가?'

이 일로써 세존께 아뢰었고, 나아가 세존께서 말씀하셨다.

"비구여. 그대는 바라이를 범한 것이 아니고, 승잔(僧殘)을 범하였느니라."

그때 한 청년이 연화색(蓮華色) 비구니를 마주하고서 염착(染着)하는 마음이 있었다. 이때 연화색 비구니가 걸식을 행하기 위하여 취락에 들어갔고, 그 청년은 곧 그녀의 초옥(草屋)으로 들어가서 한쪽의 가려진 곳에 앉았다. 연화색 비구니가 걸식을 행하고서 뒤에 돌아와서 발을 씻고 초옥으로 들어가서 그녀의 평상에 앉았다. 그때 그 청년이 연화색 비구니를 붙잡고 그녀를 범하였고, 연화색 비구니는 이 일로써 여러 비구니들에게 알렸으며, 여러 비구니들은 이 일로써 여러 비구들에게 알렸다. 여러 비구들은 이 일로써 세존께 아뢰었으며, 세존께서는 말씀하셨다.

"여러 비구들이여. 만약 즐거움을 느끼지 않았다면 범한 것은 아니니라."

10-7 그때 한 비구에게 여근이 생겨났고, 이 일로써 세존께 아뢰었고, 나아가 세존께서 말씀하셨다.

"여러 비구들이여. 그의 화상, 그가 구족계를 받은 것, 그의 법랍의 년수(年數)를 여러 비구니들과 바꾸는 것을 허락하겠노라. 대체로 비구가 여러 비구니들과 함께 여러 죄들이 함께 통(通)한다면 비구니의 가운데에서도 역시 죄이니라. 대체로 비구가 여러 비구니들과 함께 여러 죄들이 함께 통하지 않는다면 비구니의 가운데에서도 역시 죄가 아니니라."

그때 한 비구니에게 남근이 생겨났고, 이 일로써 세존께 아뢰었고, 나아가 세존께서 말씀하셨다.

"여러 비구들이여. 그녀의 화상, 그녀가 구족계를 받은 것, 그녀의 법랍의 년수를 여러 비구들과 바꾸는 것을 허락하겠노라. 대체로 비구니가 여러 비구들과 함께 여러 죄들이 함께 통한다면 비구의 가운데에서도 역시 죄이니라. 대체로 비구니가 여러 비구들과 함께 여러 죄들이 함께 통하지 않는다면 비구니의 가운데에서도 역시 죄가 아니니라."

10-8 그때 한 비구가 말하였다.

"만약 이와 같다면 나는 마땅히 범하지 않은 것이다."

어머니와 함께 부정법을 행하였고, …… 나아가 …… 딸과 함께, …… 나아가 …… 자매와 함께 부정법을 행하였는데, 그 비구는 후회하는 마음이 생겨났고, …… 나아가 …… 이 일로써 세존께 아뢰었고, 세존께서 말씀하셨다.

"비구여. 그대는 바라이를 범하였느니라."

그때 한 비구가 고의로 옛 아내와 함께 부정법을 행하였는데, 그는 후회하는 마음이 생겨났고. …… 나아가 …… 이 일로써 세존께 아뢰었고, 세존께서 말씀하셨다.

"비구여. 그대는 바라이를 범하였느니라."

10-9 그때 한 비구가 척추가 약하였는데, 그것을 인연으로 근심하고 괴로워하였으며 마음이 무너졌다. 자기의 생지를 가지고 입에 넣었는데, 그는 후회하는 마음이 생겨났고, …… 나아가 …… 이 일로써 세존께 아뢰었고, 세존께서 말씀하셨다.

"비구여. 그대는 바라이를 범하였느니라."

그때 한 비구가 큰 생지가 있었는데, 그것을 인연으로 근심하고 괴로워하였으며 마음이 무너졌다. 자기의 생지를 가지고 입에 넣었는데, 그는 후회하는 마음이 생겨났고, …… 나아가 …… 세존께서 말씀하셨다.

"비구여. 그대는 바라이를 범하였느니라."

10-10 그때 한 비구가 죽은 시체를 보았는데, 그 시체의 음부 주변에 여러 구멍이 있었으므로 그는 생각하였다.

"만약 이와 같다면 나는 마땅히 범하지 않은 것이다."

자기의 생지로써 시체의 음부에 삽입하였는데, 음부가 빠져나왔던 이유로 그는 후회하는 마음이 생겨났고, …… 나아가 …… 세존께서 말씀하셨다.

"비구여. 그대는 바라이를 범하였느니라."

그때 한 비구가 죽은 시체를 보았는데, 그 시체의 생지의 주변에 여러 구멍이 있었으므로 그는 생각하였다.

"만약 이와 같다면 나는 마땅히 범하지 않은 것이다."

자기의 생지로써 시체의 구멍에 삽입하였는데, 그의 생지가 빠져나왔던 이유로 그는 후회하는 마음이 생겨났고, …… 나아가 …… 세존께서 말씀하셨다.

"비구여. 그대는 바라이를 범하였느니라."

10-11 그때 한 비구가 음욕이 치성하여 생지로써 진흙 여인상의 여근(女根)에 접촉하였는데, 그는 후회하는 마음이 생겨났고, …… 나아가 …… 세존께서 말씀하셨다.

"비구여. 그대는 바라이를 범한 것이 아니고, 돌길라(突吉羅)를 범하였느니라."

그때 한 비구가 음욕이 치성하여 생지로써 나무 여인상의 여근에 접촉하였는데, 그는 후회하는 마음이 생겨났고, …… 나아가 …… 세존께서 말씀하셨다.

"비구여. 그대는 바라이를 범한 것이 아니고, 돌길라를 범하였느니라."

10-12 그때 한 사람이 있어 왕사성(王舍城)에서 출가하였고, 순타라(順陀羅) 비구라고 이름하였다. 수레의 길을 따라서 가고 있었는데 한 여인이 있어 말하였다.

"대덕이여. 내가 잠시 정례(頂禮)하고자 청합니다."

그녀는 한쪽에서 정례하면서, 비구의 한쪽 하의를 들어 올리고서 입에 그의 생지를 집어넣었다. 그 비구는 후회하는 마음이 생겨났다.

'세존께서 학처를 제정하시어 세우셨는데, 내가 바라이를 범하지 않았겠는가?'

이 일로써 세존께 아뢰었고, 나아가 세존께서 말씀하셨다.

"비구여. 그대는 즐거움을 느꼈는가?"

"세존이시여. 저는 즐거움을 느끼지 않았습니다."

"비구여. 그대는 즐거움을 느끼지 않았다면 범한 것은 아니다."

10-13 그때 한 여인이 비구를 보고서 이렇게 말을 지었다.

"오세요. 대덕이여. 와서 부정법을 행하세요."

"멈추시오. 자매여. 이와 같은 것은 허락되지 않소."

"오세요. 대덕이여. 스승께서는 힘을 사용하지 마시고, 내가 힘을 사용하면 스승께서는 곧 범한 것이 아니에요."

그 비구는 이렇게 지었는데, 그는 후회하는 마음이 생겨났고, ……
나아가 …… 세존께서 말씀하셨다.

"비구여. 그대는 바라이를 범하였느니라."

그때 한 여인이 비구를 보고서 이렇게 말을 지었다.

"오세요. 대덕이여. 와서 부정법을 행하세요."

"멈추시오. 자매여. 이와 같은 것은 허락되지 않소."

"오세요. 대덕이여. 스승께서는 힘을 사용하시고, 내가 힘을 사용하지 않는다면 스승께서는 곧 범한 것이 아니에요."

그 비구는 이렇게 지었는데, 그는 후회하는 마음이 생겨났고, ……
나아가 …… 세존께서 말씀하셨다.

"비구여. 그대는 바라이를 범하였느니라."

그때 한 여인이 비구를 보고서 이렇게 말을 지었다.

"오세요. 대덕이여. 와서 부정법을 행하세요."

"멈추시오. 자매여. 이와 같은 것은 허락되지 않소."

"오세요. 대덕이여. 안의 부분에서 문지르고서 밖에서 출정(出精)하거나, …… 나아가 …… 바깥 부분에서 문지르고서 안의 부분에서 출정하거나, 그때가 이와 같다면 그대는 곧 범한 것이 아니에요."

그 비구는 이렇게 지었는데, 그는 후회하는 마음이 생겨났고, ……
나아가 …… 세존께서 말씀하셨다.

"비구여. 그대는 바라이를 범하였느니라."

10-14 그때 한 비구가 묘지에 이르러 죽었으나 부패하지 않은 시체를 보고서 함께 부정법을 행하였는데, 그는 후회하는 마음이 생겨났고, ……
나아가 …… 세존께서 말씀하셨다.

"비구여. 그대는 바라이를 범하였느니라."

그때 한 비구가 묘지에 이르러 죽었으나 대부분이 부패하지 않은 시체를 보고서 함께 부정법을 행하였는데, 그는 후회하는 마음이 생겨났고, …… 나아가 …… 세존께서 말씀하셨다.

"비구여. 그대는 바라이를 범하였느니라."

그때 한 비구가 묘지에 이르러 죽어서 대부분이 부패한 시체를 보고서 함께 부정법을 행하였는데, 그는 후회하는 마음이 생겨났고, …… 나아가

…… 세존께서 말씀하셨다.

"비구여. 그대는 바라이를 범한 것이 아니고 투란차를 범하였느니라."

그때 한 비구가 묘지에 이르러 하나의 잘렸던 머리를 보고서 생지를 벌어진 입안에 집어넣고서 문질렀는데, 그는 후회하는 마음이 생겨났고, …… 나아가 …… 세존께서 말씀하셨다.

"비구여. 그대는 바라이를 범하였느니라."

그때 한 비구가 묘지에 이르러 하나의 잘렸던 머리를 보고서 생지를 벌어진 입 안에 집어넣었으나 문지르지는 않았는데, 그는 후회하는 마음이 생겨났고, …… 나아가 …… 세존께서 말씀하셨다.

"비구여. 그대는 바라이를 범한 것이 아니고, 돌길라를 범하였느니라."

그때 한 비구가 한 여인과 마주하고서 염착심(染著心)이 있었다. 그녀는 죽어서 묘지에 버려졌고, 그녀의 뼈가 흩어지는 때에 그 비구가 묘지에 이르러 그녀의 뼈를 모으고서 여근을 지었으며, 그의 생지를 삽입하였는데, 그는 후회하는 마음이 생겨났고, …… 나아가 …… 세존께서 말씀하셨다.

"비구여. 그대는 바라이를 범한 것이 아니고 돌길라를 범하였느니라."

10-15 그때 한 비구가 용녀와 함께 부정법을 행하였고, …… 나아가 …… 야차녀, …… 나아가 …… 아귀녀, …… 나아가 …… 황문과 부정법을 행하였는데, 그는 후회하는 마음이 생겨났고, …… 나아가 …… 세존께서 말씀하셨다.

"비구여. 그대는 바라이를 범하였느니라."

10-16 그때 한 비구가 있어 근이 무너졌으므로 그는 말하였다.

"나는 즐거움을 느끼지 못하여 괴롭구나. 이와 같다면 나는 마땅히 범한 것이 아니다."

그리고 부정법을 행하였는데, 그는 후회하는 마음이 생겨났고, ……
나아가 …… 이 일로써 세존께 아뢰었으며, 세존께서 말씀하셨다.

"여러 비구들이여. 그는 어리석은 사람이다. 그가 즐거움을 받았거나,
혹은 받지 않았어도 모두 바라이를 범하였느니라."

10-17 그때 한 비구가 한 여인과 함께 부정법을 행하였는데, 접촉하는
찰나에 그는 후회하는 마음이 생겨났고, …… 나아가 …… 세존께서 말씀하
셨다.

"비구여. 바라이를 범한 것이 아니고, 승잔을 범하였느니라."

10-18 그때 한 비구가 발제성(拔提城)[82] 사제야림(奢提耶林)[83]의 가운데
에서 한낮의 식후(食後)에 휴식하면서 가로(橫)로 누워있었다. 그의 사지
(四肢)의 가운데에 바람이 불었고, 한 여인이 이것을 보았으며, 그의
생지의 위에 앉았으며 뜻을 따라서 짓고서 떠나갔다. 여러 비구들이
누정(漏精)하여서 젖은 것을 보고서 이 일로써 세존께 아뢰었고, 세존께서
말씀하셨다.

"여러 비구들이여. 다섯 가지의 일을 인연으로 생지가 발기하느니라.
욕념(欲念), 대변, 소변, 바람, 모충(毛蟲)이 깨물었다면 생지가 발기하느니
라. 여러 비구들이여. 이 다섯 가지의 일을 의지하여 생지가 발기하느니라.
여러 비구들이여. 그 비구가 음욕의 생각을 인연으로 생지가 발기하였다
면, 이러한 처소는 없는 것이다. 여러 비구들이여. 그 비구는 아라한이므
로, 여러 비구들이여. 그 비구는 무죄(無罪)이고 범한 것은 없느니라."

10-19 그때 한 비구가 사위성(舍衛城)[84] 안타림(安陀林)[85]의 가운데에서

---

82) 팔리어 Bhaddiya(바띠야)의 음사이고, anga(앙가) 왕국의 도시를 가리킨다.
83) 팔리어 Jātiyāvana(자티야바나)의 음사이고, jātiyā는 지역이고 vana는 숲이라는
   뜻이다.
84) 팔리어 Sāvatthiyā(사바띠야)의 음사이다.

한낮의 식후에 휴식하면서 가로로 누워있었다. 소를 기르는 한 여인이
이것을 보았고, 그의 생지 위에 앉아서 삽입하였는데, 그 비구가 삽입하는
때에 즐거움을 느꼈고, 삽입하고서 즐거움을 느꼈으며, 머무는 때에도
즐거움을 느꼈고, 빼내는 때에도 즐거움을 느꼈다. 그는 후회하는 마음이
생겨났고, …… 나아가 …… 세존께서 말씀하셨다.
　"비구여. 바라이를 범하였느니라."

　그때 한 비구가 사위성 안타림의 가운데에서 한낮의 식후에 휴식하면서
가로로 누워있었다. 양(羊)을 기르는 한 여인이 이것을 보았고, 그의
생지 위에 앉아서 삽입하였으며, …… 나아가 …… 땔감을 구하는 한
여인이, …… 나아가 …… 쇠똥을 구하는 한 여인이 그의 생지 위에 앉아서
삽입하였는데, …… 나아가 …… 빼내는 때에도 즐거움을 느꼈으며 ……
나아가 …… 세존께 이 일로써 아뢰었다.
　"비구여. 그대는 바라이를 범하였느니라."

10-20 그때 한 비구가 비사리(毘舍離) 대림(大林)의 가운데에서 한낮의
식후에 휴식하면서 가로로 누워있었다. 한 여인이 이것을 보고서 그의
생지 위에 삽입하였으며 뜻을 따라서 짓고서 옆에 서서 웃고 있었다.
그 비구가 깨어난 뒤에 그 여인에게 이와 같이 말하였다.
　"그대가 이것을 하였소?"
　"그렇습니다. 내가 하였습니다."
　…… 나아가 …… 세존께 이 일로써 아뢰었다.
　"비구여. 즐거움을 느꼈는가?"
　"세존이시여. 저는 느끼지 못하였습니다."
　"비구여. 알지 못하였다면 범하지 않았느니라."

---

85) 팔리어 Andhavana(안다바나)의 음사이다.

10-21 그때 한 비구가 비사리 대림의 가운데에서 휴식하면서 나무에 의지하여 누워있었다. 한 여인이 이것을 보고서 그의 생지 위에 삽입하였으며, 그 비구가 일어나자 곧 떠나갔다. 그는 후회하는 마음이 생겨났다. …… 나아가 …… 세존께서 말씀하셨다.

"비구여. 즐거움을 느꼈는가?"

"세존이시여. 저는 느끼지 못하였습니다."

"비구여. 알지 못하였다면 범한 것이 아니니라."

그때 한 비구가 비사리 대림의 가운데에서 휴식하면서 나무에 의지하여 누워있었다. 한 여인이 이것을 보고서 그의 생지 위에 삽입하였으며, 그 비구가 깨어나 곧 밀쳐버리고서 일어났다. 그는 후회하는 마음이 생겨났고, …… 나아가 …… 세존께서 말씀하셨다.

"비구여. 알지 못하였다면 범한 것은 아니니라."

10-22 그때 한 비구가 비사리 대림의 중각강당(重閣講堂)에서 한낮에 휴식하면서 문을 열고서 누워있었는데 그의 사지에 바람이 불었다. 그때 많은 여인들이 향, 꽃, 꽃다발을 가지고 정사에 와서 승원(僧園)을 돌아다녔다. 그때 그 여인들이 이 비구를 보고서 뜻을 따라서 그의 생지 위에 앉아서 삽입하였고 뜻을 따라서 짓고서 말하였다.

"이 사람은 진실로 대장부(大丈夫)인 사람이다."

향과 꽃으로써 공양하고 떠나갔다. 여러 비구들이 출정하여서 젖은 것을 보고서 이 일로써 세존께 아뢰었고, 세존께서 말씀하셨다.

"여러 비구들이여. 다섯 가지의 일을 인연으로 생지가 발기하느니라. [앞에서 설명한 것과 같다] …… 나아가 …… 여러 비구들이여. 그 비구는 범한 것은 없느니라. 여러 비구들이여. 한낮에 혼자 앉아 있는 때에 문을 닫고서 혼자 앉아있는 것을 허락하겠노라."

10-23 그때 한 바토가차(婆蒐迦車)[86]의 비구가 꿈속에서 옛 아내와 부정

법을 행하면서 말하였다.

"나는 사문이 아니오. 마땅히 환속하겠소."

바토가차가 떠나가는 때에 도중(途中)에서 장로 우바리(優波離)를 보고서 이 일을 알렸다. 장로 우바리가 말하였다.

"장로여. 오직 꿈이니, 범한 것이 아니오."

10-24 그때 왕사성(王舍城)[87)에 세존을 믿었던 우바이(優婆夷)[88)가 있었고, 수발바(須拔婆)[89)라고 이름하였다. 그 여인은 '부정법을 보시하면 최상(最上)의 보시가 된다.'라고 이렇게 믿고 이해하였다. 그 여인이 비구를 보고 이렇게 말을 지었다.

"존자여. 오셔서 부정법을 행하세요."

"멈추시오. 자매여. 이것은 적합하지 않소."

"존자여. 앞가슴을 만지세요. 이와 같다면 그대는 범한 것이 아니에요."

…… 나아가 …… "존자여. 오세요. 배꼽(臍)을 만지세요. …… 나아가 …… 배(腹)를 만지세요. …… 나아가 …… 허리(腰)를 만지세요. …… 나아가 …… 목(頸)을 만지세요. …… 나아가 …… 몸의 구멍(身穴)을 만지세요. …… 나아가 …… 머리카락(毛髮)을 만지세요. …… 나아가 …… 손가락의 틈새(觸指)를 만지세요."

…… 나아가 …… "존자여. 오세요. 내가 손으로 두드리면서 그것을 출정하게 하고, 이와 같다면 스승께서는 마땅히 범한 것이 아니에요."

그 비구는 이와 같이 지었는데, 그는 후회하는 마음이 생겨났다. …… 나아가 …… 세존께서 말씀하셨다.

"비구여. 바라이를 범한 것이 아니고, 곧 승잔을 범하였느니라."

---

86) 팔리어 Bhārukacchaka(바루카짜카)의 음사이다.
87) 팔리어 Rājagaha(라자가하)의 의역이다.
88) 팔리어 Upāsikā(우파시카)의 음사이다.
89) 팔리어 Supabbā(수파빠)의 음사이다.

10-25 그때 왕사성에 세존을 믿었던 우바이가 있었고, 살타(薩陀)90)라고 이름하였다. 그 여인은 '부정법을 보시하면 최상의 보시가 된다.'라고 이렇게 믿고 이해하였다. 그 여인이 비구를 보고 이렇게 말을 지었다.

"존자여. 오셔서 부정법을 행하세요."

"멈추시오. 자매여. 이것은 적합하지 않소."

"존자여. 오세요. 앞가슴을 만지세요. 이와 같다면 그대는 범한 것이 아니에요. …… 나아가 …… 존자여. 오세요. 내가 손으로 행하여 그것을 출정하게 하고, 이와 같다면 스승께서는 마땅히 범한 것이 아니에요."

그 비구는 마침내 그것을 허락하였으나, 그는 후회하는 마음이 생겨났다. …… 나아가 …… 세존께서 말씀하셨다.

"비구여. 바라이를 범한 것이 아니고, 곧 승잔을 범하였느니라."

10-26 그때 비사리에서 리차족의 청년들이 비구를 붙잡아서 식차마나와 함께 부정법을 행하게 시켰고, …… 나아가 …… 사미니와 함께 부정법을 행하게 시켰는데, 함께 즐거움을 느꼈다면 마땅히 함께 빈출(擯出)91)해야 하고, 함께 즐거움을 느끼지 않았다면 함께 범한 것이 아니다.

그때 비사리에서 리차족의 청년들이 비구를 붙잡아서 유녀(遊女)와 함께 부정법을 행하게 시켰고, …… 나아가 …… 황문, …… 나아가 …… 거사의 부인과 함께 부정법을 행하게 시켰는데, 비구가 즐거움을 느꼈다면 마땅히 빈출해야 하고, 비구가 즐거움을 느끼지 않았다면 범한 것이 아니다.

그때 비사리에서 리차족의 청년들이 여러 비구를 붙잡아서 서로가 부정법을 행하게 시켰고, 함께 즐거움을 느꼈다면 마땅히 함께 빈출해야 하고, 함께 즐거움을 느끼지 않았다면 범한 것이 아니다.

---

90) 팔리어 saddhā(사따)의 음사이다.

91) 무거운 죄를 저지른 수행승을 일시적 또는 영원히 승단에서 추방하는 것이다.

10-27 그때 한 비구가 옛 아내를 보고자 갔는데, 그의 아내가 비구에게 말하였다.

"존자여. 오셔서 나와 즐거움을 행하세요."

그리고 그를 붙잡았고, 그 비구는 물러나면서 뒤로 넘어졌는데, 그의 아내가 군의(裙衣)92)를 걷어 올리고 그의 생지 위에 앉아서 삽입하였다. 그는 후회하는 마음이 생겨났고, …… 나아가 …… 세존께 이 일을 아뢰었다.

"비구여. 그대는 즐거움을 느꼈는가?"

"세존이시여. 저는 느끼지 못하였습니다."

"비구여. 즐거움을 느끼지 못하였다면 범한 것이 아니니라."

10-28 그때 한 비구가 아련야(阿蘭若)에 머물렀는데, 어린 사슴이 와서 그의 소변을 마시면서 입으로써 그의 생지를 핥았고, 그 비구는 즐거움을 느꼈다. 그는 후회하는 마음이 생겨났고, …… 나아가 …… 세존께서 이 일을 아뢰었다.

"비구여. 그대는 바라이를 범하였느니라."

[첫 번째의 바라이를 마친다.]

2) 불여취(不與取) 학처

1-1 그때 세존께서는 왕사성(王舍城)의 기사굴산(耆闍崛山)93)에 머무르셨다.

그때 많은 친근한 비구들이 선인산(仙人山)94)의 주변에 초가집(草屋)을

---

92) 허리에서 무릎 아래를 덮는 긴 치마 모양의 옷으로 인도 남성의 하의에서 유래되었다. 허리띠를 사용하지 않고 양 끝을 묶어서 착용한다.

93) 팔리어 Gijjhakūṭa pabbata(기짜쿠타 파빠다)의 음사이고, 'gijjhakūṭa'는 왕사성을 둘러싸고 있는 5개의 언덕의 가운데 하나이고, 'pabbata'는 산이라는 뜻이다.

짓고 하안거(夏安居)하였다. 장로 단니가(檀尼迦)[95]는 도공(陶師)의 아들이었는데, 역시 초옥을 짓고서 하안거하였다. 이와 같이 여러 비구들은 하안거의 3개월을 지내고서, 초가집을 부수어서 풀과 목재를 거두어 감추었으며, 여러 지방을 유행(遊行)하였다. 그러나 도공의 아들인 장로 단니가는 우기(雨期)를 그곳에서 머물렀고, 겨울과 여름도 역시 그곳에서 머물렀다.

　도공의 아들인 장로 단니가가 걸식을 위하여 취락에 들어간 때에 풀을 모으던 자와 나무꾼이 그의 초가집을 부수고서 풀과 나무를 취하여 떠나갔다. 장로 단니가는 다시 풀과 나무를 모아서 초옥을 지었고, 다시 다음으로 걸식하는 때에 취락에 들어갔다. 그 사이에 나무꾼이 다시 그의 초가집을 부수고서 풀과 나무를 취하여 떠나갔다. 장로 단니가는 세 번째에도 다시 풀과 나무를 모아서 초가집을 지었고, 마땅히 걸식하는 때에 취락에 들어갔는데, 나무꾼이 또한 초가집을 부수고서 풀과 나무를 취하여 떠나갔다. 이때 도공의 아들인 장로 단니가는 이와 같이 생각을 지었다.

　'내가 걸식하고자 취락에 들어가는 때에 땔감을 모으는 자가 나의 초가집을 부수고서 풀과 나무를 취하여 떠나갔던 것이 세 번이나 있었다. 내 스승의 업(業)은 도공의 기술에 매우 숙련(熟練)되었다. 내가 어찌 스스로 진흙으로써 반죽하지 않을 것이고, 순수하게 진흙으로써 집을 짓지 않겠는가!'

　이와 같이 장로 단니가는 스스로 진흙을 반죽하였고 순수하게 진흙으로써 집을 지었다, 그러한 뒤에 풀과 나무, 쇠똥을 모으고서 그의 집을 구웠다. 그의 작은 집은 무당벌레와 비슷하였고, 붉은색으로 아름답고 쾌적하였으며, 바람이 불면 집에 작은 은방울 소리가 나는 것 같았다.

---

94) 팔리어 Isigili passa(이시기리 파싸)의 의역이고, 'isigili'는 지명이고, 'passa'는 경사면이라는 뜻으로 선인산으로 번역된다. 왕사성 주변의 다섯 산의 가운데 하나이고, 그 산 한쪽에는 카라시라(Kalasila)라고 불리는 검은 돌이 있었다.
95) 팔리어 dhaniya(다니야)의 음사이다.

1-2 그때 세존께서는 여러 비구들과 함께 기사굴산의 아래에 머무셨는데, 그 아름답고 쾌적한 작은 집을 보시고서 여러 비구들에게 말씀하셨다.

"여러 비구들이여. 붉은색으로 아름답고 쾌적하며 무당벌레와 비슷한 것은 무슨 물건인가?"

그때 여러 비구들이 이 일로써 세존께 아뢰었고, 세존께서는 꾸짖으셨다.

"여러 비구들이여. 그 어리석은 사람이 행하였던 것은 상응하는 법이 아니고, 수순하는 행이 아니며, 위의가 아니고, 사문의 행이 아니며, 청정한 행이 아니고, 마땅히 행할 것이 아니니라. 여러 비구들이여. 그 어리석은 사람은 어찌 순수하게 진흙으로써 집을 지었는가?

여러 비구들이여. 그 어리석은 사람은 유정(有情)을 마주하고서 진실로 연민(憐愍)이 없었고, 자비(慈悲)가 없었으며, 상해(傷害)시키지 않으려는 마음이 없었느니라. 여러 비구들이여. 그대들이 가서 그의 집을 무너트리고 마땅히 왔던 중생들이 피해를 받지 않게 하라. 여러 비구들이여. 마땅히 순수하게 진흙으로써 집을 짓지 말라. 짓는 자는 돌길라를 범하느니라."

"알겠습니다. 세존이시여."

그 여러 비구들은 허락하고서 그의 집에 이르러 그 집을 무너트렸다. 그때 도공의 아들인 장로 단니가는 여러 비구들에게 이렇게 말을 지었다.

"장로들이여. 그대들은 무슨 까닭으로 내 집을 무너트렸습니까?"

"장로여. 세존께서 무너트리게 하셨습니다."

"장로들이여. 만약 법왕(法王)께서 무너트리게 하셨다면 그것을 무너트려야 합니다."

1-3 도공의 아들인 장로 단니가는 이와 같이 생각을 지었다.

'내가 걸식을 위하여 취락에 들어가는 때에 나무꾼이 나의 초가집을 부수고서 풀과 목재를 취하여 떠난 것이 세 번이나 있었고, 나는 순수하게 진흙으로 집을 지었는데, 또한 세존께서 그것을 무너트리게 시키셨다. 왕의 목재 창고를 맡은 관리는 나의 오랜 지식(知識)이다. 나는 마땅히

그에게 목재를 구걸하여 나무집을 지어야겠다.'

장로 단니가는 목재 창고를 맡은 관리의 처소에 이르렀고 이렇게 말을 지었다.

"현자(賢者)여! 내가 걸식을 위하여 취락에 들어갔던 때에 나무꾼이 나의 초가집을 부수고서 풀과 목재를 취하여 떠난 것이 세 번이나 있었고, 나는 순수하게 진흙으로 집을 지었는데, 또한 세존께서 그것을 무너트리게 시키셨습니다. 현자여. 나에게 목재를 주십시오. 나는 나무집을 짓고자 합니다."

"존자여. 나는 존자에게 줄 수 있는 목재가 없습니다. 존자여. 왕이 소유한 목재는 바로 재해(災害)의 때에 성(城)과 시장을 수리하고자 보존한 것입니다. 왕께서 만약 주겠다고 허락하셨다면 존자께서 곧 가지고 떠나십시오."

"현자여! 이미 왕께서 베풀어 주었던 이유입니다."

이때 목재 창고를 맡은 관리는 이렇게 생각을 지었다.

'그들은 사문 석자의 법을 행하는 자이고, 적정(寂靜)을 행하는 자이며, 범행자(梵行者)이고, 진실하게 말하는 자이며, 지계자(持戒者)이고, 선법(善法)을 행하는 자이며, 왕도 역시 그들을 깊이 믿고 있다. 마땅히 베풀어 주지 않는 자에게 베풀어 달라고 말하지 않는다.'

이와 같아서 목재 창고를 맡은 관리는 도공의 아들인 장로 단니가에게 말하였다.

"존자여. 가지고 떠나십시오."

이때 장로 단니가는 그 목재를 가지고 자르고 가늘게 쪼갰으며, 뒤에 마차로 싣고서 떠나갔으며 함께 나무집을 지었다.

1-4 그때 마갈타국(摩揭陀國)[96]의 대신인 행우(行雨)[97] 바라문이 왕사성

---

96) 팔리어 Magadha(마가다)의 음사이다.
97) 팔리어 Vassakāra(바싸카라)의 의역이다. 아사세왕의 최고 대신으로 발기국에 대항하여 세워진 Pāṭaligā(파타리가) 취락의 요새화를 담당하였다.

의 사무를 조사하면서 목재를 관리하는 사람의 처소에 이르렀다. 이르러서 목재를 맡은 관리에게 말하였다.

"나의 업무는 왕이 소유한 목재는 재해의 때에 성(城)과 시가지(市)를 수리하면서 사용하고자 준비하였던 것이오. 그 목재는 지금 어느 곳에 있소?"

"대신이여. 그 목재는 이미 왕께서 도공의 아들인 존자 단니가에게 베풀어 주셨습니다."

이때 마갈타국의 대신인 행우 바라문은 역시 스스로가 불쾌하여 말하였다.

"어찌 왕께서 장차 재해의 때에 성과 시가지를 수리하면서 사용하려고 준비하였던 목재를 도공의 아들인 단니가에게 베풀어 주었겠소?"

대신인 행우 바라문은 마갈타국의 왕인 사니야빈비사라(斯尼耶頻毘娑羅)[98]의 주처(住處)로 갔고, 이르러 왕에게 말하였다.

"대왕이시여. 아뢰옵건대 재해의 때에 성과 시장을 수리하고자 준비하셨던 소유한 목재를 도공의 아들인 단니가에게 베풀어 주셨다고 말하였습니다. 이것이 사실입니까?"

"누가 이와 같이 말하였소?"

"목재 창고를 맡은 관리입니다."

"그렇다면 바라문이여. 목재 창고를 맡은 관리를 포박하여 오시오."

이 대신 행우 바라문은 와서 목재 창고를 맡은 관리를 포박하였고, 도공의 아들인 장로 단니가는 목재 창고를 맡은 관리가 포박되어 장차 끌려가는 것을 보고서 그 목재 창고를 맡은 관리에게 말하였다.

"현자여. 무슨 까닭으로 포박되었습니까?"

"존자여. 그 목재의 일입니다."

"현자여. 가십시오. 나도 역시 따라가겠습니다."

"존자여. 그대는 마땅히 내가 처형되기 전에 오십시오."

---

98) 팔리어 Seniya bimbisāra(세니야 빔비사라)의 의역이다.

1-5 이와 같이 도공의 아들인 장로 단니가는 마갈타국의 왕인 사니야빈비사라의 주처에 이르렀다. 이르러서 설치된 자리에 앉았다. 이때 빈비사라왕은 장로 단니가의 근처에서 장로를 향하여 예(禮)를 행하고서 한쪽에 앉았다. 앉았으므로 빈비사라왕은 장로 단니가에게 말하였다.

"대덕(大德)이여. 재해의 때에 성과 시가지를 수리하면서 사용하려고 준비하였던 목재를 내가 그대에게 베풀어 주었다고 말하였습니다. 이것이 사실입니까?"

"진실로 그렇습니다. 대왕이시여."

"대덕이여. 나는 국왕이고 진실로 일이 많아서 번잡하고 바쁘더라도 그것을 주었다고 역시 기억하지 못합니다. 원하건대 대덕께서 나를 기억시켜 주겠습니까?"

"대왕이여. 청(請)하건대 왕께서는 기억하여 주십시오. 왕께서 처음으로 관정(灌頂)하시고 즉위하시던 때에 이렇게 말하였습니다. '사문과 바라문을 위하여 내가 풀, 나무, 물을 주어서 사용하게 하겠소.'"

"대덕이여. 나는 기억하오. 대덕이여. 사문과 바라문은 부끄러움이 있고 참회(懺悔)가 있으며 계행(戒行)이 있소. 그대들은 작은 일에도 역시 허물을 참회하는 마음이 일어나는 것이오. 그대들에게 내가 말하였던 이것은 바로 아련야의 처소와 관련된 주인이 없는 물건이오.

대덕이여. 그대는 이러한 부류의 비슷한 일로 유추하여 생각하고서 주지 않았던 목재를 운반하여 떠나갔소. 하나의 일로 그대는 죽음의 죄를 범하였소. 그대가 범한 죽음의 죄가 비록 이와 같더라도 왕이 마땅히 어찌 중국에서 사문과 바라문들을 죽이거나, 혹은 구속(拘束)하거나, 혹은 추방하겠소. 가시오. 대덕이여. 그대는 옷을 까닭으로 벗어났으니, 다시 이와 같이 짓지 마시오."

1-6 여러 사람들은 싫어하고 비난하였다.

"이 사문 석자들은 부끄러움을 알지 못하고, 지계(持戒)가 없으며, 망어를 내뱉는다. 그자들은 진실로 스스로가 법을 행하는 자이고, 적정을 행하는 자이며, 범행자이고, 진실하게 말하는 자이며, 지계자이고, 선법을 행하는 자라고 말하더라도, 그들은 사문의 행이 없고 범행이 없으며 그들은 사문의 행을 깨트렸고 범행을 깨트렸다. 그들의 어디에 사문의 행이 있고 범행이 있는가? 그들은 사문의 행을 벗어났고 범행을 벗어났다. 그들은 왕을 마주하고서 오히려 또한 속였는데, 어찌 하물며 다른 사람이겠는가!"

여러 비구들은 많은 사람들이 싫어하면서 비난하는 것을 들었다. 그 비구들의 가운데에서 욕심이 적어서 만족을 알고 부끄러움을 아는 자들은 참회하는 마음이 있었다. 계학(戒學) 수습을 좋아하는 비구들은 싫어하면서 비난하였다.

"도공의 아들인 장로 단니가는 무슨 까닭으로 주지 않았던 왕의 목재를 취하였는가?"

여러 비구들은 이 일로써 세존께 아뢰었다. 이때 세존께서는 이 인연으로써 여러 비구들을 모으셨으며, 도공의 아들인 장로 단니가에게 물어 말씀하셨다.

"단니가여. 그대가 진실로 주지 않았던 왕의 목재를 취하였는가?"

"진실로 그렇습니다. 세존이시여."

세존께서는 꾸짖으셨다.

"어리석은 사람이여. 이것은 상응하는 법이 아니고, 수순하는 행이 아니며, 위의가 아니고, 사문의 행이 아니며, 청정한 행이 아니고, 마땅히 행할 것이 아니니라. 어리석은 사람이여. 그대는 어찌 주지 않았던 왕의 목재를 취하였는가? 어리석은 사람이여. 이것은 오히려 믿지 않는 자는 신심이 생겨나지 않게 하고, 이미 믿었던 자는 증장시키지 않느니라. 어리석은 사람이여. 이것은 오히려 믿지 않는 자는 신심이 생겨나지 않게 하고, 이미 믿었던 자는 일부가 전전하여 다른 곳으로 향하여 떠나가게 하느니라."

이때 비구들의 가운데에는 일찍이 법무(法務) 대신(大臣)으로서 출가하였던 한 비구가 세존의 옆에 앉아 있었다. 이때 세존께서는 이 비구에게 말씀하셨다.

"비구여. 마갈타국의 사니야 빈비사라왕은 훔친 것이 얼마에 해당한다면 곧 붙잡아서 혹은 죽이거나, 혹은 구속하거나, 혹은 추방하는가?"

"세존이시여. 1파다(巴陀)[99]이거나, 1파다의 물건이거나, 혹은 1파다를 넘어가는 물건입니다."

이때 왕사성은 5마쇄(磨灑)[100]를 1파다로 삼았다. 이와 같이 세존께서는 여러 종류의 방편으로 장로 단니가를 꾸짖고서 뒤에 부양이 어렵고 가르치고 양육함이 어려우며, 뒤에 부양하기 어렵고, 가르치고 양육함이 어려우며, 욕심이 많아서 만족함을 알지 못하고, 대중의 가운데에 참여하면서 방일하였던 허물을 설하셨다. 그러한 뒤에 여러 종류의 방편으로써 부양하기 쉽고, 가르치고 양육함이 쉬우며, 욕심이 적어서 만족함을 알고, 두타행을 좋아하며, 단정하여 대중의 가운데에 참여하지 않고 용맹하게 정진하는 아름다움을 설하셨다. 아울러 또한 여러 비구들을 위하여 적절한 법을 수순하여 설하신 뒤에 여러 비구들에게 알려 말씀하셨다.

"여러 비구들이여. 이와 같으므로 열 가지의 이익을 까닭으로써 나는 여러 비구들을 위하여 학처를 제정하겠노라. 승가의 섭수를 위하여, 승가의 안락을 위하여, 악인을 조복하기 위하여, 선한 비구들이 안락하게 머무르는 것을 위하여, 현세의 누(漏)를 방호하기 위하여, 후세의 누를 없애기 위하여, 믿지 않는 자에게 신심이 생겨나는 것을 위하여, 이미 믿었던 자의 증장을 위하여, 정법이 오래 머무르는 것을 위하여, 율의 공경과 존중을 위한 것이니라. 여러 비구들이여. 그대들은 마땅히 이와 같이 학처를 송출할지니라.

'어느 비구일지라도 만약 훔치려는 마음을 일으켜서 주지 않았는데

---

99) 팔리어로는 'pāda(파다)'의 음사이고, 고대 인도에서 사용되었던 동전을 가리킨다.

100) 팔리어로는 'māsaka(마사카)'이고, 『근본설일체유부비나야』에서는 마쇄(磨灑)라고 음사하였다. 고대 인도에서 사용되었던 작은 동전으로 5개를 합하면 1파다가 된다. 또한 māsaka는 본래 '작은 콩'을 뜻하고, 표준의 무게로 사용되었으므로 매우 작은 가치를 나타낸다.

취하였고, 이와 같이 훔치는 것을 여러 왕들이 마주하였으며, 훔치는 사람을 붙잡고서 〈그대는 도둑이다. 그대는 어리석은 자이다. 그대는 무지한 자이다. 그대는 강도(强盜)이다.〉라고 말하였고, 그러한 뒤에 혹은 죽이거나, 혹은 구속하거나, 혹은 추방하였다면, 비구들이여. 이와 같이 훔쳐서 취한 자는 역시 바라이이므로, 함께 머무를 수 없느니라.'"

이와 같이 세존께서는 여러 비구들을 위하여 학처를 제정하셨다.

2-1 그때 육군비구(六群比丘)들이 옷을 세탁하는 곳에 이르러 세탁하는 사람들의 옷을 훔쳐서 운반하였으며, 정사(精舍)에 이르러서 여러 비구들에게 나누어 주었다. 여러 비구들이 말하였다.

"육군비구들이여. 그대들은 큰 복덕이 있습니다. 그대들은 옷이 많이 있습니다."

"여러 비구들이여. 우리들에게 무슨 큰 복덕이 있겠습니까? 우리들은 옷을 세탁하는 곳에 이르러 세탁하는 사람들의 물건을 취하여 왔습니다."

"육군비구들이여. 세존께서 어찌 학처를 제정하여 세우지 않았습니까? 그대들은 무슨 까닭으로 세탁하는 사람들의 물건을 취하였습니까?"

"여러 비구들이여. 세존께서는 이미 학처를 제정하여 세우셨으나, 그것은 바로 취락을 말하는 것이고, 아련야는 아닙니다."

"육군비구들이여. 진실로 그렇습니다. 그러나 육군비구들이여. 이것은 상응하는 법이 아니고 수순하는 행이 아니며 위의가 아니고 사문의 행이 아니며 청정한 행이 아니고 마땅히 행할 것이 아닙니다. 그대들은 무슨 까닭으로 세탁하는 사람들의 물건을 취하였습니까? 육군비구들이여. 이것은 오히려 믿지 않는 자는 신심이 생겨나지 않게 하고, 이미 믿었던 자는 증장시키지 않습니다. 이것은 오히려 믿지 않는 자는 신심이 생겨나지 않게 하고, 이미 믿었던 자는 일부가 전전하여 다른 곳으로 향하여 떠나가게 합니다."

여러 비구들은 여러 종류의 방편으로 육군비구들을 꾸짖고서 이 일로써 세존께 아뢰었다. 이때 세존께서는 이 인연으로써 비구승가를 모으셨으며, 육군비구들에게 물어 말씀하셨다.

"육군비구들이여. 그대들이 진실로 세탁하는 곳에 이르러 세탁하는 사람들의 물건을 취하였는가?"

"진실로 그렇습니다. 세존이시여."

세존께서는 꾸짖으셨다.

"어리석은 사람들이여. 이것은 상응하는 법이 아니고 수순하는 행이 아니며 위의가 아니고 사문의 행이 아니며 청정한 행이 아니고 마땅히 행할 것이 아니니라. 어리석은 사람들이여. 그대들은 무슨 까닭으로 세탁하는 사람들의 물건을 취하였는가? 어리석은 사람들이여. 이것은 오히려 믿지 않는 자는 신심이 생겨나지 않게 하고, …… 이미 믿었던 자는 일부가 전전하여 다른 곳으로 향하여 떠나가게 하느니라."

이와 같이 세존께서는 여러 종류의 방편으로써 육군비구들을 꾸짖고서 뒤에 부양이 어렵고 가르치고 양육함이 어려우며, …… 용맹하게 정진하는 아름다움을 설하셨으며, 나아가 여러 비구들을 위하여 적절한 법을 수순하여 설하신 뒤에 여러 비구들에게 알려 말씀하셨다.

"…… 나아가 …… 여러 비구들이여. 나는 열 가지의 이익을 까닭으로써 여러 비구들을 위하여 학처를 제정하겠나니, 그대들은 마땅히 이와 같이 학처를 송출할지니라.

'어느 누구의 비구일지라도 만약 취락(聚落)이거나, 혹은 아련야이거나, 훔치려는 마음을 일으켜서 주지 않았는데 취하였고, 이와 같이 훔치는 것을 여러 왕들이 마주하였으며, 훔치는 사람을 붙잡고서 〈그대는 도둑이다. 그대는 어리석은 자이다. 그대는 무지한 자이다. 그대는 강도이다.〉라고 말하였고, 그러한 뒤에 혹은 죽이거나, 혹은 구속하거나, 혹은 추방하였다면, 비구들이여. 이와 같이 훔쳐서 취한 자는 역시 바라이이므로, 함께 머무를 수 없느니라.'"

3-1 '어느 누구'는 어느 태어났던 이유, 이름의 이유, 족성의 이유, 계의 이유, 정사의 이유, 어느 누구의 사람이 행하였던 지역을 논하는 것이

아니고, 혹은 높은 법랍이거나, 혹은 낮은 법랍이거나, 혹은 중간의 법랍이었다면, '어느 누구'라고 말한다.

'비구'는 구걸하는 비구이니, 일을 따라서 걸식하는 비구, 할절의를 입은 비구, 사미인 비구, 자칭비구, 선래비구, 삼귀의를 이유로 구족계를 받은 비구, 현선비구, 진실비구, 유학비구, 무학비구, 화합승가의 백사갈마를 의지한 이유로 허물이 없어서 마땅히 여법하게 구족계를 받은 비구이다. 이 가운데에서 화합승가를 의지한 이유로 백사갈마에 허물이 없어서 마땅히 여법하게 구족계를 받은 비구이니, 곧 이것을 '비구'의 뜻이라고 말한다.

'취락'은 하나의 집이 있는 취락이거나, 두 집이 있는 취락이거나, 세 집이 있는 취락이거나, 네 집이 있는 취락이거나, 사람이 있는 취락이거나, 집은 있고 사람이 없는 취락이거나, 주위에 울타리가 있는 취락이거나, 주위에 울타리가 없는 취락이다. 또한 소(牛)를 따라서 머무르는 취락이 있고, 역시 상단(商團)이 4개월 이상을 머무르는 취락이 있다.

'취락의 경계'는 울타리가 있는 취락에서 사람이 서 있는 취락의 문의 가운데에서 흙덩이를 던져서 미치는 곳이고, 울타리가 없는 취락에서 사람이 서 있는 취락의 문의 가운데에서 흙덩이를 던져서 미치는 곳이다.

'아련야'는 취락과 취락의 경계를 제외한다면, 아련야라고 이름한다.

'훔치려는 마음'은 훔치거나 빼앗아서 취하려는 마음이다.

'주지 않다.'는 일반적으로 물건을 베풀어 주지 않았거나, 물건을 버리지 않았거나, 영원히 방치하여 버리지 않았거나, 수호(守護)하는 물건이거나, 자기가 소유한 물건이거나, 다른 사람이 지닌 물건이라면, 이것을 모두 주지 않았다고 이름한다.

'취하다.'는 빼앗거나, 취하여 떠나거나, 훔치거나, 위의로 혼란시키고 본래의 처소에서 옮기면서 지정(指定)하여 물건을 얻고자 희망하는 것이다.

'왕'은 지주(地主)이거나, 국왕(國王)이거나, 취락주(聚落主), 법관(法官), 대신(大臣) 등이다. 일반적으로 죄를 판결하는 직위(職位)라면 왕이라고 이름한다.

'도둑'은 5마쇄이었거나, 혹은 5마쇄의 값이거나, 5마쇄의 이상의 물건을 주지 않았는데, 훔치려는 마음으로 취하였다면, 이 자를 도둑이라고 이름한다.

'그대는 도둑이다. 그대는 어리석은 자이다. 그대는 무지한 자이다. 그대는 강도이다.'는 이것은 바로 꾸짖는 말이다.

'혹은 죽이다.'는 혹은 손으로써, 혹은 발로써, 혹은 채찍으로써, 혹은 몽둥이로써, 혹은 곤장으로써, 혹은 고문으로써 죽이는 것이다.

'혹은 결박하다.'는 혹은 노끈으로써 포박하거나, 혹은 가(枷)로써 포박하거나, 혹은 쇄(鎖)101)로써 포박하거나, 혹은 집에서 포박하거나, 혹은 성에서 포박하거나, 혹은 취락에서 포박하거나, 혹은 거리에서 포박하거나, 사람을 시켜서 감시하는 것이다.

'혹은 추방하다.'는 혹은 취락에서, 혹은 거리에서, 혹은 성(城)에서, 혹은 지역에서, 혹은 나라에서 추방하는 것을 말한다.

'이와 같다.'는 1파다이거나, 혹은 물건의 값이 1파다이거나, 혹은 물건의 값이 1파다의 이상인 것을 말한다.

'훔쳐서 취하다.'는 빼앗거나, 취하여 떠나거나, 훔치거나, 위의로 혼란시켜서 본래의 처소에서 옮기면서 지정한 물건을 얻고자 희망하는 것이다.

'역시 이와 같다.'는 앞에서 자세하게 설명하였다는 말이다.

'바라이'는 바로 줄기에서 마른 잎이 떨어진다면 능히 다시 푸르게 되지 못하는 이유와 같다. 이와 같이 비구가 1파다이거나, 혹은 물건의 값이 1파다이거나, 혹은 물건의 값이 1파다의 이상인 물건을 훔치려는 마음으로써 그것을 취하였다면 곧 사문도 아니고, 석자도 아니다. 이러한 까닭으로 바라이라고 말하는 것이다.

4-1 땅속의 물건(地中物), 땅 위의 물건(地上物), 공중의 물건(空中物), 위쪽의 물건(上處物), 물속의 물건(水中物), 배의 물건(船物), 타는 것의

---

101) 고대에 죄인의 목과 발목에 씌우거나 채우는 형구이다. 목에 두르는 칼인 가(枷)와 발에 묶는 쇄(鎖)가 있다.

물건(乘物), 짊어지는 물건(擔物), 원림의 물건(園物), 사중의 물건(寺中物), 밭 가운데의 물건(田中物), 토지의 물건(土地物), 취락의 물건(聚落物), 아련야의 물건(阿蘭若物), 물(水), 치목(齒木), 나무(樹), 가지고 떠남(持去), 의탁(依託), 세관(稅關), 유정(有情), 다리가 없음(無足), 두 개의 다리(二足), 네 개의 다리(四足), 많은 다리(多足), 염탐(廉探), 감시(監視), 함께 모의하여 훔치는 것(共謀偸), 지정(指定), 현상(現相) 등을 설하는 것이 있다.

4-2 '땅속의 물건'은 땅속에 재물과 물건을 숨겨두었는데, '내가 땅속의 물건을 취해야겠다.'라고 이와 같이 생각하고서 훔치려는 마음으로써 혹은 다른 사람을 구하여 괭이와 바구니를 구하여 가는 자는 돌길라를 범한다. 땅속의 살아있는 나무나 혹은 넝쿨과 풀을 잘라서 취하였다면 취하는 자는 돌길라를 범한다. 땅을 파내서 뒤에 혹은 운반하였거나, 혹은 쌓아두었다면 돌길라를 범한다.

땅속의 항아리를 접촉하는 자는 돌길라를 범하고 그것을 움직이는 자는 투란차를 범하며, 본래의 자리에서 옮기는 자는 바라이를 범한다. 자기의 그릇을 그것에 집어넣었는데, 5마쇄이거나, 혹은 물건의 값이 5마쇄이거나, 혹은 물건의 값이 5마쇄의 이상이었는데, 훔치려는 마음으로 접촉하는 자는 돌길라를 범하고 그것을 움직이는 자는 투란차를 범한다.

자기의 그릇으로써 그것을 집어넣었고, 만약 한 움큼을 취하여 담은 자는 바라이를 범한다. 항아리의 안에 둥근 선(線)이 있는 보물인 혹은 귀고리, 머리띠, 노리개, 허리띠, 혹은 외투(外套), 혹은 두건 등을 훔치려는 마음으로 접촉하는 자는 돌길라를 범하고 그것을 움직이는 자는 투란차를 범한다.

주변에 머물렀던 인연으로 뚜껑을 잡고서 들어올리는 자는 투란차를 범하고, 한쪽을 때려서 부수고 한쪽을 취하여 꺼내는 자도 투란차를 범하며, 곧 터럭만큼이라도 항아리의 주둥이로 꺼내는 자는 바라이를 범한다. 소(酥), 기름(油), 꿀(蜜), 석밀(石蜜)[102] 등이 5마쇄이거나, 혹은 값이 5마쇄의 이상이었는데, 훔치려는 마음을 먹었던 자는 바라이를 범한다. 혹은 그것을 때려서 부수었거나, 혹은 그것을 버렸거나, 혹은 그것을 태웠거나, 혹은 먹지 못한 자는 돌길라를 범한다.

4-3 '땅 위의 물건'은 땅 위에 물건을 놓아두었는데, '내가 땅 위의 물건을 취해야겠다.'라고 이와 같이 생각하고서 훔치려는 마음으로써 혹은 다른 사람을 구하였거나, 혹은 스스로가 갔던 자는 돌길라를 범한다. 접촉하는 자는 돌길라를 범하고 그것을 움직이는 자는 투란차를 범하며, 본래의 자리에서 옮기는 자는 바라이를 범한다.

4-4 '공중의 물건'은 바로 공중의 물건인 공작(孔雀), 가빈사라(嘉賓奢羅)103), 자고(鷓鴣)104), 메추라기(鶉), 옷(衣), 두건(頭巾), 혹은 장신구의 금·은이 떨어졌는데, '내가 공중의 물건을 취해야겠다.'라고 이와 같이 생각하고서 훔치려는 마음으로써 혹은 다른 사람을 구하였거나, 혹은 스스로가 갔던 자는 돌길라를 범한다. 가다가 중간에서 멈추는 자는 돌길라를 범하고, 그것을 움직이는 자는 투란차를 범하며, 본래의 자리에서 옮기는 자는 바라이를 범한다.

4-5 '위쪽의 물건'은 위에 물건을 놓아두었던 물건으로 혹은 와상(臥床) 위이거나, 좌상(坐床) 위이거나, 혹은 옷의 시렁(架) 위의 물건이거나, 혹은 옷의 줄에 매달려 있거나, 혹은 말뚝의 나무나 벽걸이거나, 혹은 나무 위의 물건, 나아가 발우 안의 물건 등을 '내가 위쪽의 물건을 취해야겠다.'라고 이와 같이 생각하고서 훔치려는 마음으로써 혹은 다른 사람을 구하였거나, 혹은 스스로가 갔던 자는 돌길라를 범한다. 접촉하는 자는

---

102) 사탕수수에서 추출한 설탕으로 가공하지 않은 본래의 덩어리를 가리킨다.
103) 팔리어 Kapiñjara(카핀자라)의 음사이고, 일반적으로 메추라기와 비슷한 새를 가리킨다.
104) 팔리어 Vattaka(바따카)의 음사이고, 꿩과의 새이며, 메추라기와 비슷하나 조금 크다.

돌길라를 범하고, 그것을 움직이는 자는 투란차를 범하며, 본래의 자리에서 옮기는 자는 바라이를 범한다.

4-6 '물속의 물건'은 물속에 감추어진 물건을 '내가 물속의 물건을 취해야겠다.'라고 이와 같이 생각하고서 훔치려는 마음으로써 혹은 다른 사람을 구하였거나, 혹은 스스로가 갔던 자는 돌길라를 범한다. 혹은 물속으로 들어갔거나, 혹은 밖으로 띄우는 자는 돌길라를 범한다. 접촉하는 자는 돌길라를 범하고, 그것을 움직이는 자는 투란차를 범하며, 본래의 자리에서 옮기는 자는 바라이를 범한다.

　물속에 있는 청련화(靑蓮華), 홍련화(紅蓮華), 백련화(白蓮華), 혹은 연뿌리(蓮藕), 물고기, 자라 등의 값이 5마쇄이거나, 혹은 5마쇄의 이상이었는데, 훔치려는 마음으로써 접촉하는 자는 돌길라를 범하고, 그것을 움직이는 자는 투란차를 범하며, 본래의 자리에서 옮기는 자는 바라이를 범한다.

4-7 '배'는 물을 건너가는 물건을 말한다. '배의 물건'은 배의 안에 놓아두었던 물건이다. 훔치려는 마음으로써 혹은 다른 사람을 구하였거나, 혹은 스스로가 갔던 자는 돌길라를 범한다. '내가 배를 취해야겠다.'라고 이와 같이 생각하고서 훔치려는 마음으로써 …… 혹은 스스로가 갔던 자는 돌길라를 범한다. 접촉하는 자는 돌길라를 범하고, 그것을 움직이는 자는 투란차를 범한다.

　묶인 밧줄을 푸는 자는 돌길라를 범하고, 묶인 밧줄을 풀고자 접촉하는 자는 돌길라를 범하며, 움직이는 자는 투란차를 범하고, 거슬러 올라가거나, 혹은 아래로 내려가거나, 수영하여 이동하면서 털끝만큼이라도 건너갔다면 역시 바라이를 범한다.

4-8 '타는 것'은 가마(轎), 수레(車), 마차(馬車), 전차(戰車) 등을 말한다. '탈것의 물건'은 수레의 위에 놓아두었던 물건이다. '내가 탈 것의 물건을 취해야겠다.'라고 이와 같이 생각하고서 훔치려는 마음으로써 혹은 다른

사람을 구하였거나, 혹은 스스로가 갔던 자는 돌길라를 범한다. 접촉하는 자는 돌길라를 범하고, 그것을 움직이는 자는 투란차를 범하며, 본래의 자리에서 옮기는 자는 바라이를 범한다.

'내가 탈 것을 취해야겠다.'라고 이와 같이 생각하고서 훔치려는 마음으로써 혹은 다른 사람을 구하였거나, 혹은 스스로가 갔던 자는 돌길라를 범한다. 접촉하는 자는 돌길라를 범하고, 움직이는 자는 투란차를 범하며, 본래의 자리에서 옮기는 자는 바라이를 범한다.

4-9 '짊어지는 물건'은 머리 위에 얹었거나, 혹은 어깨에 메었거나, 혹은 허리에 묶었거나, 손으로 가지고 가는 것이다. 머리 위에 얹었던 물건을 만약 훔치려는 마음으로써 접촉하는 자는 돌길라를 범하고, 움직이는 자는 투란차를 범하며, 만약 어깨의 아래로 내려놓는 자는 바라이를 범한다. 어깨에 메었던 물건을 만약 훔치려는 마음으로써 접촉하는 자는 돌길라를 범하고, 움직이는 자는 투란차를 범하며, 만약 허리의 아래로 내려놓는 자는 바라이를 범한다.

허리에 묶었던 물건을 만약 훔치려는 마음으로써 접촉하는 자는 돌길라를 범하고, 움직이는 자는 투란차를 범하며, 손으로 취하는 자는 바라이를 범한다. 손으로 잡은 물건을 훔치고자 마음으로써 땅에 내려놓는 자는 바라이를 범하고, 훔치려는 마음으로써 땅에서 취하는 자는 바라이를 범한다.

4-10 '원림'은 화원(花園), 과수원(果樹園)을 말한다. '원림의 물건'은 네 종류의 상태로 원림의 가운데에 있는 물건 등이니, 땅속의 물건, 땅 위의 물건, 공중의 물건, 위쪽의 물건 등이다. '내가 원림의 물건을 취해야 겠다.'라고 이와 같이 생각하고서 훔치려는 마음으로써 혹은 다른 사람을 구하였거나, 혹은 스스로가 갔던 자는 돌길라를 범한다.

접촉하는 자는 돌길라를 범하고, 움직이는 자는 투란차를 범하며, 본래의 자리에서 옮기는 자는 바라이를 범한다. 이곳에서 자라나는 뿌리,

나무껍질, 잎, 꽃, 혹은 과일 등의 값이 5마쇄이거나, 혹은 5마쇄의 이상이
었는데, 훔치려는 마음으로써 …… 본래의 자리에서 옮기는 자는 바라이를
범한다.

　다른 사람의 원림을 (점유하려는 마음으로써) 책임(責任)을 짊어지는
자는 돌길라를 범하고, '마땅히 취해야 하는가? 마땅히 취하지 않아야
하는가?'라고 의심하는 자는 투란차를 범하며, 소유한 것을 '이것은 마땅
히 나의 물건이 아니다.'라고 이와 같이 생각하고서 책임을 버리고 떠나가
는 자는 바라이를 범하고, 만약 소송하여 이겼으므로 소유하는 자는
바라이를 범하며, 소송하여서 졌던 자는 투란차를 범한다.

4-11 '사중의 물건'은 네 종류의 상태로 사중의 가운데에 있는 물건
등이니, 땅속의 물건, 땅 위의 물건, 공중의 물건, 위쪽의 물건 등이다.
'내가 원림의 물건을 취해야겠다.'라고 이와 같이 생각하고서 훔치려는
마음으로써 …… 스스로가 갔던 자는 돌길라를 범한다. 접촉하는 자는
…… 옮기는 자는 바라이를 범한다.

4-12 '밭'은 일곱 가지의 곡물이거나, 혹은 일곱 가지의 채소가 생산되는
곳을 말한다. '밭의 물건'은 네 종류의 상태로 원림의 가운데에 있는
물건 등이니, 땅속의 물건, 땅 위의 물건, 공중의 물건, 위쪽의 물건
등이다. '내가 밭의 물건을 취해야겠다.'라고 이와 같이 생각하고서 훔치려
는 마음으로써 …… 스스로가 갔던 자는 돌길라를 범한다. 접촉하는
자는 …… 옮기는 자는 바라이를 범한다. 이곳에서 생산되는 일곱 가지의
곡물이나, 혹은 일곱 가지의 채소의 값이 5마쇄이거나, 혹은 5마쇄의
이상이었는데, 훔치려는 마음으로써 …… 본래의 자리에서 옮기는 자는
바라이를 범한다.

　다른 사람의 밭을 (점유하려는 마음으로써) 책임을 짊어지는 자는
돌길라를 범하고, …… 소송하여서 졌던 자는 투란차를 범한다. 다른
사람의 밭의 표시된 말뚝, 노끈, 울타리, 밭두렁 등을 옮기면서 마치지

않았다면 투란차를 범하고 옮기면서 마쳤다면 바라이를 범한다.

4-13 '토지'는 원림의 토지, 사찰의 토지를 말한다. '토지의 물건'은 네 종류의 상태로 원림의 가운데에 있는 물건 등이니, 땅속의 물건, 땅 위의 물건, 공중의 물건, 위쪽의 물건 등이다. '내가 토지의 물건을 취해야겠다.'라고 이와 같이 생각하고서 …… 스스로가 갔던 자는 돌길라를 범한다. 접촉하는 자는 …… 옮기는 자는 바라이를 범한다.

다른 사람의 밭을 (점유하려는 마음으로써) 책임을 짊어지는 자는 돌길라를 범하고, …… 소송하여서 졌던 자는 투란차를 범한다. 다른 사람의 밭에 표시된 말뚝, 노끈, 울타리, 담장 등을 옮기면서 마치지 않았다면 투란차를 범하고 옮기면서 마쳤다면 바라이를 범한다.

4-14 '취락의 물건'은 네 종류의 상태로 원림의 가운데에 있는 물건 등이니, 땅속의 물건, 땅 위의 물건, 공중의 물건, 위쪽의 물건 등이다. '내가 취락의 물건을 취해야겠다.'라고 이와 같이 생각하고서 …… 스스로가 갔던 자는 돌길라를 범한다. 접촉하는 자는 …… 옮기는 자는 바라이를 범한다.

4-15 '아련야의 물건'은 네 종류의 상태로 원림의 가운데에 있는 물건 등이니, 땅속의 물건, 땅 위의 물건, 공중의 물건, 위쪽의 물건 등이다. '내가 아련야의 물건을 취해야겠다.'라고 이와 같이 생각하고서 …… 스스로가 갔던 자는 돌길라를 범한다. 접촉하는 자는 …… 옮기는 자는 바라이를 범한다. 이곳에서 자라나는 나무, 넝쿨, 풀의 값이 5마쇄이거나, 혹은 5마쇄의 이상이었는데, 훔치려는 마음으로써 …… 본래의 자리에서 옮기는 자는 바라이를 범한다.

4-16 '물'은 물병에 들었거나, 혹은 수조이거나, 혹은 연못의 물을 말한다. 훔치려는 마음으로써 …… 본래의 자리에서 옮기는 자는 바라이를 범한다.

스스로가 병에 담았는데, 값이 5마쇄이거나, 혹은 5마쇄의 이상이었는데, 훔치려는 마음으로써 접촉하는 자는 돌길라를 범하고, 움직이는 자는 투란차를 범하며, 병에 담아 팔기 위하여 떠나가는 자는 바라이를 범한다. 연못과 두렁의 물을 끊으면 돌길라를 범하고, 연못과 두렁의 물을 흘려보냈는데, 값이 5마쇄이거나, 혹은 5마쇄의 이상이라면 바라이를 범하고, 흘려보낸 값이 1마쇄이고 혹은 5마쇄의 이하라면 투란차를 범하며, 흘려보낸 값이 1마쇄이거나, 혹은 1마쇄의 이하라면 돌길라를 범한다.

4-17 '치목'은 이미 잘랐거나, 혹은 자르지 않은 것을 말한다. 값이 5마쇄이거나, 혹은 5마쇄의 이상인데, 훔치려는 마음으로써 접촉하는 자는 돌길라를 범하고, 움직이는 자는 투란차를 범하며, 본래의 자리에서 옮긴 자는 바라이를 범한다.

4-18 '나무'는 많은 사람들이 소유하였거나, 수용하였던 나무를 말한다. 매번 하나를 자르는 자는 돌길라를 범하고, 마지막으로 하나를 자르지 않은 자는 투란차를 범하며, 완전히 자른 자는 바라이를 범한다.

4-19 '가지고 떠나다.'는 다른 사람의 물건을 가지고 떠나는 것이다. 훔치려는 마음으로써 …… 본래의 자리에서 옮기는 자는 바라이를 범한다. '내가 취한 물건을 가지고 함께 떠나야겠다.'라고 이와 같이 생각하고서 함께 떠나면서 첫걸음을 옮겼다면 투란차를 범하고, 두 번째 걸음을 옮겼다면 바라이를 범한다.

　'내가 취하고자 물건을 떨어트려야겠다.'라고 이와 같이 생각하고서 떨어트린 자는 돌길라를 범하고, 떨어트린 물건이 5마쇄이거나, 혹은 5마쇄의 이상이라면 투란차를 범한다. 훔치려는 마음으로써 접촉하는 자는 돌길라를 범하고, 움직이는 자는 투란차를 범하며, 본래의 자리에서 옮긴 자는 바라이를 범한다.

4-20 '위탁을 받다.'는 물건을 위탁받은 것이다. 주인이 "나의 물건을 돌려주십시오."라고 말하는 때에, 만약 "나는 위탁을 받지 않았습니다."라고 말하는 자는 돌길라를 범하고, 주인에게 의심을 일으키게 하는 자는 투란차를 범하며, 주인이 '나에게 주지 않을 것이다.'라고 이렇게 생각하고서 물건을 버리게 하는 자는 바라이를 범한다. 주인이 소송하여 이긴 자는 바라이를 범하고, 소송에 진 자는 투란차를 범한다.

4-21 '세관처'는 산의 협곡에 있거나, 강의 나루터에 있거나, 취락의 입구에 있는 까닭으로 국왕이 "이곳에 들어온 자에게 마땅히 세금을 부과하겠다."라고 알았던 처소이다. 세관의 처소에 들어가서 마땅히 왕에게 지급해야 하는 값이 5마쇄이거나, 혹은 5마쇄의 이상인데, 훔치려는 마음으로써 접촉하는 자는 돌길라를 범하고, …… 움직이는 자는 투란차를 범한다.

세관의 처소에 들어가서 마땅히 왕에게 납세해야 하는 값이 5마쇄이거나, 혹은 5마쇄의 이상인데, 훔치려는 마음으로써 접촉하는 자는 돌길라를 범하고, 움직이는 자는 투란차를 범한다. 벗어나고자 세관의 처소를 지나가면서 첫 번째의 걸음을 옮긴 자는 투란차를 범하고 두 번째의 걸음을 옮긴 자는 바라이를 범한다. 세관의 처소 안에 서서 세관의 처소 밖으로 물건을 던지는 자는 바라이를 범하고, 물건을 숨겨둔 자는 돌길라를 범한다.

4-22 '유정'은 사람의 유정을 말한다. '내가 움직이도록 유도(誘導)하겠다.'라고 이와 같이 생각하였고, 첫 번째의 걸음을 옮기게 하였던 자는 투란차를 범하고 두 번째의 걸음을 옮기게 하였던 자는 바라이를 범한다.

4-23 '다리가 없다.'는 뱀과 물고기이다. 값이 5마쇄이거나, 혹은 5마쇄의 이상인데, 훔치려는 마음으로써 접촉하는 자는 돌길라를 범하고, 움직이는 자는 투란차를 범한다.

4-24 '두 개의 다리'는 사람의 부류와 조류의 부류이다. 훔치려는 마음으로써 접촉하는 자는 돌길라를 범하고, …… 본래의 자리에서 움직이게 하였던 자는 바라이를 범한다.

4-25 '네 개의 다리'는 코끼리, 말 낙타(駱駝), 소, 당나귀(驢馬) 등의 가축을 말한다. 훔치려는 마음으로써 접촉하는 자는 돌길라를 범하고, …… 본래의 자리에서 움직이게 하였던 자는 바라이를 범한다. '내가 움직이도록 유도하겠다.'라고 이와 같이 생각하였고, 첫 번째의 걸음을 옮기게 하였던 자는 투란차를 범하고, 두 번째의 걸음을 옮기게 하였거나 세 번째의 걸음을 옮기게 하였던 자는 투란차를 범하며, 네 번째의 걸음을 옮기게 하였던 자는 바라이를 범한다.

4-26 '많은 다리'는 전갈, 백족(百足)[105], 모충(毛蟲)[106]을 말한다. 훔치려는 마음으로써 접촉하는 자는 돌길라를 범하고, …… 본래의 자리에서 움직이게 하였던 자는 바라이를 범한다. '내가 움직이도록 유도하겠다.'라고 이와 같이 생각하였고, 매번 걸어서 움직였다면 걸음걸음에 투란차를 범하며, 걸음을 마쳤다면 바라이를 범한다.

4-27 '염탐하다.'는 금전과 물건을 몰래 살피는 것이다. '누구의 물건을 빼앗아 취하여 떠나가시오.'라고 알렸다면 돌길라를 범하고, 그가 그 물건을 취하였다면 두 사람은 함께 바라이를 범한다.

4-28 '감시하다.'는 물건을 훔치려는 사람을 감시하는 것이다. 5마쇄이거나, 혹은 5마쇄의 이상인데, 훔치려는 마음으로써 접촉하는 자는 돌길라를 범하고, …… 본래의 자리에서 움직이는 자는 바라이를 범한다.

---

105) 다리가 많은 지네나 노래기를 가리킨다.
106) 송충이 등과 같이 몸에 털이 많은 벌레를 가리킨다.

4-29 '함께 모의하여 훔치다.'는 여러 비구들이 함께 모의하여서 한 비구의 물건을 훔쳤다면 모두 바라이를 범한다.

4-30 '지정하다.'는 오전에 지었거나, 혹은 오후이거나, 혹은 낮이거나, 혹은 밤에 지정(指定)하여 약속하는 것이다. '이러한 약속을 의지하여 그의 물건을 취하여 오라.'고 말하는 자는 돌길라를 범하고, 그 지정한 것을 의지하여 그 물건을 훔쳤다면 두 사람은 모두 바라이를 범한다. 그가 지정하기 이전이거나, 지정한 뒤에 그 물건을 훔쳐서 왔다면 지정한 자는 범하지 않으나, 훔쳐서 왔던 자는 바라이를 범한다.

4-31 '현상'은 모습을 지어서 나타내는 것을 말한다. '내가 눈을 감았거나, 눈썹을 치켜들거나, 혹은 머리를 세웠다면 이 모습으로 나타내는 것을 의지하여 그의 물건을 취하시오.'라고 말하는 자는 돌길라를 범하고, 그가 모습을 나타내는 것을 의지하여 그 물건을 취하여 떠났다면 두 사람은 함께 바라이를 범한다. 그가 모습을 나타내는 이전이거나, 혹은 모습을 나타낸 뒤에 그 물건을 취하여 떠났다면 모습을 나타낸 자는 범하지 않으나, 취하여 떠났던 자는 바라이를 범한다.

4-32 한 비구가 다른 비구에게 "누구의 물건을 취하시오."라고 시켰다면 돌길라를 범하고, 그가 이 물건이라고 생각하고서 취하였다면 함께 바라이를 범한다. 한 비구가 다른 비구에게 "누구의 물건을 취하시오."라고 시켰는데, 그가 이 물건이라고 생각하고서 다른 물건을 취하였다면 시킨 자는 범하지 않으나, 취한 자는 바라이를 범한다.

　한 비구가 다른 비구에게 "누구의 물건을 취하시오."라고 시켰는데, 그가 다른 물건이라고 생각하고서 그 물건을 취하였다면 함께 바라이를 범한다. 한 비구가 다른 비구에게 "누구의 물건을 취하시오."라고 시켰는데, 그가 다른 물건이라고 생각하고서 다른 물건을 취하였다면 시킨 자는 범하지 않으나, 취한 자는 바라이를 범한다.

5-1 첫 번째의 비구가 두 번째의 비구에게 말하였고, 두 번째의 비구가 세 번째의 비구에게 말하였으며, 세 번째의 비구가 네 번째의 비구에게 "네 번째의 비구가 가서 그의 물건을 취하시오."라고 말하였다면, 첫 번째의 비구는 돌길라를 범한다. 두 번째의 비구가 네 번째의 비구에게 말하였어도 돌길라를 범하고, 취하는 자가 허락하였다면, 첫 번째의 비구는 투란차를 범한다. 네 번째의 비구가 그 물건을 취하였다면 네 비구가 모두 바라이를 범한다.

첫 번째의 비구가 두 번째의 비구에게 말하였고, 두 번째의 비구가 세 번째의 비구에게 말하였으며, 세 번째의 비구가 네 번째의 비구에게 "네 번째의 비구가 가서 그의 물건을 취하여 떠나가시오."라고 말하였다면, 첫 번째의 비구는 돌길라를 범한다. 두 번째의 비구가 만약 다른 사람들에게 말하였어도 돌길라를 범하고, 취하는 자가 허락하였다면 돌길라를 범한다. 그가 그 물건을 취하였다면 첫 번째의 비구는 범하지 않으나, 말하였던 두 번째의 비구와 취한 자는 바라이를 범한다.

5-2 한 비구가 다른 비구에게 "누구의 물건을 취하시오."라고 시켰다면 돌길라를 범하고, 그가 갔다가 다시 돌아와서 "나는 능히 그 물건을 취할 수 없소."라고 말하였는데, 그가 다시 "능히 취할 때이니, 곧 그것을 취하시오."라고 시켰다면 돌길라를 범하고, 그 비구가 그 물건을 취하였다면 두 사람은 함께 바라이를 범한다.

5-3 한 비구가 다른 비구에게 "누구의 물건을 취하시오."라고 시켰다면 돌길라를 범하고, 그가 시키고서 마음에 후회가 생겨났으나, "취하지 마시오."라고 말하지 않았으므로 그가 만약 그 물건을 취하였다면 두 사람은 함께 바라이를 범한다. 한 비구가 다른 비구에게 "누구의 물건을 취하시오."라고 시켰는데, 그가 시키고서 마음에 후회가 생겨났으므로 "취하지 마시오."라고 말하였고, 그가 만약 "나는 이미 그대의 명령을 받았소."라고 말하고서 그 물건을 취하였다면 시킨 자는 범하지 않으나,

취한 자는 바라이를 범한다.

한 비구가 다른 비구에게 "누구의 물건을 취하시오."라고 시켰는데, 그가 시키고서 마음에 후회가 생겨났으므로 "취하지 마시오."라고 말하였고, 그가 "알겠소."라고 말하고서 멈추었다면 두 사람은 함께 범하지 않는다.

5-4 다섯 가지의 일에서 주지 않았는데 취하는 자는 바라이를 범한다. 다른 사람이 소유한 물건이거나, 다른 사람이 소유한 물건이라고 알았거나, 귀중한 물건으로 곧 5마쇄이거나, 혹은 5마쇄의 이상의 물건이거나, 훔치려는 마음이 일어나는 것이다. 접촉하는 자는 돌길라를 범하고, 움직이는 자는 투란차를 범하며, 본래의 자리에서 옮긴 자는 바라이를 범한다.

6-1 다섯 가지의 일에서 주지 않았는데 취하는 자는 투란차를 범한다. 다른 사람이 소유한 물건이거나, …… 사소한 물건으로 곧 1마쇄의 이상이고 5마쇄의 이하이거나, 훔치려는 마음이 일어나는 것이다. 접촉하는 자는 돌길라를 범하고, 움직이는 자는 돌길라를 범하며, 본래의 자리에서 옮긴 자는 투란차를 범한다.

다섯 가지의 일에서 주지 않았는데 취하는 자는 돌길라를 범한다. 다른 사람이 소유한 물건이거나, …… 사소한 물건으로 곧 1마쇄이거나, 혹은 1마쇄의 이하의 물건이거나, 훔치려는 마음이 일어나는 것이다. 접촉하는 자는 돌길라를 범하고, 움직이는 자는 돌길라를 범하며, 본래의 자리에서 옮긴 자는 돌길라를 범한다.

6-2 여섯 가지의 일에서 주지 않았는데 취하는 자는 바라이를 범한다. 자기의 물건이 아니라고 생각하였거나, 친족이 소유한 물건이 아니었거나, 잠시 빌린 것이 아니거나, 귀중한 물건으로 곧 귀중한 물건으로 곧 5마쇄이거나, 혹은 5마쇄의 이상의 물건이거나, 훔치려는 마음이

일어나는 것이다. 접촉하는 자는 돌길라를 범하고, 움직이는 자는 투란차를 범하며, 본래의 자리에서 옮긴 자는 바라이를 범한다.

여섯 가지의 일에서 주지 않았는데 취하는 자는 바라이를 범한다. 자기의 물건이 아니라고 생각하였거나, …… 사소한 물건으로 곧 1마쇄의 이상이고 5마쇄의 이하이거나, 훔치려는 마음이 일어나는 것이다. 접촉하는 자는 돌길라를 범하고, 움직이는 자는 투란차를 범하며, 본래의 자리에서 옮긴 자는 투란차를 범한다.

여섯 가지의 일에서 주지 않았는데 취하는 자는 바라이를 범한다. 자기의 물건이 아니라고 생각하였거나, …… 사소한 물건으로 곧 1마쇄이거나, 혹은 1마쇄의 이하의 물건이거나, 훔치려는 마음이 일어나는 것이다. 접촉하는 자는 돌길라를 범하고, 움직이는 자는 돌길라를 범하며, 본래의 자리에서 옮긴 자는 돌길라를 범한다.

6-3 다섯 가지의 일에서 주지 않았는데 취하는 자는 돌길라를 범한다. 다른 사람의 물건이 아니거나, 다른 사람의 물건이 아니라고 생각하였거나, 귀중한 물건으로 곧 5마쇄이거나, 혹은 5마쇄의 이상의 물건이거나, 훔치려는 마음이 일어나는 것이다. 접촉하는 자는 돌길라를 범하고, 움직이는 자는 돌길라를 범하며, 본래의 자리에서 옮긴 자는 돌길라를 범한다.

다섯 가지의 일에서 주지 않았는데 취하는 자는 돌길라를 범한다. 다른 사람의 물건이 아니거나, …… 사소한 물건으로 곧 1마쇄의 이상이고 5마쇄의 이하이거나, 훔치려는 마음이 일어나는 것이다. 접촉하는 자는 돌길라를 범하고, 움직이는 자는 돌길라를 범하며, 본래의 자리에서 옮긴 자는 돌길라를 범한다.

다섯 가지의 일에서 주지 않았는데 취하는 자는 돌길라를 범한다. 다른 사람의 물건이 아니거나, …… 사소한 물건으로 곧 1마쇄이거나, 혹은 1마쇄의 이하의 물건이거나, 훔치려는 마음이 일어나는 것이다. 접촉하는 자는 돌길라를 범하고, 움직이는 자는 돌길라를 범하며, 본래의 자리에서 옮긴 자는 돌길라를 범한다.

6-4 친족의 물건이거나, 잠시 빌렸거나, 아귀의 물건이거나, 축생의 물건에서 자기의 물건이라고 생각하였거나, 분소(糞掃)의 물건이라고 생각하였거나, 미쳤던 자이거나, 마음이 혼란한 자이거나, 번뇌로 고통받는 자이거나, 최초로 범한 자는 모두 범하지 않는다.

[불여취의 첫째 장(章)을 마친다.]

7-1 옷을 세탁하는 자의 다섯 가지의 일, 덮는 것의 네 가지의 일, 어두운 밤의 다섯 가지의 일, 운반의 다섯 가지의 일, 논의(論義)의 다섯 가지의 일, 바람의 두 가지의 일, 부패하지 않은 것, 산가지(籌)를 바꾼 것, 욕실, 잔식(殘食)의 다섯 가지의 일, 속였던 다섯 가지의 일, 기근에서의 밥·고기·떡(餠), 살가리(薩加里)·마타가(摩陀迦), 자구(資具), 금전의 자루(錢袋), 부구(敷具), 대나무 시렁, 외출하지 않는 것, 씹는 음식(嚼食), 친근함, 자기의 물건이라는 생각의 두 가지의 일, 훔치지 않은 일곱 가지의 일, 훔친 일곱 가지의 일, 훔친 물건의 일곱 가지의 일, 꽃의 두 가지의 일, 전하는 말의 세 가지의 일, 보석(寶石) 탈세의 세 가지의 일, 멧돼지, 사슴, 물고기, 수레를 굴리는 것, 고기 조각의 두 가지의 일, 뗏목의 두 가지의 일, 분소의, 강물의 두 가지의 일, 소(酥)의 병(瓶), 사위성의 하나의 주먹과 네 가지의 일, 잔식(殘食)의 두 가지의 일, 띠 풀(茅草)의 두 가지의 일, 승가의 물건을 나누는 일곱 가지의 일, 목재·물·흙·건초의 일, 승가의 물건을 훔치려는 마음으로써 취하는 일곱 가지의 일, 주인이 있는 물건을 취할 수 없는 것, 주인이 있는 물건을 잠시 옮기는 것 등을 설하는 것이 있다.

7-2 그때 육군비구들이 세탁하는 곳에 이르러 세탁하는 사람들의 옷을 취하고서 그들은 후회의 마음이 생겨나서 이와 같이 생각하였다.

'세존께서 이미 학처를 제정하여 세우셨는데, 우리들이 어찌 바라이를 범하지 않았겠는가?'

이 일로써 세존께 아뢰었고, 세존께서는 말씀하셨다.

"육군비구들이여. 그대들은 바라이를 범하였느니라."

7-3 그때 한 비구가 세탁하는 곳에 이르러 값비싼 옷을 보고서 훔치려는 마음이 생겨났으나, …… 나아가 …… 세존께 아뢰었다.

"비구여. 마음이 일어난 자는 범하지 않았느니라."

그때 한 비구가 세탁하는 곳에 이르러 옷을 보고서 훔치려는 마음이 생겨나서 그것을 접촉하였으나, …… 나아가 …… 세존께 아뢰었다.

"비구여. 바라이를 범한 것이 아니고, 돌길라를 범하였느니라."

그것을 움직였으나, …… 나아가 …… 세존께 아뢰었다.

"비구여. 바라이를 범하지 않았으나, 투란차를 범하였느니라."

…… 나아가 …… 그것을 본래의 있던 곳에서 옮겼으나, 후회하는 마음이 생겨났다. …… 나아가 …… 세존께 아뢰었다.

"비구여. 그대는 바라이를 범하였느니라."

7-4 그때 한 걸식하던 비구가 값비싼 덮개의 베(布)를 보고서 훔치려는 마음이 생겨나서 그것을 접촉하였으나, …… 나아가 …… 세존께 아뢰었다.

"비구여. 바라이를 범하지 않았으나, 돌길라를 범하였느니라."

훔치려는 마음이 생겨나서 그것을 움직였으나, …… 나아가 …… 세존께 아뢰었다.

"비구여. 투란차를 범하였느니라."

…… 나아가 …… 훔치려는 마음이 생겨나서 그것을 본래의 있던 곳에서 옮겼으나, 후회하는 마음이 생겨났다. …… 나아가 …… 세존께서 말씀하셨다.

"비구여. 그대는 바라이를 범하였느니라."

7-5 그때 한 비구가 낮의 때에 물건을 보고 표시를 짓고서 '내가 어두운 밤에 그것을 취해야겠다.'라고 생각하였다. 그 물건을 그 물건이라고 생각하고서 취하였으나, 후회하는 마음이 생겨났다. …… 나아가 …… 세존께 아뢰었다.

"비구여. 바라이를 범하였느니라."

그 물건을 다른 물건이라고 생각하고서 취하였고, …… 나아가 …… 다른 물건을 그 물건이라고 생각하고서 그 물건을 취하였으며, …… 나아가 …… 다른 물건을 다른 물건이라고 생각하고서 그 물건을 취하였으나, 그 비구는 후회가 생겨났고, …… 나아가 …… 세존께 아뢰었다.

"비구여. 바라이를 범하였느니라."

그때 한 비구가 낮의 때에 물건을 보고 표시를 짓고서 '내가 어두운 밤에 그것을 취해야겠다.'라고 생각하였다. 비구가 다른 물건을 자기의 물건이라고 생각하고서 취하였으나, 후회하는 마음이 생겨났고, …… 나아가 …… 세존께 아뢰었다.

"비구여. 바라이를 범한 것이 아니고 돌길라를 범하였느니라."

7-6 그때 한 비구가 다른 사람이 머리 위로 물건을 운반하는 때를 마주하고서 훔치려는 마음으로써 그것을 접촉하였으나, …… 나아가 …… 세존께 아뢰었다.

"비구여. 바라이를 범한 것이 아니고, 돌길라를 범하였느니라."

…… 나아가 …… 훔치려는 마음으로써 그것을 움직였으나, …… 나아가 …… 세존께 아뢰었다.

"비구여. 투란차를 범하였느니라."

…… 나아가 …… 훔치려는 마음으로써 그것을 어깨의 위에서 내려놓았

으나, 후회하는 마음이 생겨났고, …… 나아가 …… 세존께 아뢰었다.

"비구여. 그대는 바라이를 범하였느니라."

그때 한 비구가 다른 사람이 어깨 위에 물건을 운반하는 때를 마주하고서 훔치려는 마음으로써 그것을 접촉하였으나, …… 나아가 …… 세존께 아뢰었다.

"비구여. 돌길라를 범하였느니라."

…… 나아가 …… 훔치려는 마음으로써 그것을 허리의 아래에 내려놓았으나, 후회하는 마음이 생겨났고, …… 나아가 …… 세존께 아뢰었다.

"비구여. 그대는 바라이를 범하였느니라."

그때 한 비구가 다른 사람의 허리 사이의 물건을 마주하고서 훔치려는 마음으로써 그것을 접촉하였으나, …… 나아가 …… 세존께 아뢰었다.

"비구여. 바라이를 범한 것이 아니고, 돌길라를 범하였느니라."

…… 나아가 …… 훔치려는 마음으로써 그것을 손을 사용하여 잡았으나, 후회하는 마음이 생겨났다. …… 나아가 …… 세존께 아뢰었다.

"비구여. 그대는 바라이를 범하였느니라."

그때 한 비구가 다른 사람의 손안의 물건을 마주하고서 훔치려는 마음으로써 땅에 내려놓았으나, …… 나아가 …… 세존께 아뢰었다.

"비구여. 그대는 바라이를 범하였느니라."

훔치려는 마음으로써 그것을 움직였으나, …… 나아가 …… 세존께 아뢰었다.

"비구여. 투란차를 범하였느니라."

그때 한 비구가 다른 사람의 손안의 물건을 마주하고서 훔치려는 마음으로써 땅에서 그것을 집었으나, 후회하는 마음이 생겨났다. …… 나아가 …… 세존께 아뢰었다.

"비구여. 그대는 바라이를 범하였느니라."

7-7 그때 한 비구가 옷을 노지(露地)에 펼쳐놓고서 사중(寺中)에 들어갔다. 다른 한 비구가 이것을 보고서 '이 옷을 잃어버리지 않게 해야겠다.'라고 이와 같이 생각하고서, 그것을 거두어 숨겨두었다. 그 비구가 나와서 여러 비구들에게 물어 말하였다.

"여러 장로들이여. 누가 나의 옷을 취하였습니까?"

한 비구가 이와 같이 말을 지었다.

"내가 옷을 취하였습니다."

그 비구가 말하였다.

"그대가 이 옷을 취하였으니, 그대는 사문이 아니오."

그 비구니는 후회하는 마음이 생겨났다. 이 일로써 세존께 아뢰었다.

"비구여. 그대는 무슨 마음이었는가?"

"세존이시여. 저는 오직 법을 논의(論義)하려는 것이었습니다."

세존께서는 말씀하셨다.

"비구여. 오직 법을 논의하고자 하였다면 범하지 않았느니라."

그때 한 비구가 옷을 평상 위에 펼쳐놓고서 사중에 들어갔고, …… 나아가 …… 옷을 좌구(坐具)의 위에 펼쳐놓고서 사중에 들어갔으며, …… 나아가 …… 발우를 평상의 아래에 놓아두고서 사중에 들어갔고, 다른 한 비구가 이것을 보고서 '이 발우를 잃어버리지 않게 해야겠다.'라고 이와 같이 생각하고서, 그 비구가 나와서 여러 비구들에게 물어 말하였다.

"여러 장로들이여. 누가 나의 발우를 취하였습니까?"

한 비구가 이와 같이 말을 지었다.

"내가 발우를 취하였습니다."

그 비구가 말하였다.

"그대가 이 발우를 취하였으니, 그대는 사문이 아니오."

…… 나아가 …… 세존께 아뢰었다.

"비구여. 오직 법을 논의하고자 하였다면 범하지 않았느니라."

그때 한 비구니가 옷을 울타리의 위에 펼쳐놓고서 사중(寺中)에 들어갔다. 다른 한 비구니가 이것을 보고서 '이 옷을 잃어버리지 않게 해야겠다.'라고 이와 같이 생각하고서 그것을 거두어 숨겨두었다. 그 비구니가 나왔고 여러 비구니들에게 물어 말하였다.

"여러 자매들이여. 누가 나의 옷을 취하였습니까?"

한 비구니가 이와 같이 말을 지었다.

"내가 옷을 취하였습니다."

그 비구니가 말하였다.

"그대가 이 옷을 취하였으니, 그대는 사문이 아니오."

이 일로써 세존께 아뢰었고, 비구니는 여러 비구니들에게 알렸고, 여러 비구니들은 여러 비구들에게 알렸으며, 여러 비구들은 이 일로써 세존께 아뢰었고, …… 나아가 …… 세존께 아뢰었다.

"여러 비구들이여. 오직 법을 논의하고자 하였다면 범하지 않았느니라."

7-8 그때 한 비구가 옷이 회오리바람이 일어나서 밖으로 날리는 것을 보고서 '내가 가지고 그것을 주인에게 주어야겠다.'라고 생각하고서 그것을 잡았다. 주인이 그 비구를 꾸짖어 말하였다.

"그대는 사문이 아니오."

그는 후회하는 마음이 생겨났고, …… 나아가 …… 이 일로써 세존께 아뢰었다.

"비구여. 그대는 그것에 무슨 마음이 일어났는가?"

"세존이시여. 저는 훔칠 마음이 없었습니다."

"비구여. 훔칠 마음이 없었다면 범하지 않았느니라."

그때 한 비구가 두건이 회오리바람이 일어나서 날아가는 것을 보고서

'주인이 아직 보지 못하였다.'라고 이와 같이 생각하고서 그것을 취하였다. 주인이 그 비구를 꾸짖어 말하였다.

"그대는 사문이 아니오."

비구는 후회하는 마음이 생겨났고, …… 나아가 …… 세존께 아뢰었다.

"비구여. 그대는 바라이를 범하였느니라."

7-9 그때 한 비구가 묘지에 이르러 아직 부패하지 않은 시체의 분소의를 취하였다. 죽은 자의 영혼(靈魂)이 그 시체에 머물러 있었고, 그 죽은 영혼이 비구에게 이와 같이 말하였다.

"존자여. 나의 옷을 취하지 마십시오."

그 비구는 듣지 못하였고 떠나가는 때에 그 죽었던 시체가 일어났으며, 비구의 뒤를 따라왔으나, 비구는 사중으로 들어가서 그 문을 닫았다. 이때 죽었던 시체는 땅에 넘어졌고, 비구는 후회하는 마음이 생겨났고, …… 나아가 …… 세존께 아뢰었다.

"비구여. 바라이를 범하지 않았느니라. 그러나 여러 비구들이여. 부패하지 않은 시체의 분소의를 취하였다면 취하는 자는 돌길라를 범하느니라."

7-10 그때 한 비구가 대중 승가가 옷을 나누는 때에 훔칠 마음으로써 산가지(籌)를 바꾸어서 옷을 취하였다. 비구는 후회하는 마음이 생겨났고, …… 나아가 …… 세존께 아뢰었다.

"비구여. 바라이를 범하였느니라."

7-11 그때 장로 아난은 욕실에서 한 비구의 하의(下衣)를 마주하고 자기의 물건이라고 생각하고서 그것을 입었다. 이때 그 비구가 장로 아난에게 말하였다.

"장로여. 무슨 까닭으로 나의 하의를 입었습니까?"

"장로여. 나는 나의 물건이라고 생각하였습니다."

이 일로써 세존께 아뢰었고, …… 나아가 …… 세존께서 말씀하셨다.
"여러 비구들이여. 자기의 물건이라고 생각하였다면 범하지 않았느니라."

7-12 그때 여러 비구들은 기사굴산에 머물렀다.
이때 사자가 남긴 음식을 보았고, 이것을 구워서 먹었으나, 비구들은 후회가 생겨났고, …… 나아가 …… 세존께 아뢰었다.
"여러 비구들이여. 남긴 음식이라면 범하지 않았느니라."

그때 여러 비구들은 기사굴산에 머물렀다. 호랑이가 남긴 음식을 보았고, …… 나아가 …… 표범(豹)이 남긴 음식을 보았으며, …… 나아가 …… 하이에나(鬣狗)가 남긴 음식을 보았고, …… 나아가 …… 늑대(狼)가 남긴 음식을 보았으며, 이것을 구워서 먹었으나, …… 나아가 …… 세존께 아뢰었다.
"여러 비구들이여. 축생의 물건이라면 범하지 않았느니라."

7-13 그때 한 비구가 승가 대중에게 밥(飯)을 나누어 주는 때에 "다른 비구의 몫도 주십시오."라고 속여서 취하였다. 비구는 후회가 생겨났고, …… 나아가 …… 세존께 아뢰었다.
"비구여. 바라이를 범하지 않았으나, 고의로 망어(妄語)를 하였으니 바일제(波逸提)를 범하였느니라."

그때 한 비구가 승가 대중에게 씹는 음식(瞰食)을 나누어 주는 때에, …… 나아가 …… 승가 대중에게 떡(餅)을 나누어 주는 때에, …… 나아가 …… 승가 대중에게 사탕수수(甘蔗)를 나누어 주는 때에, …… 나아가 …… 승가 대중에게 오이를 나누어 주는 때에, "다른 비구의 몫도 주십시오."라고 속여서 취하였고, 비구는 후회가 생겨났고, …… 나아가 …… 세존께 아뢰었다.

"비구여. 바라이를 범하지 않았으나, 고의로 망어하였으므로 바일제를 범하였느니라."

7-14 그때 한 비구가 기근의 때에 식당에 들어갔고, 훔치려는 마음으로써 발우에 가득히 음식을 취하였으나, 비구는 후회가 생겨났고, …… 나아가 …… 세존께 아뢰었다.
"비구여. 바라이를 범하였느니라."

그때 한 비구가 기근의 때에 정육점에 들어갔고, 훔치려는 마음으로써 발우에 가득히 고기를 취하였으나, 비구는 후회가 생겨났고, …… 나아가 …… 세존께 아뢰었다.
"비구여. 바라이를 범하였느니라."

그때 한 비구가 기근의 때에 떡 가게에 들어갔고, 훔치려는 마음으로써 발우에 가득히 살가리(薩加里)107) 떡을 취하였으나, …… 나아가 …… 훔치려는 마음으로써 발우에 가득히 마타가(摩陀加)108) 떡을 취하였으나, 비구는 후회가 생겨났고, …… 나아가 …… 세존께 아뢰었다.
"비구여. 바라이를 범하였느니라."

7-15 그때 한 비구가 낮에 자구(資具)를 보고서 기호를 표시하였으며, '내가 장차 밤에 그것을 취해야겠다.'라고 생각하였다. 그 비구가 그 물건이라고 생각하고서 그 물건을 취하였고, …… 나아가 …… 그 물건이라고 생각하고서 다른 물건을 취하였고, …… 나아가 …… 다른 물건이라고 생각하고서 그 물건을 취하였고, …… 나아가 …… 다른 물건이라고 생각하고서 다른 물건을 취하였으나, 비구는 후회가 생겨났고, …… 나아가 …… 세존께 아뢰었다.

---

107) 팔리어 Sakkhali(사까리)의 음사이고, 케이크 또는 과자인 고기를 가리킨다.
108) 팔리어 Modaka(모다카)의 음사이고, 달콤한 고기의 한 종류이다.

"비구여. 바라이를 범하였느니라."

그때 한 비구가 낮에 자구를 보고서 기호를 표시하였으며, '내가 장차
필요하므로 그것을 취해야겠다.'라고 생각하였다. 그 비구가 그 물건이라
고 생각하고서 자기의 물건을 취하였으나, 비구는 후회가 생겨났고, ······
나아가 ······ 세존께 아뢰었다.
"비구여. 바라이를 범한 것이 아니고 돌길라를 범하였느니라."

7-16 그때 한 비구가 평상의 위에 금전의 주머니가 놓여있는 것을 보고서
'그것을 취한다면 마땅히 바라이를 범한다.'라고 생각하였다. 그러므로
평상을 연결하여 옮겼고 취하여 떠나갔으나, 비구는 마음에서 후회가
생겨났고, ······ 나아가 ······ 세존께 아뢰었다.
"비구여. 바라이를 범하였느니라."

7-17 그때 한 비구가 훔치려는 마음으로써 승가 대중의 부구(敷具)를
취하였으나, 비구는 마음에 후회가 생겨났고, ······ 나아가 ······ 세존께
아뢰었다.
"비구여. 바라이를 범하였느니라."

7-18 그때 한 비구가 훔치려는 마음으로써 대나무 시렁 위의 옷을 취하였
으나, 비구는 마음에 후회가 생겨났고, ······ 나아가 ······ 세존께 아뢰었다.
"비구여. 바라이를 범하였느니라."

7-19 그때 한 비구가 사중의 옷을 취하고서 '나는 이 정사에서 떠나간다면
마땅히 바라이를 범한다.'라고 생각하였다. 그러므로 사찰을 나가지 않았
으나, 이 일로써 세존께 아뢰었다.
"여러 비구들이여. 이 어리석은 사람이 정사를 떠나가지 않았어도
함께 바라이를 범하였느니라."

7-20 그때 두 비구가 있었고 도반이었다. 한 비구는 걸식하기 위하여 취락에 들어갔는데, 다른 한 비구는 승가 대중에게 음식을 나누어주는 때에 도반의 몫을 취하였고, 그러한 뒤에 다른 비구가 친근하다고 생각하면서 그의 음식을 먹어버렸다. 다른 비구가 알고서 그 비구를 꾸짖었다.

"그대는 사문이 아니오."

비구는 마음에 후회가 생겨났고, …… 나아가 …… 세존께 아뢰었다.

"비구여. 그대는 무슨 마음이었는가?"

"세존이시여. 친근하다고 생각하면서 그의 음식을 취하여 먹었습니다."

"비구여. 친근하다고 생각하면서 그의 음식을 취하여 먹었다면 범하지 않았느니라."

7-21 그때 여러 비구들이 옷을 짓고 있었다.

씹는 음식을 승가 대중에게 나누어주는 때에 그들의 몫을 취하였고, 그것을 놓아두었다. 한 비구가 다른 비구들의 몫을 취하고서 자기의 몫이라고 생각하고서 그것을 먹어버렸다. 비구들이 알고서 그 비구를 꾸짖었다.

"그대는 사문이 아니오."

비구는 마음에 후회가 생겨났고, …… 나아가 …… 세존께 아뢰었다.

"비구여. 그대는 무슨 마음이었는가?"

"세존이시여. 저의 물건이라고 생각하였습니다."

"비구여. 자기의 물건이라고 생각하였다면 범하지 않았느니라."

그때 여러 비구들이 옷을 짓고 있었다.

씹는 음식을 승가 대중에게 나누어주는 때에 한 비구가 다른 비구의 발우로 취하였고, 다른 한 비구의 몫으로 그것을 놓아두었다. 발우의 주인인 비구가 자기의 물건이라고 생각하고서 그것을 먹어버렸다. 그 비구들이 알고서 그 비구를 꾸짖었고, …… 나아가 …… 세존께 아뢰었다.

"비구여. 자기의 물건이라고 생각하였다면 범하지 않았느니라."

7-22 그때 여러 암라과(菴羅果)¹⁰⁹⁾를 훔치려는 도둑들이 암라과를 떨어트려서 가지고 떠나갔다. 주인이 여러 도둑을 쫓아갔고, 여러 도둑들은 암라과를 버리고서 달아났다. 여러 비구들은 버려졌으므로 과일을 주워서 먹었는데, 주인이 여러 비구들을 꾸짖었다.

"그대들은 사문이 아니오."

비구들은 마음에 후회가 생겨났고, 이 일로써 세존께 아뢰었다.

"여러 비구들이여. 그대들은 무슨 마음이었는가?"

"세존이시여. 저희들은 버려진 물건이라고 생각하였습니다."

"여러 비구들이여. 버려진 물건이었다고 생각하였다면 범하지 않았느니라."

그때 여러 염부과(閻浮果)¹¹⁰⁾를 훔치려는 도둑들이, …… 나아가 …… 면포수과(麪麭樹果)¹¹¹⁾를 훔치려는 도둑들이, …… 나아가 …… 파나사과(芭那沙果)¹¹²⁾를 훔치려는 도둑들이, …… 나아가 …… 다라과(多羅果)¹¹³⁾를 훔치려는 도둑들이, …… 나아가 …… 사탕수수를 훔치려는 도둑들이, …… 나아가 …… 과일을 훔치려는 도둑들이 과일을 모아서 취하여 떠나갔고, 주인이 여러 도둑을 쫓아갔으며, …… 나아가 …… 세존께 아뢰었다.

"여러 비구들이여. 버려진 물건이었다면 범하지 않았느니라."

7-23 그때 여러 암라과를 훔치려는 도둑들이 암라과를 떨어트려서 가지고 떠나갔고, 주인이 여러 도둑을 쫓아갔으며, 여러 도둑들은 암라과를 버리고서 달아났다. 비구들은 '주인이 나타날 것이다.'라고 생각하였으나, 훔칠 마음으로써 그것을 먹었다. 주인이 여러 비구들을 꾸짖었다.

---

109) 팔리어 Amba(암바)의 음사이고, mango(망고)를 가리킨다.
110) 팔리어 Jambu(잠부)의 음사이고, 말라바르 매실로 알려져 있으며, 자바 매실, 검은 매실로도 불린다.
111) 팔리어 Labuja(라부자)의 음사이고, 빵열매 나무를 가리킨다.
112) 팔리어 Panasa(파나사)의 음사이고, 잭 프루트의 과일을 가리킨다.
113) 팔리어 Tālapakka(타라빠까)의 음사이고, 야자열매를 가리킨다.

"그대들은 사문이 아니오."

…… 나아가 …… 비구들은 마음에 후회가 생겨났고, 이 일로써 세존께 아뢰었다. …… 나아가 …… "여러 비구들이여. 그대들은 바라이를 범하였느니라."

7-24 그때 한 비구가 훔치려는 마음으로써 승가 대중의 암라과를 취하였으나, …… 나아가 …… 승가 대중의 염부과를 취하였으나, …… 나아가 …… 승가 대중의 면포수과를 취하였으나, …… 나아가 …… 파나수과를 취하였으나, …… 나아가 …… 승가 대중의 다라과를 취하였으나, …… 나아가 …… 승가 대중의 사탕수수를 취하였으나, …… 나아가 …… 승가 대중의 도과를 취하였으나, 비구는 마음에 후회가 생겨났고, …… 나아가 …… 세존께 아뢰었다.

"비구여. 바라이를 범하였느니라."

7-25 그때 한 비구가 화원(花園)에 이르러 훔치려는 마음으로써 이미 꺾어놓은 값이 5마쇄의 꽃을 취하여 떠나갔으나, 비구는 마음에 후회가 생겨났고, …… 나아가 …… 세존께 아뢰었다.

"비구여. 바라이를 범하였느니라."

그때 한 비구가 화원에 이르러 훔치려는 마음으로써 값이 5마쇄의 꽃을 꺾어서 취하여 떠나갔으나, 비구는 마음에 후회가 생겨났고, …… 나아가 …… 세존께 아뢰었다.

"비구여. 바라이를 범하였느니라."

7-26 그때 한 비구가 한 취락에 이르러 다른 비구에게 이와 같이 말하였다.

"비구여. 나는 그대에게 그대의 단월(檀越)이 알리라는 부탁을 받았습니다."

다른 비구가 단월의 집에 이르러 그 단월에게 말을 전달하게 시켰고,

비구는 하나의 옷을 가지고 떠나가서 자기가 수용하였다.

　다른 비구가 그것을 알고서 그 비구를 꾸짖었다.

　"그대는 사문이 아니오."

　…… 나아가 …… 비구는 마음에 후회가 생겨났고, 이 일로써 세존께 아뢰었다.

　"비구여. 바라이를 범하지 않았느니라. 그러나 여러 비구들이여. '나는 말을 전달하고자 합니다.'라고 말하지 말라. 만약 말하는 자는 돌길라를 범하느니라."

　그때 한 비구가 한 취락에 이르러 다른 비구를 마주하고서 그 비구에게 이와 같이 말하였다.

　"비구여. 청하건대 그대가 가서 나의 단월에게 말을 전해주십시오."

　다른 비구가 그 단월의 집에 이르게 시켰고, 비구는 두 개의 옷을 가지고 왔으며, 하나는 자기가 수용하였고, 다른 하나는 다른 비구에게 주었다.

　다른 비구가 그것을 알고서 그 비구를 꾸짖었다.

　"그대들은 사문이 아니오."

　…… 나아가 …… 비구는 마음에 후회가 생겨났고, 이 일로써 세존께 아뢰었다.

　"비구여. 바라이를 범하지 않았느니라. 그러나 여러 비구들이여. '다른 사람에게 나는 말을 전하고자 합니다.'라고 말하지 말라. 만약 말하는 자는 돌길라를 범하느니라."

　그때 한 비구가 한 취락에 이르러 다른 비구를 마주하고서 그 비구에게 이와 같이 말하였다.

　"비구여. 청하건대 그대가 가서 나의 단월에게 말을 전해주십시오."

　다른 비구가 그 단월의 집에 이르게 시켰고, 비구는 두 개의 옷을 가지고 왔으며, 하나는 자기가 수용하였고, 다른 하나는 다른 비구에게 주었다.

　다른 비구가 그것을 알고서 그 비구를 꾸짖었다.

　"그대들은 사문이 아니다."

　…… 나아가 …… 비구는 마음에 후회가 생겨났고, 이 일로써 세존께 아뢰었다.

　"비구여. 바라이를 범하지 않았느니라. 그러나 여러 비구들이여. '다른 사람에게 나는 말을 전하고자 합니다.'라고 말하지 말라. 만약 말하는 자는 돌길라를 범하느니라."

7-27 그때 매우 값비싼 보석을 가진 자가 있었고, 한 비구와 함께 도로를 여행하였다. 이때 그 사람은 세관처(過稅處)를 보고서 보석을 비구의 걸망 안에 넣었으나, 그 비구는 알지 못하고서 갔다. 세관처를 지나서 뒤에 그것을 취하였고, 비구는 마음에 후회가 생겨났으며, …… 나아가 …… 세존께 아뢰었다.

　"비구여. 그대는 무슨 마음이었는가?"

　"세존이시여. 저는 알지 못하였습니다."

　"비구여. 알지 못하였다면 범하지 않았느니라."

　그때 매우 값비싼 보석을 가진 자가 있었고, 한 비구와 함께 도로를 여행하였다. 이때 그 사람이 세관처에 이르러 거짓으로 병을 지었고, 자기가 짊어졌던 물건을 비구에게 주었다. 이와 같이 그 사람은 세관처를 지나갔고 비구에게 말하였다.

　"존자여. 나의 보석을 돌려주십시오. 나는 병이 아닙니다."

　"그대는 무슨 까닭으로 이러한 일을 지었소?"

　그때 그 사람은 이 일을 비구에게 말하였고, 비구는 마음에 후회가 생겨났으며, …… 나아가 …… 세존께 아뢰었다.

　"비구여. 알지 못하였다면 범하지 않았느니라."

그때 한 비구가 상단(商團)과 함께 먼 도로를 함께 떠나갔다. 어느 사람이 음식으로써 비구를 위로하였고, 세관처에 이르러 매우 값비싼 보석을 비구에게 부탁하였다.

"존자여. 청하건대 이 보석을 가지고 세관처를 통과해 주십시오."

이와 같이 비구는 보석을 가지고 세관처를 통과하였으나, 비구는 마음에 후회가 생겨났고, …… 나아가 …… 세존께 아뢰었다.

"비구여. 그대는 바라이를 범하였느니라."

7-28 그때 한 비구가 덫에 걸렸던 멧돼지를 자비한 마음으로써 풀어주었으나, 비구는 마음에 후회가 생겨났고, …… 나아가 …… 세존께 아뢰었다.

"비구여. 그대들은 무슨 마음이었는가?"

"세존이시여. 저는 자비한 마음이었습니다."

"비구여. 자비한 마음이었다면 범하지 않았느니라."

그때 한 비구가 덫에 걸렸던 멧돼지를 '주인이 보지 못하였다.'라고 생각하였고, 그것을 훔칠 마음으로써 그것을 풀어주었으나, 비구는 마음에 후회가 생겨났으며, …… 나아가 …… 세존께 아뢰었다.

"비구여. 그대는 바라이를 범하였느니라."

그때 한 비구가 덫에 걸렸던 사슴을 자비한 마음으로써 풀어주었으나, …… 나아가 …… 덫에 걸렸던 사슴을 '주인이 보지 못하였다.'라고 생각하였고 그것을 훔칠 마음으로써 그것을 풀어주었으나, …… 나아가 …… 그물에 걸렸던 물고기를 자비한 마음으로써 풀어주었으나, …… 나아가 …… 그물에 걸렸던 물고기를 '주인이 보지 못하였다.'라고 생각하였고 그것을 훔칠 마음으로써 그것을 풀어주었으나, 비구는 마음에 후회가 생겨났으며, …… 나아가 …… 세존께 아뢰었다.

"비구여. 그대는 바라이를 범하였느니라."

7-29 그때 한 비구가 수레 위의 물건을 '이것을 훔친다면 바라이이다.'라고 생각하였고 훔칠 마음으로써 수레를 밀쳐서 멀리 굴렸고 그것을 취하였으나, 비구는 마음에 후회가 생겨났고, …… 나아가 …… 세존께 아뢰었다.
"비구여. 그대는 바라이를 범하였느니라."

7-30 그때 한 비구가 매(鷹)가 하나의 고기 조각을 물고서 날아가는 것을 보고서 '주인에게 돌려주겠다.'라고 생각하고 그것을 취하였으나, 주인이 그 비구를 꾸짖었다.
"그대들은 사문이 아니오."
그 비구들은 마음에 후회가 생겨났고, …… 나아가 …… 세존께 아뢰었다.
"비구여. 훔칠 생각이 없었다면 범하지 않았느니라."

그때 한 비구가 매가 하나의 고기 조각을 물고서 날아가는 것을 보고서 '주인이 보지 않았다.'라고 훔칠 마음으로써 그것을 취하였으나, 주인이 그 비구를 꾸짖었다.
"그대는 사문이 아니오."
그 비구들은 마음에 후회가 생겨났고, …… 나아가 …… 세존께 아뢰었다.
"비구여. 그대는 바라이를 범하였느니라."

7-31 그때 여러 사람들이 뗏목을 묶어서 아치라벌저강(阿致羅筏底河)[114]에 띄웠으나, 묶었던 끈들이 끊어져서 나무가 흩어져서 떠내려갔다. 여러 비구들이 버려진 물건이라고 생각하고서 강둑에 올려놓았는데, 주인이 여러 비구를 꾸짖었다.
"그대들은 사문이 아니오."
그 비구들은 마음에 후회가 생겨났고, …… 나아가 …… 세존께 아뢰었다.
"여러 비구들이여. 그대들은 바라이를 범하였느니라."

---

114) 팔리어 Aciravati(아치라바티)의 음사이다.

그때 여러 사람들이 뗏목을 묶어서 아치라벌저강에 띄웠으나, 묶었던 끈들이 끊어져서 나무가 흩어져서 떠내려갔다. 여러 비구들이 '주인이 보지 않은 때이다.'라고 훔칠 마음으로써 그것을 강둑에 올려놓았는데, 주인이 그 비구들을 꾸짖었다.

"그대들은 사문이 아니오."

그 비구들은 마음에 후회가 생겨났고, …… 나아가 …… 세존께 아뢰었다.

"여러 비구들이여. 그대들은 바라이를 범하였느니라."

7-32 그때 한 목동(牧者)이 옷을 가지고 나무 위에 걸어놓고서 대변을 보고자 떠나갔고, 한 비구가 버린 물건이라고 생각하고서 그것을 취하였다. 목동이 그 비구를 꾸짖었다.

"그대는 사문이 아니오."

그 비구들은 마음에 후회가 생겨났고, …… 나아가 …… 세존께서는 말씀하셨다.

"비구여. 훔칠 생각이 없었다면 범하지 않았느니라."

7-33 그때 한 비구가 바로 강을 건너가는데, 옷이 세탁하는 자의 손에서 벗어나서 비구의 발에 걸렸다. 그 비구는 '주인에게 돌려주겠다.'라고 생각하고 그것을 취하였다. 주인이 그 비구를 꾸짖었다.

"그대는 사문이 아니오."

그 비구들은 마음에 후회가 생겨났고, …… 나아가 …… 세존께 아뢰었다.

"비구여. 훔칠 생각이 없었다면 범하지 않았느니라."

그때 한 비구가 바로 강을 건너가는데, 옷이 세탁하는 자의 손에서 벗어나서 비구의 발에 걸렸다. 그 비구는 '주인이 그것을 보지 않았다.'라고 훔칠 마음으로써 그것을 취하였다. 주인이 그 비구를 꾸짖었다.

"그대는 사문이 아니오."

그 비구들은 마음에 후회가 생겨났고, …… 나아가 …… 세존께 아뢰었다.

"비구여. 그대는 바라이를 범하였느니라."

7-34 그때 한 비구가 소(酥)의 병(瓶)을 보고서 한 모금의 작은 양을 마셨으나, 그 비구들은 마음에 후회가 생겨났고, …… 나아가 …… 세존께 아뢰었다.

"비구여. 바라이를 범하지 않았으나, 돌길라를 범하였느니라."

7-35 그때 여러 비구들이 "우리들은 장차 한 물건을 취할 것이오."라고 약속하고서 떠나갔다. 한 비구가 그 물건을 취하였고, 그들은 이와 같이 말을 지었다.

"우리들은 바라이가 아니다. 그 물건을 취한 비구가 바라이를 범하였다."

이 일로써 세존께 아뢰었다.

"여러 비구들이여. 그대들은 바라이를 범하였느니라."

그때 여러 비구들이 모의하여 한 물건을 취하였고 그것을 나누어 주었다. 그들은 각자 나누어 받았으나 5마쇄를 채우지 않았으므로 그들은 말하였다.

"우리들은 바라이가 아니다."

이 일로써 세존께 아뢰었다.

"여러 비구들이여. 그대들은 바라이를 범하였느니라."

7-36 그때 한 비구가 사위성의 기근의 때에 훔치려는 마음으로써 상인에게 한 움큼의 쌀을 취하였으나, 후회가 생겨났고, …… 나아가 …… 세존께 아뢰었다.

"비구여. 그대는 바라이를 범하였느니라."

그때 한 비구가 사위성의 기근의 때에 훔치려는 마음으로써 상인에게 한 움큼의 녹두(綠豆)를 취하였으나, …… 나아가 …… 한 주먹의 잠두(蠶豆)115)를 취하였으나, …… 나아가 …… 한 주먹의 호마(胡麻)를 취하였으나, 후회가 생겨났고, …… 나아가 …… 세존께서는 말씀하셨다.

"비구여. 그대는 바라이를 범하였느니라."

7-37 그때 사위성의 안타림(安陀林)에 도둑이 있어서 소를 죽여서 고기를 먹고서 그 남은 고기를 숨겨놓고서 떠나갔다. 여러 비구들은 버려진 물건이었으므로 그것을 취하여 먹었다. 도둑이 여러 비구들을 꾸짖었다.

"그대들은 사문이 아니오."

그 비구들은 마음에 후회가 생겨났고, …… 나아가 …… 세존께 아뢰었다.

"여러 비구들이여. 버려진 물건이라고 생각하였다면 범하지 않았느니라."

그때 사위성의 안타림에 도둑이 있어서 멧돼지를 죽여서 고기를 먹고서, …… 나아가 …… 세존께 아뢰었다.

"여러 비구들이여. 버려진 물건이라고 생각하였다면 범하지 않았느니라."

7-38 그때 한 비구가 띠풀(茅草)의 밭으로 가서 이미 값이 5마쇄의 띠풀이 베어져 있었는데, 훔치려는 마음으로써 그것을 취하였으나, 비구는 마음에 후회가 생겨났고, …… 나아가 …… 세존께 아뢰었다.

"비구여. 그대는 바라이를 범하였느니라."

그때 한 비구가 띠풀의 밭으로 가서 값이 5마쇄의 띠풀을 베었고 훔치려는 마음으로써 그것을 취하였으나, 비구는 마음에 후회가 생겨났고, …… 나아가 …… 세존께 아뢰었다.

"비구여. 그대는 바라이를 범하였느니라."

---

115) 크고 긴 녹색의 꼬투리 안에 자라는 콩팥 모양의 갈색의 콩이다. 한국에서는 누에콩이라고 부른다.

7-39 그때 여러 객비구들이 승가 대중의 몫인 암라과를 먹었고, 구주비구(舊住比丘)들이 여러 객비구들을 꾸짖었다.

"그대는 사문이 아니오."

그 비구들은 마음에 후회가 생겨났고, 이 일을 세존께 아뢰었다.

"여러 비구들이여. 그대들은 무슨 마음이 있었는가?"

"세존이시여. 저희들은 객비구를 위하여 먹는데 수용하라고 생각하였습니다."

"여러 비구들이여. 객비구를 위하여 먹는데 수용하라고 생각하였다면 범하지 않았느니라."

그때 여러 객비구들이 승가 대중의 몫인 염부과를 먹었고, …… 나아가 …… 승가 대중의 몫인 면포수과를 먹었으며, …… 나아가 …… 승가 대중의 몫인 파나사과를 먹었고, …… 나아가 …… 승가 대중의 몫인 다라과를 먹었으며, …… 나아가 …… 승가 대중의 몫인 사탕수수를 먹었고, …… 나아가 …… 승가 대중의 몫인 도과를 먹었고, 구주비구들이 여러 객비구들을 꾸짖었으며, …… 나아가 …… 세존께 아뢰었다.

"여러 비구들이여. 객비구를 위하여 먹는데 수용하라고 생각하였다면 범하지 않았느니라."

7-40 그때 암라원(菴羅園)의 수호인(守護人)이 여러 비구들에게 암라과를 공급하였고, 여러 비구들은 '주인이 그들에게 암라과를 수호하게 하였고, 그들에게 이것을 공급하게 하지 않았다'라고 생각하였으므로, 두려워서 취하지 않고서 이 일을 세존께 아뢰었다.

"여러 비구들이여. 수호인이 공급하였다면 범하지 않았느니라."

그때 염부원(閻浮園)의 수호인이, …… 나아가 …… 면포수원(麴麴樹園)의 수호인이, …… 나아가 …… 파나사원(芭那沙園)의 수호인이, …… 나아가 …… 다라원(多羅園)의 수호인이, …… 나아가 …… 감자원(甘蔗園)의 수호인이, …… 나아가 …… 도과원(桃果園)의 수호인이 여러 비구들에게 도과를 공급하였고, …… 나아가 …… 이 일로써 세존께 아뢰었다.

"여러 비구들이여. 수호인이 공급하였다면 범하지 않았느니라."

7-41 그때 한 비구가 잠시 승가 대중의 목재를 빌리겠다고 생각하고서 그것을 취하여 방사의 벽을 지지(支持)하였다. 여러 비구들이 그 비구를 꾸짖었다.

"그대는 사문이 아니오."

그 비구는 마음에 후회가 생겨났고, 이 일로써 세존께 아뢰었다.

"비구여. 그대는 무슨 마음이 있었는가?"

"세존이시여. 저는 잠시 빌린다고 생각하였습니다."

"비구여. 잠시 빌린다고 생각하였다면 범하지 않았느니라."

7-42 그때 한 비구가 승가 대중의 물(水)을 훔치려는 마음으로써 취하였고, …… 나아가 …… 승가 대중의 흙(土)을 훔치려는 마음으로써 취하였으며, …… 나아가 ……승가 대중의 건초의 더미(草堆)를 훔치려는 마음으로써 취하였고, …… 나아가 …… 이 일로써 세존께 아뢰었다.

"비구여. 그대는 바라이를 범하였느니라."

7-43 그때 한 비구가 승가 대중의 와상(臥牀)을 훔치려는 마음으로써 취하였으나, 그 비구는 마음에 후회가 생겨났고, …… 나아가 …… 이 일로써 세존께 아뢰었다.

"비구여. 그대는 바라이를 범하였느니라."

그때 한 비구가 승가 대중의 의자(椅子)를 훔치려는 마음으로써 취하였고, …… 나아가 …… 승가 대중의 요(褥)를 훔치려는 마음으로써 취하였으며, …… 나아가 …… 승가 대중의 베개(枕)를 훔치려는 마음으로써 취하였고, …… 나아가 …… 승가 대중의 문판(門板)116)을 훔치려는 마음으로써 취하였으며, …… 나아가 …… 승가 대중의 창문(窓扇)을 훔치려는 마음으로써 취하였고, …… 나아가 …… 승가 대중의 들보(樑)를 훔치려는 마음으로써 취하였으며, 그 비구는 마음에 후회가 생겨났고, …… 나아가 …… 이 일로써 세존께 아뢰었다.

"비구여. 그대는 바라이를 범하였느니라."

7-44 그때 여러 비구들이 한 우바새를 데리고 왔고 사중에서 좌구와 와구를 사용하게 하였는데, 다른 곳에서 사용하였다. 이때 그 우바새가 싫어하고 비난하였다.

"여러 대덕들이여. 무슨 까닭으로 다른 사람을 데리고 와서 물건을 다른 곳에서 사용하게 하였습니까?"

이 일로써 세존께 아뢰었다.

"여러 비구들이여. 다른 사람을 데리고 와서 물건을 다른 곳에서 사용하도록 하였다면 옳지 않으니라. 사용하는 자는 돌길라를 범하느니라."

7-45 그때 여러 비구들이 포살당(布薩堂)과 집회당(集會堂)으로 역시 좌구와 와구를 옮기는 것이 의심나고 두려워서 땅 위에 앉았으므로 몸과 옷을 더럽혔다. 이 일로써 세존께 아뢰었다.

"여러 비구들이여. 잠시 옮길 수 있느니라."

7-46 그때 첨파성(瞻波城)[117]의 투란난타(偸蘭難陀) 비구니의 제자인 비구니가 투란난타 비구니의 단월의 집에 이르러 "스승께서 삼미죽(三昧粥)을 먹고자 원합니다."라고 말하였고, 그것을 짓게 하였으며, 가지고 돌아와서 스스로가 먹었다. 그녀의 스승이 그것을 알고서 제자인 비구니를 꾸짖었다.

"그대는 사문이 아니다."

---

116) 반달이의 앞면 위쪽을 젖혀서 여는 문짝의 널을 가리킨다.
117) 팔리어 Campa(참파)의 음사이다.

그 비구니는 마음에 후회가 생겨났고, 그 비구니는 이 일로써 여러 비구니들에게 알렸으며, 여러 비구니들은 이 일로써 여러 비구들에게 알렸고, 여러 비구들은 이 일로써 세존께 아뢰었고, 세존께서는 말씀하셨다.

"여러 비구들이여. 바라이를 범하지 않았으나, 고의로 망어하였던 까닭으로 바일제를 범하였느니라."

그때 왕사성에서 투란난타 비구니의 제자인 비구니가 투란난타 비구니의 단월 집에 이르러 "스승께서 밀환(蜜丸)[118]을 먹고자 원합니다."라고 말하였고, 그것을 짓게 하였으며, 가지고 돌아와서 스스로가 먹었다. 그녀의 스승이 그것을 알고서 제자인 비구니를 꾸짖었고, …… 나아가 …… 이 일로써 세존께 아뢰었고, 세존께서는 말씀하셨다.

"여러 비구들이여. 바라이를 범하지 않았으나, 고의로 망어하였던 까닭으로 바일제를 범하였느니라."

7-47 그때 비사리에서 장로 아수(阿酬)[119]의 단월인 거사에게 두 아이가 있었는데 아들과 조카이었다. 이때 그 거사가 병이 있어서 장로 아수에게 이와 같이 말하였다.

"존자여. 청하건대 이 두 아이 중에서 신심이 깊은 아이에게 재물과 보물이 숨겨진 곳을 보여주십시오."

이때 그 거사의 조카가 신심이 깊었으므로 장로 아수는 그곳을 조카 아이에게 보여주었고, 그 조카 아이는 그 재산에 의지하여 집안을 일으켰고 또한 보시를 행하였다.

그때 거사의 아들이 장로 아난에게 이와 같이 말하였다.

---

118) 꿀로써 둥글게 만든 과자를 가리킨다.
119) 팔리어로 Ajjuka(아쭈카)로 표기되며, 팔리율의 전체에서 이곳에만 등장한다. 그렇지만 『마하승기율』에서는 존자 사리불의 제자라고 말하고 있으며, '울수'라는 법명으로 연기가 자세하게 설명되어 있다.

"대덕이신 아난이시여. 누가 아버지의 계승자이겠습니까? 아들입니까? 아니면 조카입니까?"

"현자여. 아들이 아버지의 계승자이네."

"대덕이시여. 그 존자 아수는 나의 재산으로써 나의 다른 형제에게 가리켜 보여주었습니다."

"현자여. 장로 아수는 사문이 아니네."

그때 장로 아수는 장로 아난에게 말하였다.

"장로 아난이여. 내가 판결한 것을 양해하십시오."

그때 장로 우바리(優波離)는 장로 아수의 붕당이었으므로, 장로 우바리는 장로 아난에게 이와 같이 말하였다.

"대덕이여. 만약 그것의 주인이 '이 보물을 누구에게 보여주십시오.'라고 말하였다면 그 보여주었던 사람이 무슨 죄가 있겠습니까?"

"대덕이여. 어찌 죄가 없겠습니까? 나아가 돌길라를 범하였고, 역시 범하지 않은 것이 없겠습니까?"

"대덕이여. 이 장로 아수는 주인이 '이 보물을 누구에게 보여주십시오.'라고 말하였고, 그것을 보여주었습니다. 대덕이여. 장로 아수는 범하지 않았습니다."

7-48 그때 바라나(波羅奈)120)에서 장로 필릉가바차(畢陵伽婆蹉)121)의 단월은 두 아들이 도둑에게 납치되었으므로 고뇌하였다. 그때 장로 필릉가바차는 두 아이를 데려와서 누각의 위에 내려놓았다. 여러 사람들은 보고서 '대덕 필릉가바차에게 신통력이 있다.'라고 알고서 장로 필릉가바차에게 깊은 신심이 생겨났고, 여러 비구들은 싫어하면서 비난하였다.

"무슨 까닭으로 장로 필릉가바차는 도둑에게 납치되었던 두 아이를 빼앗아 왔는가?"

---

120) 팔리어 Bārāṇasi(바라나시)의 음사이다.
121) 팔리어 Pilindavaccha(필린다바짜)의 음사이다.

이 일로써 세존께 아뢰었고, 세존께서는 말씀하셨다.

"여러 비구들이여. 신통이 있는 자가 신통력의 경지에서 발휘하였다면 범하지 않았느니라."

7-49 그때 반타가(班陀伽)[122]와 가비라(伽毘羅)[123]의 두 비구가 도반이 되었는데, 한 명은 취락에서 머물렀고, 다른 한 명은 구섬미(拘睒彌)[124]에 머물렀다. 그 비구가 취락에서 구섬미로 가는 도중(途中)에 강을 건너는 때에 사냥꾼이 잡은 멧돼지의 지방과 고깃덩어리가 그의 손을 떠나서 비구의 발에 걸린 것이 있었다. 그 비구는 그것을 취하고서 '주인이 돌아오면 주어야겠다.'라고 생각하였는데, 주인이 그 비구를 꾸짖었다.

"그대는 사문이 아니오."

한 소를 기르는 여인이 언덕 위에서 보고서 이와 같이 말을 지었다.

"존자여. 오시어 부정법을 행하세요."

이 비구는 '나는 사문이 아니다.'라고 생각하고서 마침내 그 여인과 부정법을 행하였고, 구섬미에 이르러 이 일로써 여러 비구들에게 알렸다. 여러 비구들은 이 일로써 세존께 아뢰었고, 세존께서는 말씀하셨다.

"여러 비구들이여. 주지 않았는데 취한 것은 범하지 않았으나, 부정법을 행한 것은 바라이를 범하였느니라."

7-50 그때 사갈(沙竭)[125]에서 장로 다여비가(陀如毘伽)[126]와 같이 머물렀던 비구가 근심과 피로에 핍박받은 인연으로 상인의 두건을 훔쳤다. 그러한 뒤에 장로 다여비가에게 이와 같이 말하였다.

"대덕이여. 나는 사문이 아니니, 마땅히 떠나가겠습니다."

---

122) 팔리어 Pandaka(판다카)의 음사이다.
123) 팔리어 Kapila(카피라)의 음사이다.
124) 팔리어 Kosambi(코삼비)의 음사이다.
125) 팔리어 Sāgalā(사가라)의 음사이다.
126) 팔리어 Dalhīka(다르히카)의 음사이다.

"대덕이여. 그대는 일찍이 무슨 일이 있었는가?"

그는 그 일을 말하고서 상인의 두건을 가지고 왔는데, 값이 5마쇄의 이하였다.

"대덕이여. 그대는 바라이를 범하지 않았소."

그 비구를 위하여 설법하였고, 그 비구는 크게 환희하였다.

[두 번째 바라이를 마친다.]

3) 단인명(斷人命) 학처

1-1 그때 불·세존께서는 비사리의 대림127) 안의 중각강당에 머무르셨다.

그때 세존께서는 여러 비구들을 위하여 여러 종류의 방편으로써 부정법(不淨法)을 설하시면서 부정(不淨)을 찬탄하셨고 부정관(不淨觀)을 찬탄하셨다. 거듭하여 가르치고 보여주셨으며, 부정삼매(不淨三昧)에 들어가는 것을 찬탄하셨고, 이와 같이 세존께서는 여러 비구들에게 알리셨다.

"여러 비구들이여. 나는 보름 동안을 적정하게 머물겠노라. 음식을 보내는 자를 제외하고는 누구도 나의 처소에 이르지 말라."

"알겠습니다. 세존이시여."

여러 비구들은 세존께 대답하였고 음식을 보내는 자를 제외하고는 누구도 세존의 주처(住處)에 이르지 못하였다.

여러 비구들은 '세존께서 여러 종류의 방편으로써 부정법을 설하시면서 부정을 찬탄하셨고 부정관을 찬탄하셨으며, 거듭하여 가르치고 보여주셨으며, 부정삼매에 들어가는 것을 찬탄하셨다.'라는 인연으로 그 비구들은 일심(一心)으로 여러 몸의 부분이 이익이 없다는 관(觀)에 머물렀다. 부정관을 행하면서 그 비구들은 부끄러워하였고 고뇌하였으며 자기의 몸을

---

127) 『사분율』에서는 미후강변(彌猴江邊)이라고 결집되고 있다.

싫어하였는데, 잘 꾸미는 것을 좋아하는 젊은 남녀들이 머리를 감으면서 죽은 뱀으로써, 죽은 개로써, 혹은 죽은 사람으로써 목에 두른다면, 곧 부끄러워하고 고뇌하며 자기의 몸을 싫어하는 것과 같았다.

이와 같이 여러 비구들은 부끄러워하였고 고뇌하였으며 자기의 몸을 싫어하였으므로, 스스로가 그의 목숨을 끊었고, 혹은 서로가 그들의 목숨을 끊었으며, 또한 녹장외도(鹿杖外道)[128]에게 이르러 이와 같이 말을 지었다.

"옳습니다. 선(善)한 사문이여. 그대가 나의 목숨을 끊어준다면 이 옷과 발우를 마땅히 그대에게 주겠소."

이와 같이 녹장외도는 옷과 발우를 위하여 많은 비구들의 목숨을 끊었고, 피가 묻은 칼을 가지고 바구마강(婆裘摩江)[129]에 이르렀다. 이때 녹장외도는 강변에서 그의 칼을 씻었는데, 강변에서 이와 같은 의혹이 생겨났다.

"나는 진실로 이익이 없구나. 나는 진실로 악한 이익이 있고, 이익은 없구나. 나는 공덕이 없는 행을 많이 지었고, 나는 지계의 덕이 있는 비구의 목숨을 많이 빼앗았다."

그때 한 천마(天魔)가 물위를 걸어 올라와서 녹장외도에게 알려 말하였다.

"옳도다! 옳도다! 선남자여. 그대는 이익이 있었고 선한 이익이 있었느니라. 그대는 많은 공덕의 행을 지었고, 제도되지 않은 자들을 제도시켜 주었느니라."

그때 녹장외도는 생각하였다.

'말한 것과 같이, 나에게 이익이 있었고 선한 이익이 있었다. 말한 것과 같이 나는 많은 공덕의 행을 지었고, 제도되지 못한 자들을 제도시켜 주었다.'

그러므로 다시 날카로운 칼을 가지고 사찰에서 사찰에 이르렀고, 방사에서 방사에 이르러서 이와 같이 말을 지었다.

---

128) 팔리어 Migalaṇḍika(미가란디카)의 의역이다.
129) 팔리어 Vaggumuda(바꾸무다)의 음사이다.

"누가 제도되지 못하였다면 내가 제도시켜 주겠소."

이것을 인연으로 여러 비구들의 가운데에서 욕망을 떠나지 못한 자는 이때 마음속으로 놀라고 두려워서 몸의 털이 모두 곤두섰다. 그러나 여러 비구들의 가운데에서 욕망을 떠난 자는 이때 마음속으로 놀라고 두려움이 없어서 태연하였고 몸이 털이 모두 곤두서지 않았다.

이와 같이 녹장외도는 하루에 한 비구의 목숨을 빼앗았고, 하루에 두 비구의 목숨을 빼앗았으며, 하루에 세 비구의 목숨을 빼앗았고, 하루에 네 비구의 목숨을 빼앗았으며, 하루에 다섯 비구의 목숨을 빼앗았고, 하루에 열 비구의 목숨을 빼앗았으며, 하루에 이십 비구의 목숨을 빼앗았고, 하루에 삼십 비구의 목숨을 빼앗았고, 하루에 사십 비구의 목숨을 빼앗았으며, 하루에 오십 비구의 목숨을 빼앗았고, 하루에 육십 비구의 목숨을 빼앗았다.

1-2 그때 세존께서는 보름의 적정하게 머물렀던 처소에서 일어나셨고, 장로 아난에게 알려 말하였다.

"무슨 까닭으로 승가 대중이 이와 같이 적은가?"

"세존이시여. 진실로 세존께서는 '여러 종류의 방편으로써 부정법을 설하시면서 부정을 찬탄하셨고 부정관을 찬탄하셨으며, 거듭하여 가르치고 보여주셨으며, 부정삼매에 들어가는 것을 찬탄하셨습니다.' 그들은 일심으로 머무르면서 여러 몸의 부분이 이익이 없다고 관찰하고 부정관을 행하면서 그 비구들은 부끄러워하였고 고뇌하였으며 자기의 몸을 싫어하였는데, 잘 꾸미는 것을 좋아하는 젊은 남녀들이 머리를 감으면서 죽은 뱀으로써, 죽은 개로써, 혹은 죽은 사람으로써 목에 두른다면, 곧 부끄러워하고 고뇌하며 자기의 몸을 싫어하는 것과 같았습니다.

이와 같이 여러 비구들은 부끄러워하였고 고뇌하였으며 자기의 몸을 싫어하였으므로, 스스로가 그의 목숨을 끊었고, 혹은 서로가 그의 목숨을 끊었으며, 또한 녹장외도의 처소에 이르러 이와 같이 말을 지었습니다.

'옳습니다. 선한 사문이여. 그대가 나의 목숨을 끊어준다면 이 옷과

발우를 마땅히 그대에게 주겠소.'

이와 같이 녹장외도는 사문들의 옷과 발우를 위하여 많은 비구들의 목숨을 끊었고, 피가 묻은 칼을 가지고 바구마강에 이르렀습니다. 이때 녹장외도는 강변에서 그의 칼을 씻었고 강변에서 이와 같은 의혹이 생겨났습니다.

'나는 진실로 이익이 없구나. 나는 진실로 악한 이익이 있고, 이익은 없구나. 나는 공덕이 없는 행을 많이 지었고, 나는 지계의 덕이 있는 비구의 목숨을 많이 빼앗았다.'

그때 한 천마가 물위로 걸어 올라와서 녹장외도에게 알려 말하였습니다.

'옳도다! 옳도다! 선남자여. 그대는 이익이 있었고 선한 이익이 있었다. 그대는 많은 공덕의 행을 지었고, 제도되지 못한 자들을 제도시켜 주었느니라.'

그때 녹장외도는 생각하였습니다.

〈말한 것과 같이 나에게 이익이 있었고 선한 이익이 있었다. 말한 것과 같이 나는 많은 공덕의 행을 지었고, 제도되지 않은 자들을 제도시켜 주었다.〉

그러므로 다시 날카로운 칼을 가지고 사찰에서 사찰에 이르렀고, 방사에서 방사에 이르러 이와 같이 말을 지었다.

'누가 제도되지 못하였다면 내가 제도시켜 주겠소.'

이것을 인연으로 여러 비구들 가운데에서 욕망을 떠나지 못한 자는 이때 마음속으로 놀라고 두려워서 몸의 털이 모두 곤두섰으나, 여러 비구들 가운데에서 욕망을 떠난 자는 이때 마음속으로 놀라고 두려움이 없어서 태연하였고 몸이 털이 모두 곤두서지 않았습니다.

세존이시여. 이와 같이 녹장외도는 하루에 한 명 비구의 목숨을 빼앗았고, …… 나아가 …… 하루에 육십 명 비구의 목숨을 빼앗았습니다. 원하건대 세존께서는 그것과 다른 방편을 연설(演說)하시어 이 비구승가에게 그것과 다른 관법에 안주하고 이것과 같이 수행하게 하십시오."

"알겠네. 아난이여. 비사리의 근처에 머무르는 여러 비구들을 모두

강당으로 모이도록 하게."

"알겠습니다. 세존이시여."

장로 아난은 비사리의 근처에 머무르는 여러 비구들을 데리고 모두 강당으로 모이게 하였고, 세존의 처소에 이르러 아뢰어 말하였다.

"세존이시여. 비구 승가는 이미 모였습니다. 세존이시여. 만약 마땅한 때라면 곧 설법을 청하옵니다."

이때 세존께서는 강당에 이르러 펼쳐진 자리 위에 앉으셨다. 세존께서는 앉으셨으며 여러 비구들에게 말씀하셨다.

1-3 "여러 비구들이여. 만약 계속하여 들숨(出息)과 날숨(入息)을[130] 생각하면서 선정을 수행하고 정진하며, 최승(最勝)의 적정(寂靜)에 머무르고, 순수하게 안락(安樂)한 자는 곧 능히 이미 생겨난 악하고 선하지 않은 법을 모두 없애고 멈추어서 적정하니라.

여러 비구들이여. 비유한다면 여름의 마지막 달에 먼지가 일어나더라도 만약 큰 비가 오지 않는 때라면 곧 그것을 없애는 것이니라. 이와 같이 여러 비구들이여. 만약 계속하여 들숨과 날숨을 생각하면서 선정을 수행하고 정진하며, 최승의 적정에 머무르고, 순수하게 안락한 자는 곧 능히 이미 생겨난 악하고 선하지 않은 법을 모두 없애고 멈추어서 적정하니라.

여러 비구들이여. 어떻게 하면 들숨과 날숨을 생각하면서 선정을 수행하고 정진하며, 어떻게 하면 계속 수습하면서 최승의 적정에 머무르고, 순수하게 안락한 자는 곧 능히 이미 생겨난 악하고 선하지 않은 법을 모두 없애고 멈추어서 적정한 것인가?

여러 비구들이여. 이것에서 비구가 혹은 아련야에 이르렀거나, 혹은 나무의 아래에 이르렀거나, 혹은 빈 집에 나아가서 결가부좌로 몸을 세우고 앉아서 정념(正念)을 현전(現前)하게 하고, 그것의 날숨을 바르게

---

130) 팔리어 Ānāpānassati(아나파나싸티)의 의역이고,『사분율』에서는 '아나반나삼매(阿那般那三昧)'로 번역되었으며, 간략하게 서술되어 있다.

생각하고 들숨을 바르게 생각하라. 바로 긴 날숨이라면 '나는 긴 날숨이다.'라고 알고, 바로 긴 들숨이라면 '나는 긴 들숨이다.'라고 아는 것이며, 혹은 바로 짧은 날숨이라면 '나는 짧은 날숨이다.'라고 알고, 바로 짧은 들숨이라면 '나는 짧은 들숨이다.'라고 아는 것이다.

모든 몸으로써 '나의 날숨을 느끼고 받아들인다.'라고 수습하고, 모든 몸으로써 '나의 들숨을 느끼고 받아들인다.'라고 수습하며, 몸으로 진정(鎭靜)하게 '나의 날숨을 행한다.'라고 수습하고, 몸으로 진정하게 '나의 들숨을 행한다.'라고 수습하며, '나의 날숨을 기쁘게 느끼며 받아들인다.'라고 수습하고, '나의 들숨을 기쁘게 느끼며 받아들인다.'라고 수습하며, '나의 날숨을 즐겁게 느끼며 받아들인다.'라고 수습하고, '나의 들숨을 즐겁게 느끼며 받아들인다.'라고 수습하는 것이다.

'마음으로 나의 날숨을 행함을 느끼며 받아들인다.'라고 수습하고, '마음으로 나의 들숨을 행함을 느끼며 받아들인다.'라고 수습하며, '마음으로 나의 날숨을 진정하게 행함을 느끼며 받아들인다.'라고 수습하고, '마음으로 나의 들숨을 진정하게 행함을 느끼며 받아들인다.'라고 수습하며, '마음으로 나의 날숨을 느끼며 받아들인다.'라고 수습하고, '마음으로 나의 들숨을 느끼며 받아들인다.'라고 수습하며, '희열(喜悅)하는 마음으로, …… 나아가 …… 이욕관(離欲觀)[131]으로, …… 나아가 …… 멸관(滅觀)[132]으로, …… 나아가 …… 사유관(捨遺觀)[133]으로 나의 날숨을 느끼며 받아들인다.'라고 수습하고, …… 나아가 …… 나의 들숨을 느끼며 받아들인다.'라고 수습하는 것이다.

여러 비구들이여. 이와 같이 들숨과 날숨을 생각하면서 선정을 수행하고 정진하며, 이와 같이 계속하여 수습하며, 최승의 적정에 머무르고, 순수하게 안락한 경계라면 곧 능히 이미 생겨난 악하고 선하지 않은 법을 모두 없애고 멈추게 하므로 적정하느니라."

---

131) 모든 욕망을 떠난다고 관하는 것이다.
132) 모든 것이 없어진다고 관하는 것이다.
133) 모든 것을 버린다고 관하는 것이다.

1-4 이때 세존께서는 이 인연으로써 여러 비구들을 모으셨고, 여러 비구들에게 물어 말씀하셨다.

"여러 비구들이여. 여러 비구들이 스스로가 목숨을 끊었거나, 혹은 서로가 그들의 목숨을 끊었으며, 또한 녹장외도의 처소에 이르러서 '옳습니다. 선한 사문이여. 청하건대 나의 목숨을 끊어준다면 이 옷과 발우를 마땅히 그대에게 주겠소.'라고 말하였다고 하는데, 이렇게 말하였던 것이 사실인가?"

"세존이시여. 진실로 그렇습니다."

세존께서는 꾸짖으셨다.

"여러 비구들이여. 이것은 상응하는 법이 아니고, 수순하는 행이 아니며, 위의가 아니고, 사문의 행이 아니며, 청정한 행이 아니고, 마땅히 행할 것이 아니니라. 여러 비구들이여. 어찌하여 스스로가 목숨을 끊었고, 혹은 서로가 그들의 목숨을 끊었으며, 또한 녹장외도의 처소에 이르러서 '옳습니다. 선한 사문이여. 청하건대 나의 목숨을 끊어준다면 이 옷과 발우를 마땅히 그대에게 주겠소.'라고 말하였는가?

여러 비구들이여. 이것은 오히려 믿지 않는 자는 신심이 생겨나지 않게 하고, 이미 믿었던 자는 증장하지 않게 하느니라. 여러 비구들이여. 이것은 오히려 믿지 않는 자는 신심이 생겨나지 않게 하고, 이미 믿었던 자는 일부가 전전하여 다른 곳으로 향하여 떠나가게 하느니라.

…… 나아가 …… 여러 비구들이여. 나는 열 가지의 이익을 까닭으로써 여러 비구들을 위하여 학처를 제정하겠나니, 그대들은 마땅히 이와 같이 학처를 송출할지니라.

'어느 비구일지라도 만약 고의로 사람 몸의 생명을 끊었거나, 혹은 이것을 인연으로 죽이려는 도구를 구하여 지니는 자는 역시 바라이이므로, 함께 머무를 수 없느니라.'"

이와 같이 세존께서는 여러 비구들을 위하여 학처를 제정하여 세우셨다.

2-1 이때 한 우바새에게 병이 있었는데, 그의 아내는 단정하고 아름다웠으며, 육군비구들이 그의 아내를 연모(戀慕)하였다. 이때 육군비구들은 이렇게 사유하였다.

"만약 우바새가 살아난다면 우리들이 그의 아내를 얻지 못할 것이다. 우리들은 그 우바새를 향하여 죽음의 아름다움을 찬탄하세."

이와 같이 육군비구들은 그 우바새의 처소로 갔고 이르렀으므로 우바새에게 말하였다.

"우바새여. 진실로 이와 같이 그대가 선을 행하였고 덕을 행하였으며, 두려운 것을 수호하면서 행하였고, 악을 행함이 아니었고, 탐욕을 행함이 아니었으며, 죄를 범한 것이 아니었소. 그대는 이미 선을 행하였고, 그대는 악을 행하지 않았는데 이러한 악한 고통의 삶을 마주하였는데, 그대에게 무슨 이익이 있겠소? 그대는 진실로 죽는 것이 살아남는 것보다 좋소. 그대는 이 세상에서 죽는 이유로 목숨을 마치고 몸이 무너진 뒤에 마땅히 선취(善趣)인 천상(天上)에 태어날 것이고, 그대는 이 천상에서 오욕락(五欲樂)을 누릴 것이오."

그때 우바새가 말하였다.

"여러 대덕들의 말은 진실입니다. 나는 선을 행하였고 덕을 행하였으며, 두려운 것을 수호하면서 행하였습니다. 나는 악을 행함이 아니었고, 탐욕을 행함이 아니었는데, 이러한 악한 고통의 삶을 마주하였으니, 나에게 무슨 이익이 있겠습니까? 나는 이 세상에서 죽는 이유로 목숨을 마치고 몸이 무너진 뒤에 마땅히 선취인 천상에 태어날 것이고, 나는 이 천상에서 오욕락을 누릴 것입니다."

그는 오직 불량(不良)한 부드러운 음식을 먹었고, 적합하지 않은 단단한 음식을 먹었으며, 불량한 맛을 먹었고 불량한 음식을 마셨으므로 이것이 중병을 앓게 하였고, 그는 질병을 인연으로 죽었다. 그의 아내는 싫어하고 비난하였다.

"이들 사문 석자들은 부끄러움을 모르고, 지계를 모르며, 망어를 내뱉는다. 이들 석자는 진실로 스스로가 자기는 '법행자(法行者)'이고, 적정행자

(寂靜行者)이며, 범행자(梵行者)이고, 실어자(實語者)이며, 지계자(持戒者)이고, 선법행자(善法行者)이다.'라고 말하지만, 그들은 사문행이 없고 범행이 없으며, 그들은 사문행을 깨트렸고, 범행을 깨트렸다. 어찌 그들이 사문의 행이 있고 범행이 있겠는가? 그들은 사문행을 벗어났고 범행을 벗어났다. 그들은 나의 남편을 마주하고서 죽음의 아름다움을 찬탄하였고 나의 남편은 그들을 인연으로 죽었다."

다른 여러 사람들도 역시 비난하여 말하였다.

"이들 사문 석자들은 부끄러움을 모르고, …… 사문행을 벗어났고 범행을 벗어났다. 그들은 그녀의 남편을 마주하고서 죽음의 아름다움을 찬탄하였고 그녀의 남편은 그들을 인연으로 죽었다."

여러 비구들은 많은 사람들이 싫어하고 비난하는 것을 들었다. 여러 비구들의 가운데에서 욕심이 적어서 만족을 아는 자들은 싫어하고 비난하였다.

"무슨 까닭으로 육군비구들은 우바새를 위하여 죽음의 아름다움을 찬탄하였는가?"

여러 비구들은 이 인연으로써 세존께 아뢰었다. 세존께서는 이 인연으로써 여러 비구들을 모으셨으며, 육군비구들에게 물어 말씀하셨다.

"육군비구들이여. 그대들이 진실로 우바새를 위하여 죽음의 아름다움을 찬탄하였는가?"

"진실로 그렇습니다. 세존이시여."

세존께서는 꾸짖으셨다.

"어리석은 사람들이여. 이것은 상응하는 법이 아니고 수순하는 행이 아니며 위의가 아니고 사문의 행이 아니며 청정한 행이 아니고 마땅히 행할 것이 아니니라. 어리석은 사람들이여. 그대들은 무슨 까닭으로 우바새를 향하여 죽음의 아름다움을 찬탄하였는가? 어리석은 사람들이여. 이것은 오히려 믿지 않는 자는 신심이 생겨나지 않게 하고, …… 이미 믿었던 자는 일부가 전전하여 다른 곳으로 향하여 떠나가게 하느니라."

이와 같이 세존께서는 여러 종류의 방편으로써 육군비구들을 꾸짖고서 뒤에 부양이 어렵고 가르치고 양육함이 어려우며, …… 여러 비구들을 위하여 적절한 법을 수순하여 설하신 뒤에 여러 비구들에게 알려 말씀하셨다.

"…… 나아가 …… 여러 비구들이여. 나는 열 가지의 이익을 까닭으로 여러 비구들을 위하여 학처를 제정하겠나니, 그대들은 마땅히 이와 같이 학처를 송출할지니라.

'어느 누구의 비구일지라도 만약 고의로 사람 몸의 생명을 끊었거나, 혹은 이것을 인연으로 죽으려는 도구를 구하여 주었거나, 혹은 죽음의 아름다움을 찬탄하였거나, 죽음을 권유하면서 '쯧쯧. 남자여. 이러한 악한 고통으로 살아도 그대에게 무슨 이익이 있겠소? 그대는 진실로 죽는 것이 살아남은 것보다 낫소.'라고 말하였고, 이와 같은 마음과 뜻으로, 이와 같은 결심(決心)으로, 여러 종류의 방편으로써 죽음의 아름다움을 찬탄하면서 죽음을 권유하는 자는 역시 바라이이므로, 함께 머무를 수 없느니라.'"

3-1 '어느 누구'는 어느 태어났던 이유, …… 혹은 중간의 법랍이었다면, '어느 누구'라고 말한다.

'비구'는 구걸하는 비구이니, 일을 따라서 걸식하는 비구, …… 곧 이것에서 '비구'의 뜻이라고 말하는 것이다.

'고의'는 인식한 것이니, 확실히 알았고 마음에 있었다면 범한 것이다.

'생명을 **빼앗다.**'는 명근(命根)을 끊거나, 생명을 이어가는 것을 파괴하는 것이다.

'사람의 몸'은 어머니의 태를 이유로 처음의 마음에서 생명이 일어난 것이고, 처음의 식(識)이 나타나고 일어나며 나아가 죽는 것이다. 이 사이의 물건을 사람의 몸이라고 이름한다.

'이것을 인연으로 죽이는 도구를 구하여 지니는 자'는 이를테면, 검, 철창(鐵槍), 투창(投槍), 목퇴(木槌)[134], 돌(石), 도(刀), 밧줄(繩) 등을 구하

---

134) 나무로 만든 곤봉을 가리킨다.

는 자이다.

'죽음의 아름다움을 찬탄하다.'는 생명의 허물과 질병을 가리켜서 보여주거나, 죽음의 아름다움을 찬탄하는 것이다.

'죽음을 권유하다.'는 혹은 '칼을 잡으시오.'라고 말하거나, 혹은 '독을 마시시오.'라고 말하거나, 혹은 '밧줄로 목매달아 죽으시오.'라고 말하는 것이다.

'쯧쯧. 남자여.'는 이것은 큰 소리로 외치는 말이다.

'이러한 악한 고통으로 살아도 그대에게 무슨 이익이 있겠소?'는 삶이 진실로 악하다는 것으로 부자의 삶에 가난한 자의 삶을 비교하면 악한 것이고, 영화로운 자의 삶에 곤궁한 자의 삶을 비교하면 악한 것이며, 천상의 삶에 인간의 삶을 비교하면 악한 것이고, '고통스러운 삶'은 손이 잘린 자·발이 잘린 자·손발이 잘린 자·귀가 베인 자·코가 베인 자·귀와 코가 베인 자 등이 힘들고 고통스럽게 생활하는 것이며, 이러한 고통의 삶을 '그대는 죽는 것이 사는 것보다 낫다.'라고 권유하여 말하는 것이다.

'이와 같은 마음과 뜻'은 마음에서 그가 죽는다고 생각하는 것이고, 역시 뜻으로 그것을 생각하는 것이다.

'이와 같은 결심'은 죽는다고 생각하거나, 죽는다고 사유하거나, 죽기를 바라는 것이다.

'여러 종류의 방편'은 여러 종류의 행을 의지하는 모습이다.

'죽음의 아름다움을 찬탄하다.'는 생명의 허물과 질병을 가리켜서 보여주면서, '그대는 이 세상에서 죽어서 목숨을 마치고 몸이 무너진 뒤에 마땅히 선취인 천상에 태어나며, 천상에서 오욕락을 누릴 것이오.'라고 죽음의 아름다움을 찬탄하여 말하는 것이다.

'죽음으로써 권유하다.'는 '그대는 칼을 잡으시오.', 혹은 '독을 마시시오.', 혹은 '그대는 밧줄로 목매달아 죽으시오.'라고 말하거나, 혹은 '그대는 연못에 몸을 던지시오. 웅덩이에 몸을 던지시오. 깊은 구덩이에 몸을 던지시오.'라고 말하는 것이다.

'이것도 역시'는 앞의 근거로 말하는 것이다.

'바라이'는 큰 바위를 두 부분으로 깨트리면 다시 합할 수 없는 것과 비슷한 것이다. 이와 같이 비구가 고의로 사람 몸의 생명을 빼앗는 자는 사문이 아니고, 석자도 아닌 이러한 까닭으로 바라이라고 말하는 것이다.

'함께 머무르지 못한다.'는 함께 머무르는 것은 동일하게 갈마하고, 동일하게 설계하며, 함께 같이 수학하는 것을 함께 머무른다고 이름한다. 그것의 모두를 함께 행할 수 없는 이러한 까닭으로 함께 머무르지 못한다고 말하는 것이다.

4-1 자살(自殺), 가르쳐서 죽이는 것(敎殺), 시켜서 죽이는 것(使殺), 거듭하여 시켜서 죽이는 것(重使殺), 전전하여 시켜서 죽이는 것(展轉使殺), 왕래하며 시켜서 죽이는 것(來往使殺), 혼자가 아니었으나 혼자라고 생각하는 것(不獨獨想), 혼자이면서 혼자가 아니라고 생각하는 것(獨不獨想), 혼자가 아니면서 혼자가 아니라고 생각하는 것(不獨不獨想), 혼자이면서 혼자라고 생각하는 것(獨獨想), 몸으로 찬탄하는 것(身讚歎), 말로 찬탄하는 것(語讚歎), 몸과 몸으로 찬탄하는 것(身語讚歎), 시켜서 찬탄하는 것(使讚歎), 글로 찬탄하는 것(書讚歎), 함정(陷穽), 의발(倚發), 죽일 도구를 설치하는 것(安殺具), 약(藥), 색을 가지고 나타내는 것(色持現), 소리를 가지고 나타내는 것(聲持現) 향기를 가지고 나타내는 것(香持現), 맛을 가지고 나타내는 것(味持現), 촉감을 가지고 나타내는 것(觸持現), 법을 가지고 나타내는 것(法持現), 말로 보여주는 것(說示), 가르쳐서 보여주는 것(敎示), 지시하는 것(指示), 모습을 나타내는 것(現相) 등을 설하는 것이 있다.

4-2 '자살'은 스스로의 몸을 의지하거나, 혹은 스스로가 몸에 물건을 지니거나, 혹은 스스로가 몸을 던져서 죽는 것이다.

'가르쳐서 죽이는 것'은 죽이는 도구를 주면서 "이와 같이 쏘시오. 이와 같이 때리시오. 이와 같이 죽이시오."라고 시키는 것이다.

'시켜서 죽이는 것'은 한 비구가 다른 비구에게 "누구를 죽이시오."라고 시키는 자는 돌길라를 범하고, 그 비구가 이것을 생각하고서 그를 죽였다면 두 사람은 바라이를 범한다. 한 비구가 다른 비구에게 "누구를 죽이시오."라고 시키는 자는 돌길라를 범하고, 그 비구가 그 사람이라고 생각하고서 다른 사람을 죽였다면 시킨 자는 범하지 않으나, 죽인 자는 바라이를 범한다.

한 비구가 다른 비구에게 "누구를 죽이시오."라고 시키는 자는 돌길라를 범하고, 그 비구가 다른 사람이라고 생각하고서 그 사람을 죽였다면 두 사람은 바라이를 범한다. 한 비구가 다른 비구에게 "누구를 죽이시오." 라고 시키는 자는 돌길라를 범하고, 그 비구가 그 사람이라고 생각하고서 다른 사람을 죽였다면 시킨 자는 범하지 않으나, 죽인 자는 바라이를 범한다.

'거듭하여 시켜서 죽이는 것'은 첫 번째의 비구가 두 번째의 비구에게 시켰고, 세 번째의 비구가 네 번째의 비구에게 시켰으며, 네 번째의 비구는 다섯 번째의 비구에게 시켜서 "누구와 누구에게 누구와 누구를 죽이라고 시키시오."라고 시켰다면 첫 번째의 비구는 돌길라를 범하고, 두 번째의 비구와 알렸던 네 번째의 비구도 돌길라를 범한다. 죽이려는 자가 허락하였다면 시켰던 첫 번째의 비구는 투란차를 범하고, 그 누구와 누구를 죽이려는 자와 그 누구와 누구를 죽인 자는 모두가 바라이를 범한다.

'전전하여 시켜서 죽이는 것'은 첫 번째의 비구가 두 번째의 비구에게 "세 번째의 비구가 네 번째의 비구에게 시키고, 네 번째의 비구는 다섯 번째의 비구에게 시켜서 '누구와 누구에게 누구와 누구를 죽이라고 시키시오.'"라고 시켰다면, "누구와 누구에게 누구와 누구를 죽이라고 시키시오." 라고 시켰던 첫 번째의 비구는 돌길라를 범하고, 두 번째의 비구와 알렸던 다른 비구들도 돌길라를 범한다. 죽이려는 자가 허락하였다면 돌길라를 범하고, 그가 만약 다른 사람을 죽였다면 본래 시켰던 첫 번째의 비구는 범하지 않으나, 두 번째로 시켰던 둘째의 비구는 바라이를 범한다.

'왕래하며 시켜서 죽이는 것'은 한 비구가 다른 비구에게 "누구를 죽이시오."라고 시키는 자는 돌길라를 범한다. 그가 갔다가 다시 돌아와서 "나는 능히 죽일 수 없소."라고 말하였는데, 그가 다시 "가능한 때가 있다면 그를 죽이시오."라고 시켰다면 돌길라를 범하고 그가 사람을 죽였다면 두 사람은 바라이를 범한다. 한 비구가 다른 비구에게 "누구를 죽이시오." 라고 시키는 자는 돌길라를 범한다. 비구가 시키고서 마음에 후회가 생겨났으나, 다시 "죽이지 마시오."라고 말하지 않았고, 다른 비구가 그 사람을 죽였다면 두 사람은 바라이를 범한다.

한 비구가 다른 비구에게 "누구를 죽이시오."라고 시키는 자는 돌길라를 범한다. 비구가 시키고서 마음에 후회가 생겨났고, 아울러 "죽이지 마시오."라고 말하였으나, 다른 비구가 '나에게 이미 시켰다.'라고 생각하고서 다른 사람을 죽였다면 시켰던 자는 범하지 않았고 죽인 자는 바라이를 범한다.

한 비구가 다른 비구에게 "누구를 죽이시오."라고 명령하는 자는 돌길라를 범한다. 비구가 시키고서 마음에 후회가 생겨났고, 아울러 "죽이지 마시오."라고 말하였으며, 다른 비구가 '알겠소.'라고 대답하고서 멈추었다면 두 사람은 바라이를 범하지 않는다.

4-3 혼자서 있지 않았으나 혼자 있다고 생각하면서 "쯧쯧. 누구는 마땅히 죽어야 한다."라고 말하는 자는 돌길라를 범한다.

혼자였으나 혼자가 아니라고 생각하면서 "쯧쯧. 누구는 마땅히 죽어야 한다."라고 말하는 자는 돌길라를 범한다.

혼자가 아니었고, 혼자가 아니라고 생각하면서 "쯧쯧. 누구는 마땅히 죽어야 한다."라고 말하는 자는 돌길라를 범한다.

혼자였고, 혼자라고 생각하면서 "쯧쯧. 누구는 마땅히 죽어야 한다."라고 말하는 자는 돌길라를 범한다.

4-4 '몸으로 찬탄하다.'는 몸으로써 모습을 보여주면서 "이와 같이 죽는다면 재물을 얻고, 명예를 얻으며, 성취에 나아간다."라고 말하였다면 돌길

라를 범한다. 그가 찬탄하였던 것에 의지하여 "나는 마땅히 죽겠다."라고 말하였고, 살아서 고통을 받는다면 투란차를 범하며, 죽었다면 바라이를 범한다.

'말로 찬탄하다.'는 말로써 "이와 같이 죽는다면 …… 나는 마땅히 죽겠다."라고 말하였고, 살아서 고통을 받는다면 투란차를 범하며, 죽었다면 바라이를 범한다.

'몸과 입으로 찬탄하다.'는 몸과 입으로 모습을 보여주면서 "이와 같이 죽는다면 …… 나는 마땅히 죽겠다."라고 말하였고, 살아서 고통을 받는다면 투란차를 범하며, 죽었다면 바라이를 범한다.

'시켜서 찬탄하다.'는 사자(使者)에게 데리고 가서 가르침을 전하면서 "이와 같이 죽는다면 재물을 얻고, 명예를 얻으며, 성취에 나아간다."라고 구술(口述)하면서 말하게 시켰다면 돌길라를 범한다. 사자가 말로써 가르쳐서 구술하였던 것을 듣고서 "나는 마땅히 죽겠다."라고 말하였고, 살아서 고통을 받는다면 투란차를 범하며, 죽었다면 바라이를 범한다.

'글로 찬탄하다.'는 글을 서술(敍述)하여 "이와 같이 죽는다면 재물을 얻고, 명예를 얻으며, 성취에 나아간다."라고 지었다면 매번 글을 쓰는 자는 돌길라를 범한다. 글을 보고서 "나는 마땅히 죽겠다."라고 말하였고, 살아서 고통을 받는다면 투란차를 범하며, 죽었다면 바라이를 범한다.

4-5 '함정'은 누구를 지정하면서 "그는 함정에 떨어져서 마땅히 죽을 것이오."라고 말하였다면 함정을 팠던 자는 돌길라를 범하고, 사람이 그 안에 빠졌어도 곧 돌길라를 범하며, 함정에 빠지고서 고통을 받았다면 곧 투란차를 범하며, 죽었다면 곧 바라이를 범한다.

누구를 지정하지 않고 "어느 사람이 함정에 떨어져서 마땅히 죽을 것이오."라고 말하였다면 함정을 팠던 자는 돌길라를 범하고, 사람이 그 안에 빠졌어도 곧 돌길라를 범하며, 함정에 빠졌고 살아서 고통을 받았다면 곧 투란차를 범하며, 죽었다면 곧 바라이를 범한다.

만약 야차(夜叉), 아귀(餓鬼), 사람 모습의 축생이 그 안에 빠졌어도 곧 돌길라를 범하며, 함정에 빠지고서 고통을 받았다면 곧 돌길라를 범하며, 죽었다면 곧 투란차를 범한다. 축생이 함정에 들어갔다면 곧 돌길라를 범하며, 함정에 빠지고서 고통을 받았다면 곧 돌길라를 범하며, 죽었다면 곧 바라이를 범한다.

4-6 '의발'은 의지하는 곳에 칼을 설치하거나, 혹은 독을 바르거나, 혹은 약한 곳에 허점을 짓거나, 혹은 구덩이, 웅덩이, 절벽을 설치하고서 "이곳에 빠진다면 마땅히 죽을 것이다."라고 말하였다면 곧 돌길라를 범한다. 만약 칼과 독을 이유로, 혹은 함정에 떨어졌고, 살아서 고통을 받았다면 곧 투란차를 범하며, 죽었다면 곧 바라이를 범한다.

4-7 '죽일 도구를 설치하는 것'은 검을 설치하거나, 혹은 철창(鐵槍), 투창(投槍), 나무 곤봉(木棍), 돌(石), 도(刀), 밧줄(繩)을 설치하고서 "그가 마땅히 이것을 인연으로 죽을 것이다."라고 말하였다면 곧 돌길라를 범한다. 이것을 인연으로 "나는 마땅히 죽겠다."라고 생각하였으나, 살아서 고통을 받았다면 곧 투란차를 범하며, 죽었다면 곧 바라이를 범한다.

4-8 '약'은 숙소(熟酥), 생소(生酥), 기름(油), 꿀(蜜), 사탕(砂糖) 등을 주면서 "이것을 먹는다면 마땅히 죽을 것이다."라고 생각하였다면 곧 돌길라를 범한다. 먹고서 살아서 고통을 받았다면 곧 투란차를 범하며, 죽었다면 곧 바라이를 범한다.

4-9 '색을 가지고 나타내는 것'은 불쾌한 색을 가지고 왔고 사람에게 공포스럽게 시키면서 '이것을 본다면 장차 두려워서 죽을 것이다.'라고 생각하였다면 곧 돌길라를 범한다. 그것을 보고서 놀랐다면 곧 투란차를 범하고, 죽었다면 곧 바라이를 범한다. 쾌적한 색을 가지고 와서 '이것을 보고서 이르러 얻지 못한다면 갈망하여 죽을 것이다.'라고 생각하였다면 곧 돌길라를 범한다. 그것을 보고서 이르러 얻지 못한 인연으로 갈망한다

면 곧 투란차를 범하고, 죽었다면 곧 바라이를 범한다.

　'소리를 가지고 나타내는 것'은 불쾌한 색을 지어냈고 사람에게 공포스럽게 시키면서 '이것을 듣는다면 장차 두려워서 죽을 것이다.'라고 생각하였다면 곧 돌길라를 범한다. 그것을 보고서 놀랐다면 곧 투란차를 범하고, 죽었다면 곧 바라이를 범한다. 쾌적한 색을 짓고서 사랑하므로 소리로 사람의 마음을 빼앗으면서 생각하였다면 '그것을 듣고서 이르러 얻지 못한 인연으로 마땅히 갈망하면서 죽을 것이다.'라고 생각하였다면 곧 돌길라를 범한다. 그것을 듣고서 이르러 얻지 못한 인연으로 갈망한다면 곧 투란차를 범하고, 죽었다면 곧 바라이를 범한다.

　'향기를 가지고 나타내는 것'은 불쾌하고 싫어하는 향기를 가지고 왔고 '이것의 냄새를 맡는다면 장차 매우 싫어하여서 죽을 것이다.'라고 생각하였다면 곧 돌길라를 범한다. 그것을 냄새를 맡았던 인연으로 매우 싫어하였고 살아서 고통을 받는다면 곧 투란차를 범하고, 죽었다면 곧 바라이를 범한다. 쾌적한 색을 가지고 와서 '이것을 냄새를 맡았고 이르러 얻지 못한 인연으로 장차 갈망하면서 죽을 것이다.'라고 생각하였다면 곧 돌길라를 범한다. 그것을 냄새를 맡고 이르러 얻지 못한 인연으로 갈망한다면 곧 투란차를 범하고, 죽었다면 곧 바라이를 범한다.

　'맛을 가지고 나타내는 것'은 불쾌하고 싫어하는 맛을 가지고 왔고 '이것을 맛본다면 장차 매우 싫어하여서 죽을 것이다.'라고 생각하였다면 곧 돌길라를 범한다. 그것을 맛보았던 인연으로 매우 싫어하였고 살아서 고통을 받는다면 곧 투란차를 범하고, 죽었다면 곧 바라이를 범한다. 쾌적한 맛을 가지고 와서 '이것을 맛본다면 이르러 얻지 못한 인연으로 장차 갈망하면서 죽을 것이다.'라고 생각하였다면 곧 돌길라를 범한다. 그것을 맛보고 이르러 얻지 못한 인연으로 갈망한다면 곧 투란차를 범하고, 죽었다면 곧 바라이를 범한다.

　'촉감을 가지고 나타내는 것'은 불쾌한 촉감, 고통스러운 촉감, 거칠고 단단한 촉감을 가지고 왔고 '이것을 만진다면 마땅히 죽을 것이다.'라고 생각하였다면 곧 돌길라를 범한다. 그것을 만졌던 인연으로 매우 싫어하였고 살아서 고통을 받는다면 곧 투란차를 범하고, 죽었다면 곧 바라이를 범한다. 유연(柔軟)하고 쾌적한 촉감을 가지고 와서 '이것을 만진다면 이르러 얻지 못한 인연으로 장차 갈망하면서 죽을 것이다.'라고 생각하였다면 곧 돌길라를 범한다. 그것을 만지고 이르러 얻지 못한 인연으로 갈망한다면 곧 투란차를 범하고, 죽었다면 곧 바라이를 범한다.

'법을 가지고 나타내는 것'은 마땅히 지옥에 떨어질 자를 마주하고 지옥의 일을 설하면서 '이것을 듣는다면 마땅히 죽을 것이다.'라고 생각하였다면 곧 돌길라를 범한다. 그것을 들었던 인연으로 두려움이 생겨났다면 곧 투란차를 범하고, 죽었다면 곧 바라이를 범한다. 마땅히 선법을 행하는 자를 마주하고 천상의 일을 설하면서 '이것을 듣는다면 마땅히 그곳을 바라면서 죽을 것이다.'라고 생각하였다면 곧 돌길라를 범한다. 그것을 듣고서 '나는 마땅히 죽겠다.'라고 갈망하였으나, 살아서 고통을 받았다면 곧 투란차를 범하고, 죽었다면 곧 바라이를 범한다.

4-10 '말로 보여주는 것'은 질문을 받고서 "그대는 마땅히 이와 같이 죽을 것이오."라고 말하거나, "이와 같이 죽는다면 그대는 마땅히 재물을 얻고 명예를 얻으며 혹은 천상에 태어날 것이오."라고 말하였다면 곧 돌길라를 범한다. 말로써 보여주는 것에 의지하여 '나는 마땅히 죽겠다.'라고 생각하였으나, 살아서 고통을 받았다면 곧 투란차를 범하고, 죽었다면 곧 바라이를 범한다.

'가르쳐서 보여주는 것'은 문을 받고서 "그대는 마땅히 이와 같이 죽을 것이오."라고 말하거나, "이와 같이 죽는다면 그대는 마땅히 재물을 얻고 명예를 얻으며 혹은 천상에 태어날 것이오."라고 말하였다면 곧 돌길라를 범한다. 가르쳐서 보여주었던 것에 의지하여 '나는 마땅히 죽겠다.'라고 생각하였으나, 살아서 고통을 받았다면 곧 투란차를 범하고, 죽었다면 곧 바라이를 범한다.

'지시하는 것'은 오전이거나, 혹은 오후에, 혹은 밤에, 혹은 낮에, 지정하여 "이러한 지정에 의지하여 그대는 마땅히 그의 목숨을 빼앗으시오."라고 명령하였다면 곧 돌길라를 범한다. 지정하는 것에 의지하여 그의 목숨을 빼앗았다면 두 사람은 함께 바라이를 범한다. 이것을 지정한 앞이거나, 혹은 뒤에 그의 목숨을 빼앗았다면 곧 지시한 사람은 범하지 않으나, 죽인 자는 바라이를 범한다.

'모습을 나타내는 것'은 모습을 지어서 보여주면서 "내가 손으로써 눈을 덮거나, 눈썹을 치켜들거나, 혹은 머리를 쳐든다면, 그러한 모습을 보여주는 것에 의지하여 그대는 마땅히 그의 목숨을 빼앗으시오."라고 명령하였다면 곧 돌길라를 범한다. 모습을 나타내는 것에 의지하여 그의 목숨을 빼앗았다면 두 사람은 함께 바라이를 범한다. 이것을 지정한 앞이거나, 혹은 뒤에 그의 목숨을 빼앗았다면 곧 지시한 사람은 범하지 않으나, 죽인 자는 바라이를 범한다.

4-11 무지한 자, 인식하지 못한 자, 죽이려는 뜻이 없었던 자, 미쳤던 자, 처음으로 범한 자는 범하지 않았느니라.

[단인명 바라이의 첫째 품을 마친다.]

5-1 찬탄(讚歎), 평상에 앉는 것(坐牀), 절구와 공이(杵與臼), 노년출가(老年出家), 충색(充塞), 첫째의 맛(第一味), 시험(試), 독(毒), 정사를 짓는 세 가지의 일(營造有三事), 벽돌과 기와의 세 가지의 일(磚瓦有三事), 도끼(斧), 대들보(樑), 전망대(展望臺), 아래(下), 떨어진 것(墜), 던진 것(投), 찜질한 것(由熱), 관비(灌鼻), 안마하는 것(按摩), 목욕시키는 것(浴), 기름을 바르는 것(塗油), 일으킨 것(起), 눕힌 것(倒), 음식을 먹고서 죽는 것(飮食而死), 정부의 태아(情夫之胎兒), 첩(並婦), 모자를 죽인 것(殺母子), 두 사람이 죽지 않은 것(兩者不死), 짓누른 것(壓搐), 찜질(熱), 불임(不姙), 가임(可姙), 간지럽히는 것(胳肢), 제재하는 것(制裁), 귀신을 죽인 것(殺鬼), 악한 야차에게 보내는 것(送惡夜叉), 그 사람이라고 생각한 것(想彼), 때리는 것(擊), 천상과 지옥을 말하는 것(天及說地獄), 아리비 나무의 세 가지의 일(阿羅毗

之木有三事), 총림의 세 가지의 일(叢林有三事), 괴롭히지 않는 것(勿苦), 그대에게 말한 것이 아닌 것(非汝言), 달가(達伽 : 酪漿), 사유라(斯維羅 : 酸粥) 등을 설하는 것이 있다.

5-2 그때 한 비구가 병이 있었는데, 여러 비구들이 그를 애민하게 생각하여 죽음의 아름다움을 찬탄하였다. 그들은 마음에 후회가 생겨나서 생각하였다.

"우리들이 어찌 바라이를 범하지 않았겠는가?"

이때 여러 비구들은 이 일로써 세존께 아뢰었고, 세존께서는 말씀하셨다.

"여러 비구들이여. 그대들은 바라이를 범하였느니라."

5-3 그때 한 걸식비구가 평상 위에 포대기로 덮여있는 아기의 위에 앉았으므로 아기가 죽었다. 그는 마음에 후회가 생겨났고, …… 나아가 …… 세존께서는 말씀하셨다.

"비구여. 그대는 바라이를 범하지 않았느니라. 그러나 여러 비구들이여. 평상을 검사하여 살펴보지 않고 앉을 수 없느니라. 앉는 자는 돌길라를 범하느니라."

5-4 그때 한 비구가 집안의 식당에서 한쪽에 절구공이를 세워두고 자리를 준비하라고 지시받고서 곧 그 하나의 절구공이를 취하고서 다음에 이르렀는데, 절구공이가 아래에 있는 아기의 머리 위로 떨어져서 아기가 죽였다. 비구는 마음에 후회가 생겨났고, …… 나아가 …… 세존께서는 말씀하셨다.

"비구여 그대는 무슨 마음이 있었는가?"

"세존이시여. 저는 고의가 아니었습니다."

"비구여. 고의가 아니었으므로 바라이를 범하지 않았느니라."

그때 한 비구가 집안의 식당에서 절구로써 자리를 준비하라고 지시받고서 근처를 걸어가면서 그것을 굴렸는데, 한 아기를 눌려서 죽였다. 그는 마음에 후회가 생겨났고, …… 나아가 …… 세존께서는 말씀하셨다.

"비구여. 고의가 아니었으므로 바라이를 범하지 않았느니라."

5-5 그때 부자(父子)가 출가하였던 비구가 있었는데, 음식의 때를 알리자 아들이 그의 아버지에게 말하였다.

"대덕이시여. 가시지요. 승가는 그대를 기다립니다."

곧 등을 잡고서 뒤에서 그를 밀었는데, 그는 땅에 넘어져서 죽었다. 그 아들은 마음에 후회가 생겨났고, …… 나아가 …… 세존께서는 말씀하셨다.

"비구여 그대는 무슨 마음이 있었는가?"

"세존이시여. 저는 그를 죽이려고 하지 않았습니다."

"비구여. 죽이려고 하지 않았으므로 바라이를 범하지 않았느니라."

그때 부자(父子)가 출가하였던 비구가 있었는데, 음식의 때를 알리자 아들이 그의 아버지에게 말하였다.

"대덕이시여. 가시지요. 승가는 그대를 기다립니다."

그를 죽이고자 잡고서 뒤에서 그를 밀었는데, 그는 땅에 넘어져서 죽었다. 그 아들은 마음에 후회가 생겨났고, …… 나아가 …… 세존께서는 말씀하셨다.

"비구여 그대는 무슨 마음이 있었는가?"

"세존이시여. 저는 죽이려는 마음이었습니다."

"비구여. 그대는 바라이를 범하였느니라."

그때 부자(父子)가 출가하였던 비구가 있었는데, 음식의 때를 알리자 아들이 그의 아버지에게 말하였다.

"대덕이시여. 가시지요. 승가는 그대를 기다립니다."

그를 죽이고자 잡고서 뒤에서 그를 밀었는데, 그는 땅에 넘어졌으나 죽지 않았고, …… 나아가 …… 세존께서는 말씀하셨다.

"비구여. 그대는 바라이를 범하지 않았으나, 투란차를 범하였느니라."

5-6 그때 한 비구가 음식을 먹는 때에 고기가 목구멍을 막았고 다른 비구가 그의 목을 두드렸는데, 피가 고기와 함께 떨어져서 그 비구가 죽었다. 비구는 마음에 후회가 생겨났고, ……… 나아가 ……… 세존께서는 말씀하셨다.

"비구여. 죽일 마음이 없었으므로 바라이를 범하지 않았느니라."

그때 한 비구가 음식을 먹는 때에 고기가 목구멍을 막았고 다른 비구가 죽이려는 뜻으로써 그의 목을 두드렸는데, 피가 고기와 함께 떨어져서 그 비구가 죽었다. 비구는 마음에 후회가 생겨났고, ……… 나아가 ……… 세존께서는 말씀하셨다.

"비구여. 죽일 마음이 있었으므로 바라이를 범하였느니라."

그때 한 비구가 음식을 먹는 때에 고기가 목구멍을 막았고 다른 비구가 죽이려는 뜻으로써 그의 목을 두드렸는데, ……… 나아가 ……… 그 비구가 죽지 않았다. 비구는 마음에 후회가 생겨났고, ……… 나아가 ……… 세존께서는 말씀하셨다.

"비구여. 그대는 바라이를 범하지 않았으나, 투란차를 범하였느니라."

5-7 그때 한 걸식비구가 풀어놓은 독이 있는 단식(團食)[135]을 가지고 돌아왔고, 마땅히 첫 번째로 맛을 보도록 여러 비구들에게 주었는데, 여러 비구들이 죽었다. 비구는 마음에 후회가 생겨났고, ……… 나아가 ……… 세존께서는 말씀하셨다.

"비구여 그대는 무슨 마음이 있었는가?"

"세존이시여. 저는 알지 못하였습니다."

"비구여. 알지 못하였다면 바라이를 범하지 않았느니라."

---

135) 덩어리의 음식을 가리킨다.

그때 한 비구가 시험하려는 뜻으로 다른 비구들에게 독을 주었는데, 여러 비구들이 죽었다. 비구는 마음에 후회가 생겨났고, …… 나아가 …… 세존께서는 말씀하셨다.

"비구여 그대는 무슨 마음이 있었는가?"

"세존이시여. 저는 시험하려는 뜻이었습니다."

"비구여. 그대는 바라이를 범하지 않았으나, 투란차를 범하였느니라."

5-8 그때 아비라읍(阿羅毘邑)에서 여러 비구들이 정사(精舍)의 기초를 조성하고 있었다. 한 비구가 아래에서 돌을 던졌는데, 위의 비구가 잘 취하지 못하여서 돌을 떨어트렸고, 아래에 있는 비구의 머리 위에 떨어져서 비구가 죽었다. 비구는 마음에 후회가 생겨났고, …… 나아가 …… 세존께서는 말씀하셨다.

"비구여. 고의가 아니라면 범하지 않았느니라."

그때 아비라읍에서 여러 비구들이 정사의 기초를 조성하고 있었다. …… 나아가 …… 위의 비구가 죽이려는 마음으로 돌을 떨어트렸고, 아래에 있는 비구의 머리 위에 떨어져서 그 비구가 죽었으며, …… 나아가 …… 세존께서는 말씀하셨다.

"비구여. 그대는 무슨 마음이 있었는가?"

"세존이시여. 저는 죽이려는 마음이었습니다."

"비구여. 그대는 바라이를 범하였느니라."

그때 아비라읍에서 여러 비구들이 정사의 기초를 조성하고 있었다. …… 나아가 …… 위의 비구가 죽이려는 마음으로 돌을 떨어트렸고, 아래에 있는 비구의 머리 위에 떨어졌으나 비구가 죽지 않았으며, …… 나아가 …… 세존께서는 말씀하셨다.

"비구여. 그대는 바라이를 범하지 않았으나, 투란차를 범하였느니라."

5-9 그때 아비라읍에서 여러 비구들이 정사의 담장을 쌓고 있었다. 한 비구가 아래에서 벽돌과 기와를 던졌는데, 위의 비구가 잘 취하지 못하였고 벽돌과 기와를 떨어트렸고, 아래에 있는 비구의 머리 위에 떨어져서 비구가 죽었다. 비구는 마음에 후회가 생겨났고, …… 나아가 …… 세존께서는 말씀하셨다.

"비구여. 고의가 아니라면 범하지 않았느니라."

그때 아비라읍에서 여러 비구들이 정사의 담장을 쌓고 있었다. …… 나아가 …… 위의 비구가 죽이려는 마음으로 벽돌과 기와를 떨어트렸고, 아래에 있는 비구의 머리 위에 떨어져서 그 비구가 죽었으며, …… 나아가 …… 세존께서는 말씀하셨다.

"비구여. 그대는 바라이를 범하였느니라."

그때 아비라읍에서 여러 비구들이 정사의 담장을 쌓고 있었다. …… 나아가 …… 위의 비구가 죽이려는 마음으로 벽돌과 기와를 떨어트렸고, 아래에 있는 비구의 머리 위에 떨어졌으나 비구가 죽지 않았으며, …… 나아가 …… 세존께서는 말씀하셨다.

"비구여. 그대는 바라이를 범하지 않았으나, 투란차를 범하였느니라."

5-10 그때 아비라읍에서 여러 비구들이 정사를 수리하고 있었다. 한 비구가 아래에서 도끼를 던졌는데, 위의 비구가 잘 취하지 못하여서 도끼를 떨어트렸고, 아래에 있는 비구의 머리 위에 떨어져서 비구가 죽었다. 비구는 마음에 후회가 생겨났고, …… 나아가 …… 세존께서는 말씀하셨다.

"비구여. 고의가 아니라면 범하지 않았느니라."

그때 아비라읍에서 여러 비구들이 정사를 수리하고 있었다. …… 나아가 …… 위의 비구가 죽이려는 마음으로 도끼를 떨어트렸고, 아래에 있는 비구의 머리 위에 떨어져서 그 비구가 죽었으며, …… 나아가 ……
세존께서는 말씀하셨다.

"비구여. 그대는 바라이를 범하였느니라."

그때 아비라읍에서 여러 비구들이 정사를 수리하고 있었다. …… 나아
가 …… 위의 비구가 죽이려는 마음으로 도끼를 떨어트렸고, 아래에
있는 비구의 머리 위에 떨어졌으나 비구가 죽지 않았으며, …… 나아가
…… 세존께서는 말씀하셨다.

"비구여. 그대는 바라이를 범하지 않았으나, 투란차를 범하였느니라."

5-11 그때 아비라읍에서 여러 비구들이 정사를 수리하고 있었다. 한
비구가 아래에서 대들보를 던졌는데, 위의 비구가 잘 취하지 못하여
대들보를 떨어트렸고, 아래에 있는 비구의 머리 위에 떨어져서 비구가
죽었다. 비구는 마음에 후회가 생겨났고, …… 나아가 …… 세존께서는
말씀하셨다.

"비구여. 고의가 아니라면 범하지 않았느니라."

그때 아비라읍에서 여러 비구들이 정사를 수리하고 있었다. …… 나아
가 …… 위의 비구가 죽이려는 마음으로 대들보를 떨어트렸고, 아래에
있는 비구의 머리 위에 떨어져서 그 비구가 죽었으며, …… 나아가 ……
세존께서는 말씀하셨다.

"비구여. 그대는 바라이를 범하였느니라."

그때 아비라읍에서 여러 비구들이 정사를 수리하고 있었다. …… 나아
가 …… 위의 비구가 죽이려는 마음으로 대들보를 떨어트렸고, 아래에
있는 비구의 머리 위에 떨어졌으나 비구가 죽지 않았다. …… 나아가
…… 세존께서는 말씀하셨다.

"비구여. 그대는 바라이를 범하지 않았으나, 투란차를 범하였느니라."

5-12 그때 아비라읍에서 여러 비구들이 정사를 수리하면서 전망대를 짓고 있었다. 한 비구가 다른 비구에게 말하였다.

"비구여. 그대는 이것을 묶어서 세우십시오."

다른 비구가 이것을 묶어서 세우는 때에 떨어져서 죽었고, 그 비구는 마음에 후회가 생겨났고, …… 나아가 …… 세존께서는 말씀하셨다.

"비구여. 고의가 아니라면 범하지 않았느니라."

그때 아비라읍에서 여러 비구들이 정사를 수리하면서 전망대를 짓고 있었다. 한 비구가 죽이려는 마음으로써 다른 비구에게 말하였다.

"비구여. 그대는 이것을 묶어서 세우십시오."

다른 비구가 이것을 묶어서 세우는 때에 떨어져서 죽었고, …… 나아가 …… 세존께서는 말씀하셨다.

"비구여. 그대는 바라이를 범하였느니라."

그때 아비라읍에서 여러 비구들이 정사를 수리하면서 전망대를 짓고 있었다. 한 비구가 죽이려는 마음으로써, …… 나아가 …… 이것을 묶어서 세우는 때에 떨어졌으나 죽지 않았고, …… 나아가 …… 세존께서는 말씀하셨다.

"비구여. 그대는 바라이를 범하지 않았으나, 투란차를 범하였느니라."

5-13 그때 한 비구가 정사의 지붕을 덮고서 아래로 내려오고자 하였다. 한 비구가 다른 비구에게 말하였다.

"비구여. 이쪽으로 내려오십시오."

다른 비구는 이쪽으로 내려오면서 떨어져 죽었고, 그 비구는 마음에 후회가 생겨났고, …… 나아가 …… 세존께서는 말씀하셨다.

"비구여. 고의가 아니라면 범하지 않았느니라."

그때 한 비구가 정사의 지붕을 덮고서 아래로 내려오고자 하였다.

한 비구가 죽이려는 마음으로 다른 비구에게 말하였다.

"비구여. 이쪽으로 내려오십시오."

다른 비구는 이쪽으로 내려오면서 떨어져 죽었고, 그 비구는 마음에 후회가 생겨났고, …… 나아가 …… 세존께서는 말씀하셨다.

"비구여. 그대는 바라이를 범하였느니라."

그때 한 비구가 정사의 지붕을 덮고서 아래로 내려오고자 하였다. 한 비구가 죽이려는 마음으로 다른 비구에게 …… 나아가 …… 이쪽으로 내려오면서 떨어졌으나 죽지 않았으며, 그 비구는 마음에 후회가 생겨났고, …… 나아가 …… 세존께서는 말씀하셨다.

"비구여. 그대는 바라이를 범하지 않았으나, 투란차를 범하였느니라."

5-14 그때 한 비구가 근심으로 마음이 어지러워서 기사굴산에 올라가서 절벽에 몸을 던지는 때에 한 대나무 장인(造籠師)을 압사(壓死)시켰다. 그 비구는 마음에 후회가 생겨났고, …… 나아가 …… 세존께서는 말씀하셨다.

"비구여. 그대는 바라이를 범하지 않았느니라. 그러나 여러 비구들이여. 스스로가 몸을 던질 수 없느니라. 만약 던지는 자는 돌길라를 범하느니라."

그때 육군비구들이 기사굴산에 올라가서 즐기려고 돌을 던졌는데 한 목동(牧牛者)을 압사시켰다. 그 육군비구들은 마음에 후회가 생겨났고, …… 나아가 …… 세존께서는 말씀하셨다.

"비구여. 그대는 바라이를 범하지 않았느니라. 그러나 여러 비구들이여. 즐기려고 돌을 던질 수 없느니라. 만약 던지는 자는 돌길라를 범하느니라."

5-15 그때 한 비구가 병이 있어서 여러 비구들이 찜질하였는데, 그 비구가 죽었다. 그 여러 비구들은 마음에 후회가 생겨났고, …… 나아가 …… 세존께서는 말씀하셨다.

"비구여. 고의가 아니라면 범하지 않았느니라."

그때 한 비구가 병이 있어서 여러 비구들이 죽이려는 마음으로 그를 찜질하였는데, 그 비구가 죽었다. 그 여러 비구들은 마음에 후회가 생겨났고, …… 나아가 …… 세존께서는 말씀하셨다.

"비구들이여. 그대들은 바라이를 범하였느니라."

그때 한 비구가 병이 있어서 여러 비구들이 죽이려는 마음으로 그를 찜질하였는데, 그 비구가 죽었다. 그 여러 비구들은 마음에 후회가 생겨났고, …… 나아가 …… 세존께서는 말씀하셨다.

"비구들이여. 그대들은 바라이를 범하였느니라."

그때 한 비구가 병이 있어서 여러 비구들이 죽이려는 마음으로 그를 찜질하였는데, 그 비구가 죽지 않았다. 그 여러 비구들은 마음에 후회가 생겨났고, …… 나아가 …… 세존께서는 말씀하셨다.

"비구들이여. 그대들은 바라이를 범하지 않았으나, 투란차를 범하였느니라."

5-16 그때 한 비구가 두통이 있어서 여러 비구들이 관비(灌鼻)[136]로 치료하였는데, 그 비구가 죽었다. 그 여러 비구들은 마음에 후회가 생겨났고, …… 나아가 …… 세존께서는 말씀하셨다.

"비구여. 고의가 아니라면 범하지 않았느니라."

그때 한 비구가 두통이 있어서 여러 비구들이 죽이려는 마음으로 관비로 치료하였는데, 그 비구가 죽었다. 그 여러 비구들은 마음에 후회가 생겨났고, …… 나아가 …… 세존께서는 말씀하셨다.

"비구들이여. 그대들은 바라이를 범하였느니라."

136) 약을 코로 넣어주는 치료법이다.

그때 한 비구가 두통이 있어서 여러 비구들이 죽이려는 마음으로 관비로 치료하였는데, 그 비구가 죽지 않았다. 그 여러 비구들은 마음에 후회가 생겨났고, …… 나아가 …… 세존께서는 말씀하셨다.

"비구들이여. 그대들은 바라이를 범하지 않았으나, 투란차를 범하였느니라."

5-17 그때 한 비구가 병이 들었고, 여러 비구들이 그 비구를 위하여 안마를 하였으나, 비구가 죽었으며, …… 나아가 …… 세존께서는 말씀하셨다.

"비구들이여. 그대들은 바라이를 범하지 않았으나, 투란차를 범하였느니라."

그때 한 비구가 병이 들었고, 여러 비구들이 그 비구에게 목욕하게 시켰으나, 비구가 죽었으며, …… 나아가 …… 세존께서는 말씀하셨다.

"비구들이여. 그대들은 바라이를 범하지 않았으나, 투란차를 범하였느니라."

그때 한 비구가 병이 들었고, 여러 비구들이 그 비구에게 기름으로써 발라주었으나, 비구가 죽었으며, …… 나아가 …… 세존께서는 말씀하셨다.

"비구들이여. 그대들은 바라이를 범하지 않았으나, 투란차를 범하였느니라."

그때 한 비구가 병이 들었고, 여러 비구들이 그 비구를 부축하여 일으켜 주었으나, 비구가 죽었으며, …… 나아가 …… 세존께서는 말씀하셨다.

"비구들이여. 그대들은 바라이를 범하지 않았으나, 투란차를 범하였느니라."

그때 한 비구가 병이 들었고, 여러 비구들이 그 비구를 눕게 시켰으나,

비구가 죽었으며, …… 나아가 …… 세존께서는 말씀하셨다.

"비구들이여. 그대들은 바라이를 범하지 않았으나, 투란차를 범하였느니라."

그때 한 비구가 병이 들었고, 여러 비구들이 음식을 공급하였으나, 비구가 죽었으며, …… 나아가 …… 세존께서는 말씀하셨다.

"비구들이여. 그대들은 바라이를 범하지 않았으나, 투란차를 범하였느니라."

5-18 그때 한 아내가 있었고 그녀의 남편은 멀리 떠났는데, 정부(情夫)와 함께 사통(私通)하여 임신하였다. 그 아내는 교류하는 비구를 마주하고서 이와 같이 말하였다.

"대덕이여. 청하건대 나를 위하여 낙태시켜 주십시오."

"좋습니다. 자매여."

그 부인을 위하여 낙태시켰고 태아는 죽었다. 그 비구는 마음에 후회가 생겨났고, …… 나아가 …… 세존께서는 말씀하셨다.

"비구여. 그대는 바라이를 범하였느니라."

5-19 그때 한 남편에게 두 아내가 있었다. 한 아내는 불임(不姙)이었고, 다른 아내는 가임(可姙)이었다. 불임이었던 아내는 교류하는 비구를 마주하고서 이와 같이 말하였다.

"대덕이여. 만약 그 부인이 아이를 낳는다면 일체의 가산(家産)의 권리를 그 부인이 소유하게 됩니다. 대덕이여. 청하건대 나를 위하여 낙태시켜 주십시오."

"좋습니다. 자매여."

그 부인을 위하여 낙태시켰고 태아는 죽었으나, 어머니는 죽지 않았다. 그 비구는 마음에 후회가 생겨났고, …… 나아가 …… 세존께서는 말씀하셨다.

"비구여. 그대는 바라이를 범하였느니라."

그때 한 남편에게 두 아내가 있었다. …… 그 부인을 위하여 낙태시켰고 어머니는 죽었으나, 태아는 죽지 않았다. 그 비구는 마음에 후회가 생겨났고, …… 나아가 …… 세존께서는 말씀하셨다.

"비구여. 그대는 바라이를 범하지 않았으나, 투란차를 범하였느니라."

그때 한 남편에게 두 아내가 있었다. …… 그 부인을 위하여 낙태시켰고, 태아가 죽었으며, 어머니도 죽었다. 그 비구는 마음에 후회가 생겨났고, …… 나아가 …… 세존께서는 말씀하셨다.

"비구여. 그대는 바라이를 범하지 않았으나, 투란차를 범하였느니라."

그때 한 남편에게 두 아내가 있었다. …… 그 부인을 위하여 낙태시켰고, 태아가 죽지 않았으며, 어머니도 죽지 않았다. 그 비구는 마음에 후회가 생겨났고, …… 나아가 …… 세존께서는 말씀하셨다.

"비구여. 그대는 바라이를 범하지 않았으나, 투란차를 범하였느니라."

5-20 그때 한 임신한 부인이 교류하는 비구를 마주하고서 이와 같이 말하였다.

"대덕이여. 청하건대 나를 위하여 낙태시켜 주십시오."

"좋습니다. 자매여. 그곳을 누르십시오."

부인은 그곳을 눌렀고 태아는 떨어졌다. 그 비구는 마음에 후회가 생겨났고, …… 나아가 …… 세존께서는 말씀하셨다.

"비구여. 그대는 바라이를 범하였느니라."

그때 한 임신한 부인이 교류하는 비구를 마주하고서 이와 같이 말하였다.

"대덕이여. 청하건대 나를 위하여 낙태시켜 주십시오."

"좋습니다. 자매여. 그곳을 찜질하십시오."

부인은 그곳을 찜질하였고 태아는 떨어졌다. 그 비구는 마음에 후회가 생겨났고, …… 나아가 …… 세존께서는 말씀하셨다.

"비구여. 그대는 바라이를 범하였느니라."

5-21 그때 한 불임인 부인이 교류하는 비구를 마주하고서 이와 같이 말하였다.

"대덕이여. 청하건대 나에게 임신하는 약을 주십시오."

"좋습니다. 자매여."

임신하는 약을 주었으나, 그 부인이 죽었다. 그 비구는 마음에 후회가 생겨났고, …… 나아가 …… 세존께서는 말씀하셨다.

"비구여. 그대는 바라이를 범하지 않았으나, 돌길라를 범하였느니라."

5-22 그때 한 가임인 부인이 교류하는 비구를 마주하고서 이와 같이 말하였다.

"대덕이여. 청하건대 나에게 임신을 피하는 약을 주십시오."

…… 나아가 …… 세존께서는 말씀하셨다.

"비구여. 그대는 바라이를 범하지 않았으나, 돌길라를 범하였느니라."

5-23 그때 육군비구와 부딪치는 십칠군비구의 한 사람을 손가락으로 겨드랑이를 간지럽혀서 웃게 하였으나, 숨이 막혀서 죽었다. 그 비구는 마음에 후회가 생겨났고, …… 나아가 …… 세존께서는 말씀하셨다.

"여러 비구들이여. 그대들은 바라이를 범하지 않았느니라."

5-24 그때 십칠군비구들이 "우리들이 마땅히 육군비구들을 제재(制裁)해야 한다."라고 생각하였고, 밀어서 넘어트리고 그 위에 앉았으나 그가 죽었다. 그 비구들은 마음에 후회가 생겨났고, …… 나아가 …… 세존께서는 말씀하셨다.

"비구들이여. 그대들은 바라이를 범하지 않았느니라."

5-25 그때 주술로써 귀신의 피해를 없애고자 한 비구가 야차의 목숨을

끊었으나, 그 비구는 마음에 후회가 생겨났고, …… 나아가 …… 세존께서
는 말씀하셨다.

"비구여. 그대는 바라이를 범하지 않았으나, 투란차를 범하였느니라."

5-26 그때 한 비구가 다른 비구를 악한 야차(夜叉)의 집으로 보냈고,
야차가 그 비구의 목숨을 빼앗았다. 그 비구는 마음에 후회가 생겨났고,
…… 나아가 …… 세존께서는 말씀하셨다.

"비구여. 죽이려는 뜻이 아니었다면 범하지 않았느니라."

그때 한 비구가 다른 비구를 죽이려는 뜻으로 악한 야차의 집으로
보냈고, 야차가 그 비구의 목숨을 빼앗았다. 그 비구는 마음에 후회가
생겨났고, …… 나아가 …… 세존께서는 말씀하셨다.

"비구여. 그대는 바라이를 범하였느니라."

그때 한 비구가 다른 비구를 죽이려는 뜻으로 악한 야차의 집으로
보냈고, 야차가 그 비구의 목숨을 빼앗지 않았다. 그 비구는 마음에
후회가 생겨났고, …… 나아가 …… 세존께서는 말씀하셨다.

"비구여. 그대는 바라이를 범하지 않았으나, 투란차를 범하였느니라."

5-27 그때 한 비구가 다른 비구를 사나운 짐승이 있는 험한 곳에 보냈고,
사나운 짐승이 그 비구의 목숨을 빼앗았다. 그 비구는 마음에 후회가
생겨났고, …… 나아가 …… 세존께서는 말씀하셨다.

"비구여. 죽이려는 뜻이 아니었다면 범하지 않았느니라."

그때 한 비구가 다른 비구를 죽이려는 뜻으로 사나운 짐승이 있는
험한 곳에 보냈고, 사나운 짐승이 그 비구의 목숨을 빼앗았다. …… 나아가
…… 세존께서는 말씀하셨다.

"비구여. 그대는 바라이를 범하였느니라."

　　그때 한 비구가 다른 비구를 죽이려는 뜻으로 사나운 짐승이 있는
험한 곳에 보냈고, 사나운 짐승이 그 비구의 목숨을 빼앗지 않았다.
…… 나아가 …… 세존께서는 말씀하셨다.
　　"비구여. 그대는 바라이를 범하지 않았으나, 투란차를 범하였느니라."

　　그때 한 비구가 다른 비구를 악한 도둑이 있는 험한 곳에 보냈고,
사악한 도둑이 그 비구의 목숨을 빼앗았다. 그 비구는 마음에 후회가
생겨났고, …… 나아가 …… 세존께서는 말씀하셨다.
　　"비구여. 죽이려는 뜻이 아니었다면 범하지 않았느니라."

　　그때 한 비구가 다른 비구를 죽이려는 뜻으로 악한 도둑이 있는 험한
곳에 보냈고, …… 나아가 …… 세존께서는 말씀하셨다.
　　"비구여. 그대는 바라이를 범하였느니라."

　　그때 한 비구가 다른 비구를 죽이려는 뜻으로 악한 도둑이 있는 험한
곳에 보냈고, …… 나아가 …… 세존께서는 말씀하셨다.
　　"비구여. 그대는 바라이를 범하지 않았으나, 투란차를 범하였느니라."

5-28 그때 한 비구가 그 사람이라고 생각하면서 그의 목숨을 빼앗았고,
…… 나아가 …… 그 사람이라고 생각하며 다른 사람의 목숨을 빼앗았으며,
…… 나아가 …… 다른 사람이라고 생각하며 그 사람의 목숨을 빼앗았고,
…… 나아가 …… 다른 사람이라고 생각하며 다른 사람의 목숨을 빼앗았으
며, …… 나아가 …… 세존께서는 말씀하셨다.
　　"비구여. 그대는 바라이를 범하였느니라."

5-29 그때 한 비구에게 비인(非人)이 몸에 붙었고, 다른 비구가 그 비구를
때렸는데, 그 비구가 죽었다. 그 비구는 마음에 후회가 생겨났고, ……
나아가 …… 세존께서는 말씀하셨다.

"비구여. 죽이려는 뜻이 아니었다면 범하지 않았느니라."

그때 한 비구에게 비인(非人)이 몸에 붙었고, 다른 비구가 죽이려는 마음으로써 그 비구를 때렸는데, 그 비구가 죽었다. 그 비구는 마음에 후회가 생겨났고, …… 나아가 …… 세존께서는 말씀하셨다.
"비구여. 그대는 바라이를 범하지 않았으나, 투란차를 범하였느니라."

5-30 그때 한 비구가 선법을 행하는 자를 마주하고서 천상의 일을 설하였는데, 그 사람이 즐거이 믿었으므로 죽었다. 그 비구는 마음에 후회가 생겨났고, …… 나아가 …… 세존께서는 말씀하셨다.
"비구여. 죽이려는 뜻이 아니었다면 범하지 않았느니라."

그때 한 비구가 죽이려는 마음으로써 선법을 행하는 자를 마주하고서 천상의 일을 설하였는데, 그 사람이 즐거이 믿었으므로 죽었고, …… 나아가 …… 세존께서는 말씀하셨다.
"비구여. 그대는 바라이를 범하였느니라."

그때 한 비구가 죽이려는 마음으로써 선법을 행하는 자를 마주하고서 천상의 일을 설하였는데, 그 사람이 즐거이 믿었으나, 죽지 않았고, …… 나아가 …… 세존께서는 말씀하셨다.
"비구여. 그대는 바라이를 범하지 않았으나, 투란차를 범하였느니라."

그때 한 비구가 마땅히 지옥에 떨어질 자를 마주하고서 지옥의 일을 설하였는데, 그 사람이 두려워서 죽었다. 그 비구는 마음에 후회가 생겨났고, …… 나아가 …… 세존께서는 말씀하셨다.
"비구여. 죽이려는 뜻이 아니었다면 범하지 않았느니라."

그때 한 비구가 죽이려는 마음으로써 마땅히 지옥에 떨어질 자를 마주하고서 지옥의 일을 설하였는데, 그 사람이 두려워서 죽었고, ……
나아가 …… 세존께서는 말씀하셨다.

　“비구여. 그대는 바라이를 범하였느니라.”

　그때 한 비구가 죽이려는 마음으로써 마땅히 지옥에 떨어질 자를
마주하고서 지옥의 일을 설하였는데, 그 사람이 두려웠으나, 죽지 않았고,
…… 나아가 …… 세존께서는 말씀하셨다.

　“비구여. 그대는 바라이를 범하지 않았으나, 투란차를 범하였느니라.”

5-31 그때 아라비읍(阿羅毘邑)의 여러 비구들이 지붕을 수리하면서 나무
를 자르면서 한 비구가 “비구여. 이것을 잘라서 세우십시오.”라고 다른
비구에게 말하였다. 그 비구가 그곳에 서서 나무를 잘랐는데, 나무가
무너져서 그 비구는 죽었으며, 그 비구는 마음에 후회가 생겨났고, ……
나아가 …… 세존께서는 말씀하셨다.

　“비구여. 죽이려는 뜻이 아니었다면 범하지 않았느니라.”

　아라비읍의 여러 비구들이 지붕을 수리하면서 나무를 잘랐는데, 한
비구가 죽이려는 마음으로써 다른 비구에게 …… 나무가 무너져서 그
비구는 죽었고, …… 나아가 …… 세존께서는 말씀하셨다.

　“비구여. 그대는 바라이를 범하였느니라.”

　아라비읍의 여러 비구들이 지붕을 수리하면서 나무를 잘랐는데, 한
비구가 죽이려는 마음으로써 다른 비구에게 …… 나무가 무너졌으나
그 비구는 죽지 않았고, …… 나아가 …… 세존께서는 말씀하셨다.

　“비구여. 그대는 바라이를 범하지 않았으나, 투란차를 범하였느니라.”

5-32 그때 육군비구들이 숲에 불을 질렀고 많은 사람들이 죽었다. 그
비구들은 마음에 후회가 생겨났고, …… 나아가 …… 세존께서는 말씀하셨다.

"여러 비구들이여. 죽이려는 뜻이 아니었다면 범하지 않았느니라."

그때 육군비구들이 사람을 죽이려고 숲에 불을 질렀고 많은 사람들이 죽었으며, …… 나아가 …… 세존께서는 말씀하셨다.
"여러 비구들이여. 그대들은 바라이를 범하였느니라."

그때 육군비구들이 사람을 죽이려고 숲에 불을 질렀고 많은 사람들이 죽지 않았으나, …… 나아가 …… 세존께서는 말씀하셨다.
"여러 비구들이여. 그대들은 바라이를 범하지 않았으나, 투란차를 범하였느니라."

5-33 그때 한 비구가 형장에 이르러 집행자에게 이와 같이 말하였다.
"현자여. 그를 고통스럽게 하지 마시고, 그를 한 번에 죽이십시오."
"옳습니다. 대덕이여."
그리고 한 번에 목숨을 빼앗았다. 그 비구는 마음에 후회가 생겨났고, …… 나아가 …… 세존께서는 말씀하셨다.
"비구여. 그대는 바라이를 범하였느니라."

그때 한 비구가 형장에 이르러 집행자에게 이와 같이 말하였다.
"현자여. 그를 고통스럽게 하지 마시고, 그를 한 번에 죽이십시오."
집행자가 말하였다.
"나는 그대의 말에 의지하지 않고 짓겠습니다."
그리고서 죄인의 목숨을 빼앗았다. 그 비구는 마음에 후회가 생겨났고, …… 나아가 …… 세존께서는 말씀하셨다.
"비구여. 그대는 바라이를 범하지 않았으나, 돌길라를 범하였느니라."

5-34 그때 한 남자가 손발이 잘리고서 친족의 집과 친족의 처소에 둘러싸여 있었다. 한 비구가 여러 사람들에게 이와 같이 말하였다.

"현자들이여. 그대들은 그를 죽이고자 하십니까?"

"그렇습니다. 대덕이여. 우리들은 그것을 원합니다."

"만약 이와 같다면 그에게 낙장(酪漿)137)을 마시게 하십시오."

마침내 그에게 낙장을 마시게 하였고 그는 죽음에 이르렀다. 그 비구는 마음에 후회가 생겨났고, …… 나아가 …… 세존께서는 말씀하셨다.

"비구여. 그대는 바라이를 범하였느니라."

그때 한 남자가 손발이 잘리고서 친족의 집과 친족의 처소에 둘러싸여 있었다. 한 비구니가 여러 사람들에게 이와 같이 말하였다.

"현자들이여. 그대들은 그를 죽이고자 하십니까?"

"그렇습니다. 대덕이여. 우리들은 그것을 원합니다."

"만약 이와 같다면 그에게 소금을 첨가한 산죽(酸粥)138)을 마시게 하십시오."

마침내 그에게 소금을 첨가한 산죽을 마시게 하였고 그는 죽음에 이르렀으며, 그 비구니는 마음에 후회가 생겨났다. 이때 비구니는 이 일로써 여러 비구니들에게 알렸고, 여러 비구니들은 여러 비구들에게 말하였으며, 여러 비구들은 이 일로써 세존께 아뢰었다. 세존께서는 말씀하셨다.

"여러 비구들이여. 그 비구니는 바라이를 범하였느니라."

[세 번째의 바라이를 마친다.]

4) 망설자득상인법(妄說自得上人法) 학처

1-1 그때 불·세존께서는 비사리 대림의 중각강당에 머무르셨다.

---

137) 우유를 끓여서 만든 음료로 알코올 성분이 들어있는 음료이다.
138) 발효되어 신맛이 나는 죽을 가리킨다.

그때 대중들은 서로가 지식이었고 친근하였던 비구들이 바구마강의 언덕에서 하안거하였다. 이때 발기 지방은 기근으로 생활이 어려웠는데, 곡식은 병균을 인연으로 줄기와 잎은 말라서 비틀어져서 젓가락과 같았으므로 취락에서 잔식(殘食)을 의지하여 생활하여도 쉽지 않았다. 그때 여러 비구들이 말하였다.

"지금 발기 지방은 기근으로 생활이 어려웠는데, 곡식은 병균을 인연으로 줄기와 잎은 말라서 비틀어져서 젓가락과 같았으므로 취락에서 잔식을 의지하여 생활하여도 쉽지 않다. 우리들이 무슨 방편이라면 하나로 화합하고, 투쟁이 없으며, 안은하게 우안거(雨安居)를 지내고, 또한 음식의 고통이 없겠는가?"

몇 사람의 비구들이 있어서 이와 같이 말을 지었다.

"장로들이여. 우리들이 여러 거사들을 위하여 이와 같은 일을 짓는다면 그들은 이와 같이 우리들에게 보시하겠다고 생각할 것이며, 우리들은 하나로 화합하고 투쟁이 없으며, 안은하게 우안거를 지내고, 또한 음식의 고통이 없을 것입니다."

혹은 몇 사람의 비구들이 있어서 이와 같이 말을 지었다.

"멈추십시오. 장로들이여. 여러 거사들을 위하여 일을 짓더라도 무슨 소용이 있겠습니까? 여러 거사들을 위하여 서신(書信)을 전달한다면 이것에 그들이 보시하여 주겠다고 생각할 것이며, 우리들은 화합하고 일치하여 투쟁이 없으며, 안은하게 우안거를 지내고, 또한 음식의 고통이 없을 것입니다."

혹은 몇 사람의 비구들이 있어서 이와 같이 말을 지었다.

"멈추십시오. 장로들이여. 여러 거사들을 위하여 사자(使者)를 짓겠습니까? 그러나 비구들이여. 우리들은 여러 거사들을 마주하고서 서로가 상인법(上人法)으로 '그 비구는 초선(初禪)을 얻었고, 그 비구는 2선(二禪)을 얻었으며, 그 비구는 3선(三禪)을 얻었고, 그 비구는 4선(四禪)을 얻었으며, 그 비구는 예류과(預流果)를 얻었고, 그 비구는 일래과(一來果)를 얻었으며, 그 비구는 불환과(不還果)를 얻었고, 그 비구는 아라한과(阿羅漢果)

를 얻었으며, 그 비구는 삼명(三明)[139]을 얻었고, 그 비구는 육신통(六神通)을 얻었다.'라고 찬탄한다면, 이것에 그들이 보시하여 주겠다고 생각할 것이며, 우리들은 하나로 화합하고 투쟁이 없으며, 안은하게 우안거를 지내고, 또한 음식의 고통이 없을 것입니다. 여러 거사들을 마주하고서 서로가 상인법으로 찬탄한다면 최승(最勝)의 방편입니다."

이것을 여러 비구들은 여러 거사들의 앞에서 서로가 상인법으로 찬탄하였다.

"그 비구는 초선을 얻었고, 그 비구는 2선을 얻었으며, …… 나아가 …… 그 비구는 육신통을 얻었습니다."

이때 그 여러 사람들은 생각하였다.

'우리들은 진실로 선한 이익이 있고, 우리들은 진실로 공덕이 있구나. 이와 같은 여러 비구들이 우리들을 위하여 안거에 들어갔다. 이와 같은 여러 비구들은 지계(持戒)인 자이고, 선법을 행하는 자이다. 미증유(未曾有)의 이와 같은 비구들이 우리들을 위하여 안거에 들어갔다.'

이때 그들은 스스로가 담식(噉食)을 먹지 않았고, 부모를 공양하지 않았으며, 자녀에게 주지 않았고, 집안의 노비에게 주지 않았으며, 친구들에게 주지 않았고 친족들에게 주지 않고, 그 음식을 가지고 비구들에게 베풀어 주었다. 그들은 스스로가 작식(嚼食)과 미식(味食), 음식을 먹지 않았고, 부모를 공양하지 않았으며, 자녀에게 주지 않았고, 집안의 노비에게 주지 않았으며, 친구들에게 주지 않았고 친족들에게 주지 않고, 그 음식을 가지고 비구들에게 베풀어 주었다. 이와 같아서 여러 비구들은 모습이 아름다워서 여러 근(根)이 비대(肥大)하였고 용모가 빛났으며 희열(喜悅)이 충만하였다.

1-2 안거를 마쳤다면 세존을 보고자 떠나가는 것이 여러 비구들의 상법(常法)이었다. 이때 여러 비구들은 3개월의 안거를 마치고서 처소의 좌구와

---

139) 아라한과를 성취한 성자가 갖춘 불가사의한 세 가지의 능력으로 천안명(天眼明), 숙명명(宿命明), 누진명(漏盡明)을 가리킨다.

와구를 거두었고 옷과 발우를 지니고 비사리로 갔다. 점차 유행하여서 비사리의 중각강당에 이르렀고, 세존의 처소에 이르렀다. 비구들은 세존께 예경하고서 한쪽에 앉았다.

그때 비사리에 있으면서 안거를 마쳤던 비구들은 기갈(飢渴)에 핍박받았던 인연으로 형체가 마르고 수척하였고, 용모가 초췌(憔悴)하였으며 힘줄이 모두 드러났다. 그러나 바구마강 주변의 여러 비구들은 여러 근이 비대하였고 용모가 빛났으며 희열이 충만하였다. 객비구를 함께 서로가 친절한 뜻으로 맞이하는 것이 곧 제불(諸佛)의 상법이었다. 그때 세존께서는 바구마강 주변의 여러 비구들에게 물어 말씀하셨다.

"여러 비구들이여. 여러 일들은 견딜 수 있었는가? 음식은 만족하였는가? 하나로 화합하였는가? 싸우지 않았는가? 안은하게 우안거를 지냈는가? 음식의 고통은 없었는가?"

여래께서는 아시고서도 묻는 것이고, 역시 아시면서도 묻지 않는 것이다. …… 나아가 …… 이 두 가지의 인연을 까닭으로 불·세존께서는 비구들에게 물으셨고, 비구들을 위하여 설법하셨으며, 혹은 성문과 성문제자들을 위하여 학처를 제정하여 세우시는 것이다. 그때 세존께서는 바구마강 주변의 여러 비구들에게 이와 같이 말씀하셨다.

"여러 비구들이여. 그대들은 하나로 화합하였고, 싸우지 않았으며, 안은하게 우안거를 지냈으며, 음식의 고통은 없었는가?"

이때 여러 비구들은 이 인연으로써 세존께 아뢰었다.

"여러 비구들이여. 그대들은 진실로 상인법이 있었는가?"

"없었습니다. 세존이시여."

세존께서는 꾸짖으셨다.

"어리석은 사람들이여. 이것은 상응하는 법이 아니고 수순하는 행이 아니며 위의가 아니고 사문의 행이 아니며 청정한 행이 아니고 마땅히 할 것이 아니니라. 어리석은 사람들이여. 그대들은 어찌하여 입과 배를 위하였던 까닭으로 여러 거사들의 앞에서 서로가 상인법으로 찬탄하였는가? 어리석은 사람들이여. 그대들은 오히려 날카로운 소를 잡는 칼로써 배를 자를지라도, 역시 입과 배를 위하여 여러 거사들을 마주하고서 서로가 상인법으로 찬탄하지 않아야 하느니라.

왜 그러한가? 어리석은 사람들이여. 확실히 그들이 굶주림에 이르렀던 인연으로 죽었거나, 혹은 죽음의 고통과 같다면 몸이 무너지고 목숨을 마친 뒤에 악한 처소, 악한 취(趣), 악한 생(生), 지옥 등에 태어나지 않느니라. 그러나 어리석은 사람들이여. 이것을 까닭으로 몸이 무너지고 목숨을 마친 뒤에 마땅히 악한 처소, 악한 취, 악한 생, 지옥 등에 태어나느니라. 이것은 오히려 믿지 않는 자는 신심이 생겨나지 않게 하고, 이것은 믿지 않는 자는 신심이 생겨나지 않게 하고, 이미 믿었던 자는 증장시키지 않느니라.

어리석은 사람이여. 이것은 오히려 믿지 않는 자는 불신이 생겨나지 않는 것이 없게 하고, 믿었던 자는 전전하여 일부가 다른 곳으로 향하여 떠나가게 하느니라.”

꾸짖고서 여러 비구들을 위하여 적절한 법을 수순하여 설하신 뒤에 여러 비구들에게 알려 말씀하셨다.

1-3 “여러 비구들이여. 세간(世間)에는 다섯 종류의 큰 도둑들이 있느니라. 무엇이 다섯 종류인가? 여러 비구들이여. 세상에 있는 첫째 부류의 큰 도둑들은 '나는 진실로 혹은 백 명이거나, 혹은 천 명의 무리에 둘러싸여서 마땅히 취락, 도로, 시장 왕도(王都)를 배회하면서 모아두고 죽이거나, 명령하여 죽이거나, 모아서 베거나, 명령하여 베거나, 모아두고 불태우거나, 명령하여 불태워야겠다.'라고 이와 같이 사유하느니라. 그 뒤에 백 명이거나, 혹은 천 명의 무리에 둘러싸여서 마땅히 취락, 도로, 시장, 왕도를 배회하면서 모아두고 죽이거나, 명령하여 죽이거나, 모으고서 베거나, 명령하여 베거나, 모아두고 불태우거나, 명령하여 불태우는 것이 이와 같으니라.

여러 비구들이여. 세상에 있는 첫째 부류의 악한 비구들은 '나는 진실로 혹은 백 명이거나, 혹은 천 명의 무리에 둘러싸여서 마땅히 취락, 도로,

시장, 왕도를 돌아다니면서 신도들에게 존중과 공경을 받으며, 여러 거사와 출가자들을 위하여 의복, 음식, 방사, 의약품의 물건을 받아야겠다.'라고 이와 같이 사유하느니라. 그 뒤에 백 명이거나, 혹은 천 명의 무리에 둘러싸여서 마땅히 취락, 도로, 시장, 왕도를 돌아다니면서 신도들에게 존중과 공경을 받으며, 여러 거사와 출가자들을 위하여 의복·음식·방사·의약품의 물건을 받느니라. 여러 비구들이여. 이것이 세간에 있는 첫째 부류의 큰 도둑이니라.

여러 비구들이여. 이곳에 또한 한 부류의 악한 비구들이 있나니, 여래께서 가르치는 법과 율을 배워서 얻은 뒤에 자기가 증득하였다고 생각하느니라. 여러 비구들이여. 이것이 세간에 있는 둘째 부류의 큰 도둑이니라.

여러 비구들이여. 이곳에 또한 한 부류의 악한 비구들이 있나니, 근거가 없이 범행이 아닌 것으로써 청정한 범행자의 원만하고 청정한 범행을 비방하는 것이니라. 여러 비구들이여. 이것이 세간에 있는 셋째 부류의 큰 도둑이니라.

여러 비구들이여. 이곳에 또한 한 부류의 악한 비구들이 있나니, 승가의 무거운 물건으로써, 원림(園林), 원림의 토지(園林地), 정사(精舍), 정사의 토지(精舍地), 와상(臥牀), 좌상(座牀), 요(褥), 베개(枕), 구리 물병(銅瓶), 구리 그릇(銅甕), 구리 항아리(銅壺), 구리 꽃병(銅花瓶), 면도칼(剃刀), 도끼(斧), 괭이(鋤), 삽(鍬), 톱(鋸), 넝쿨풀(蔓草), 대나무(竹), 문야초(文若草)140), 바바초(婆婆草)141), 풀(草), 흙(土), 나무 가구(木製具), 도자기(陶磁器) 등의 이러한 물건을 취하여 여러 거사들에게 은혜를 베풀고자 주는 것이니라. 여러 비구들이여. 이것이 세간에 있는 넷째 부류의 큰 도둑이니라.

여러 비구들이여. 이러한 세계인, 천계(天界), 마천계(魔天界), 범천계(梵天界), 사문, 바라문, 천인(天人)의 가운데에서 이것이 가장 큰 도둑이니니, 곧 상인법이 없는 자가 공허하게 설하는 것이니라. 왜 그러한가?

---

140) 팔리어 muñja(문자)의 음사이고, 벼와 비슷한 풀로, 앉거나 눕기 위한 자리를 만드는 것에 사용한다.
141) 팔리어 pabbaja(파빠자)의 음사이고, 갈대의 한 종류이다.

여러 비구들이여. 음식을 훔치려는 마음으로써 국가에게 음식을 베풀게
하는 까닭이니라.”

　　없으면서 있다고 말하는 자는
　　하나라도 거짓의 스승과 같나니
　　거짓으로써 음식을 얻었다면
　　그것은 역시 훔쳐서 얻은 것이라네.

　　바깥의 가사인 옷에 집착하여
　　악법을 제어하지 못한다면
　　악이 악업을 의지하므로
　　업을 따라서 지옥에 태어난다네.

　　그 악에서 제어되지 못하고
　　국가에서 베푸는 음식을 먹는다면
　　불타는 쇠구슬과 같은데
　　그것을 먹는다면 오히려 그것이 이긴다네.

　이와 같이 세존께서는 여러 종류의 방편으로써 바구마강 주변의 여러
비구들을 꾸짖고서 뒤에 부양이 어렵고 가르치고 양육함이 어려우며,
가르치고 양육함이 어려우며, 욕심이 많아서 만족함을 알지 못하고, 대중
의 가운데에 참여하면서 방일하였던 허물을 설하셨다. 그러한 뒤에 여러
종류의 방편으로써 부양하기 쉽고, 가르치고 양육함이 쉬우며, 욕심이
적어서 만족함을 알고, 두타행을 좋아하며, 단정하여 대중의 가운데에
참여하지 않고 용맹하게 정진하는 아름다움을 설하셨다. 아울러 또한
여러 비구들을 위하여 적절한 법을 수순하여 설하신 뒤에 여러 비구들에게
알려 말씀하셨다.
　“여러 비구들이여. 이와 같으므로 열 가지의 이익을 까닭으로써 나는

여러 비구들을 위하여 학처를 제정하겠노라. 승가의 섭수를 위하여, 승가의 안락을 위하여, 악인을 조복하기 위하여, 선한 비구들을 안락하게 머무르는 것을 위하여, 현세의 누(漏)를 방호하기 위하여, 후세의 누를 없애기 위하여, 믿지 않는 자에게 신심이 생겨나는 것을 위하여, 이미 믿었던 자의 증장을 위하여, 정법이 오래 머무르는 것을 위하여, 율의 공경과 존중을 위한 것이니라. 여러 비구들이여. 그대들은 마땅히 이와 같이 학처를 송출할지니라.

'어느 비구일지라도 증득하여 알지 못하고서 자기가 상인법이 있다고 인정하였거나, 마땅히 자기가 상인법을 얻었고 정지(定智)와 정견(正見)을 구족하였으며, '나는 이와 같이 알았고, 이와 같이 보았다.'라고 알려서 말하였으나, 그가 뒤에 혹은 추궁하여 물었거나, 혹은 추궁하여 묻지 않았는데, 그 죄가 청정하기를 바라면서 '비구여. 내가 알지 못하였으나 알았다고 말하였고, 혹은 보지 않았으나 보았다고 헛되고 거짓으로 망어하였습니다.'라고 이와 같이 말하였다면, 이 비구도 역시 바라이이니, 함께 머무를 수 없느니라."

이와 같이 세존께서는 여러 비구들을 위하여 학처를 제정하여 세우셨다.

2-1 그때 많은 비구들이 보지 않았으나 보았다고 생각하였고, 이르지 못하였으나 이르렀다고 생각하였으며, 통달하지 못하였으나 통달하였다고 생각하였고, 증득하지 못하였으나 증득하였다고 생각하였으므로, 증상만(增上慢)을 인연으로 다른 사람을 마주하고서 말하였다. 그러한 뒤에 그들은 마음이 전전하여 탐욕을 향하였고, 전전하여 성냄을 향하였으며, 전전하여 어리석음을 향하였으므로, 그들은 마음에 후회가 생겨나서 생각하였다.

'세존께서 학처를 제정하여 세우셨으나, 우리들은 보지 않았으나 보았다고 생각하였고, …… 증상만을 인연으로 다른 사람을 마주하고서 말하였다. 우리들이 어찌 바라이를 범하지 않았겠는가?'

이 일로써 장로 아난에게 알렸고, 장로 아난은 이 일로써 세존께 알렸으며, 세존께서는 말씀하셨다.

"아난이여. 이 비구들은 진실로 보지 않았으나 보았다고 생각하였고, …… 증상만을 인연으로 다른 사람을 마주하고서 말하였으나, 죄를 범한 것은 아니니라. 여러 비구들이여. 그대들은 마땅히 이 학처를 이와 같이 송출할지니라.

어느 비구일지라도 증득하여 알지 못하고서 자기가 상인법이 있다고 인정하였거나, 이미 얻었고 정지와 정견을 구족하였다고 주장하면서 '나는 이와 같이 알았고, 이와 같이 보았다.'라고 알려서 말하였으나, 그가 뒤에 혹은 추궁하여 물었거나, 혹은 추궁하여 묻지 않았는데, 그 죄가 청정하기를 바라면서 '비구여. 내가 알지 못하였으나 알았다고 말하였고, 혹은 보지 않았으나 보았다고 헛되고 거짓으로 망어하였습니다.'라고 이와 같이 말하였다면, 증상만을 제외하고는 이 비구도 역시 바라이이므로, 함께 머무를 수 없느니라."

3-1 '어느 누구'는 어느 태어난 곳의 이유, …… 혹은 중간의 법랍이었다면 이것을 '어느 누구'라고 말한다.

'비구'는 구걸하는 비구이니, 일을 쫓아서 걸식하는 비구, …… 곧 이것에서 '비구'의 뜻이라고 말하는 것이다.

'지혜를 증득하지 않다.'는 실제로 있지 않고 공허하여 없는데, 자기가 알지 못하였고, 선법을 보지 못하였으나, '내가 선법이 있다.'라고 말하는 것이다.

'자기가 있다.'는 장차 선법이 인도하여 자기가 들어가거나, 혹은 자기가 인도하여 선법에 들어가는 것이다.

'상인법'은 곧 선정(禪定), 해탈, 삼매, 정수(正受), 지견(智見), 수도(修道), 증과(證果), 단번뇌(斷煩惱), 심리개(心離蓋), 낙정처(樂靜處) 등이다.

'정지'는 세 가지의 지혜이다.

'정견'은 이것은 지혜가 곧 견해이고, 이것은 견해가 곧 지혜이다.

'마땅히 설하다.'는 혹은 남성을 향하거나, 혹은 여성을 향하거나, 혹은 거사를 향하거나, 혹은 출가자를 향하는 것이다.

'이와 같이 알았고, 이와 같이 보았다.'는 내가 이것과 동등한 법을 말하였고, 내가 이것과 동등한 법을 보았다고 말하였으며, 내가 이와 같은 법이 있다고 말하였고, 내가 이와 같은 법에 들어간다고 말하는 것이다.

'그 뒤에'는 이를테면, 그때 알려서 말하는 것이니, 지나가고서 찰나(刹那)이거나, 경각(頃刻)[142]이거나, 수유(須臾)[143]의 시간이다.

'힐난(詰難)하여 묻다.'는 일반적으로 이것이 있다고 스스로가 일을 알려서 말하였고, 곧 이 일을 마주하고서 "그대는 무슨 까닭으로 얻었는가? 그대는 어떻게 얻었는가? 그대는 어디에서 얻었는가? 그대는 무슨 번뇌를 끊었는가? 그대는 무슨 법을 얻었는가?"라고 추궁하여 말하는 것이다.

'힐난하여 묻지 않다.'는 앞의 내용을 자세하게 묻지 않는 것이다.

'청정하기를 바라다.'는 거사가 되는 것을 바라거나, 혹은 우바새가 되는 것을 바라거나, 혹은 정인(淨人)이 되는 것을 바라거나, 혹은 사미가 되는 것을 바라는 것이다.

'비구여. 내가 알지 못하였으나 알았다고 말하였고, 혹은 보지 않았으나 보았다고 말하였습니다.'는 내가 이것과 동등한 여러 법을 알지 못하였거나, 내가 이것과 동등한 여러 법을 보지 못하였거나, 내가 이것과 동등한 여러 법이 없었거나, 내가 이것과 동등한 여러 법에 들어가지 못하였다고 말하는 것이다.

'헛되고 거짓으로 망어하였습니다.'는 이것은 내가 공허하게 말하였던 이유이고, 내가 헛되게 말하였던 이유이며, 내가 말하였던 뜻을 알지 못하였던 이유이다.

'증상만을 제외하다.'는 증상만을 제외하는 것이다.

'이것도 역시'는 앞의 근거를 말하는 것이다.

---

142) 매우 짧은 시간을 나타낸다.
143) 팔리어 muhūrta(무후르타)의 음사이고, 1주야(晝夜)는 30muhūrta이므로 1수유는 48분에 해당한다.

'바라이'는 다라수의 새싹을 자르면 다시 자라날 수 없는 것과 비슷하다. 이와 같이 비구가 악심으로 탐욕을 구하면서 공허하게 없는 상인법을 알리면서 말하는 자는 사문이 아니고, 석자도 아니며, 이러한 까닭으로 바라이라고 말하는 것이다.

'함께 머무르지 못한다.'는 함께 머무른다는 것은 동일하게 갈마하고, 동일하게 설계하며, 함께 같이 수학(修學)한다면 함께 머무른다고 이름한다. 그들과 모두를 함께 할 수 없는 이러한 까닭으로 함께 머무르지 못한다고 말하는 것이다.

4-1 '상인법'은 곧 선정, 해탈, 삼매, 정수, 지견, 수행, 증과, 리악(離惡), 심리개, 낙정처 등이다.

'선정'은 초선, 2선, 3선, 4선 등이다.

'해탈'은 공(空) 해탈, 무상(無相) 해탈, 무원(無願) 해탈 등이다.

'삼매'는 공삼매, 무상삼매, 무원삼매 등이다.

'정수'는 공정수, 무상정수, 무원정수 등이다.

'지혜'는 삼명(三明)이다.

'수도'는 사념주(四念住), 사정단(四正斷), 사신족(四神足), 오근(五根), 오력(五力), 칠각지(七覺支), 팔정도(八正道) 등이다.

'증과'는 예류과, 일래과, 불환과, 아라한과 등이다.

'리악'은 탐욕, 성냄, 어리석음을 떠나는 것이다.

'심리개'는 마음이 탐욕을 이유로 덮음을 벗어나고, 마음이 성냄을 이유로 덮음을 벗어나며, 마음이 어리석음을 이유로 덮음을 벗어나는 것이다.

'낙정처'는 이것이 초선인 이유로 즐겁고 적정한 것이고, 이것이 2선인 이유로 즐겁고 적정한 것이며, 이것이 3선인 이유로 즐겁고 적정한 것이고, 이것이 4선인 이유로 즐겁고 적정한 것이다.

4-2 세 가지의 일을 의지하여 말하면서 "나는 초선을 증득하였다."라고

이것과 같이 고의로 망어하는 자는 바라이를 범한다. 첫째는 그 일에 앞서 '나는 장차 망어하겠다.'라고 생각하는 것이고, 둘째는 말하는 때에 '나는 장차 망어하겠다.'라고 생각하는 것이며, 셋째는 말하고서 '나는 이미 망어하였다.'라고 생각하는 것이다.

네 가지의 일을 의지하여 말하면서 "나는 초선을 증득하였다."라고 이것과 같이 고의로 망어하는 자는 바라이를 범한다. 첫째는 그 일에 앞서 '나는 장차 망어하겠다.'라고 생각하는 것이고, 둘째는 말하는 때에 '나는 장차 망어하겠다.'라고 생각하는 것이며, 셋째는 말하고서 '나는 이미 망어하였다.'라고 생각하는 것이고, 넷째는 말하였던 것이 보았던 것과 다른 것이다.

다섯 가지의 일을 의지하여 말하면서 "나는 초선을 증득하였다."라고 이것과 같이 고의로 망어하는 자는 바라이를 범한다. 첫째는 그 일에 앞서 '나는 장차 망어하겠다.'라고 생각하는 것이고, …… 넷째는 말하였던 것이 보았던 것과 다른 것이며, 다섯째는 말하였던 것이 법인(法忍)과 다른 것이다.

여섯 가지의 일을 의지하여 말하면서 "나는 초선을 증득하였다."라고 이것과 같이 고의로 망어하는 자는 바라이를 범한다. 첫째는 그 일에 앞서 '나는 장차 망어하겠다.'라고 생각하는 것이고, …… 다섯째는 말하였던 것이 법인과 다른 것이고, 여섯째는 말한 것이 즐거움과 다른 것이다.

일곱 가지의 일을 의지하여 말하면서 "나는 초선을 증득하였다."라고 이것과 같이 고의로 망어하는 자는 바라이를 범한다. 첫째는 그 일에 앞서 '나는 장차 망어하겠다.'라고 생각하는 것이고, …… 여섯째는 말한 것이 즐거움과 다른 것이며, 일곱째는 말한 것이 생각과 다른 것이다.

4-3 세 가지의 일을 의지하여 말하면서 "나는 초선을 증득하였다."라고 이것과 같이 고의로 망어하는 자는 바라이를 범한다. 첫째는 그 일에 앞서 '나는 장차 망어하겠다.'라고 아는 것이고, 둘째는 말하는 때에 '나는 장차 망어하겠다.'라고 아는 것이며, 셋째는 말하고서 '나는 이미 망어하였

다.'라고 생각하는 것이다.

네 가지의 일을 의지하여 말하면서 "나는 초선을 증득하였다."라고, …… 셋째는 말하고서 '나는 이미 망어하였다.'라고 아는 것이고, 넷째는 말하였던 것이 보았던 것과 다른 것이다.

다섯 가지의 일을 의지하여 말하면서, …… 넷째는 말하였던 것이 보았던 것과 다른 것이며, 다섯째는 말하였던 것이 법인과 다른 것이다.

여섯 가지의 일을 의지하여 말하면서, …… 다섯째는 말하였던 것이 법인과 다른 것이고, 여섯째는 말한 것이 즐거움과 다른 것이다.

일곱 가지의 일을 의지하여 말하면서, …… 여섯째는 말한 것이 즐거움과 다른 것이며, 일곱째는 말한 것이 생각과 다른 것이다.

세 가지의 일을 의지하여 말하면서 "초선은 나에게 증득되었던 것이다."라고 이것과 같이 고의로 망어하는 자는 바라이를 범한다. …… 나아가 …… 일곱 가지의 일을 의지하여 말하면서, …… 여섯째는 말한 것이 즐거움과 다른 것이며, 일곱째는 생각한 것이 생각과 다른 것이다.

세 가지의 일을 의지하여 말하면서 "나는 이러한 초선을 증득하였다."라고 이것과 같이 고의로 망어하는 자는 바라이를 범한다. …… 나아가 …… 일곱 가지의 일을 의지하여 말하면서, …… 여섯째는 말한 것이 즐거움과 다른 것이며, 일곱째는 말한 것이 생각과 다른 것이다.

세 가지의 일을 의지하여 말하면서 "나는 이러한 초선의 주인이다."라고 이것과 같이 고의로 망어하는 자는 바라이를 범한다. …… 나아가 …… 일곱 가지의 일을 의지하여 말하면서, …… 여섯째는 말한 것이 즐거움과 다른 것이며, 일곱째는 말한 것이 생각과 다른 것이다.

세 가지의 일을 의지하여 말하면서 "나는 이미 초선을 증득하였다."라고 이것과 같이 고의로 망어하는 자는 바라이를 범한다. …… 나아가 …… 일곱 가지의 일을 의지하여 말하면서, …… 여섯째는 말한 것이 즐거움과 다른 것이며, 일곱째는 말한 것이 생각과 다른 것이다.

4-4 세 가지의 일을 의지하여 말하면서 "나는 2선을 증득하였다."라고,

…… 나아가 …… "나는 3선을 증득하였다."라고, …… 나아가 …… "나는 4선을 증득하였다."라고, …… 나아가 …… "2선은 나에게 증득되었던 것이다."라고, …… 나아가 …… "3선은 나에게 증득되었던 것이다."라고, …… 나아가 …… "4선은 나에게 증득되었던 것이다."라고, …… 나아가 …… "나는 이러한 2선을 증득하였다."라고, …… 나아가 …… "나는 이러한 3선을 증득하였다."라고, …… 나아가 …… "나는 이러한 4선을 얻었다."라고, …… 나아가 …… "나는 이러한 2선의 주인이다."라고, …… 나아가 …… "나는 이러한 3선의 주인이다."라고, …… 나아가 …… "나는 이러한 4선의 주인이다."라고, …… 나아가 …… "나는 이미 2선을 증득하였다."라고, …… 나아가 …… "나는 이미 3선을 증득하였다."라고, …… 나아가 …… "나는 이미 4선을 증득하였다."라고 이것과 같이 고의로 망어하는 자는 바라이를 범하고, …… 나아가 …… 초선을 자세하게 말하는 것도 역시 같으며, 소유하였던 선을 설하였다면 역시 이와 같다.

4-5 세 가지의 일을 의지하여 말하면서 "나는 공해탈을 증득하였다."라고, …… 나아가 …… "나는 무상해탈을 증득하였다."라고, …… 나아가 …… "나는 무원해탈을 증득하였다."라고, …… 나아가 …… "내가 무원해탈을 증득하였던 이유이다."라고 이것과 같게 고의로 망어하는 자는 바라이를 범하고, …… 나아가 …… 무원해탈을 자세하게 말하는 것도 역시 같으며, 소유하였던 해탈을 설하였어도 역시 이와 같다.

세 가지의 일을 의지하여 말하면서 "나는 공삼매를 증득하였다."라고, …… 나아가 …… "나는 무상삼매를 증득하였다."라고, …… 나아가 …… "나는 무원삼매를 증득하였다."라고, …… 나아가 …… "내가 무원삼매를 증득하였던 까닭이다."라고 이것과 같이 고의로 망어하는 자는 바라이를 범하고, …… 나아가 …… 무원삼매를 자세하게 말하는 것도 역시 같으며, 소유하였던 삼매를 설하였어도 역시 이와 같다.

세 가지의 일을 의지하여 말하면서 "나는 공정수를 증득하였다."라고, …… 나아가 …… "나는 무상정수를 증득하였다."라고, …… 나아가 ……

"나는 무원정수를 증득하였다."라고, …… 나아가 …… "내가 무원정수를 증득하였던 이유이다."라고 이것과 같이 고의로 망어하는 자는 바라이를 범하고, …… 나아가 …… 무원정수를 자세하게 말하는 것도 역시 같으며, 소유하였던 정수를 설하였어도 역시 이와 같다.

　세 가지의 일을 의지하여 말하면서 "나는 삼명을 증득하였다."라고, …… 나아가 …… "내가 삼명을 증득한 이유이다."라고 이것과 같이 고의로 망어하는 자는 바라이를 범하고, …… 나아가 …… 삼명을 자세하게 말하는 것도 역시 같으며, 소유하였던 삼명을 설하였어도 역시 이와 같다.

　세 가지의 일을 의지하여 말하면서 "나는 4념주를 증득하였다."라고, …… 나아가 …… "나는 4정단을 증득하였다."라고, …… 나아가 …… "나는 4여의족을 증득하였다."라고 이것과 같이 고의로 망어하는 자는 바라이를 범하고, …… 나아가 …… 4여의족을 자세하게 말하는 것도 역시 같으며, 소유하였던 4여의족을 설하였어도 역시 이와 같다.

　세 가지의 일을 의지하여 말하면서 "나는 5근을 얻었다."라고, …… 나아가 …… "나는 5력을 얻었다."라고, …… 나아가 …… "나는 5력을 증득하였던 까닭이다."라고 이것과 같이 고의로 망어하는 자는 바라이를 범하고, …… 나아가 …… 5력을 자세하게 말하는 것도 역시 같으며, 소유하였던 5력을 설하였어도 역시 이와 같다.

　세 가지의 일을 의지하여 말하면서 "나는 7각지를 얻었다."라고, …… "나는 7각지를 증득하였던 이유이다."라고 이것과 같이 고의로 망어하는 자는 바라이를 범하고, …… 나아가 …… 7각지를 자세하게 말하는 것도 역시 같으며, 소유하였던 7각지를 설하였어도 역시 이와 같다.

　세 가지의 일을 의지하여 "나는 8정도를 얻었다."라고, …… "나는 8정도를 증득하였던 까닭이다."라고 이것과 같이 고의로 망어하는 자는 바라이를 범하고, …… 나아가 …… 8정도를 자세하게 말하는 것도 역시 같으며, 소유하였던 8정도를 설하였어도 역시 이와 같다.

　세 가지의 일을 의지하여 말하면서 "나는 예류과를 증득하였다."라고, …… 나아가 …… "나는 일래과를 증득하였다."라고, …… 나아가 ……

"나는 불환과를 증득하였다."라고, …… 나아가 …… "나는 아라한과를 증득하였다."라고 생각하는 것이고, …… 나아가 …… "나는 이미 아라한과를 증득하였다."라고 이것과 같이 고의로 망어하는 자는 바라이를 범하고, …… 나아가 …… 아라한과를 자세하게 말하는 것도 역시 같으며, 소유하였던 아라한과를 설하였어도 역시 이와 같다.

세 가지의 일을 의지하여 말하면서 "나는 탐욕을 이미 버렸고, 없앴으며, 벗어났고, 끊었으며, 떠났고, 드러냈으며, 떠나보냈다."라고 이것과 같이 고의로 망어하는 자는 바라이를 범하고, …… 나아가 …… 자세하게 말하는 것도 역시 같으며, 소유하였던 것을 설하였어도 역시 이와 같다.

세 가지의 일을 의지하여 말하면서 "나는 성냄을 벗어났다."라고, …… "나는 어리석음을 벗어났다."라고 이것과 같이 고의로 망어하는 자는 바라이를 범하고, …… 나아가 …… 자세하게 말하는 것도 역시 같으며, 소유하였던 것을 설하였어도 역시 이와 같다.

세 가지의 일을 의지하여 말하면서 "나는 마음이 탐욕을 이유로 덮임을 벗어났다."라고 이것과 같이 고의로 망어하는 자는 바라이를 범하고, …… 나아가 …… 자세하게 말하는 것도 역시 같으며, 소유하였던 것을 설하였어도 역시 이와 같다.

세 가지의 일을 의지하여 말하면서 "나는 마음이 성냄을 이유로 덮임을 벗어났다."라고, …… "나는 마음이 어리석음을 이유로 덮임을 벗어났다."라고 이것과 같이 고의로 망어하는 자는 바라이를 범하고, …… 나아가 …… '나는 장차 망어하겠다.'라고 아는 것이고, …… 일곱째는 말한 것이 생각과 다른 것이다.

[무잡장(無雜章)을 마친다.]

4-6 세 가지의 일을 의지하여 말하면서 "나는 초선과 2선을 증득하였다."라고, …… 나아가 …… "나는 이미 초선과 2선을 증득하였다."라고 생각하고서, 이것과 같이 고의로 망어하는 자는 바라이를 범한다. 첫째는 그

일에 앞서 '나는 장차 망어하겠다.'라고 아는 것이고, 둘째는 말하는 때에 '나는 장차 망어하겠다.'라고 아는 것이며, 셋째는 말하고서 '나는 이미 망어하였다.'라고 아는 것이다.

네 가지의 일을 의지하여 "나는 초선과 2선을 증득하였다."라고, …… 셋째는 말하고서 '나는 이미 망어하였다.'라고 아는 것이고, 넷째는 말하였던 것이 보았던 것과 다른 것이다.

다섯 가지의 일을 의지하여 말하면서, …… 넷째는 말하였던 것이 보았던 것과 다른 것이며, 다섯째는 말하였던 것이 법인과 다른 것이다.

여섯 가지의 일을 의지하여 말하면서, …… 다섯째는 말하였던 것이 법인과 다른 것이고, 여섯째는 말한 것이 즐거움과 다른 것이다.

일곱 가지의 일을 의지하여 말하면서, …… 여섯째는 말한 것이 즐거움과 다른 것이며, 일곱째는 말한 것이 생각과 다른 것이다.

세 가지의 일을 의지하여 말하면서 "나는 초선부터 3선을 증득하였다."라고, …… 나아가 …… "나는 이미 초선부터 3선을 증득하였다."라고 이것과 같이 고의로 망어하는 자는 바라이를 범한다. …… 나아가 …… 일곱 가지의 일을 의지하여 …… 여섯째는 말한 것이 즐거움과 다른 것이며, 일곱째는 말한 것이 생각과 다른 것이다.

세 가지의 일을 의지하여 말하면서 "나는 초선부터 4선을 증득하였다."라고, …… 나아가 …… "나는 이미 초선부터 4선을 이미 증득하였다."라고 이것과 같이 고의로 망어하는 자는 바라이를 범한다. …… 나아가 …… 일곱 가지의 일을 의지하여 …… 여섯째는 말한 것이 즐거움과 다른 것이며, 일곱째는 말한 것이 생각과 다른 것이다.

세 가지의 일을 의지하여 말하면서 "나는 초선부터 공해탈을 증득하였다."라고, …… 나아가 …… "나는 초선부터 무상해탈을 증득하였다."라고, …… 나아가 …… "나는 초선부터 무원해탈을 증득하였다."라고, …… 나아가 …… "나는 이미 초선부터 무원해탈을 이미 증득하였다."라고 이것과 같이 고의로 망어하는 자는 바라이를 범한다. …… 나아가 …… 일곱 가지의 일을 의지하여, …… 여섯째는 말한 것이 즐거움과 다른 것이며, 일곱째는 말한 것이 생각과 다른 것이다.

세 가지의 일을 의지하여 말하면서 "나는 초선부터 공삼매를 증득하였다."라고, …… 나아가 …… "나는 초선부터 무상삼매를 증득하였다."라고, …… 나아가 …… "나는 초선부터 무원삼매를 증득하였다."라고, …… 나아가 …… "나는 초선부터 무원삼매를 이미 증득하였다."라고 이것과 같이 고의로 망어하는 자는 바라이를 범한다. …… 나아가 …… 일곱 가지의 일을 의지하여, …… 여섯째는 말한 것이 즐거움과 다른 것이며, 일곱째는 말한 것이 생각과 다른 것이다.

세 가지의 일을 의지하여 말하면서 "나는 초선부터 공정수를 증득하였다."라고, …… 나아가 …… "나는 초선부터 무상정수를 증득하였다."라고, …… 나아가 …… "나는 초선부터 무원정수를 증득하였다."라고, …… 나아가 …… "나는 이미 초선부터 무원정수를 증득하였다."라고 이것과 같이 고의로 망어하는 자는 바라이를 범한다. …… 나아가 …… 일곱 가지의 일을 의지하여 …… 여섯째는 말한 것이 즐거움과 다른 것이며, 일곱째는 말한 것이 생각과 다른 것이다.

세 가지의 일을 의지하여 말하면서 "나는 초선부터 삼명을 증득하였다."라고 …… 나아가 …… "나는 이미 초선부터 삼명을 증득하였다."라고 이것과 같이 고의로 망어하는 자는 바라이를 범한다. …… 나아가 …… 일곱 가지의 일을 의지하여, …… 여섯째는 말한 것이 즐거움과 다른 것이며, 일곱째는 말한 것이 생각과 다른 것이다.

세 가지의 일을 의지하여 말하면서 "나는 초선부터 4념주를 증득하였다."라고, …… 나아가 …… "나는 초선부터 4정단을 증득하였다."라고, …… 나아가 …… "나는 초선부터 4신족을 증득하였다."라고, …… 나아가 …… "나는 이미 초선부터 4신족을 증득하였다."라고 이것과 같이 고의로 망어하는 자는 바라이를 범한다. …… 나아가 …… 일곱 가지의 일을 의지하여, …… 여섯째는 말한 것이 즐거움과 다른 것이며, 일곱째는 말한 것이 생각과 다른 것이다.

세 가지의 일을 의지하여 말하면서 "나는 초선부터 5근을 증득하였다."

라고, …… 나아가 …… "나는 이미 초선부터 5력을 증득하였다."라고
이것과 같이 고의로 망어하는 자는 바라이를 범한다. …… 나아가 ……
일곱 가지의 일을 의지하여 …… 여섯째는 말한 것이 즐거움과 다른
것이며, 일곱째는 말한 것이 생각과 다른 것이다.

세 가지의 일을 의지하여 말하면서 "나는 초선부터 7각지를 증득하였
다."라고, …… 나아가 …… "나는 초선부터 8정도를 증득하였다."라고,
…… 나아가 …… "나는 초선부터 예류과를 증득하였다."라고, …… 나아가
…… "나는 초선부터 일래과를 증득하였다."라고, …… 나아가 …… "나는
초선부터 불환과를 증득하였다."라고, …… 나아가 …… "나는 초선부터
아라한과를 증득하였다."라고, "나는 이미 초선부터 아라한과를 증득하였
다."라고 이것과 같이 고의로 망어하는 자는 바라이를 범한다. …… 나아가
…… 일곱 가지의 일을 의지하여, …… 여섯째는 말한 것이 즐거움과
다른 것이며, 일곱째는 말한 것이 생각과 다른 것이다.

세 가지의 일을 의지하여 말하면서 "나는 초선을 증득하였다."라고,
"나는 이미 버렸고, 없앴으며, 벗어났고, 끊었으며, 떠났고, 드러냈으며,
탐욕을 떠나보냈다."라고 이것과 같이 고의로 망어하는 자는 바라이를
범한다. …… 나아가 …… 일곱 가지의 일을 의지하여 …… 여섯째는
말한 것이 즐거움과 다른 것이며, 일곱째는 말한 것이 생각과 다른 것이다.

세 가지의 일을 의지하여 말하면서 "나는 초선을 증득하였다."라고,
…… 나아가 …… "초선은 나에게 증득되었던 것이다."라고, …… 나아가
…… "나는 초선의 주인이다."라고, …… 나아가 …… "나는 이미 초선을
증득하였다."라고, …… 나아가 …… "나는 탐욕을 이미 버렸고, 없앴으며,
벗어났고, 끊었으며, 떠났고, 드러냈으며, 탐욕을 떠나보냈다."라고 이것
과 같이 고의로 망어하는 자는 바라이를 범한다. …… 나아가 …… 일곱
가지의 일을 의지하여, …… 여섯째는 말한 것이 즐거움과 다른 것이며,
일곱째는 말한 것이 생각과 다른 것이다.

세 가지의 일을 의지하여 말하면서 "나는 초선을 증득하였다."라고,
…… 나아가 …… "초선은 나에게 증득되었던 것이다."라고, …… 나아가

…… "나는 이미 초선을 증득하였다."라고, …… 나아가 …… "나는 성냄을 이미 버렸고, 없앴으며, 벗어났고, 끊었으며, 떠났고, 드러냈으며, 성냄을 떠나보냈다."라고 이것과 같이 고의로 망어하는 자는 바라이를 범한다. …… 나아가 …… 일곱 가지의 일을 의지하여, …… 여섯째는 말한 것이 즐거움과 다른 것이며, 일곱째는 말한 것이 생각과 다른 것이다.

세 가지의 일을 의지하여 말하면서 "나는 초선을 증득하였다."라고, …… 나아가 …… "초선은 나에게 증득되었던 것이다."라고, …… 나아가 …… "나는 이미 초선을 얻었다."라고, …… 나아가 …… "나는 어리석음을 이미 버렸고, 없앴으며, 벗어났고, 끊었으며, 떠났고, 드러냈으며, 어리석음을 떠나보냈다."라고 이것과 같이 고의로 망어하는 자는 바라이를 범한다. …… 나아가 …… 일곱 가지의 일을 의지하여, …… 여섯째는 말한 것이 즐거움과 다른 것이며, 일곱째는 말한 것이 생각과 다른 것이다.

[단편장(斷片章)을 마친다.]

4-7 세 가지의 일을 의지하여 말하면서 "나는 2선과 3선을 증득하였다."라고, …… 나아가 …… "나는 이미 2선과 4선을 증득하였다."라고, …… 나아가 …… "나는 어리석음을 이미 버렸고, 없앴으며, 벗어났고, 끊었으며, 떠났고, 드러냈으며, 어리석음을 떠나보냈다."라고 이것과 같이 고의로 망어하는 자는 바라이를 범한다. …… 나아가 …… 일곱 가지의 일을 의지하여, …… 여섯째는 말한 것이 즐거움과 다른 것이며, 일곱째는 말한 것이 생각과 다른 것이다.

세 가지의 일을 의지하여 말하면서 "나는 2선과 초선을 증득하였다."라고, …… 나아가 …… "나는 이미 2선과 4선을 증득하였다."라고, …… 나아가 …… "나는 어리석음을 이미 버렸고, 없앴으며, 벗어났고, 끊었으며, 떠났고, 드러냈으며, 어리석음을 떠나보냈다."라고 이것과 같이 고의로 망어하는 자는 바라이를 범한다. …… 나아가 …… 일곱 가지의 일을 의지하여, …… 여섯째는 말한 것이 즐거움과 다른 것이며, 일곱째는 말한 것이 생각과 다른 것이다.

[결합장(結合章)을 마친다.]

4-8 이상에서 각각의 근(根)으로써 전전하여 결합하여 설하였다.

세 가지의 일을 의지하여 말하면서 "나는 마음에서 어리석음의 덮임을 벗어나서 초선을 증득하였다."라고, …… 나아가 …… "나는 이미 2선을 증득하였다."라고, …… 나아가 …… "나는 3선을 증득하였다."라고, …… 나아가 …… "나는 4선을 증득하였다."라고, …… 나아가 …… "나에게 4선이 증득되었던 것이다."라고 이것과 같이 고의로 망어하는 자는 바라이를 범한다. …… 나아가 …… 일곱 가지의 일을 의지하여 …… 여섯째는 말한 것이 즐거움과 다른 것이며, 일곱째는 말한 것이 생각과 다른 것이다.

세 가지의 일을 의지하여 말하면서 "나는 마음에서 어리석음의 덮임을 벗어나서 공해탈을 증득하였다."라고, …… 나아가 …… "나는 마음에서 어리석음의 덮임을 벗어나서 성냄의 덮임을 벗어났다."라고 이것과 같이 고의로 망어하는 자는 바라이를 범한다. …… 나아가 …… 일곱 가지의 일을 의지하여 …… 여섯째는 말한 것이 즐거움과 다른 것이며, 일곱째는 말한 것이 생각과 다른 것이다.

[일근장(一根章)을 마친다.]

4-9 2근(二根), 3근(三根), 4근(四根), 5근(五根), 6근(六根), 7근(七根), 8근(八根), 9근(九根), 10근(十根)도 역시 1근에서 자세하게 설명한 것과 같다. 이것으로 전근장(全根章)을 삼는다.

세 가지의 일을 의지하여 말하면서 "나는 초선을 얻었고, 제2선, 제3선, 제4선, 공해탈, 무상해탈, 무원해탈, 공삼매, 무상삼매, 무원삼매, 공정수,

무상정수, 무원정수, 3명, 4념주, 4정단, 4신족, 5근, 5력, 7각지, 8정도, 예류과, 일래과, 불환과, 아라한과 등은 이미 나에게 증득되었던 것이다. 나는 탐욕을, …… 나아가 …… 나는 탐욕을 이미 버렸고, …… 나아가 …… 나는 성냄을, …… 나아가 …… 나는 이미 버렸고, 없앴으며, 벗어났고, 끊었으며, 떠났고, 드러냈으며, 떠나보냈다. 탐욕을 이유로, …… 성냄을 이유로, …… 어리석음을 이유로, 나는 마음에서 이미 벗어났다.”라고 이것과 같이 고의로 망어하는 자는 바라이를 범한다.

그 비구가 이전의 일을 ‘나는 장차 망어하겠다.’라고 생각하였거나, 말하는 때에 ‘나는 장차 망어하겠다.’라고 말하고서 ‘나는 이미 망어하였다.’라고 생각하는 것이다. 이와 같이 말하는 것이 다른 견해이었거나, 이와 같이 말하는 것이 다른 법인이었거나, 이와 같이 말하는 것이 다른 즐거움이었거나, 이와 같이 말하는 것이 다른 생각이었던 것이 있다.

[전근장(全根章)을 마친다.]

5-1 세 가지의 일을 의지하여 말하려고 하면서 “초선을 증득하였다.”라고 고의로 망어하였거나, “제2선을 증득하였다.”라고 마주하고서 바로 인정하였다면 곧 바라이를 범하고, 인정하지 않았다면 투란차를 범한다. 그 비구가 이전의 일을 ‘나는 장차 망어하겠다.’라고 생각하였거나, 말하는 때에 ‘나는 장차 망어하겠다.’라고 말하고서 ‘나는 이미 망어하였다.’라고 생각하는 것이다. 이와 같이 말하는 것이 다른 견해이었거나, 이와 같이 말하는 것이 다른 법인이었거나, 이와 같이 말하는 것이 다른 즐거움이었거나, 이와 같이 말하는 것이 다른 생각이었던 것이 있다.

세 가지의 일을 의지하여 말하려고 하면서 “초선을 증득하였다.”라고 고의로 망어하였거나, “제3선을 증득하였다.”라고, …… “제4선을 증득하였다.”라고 마주하고서 바로 인정하였다면 곧 바라이를 범하고, 인정하지 않았다면 투란차를 범한다. …… 나아가 …… 이와 같이 말하는 것이 다른 생각이었던 것이 있다.

　　세 가지의 일을 의지하여 말하려고 하면서 "초선을 증득하였다."라고 고의로 망어하였거나, "나는 마음에서 이미 어리석음의 덮임을 벗어났다." 라고 마주하고서 바로 인정하였다면 곧 바라이를 범하고, 인정하지 않았다면 투란차를 범한다. …… 나아가 …… 이와 같이 말하는 것이 다른 생각이었던 것이 있다.

　　[광언일근단편장(擴言一根斷片章)을 마친다.]

5-2 세 가지의 일을 의지하여 말하려고 하면서 세 가지의 일을 의지하여 말하려고 하면서 "제2선을 증득하였다."라고 고의로 망어하였거나, "제3 선을 증득하였다."라고, …… "제4선을 증득하였다."라고 마주하고서 바로 인정하였다면 곧 바라이를 범하고, 인정하지 않았다면 투란차를 범한다. …… 나아가 …… 그 비구가 이전의 일을 '나는 장차 망어하겠다.'라고 생각하였거나, 말하는 때에 '나는 장차 망어하겠다.'라고 말하고서 '나는 이미 망어하였다.'라고 생각하는 것이다. 이와 같이 말하는 것이 다른 견해이었거나, 이와 같이 말하는 것이 다른 법인이었거나, 이와 같이 말하는 것이 다른 즐거움이었거나, 이와 같이 말하는 것이 다른 생각이었 던 것이 있다.

　　[광언일근결합장(擴言一根結合章)을 요약(要略)하였다.]

5-3 세 가지의 일을 의지하여 말하려고 하면서 "나는 마음에서 이미 어리석음의 덮임을 벗어났다."라고 고의로 망어하였거나, "나는 초선을 증득하였다."라고 마주하고서 바로 인정하였다면 곧 바라이를 범하고, 인정하지 않았다면 투란차를 범한다. …… 나아가 …… 이와 같이 말하는 것이 다른 생각이었던 것이 있다.

　　세 가지의 일을 의지하여 말하려고 하면서 "나는 마음에서 이미 어리석 음의 덮임을 벗어났다."라고 고의로 망어하였거나, "나는 마음에서 이미 성냄의 덮임을 벗어났다."라고 마주하고서 바로 인정하였다면 곧 바라이를 범하고, 인정하지 않았다면 투란차를 범한다. ······ 나아가 ······ 이와 같이 말하는 것이 다른 것의 즐거움이었거나, 이와 같이 말하는 것이 다른 생각이었던 것이 있다.

[광언일근장(擴言一根章)을 마친다.]

5-4 2근, 3근, ······ 10근도 역시 마땅히 이와 같이 짓는다. 이것으로 전근장을 삼는다.

세 가지의 일을 의지하여 말하면서 "나는 초선을 증득하였고, ······ 나아가 ······ 나는 마음에서 이미 어리석음의 덮임을 벗어났다."라고 고의로 망어하였다면 곧 바라이를 범하고, 인정하지 않았다면 투란차를 범한다.

세 가지의 일을 의지하여 말하려고 하면서 "나는 제2선을 증득하였고, 제3선을, 제4선을, 공해탈을, ······ 아라한과를 증득하였다. 나는 탐욕을 이미 버렸고, 없앴으며, 벗어났고, 끊었으며, 떠났고, 드러냈으며, 떠나보냈다. 나는 성냄을 이미 버렸고, ······ 나는 어리석음을 이미 버렸고, ······ 탐욕을 이유로, ······ 성냄을 이유로, ······ 어리석음을 이유로, 나는 마음에서 덮임에서 이미 벗어났다."라고 고의로 망어하였거나, "나는 초선을 증득하였다."라고 마주하고서 바로 인정하였다면 곧 바라이를 범하고, 인정하지 않았다면 투란차를 범한다. ······ 나아가 ······ 그 비구가 이전의 일을 '나는 장차 망어하겠다.'라고 생각하였거나, ······ 이와 같이 말하는 것이 다른 생각이었던 것이 있다.

세 가지의 일을 의지하여 말하려고 하면서 "나는 제3선을 증득하였고, 제4선을, ······ 나아가 ······ 나는 마음에서 어리석음의 덮임을 벗어난 이유로, 나는 초선을 증득하였다."라고 고의로 망어하였거나, "나는 제2선을 증득하였다."라고 마주하고서 바로 인정하였다면 곧 바라이를 범하고, 인정하지 않았다면 투란차를 범한다. ······ 나아가 ······ 그 비구가 이전의 일을 '나는 장차 망어하겠다.'라고 생각하였거나, …… 이와 같이 말하는 것이 다른 생각이었던 것이 있다.

세 가지의 일을 의지하여 말하려고 하면서 "나는 마음에서 어리석음의 덮임을 벗어난 이유로, 초선, 제2선, 제3선을, 제4선을, …… 나아가 …… 나는 마음에서 탐욕의 덮임을 벗어난 이유이다."라고 고의로 망어하였거나, "나의 마음은 이미 성냄을 벗어났다."라고 마주하고서 바로 인정하였다면 곧 바라이를 범하고, 인정하지 않았다면 투란차를 범한다. …… 나아가 …… 그 비구가 이전의 일을 '나는 장차 망어하겠다.'라고 생각하였거나, …… 이와 같이 말하는 것이 다른 생각이었던 것이 있다.

[광언전근장(擴言全根章)과 광언장(擴言章)을 마친다.]

6-1 세 가지의 일을 의지하여 말하면서 "그대의 정사에 머무는 비구들은 초선을 증득하였고, …… 나아가 …… "초선은 그 비구들이 증득하였던 것이다."라고, …… 나아가 …… "그 비구들이 이러한 초선을 증득하였다."라고, …… 나아가 …… "그 비구들은 초선의 주인이다."라고, …… 나아가 …… "그 비구들은 이미 초선을 증득하였다."라고 이것과 같이 고의로 망어하였거나, 마주하고서 바로 인정하였다면 곧 투란차를 범하고, 인정하지 않았다면 돌길라를 범한다. …… 나아가 …… 그 비구가 이전의 일을 '나는 장차 망어하겠다.'라고 생각하였거나, 말하는 때에 '나는 장차 망어하겠다.'라고 생각하였거나, 말하고서 '나는 이미 망어하였다.'라고 생각하는 것이다. 이와 같이 말하는 것이 다른 견해이었거나, 이와 같이 말하는 것이 다른 법인이었거나, 이와 같이 말하는 것이 다른 즐거움이었거나, 이와 같이 말하는 것이 다른 생각이었던 것이 있다.

세 가지의 일을 의지하여 말하면서 "그대의 정사에 머무는 그 비구들은 제2선을 증득하였고, …… 나아가 …… 제3선을, …… 나아가 …… 제4선을, …… 나아가 …… 공해탈을, …… 나아가 …… 아라한과를, …… 나아가 …… 그 비구들은 이미 아라한과를 증득하였다."라고 이것과 같이 고의로 망어하였거나, 마주하고서 바로 인정하였다면 곧 투란차를 범하고, 인정하지 않았다면 돌길라를 범한다. …… 나아가 …… 그 비구가 이전의 일을 '나는 장차 망어하겠다.'라고 생각하였거나, …… 이와 같이 말하는 것이 다른 생각이었던 것이 있다.

세 가지의 일을 의지하여 말하면서 "그대의 정사에 머무는 비구들은 탐욕을 이미 버렸고, …… 나아가 …… 성냄을 이미 버렸고, …… 나아가 …… 어리석음을 이미 버렸고, …… 나아가 …… 이미 없앴으며, 벗어났고, 끊었으며, 떠났고, 드러냈으며, 어리석음을 떠나보냈고, …… 나아가 …… 그 비구들의 마음은 …… 탐욕을 이유로, …… 성냄을 이유로, …… 어리석음을 이유로, 어리석음의 덮임을 이미 벗어났다."라고 이것과 같이 고의로 망어하였거나, 마주하고서 바로 인정하였다면 곧 바라이를 범하고, 인정하지 않았다면 투란차를 범한다. …… 나아가 …… 그 비구가 이전의 일을 '나는 장차 망어하겠다.'라고 생각하였거나, …… 이와 같이 말하는 것이 다른 생각이었던 것이 있다.

세 가지의 일을 의지하여 말하면서 "그대들의 정사에 머무는 비구들은 정처(靜處)에서 초선을 증득하였고, …… 나아가 …… 제2선, …… 나아가 …… 제3선을, …… 나아가 …… 제4선을 증득하였고, …… 나아가 …… "정처에서 초선을 그 비구들이 증득하였던 것이다."라고, …… 나아가 …… "그 비구들이 정처에서 이러한 초선을 증득하였다."라고, …… 나아가 …… "그 비구들이 정처에서 초선의 주인이다."라고, …… 나아가 …… "그 비구들은 정처에서 이미 초선을 증득하였다."라고 이것과 같이 고의로 망어하였거나, 마주하고서 바로 인정하였다면 곧 바라이를 범하고, 인정하지 않았다면 투란차를 범한다. …… 나아가 …… 그 비구가 이전의 일을 '나는 장차 망어하겠다.'라고 생각하였거나, …… 이와 같이 말하는 것이 다른 생각이었던 것이 있다.

◇ 나머지의 15구(句)를 설명하는 것도 이와 같이 자세하게 설하는 것과 같다.

6-2 세 가지의 일을 의지하여 말하면서 "그대들의 정사를 사용하였거나, …… 나아가 …… 그대들의 옷을 착용하였거나, …… 나아가 …… 그대들의 음식을 베푸는 것을 받았거나, …… 나아가 …… 그대들의 방사를 사용하였거나, …… 나아가 …… 그대들의 필수 의약품을 받았거나, …… 나아가 …… 그대들의 정사가 사용되었거나, …… 나아가 …… 그대들의 옷이 수용되었거나, …… 나아가 …… 그대들의 음식이 수용되었거나, …… 나아가 …… 그대들의 와구가 수용되었거나, …… 나아가 …… 그대들의 필수 의약품이 수용되었거나, …… 나아가 …… 그대들이 정사를 보시하였거나, …… 나아가 …… 그대들이 옷을 보시하였거나, …… 나아가 …… 그대들이 음식을 보시하였거나, …… 나아가 …… 그대들이 방사를 보시하였거나, …… 나아가 …… 그대들이 비구들의 필수 의약품을 보시하였는데, 그 비구들이 정처에서 제4선을 증득하였거나, …… 나아가 …… 제4선이 그 비구들의 정처에서 증득되었던 까닭이다."라고 이것과 같이 고의로 망어하였거나, 마주하고서 바로 인정하였다면 곧 바라이를 범하고, 인정하지 않았다면 투란차를 범한다.

그 비구가 이전의 일을 '나는 장차 망어하겠다.'라고 생각하였거나, 말하는 때에 '나는 장차 망어하겠다.'라고 생각하였거나, 말하고서 '나는 이미 망어하였다.'라고 생각하는 것이다. 이와 같이 말하는 것이 다른 견해이었거나, 이와 같이 말하는 것이 다른 법인이었거나, 이와 같이 말하는 것이 다른 즐거움이었거나, 이와 같이 말하는 것이 다른 생각이었던 것이 있다.

[십오생략장(十五省略章)을 마친다.]

7-1 증상만(增上慢)을 의지한 자, 망어의 뜻이 없었던 자, 미친 자, 마음이 혼란한 자, 번뇌로 고통받는 자, 최초로 범한 자는 범한 것이 아니다.

8-1 증상만에 의지한 것, 아련야에 머문 것, 걸식, 화상(和尚), 위의(威儀),

얽힘(縛), 혼자(獨), 법(法), 정사(精舍), 공양(供養), 곤란하지 않은 것(非困難), 정진(精進), 죽음의 두려움(懼死), 의심하는 자(疑悔者), 바른 수행에 의지한 것(依正修), 정진에 의지한 것(依精進), 전념에 의지하여 성취하는 것(依專念爲成就), 고통을 생각하는 것(爲痛苦), 인욕을 말하는 두 가지의 일(言堪忍有二事), 바라문의 다섯 가지의 일(婆羅門有五事), 다른 말의 세 가지의 일(他說三事), 집(家), 욕망을 벗어난 것(離欲樂), 욕락을 의지하는 것(依樂), 출발(出發), 뼈와 고기는 함께 소의 도살자(骨肉者俱是殺牛人), 고깃덩이는 새의 사냥꾼(團者是捕鳥人), 껍질이 벗겨진 자는 양의 도살자(無皮者是殺羊人), 칼과 같은 털인 자는 돼지의 도살자(劍毛者是屠豬人), 창과 같은 털인 자는 사슴 사냥꾼(槍毛者是捕鹿人), 화살과 같은 털인 자는 처형자(箭毛者是治罪人), 바늘과 같은 털인 자는 마부(錐毛者是御人), 바늘로 꿰매어지는 양설과 악구하였던 자(彼被針縫者是兩舌惡口者), 음낭을 나르던 자는 취락의 사기꾼(搬陰囊者是村里詐欺師), 똥구덩이에 빠진 자는 간통자(沈糞坑者是姦夫), 똥을 먹는 자는 악한 바라문(食糞者是惡婆羅門), 껍질이 벗겨진 여인은 간통녀(無皮女是姦婦), 얼굴이 푸르고 희며 악취나는 여인은 점쟁이(臉蒼白之女是占卜者), 검게 그을린 여인은 다른 사람에게 숯을 던진 여인(被捨棄之女是向敵人投燒炭), 머리가 잘린 자는 망나니(斷頭者是殺賊者), 비구(比丘), 비구니(比丘尼), 식차마나(式叉摩那), 사미(沙彌), 사미니(沙彌尼), 그들은 가섭불의 율에 출가하였으나 항상 악법을 행한 자(彼等出家於迦葉佛之律而常爲惡法), 왕사성의 다부타강, 전투, 코끼리가 물을 건너간 것, 수비타[144] 아라한이 5백 겁을 기억한 것(王舍城有多浮陀河, 鬪, 象之潛水涉, 憶念輪毘陀阿羅漢五百劫) 등을 설한 것이 있다.

8-2 그때 한 비구가 증상만에 의지하여 다른 사람을 향하여 말하였고, 그 비구는 마음에 후회가 생겨나서 생각하였다.

---

144) 팔리어 Sobhita(소비타)의 음사이다.

"세존께서 제정하여 세우신 학처에 의지한다면, 내가 어찌 바라이를 범하지 않았겠는가?"

이때 그 비구는 이 일로써 세존께 아뢰었고, 세존께서는 말씀하셨다.

"비구여. 증상만에 의지하였다면 바라이를 범하지 않았느니라."

8-3 그때 한 비구가 '이것과 같다면, 세상 사람들이 마땅히 공경하고 존중할 것이다.'라고 생각하였고, 이것과 같이 구하려는 마음으로써 아련야에 머물렀다. 세상 사람들이 공경하고 존중하였으나, 그 비구는 마음에 후회가 생겨났고, …… 나아가 …… 이 일로써 세존께 아뢰었고, 세존께서는 말씀하셨다.

"비구여. 바라이를 범하지 않았느니라. 그러나 여러 비구들이여. 구하려는 마음으로써 아련야에 머물지 말라. 머무는 자는 돌길라를 범하느니라."

그때 한 비구가 '이것과 같다면, 세상 사람들이 마땅히 공경하고 존중할 것이다.'라고 생각하였고, 이것과 같이 구하려는 마음을 가지고 걸식하였다. 세상 사람들이 공경하고 존중하였으나, 그 비구는 마음에 후회가 생겨났고, …… 나아가 …… 이 일로써 세존께 아뢰었고, 세존께서는 말씀하셨다.

"비구여. 바라이를 범하지 않았느니라. 그러나 여러 비구들이여. 구하려는 마음을 가지고 걸식을 행하지 말라. 행하는 자는 돌길라를 범하느니라."

8-4 그때 한 비구가 다른 비구를 향하여 "비구여. 우리들은 화상의 제자이고 모두 아라한입니다."라고 말하였는데, 그 비구는 마음에 후회가 생겨났고, …… 나아가 …… 이 일로써 세존께 아뢰었고, 세존께서는 말씀하셨다.

"비구들이여. 그대들은 무슨 마음이 있었는가?"

"세존이시여. 저희들은 망어의 뜻이 있었습니다."

"비구여. 바라이를 범하지 않았으나, 투란차를 범하였느니라."

그때 한 비구가 다른 비구를 향하여 "비구여. 우리들은 화상의 제자이고 모두 대신력자(大神力者)이고 대위신력자(大威神力者)입니다."라고 말하였는데, 그 비구는 마음에 후회가 생겨났고, …… 나아가 …… 세존께서는 말씀하셨다.

"비구여. 바라이를 범하지 않았으나, 투란차를 범하였느니라."

8-5 그때 한 비구가 '이것과 같다면, 세상 사람들이 마땅히 공경하고 존중할 것이다.'라고 생각하였고, 이것과 같이 구하려는 마음을 가지고 유행하였고, …… 마음을 가지고 서 있었고, …… 마음을 가지고 앉아 있었고, …… 마음을 가지고 잠을 잤다. 세상 사람들이 공경하고 존중하였으나, 그 비구는 마음에 후회가 생겨났고, …… 나아가 …… 이 일로써 세존께 아뢰었고, 세존께서는 말씀하셨다.

"비구여. 바라이를 범하지 않았느니라. 그러나 여러 비구들이여. 구하려는 마음으로써 잠자지 말라. 잠자는 자는 돌길라를 범하느니라."

8-6 그때 한 비구가 다른 비구에게 상인법을 말하면서 그 비구는 역시 이와 같이 말하였다.

"장로여. 나도 역시 계박을 버렸습니다."

그 비구는 마음에 후회가 생겨났고, …… 나아가 …… 이 일로써 세존께 아뢰었고, 세존께서는 말씀하셨다.

"비구여. 바라이를 범하였느니라."

8-7 그때 한 비구가 혼자서 기거하면서 상인법을 말하였는데, 타심지의 비구가 그 비구를 비난하여 말하였다.

"비구여. 이렇게 말하지 마십시오. 그대는 이러한 법이 없습니다."

그 비구는 마음에 후회가 생겨났고, …… 나아가 …… 이 일로써 세존께 아뢰었고, 세존께서는 말씀하셨다.

"비구여. 바라이를 범하지 않았으나, 돌길라를 범하였느니라."

그때 한 비구가 혼자서 기거하면서 상인법을 말하였는데, 천인(天人)들이 비구를 비난하여 말하였다.

"비구여. 이렇게 말하지 마십시오. 그대는 이러한 법이 없습니다."

그 비구는 마음에 후회가 생겨났고, …… 나아가 …… 이 일로써 세존께 아뢰었고, 세존께서는 말씀하셨다.

"비구여. 바라이를 범하지 않았으나, 돌길라를 범하였느니라."

8-8 그때 한 비구가 한 우바새에게 이와 같이 말하였다.

"현자여. 그대의 정사에 머무는 비구는 아라한입니다."

그러한 뒤에 그 비구는 이 정사에서 머물렀으나, 그 비구는 마음에 후회가 생겨났고, …… 나아가 …… 세존께서는 말씀하셨다.

"비구여. 그대에게 무슨 마음이 있었는가?"

"세존이시여. 저는 망어의 뜻이 있었습니다."

"비구여. 바라이를 범하지 않았으나, 투란차를 범하였느니라."

그때 한 비구가 한 우바새에게 이와 같이 말하였다.

"그대가 옷, 음식, 방사, 필수 의약품으로써 공양하는 비구는 아라한입니다."

이와 같이 그 비구는 우바새에게 명하여 옷, 음식, 방사, 필수 의약품으로써 그 비구에게 공양하게 하였으나, 그 비구는 마음에 후회가 생겨났고, …… 나아가 …… 세존께서는 말씀하셨다.

"비구여. 바라이를 범하지 않았으나, 투란차를 범하였느니라."

8-9 그때 한 비구가 병이 있어서 여러 비구들은 그에게 이와 같이 말하였다.

"장로께서는 상인법이 있으십니다."

"장로들이여. 법을 얻는 것은 어렵지 않습니다."

그 비구는 마음에 후회가 생겨나서 생각하였다.

'일반적으로 세존의 여러 성문들은 처음에 이와 같이 말하였으나, 나는

세존의 성문이 아니다. 내가 어찌 바라이를 범하지 않았겠는가?'

이때 그 비구는 이 일로써 세존께 아뢰었고, 세존께서는 말씀하셨다.

"비구여. 그대에게 무슨 마음이 있었는가?"

"세존이시여. 저는 뜻이 없이 말하였습니다."

"비구여. 뜻이 없이 말하였다면 범하지 않았느니라."

그때 한 비구가 병이 있어서 여러 비구들은 그에게 이와 같이 말하였다.

"장로께서는 상인법이 있으십니다."

"장로들이여. 다른 사람에게 법을 말하는 것은 어렵지 않습니다."

그 비구는 마음에 후회가 생겨났고, …… 나아가 …… 이 일로써 세존께 아뢰었고, 세존께서는 말씀하셨다.

"비구여. 그대에게 무슨 마음이 있었는가?"

"세존이시여. 저는 뜻이 없이 말하였습니다."

"비구여. 뜻이 없이 말하였다면 범하지 않았느니라."

8-10 그때 한 비구가 병이 있어서 여러 비구들은 그에게 이와 같이 말하였다.

"장로께서는 상인법이 있으십니다."

"장로들이여. 법은 정진에 의지하면 얻습니다."

그 비구는 마음에 후회가 생겨났고, …… 나아가 …… 이 일로써 세존께 아뢰었고, 세존께서는 말씀하셨다.

"비구여. 뜻이 없이 말하였다면 범하지 않았느니라."

그때 한 비구가 병이 있어서 여러 비구들은 그에게 이와 같이 말하였다.

"장로여. 두려워하지 마십시오."

"장로들이여. 나는 죽음에 대하여 두렵지 않습니다."

그 비구는 마음에 후회가 생겨났고, …… 나아가 …… 이 일로써 세존께 아뢰었고, 세존께서는 말씀하셨다.

"비구여. 뜻이 없이 말하였다면 범하지 않았느니라."

그때 한 비구가 병이 있어서 여러 비구들은 그에게 이와 같이 말하였다.
"장로여. 두려워하지 마십시오."
"장로들이여. 만약 의혹하는 자가 있다면 그는 두려워할 것입니다."
그 비구는 마음에 후회가 생겨났고, …… 나아가 …… 이 일로써 세존께
아뢰었고, 세존께서는 말씀하셨다.
"비구여. 뜻이 없이 말하였다면 범하지 않았느니라."

그때 한 비구가 병이 있어서 여러 비구들은 그에게 이와 같이 말하였다.
"장로께서는 상인법이 있으십니다."
"장로들이여. 법에 의지하여 바르게 수행하면 얻습니다."
그 비구는 마음에 후회가 생겨났고, …… 나아가 …… 이 일로써 세존께
아뢰었고, 세존께서는 말씀하셨다.
"비구여. 뜻이 없이 말하였다면 범하지 않았느니라."

그때 한 비구가 병이 있어서 여러 비구들은 그에게 이와 같이 말하였다.
"장로께서는 상인법이 있으십니다."
"장로들이여. 법에 의지하여 정진하면 얻습니다."
그 비구는 마음에 후회가 생겨났고, …… 나아가 …… 이 일로써 세존께
아뢰었고, 세존께서는 말씀하셨다.
"비구여. 뜻이 없이 말하였다면 범하지 않았느니라."

그때 한 비구가 병이 있어서 여러 비구들은 그에게 이와 같이 말하였다.
"장로께서는 상인법이 있으십니다."
"장로들이여. 전념으로 법에 의지하여 수지한다면 성취합니다."
그 비구는 마음에 후회가 생겨났고, …… 나아가 …… 이 일로써 세존께
아뢰었고, 세존께서는 말씀하셨다.

"비구여. 뜻이 없이 말하였다면 범하지 않았느니라."

8-11 그때 한 비구가 병이 있어서 여러 비구들은 그에게 이와 같이 말하였다.

"장로여. 견딜 수 있습니까? 지나갈 수 있습니까?"

"장로들이여. 누구라도 견딜 수 없어도 나는 견딜 수 있습니다."

그 비구는 마음에 후회가 생겨났고, …… 나아가 …… 이 일로써 세존께 아뢰었고, 세존께서는 말씀하셨다.

"비구여. 뜻이 없이 말하였다면 범하지 않았느니라."

그때 한 비구가 병이 있어서 여러 비구들은 그에게 이와 같이 말하였다.

"장로여. 견딜 수 있습니까? 지나갈 수 있습니까?"

"장로들이여. 일반적인 사람은 견딜 수 없습니다."

그 비구는 마음에 후회가 생겨났고, …… 나아가 …… 이 일로써 세존께 아뢰었고, 세존께서는 말씀하셨다.

"비구여. 그대에게 무슨 마음이 있었는가?"

"세존이시여. 저는 그것에 뜻이 있게 말하였습니다."

"비구여. 바라이를 범하지 않았으나, 투란차를 범하였느니라."

8-12 그때 한 바라문이 여러 비구들에게 이렇게 말을 지었다.

"대덕이신 아라한께 오시도록 청합니다."

그 비구들은 마음에 후회가 생겨나서 생각하였다.

'우리들은 아라한이 아니었으나, 그 바라문은 우리들을 아라한이라고 불렀다. 우리들은 마땅히 어떻게 대답해야 하는가?'

이 일로써 세존께 아뢰었고, 세존께서는 말씀하셨다.

"여러 비구들이여. 존경하여 불렀다면 범하지 않았느니라."

그때 한 바라문이 여러 비구들에게 이렇게 말을 지었다.

"대덕이신 아라한께 앉도록 청합니다.", …… 나아가 …… "대덕이신 아라한께 음식을 청합니다.", …… 나아가 …… "대덕이신 아라한께 음식을 청합니다.", …… 나아가 …… "대덕이신 아라한께 만족함을 청합니다.", …… 나아가 …… "대덕이신 아라한께 가도록 청합니다."

그 비구들은 마음에 후회가 생겨나서 생각하였다. …… "여러 비구들이여. 존경하여 불렀다면 범하지 않았느니라."

8-13 그때 한 비구가 다른 비구에게 상인법을 말하면서 그 비구는 역시 이와 같이 말하였다.

"장로여. 나는 이미 누(漏)를 버렸습니다."

그 비구는 마음에 후회가 생겨났고, …… 나아가 …… 세존께서는 말씀하셨다.

"비구여. 바라이를 범하였느니라."

그때 한 비구가 다른 비구에게 상인법을 말하면서 그 비구는 역시 이와 같이 말하였다.

"장로여. 나는 현재 일어나는 이러한 제법을 마주하였습니다."

그 비구는 마음에 후회가 생겨났고, …… 나아가 …… 세존께서는 말씀하셨다.

"비구여. 바라이를 범하였느니라."

그때 한 비구가 다른 비구에게 상인법을 말하면서 그 비구는 역시 이와 같이 말하였다.

"장로여. 나는 역시 이러한 제법을 보았습니다."

그 비구는 마음에 후회가 생겨났고, …… 나아가 …… 세존께서는 말씀하셨다.

"비구여. 바라이를 범하였느니라."

8-14 그때 한 비구의 친족이 이와 같이 말하였다.

"대덕이여. 집으로 오시어 머무십시오."

"현자여. 나와 같다면 집에 머무는 것이 적합하지 않습니다."

그 비구는 마음에 후회가 생겨났고, …… 나아가 …… 세존께서는 말씀하셨다.

"비구여. 뜻이 없이 (상인법을) 말하였다면 범하지 않았느니라."

그때 한 비구의 친족이 이와 같이 말하였다.

"대덕이여. 오시어 욕락을 받고 누리십시오."

"현자여. 나는 욕락을 벗어났습니다."

그 비구는 마음에 후회가 생겨났고, …… 나아가 …… 세존께서는 말씀하셨다.

"비구여. 뜻이 없이 말하였다면 범하지 않았느니라."

그때 한 비구의 친족이 이와 같이 말하였다.

"대덕이여. 그대는 환락(歡樂)하십니까?"

"현자여. 나에게 환락은 최상의 즐거움입니다."

그 비구는 마음에 후회가 생겨나서 생각하였다.

'일반적으로 세존의 여러 성문들은 처음에 이와 같이 말하였으나, 나는 세존의 성문이 아니다. 내가 어찌 바라이를 범하지 않았겠는가?'

이때 그 비구는 이 일로써 세존께 아뢰었고, 세존께서는 말씀하셨다.

"비구여. 그대에게 무슨 마음이 있었는가?"

"세존이시여. 저는 뜻이 없이 말하였습니다."

"비구여. 뜻이 없이 말하였다면 범하지 않았느니라."

8-15 그때 여러 비구들이 동의하였고, 한 정사에 들어가서 안거하였다.

"우리들은 마땅히 알아야 합니다. 이 안거에서 처음으로 시작하는 자는 아라한입니다."

한 비구가 말하였다.

"마땅히 아십시오. 우리들은 아라한입니다."

이곳에서 안거를 시작하였던 까닭이었으나, 그 비구들은 마음에 후회가 생겨났고, …… 나아가 …… 세존께서는 말씀하셨다.

"비구여. 그대는 바라이를 범하였느니라."

9-1 그때 세존께서는 왕사성의 가란타죽림원(迦蘭陀竹林園)[145]에 머무르셨다.

이때 장로 늑가니(勒佉伲)[146]와 장로 대목건련(大目犍連)은 기사굴산에 머물렀다. 이때 장로 대목건련은 이른 아침에 내의(內衣)를 입고 옷과 발우를 지니고 장로 늑가니의 처소에서 말하였다.

"장로 늑가니여. 우리들은 왕사성으로 가서 걸식합시다."

"알겠습니다."

장로 늑가니는 장로 목건련에게 허락하였다. 이때 장로 목건련은 기사굴산 아래의 한곳에서 미소를 지었다. 그때 장로 늑가니는 장로 목건련에게 이와 같이 말하였다.

"장로 목건련이여. 무슨 인연으로 미소를 짓습니까?"

"장로 늑가니여. 그것은 물을 때가 아닙니다. 마땅히 세존의 앞에서 이 문제를 물으십시오."

9-2 이와 같이 장로 늑가니와 장로 대목건련은 왕사성에서 걸식하였고, 걸식에서 돌아와서 세존의 처소에 이르렀다. 이르러 세존을 향하여 머리 숙여 예경하고서 한쪽에 앉았다. 한쪽에 앉고서 장로 늑가니는 장로

---

145) 팔리어 veļuvane kalandakanivāpa(베루바네 가란타카니바파)의 음사이다. veļu
는 대나무(竹)이고, vane는 원(園)이며, kalandaka는 다람쥐이고 nivāpa는 사육
하는 곳이라는 뜻이다. 그러므로 본래의 뜻은 '다람쥐를 기르는 곳이다.'는
뜻이고, 이것을 가란타죽원(迦蘭陀竹園)이라고 번역하였다.

146) 팔리어 Lakkhaṇa(라까나)의 음사이다.

목건련을 마주하고서 말하였다.

"장로 목건련이여. 기사굴산 아래의 한곳에서 미소를 나타냈습니다. 장로 목건련이여. 무슨 인연으로써 미소를 지었습니까?"

"장로여. 기사굴산 아래에 있던 때에 여러 뼈와 뼈가 서로 이어지며 공중에서 날아다니는 것을 보았는데, 수리, 까마귀, 매가 그것을 쫓아갔고, 아울러 그 갈비뼈의 사이를 쪼았으며, 그 뼈들이 고통스럽게 울부짖었습니다. 장로여. 이것에서 나는 이렇게 사유하였습니다. '진실로 희유하구나. 진실로 불가사의하구나. 이와 같은 유정(有情)도 있고, 이와 같은 야차(夜叉)도 있으며, 역시 이와 같은 스스로의 몸을 얻은 자도 있구나.'"

여러 비구들이 싫어하고 비난하였다.

"장로 대목건련은 상인법이라고 난잡하게 말하였다."

그때 세존께서는 여러 비구들에게 말씀하셨다.

"여러 비구들이여. 진실로 천안(天眼)의 성문(聲聞)으로 머무르고 있느니라. 여러 비구들이여. 진실로 묘한 지혜(妙慧)의 성문으로 머무르고 있느니라. 이러한 까닭으로 성문은 이와 같이 알았다고 말하고, 혹은 이와 같이 보았다고 말하며, 혹은 직접 눈으로 보았다고 말하느니라. 여러 비구들이여. 나도 역시 일찍이 이 유정을 보았으나 나는 말하지 않았느니라. 내가 만약 그것을 말하였어도 다른 사람들이 역시 나를 믿지 않았을 것이고, 나를 믿지 않았던 자는 마땅히 장야(長夜)에 불이익과 고통이 있었을 것이다.

여러 비구들이여. 그 유정은 왕사성에서 소를 도살하는 자이었다. 그 업보를 의지하여 많은 세월을 지내는 것이니, 혹은 백 년, 혹은 천 년, 혹은 십만 년의 오랜 세월을 지옥에서 고통받을 것이고, 오히려 업보의 나머지를 이어받아서 이와 같이 스스로가 몸을 받아서 고통을 느끼느니라. 여러 비구들이여. 목건련은 진실을 말하였나니, 목건련은 범하지 않았느니라."

9-3 …… 나아가 …… "나는 기사굴산 아래에 있던 때에 고기 조각이

공중에서 날아다니는 것을 보았는데, 수리·까마귀·매가 그것을 쫓아갔고, 그 찢기고 부서졌으며 잘려졌던 부분을 쪼았으며, 그는 고통스럽게 울부짖었습니다. …… 나아가 …… 여러 비구들이여. 그 유정은 왕사성에서 소를 도살하는 자이었다. …… 나아가 …… 여러 비구들이여. 목건련은 진실을 말하였나니, 목건련은 범하지 않았느니라.”

…… 나아가 …… “장로여. 기사굴산 아래에 있던 때에 고깃덩이가 허공을 날아다니는 것을 보았는데, 까마귀·매가 그것을 쫓아갔고, 그 찢기고 부서졌으며 잘려졌던 부분을 쪼았으며, 그는 고통스럽게 울부짖었습니다. …… 나아가 …… 여러 비구들이여. 그 유정은 왕사성에서 새를 사냥하는 자이었다. …… 나아가 …… 여러 비구들이여. 목건련은 진실을 말하였나니, 목건련은 범하지 않았느니라.”

…… 나아가 …… “장로여. 기사굴산 아래에 있던 때에 가죽이 없는 자가 공중에서 날아다니는 것을 보았는데, 까마귀·매가 그것을 쫓아갔고, 그 찢기고 부서졌으며 잘려졌던 부분을 쪼았으며, 그는 고통스럽게 울부짖었습니다. …… 나아가 …… 여러 비구들이여. 그 유정은 왕사성에서 양을 도살하는 자이었다. …… 나아가 …… 여러 비구들이여. 목건련은 진실을 말하였나니, 목건련은 범하지 않았느니라.”

…… 나아가 …… “장로여. 기사굴산 아래에 있던 때에 칼과 같은 털의 사람이 공중에서 날아다니는 것을 보았는데, 그의 몸에 칼과 같은 털이 계속하여 일어나서 날아다녔고 그 뒤에 그의 몸을 찔렀으며, 그는 고통스럽게 울부짖었습니다. …… 나아가 …… 여러 비구들이여. 그 유정은 왕사성에서 돼지를 도살하는 자이었다. …… 나아가 …… 여러 비구들이여. 목건련은 진실을 말하였나니, 목건련은 범하지 않았느니라.”

…… 나아가 …… “장로여. 나는 …… 창과 같은 털의 사람이 공중에서

날아다니는 것을 보았는데, 그의 몸에 창과 같은 털이 계속하여 일어나서 날아다녔고 그 뒤에 그의 몸을 찔렀으며, 그는 고통스럽게 울부짖었습니다. …… 나아가 …… 여러 비구들이여. 그 유정은 왕사성에서 사슴을 사냥하는 자이었다. …… 나아가 …… 여러 비구들이여. 목건련은 진실을 말하였나니, 목건련은 범하지 않았느니라."

…… 나아가 …… "장로여. 나는 …… 화살과 같은 털의 사람이 공중에서 날아다니는 것을 보았는데, 그의 몸에 화살과 같은 털이 계속하여 일어나서 날아다녔고 그 뒤에 그의 몸을 찔렀으며, 그는 고통스럽게 울부짖었습니다. …… 나아가 …… 여러 비구들이여. 그 유정은 왕사성에서 처형자였던 자이었다. …… 나아가 …… 여러 비구들이여. 목건련은 진실을 말하였나니, 목건련은 범하지 않았느니라."

…… 나아가 …… "장로여. 나는 …… 송곳과 같은 털의 사람이 공중에서 날아다니는 것을 보았는데, 그의 몸에 송곳과 같은 털이 계속하여 일어나서 날아다녔고 그 뒤에 그의 몸을 찔렀으며, 그는 고통스럽게 울부짖었습니다. …… 나아가 …… 여러 비구들이여. 그 유정은 왕사성에서 마부(馬夫)였던 자이었다. …… 나아가 …… 여러 비구들이여. 목건련은 진실을 말하였나니, 목건련은 범하지 않았느니라."

…… 나아가 …… "장로여. 나는 …… 바늘과 같은 털의 사람이 공중에서 날아다니는 것을 보았는데, 그의 몸의 바늘들이 그의 머리로 들어가서 입으로 나왔고, 입으로 들어가서 가슴으로 나왔으며, 가슴으로 들어가서 배로 나왔고, 배로 들어가서 넓적다리로 나왔고, 넓적다리로 들어가서 발꿈치로 나왔으며, 발꿈치로 들어가서 다리로 나왔고 그는 고통스럽게 울부짖었습니다. …… 나아가 …… 여러 비구들이여. 그 유정은 왕사성에서 양설(兩舌)과 악구(惡口)를 행하였던 자이었다. …… 나아가 …… 여러 비구들이여. 목건련은 진실을 말하였나니, 목건련은 범하지 않았느니라."

…… 나아가 …… "장로여. 나는 …… 고환(睾丸)이 기왓장과 같은 자가 공중에서 날아다니는 것을 보았는데, 그가 날아다니는 때에 음낭(陰囊)을 어깨의 위에 올려놓았고 앉는 때에 고환 위에 앉았습니다. 독수리, 까마귀, 매가 그것을 쫓아갔고, 그것의 찢기고 부서졌으며 잘려졌던 부분을 쪼았으며, 그는 고통스럽게 울부짖었습니다. …… 나아가 …… 여러 비구들이여. 그 유정은 왕사성의 취락에서 사기꾼이었던 자이었다. …… 나아가 …… 여러 비구들이여. 목건련은 진실을 말하였나니, 목건련은 범하지 않았느니라."

…… 나아가 …… "장로여. 나는 …… 머리가 똥구덩이에 빠진 자를 보았는데, …… '진실로 희유하구나. 진실로 불가사의하구나. 이와 같은 유정도 있고, 이와 같은 야차도 있으며, 역시 이와 같이 스스로가 몸을 얻은 자도 있구나.'

…… 나아가 …… 여러 비구들이여. 그 유정은 왕사성에서 취락에서 간통하였던 자이었다. …… 나아가 …… 여러 비구들이여. 목건련은 진실을 말하였나니, 목건련은 범하지 않았느니라."

…… 나아가 …… "장로여. 나는 …… 머리가 똥구덩이에 빠진 자를 보았는데, 두 손으로 똥을 먹고 있었습니다. …… 나아가 …… 여러 비구들이여. 그 유정은 왕사성에서 악한 바라문이었던 자이었다. 그는 가섭불(迦葉佛)[147]께서 설법하시던 때에 음식의 일로써 비구 승가를 청하였으나, 통(桶)에 똥을 가득 채우고서 음식의 때를 알리면서 '대덕들이여. 많은 양의 음식으로 청하오나 함께 가지고 떠나십시오.'라고 이와 같이 말하였고, …… 나아가 …… 여러 비구들이여. 목건련은 진실을 말하였나니, 목건련은 범하지 않았느니라."

---

147) 팔리어 Kassapa(카싸파)의 음사이다.

…… 나아가 …… "장로여. 나는 …… 가죽이 없는 여인이 공중에서 날아다니는 것을 보았는데, 독수리·까마귀·매가 그것을 쫓아갔고, 그 찢기고 부서졌으며 잘려졌던 부분을 쪼았으며, 그는 고통스럽게 울부짖었습니다. …… 나아가 …… 여러 비구들이여. 그 유정은 왕사성에서 간통하였던 여인이었다. …… 나아가 …… 여러 비구들이여. 목건련은 진실을 말하였나니, 목건련은 범하지 않았느니라."

…… 나아가 …… "장로여. 나는 …… 얼굴색이 푸르고 하얀 악취가 나는 여인이 공중에서 날아다니는 것을 보았는데, 독수리·까마귀·매가 그것을 쫓아갔고, 그 찢기고 부서졌으며 잘려졌던 부분을 쪼았으며, 그는 고통스럽게 울부짖었습니다. …… 나아가 …… 여러 비구들이여. 그 유정은 왕사성에서 점치던 여인이었다. …… 나아가 …… 여러 비구들이여. 목건련은 진실을 말하였나니, 목건련은 범하지 않았느니라."

…… 나아가 …… "장로여. 나는 …… 태워져서 버려진 여인이 공중에서 날아다니는 것을 보았는데, 그 여인은 고통스럽게 울부짖었습니다. …… 나아가 …… 여러 비구들이여. 그 여인은 가릉가왕(迦陵迦王)[148]의 첫째 황후였는데, 그 여인은 질투를 잘하였고 불타는 숯불로써 부인의 연적(戀敵)을 향하여 던졌느니라. …… 나아가 …… 여러 비구들이여. 목건련은 진실을 말하였나니, 목건련은 범하지 않았느니라."

…… 나아가 …… "장로여. 나는 …… 머리가 없는 몸이 공중에서 날아다니는 것을 보았는데, 그의 가슴에 입과 눈이 있었고, 독수리, 까마귀, 매가 그것을 쫓아갔고, 그 찢기고 부서졌으며 잘려진 부분을 쪼았으며, 그는 고통스럽게 울부짖었습니다. …… 나아가 …… 여러 비구들이여. 그 유정은 왕사성에서 합리가(哈利迦)[149]라는 형리(刑吏)[150]이었다. ……

---

148) 팔리어 Kālinga(카린가)의 음사이다.
149) 팔리어 Hārika(하리카)의 음사이다.

나아가 …… 여러 비구들이여. 목건련은 진실을 말하였나니, 목건련은 범하지 않았느니라."

…… 나아가 …… "장로여. 나는 …… 비구가 공중에서 날아다니는 것을 보았는데, 그의 승가리는 불과 연기로 불타면서 빛났고, 그의 발우도 역시 불타면서 빛났으며, 그의 허리띠도 역시 불타면서 빛났고, 그의 몸도 역시 이와 같아서, 그는 고통스럽게 울부짖었습니다. …… 나아가 …… 여러 비구들이여. 이 비구는 가섭불께서 설법하시던 때에 악한 비구였느니라. …… 나아가 …… 여러 비구들이여. 목건련은 진실을 말하였나니, 목건련은 범하지 않았느니라."

…… 나아가 …… "장로여. 나는 …… 비구니가, …… 나아가 …… 식차마나니가, …… 나아가 …… 사미가, …… 나아가 …… 사미니가 공중에서 날아다니는 것을 보았는데, 그 비구니의 승가리는 불과 연기로 불타면서 빛났고, …… 그녀의 몸도 역시 이와 같아서, 그는 고통스럽게 울부짖었습니다. 장로여 이것에서 나는 이렇게 사유를 지었습니다. '진실로 희유하구나. 진실로 불가사의하구나. 이와 같은 유정도 있고, 이와 같은 야차도 있으며, 역시 이와 같이 스스로가 몸을 얻은 자도 있구나.'"
여러 비구들이 싫어하고 비난하였다.
"장로 대목건련은 상인법을 난잡하게 말하였다."
그때 세존께서는 여러 비구들에게 말씀하셨다.
"여러 비구들이여. 진실로 천안의 성문으로 머무르고 있느니라. 여러 비구들이여. 진실로 묘한 지혜의 성문으로 머무르고 있느니라. 이러한 까닭으로 성문은 이와 같이 알았다고 말하고, 혹은 이와 같이 보았다고 말하며, 혹은 직접 눈으로 보았다고 말하느니라. 여러 비구들이여. 나도 역시 일찍이 이 사미니를 보았으나 나는 말하지 않았느니라. 내가 만약

150) 사람의 목을 베었던 망나니를 가리킨다.

그것을 말하였어도 다른 사람들이 역시 나를 믿지 않았을 것이고, 나를 믿지 않았던 자는 마땅히 장야에 불이익과 고통이 있었을 것이다.

여러 비구들이여. 그 사미니는 바로 가섭불께서 설법하시던 때에 악한 사미니이었느니라. 그녀는 그 업보를 인연으로 많은 세월을 지내는 것이니, 혹은 백 년, 혹은 천 년, 혹은 십만 년의 오랜 세월을 지옥에서 고통받을 것이고, 오히려 업보의 나머지를 이어받아서 이와 같이 스스로가 몸을 받아서 고통을 느끼느니라. 여러 비구들이여. 목건련은 진실을 말하였나니, 목건련은 범하지 않았느니라."

9-4 이때 장로 대목건련이 여러 비구들에게 말하였다.

"비구들이여. 다부다강(多浮陀河)[151]에서 유입되었던 호수는 맑고 깨끗하며 시원하고 희었으며 상쾌하고 즐거우며 제방은 아름답고 물고기와 자라도 아름다우며 수레바퀴와 같은 붉은 연꽃이 피어있습니다. 그러나 지금 다부다강은 들끓으며 흐르고 있습니다."

여러 비구들이 싫어하고 비난하였다. …… 나아가 …… 어찌하여 장로 목건련은 이와 같이 말하는가?

"'비구들이여. 다부다강에서 유입되었던 호수는 맑고 깨끗하며, …… 지금 다부다강은 들끓으며 흐르고 있습니다.' 장로 대목건련은 상인법을 난잡하게 말하였습니다."

이 일로써 세존께 아뢰었고 세존께서는 말씀하셨다.

"여러 비구들이여. 다부다강에서 유입되었던 호수는 맑고 깨끗하며 시원하고 희었으며 상쾌하고 즐거우며 제방은 아름답고 물고기와 자라도 아름다우며 수레바퀴와 같은 붉은 연꽃이 피어있느니라. 그러나 여러 비구들이여. 이 다부다강은 2대지옥(二大地獄)의 사이를 흘러왔고 이러한 까닭으로 다부다강은 들끓으며 흐르고 있느니라. 여러 비구들이여. 목건련은 진실을 말하였나니, 목건련은 범하지 않았느니라."

---

151) 팔리어 tapodā(타포다)의 음사이다.

9-5 이때 마갈타왕인 사니야빈비사라(斯尼耶頻毘娑羅)는 리차족(離車族)152)에게 패배하였다. 그 뒤에 왕이 대군(大軍)을 모으고서 리차족과 싸웠고 군진에서는 "왕이 리차족을 이겼다."라고 환희하였다. 이때 대목건련이 여러 비구들에게 말하였다.

"비구들이여. 리차족이 왕을 이겼으나, 군진의 가운데에서는 왕이 리차족을 이겼다고 환희하였습니다."

여러 비구들이 싫어하고 비난하였다. …… 나아가 …… 어찌하여 장로 목건련은 이와 같이 말하는가?

"'비구들이여. 리차족이 왕을 이겼으나, 군진의 가운데에서는 왕이 리차족을 이겼다고 환희하였습니다.'라고 장로 대목건련은 상인법을 난잡하게 말하는가?"

이 일로써 세존께 아뢰었고 세존께서는 말씀하셨다.

"여러 비구들이여. 처음에 왕은 리차족에게 패배하였으나, 뒤에 왕이 대군을 모으고서 리차족을 이겼느니라. 여러 비구들이여. 목건련은 진실을 말하였나니, 목건련은 범하지 않았느니라."

9-6 이때 장로 대목건련이 여러 비구들에게 말하였다.

"비구들이여. 나는 이 섭비니강153)의 주변에서 부동삼매에 들어갔는데, 코끼리들의 무리가 강을 건너면서 울부짖는 소리를 들었습니다."

여러 비구들이 싫어하고 비난하였다. …… 나아가 …… 어찌하여 장로 목건련은 이와 같이 말하는가?

"'부동삼매에 들어가면서 코끼리들의 무리가 강을 건너면서 울부짖는 소리를 들었습니다.'라고 장로 대목건련은 상인법을 난잡하게 말하는가?"

이 일로써 세존께 아뢰었고 세존께서는 말씀하셨다.

"여러 비구들이여. 그는 이러한 삼매가 있었으나, 그가 돌아오면서

---

152) 팔리어 licchavī(리짜비)의 음사이다.
153) 팔리어 Sappinikā(사삐니카)의 음사이고, 일반적으로 뱀 강(Snake River)으로 불린다.

아직 순수하게 청정하지 않았느니라. 여러 비구들이여. 목건련은 진실을 말하였나니, 목건련은 범하지 않았느니라.”

9-7 이때 장로 수비타(輸毘陀)가 여러 비구들에게 말하였다.

“비구들이여. 나는 과거의 오백 겁(劫)을 기억하고 있습니다.”

여러 비구들이 싫어하고 비난하였다. …… 나아가 …… 어찌하여 장로 수비타는 이와 같이 말하는가?

“'비구들이여. 나는 과거의 오백 겁을 기억하고 있습니다.'라고 장로 수비타는 상인법을 난잡하게 말하는가?”

이 일로써 세존께 아뢰었고 세존께서는 말씀하셨다.

“여러 비구들이여. 수비타에게 이러한 일이 있느니라. 그러나 그 오백 겁은 진실로 그 비구의 한 생이니라. 여러 비구들이여. 수비타는 진실을 말하였나니, 수비타는 범하지 않았느니라.”

[네 번째의 바라이를 마친다.]

“여러 대덕들이여. 이 4바라이를 송출하여 마쳤습니다. 만약 비구가 그것의 가운데에서 하나의 계목이라도 범하였다면 여러 비구들과 함께 머무를 수 없습니다. 출가의 이전과 같이 출가한 뒤에도 범하였다면 역시 함께 머무를 수 없습니다. 이것을 나는 지금 여러 대덕들께 묻겠습니다.”

“이 일에 청정합니까?”

두 번째로 묻겠습니다.

“이 일에 청정합니까?”

세 번째로 묻겠습니다.

“이 일에 청정합니까?”

지금 여러 대덕들께서는 이 일에 청정하나니, 이것은 묵연하였던 까닭입니다. 나는 이와 같이 알고 이해하겠습니다.

음행과 주지 않았어도 취하는 것과
살인하는 것과 상인법을 거짓으로 말하는 것
이러한 4바라이는
의심할 것 없는 단두(斷頭)의 일이라네.

○ 4바라이를 마친다.

경분별(經分別) 제2권

2. 승잔(僧殘, Saṅghādisesa)

여러 대덕들이여. 지금부터 13승잔법(僧殘法)을 송출(誦出)하겠습니다.

1) 고출정(故出精) 학처

1-1 그때 세존께서는 사위성(舍衛城)[1]의 기수급고독원(祇樹給孤獨園)[2]
에 머무르셨다.

그때 장로 시월(施越)[3]은 범행을 수습하는 것이 즐겁지 않았고, 이러한
까닭으로 그의 몸은 마르고 여위었으며, 용모는 초췌하였고, 힘줄이 모두
드러났다. 장로 우타이(優陀夷)[4]는 장로 시월의 몸이 마르고 여위었으며,

---

1) 팔리어 Savatthi(사바띠)의 음사이다.
2) 팔리어 Jetavane anāthapiṇḍika(제타바네 아나타핀디카)의 음사이고, 본래의
   뜻은 '제다 숲의 급고독장자의 정사'라는 뜻이다. anātha는 궁핍하다는 뜻이고,
   piṇḍa는 음식 덩어리의 뜻이므로 "가난한 자에게 자선을 베푸는 자"이다. 본래의
   이름 Sudatta(수다따)는 부유한 상인이고 은행가이며, 신심으로 세존께 정사를
   보시한 자이다.
3) 팔리어 Seyyasaka(세야사카)의 음사이다.
4) 팔리어 Udāyī(우다이)의 음사이다.

용모는 초췌하였고, 힘줄이 모두 드러난 것을 보고서 이와 같이 말하였다.

"장로 시월이여. 무슨 까닭으로 몸이 마르고 여위었으며, 용모는 초췌하였고, 힘줄이 모두 드러났는가? 시월이여. 그대는 범행을 수습하는 것이 즐겁지 않은가?"

"장로여. 그렇습니다."

"시월이여. 그렇다면 그대는 이러한 뜻으로 음식을 먹고 이러한 뜻으로 잠자며 이러한 뜻으로 목욕하시오. 이렇게 먹고 잠자고 목욕하였는데, 그대가 오히려 안락하지 않고 욕념이 일어나는 번외의 마음의 때라면 손으로써 행하여 부정(不淨)을 출정(出精)하시오."

"장로여. 이것과 같게 짓더라도 괜찮습니까?"

"장로여. 그렇습니다. 나도 이와 같이 지었소."

이 장로 시월은 이러한 뜻으로 음식을 먹었고 이러한 뜻으로 잠잤으며 이러한 뜻으로 목욕하였다. 이렇게 먹고 잠자고 목욕하였는데, 오히려 안락하지 않고 욕념이 일어나는 번외의 마음의 때라면 손으로써 행하여 부정을 출정하였다. 이와 같이 장로 시월은 그러한 뒤에 여러 근이 살찌고 아름다웠으며 용모에 광택이 있었고 희열(喜悅)이 충만하였다. 이때 장로 시월과 같이 수습하였던 비구가 시월을 마주하고서 말하였다.

"장로 시월이여. 그대는 이전에 몸은 마르고 여위었으며, 용모는 초췌하였고, 힘줄이 모두 드러났었습니다. 그러나 오늘은 여러 근이 살찌고 아름다우며 용모에 광택이 있고 희열이 충만합니다. 그대는 무슨 약을 복용하였습니까?"

"장로여. 나는 약을 복용하지 않았고, 다만 나는 이러한 뜻으로 음식을 먹었고 이러한 뜻으로 잠잤으며 이러한 뜻으로 목욕하였습니다. 이렇게 먹고 잠자고 목욕하였는데, 오히려 안락하지 않고 욕념이 일어나는 번민스러운 마음인 때라면 손으로써 행하여 부정을 출정하였습니다."

1-2 "장로 시월이여. 그대는 어찌하여 이 손으로써 신심으로 베푸는 음식을 먹었고, 또한 이 손으로써 행하여 부정을 출정하였습니까?"

"장로여. 그렇습니다."

여러 비구들의 가운데에서 욕심이 적은 자들은 싫어하고 비난하였다.

"무슨 까닭으로 장로 시월은 손으로써 행하여 부정을 출정하였는가?"

여러 비구들은 여러 종류의 방편으로 장로 시월을 꾸짖고서 이 일로써 세존께 아뢰었다. 이때 세존께서는 이 인연으로써 비구 승가를 모으셨으며 장로 시월에게 물어 말씀하셨다.

"시월이여. 그대가 진실로 손으로써 행하여 부정을 출정하였는가?"

"진실로 그렇습니다. 세존이시여."

"어리석은 사람이여. 이것은 상응하는 법이 아니고, 수순하는 행이 아니며, 위의가 아니고, 사문의 행이 아니며, 청정한 행이 아니고, 마땅히 할 것이 아니니라. 어리석은 사람이여. 무슨 까닭으로 손으로써 행하여 부정을 쏟아내었는가? 내가 여러 종류의 방편으로써 욕망을 벗어나라고 설법하였고 욕망을 갖추라고 설법하지 않았느니라. 욕망을 얽힘을 벗어나라고 설법하였고 욕망에 얽히라고 설법하지 않았느니라. 집착을 없애라고 설법하였고 집착이 있으라고 설법하지 않았느니라.

어리석은 사람이여. 이것은 그대에게 나는 욕망을 벗어나기 위하여 설법하였으나 욕망을 갖추었고, 욕망의 얽힘에서 벗어나기 위하여 설법하였으나 욕망에 얽히었으며, 집착을 없애기 위하여 설법하였으나 집착이 있었느니라. 어리석은 사람이여. 나는 여러 종류의 방편으로써 어찌 욕망을 벗어나기 위하여 설법하였고, 교만을 깨트리기 위하여 설법하였으며, 갈애를 조복하기 위하여 설법하였고, 집착을 없애기 위하여 설법하였으며, 윤회를 끊기 위하여 설법하였고, 사랑을 모두 없애기 위하여 설법하였으며, 욕심을 떠나기 위하여 설법하였고, 멸진을 증득하기 위하여 설법하였으며, 열법을 위하여 설법하지 않았던가?

어리석은 사람이여. 나는 여러 종류의 방편으로써 어찌 여러 욕망을 없애기 위하여 설법하였고, 여러 욕망의 생각을 널리 알리기 위하여 설법하였으며, 여러 욕망의 갈애를 조복하기 위하여 설법하였고, 여러 욕망을 찾아서 없애기 위하여 설법하였으며, 여러 욕망의 열망을 적정하게 멈추기 위하여 설법하지 않았는가?

어리석은 사람이여. 이것은 오히려 믿지 않는 자는 신심이 생겨나지 않게 하고, 이미 믿었던 자는 증장하지 않게 하느니라. 어리석은 사람이여. 이것은 오히려 믿지 않는 자는 신심이 생겨나지 않게 하고, 이미 믿었던 자는 일부가 전전하여 다른 곳으로 향하여 떠나가게 하느니라."

이와 같이 세존께서는 여러 종류의 방편으로써 장로 시월을 꾸짖고서 뒤에 부양이 어렵고 가르치고 양육함이 어려우며, 욕심이 많아서 만족함을 알지 못하고, 대중의 가운데에 참여하면서 방일하였던 허물을 설하셨다. 그러한 뒤에 여러 종류의 방편으로써 부양하기 쉽고, 가르치고 양육함이 쉬우며, 욕심이 적어서 만족함을 알고, 두타행(頭陀行)을 좋아하며, 단정하여 대중의 가운데에 참여하지 않고 용맹하게 정진하는 아름다움을 설하셨다. 아울러 또한 여러 비구들을 위하여 적절한 법을 수순하여 설하신 뒤에 여러 비구들에게 알려 말씀하셨다.

"여러 비구들이여. 이와 같으므로 열 가지의 이익을 까닭으로써 나는 여러 비구들을 위하여 학처를 제정하겠노라. 승가의 섭수를 위하여, 승가의 안락을 위하여, 악인을 조복하기 위하여, 선한 비구들을 안락하게 머무르는 것을 위하여, 현세의 누(漏)를 방호하기 위하여, 후세의 누를 없애기 위하여, 믿지 않는 자에게 신심이 생겨나는 것을 위하여, 이미 믿었던 자의 증장을 위하여, 정법이 오래 머무르는 것을 위하여, 율의 공경과 존중을 위한 것이니라. 여러 비구들이여 그대들은 마땅히 이와 같이 학처(學處)를 송출할지니라.

'고의로 행하여 출정하는 자는 승잔(僧殘)이니라.'"

이와 같이 세존께서는 여러 비구들을 위하여 학처를 제정하시고 세우셨다.

2-1 그때 비구들이 맛있는 음식을 먹고서 정념을 잃어버리고 바르게 알지 못하고 잠이 들었다. 그들은 정념을 잃어버리고 바르게 알지 못하고 잠이 들었는데, 꿈속에서 부정을 실정(失精)하였고, 그들은 마음에 후회가 생겨났다.

'세존께서는 〈고의로 행하여 출정하는 자는 승잔이다.〉라고 학처를 제정하여 세우셨다. 우리들은 꿈속에서 부정을 실정하였고, 그때 마음에서 즐거움을 받았으니, 우리들은 승잔죄를 범하지 않았겠는가?'

이 일로써 세존께 아뢰었고 세존께서는 말씀하셨다.

"여러 비구들이여. 비록 마음에 있었어도 출정하려는 뜻이 없었다면 범하지 않았느니라. 여러 비구들이여. 그대들은 마땅히 이와 같이 배우고 송출할지니라.

'꿈속을 제외하고서 만약 고의로 행하여 출정하는 자는 승잔이니라.'"

'꿈속을 제외하다.'는 꿈속을 제외하는 것이다.

'고의'는 인식한 것이니, 확실히 마음에서 범하였다고 아는 것이다.

'출정하다.'는 본래의 장소를 떠난 것이다.

'부정'은 열 종류의 부정이 있다. 흑(黑), 황(黃), 적(赤), 백(白), 낙색(酪色), 수색(水色), 기름색(油色), 우유색(乳色), 생소색(生酥色), 소색(酥色) 등이다.

'승잔(僧殘)'은 승가대중을 마주하고서 그 죄에 별주(別住)5)를 주어서 그 죄를 되돌려서 본래로 돌아오게 하거나, 마나타(摩那埵)6)를 주어서 뒤에 청정을 회복시키는 것으로 사람의 숫자가 혹은 한 명이 아니다. 이러한 까닭으로 승잔이라고 이름한다. 그 죄가 모였던 것을 마주하고서 같은 뜻과 말로 갈마하는 것이다. 이러한 까닭으로 승잔이라고 이름한다.

3-1 몸 안에서 출정하였거나, 몸 밖에서 출정하였거나, 몸의 안과 밖에서 출정하였거나, 허리를 흔들며 공중에 출정하였거나, 욕망을 배출하려고 출정하였거나, 대변을 보면서 출정하였거나, 소변을 보면서 출정하였거나, 바람을 맞고서 출정하였거나, 위주가충(慰周伽蟲)7)이 깨물어서 출정

---

5) 팔리어 parivāsa(파리바사)의 음사이다.

6) 팔리어 mānatta(마나따)의 음사이다.

7) 팔리어 uccāliṅgapāṇaka(우짜린가 파나카)의 음사이고, uccāliṅga는 이름이고

하였거나, 건강을 위하여 출정하였거나, 즐거움을 받고자 출정하였거나, 약으로 삼으려고 출정하였거나, 보시하려고 출정하였거나, 복덕을 위하여 출정하였거나, 제사(祭祀)를 위하여 출정하였거나, 천상에 태어나려고 출정하였거나, 종자(種子)를 위하여 출정하였거나, 스스로가 시험하려고 출정하였거나, 오락하려고 출정하였거나, 흑정(黑精)을 출정하였거나, 황정(黃精)을 출정하였거나, 적정(赤精)을 출정하였거나, 백정(白精)을 출정하였거나, 낙색정(酪色精)을 출정하였거나, 수색정(水色精)을 출정하였거나, 유색정(油色精)을 출정하였거나, 생소색정(生色精)을 출정하였거나, 소색정(酥色精)을 출정하였던 것이 있다.

3-2 '몸 안에서 출정하다.'는 자기의 몸 안과 접촉하여 출정하는 것이다.
  '몸 밖에서 출정하다.'는 자기의 몸 밖과 접촉하였거나, 혹은 접촉하지 않은 물건에 출정하는 것이다.
  '몸의 안과 밖에서 출정하다.'는 앞의 두 가지에 출정하는 것이다.
  '허리를 흔들며 공중에 출정하다.'는 공중에서 노력하면서 생지를 일으켜서 출정하는 것이다.
  '욕망을 배출하려고 출정하다.'는 욕망을 배출하려고 생지를 일으켜서 출정하는 것이다.
  '대변을 보면서 출정하다.'는 대변도가 압박받은 이유로 생지가 일어나서 출정하는 것이다.
  '소변을 보면서 출정하다.'는 소변도가 압박받은 이유로 생지가 일어나서 출정하는 것이다.
  '바람을 맞고서 출정하다.'는 바람에 압박받은 이유로 생지가 일어나서 출정하는 것이다.
  '위주가충이 깨물어서 출정하다.'는 위주가충이 깨물었던 이유로 생지가 일어나서 출정하는 것이다.

---

  pāṇaka는 벌레라는 뜻이다.

'건강을 위하여 출정하다.'는 내가 마땅히 건강을 위하여 출정하는 것이다.

'즐거움을 받고자 출정하다.'는 내가 마땅히 즐거움을 받고자 출정하는 것이다.

'약으로 삼으려고 출정하다.'는 다른 사람이 마땅히 약으로 얻는 것이다.

'보시하려고 출정하다.'는 내가 마땅히 보시하겠다고 약속하고 출정하는 것이다.

'복덕을 위하여 출정하다.'는 마땅히 다른 복덕을 위하여 출정하는 것이다.

'제사를 위하여 출정하다.'는 내가 마땅히 공양하여 희생하겠다고 출정하는 것이다.

'천상에 태어나려고 출정하다.'는 내가 마땅히 천상에 태어나겠다고 출정하는 것이다.

'종자를 위하여 출정하다.'는 내가 마땅히 태아의 종자를 얻겠다고 출정하는 것이다.

'스스로가 시험하려고 출정하다.'는 마땅히 흑정이 있는가? …… 소색정이 있는가를 시험하기 위하여 출정하는 것이다.

'오락하려고 출정하다.'는 오락하기 위하여 출정하는 것이다.

3-3 '몸 안에서 출정하겠다.'라고 생각하면서 행하여 출정하는 자는 승잔을 범한다. '몸 밖에서 출정하겠다.'라고, …… 승잔을 범한다. '몸의 안과 밖에서 출정하겠다.'라고, …… 승잔을 범한다. '욕망을 배출하려고 출정하겠다.'라고, …… 승잔을 범한다. '대변도에 압박받아서 출정하겠다.'라고, …… 승잔을 범한다. …… '오락하려고 출정하겠다.'라고 생각하면서 행하여 출정하는 자는 승잔을 범한다.

'흑정을 출정하겠다.'라고 생각하면서 행하여 출정하는 자는 승잔을 범한다. '황정을 출정하겠다.'라고, …… '소색정을 출정하겠다.'라고 생각하면서 행하여 출정하는 자는 승잔을 범한다.

[무잡장(無雜章)을 마친다.]

3-4 '건강을 위하고, 약을 받기 위하여 출정하겠다.'라고 생각하면서 행하여 출정하는 자는 승잔을 범한다. '건강을 위하고 약을 위하여 출정하겠다.'라고, …… 나아가 …… '건강을 위하고 보시를 위하여 출정하겠다.'라고, …… 나아가 …… '건강을 위하고 복덕을 위하여 출정하겠다.'라고, …… 나아가 …… '건강을 위하고 제사를 위하여 출정하겠다.'라고, …… 나아가 …… '건강을 위하고 천상에 태어나기 위하여 출정하겠다.'라고, …… 나아가 …… '건강을 위하고 종자를 위하여 출정하겠다.'라고, …… 나아가 …… '건강을 위하고 스스로가 시험하기 위하여 출정하겠다.'라고, …… 나아가 …… '건강을 위하고 오락을 위하여 출정하겠다.'라고 생각하면서 행하여 출정하는 자는 승잔을 범한다.

[근분단장(根分斷章)을 마친다.]

3-5 '즐거움을 받기 위하고 약을 위하여 출정하겠다.'라고 생각하면서 행하여 출정하는 자는 승잔을 범한다. '즐거움을 받기 위하고 보시를 위하여 출정하겠다.'라고, …… 나아가 …… '즐거움을 받기 위하고 즐기기 위하여 출정하겠다.'라고, …… 나아가 …… '즐거움을 받기 위하고 건강을 위하여 출정하겠다.'라고, …… 나아가 …… '약을 위하고 보시를 위하여 출정하겠다.'라고, …… '즐거움을 위하고 스스로가 시험하기 위하여 출정하겠다.'라고 생각하면서 행하여 출정하는 자는 승잔을 범한다.

[근결합장(根結合章)을 마친다.]

◇ 2근 등도 역시 이와 같이 설명하는 것이다.

'건강을 위하고 즐거움을 위하며 약을 위하여 출정하겠다.'라고 생각하면서 행하여 출정하는 자는 승잔을 범한다. …… '건강을 위하고 스스로가 시험하기 위하며 즐거움을 위하여 출정하겠다.'라고 생각하면서 행하여 출정하는 자는 승잔을 범한다.

[전근결합장을 마친다.]

3-6 '흑정을 출정하겠다.'라고 생각하면서 행하여 출정하는 자는 승잔을 범한다. '황정을 출정하겠다.'라고, …… '소색정을 출정하겠다.'라고 생각하면서 행하여 출정하는 자는 승잔을 범한다.

[일근분단장(一根分斷章)을 마친다.]

'흑정과 황정을 출정하겠다.'라고 생각하면서 행하여 출정하는 자는 승잔을 범한다. '황정을 출정하겠다.'라고, …… '소색정과 낙색정을 출정하겠다.'라고 생각하면서 행하여 출정하는 자는 승잔을 범한다.

[일근결합장(一根結合章)을 마친다.]

◇ 2근 등도 역시 이와 같이 설명하는 것이다.

'흑정, 황정, 적정, …… '소색정이다.'라고 생각하면서 행하여 출정하는 자는 승잔을 범한다.

[전근장(全根章)을 마친다.]

3-7 '건강을 위하여 흑정을 출정하겠다.'라고 생각하면서 행하여 출정하는 자는 승잔을 범한다. '즐거움을 받기 위하여 흑정을 출정하겠다.'라고 생각하면서 행하여 출정하는 자는 승잔을 범한다. '건강을 위하여, 즐거움

을 받기 위하여, 약을 위하여 흑정과 황정, 적정을 출정하겠다.'라고 생각하면서 행하여 출정하는 자는 승잔을 범한다.

◇ 앞에서 마땅히 두 부분의 이상으로 늘어나는 것과 같다.

'건강을 위하여, 즐거움을 받기 위하여, 약을 위하여, …… 즐거움을 위하여 흑정과 황정, 적정을 출정하겠다.'라고 생각하면서 행하여 출정하는 자는 승잔을 범한다.

[복합장(複合章)을 마친다.]

3-8 '나는 마땅히 흑정을 출정하겠다.'라고 생각하면서 행하여 황정을 출정하는 자는 승잔을 범한다. '나는 마땅히 흑정을 출정하겠다.'라고 생각하면서 행하여 적정을 출정하는 자는 승잔을 범한다. …… '나는 마땅히 흑정을 출정하겠다.'라고 생각하면서 행하여 소색정을 출정하는 자는 승잔을 범한다.

[분단장(分斷章)을 마친다.]

'나는 마땅히 황정을 출정하겠다.'라고 생각하면서 행하여 적정을 출정하는 자는 승잔을 범한다. '나는 마땅히 황정을 출정하겠다.'라고 생각하면서 행하여 백정을 출정하는 자는 승잔을 범한다. …… '나는 마땅히 흑정을 출정하겠다.'라고 생각하면서 행하여 소색정을 출정하는 자는 승잔을 범한다.

[근지간약결합장(根之簡約結合章)을 마친다.]

'나는 마땅히 소색전정을 출정하겠다.'라고 생각하면서 행하여 흑정을 출정하는 자는 승잔을 범한다. '나는 마땅히 소색정을 출정하겠다.'라고 생각하면서 행하여 낙색정을 출정하는 자는 승잔을 범한다. …… '나는 마땅히 소색정을 출정하겠다.'라고 생각하면서 행하여 생소색정을 출정하는 자는 승잔을 범한다.

[중강장(中腔章)을 마친다.]

3-9 '나는 마땅히 황정을 출정하겠다.'라고 생각하면서 행하여 흑정을 출정하는 자는 승잔을 범한다. '나는 마땅히 적정을 출정하겠다.'라고 생각하면서 행하여 흑정을 출정하는 자는 승잔을 범한다. …… '나는 마땅히 소색정을 출정하겠다.'라고 생각하면서 행하여 흑정을 출정하는 자는 승잔을 범한다.

[배면장(背面章)을 첫 번째로 설하였다.]

'나는 마땅히 적정을 출정하겠다.'라고 생각하면서 행하여 황정을 출정하는 자는 승잔을 범한다. '나는 마땅히 백정을 출정하겠다.'라고 생각하면서 행하여 낙색정을 출정하는 자는 승잔을 범한다. …… '나는 마땅히 소색정을 출정하겠다.'라고 생각하면서 행하여 흑정을 출정하는 자는 승잔을 범한다.

[배면장(背面章)을 두 번째로 설하였다.]

'나는 마땅히 백정을 출정하겠다.'라고 생각하면서 행하여 적정을 출정하는 자는 승잔을 범한다. …… '나는 마땅히 황정을 출정하겠다.'라고 생각하면서 행하여 적정을 출정하는 자는 승잔을 범한다.

[배면장(背面章)을 세 번째로 설하였다.]

'나는 마땅히 흑정을 출정하겠다.'라고 생각하면서 행하여 소색정을 출정하는 자는 승잔을 범한다. …… '나는 마땅히 낙색정을 출정하겠다.'라고 생각하면서 행하여 소색정을 출정하는 자는 승잔을 범한다.

[배면장(背面章)을 열 번째로 설하였다.]

○ 배면장구(背面章句)를 마친다.

4-1 '나는 출정하겠다.'라고 생각하고서 출정하는 자는 승잔을 범한다. '나는 출정하겠다.'라고 생각하고서 출정하지 않는 자는 투란차를 범한다. '나는 출정하지 않겠다.'라고 생각하고서 출정하는 자는 범하지 않는다.

'나는 출정하지 않겠다.'라고 생각하고서 출정하지 않는 자는 범하지 않는다. '나는 출정하겠다.'라고 생각하지 않고서 출정한 자는 범하지 않는다. '나는 출정하겠다.'라고 생각하지 않고서 출정하지 않는 자는 범하지 않는다.

'나는 출정하지 않겠다.'라고 생각하지 않고서 출정하는 자는 범하지 않는다. '나는 출정하지 않겠다.'라고 생각하지 않고서 출정하지 않는 자는 범하지 않는다. 출정하지 않는 자는 범하지 않는다.

꿈속이었거나, 출정하려는 뜻이 없었거나, 미쳤던 자이거나, 마음이 혼란한 자이거나, 번뇌로 고통을 받았거나, 최초로 행하여 범한 자는 범하지 않는다.

5-1 꿈(夢), 대소변(大小便), 욕념을 찾는 것(尋欲念), 온수(溫水), 약(藥), 가려움(癢), 도로(道), 방광(膀胱), 욕실(浴室), 접촉(觸), 사미(沙彌), 눈(眠), 넓적다리(腿), 주먹으로 움켜쥐는 것(拳握), 공중(空中), 서 있는 것(站立), 억념(憶念), 구멍(孔穴), 나무판자로 접촉하는 것(以木片觸), 흐르는 물에서(於流水), 물에서 즐기는 것(玩水), 달리기(走), 꽃으로 즐기는 것(玩花),

연꽃(蓮), 모래(砂), 진흙(泥), 물(水), 평상(牀), 엄지 손가락(拇指) 등을
설하는 것이 있다.

5-2 그때 한 비구가 꿈의 인연으로 부정을 출정하였다. 그 비구는 마음에
후회가 생겨나서 생각하였다.
 '내가 승잔을 범하지 않았겠는가?'
 그 비구는 이 일로써 세존께 아뢰었고, 세존께서는 말씀하셨다.
 "비구여. 꿈의 인연이었던 자는 범하지 않았느니라."

5-3 그때 한 비구가 대변을 보면서 부정을 출정하였다. 그 비구는 마음에
후회가 생겨나서 생각하였다.
 '내가 승잔을 범하지 않았겠는가?'
 그 비구는 이 일로써 세존께 아뢰었고, 세존께서는 말씀하셨다.
 "비구여. 그대는 무슨 마음이 있었는가?"
 "세존이시여. 출정하려는 마음이 없었습니다."
 "비구여. 출정하려는 뜻이 없었던 자는 범하지 않았느니라."

 그때 한 비구가 소변을 보면서 부정을 출정하였다. …… 세존께서는
말씀하셨다.
 "비구여. 출정하려는 뜻이 없었던 자는 범하지 않았느니라."

5-4 그때 한 비구가 욕념(欲念)을 찾으면서 부정을 출정하였다. 그 비구는
마음에 후회가 생겨났고, …… 나아가 …… 세존께서는 말씀하셨다.
 "비구여. 욕념을 찾으면서 부정을 출정한 자는 범하지 않았느니라."

5-5 그때 한 비구가 온수로 씻으면서 부정을 출정하였다. 그 비구는
마음에 후회가 생겨났고, …… 나아가 …… 세존께서는 말씀하셨다.
 "비구여 그대는 무슨 마음이 있었는가?"

"세존이시여. 출정하려는 마음이 없었습니다."
"비구여. 출정하려는 뜻이 없었던 자는 범하지 않았느니라."

그때 한 비구가 출정하겠다는 뜻을 가지고 온수로 씻으면서 부정을 출정하였다. 그 비구는 마음에 후회가 생겨났고, …… 나아가 …… 세존께서는 말씀하셨다.
"비구여. 그대는 무슨 마음이 있었는가?"
"세존이시여. 출정하려는 마음이 있었습니다."
"비구여. 그대는 승잔을 범하였느니라."
그때 한 비구가 출정하겠다는 뜻을 가지고 온수로 씻으면서 부정을 출정하지 않았으나, 그 비구는 마음에 후회가 생겨났고, …… 나아가 …… 세존께서는 말씀하셨다.
"비구여. 그대는 승잔을 범하지 않았으나, 투란차를 범하였느니라."

5-6 그때 한 비구의 생지에 상처가 생겨났고 약을 바르면서 부정을 출정하였다. 그 비구는 마음에 후회가 생겨났고, …… 나아가 …… 세존께서는 말씀하셨다.
"비구여. 출정하려는 뜻이 없었던 자는 범하지 않았느니라."

그때 한 비구의 생지에 상처가 생겨났고 출정하겠다는 뜻을 가지고 약을 바르면서 부정을 출정하였다. 그 비구는 마음에 후회가 생겨났고, …… 나아가 …… 세존께서는 말씀하셨다.
"비구여. 승잔을 범하였느니라."

그때 한 비구의 생지에 상처가 생겨났고 출정하겠다는 뜻을 지니고서 약을 발랐으나 부정을 출정하지 않았다. 그 비구는 마음에 후회가 생겨났고, …… 나아가 …… 세존께서는 말씀하셨다.
"비구여. 승잔을 범하지 않았으나, 투란차를 범하였느니라."

5-7 그때 한 비구가 음낭(陰囊)을 손톱으로 긁으면서 부정을 출정하였다. 그 비구는 마음에 후회가 생겨났고, …… 나아가 …… 세존께서는 말씀하셨다.

"비구여. 출정하려는 뜻이 없었던 자는 범하지 않았느니라."

그때 한 비구가 출정하겠다는 뜻을 가지고 음낭을 손톱으로 긁으면서 부정을 출정하였다. 그 비구는 마음에 후회가 생겨났고, …… 나아가 …… 세존께서는 말씀하셨다.

"비구여. 승잔을 범하지 않았으나, 투란차를 범하였느니라."

5-8 그때 한 비구가 도로를 다니면서 부정을 출정하였다. 그 비구는 마음에 후회가 생겨났고, …… 나아가 …… 세존께서는 말씀하셨다.

"비구여. 출정하려는 뜻이 없었던 자는 범하지 않았느니라."

그때 한 비구가 출정하겠다는 뜻을 가지고 도로를 다니면서 부정을 출정하였다. 그 비구는 마음에 후회가 생겨났고, …… 나아가 …… 세존께서는 말씀하셨다.

"비구여. 승잔을 범하지 않았으나, 투란차를 범하였느니라."

5-9 그때 한 비구가 방광을 압박하여 소변을 보면서 부정을 출정하였고, …… 한 비구가 온탕에서 아랫배를 압박하여 부정을 출정하였으며, …… 한 비구가 온탕에서 스승의 등을 밀면서 부정을 출정하였고, …… 한 비구가 넓적다리를 두드리면서 부정을 출정하였으며, 그 비구는 마음에 후회가 생겨났고, …… 나아가 …… 세존께서는 말씀하셨다.

"비구여. 승잔을 범하지 않았느니라."

그때 한 비구가 출정하겠다는 뜻을 가지고 방광을 압박하여 소변을 보면서 부정을 출정하였고, …… 온탕에서 아랫배를 압박하여 부정을 출정하였으며, …… 온탕에서 스승의 등을 밀면서 부정을 출정하였고,

…… 넓적다리를 두드리면서 부정을 출정하였다. 그 비구는 마음에 후회가 생겨났고, …… 나아가 …… 세존께서는 말씀하셨다.

"비구여. 승잔을 범하였느니라."

그때 한 비구가 출정하겠다는 뜻을 가지고 방광을 압박하여 소변을 보면서 부정을 출정하지 않았고, …… 온탕에서 아랫배를 압박하여 부정을 출정하지 않았으며, …… 온탕에서 스승의 등을 밀면서 부정을 출정하지 않았고, …… 넓적다리를 두드리면서 부정을 출정하지 않았다. 그 비구는 마음에 후회가 생겨났고, …… 나아가 …… 세존께서는 말씀하셨다.

"비구여. 승잔을 범하지 않았으나, 투란차를 범하였느니라."

5-10 그때 한 비구가 출정하겠다는 뜻을 가지고 한 사미에게 이와 같이 말하였다.

"사미여. 오게. 그대는 나의 생지를 잡고서 누르게."

그 사미는 그 비구의 생지를 잡고서 눌렀고, 그 비구는 부정을 출정하였으며, 그 비구는 마음에 후회가 생겨났고, …… 나아가 …… 세존께서는 말씀하셨다.

"비구여. 그대는 승잔을 범하였느니라."

그때 한 비구가 잠자는 사미의 생지를 잡고서 눌렀고, 그 사미는 부정을 출정하였다. 그 비구는 마음에 후회가 생겨났고, …… 나아가 …… 세존께서는 말씀하셨다.

"비구여. 승잔을 범하지 않았으나, 돌길라를 범하였느니라."

5-11 그때 한 비구가 출정하겠다는 뜻을 가지고 넓적다리로 생지를 압박하여서 부정을 출정하였다. 그 비구는 마음에 후회가 생겨났고, …… 나아가 …… 세존께서는 말씀하셨다.

"비구여. 승잔을 범하였느니라."

그때 한 비구가 넓적다리로 생지를 압박하였으나 부정을 출정하지 않았다. 그 비구는 마음에 후회가 생겨났고, …… 나아가 …… 세존께서는 말씀하셨다.

"비구여. 투란차를 범하였느니라."

그때 한 비구가 출정하겠다는 뜻을 가지고 주먹으로 생지를 움켜잡았고, …… 출정하겠다는 뜻을 가지고 공중에서 허리를 흔들면서 부정을 출정하였으며, …… 나아가 …… 주먹으로 생지를 움켜잡았고, …… 공중에서 허리를 흔들었으나 부정을 출정하지 않았다. 그 비구는 마음에 후회가 생겨났고, …… 나아가 …… 세존께서는 말씀하셨다.

"비구여. 투란차를 범하였느니라."

5-12 그때 한 비구가 다른 사람의 몸 위에 서 있으면서 출정하겠다는 뜻을 가지고 다른 사람의 몸 위에 부정을 출정하였으며, 그 비구는 마음에 후회가 생겨났고, …… 나아가 …… 세존께서는 말씀하셨다.

"비구여. 승잔을 범하였느니라."

그때 한 비구가 다른 사람의 몸 위에 서 있으면서 출정하겠다는 뜻을 가졌으나 다른 사람의 몸 위에 부정을 출정하지 않았다. 그 비구는 마음에 후회가 생겨났고, …… 나아가 …… 세존께서는 말씀하셨다.

"비구여. 투란차를 범하였느니라."

5-13 그때 한 비구가 염착심으로 다른 여인의 음부를 생각하면서 부정을 출정하였으며, 그 비구는 마음에 후회가 생겨났고, …… 나아가 …… 세존께서는 말씀하셨다.

"비구여. 승잔을 범하지 않았느니라. 그러나 여러 비구들이여. 염착심으로 다른 여인의 음부를 생각하지 말라. 생각하는 자는 돌길라를 범한다."

5-14 그때 한 비구가 출정하겠다는 뜻을 가지고 자물쇠의 구멍에 생지를 집어넣어서 부정을 출정하였다. 그 비구는 마음에 후회가 생겨났고, …… 나아가 …… 세존께서는 말씀하셨다.

"비구여. 승잔을 범하였느니라."

그때 한 비구가 출정하겠다는 뜻을 가지고 자물쇠의 구멍에 생지를 집어넣었으나 부정을 출정하지 않았다. 그 비구는 마음에 후회가 생겨났고, …… 나아가 …… 세존께서는 말씀하셨다.

"비구여. 투란차를 범하였느니라."

5-15 그때 한 비구가 출정하겠다는 뜻을 가지고 널빤지에 생지를 집어넣어서 부정을 출정하였다. 그 비구는 마음에 후회가 생겨났고, …… 나아가 …… 세존께서는 말씀하셨다.

"비구여. 승잔을 범하였느니라."

그때 한 비구가 출정하겠다는 뜻을 가지고 널빤지에 생지를 집어넣었으나 부정을 출정하지 않았다. 그 비구는 마음에 후회가 생겨났고, …… 나아가 …… 세존께서는 말씀하셨다.

"비구여. 투란차를 범하였느니라."

5-16 그때 한 비구가 역류하는 물에 목욕하면서 부정을 출정하였으며, 비구는 마음에 후회가 생겨났고, …… 나아가 …… 세존께서는 말씀하셨다.

"비구여. 출정하려는 뜻이 없었던 자는 범하지 않았느니라."

그때 한 비구가 출정하겠다는 뜻을 가지고 역류하는 물에 목욕하면서 부정을 출정하였으며, 그 비구는 마음에 후회가 생겨났고, …… 나아가 …… 세존께서는 말씀하셨다.

"비구여. 승잔을 범하였느니라."

그때 한 비구가 출정하겠다는 뜻을 가지고 역류하는 물에 목욕하면서 부정을 출정하지 않았다. 그 비구는 마음에 후회가 생겨났고, …… 나아가 …… 세존께서는 말씀하셨다.

"비구여. 승잔을 범하지 않았으나, 투란차를 범하였느니라."

5-17 그때 한 비구가 물속에서 희롱하면서 부정을 출정하였고, …… 나아가 …… 한 비구가 물속에서 달리면서 부정을 출정하였으며, …… 나아가 …… 한 비구가 꽃속에서 희롱하면서 부정을 출정하였고, …… 나아가 …… 한 비구가 연지(蓮池)에서 달리면서 부정을 출정하였으며, 그 비구는 마음에 후회가 생겨났고, …… 나아가 …… 세존께서는 말씀하셨다.

"비구여. 범하지 않았느니라."

그때 한 비구가 출정하겠다는 뜻을 가지고 물속에서 희롱하면서 부정을 출정하였고, …… 나아가 …… 물속에서 달리면서 부정을 출정하였으며, …… 나아가 …… 꽃속에서 희롱하면서 부정을 출정하였고, …… 나아가 …… 연지(蓮池)에서 달리면서 부정을 출정하였으며, 그 비구는 마음에 후회가 생겨났고, …… 나아가 …… 세존께서는 말씀하셨다.

"비구여. 승잔을 범하였느니라."

그때 한 비구가 출정하겠다는 뜻을 가지고 물속에서 희롱하면서 부정을 출정하지 않았고, …… 나아가 …… 물속에서 달리면서 부정을 출정하지 않았으며, …… 나아가 …… 꽃속에서 희롱하면서 부정을 출정하지 않았고, …… 나아가 …… 연지(蓮池)에서 달리면서 부정을 출정하지 않았다. 그 비구는 마음에 후회가 생겨났고, …… 나아가 …… 세존께서는 말씀하셨다.

"비구여. 투란차를 범하였느니라."

5-18 그때 한 비구가 생지를 모래 속에 집어넣어서 부정을 출정하였으며, 그 비구는 마음에 후회가 생겨났고, …… 나아가 …… 세존께서는 말씀하셨다.

"비구여. 승잔을 범하지 않았느니라."

그때 한 비구가 출정하겠다는 뜻을 가지고 생지를 모래 속에 집어넣어서 부정을 출정하였으며, 그 비구는 마음에 후회가 생겨났고, …… 나아가 …… 세존께서는 말씀하셨다.

"비구여. 승잔을 범하였느니라."

그때 한 비구가 출정하겠다는 뜻을 가지고 생지를 모래 속에 집어넣었으나 부정을 출정하지 않았다. 그 비구는 마음에 후회가 생겨났고, …… 나아가 …… 세존께서는 말씀하셨다.

"비구여. 투란차를 범하였느니라."

그때 한 비구가 생지를 진흙 속에 집어넣어서 부정을 출정하였으며, …… 나아가 …… 세존께서는 말씀하셨다.

"비구여. 승잔을 범하지 않았느니라."

그때 한 비구가 출정하겠다는 뜻을 가지고 생지를 진흙 속에 집어넣어서 부정을 출정하였으며, …… 나아가 …… 세존께서는 말씀하셨다.

"비구여. 승잔을 범하였느니라."

그때 한 비구가 출정하겠다는 뜻을 가지고 생지를 진흙 속에 집어넣었으나 부정을 출정하지 않았다. …… 나아가 …… 세존께서는 말씀하셨다.

"비구여. 승잔을 범하지 않았으나, 투란차를 범하였느니라."

그때 한 비구가 생지에 물을 부었는데 부정을 출정하였으며, …… 나아가 …… 세존께서는 말씀하셨다.

"비구여. 승잔을 범하지 않았느니라."

그때 한 비구가 출정하겠다는 뜻을 가지고 생지에 물을 부었고 부정을 출정하였다. …… 나아가 …… 세존께서는 말씀하셨다.
"비구여. 승잔을 범하였느니라."

그때 한 비구가 출정하겠다는 뜻을 가지고 생지에 물을 부었으나 부정을 출정하지 않았다. …… 나아가 …… 세존께서는 말씀하셨다.
"비구여. 승잔을 범하지 않았으나, 투란차를 범하였느니라."

그때 한 비구가 생지를 와상에 접촉하였고 부정을 출정하였으며, …… 나아가 …… 세존께서는 말씀하셨다.
"비구여. 승잔을 범하지 않았느니라."

그때 한 비구가 출정하겠다는 뜻을 가지고 생지를 와상에 접촉하였고 부정을 출정하였으며, …… 나아가 …… 세존께서는 말씀하셨다.
"비구여. 승잔을 범하였느니라."

그때 한 비구가 출정하겠다는 뜻을 가지고 생지를 와상에 접촉하였으나 부정을 출정하지 않았다. …… 나아가 …… 세존께서는 말씀하셨다.
"비구여. 투란차를 범하였느니라."

그때 한 비구가 생지를 엄지손가락으로 접촉하였고 부정을 출정하였으며, …… 나아가 …… 세존께서는 말씀하셨다.
"비구여. 승잔을 범하지 않았느니라."
그때 한 비구가 출정하겠다는 뜻을 가지고 생지를 엄지손가락으로 접촉하였고 부정을 출정하였다. …… 나아가 …… 세존께서는 말씀하셨다.
"비구여. 승잔을 범하였느니라."

그때 한 비구가 출정하겠다는 뜻을 가지고 생지를 엄지손가락으로 접촉하였으나 부정을 출정하지 않았다. …… 나아가 …… 세존께서는 말씀하셨다.

"비구여. 투란차를 범하였느니라."

[첫 번째의 승잔을 마친다.]

2) 촉녀(觸女) 학처

1-1 그때 세존께서는 사위성의 기수급고독원에 머무르셨다.

그때 장로 우타이는 아련야에 머물렀는데, 이 장로의 정사는 꽃처럼 아름다웠고 매우 깨끗하였으며, 중앙에 내실(內室)이 있었고, 네 면(面)은 방사로 둘러싸여 있었으며, 매우 좋은 와상, 좌상, 요, 베개 등이 설치되었고, 좋은 음식, 손을 씻을 물이 있었으며, 방안은 쓸어서 깨끗하였다.

이와 같아서 많은 사람들이 장로 우타이의 정사(精舍)를 보려고 왔다. 한 바라문도 역시 아내를 데리고 우타이의 처소에 이르렀고, 이와 같이 장로 우타이에게 말하였다.

"우리들은 대덕의 정사를 보고자 합니다."

"좋습니다. 바라문이여. 보십시오."

열쇠를 취하여 자물쇠를 열었고 문을 열고 정사의 가운데에 들어갔다. 그 바라문도 역시 장로 우타이를 따라서 뒤에 들어갔고 그의 아내도 역시 바라문을 따라서 들어갔다. 이때 우타이는 한 창문을 열었고, 한 창문을 닫았으며, 여러 방사를 돌아다녔다. 그러한 뒤에 그 아내의 뒤로 가서 그녀의 몸을 접촉하면서 만졌다. 이때 그 바라문은 장로 우타이와 함께 말하고서 갔으며, 바라문은 크게 환희하면서 찬탄하여 말하였다.

"이와 같이 아련야에 머무는 사문 석자는 매우 고귀하구려. 우타이는 존경받는 스승이고 역시 이와 같은 아련야에 머무는 고귀한 자이구려."

이와 같이 말하는 때에 그의 아내가 바라문에게 말하였다.

"그대와 같이 나의 몸을 어루만졌는데 그에게 무슨 고귀함이 있습니까?

이 사문 우타이도 역시 나의 몸을 어루만졌습니다."

이때 그 바라문은 진노(瞋怒)하여 싫어하고 비난하였다.

"이들 사문 석자는 부끄러움을 알지 못하고, 계율이 없으며, 망어를 내뱉는다. 그들은 진실로 스스로가 법을 행하는 자이고, 적정을 행하는 자이며, 범행자이고, 실어자이며, 지계자이고, 선법을 행하는 자라고 말할지라도, 그들은 사문행이 없고, 범행이 없으며, 그들은 사문행을 깨트렸고 범행을 깨트렸다. 그들의 어느 곳에 사문행이 있는가? 범행이 있는가? 그들은 사문행을 벗어났고 범행을 벗어났다. 이를테면, 사문 우타이는 어찌 나의 아내의 몸을 어루만지는가? 귀족의 부인, 소녀, 동녀(童女), 하녀(下女) 등은 진실로 이 정사에 이르지 못할 것이다. 그들이 만약 이곳에 이른다면 마땅히 사문 석자에게 오욕(汚辱)을 당할 것이다."

1-2 여러 비구들은 바라문이 싫어하면서 비난하는 것을 들었다. 여러 비구들의 가운데에서 욕심이 적은 자들은 싫어하면서 비난하였다.

"무슨 까닭으로 장로 우타이는 여인과 함께 몸으로 서로를 접촉하였는가?"

여러 비구들은 이 일로써 세존께 아뢰었고, 이때 세존께서는 이 일로써 비구승가를 모으셨으며, 장로 우타이에게 물어 말씀하셨다.

"우타이여. 그대는 진실로 여인과 함께 몸으로 서로를 접촉하였는가?"

"진실로 그렇습니다. 세존이시여."

"어리석은 사람이여. 그대의 행은 상응하는 법이 아니고, 수순하는 행이 아니며, 위의가 아니고, 사문의 행이 아니며, 청정한 행이 아니고, 마땅히 행할 것이 아니니라. 어리석은 사람이여. 그대는 어찌하여 여인과 함께 몸으로 서로가 접촉하였는가?

어리석은 사람이여. 내가 여러 가지의 방편으로 욕심을 떠나라고 설법하였고, 욕망을 갖추라고 설법하지 않았느니라. 욕망에 얽힘을 벗어나라고 설법하였고 욕망에 얽히라고 설법하지 않았느니라. 집착을 없애라고 설법하였고 집착이 있으라고 설법하지 않았느니라.

…… 나아가 …… 여러 욕망을 찾아서 없애기 위하여 설법하였으며, 여러 욕망의 열망을 적정하게 멈추기 위하여 설법하지 않았는가? 어리석은 사람이여. 이것은 오히려 믿지 않는 자는 신심이 생겨나지 않게 하고, 이미 믿었던 자는 증장하지 않게 하느니라. …… 이미 믿었던 자는 일부가 전전하여 다른 곳으로 향하여 떠나가게 하느니라."

이와 같이 세존께서는 여러 종류의 방편으로써 장로 우타이를 꾸짖고서 뒤에 부양이 어렵고 가르치고 양육함이 어려우며, …… 나아가 …… 여러 비구들을 위하여 적절한 법을 수순하여 설하신 뒤에 여러 비구들에게 알려 말씀하셨다.

"여러 비구들이여. 나는 열 가지의 이익을 까닭으로써 여러 비구들을 위하여 학처를 제정하겠나니, 그대들은 마땅히 이와 같이 학처를 송출할지니라.

'어느 누구의 비구일지라도 욕정(欲情)을 일으켜서 여인과 함께 몸으로 서로가 접촉하였거나, 혹은 손으로 잡았거나, 혹은 머리카락을 만졌거나, 혹은 그 누구 몸의 부분이라도 접촉하는 자는 승잔을 범하느니라.'"

이와 같이 세존께서는 여러 비구들을 위하여 학처를 제정하시어 세우셨다.

2-1 '어느 누구'는 어느 누구를 논하지 않고 역시 태어난 곳의 이유, …… 혹은 중간의 법랍이었다면 이것을 '어느 누구'라고 말한다.

'비구'는 구걸하는 비구이니, 일을 쫓아서 걸식하는 비구, …… 곧 이것에서 비구의 뜻이라고 말하는 것이다.

'욕정을 일으키다.'는 욕념(欲念)에 치달렸거나, 욕락(欲樂)을 사랑하고 애착하는 것을 말한다.

'사랑하는 마음'은 욕정도 역시 사랑하는 마음이고, 성냄도 역시 사랑하는 마음이며, 미혹되어 혼란한 마음도 역시 사랑하는 마음이다. 이것은 이를테면, 사랑하는 마음이니, 이것은 욕정의 사랑하는 마음을 가리킨다.

'함께'는 같이라는 뜻이다.

'여인'은 사람의 여인, 비인의 여인, 야차녀의 여인, 아귀의 여인, 축생녀,

처음으로 태어난 아기도 여인인데, 하물며 장대(長大)한 여인이겠는가?

'몸으로 서로를 접촉하다.'는 음란하게 행하는 것이다.

'손'은 무릎부터 손톱의 끝을 말한다.

'몸의 부분'은 손과 머리카락을 제외하고서 그 나머지를 몸의 부분이라고 말한다.

2-2 접촉하여 어루만지거나, 거듭하여 어루만지거나, 차례로 어루만지거나, 거꾸로 어루만지거나, 구부리거나, 들어 올리거나, 끌어당기거나, 밀치거나, 껴안거나, 붙잡고서 껴안거나, 붙잡거나, 억누르면서 어루만지는 것이 있다.

'어루만지다.'는 오직 어루만지는 정도이다.

'거듭하여 어루만지다.'는 이것에서 저것에 이르기까지 접촉하면서 어루만지는 것이다.

'차례로 어루만지다.'는 위부터 아래로 어루만지는 것이다.

'거꾸로 어루만지다.'는 아래부터 위로 어루만지는 것이다.

'구부리다.'는 아래를 향하여 구부리는 것이다

'들어 올리다.'는 위로 들어서 올리는 것이다.

'끌어당기다.'는 강제로 끌어당기는 것이다.

'밀치다.'는 밀쳐서 보내는 것이다.

'껴안다.'는 몸의 부분을 붙잡고서 껴안는 것이다.

'붙잡고서 껴안다.'는 어느 한 곳을 붙잡고서 껴안는 것이다.

'붙잡다.'는 오직 붙잡는 것이다.

'문지르면서 어루만지다.'는 문지르면서 어루만지는 것이다.

'승잔'은 승가 대중을 마주하고서 그 죄에 별주를 주어서 그 죄를 되돌려서 본래로 돌아오게 하거나, …… 그 죄가 모였던 것을 마주하고서 같은 뜻과 말로 갈마하는 것이다. 이러한 까닭으로 승잔이라고 이름한다.

3-1 여인이 있었고, 만약 비구가 여인이라는 생각을 짓고서 욕념을 일으켜

서 여인의 몸에 자기의 몸을 접촉하며 어루만졌거나, 거듭하여 어루만졌거나, 차례로 어루만졌거나, 거꾸로 어루만졌거나, 구부렸거나, 들어 올렸거나, 당겼거나, 밀쳤거나, 껴안았거나, 잡고서 껴안았거나, 붙잡았거나, 문지르면서 어루만졌던 자는 승잔을 범한다.

여인이 있었고, 만약 비구가 여인인가를 의심하면서 욕념을 일으켜서 여인의 몸에 자기의 몸을 접촉하며 어루만졌거나, 거듭하여 어루만졌거나, 차례로 어루만졌거나, 거꾸로 어루만졌거나, 구부렸거나, 들어 올렸거나, 당겼거나, 밀쳤거나, 껴안았거나, 잡고서 껴안았거나, 붙잡았거나, 문지르면서 어루만졌던 자는 투란차를 범한다.

여인이 있었고, 만약 비구가 황문이라고 생각을 짓고서 욕념을 일으켜서 여인의 몸에 자기의 몸을 접촉하며 어루만졌거나, 거듭하여 어루만졌거나, 차례로 어루만졌거나, 거꾸로 어루만졌거나, 구부렸거나, 들어 올렸거나, 당겼거나, 밀쳤거나, 껴안았거나, 잡고서 껴안았거나, 붙잡았거나, 문지르면서 어루만졌던 자는 투란차를 범한다.

여인이 있었고, 만약 비구가 남자라고 생각을 짓고서 욕념을 일으켜서 여인의 몸과 자기의 몸을 접촉하며 어루만졌거나, 거듭하여 어루만졌거나, 차례로 어루만졌거나, 거꾸로 어루만졌거나, 구부렸거나, 들어 올렸거나, 당겼거나, 밀쳤거나, 껴안았거나, 잡고서 껴안았거나, 붙잡았거나, 문지르면서 어루만졌던 자는 투란차를 범한다.

여인이 있었고, 만약 비구가 축생이라고 생각을 짓고서 욕념을 일으켜서 여인의 몸과 자기의 몸을 접촉하며 어루만졌거나, 거듭하여 어루만졌거나, 차례로 어루만졌거나, 거꾸로 어루만졌거나, 구부렸거나, 들어 올렸거나, 당겼거나, 밀쳤거나, 껴안았거나, 잡고서 껴안았거나, 붙잡았거나, 문지르면서 어루만졌던 자는 투란차를 범한다.

황문이 있었고, 만약 비구가 황문이라는 생각을 짓고 욕념을 일으켜서 황문의 몸에 자기의 몸을 접촉하며 어루만졌거나, …… 붙잡았거나, 문지르면서 어루만졌던 자는 투란차를 범한다.

황문이 있었고, 만약 비구가 황문인가를 의심하는 생각을 짓고서,

…… 나아가 …… 남자라는 생각을 짓고서, …… 나아가 …… 축생이라는 생각을 짓고서, …… 나아가 …… 여인이라는 생각을 짓고서, 욕념을 일으켜서 황문의 몸에 자기의 몸을 접촉하며 어루만졌거나, …… 억누르면서 어루만졌던 자는 돌길라를 범한다.

남자가 있었고, 만약 비구가 남자라는 생각을 짓고서 욕념을 일으켜서 남자의 몸에 자기의 몸을 접촉하며 어루만졌거나, …… 억누르면서 어루만졌던 자는 승잔을 범한다.

남자가 있었고, 만약 비구가 남자인가를 의심하는 생각을 짓고서, …… 축생이라는 생각을 짓고서, …… 여인이라는 생각을 짓고서, …… 황문이라는 생각을 짓고서, …… 나아가 …… 문지르면서 어루만졌던 자는 승잔을 범한다.

축생이 있었고, 만약 비구가 축생이라는 생각을 짓고서 욕념을 일으켜서 축생의 …… 문지르면서 어루만졌던 자는 승잔을 범한다.

축생이 있었고, 만약 비구가 축생인가를 의심하는 생각을 짓고서, …… 여인이라는 생각을 짓고서, …… 황문이라는 생각을 짓고서, …… 남자라는 생각을 짓고서, …… 나아가 …… 문지르면서 어루만졌던 자는 승잔을 범한다.

[일근장(一根章)을 마친다.]

3-2 두 여인이 있었고, 만약 비구가 두 여인이라는 생각을 짓고서 욕념을 일으켜서 두 여인의 몸을 마주하고서 자기의 몸과 접촉하며 어루만졌거나, …… 문지르면서 어루만졌던 자는 두 번의 승잔을 범한다.

두 여인이 있었고, 만약 비구가 두 여인인가를 의심하면서, …… 황문이라고 생각을 짓고서, …… 두 남자라고 생각을 짓고서, …… 두 축생이라고 생각을 짓고서, …… 욕념을 일으켜서 두 여인의 몸을 마주하고서, …… 문지르면서 어루만졌던 자는 두 번의 투란차를 범한다.

두 황문이 있었고, 만약 비구가 두 황문이라는 생각을 짓고서 욕념을 일으켜서 두 황문의 몸을 마주하고서 자기의 몸과 접촉하며 어루만졌거나, …… 문지르면서 어루만졌던 자는 두 번의 투란차를 범한다.

두 황문이 있었고, 만약 비구가 두 황문인가를 의심하면서, …… 두 남자라고 생각을 짓고서, …… 두 축생이라고 생각을 짓고서, …… 두 여인이라고 생각을 짓고서, 욕념을 일으켜서 두 황문의 몸을 마주하고서, …… 문지르면서 어루만졌던 자는 두 번의 투란차를 범한다.

두 남자가 있었고, 만약 비구가 두 남자라는 생각을 짓고서 욕념을 일으켜서 두 남자의 몸을 마주하고서 자기의 몸을 접촉하며 어루만졌거나, …… 문지르면서 어루만졌던 자는 두 번의 투란차를 범한다.

두 남자가 있었고, 만약 비구가 두 남자인가를 의심하면서, …… 두 축생이라고 생각을 짓고서, …… 두 여인이라고 생각을 짓고서, …… 두 황문이라고 생각을 짓고서, 욕념을 일으켜서 두 남자의 몸을 마주하고서, …… 문지르면서 어루만졌던 자는 두 번의 돌길라를 범한다.

두 축생이 있었고, 만약 비구가 두 축생이라는 생각을 짓고서 욕념을 일으켜서 두 축생의 몸을 마주하고서 자기의 몸을 접촉하며 어루만졌거나, …… 문지르면서 어루만졌던 자는 두 번의 돌길라를 범한다.

두 축생이 있었고, 만약 비구가 두 축생인가를 의심하면서, …… 두 여인이라고 생각을 짓고서, …… 두 황문이라고 생각을 짓고서, …… 두 남자라고 생각을 짓고서, 욕념을 일으켜서 두 축생의 몸을 마주하고서, …… 문지르면서 어루만졌던 자는 두 번의 돌길라를 범한다.

3-3 여인과 황문이 있었고, 만약 비구가 두 사람에게 여인이라는 생각을 짓고서 욕념을 일으켜서 두 사람의 몸에 자기의 몸을 접촉하며 어루만졌거나, …… 문지르면서 어루만졌던 자는 하나의 승잔과 하나의 돌길라를 범한다.

여인과 황문이 있었고, 만약 비구가 두 여인인가를 의심하면서 욕념을 일으켜서 두 사람의 몸에 자기의 몸을 접촉하며 어루만졌거나, …… 억누르면서 어루만졌던 자는 하나의 투란차와 하나의 돌길라를 범한다.

여인과 황문이 있었고, 만약 비구가 두 황문이라고 생각을 짓고서 욕념을 일으켜서 두 사람의 몸에 자기의 몸을 접촉하며 어루만졌거나, …… 억누르면서 어루만졌던 자는 두 번의 투란차를 범한다.

여인과 황문이 있었고, 만약 비구가 두 남자라고 생각을 짓고서, …… 축생이라고 생각을 짓고서 욕념을 일으켜서 두 사람의 몸과 자기의 몸을 접촉하며 어루만졌거나, …… 억누르면서 어루만졌던 자는 하나의 투란차와 하나의 돌길라를 범한다.

여인과 남자가 있었고, 만약 비구가 두 사람에게 여인이라는 생각을 짓고서 욕념을 일으켜서 두 사람의 몸에 자기의 몸을 접촉하며 어루만졌거나, …… 문지르면서 어루만졌던 자는 하나의 승잔과 하나의 돌길라를 범한다.

여인과 남자가 있었고, 만약 비구가 두 여인인가를 의심하면서, …… 두 황문이라고 생각을 짓고서, …… 두 남자라고 생각을 짓고서, …… 두 축생이라고 생각을 짓고서 욕념을 일으켜서 두 사람의 몸에 자기의 몸을 접촉하며 어루만졌거나, …… 문지르면서 어루만졌던 자는 하나의 투란차와 하나의 돌길라를 범한다.

여인과 축생이 있었고, 만약 비구가 두 여인이라는 생각을 짓고서 욕념을 일으켜서 사람과 축생의 몸에 자기의 몸을 접촉하며 어루만졌거나, …… 문지르면서 어루만졌던 자는 하나의 승잔과 하나의 돌길라를 범한다.

여인과 축생이 있었고, 만약 비구가 두 여인인가를 의심하면서, …… 두 황문이라고 생각을 짓고서, …… 두 남자라고 생각을 짓고서, …… 두 축생이라고 생각을 짓고서 욕념을 일으켜서 두 사람의 몸에 자기의 몸을 접촉하며 어루만졌거나, …… 문지르면서 어루만졌던 자는 하나의 투란차와 하나의 돌길라를 범한다.

황문과 남자가 있었고, 만약 비구가 두 사람에게 두 황문이라는 생각을 짓고서 욕념을 일으켜서 두 사람의 몸에 자기의 몸을 접촉하며 어루만졌거나, …… 문지르면서 어루만졌던 자는 하나의 투란차와 하나의 돌길라를 범한다.

황문과 남자가 있었고, 만약 비구가 두 사람에게 두 황문인가를 의심하
면서, …… 두 남자라고 생각을 짓고서, …… 두 축생이라고 생각을 짓고서,
…… 두 여인이라고 생각을 짓고서, 욕념을 일으켜서 두 사람의 몸에
자기의 몸을 접촉하며 어루만졌거나, …… 문지르면서 어루만졌던 자는
두 번의 돌길라를 범한다.

황문과 축생이 있었고, 만약 비구가 두 황문이라는 생각을 짓고서
욕념을 일으켜서 사람과 축생의 몸에 자기의 몸을 접촉하며 어루만졌거나,
…… 문지르면서 어루만졌던 자는 하나의 투란차와 하나의 돌길라를
범한다.

황문과 축생이 있었고, 만약 비구가 두 황문인가를 의심하면서, ……
황문이라고 생각을 짓고서, …… 두 남자라고 생각을 짓고서, …… 두
축생이라고 생각을 짓고서, …… 두 여인이라는 생각을 짓고서 욕념을
일으켜서 두 사람의 몸에 자기의 몸을 접촉하며 어루만졌거나, ……
문지르면서 어루만졌던 자는 두 번의 돌길라를 범한다.

남자와 축생이 있었고, 만약 비구가 두 남자라는 생각을 짓고서 욕념을
일으켜서 사람과 축생의 몸에 자기의 몸을 접촉하며 어루만졌거나, ……
문지르면서 어루만졌던 자는 두 번의 돌길라를 범한다.

남자와 축생이 있었고, 만약 비구가 두 남자인가를 의심하면서, ……
두 축생이라고 생각을 짓고서, …… 두 여인이라고 생각을 짓고서, ……
두 황문이라고 생각을 짓고서, 욕념을 일으켜서 두 사람의 몸에 자기의
몸을 접촉하며 어루만졌거나, …… 문지르면서 어루만졌던 자는 두 번의
돌길라를 범한다.

[이근장(二根章)을 마친다.]

3-4 여인이 있었고, 만약 비구가 여인이라는 생각을 짓고서 욕념을 일으켜
서 여인의 몸에 자기의 몸을 옷으로 접촉하며 어루만졌거나, 거듭하여
어루만졌거나, 차례로 어루만졌거나, 거꾸로 어루만졌거나, 구부렸거나,

들어 올렸거나, 당겼거나, 밀쳤거나, 껴안았거나, 잡고서 껴안았거나, 붙잡았거나, 문지르면서 어루만졌던 자는 투란차를 범한다.

두 여인이 있었고, 만약 비구가 두 여인이라는 생각을 짓고서 욕념을 일으켜서 두 여인의 몸에 자기의 몸을 옷으로 접촉하며 어루만졌거나, …… 문지르면서 어루만졌던 자는 두 번의 투란차를 범한다.

여인과 황문이 있었고, 만약 비구가 두 여인이라는 생각을 짓고서 욕념을 일으켜서 사람의 몸에 자기의 몸으로 접촉하며 어루만졌거나, …… 문지르면서 어루만졌던 자는 하나의 투란차와 하나의 돌길라를 범한다.

여인이 있었고, 만약 비구가 여인이라는 생각을 짓고서 욕념을 일으켜서 여인의 옷에 자기의 몸으로 접촉하며 어루만졌거나, …… 문지르면서 어루만졌던 자는 투란차를 범한다.

두 여인이 있었고, 만약 비구가 두 여인이라는 생각을 짓고서 욕념을 일으켜서 두 여인의 옷에 자기의 몸으로 접촉하며 어루만졌거나, …… 문지르면서 어루만졌던 자는 두 번의 투란차를 범한다.

여인과 황문이 있었고, 만약 비구가 두 여인이라는 생각을 짓고서 욕념을 일으켜서 두 사람의 옷에 자기의 몸과 접촉하며 어루만졌던 자는 하나의 투란차와 하나의 돌길라를 범한다.

여인이 있었고, 만약 비구가 여인이라는 생각을 짓고서 욕념을 일으켜서 여인의 옷에 자기의 옷으로 접촉하며 어루만졌거나, …… 문지르면서 어루만졌던 자는 돌길라를 범한다.

두 여인이 있었고, 만약 비구가 두 여인이라는 생각을 짓고서 욕념을 일으켜서 두 여인의 옷에 자기의 옷으로 접촉하며 어루만졌거나, …… 문지르면서 어루만졌던 자는 두 번의 돌길라를 범한다.

여인과 황문이 있었고, 만약 비구가 두 여인이라는 생각을 짓고서 욕념을 일으켜서 두 사람의 옷에 자기의 몸과 접촉하며 어루만졌던 자는 두 번의 돌길라를 범한다.

여인이 있었고, 만약 비구가 여인이라는 생각을 짓고서 욕념을 일으켜서 여인의 버려진 물건으로써 자기의 몸에 접촉하는 자는 돌길라를 범한다.

두 여인이 있었고, 만약 비구가 두 여인이라는 생각을 짓고서 두 여인의 버려진 물건으로써 자기의 몸에 접촉하는 자는 두 번의 돌길라를 범한다.

여인과 황문이 있었고, 만약 비구가 두 여인이라는 생각을 짓고서 두 사람의 버려진 물건으로써 자기의 몸에 접촉하는 자는 두 번의 돌길라를 범한다.

여인이 있었고, 만약 비구가 여인이라는 생각을 짓고서 욕념을 일으켜서 여인의 버려진 물건으로써 자기의 옷에 접촉하는 자는 돌길라를 범한다.

두 여인이 있었고, 만약 비구가 두 여인이라는 생각을 짓고서 욕념을 일으켜서 두 여인의 버려진 물건으로써 자기의 옷에 접촉하는 자는 두 번의 돌길라를 범한다.

여인과 황문이 있었고, 만약 비구가 두 여인이라는 생각을 짓고서 욕념을 일으켜서 두 사람의 버려진 물건으로써 자기의 옷에 접촉하는 자는 두 번의 돌길라를 범한다.

여인이 있었고, 만약 비구가 여인이라는 생각을 짓고서 욕념을 일으켜서 여인의 버려졌던 물건으로써 비구가 버려진 물건과 접촉하는 자는 돌길라를 범한다.

두 여인이 있었고, 만약 비구가 두 여인이라는 생각을 짓고서 욕념을 일으켜서 두 여인의 버려졌던 물건으로써 비구가 버려진 물건과 접촉하는 자는 두 번의 돌길라를 범한다.

여인과 황문이 있었고, 만약 비구가 두 여인이라는 생각을 짓고서 욕념을 일으켜서 두 사람의 버려졌던 물건으로써 비구가 버려진 물건과 접촉하는 자는 두 번의 돌길라를 범한다.

[비구구(比丘句)를 마친다.]

3-5 여인이 있었고, 비구가 여인이라는 생각을 짓고서 욕념을 일으켰는데, 만약 여인이 몸으로써 비구의 몸을 접촉하며 어루만졌고, …… 나아가

······ 문지르면서 어루만지는 때에 비구가 의지하면서 수순하는 뜻을 향하고 있었거나, 몸을 움직여서 접촉하는 즐거움으로써 받아들이는 자는 승잔을 범한다.

두 여인이 있었고, 비구가 두 여인이라는 생각을 짓고서 욕념을 일으켰는데, 만약 두 여인이 몸으로써 비구의 몸을 접촉하며 어루만졌고, ······ 나아가 ······ 문지르면서 어루만지는 때에 비구가 의지하면서 수순하는 뜻을 향하고 있었거나, 몸을 움직여서 접촉하는 즐거움으로써 받아들이는 자는 두 번의 승잔을 범한다.

여인과 황문이 있었고, 비구가 두 여인이라는 생각을 짓고서 욕념을 일으켰는데, 만약 두 사람이 몸으로써 비구의 몸을 접촉하며 어루만졌고, ······ 나아가 ······ 문지르면서 어루만지는 때에 비구가 의지하면서 수순하는 뜻을 향하고 있었거나, 몸을 움직여서 접촉하는 즐거움으로써 받아들이는 자는 하나의 승잔과 하나의 돌길라를 범한다.

여인이 있었고, 비구가 여인이라는 생각을 짓고서 욕념을 일으켰는데, 만약 여인이 비구의 옷으로써 자기의 옷을 접촉하며 어루만졌고, ······ 나아가 ······ 몸을 움직여서 접촉하는 즐거움으로써 받아들이는 자는 투란차를 범한다.

두 여인이 있었고, 비구가 두 여인이라는 생각을 짓고서 욕념을 일으켰는데, 만약 두 여인이 비구의 옷으로써 자신들의 옷을 접촉하며 어루만졌고, ······ 나아가 ······ 몸을 움직여서 접촉하는 즐거움으로써 받아들이는 자는 두 번의 투란차를 범한다.

여인과 황문이 있었고, 비구가 두 여인이라는 생각을 짓고서, ······ 몸을 움직여서 접촉하는 즐거움으로써 받아들이는 자는 하나의 투란차와 하나의 돌길라를 범한다.

여인이 있었고, 비구가 여인이라는 생각을 짓고서 욕념을 일으켰는데, 만약 여인이 비구의 옷으로써 자기의 몸을 접촉하며 어루만졌고, ······ 나아가 ······ 몸을 움직여서 접촉하는 즐거움으로써 받아들이는 자는 투란차를 범한다.

두 여인이 있었고, 비구가 두 여인이라는 생각을 짓고서, …… 몸을 움직여서 접촉하는 즐거움으로써 받아들이는 자는 두 번의 투란차를 범한다.

여인과 황문이 있었고, 비구가 두 여인이라는 생각을 짓고서, …… 몸을 움직여서 접촉하는 즐거움으로써 받아들이는 자는 하나의 투란차와 하나의 돌길라를 범한다.

여인이 있었고, 비구가 여인이라는 생각을 짓고서 욕념을 일으켰는데, 만약 여인이 비구의 옷으로써 자기의 옷을 접촉하며 어루만지게 하는 자는 돌길라를 범한다.

두 여인이 있었고, 비구가 두 여인이라는 생각을 짓고서 일으켰는데, 만약 두 여인이 비구의 옷으로써 자기의 옷을 접촉하며 어루만지게 하는 자는 두 번의 돌길라를 범한다.

여인과 황문이 있었고, 비구가 두 사람에게 여인이라는 생각을 짓고서 욕념을 일으켰는데, 만약 여인이 비구의 옷으로써 자기의 옷을 접촉하며 어루만지게 하는 자는 두 번의 돌길라를 범한다.

여인이 있었고, 비구가 여인이라는 생각을 짓고서 욕념을 일으켰는데, 여인이 버려진 비구의 물건으로써 그녀의 몸과 접촉하며 어루만지는 것에 뜻이 있었고, 몸을 움직여서 접촉하는 즐거움으로써 받아들이는 자는 돌길라를 범한다.

두 여인이 있었고, 비구가 두 여인이라는 생각을 짓고서, …… 몸을 움직여서 접촉하는 즐거움으로써 받아들이는 자는 두 번의 돌길라를 범한다.

여인과 황문이 있었고, 비구가 두 여인이라는 생각을 짓고서, …… 몸을 움직여서 접촉하는 즐거움으로써 받아들이는 자는 두 번의 돌길라를 범한다.

여인이 있었고, 비구가 여인이라는 생각을 짓고서 욕념을 일으켰는데, 만약 여인이 버려진 비구의 물건으로써 그녀의 물건과 접촉하며 어루만지는 그것에 뜻이 있었고, 몸을 움직여서 접촉하는 즐거움으로써 받아들이는 자는 돌길라를 범한다.

두 여인이 있었고, 비구가 두 여인이라는 생각을 짓고서, …… 몸을 움직여서 접촉하는 즐거움으로써 받아들이는 자는 두 번의 돌길라를 범한다.

여인과 황문이 있었고, 비구가 두 여인이라는 생각을 짓고서, …… 몸을 움직여서 접촉하는 즐거움으로써 받아들이는 자는 두 번의 돌길라를 범한다.

3-6 접촉하며 어루만지는 것에 뜻이 있었고, 몸을 움직여서 접촉하는 즐거움을 받아들이는 자는 승잔을 범한다. 접촉하며 어루만지는 것에 뜻이 있었고, 몸을 움직여서 접촉하는 즐거움을 받아들이지 않는 자는 돌길라를 범한다.

접촉하며 어루만지는 것에 뜻이 있어도 몸을 움직이지 않아서 접촉하는 즐거움을 받아들이는 자는 범하지 않는다. 접촉하며 어루만지는 것에 뜻이 있어도 몸을 움직이지 않고 접촉하는 즐거움을 받아들이지 않는 자는 범하지 않는다.

접촉하며 어루만지는 것에 벗어나려는 뜻을 구하였고, 몸을 움직여서 접촉하는 즐거움을 받아들이는 자는 범하지 않는다. 접촉하며 어루만지는 것에 벗어나려는 뜻을 구하였고, 몸을 움직여서 접촉하는 즐거움을 받아들이지 않는 자는 범하지 않는다.

벗어나려는 뜻을 구하였고, 몸을 움직여서 접촉하는 즐거움을 받아들이는 자는 범하지 않는다. 벗어나려는 뜻을 구하였고, 몸을 움직여서 접촉하는 즐거움을 받아들이지 않는 자는 범하지 않는다.

3-7 뜻이 없었던 자이거나, 생각이 없었던 자이거나, 알지 못하였던 자이거나, 즐거움을 받지 않은 자이거나, 미쳤던 자이거나, 마음이 혼란한 자이거나, 번뇌로 고통받는 자이거나, 최초로 범한 자는 범하지 않는다.

4-1 어머니(母), 딸(女), 누이(妹), 아내(妻), 야차녀(夜叉女), 황문(黃門), 잠자는 여인(眠女), 죽은 여인(死女), 축생녀(畜生女), 나무 인형녀(木像女), 강제로 잡은 것(强捉), 다리(橋), 도로(道), 나무(樹), 배(船), 노끈(繩), 막대기(棒), 발우로 밀친 것(推鉢), 예배(禮拜), 노력하였으나 접촉하지 못한 것(努力而不觸) 등을 설한 것이 있다.

4-2 그때 한 비구가 어머니를 마주하고서 그 어머니의 정을 연모(戀慕)하면서, …… 딸을 마주하고 딸의 정을 사랑하고 보호하고자 하면서, …… 나아가 …… 자매를 마주하고 사랑하고 보호하고자 하면서 그녀를 접촉하여 어루만졌으나, 그는 마음에 후회가 생겨났다.
 '내가 승잔을 범하지 않았겠는가?'
 이 일로써 세존께 아뢰었고, …… 나아가 …… 세존께서 말씀하셨다.
 "비구여. 승잔을 범한 것이 아니고, 돌길라를 범하였느니라."

4-3 그때 한 비구가 옛 아내의 몸을 함께 접촉하여 어루만졌으나, 그 비구는 마음에 후회가 생겨났고, …… 나아가 …… 세존께서 말씀하셨다.
 "비구여. 승잔을 범하였느니라."

4-4 그때 한 비구가 야차녀의 몸을 함께, 황문의 몸을 함께 접촉하여 어루만졌으나, 그는 마음에 후회가 생겨났고, …… 나아가 …… 세존께서 말씀하셨다.
 "비구여. 승잔을 범한 것이 아니고, 투란차를 범하였느니라."

4-5 그때 한 비구가 잠자는 여인의 몸을 함께 접촉하여 어루만졌으나, 그는 마음에 후회가 생겨났고, …… 나아가 …… 세존께서 말씀하셨다.
 "비구여. 승잔을 범하였느니라."

 그때 한 비구가 죽은 여인의 몸을 함께 접촉하여 어루만졌으나, 그는 마음에 후회가 생겨났고, …… 나아가 …… 세존께서 말씀하셨다.
"비구여. 승잔을 범한 것이 아니고, 투란차를 범하였느니라."

그때 한 비구가 축생녀의 몸을 함께 접촉하여 어루만졌으나, 그는
마음에 후회가 생겨났고, …… 나아가 …… 세존께서 말씀하셨다.
"비구여. 승잔을 범한 것이 아니고, 돌길라를 범하였느니라."

그때 한 비구가 나무 인형녀의 몸을 함께 접촉하여 어루만졌으나,
그는 마음에 후회가 생겨났고, …… 나아가 …… 세존께서 말씀하셨다.
"비구여. 승잔을 범한 것이 아니고, 돌길라를 범하였느니라."

4-6 그때 많은 여인들이 한 비구를 강제로 잡았고, 어깨를 걸치고서
함께 다녔으나, 그 비구는 마음에 후회가 생겨났고, …… 나아가 ……
세존께서 말씀하셨다.
"비구여 즐거움을 받았는가?"
"세존이시여. 저는 즐거움을 받지 않았습니다."
"비구여. 즐거움을 받지 않았다면 범하지 않았느니라."

4-7 그때 한 비구가 여인과 함께 다리를 건너면서 욕념으로 흔들렸으나,
그 비구는 마음에 후회가 생겨났고, …… 나아가 …… 세존께서 말씀하셨다.
"비구여. 승잔을 범한 것이 아니고, 돌길라를 범하였느니라."

4-8 그때 한 비구가 여인이 앞에서 오는 것을 보고서 욕념을 일으켜서
어깨를 부딪쳤으나, 그 비구는 마음에 후회가 생겨났고, …… 나아가
…… 세존께서 말씀하셨다.
"비구여. 승잔을 범하였느니라."

4-9 그때 한 비구가 여인이 나무에 올라간 것을 보고서 욕념을 일으켜서

나무를 흔들었고, …… 나아가 …… 여인이 배에 탔는데 욕념을 일으켜서 배를 흔들었으며, 그 비구는 마음에 후회가 생겨났고, …… 나아가 …… 세존께서 말씀하셨다.

"비구여. 승잔을 범한 것이 아니고, 돌길라를 범하였느니라."

4-10 그때 한 비구가 여인이 밧줄을 지닌 것을 보고서 욕념을 일으켜서 잡아당겼으나, 그 비구는 마음에 후회가 생겨났고, …… 나아가 …… 세존께서 말씀하셨다.

"비구여. 승잔을 범한 것이 아니고, 투란차를 범하였느니라."

그때 한 비구가 여인이 막대기를 지닌 것을 보고서 욕념을 일으켜서 잡아당겼으나, 그 비구는 마음에 후회가 생겨났고, …… 나아가 …… 세존께서 말씀하셨다.

"비구여. 승잔을 범한 것이 아니고, 투란차를 범하였느니라."

4-11 그때 한 비구가 욕념을 일으켜서 발우로 여인을 밀쳤으나, 그 비구는 마음에 후회가 생겨났고, …… 나아가 …… 세존께서 말씀하셨다.

"비구여. 승잔을 범한 것이 아니고, 투란차를 범하였느니라."

4-12 그때 한 비구가 여인의 예배를 받는 때에 욕념을 일으켜서 발을 올렸으나, 그 비구는 마음에 후회가 생겨났고, …… 나아가 …… 세존께서 말씀하셨다.

"비구여. 승잔을 범하였느니라."

그때 한 비구가 '나는 마땅히 여인을 붙잡아야겠다.'라고 생각하고서 노력하였으나 접촉하지 못하였다. 그 비구는 마음에 후회가 생겨났고, …… 나아가 …… 세존께서 말씀하셨다.

"비구여. 승잔을 범한 것이 아니고, 돌길라를 범하였느니라."

[두 번째의 승잔을 마친다.]

3) 설비악어(說鄙惡語) 학처

1-1 그때 세존께서는 사위성의 기수급고독원에 머무르셨다.

이때 장로 우타이는 아련야에 머물렀는데, 그 장로의 방사는 매우 단아하고 아름다웠으며 매우 깨끗하였다. 그때 많은 여인들이 정사의 원림을 유람(遊覽)하고자 왔다. 이때 그 여러 여인들은 장로 우타이의 처소에 이르렀고, 이와 같이 장로 우타이에게 말하였다.

"대덕이여. 우리들은 대덕의 정사를 유람하고자 합니다."

이 장로 우타이는 여러 여인들에게 정사에 들어와서 보게 하였다. 그러한 뒤에 그녀들의 대·소변도와 관련하여 말하면서 좋다고 말하였고, 또한 나쁘다고 말하였으며, 혹은 청하였고, 혹은 구하였으며, 혹은 물었고, 반대로 대답하였으며, 또한 해설하였고, 또는 가르쳤으며, 또는 악하게 욕하였다. 그 여인들 가운데에서 음란하여 부끄러움이 없는 여인들은 우타이와 함께 이야기하고 웃으면서 즐거워하였다.

그러나 여러 여인들 가운데에서 부끄러움이 있던 여인들은 떠나갔고, 여러 비구들을 비난하였다.

"대덕들이여. 이것은 수순하는 행이 아니고 위의도 아닙니다. 우리들은 역시 우리들의 남편들에게 이와 같은 말을 듣고 싶지 않습니다. 하물며 대덕 우타이이겠습니까?"

1-2 여러 비구들 가운데에서 욕망이 적은 자들은 싫어하고 비난하였다.

"무슨 까닭으로 장로 우타이는 여인들을 마주하고서 추악한 말을 하였는가?"

이때 여러 비구들은 이 일로써 세존께 아뢰었다. 이때 세존께서는 이 인연으로 여러 비구들을 모으셨으며, 장로 우타이에게 물어 말씀하셨다.

"우타이여. 그대가 진실로 여인들을 마주하고서 추악한 말을 하였는가?"

"진실로 그렇습니다. 세존이시여."

"어리석은 사람이여. 이것은 상응하는 법이 아니고 수순하는 행이 아니며 위의가 아니고 사문의 행이 아니며 청정한 행이 아니고 마땅히 할 것이 아니니라. 어리석은 사람이여. 무슨 까닭으로 여인들을 마주하고서 추악한 말을 하였는가? 내가 여러 종류의 방편으로써 욕망을 벗어나라고 설법하였고 욕망을 갖추라고 설법하지 않았느니라. 욕망에 얽힘을 벗어나라고 설법하였고 욕망에 얽히라고 설법하지 않았느니라. 집착을 없애라고 설법하였고 집착이 있으라고 설법하지 않았느니라.

…… 나아가 …… 여러 욕망을 찾아서 없애기 위하여 설법하였으며, 여러 욕망의 열망을 적정하게 멈추기 위하여 설법하지 않았는가? 어리석은 사람이여. 이것은 오히려 믿지 않는 자는 신심이 생겨나지 않게 하고, …… 나아가 …… 이미 믿었던 자는 일부가 전전하여 다른 곳으로 향하여 떠나가게 하느니라."

이와 같이 세존께서는 여러 종류의 방편으로써 장로 우타이를 꾸짖고서 뒤에 부양이 어렵고 가르치고 양육함이 어려우며, …… 나아가 …… 여러 비구들을 위하여 적절한 법을 수순하여 설하신 뒤에 여러 비구들에게 알려 말씀하셨다.

"여러 비구들이여. 나는 열 가지의 이익을 까닭으로써 여러 비구들을 위하여 학처를 제정하겠나니, 그대들은 마땅히 이와 같이 학처를 송출할지니라.

'어느 누구의 비구일지라도 욕정(欲情)의 연심(戀心)을 일으켜서 여인들을 마주하고서 추악한 말을 하는 자는 곧 젊은 남자가 젊은 여인을 향하여 음욕법을 포함하여 말하는 자와 같나니 승잔을 범하느니라.'"

2-1 '어느 누구'는 어느 태어난 곳의 이유, …… 혹은 중간의 법랍이었다면 이것을 '어느 누구'라고 말한다.

'비구'는 구걸하는 비구이니, 일을 쫓아서 걸식하는 비구, …… 곧 이것에서 '비구'의 뜻이라고 말하는 것이다.

'욕정을 일으키다.'는 욕념에 내쫓겨서 욕락에 집착하면서 사랑하는 것을 말한다.

'연심'은 음욕도 역시 연심이고, 성냄도 역시 연심이며, 미혹되어 혼란함도 연심인데, 이것에서의 연심은 욕정의 연심을 가리키는 말이다.

'여인'은 여인, 비인, 야차녀, 아귀녀, 축생녀 등이고, 능히 좋은 말, 나쁜 말, 추악한 말, 추악하지 않은 말을 아는 자이다.

'말'은 젊은 남자가 젊은 여인을 마주하는 것과 같고, 소년이 소녀를 마주하는 것과 같으며, 음욕의 남자가 음욕의 여인을 마주하여 말하는 것과 같은 것이다.

'추악한 말'은 대·소변도의 음욕법과 관련이 있는 말이다.

'음욕법을 포함하다.'는 음욕법과 관련이 있는 것이다.

'승잔'은 승가대중을 마주하고서 그 죄에 별주를 주어서 그 죄를 되돌려서 본래로 돌아오게 하거나, …… 그 죄가 모였던 것을 마주하고서 같은 뜻과 말로 갈마하는 것이다. 이러한 까닭으로 승잔이라고 이름한다.

3-1 2도(二道)를 말하면서 좋다고 말하는 것, 나쁘다고 말하는 것, 청하는 것, 구하는 것, 묻는 것, 반대로 묻는 것, 해설하는 것, 가르치는 것, 악하게 욕하는 것 등이 있다.

'좋다고 말하다.'는 2도를 말하면서 찬탄하는 것이다.

'나쁘다고 말하다.'는 2도를 헐뜯으며 비난하는 것이다.

'청하다.'는 "나에게 주시오.", "마땅히 나에게 주시오."라고 말하는 것이다.

'구하다.'는 "그대의 어머니가 어느 때에 그대에게 주는가?", "그대의 아버지가 어느 때에 그대에게 주는가?", "그대의 천신이 어느 때에 그대에게 주는가?", "어느 때에 좋은 일이 있는가?", "어느 때에 그대는 음욕법을 얻는가?"라고 말하는 것이다.

'묻다.'는 "그대는 어느 때에 남편에게 주는가?", "그대는 어느 때에 연인에게 주는가?"라고 말하는 것이다.

'반대로 묻다.'는 "그대는 진실로 이와 같이 그대의 남편에게 주는가?", "그대는 진실로 이와 같이 그대의 연인에게 주는가?"라고 말하는 것이다.

'해설하다.'는 질문을 받고서 "마땅히 이와 같이 주거나, 만약 이와 같이 준다면 마땅히 남편의 총애를 얻을 것이오."라고 말하는 것이다.

'가르치다.'는 질문을 받지 않고서 "마땅히 이와 같이 주거나, 만약 이와 같이 준다면 마땅히 남편의 총애를 얻을 것이오."라고 말하는 것이다.

'욕하다.'는 "그대는 모습이 없소.", "그대는 불완전한 모습이오.", "월기(月期)가 없는 여인이오.", "항상 피가 흐르는 여인이오.", "항상 기저귀를 차는 여인이오.", "항상 오줌이 흐르는 여인이오.", "그대는 길게 돌출된 여인이오.", "그대는 황문의 여인이오.", "그대는 두 길이 합쳐진 여인이오.", "그대는 근이 파괴된 여인이오.", "그대는 2근(根)의 여인이오."라고 말하는 것이다.

3-2 여인이 있었고, 만약 비구가 여인이라는 생각을 짓고서 욕념을 일으켰는데, 여인의 대변도와 소변도를 좋게 말하거나, 나쁘게 말하거나, 청하거나, 구하거나, 묻거나, 반대로 묻거나, 해설하거나, 가르치거나, 악하게 욕하는 자는 승잔을 범한다.

두 여인이 있었고, 비구가 두 여인이라는 생각을 짓고서 욕념을 일으켰는데, 여인의 대변도와 소변도를 좋게 말하거나, …… 악하게 욕하는 자는 두 번의 승잔을 범한다.

여인과 황문이 있었고, 비구가 두 여인이라는 생각을 짓고서 욕념을 일으켰으며, 두 사람의 대변도와 소변도를 좋게 말하거나, …… 악하게 욕하는 자는 하나의 승잔과 하나의 돌길라를 범한다.

3-3 여인이 있었고, 만약 비구가 여인이라는 생각을 짓고서 욕념을 일으켰는데, 여인의 대변도와 소변도를 제외하고서 그 목의 아래부터 무릎

위까지를 좋게 말하거나, 나쁘게 말하거나, 청하거나, 구하거나, 묻거나, 반대로 묻거나, 해설하거나, 가르치거나, 악하게 욕하는 자는 투란차를 범한다.

두 여인이 있었고, 비구가 두 여인이라는 생각을 짓고서 욕념을 일으켰는데, 여인의 대변도와 소변도를 제외하고서 그 목의 아래부터 …… 악하게 욕하는 자는 두 번의 투란차를 범한다.

여인과 황문이 있었고, 비구가 두 사람을 여인이라는 생각을 짓고서 욕념을 일으켰는데, 두 사람의 대변도와 소변도를 제외하고서 그 목의 아래부터 …… 악하게 욕하는 자는 하나의 투란차와 하나의 돌길라를 범한다.

3-4 여인이 있었고, 만약 비구가 여인이라는 생각을 짓고서 욕념을 일으켰는데, 여인의 목의 아래와 무릎의 아래를 좋게 말하거나, 나쁘게 말하거나, 청하거나, 구하거나, 묻거나, 반대로 묻거나, 해설하거나, 가르치거나, 악하게 욕하는 자는 돌길라를 범한다.

두 여인이 있었고, 비구가 두 여인이라는 생각을 짓고서 욕념을 일으켰으며, 여인의 목의 아래와 무릎의 아래를 좋게 말하거나, …… 악하게 욕하는 자는 두 번의 돌길라를 범한다.

여인과 황문이 있었고, 비구가 두 여인이라는 생각을 짓고서 욕념을 일으켰으며, 두 여인의 목의 아래와 무릎의 아래를 좋게 말하거나, …… 악하게 욕하는 자는 하나의 투란차와 하나의 돌길라를 범한다.

3-5 여인이 있었고, 만약 비구가 여인이라는 생각을 짓고서 욕념을 일으켰으며, 여인의 옷을 좋게 말하거나, 나쁘게 말하거나, 청하거나, 구하거나, 묻거나, 반대로 묻거나, 해설하거나, 가르치거나, 악하게 욕하는 자는 돌길라를 범한다.

두 여인이 있었고, 비구가 두 여인이라는 생각을 짓고서 욕념을 일으켰으며, 여인의 옷을 좋게 말하거나, …… 악하게 욕하는 자는 두 번의 돌길라를 범한다.

여인과 황문이 있었고, 비구가 두 여인이라는 생각을 짓고서 욕념을 일으켰으며, 두 사람의 옷을 좋게 말하거나, …… 악하게 욕하는 자는 하나의 투란차와 하나의 돌길라를 범한다.

3-6 뜻을 생각하고서 말하였거나, 법을 생각하고서 말하였거나, 가르침을 생각하고서 말하였거나, 미쳤거나, 최초로 범하여 행한 자는 범하지 않았느니라.

4-1 붉게 염색한 옷, 거친 옷, 털이 많은 옷, 단단한 옷, 긴 털옷, 씨를 뿌린 것, 도로가 끝난 것, 깊은 믿음, 보시, 작업(作業) 등을 설한 것이 있다.

4-2 그때 한 여인이 새롭게 물들인 모직(毛織)의 옷을 입고 있었는데, 한 비구가 욕념이 생겨나서 그 여인에게 말하였다.

"자매여. 진실로 그대는 붉은색으로 염색하였구려."

그녀는 이해하지 못하여서 말하였다.

"그렇습니다. 대덕이여. 새롭게 염색한 옷을 입었습니다."

그는 마음에 후회가 생겨났다.

"내가 승잔을 범하지 않았겠는가?"

이 일로써 세존께 아뢰었고, 세존께서는 말씀하셨다.

"비구여. 승잔을 범한 것이 아니고, 돌길라를 범하였느니라."

4-3 그때 한 여인이 거친 모직(毛織)의 옷을 입고 있었는데, 한 비구가 욕념이 생겨나서 그 여인에게 말하였다.

"자매여. 진실로 그대는 거친 털이구려."

그녀는 이해하지 못하여서 말하였다.

"그렇습니다. 대덕이여. 거친 털옷을 입었습니다."

그는 마음에 후회가 생겨났고, …… 나아가 …… 세존께서는 말씀하셨다.
"비구여. 승잔을 범한 것이 아니고, 돌길라를 범하였느니라."

4-4 그때 한 여인이 새롭게 꿰맨 옷을 입고 있었는데, 한 비구가 욕념이 생겨나서 그 여인에게 말하였다.
"자매여. 진실로 그대는 털이 많구려."
그녀는 이해하지 못하여서 말하였다.
"그렇습니다. 대덕이여. 새롭게 꿰맨 털옷을 입었습니다."
그는 마음에 후회가 생겨났고, …… 나아가 ……세존께서는 말씀하셨다.
"비구여. 승잔을 범한 것이 아니고, 돌길라를 범하였느니라."

4-5 그때 한 여인이 단단한 털옷을 입고 있었는데, 한 비구가 욕념이 생겨나서 그 여인에게 말하였다.
"자매여. 진실로 그대는 털이 단단하구려."
그녀는 이해하지 못하여서 말하였다.
"그렇습니다. 대덕이여. 단단한 털옷을 입었습니다."
그는 마음에 후회가 생겨났고, …… 나아가 …… 세존께서는 말씀하셨다.
"비구여. 승잔을 범한 것이 아니고, 돌길라를 범하였느니라."

4-6 그때 한 여인이 바깥 털옷을 입고 있었는데, 한 비구가 욕념이 생겨나서 그 여인에게 말하였다.
"자매여. 진실로 그대는 털이 길구려."
그녀는 이해하지 못하여서 말하였다.
"그렇습니다. 대덕이여. 바깥 털옷을 입었습니다."
그는 마음에 후회가 생겨났고, …… 나아가 …… 세존께서는 말씀하셨다.
"비구여. 승잔을 범한 것이 아니고, 돌길라를 범하였느니라."

4-7 그때 한 여인이 전원(田園)을 여러 종류를 파종(播種)하고 돌아왔는데,

한 비구가 욕념이 생겨나서 그 여인에게 말하였다.

"자매여. 진실로 그대는 이미 파종하였구려."

그녀는 이해하지 못하여서 말하였다.

"그렇습니다. 대덕이여. 나는 이미 파종하였습니다."

그는 마음에 후회가 생겨났고, …… 나아가 …… 세존께서는 말씀하셨다.

"비구여. 승잔을 범한 것이 아니고, 돌길라를 범하였느니라."

4-8 그때 한 비구가 한 출가녀(出家女)가 앞에 오는 것을 보았는데, 그 비구가 욕념이 생겨나서 그 여인에게 말하였다.

"자매여. 도(道)가 끝났습니까?"

그녀는 이해하지 못하여서 말하였다.

"그렇습니다. 비구여. 그대는 마땅히 앞으로 가세요."

그는 마음에 후회가 생겨났고, …… 나아가 …… 세존께서는 말씀하셨다.

"비구여. 승잔을 범한 것이 아니고, 돌길라를 범하였느니라."

4-9 그때 한 비구가 한 여인을 마주하고서 말하였다.

"자매여. 그대는 독실한 신자(信者)이고, 그대는 남편의 물건을 버렸는데 우리에게 주지 않는구려."

"대덕이여. 무엇입니까?"

"음욕법이오."

그 비구는 마음에 후회가 생겨났고, …… 나아가 …… 세존께서는 말씀하셨다.

"비구여. 승잔을 범하였느니라."

4-10 그때 한 비구가 한 여인을 마주하고서 말하였다.

"자매여. 그대는 독실한 신자(信者)입니다. 그러나 우리들에게 최상의 보시를 주지 않는구려."

"대덕이여. 무엇이 최상의 보시입니까?"

"음욕법이오."

그는 마음에 후회가 생겨났고, …… 나아가 …… 세존께서는 말씀하셨다.

"비구여. 승잔을 범하였느니라."

4-11 그때 한 여인이 바로 앉아서 일하고 있었는데, 한 비구가 욕념이 생겨나서 그 여인에게 말하였다.

"자매여. 일어나시오. 내가 짓겠소." …… 나아가 …… "자매여. 앉으시오. 내가 짓겠소." …… 나아가 …… "자매여. 누우시오. 내가 짓겠소." …… 나아가 …… 그녀는 이해하지 못하였다.

그는 마음에 후회가 생겨났고, …… 나아가 …… 세존께서는 말씀하셨다.

"비구여. 승잔을 범한 것이 아니고, 돌길라를 범하였느니라."

[세 번째의 승잔을 마친다.]

4) 색공양(索供養) 학처

1-1 그때 세존께서는 사위성의 기수급고독원에 머무르셨다.

그때 장로 우타이는 사위성에 단월이 있었고 허락된 많은 거사의 집을 왕래하였다. 이때 한 과부가 있어 얼굴과 모습이 단정하였다. 그때 장로 우타이는 이른 아침에 내의를 입고 옷과 발우를 지니고서 그 부인의 집에 이르렀고, 펼쳐진 자리의 위에 앉았다. 이때 부인은 장로 우타이에게 와서 머리 숙여 예배하고 한쪽에 앉았다.

부인이 한쪽에 앉았으므로 설법하여 가르쳐서 보여주었고 가르쳐서 경계하여 용약(踊躍)하고 환희(歡喜)하게 하였다. 이때 부인은 우타이의 설법을 듣고서 용약하며 환희하면서 장로 우타이를 마주하고서 우타이에게 말하였다.

"대덕이여. 필요한 것을 청하여 말씀하세요. 여러 의복, 음식, 방사,

필수 의약품 등과 같은 것을 우리들이 마땅히 받들어 공양하겠습니다."

"자매여. 여러 의복, 음식, 방사, 필수 의약품 등과 같은 것은 내가 얻기 어려운 것이 아니오. 그러므로 내가 얻기 어려운 것을 주시오."

"대덕이여. 무슨 물건입니까?"

"음욕법이오."

"대덕이여. 하고 싶으세요?"

"하고 싶소."

"대덕이여. 오세요."

방안으로 들어가서 옷을 벗고 침상 위에서 위를 보고서 누웠다. 이때 우타이가 그 여인의 근처에서 말하였다.

"누가 그대의 부정하고 냄새나는 곳을 원하겠소."

그러한 뒤에 침을 뱉고서 떠나갔다. 그 부인은 싫어하면서 비난하였다.

"이들 사문 석자는 부끄러움이 없고, 공허하게 망어를 내뱉으며 악행을 행한다. 그들은 진실로 스스로가 법을 행하는 자이고, 적정을 행하는 자이며, 범행자이고, 실어자이며, 지계자이고, 선법을 행하는 자라고 말할지라도, 그들은 사문행이 없고, 범행이 없으며, 그들은 사문행을 깨뜨렸고 범행을 깨뜨렸다. 그들은 사문행을 벗어났고 범행을 벗어났다.

무슨 까닭으로 사문 우타이는 스스로가 음욕법을 구하고서 '누가 그대의 부정하고 냄새나는 곳을 원하겠소.'라고 말하였는가? 그러한 뒤에 침을 뱉고서 떠나갔는가? 그 여인에게 무슨 악함이 있는가? 그 여인에게 무슨 악취가 있는가? 무슨 까닭으로 그 여인을 버려두고서 떠나가는가?"

1-2 여러 비구들은 그를 여러 여인들이 싫어하면서 비난하는 것을 들었다. 비구들 가운데에서 욕망이 적은 자들은 싫어하면서 비난하였다.

"무슨 까닭으로 장로 우타이는 여인의 앞에서 자기를 위하여 음욕으로 공양하는 것을 찬탄하였는가?"

여러 비구들은 이 일로써 세존께 아뢰었다. 이때 세존께서는 이 인연으로써 여러 비구들을 모으셨으며, 장로 우타이에게 물어 말씀하셨다.

"우타이여. 그대가 진실로 여인의 앞에서 자기를 위하여 음욕으로 공양하는 것을 찬탄하였는가?"

"세존이시여. 진실로 그렇습니다."

세존께서는 여러 종류의 방편으로써 장로 우타이를 꾸짖으셨다.

"어리석은 사람이여. 그대가 행한 것은 상응하는 법이 아니고, 수순하는 행이 아니며, 위의가 아니고, 사문의 행이 아니며, 청정한 행이 아니고, 마땅히 행할 것이 아니니라. 어리석은 사람이여. 그대는 어찌하여 진실로 여인의 앞에서 자기를 위하여 음욕으로 공양하는 것을 찬탄하였는가?

어리석은 사람이여. 내가 여러 가지의 방편으로 욕심을 떠나라고 설법하였고, 욕망을 갖추라고 설법하지 않았느니라. 욕망을 얽힘을 벗어나라고 설법하였고 욕망에 얽히라고 설법하지 않았느니라. …… 나아가 …… 여러 욕망을 찾아서 없애기 위하여 설법하였으며, 여러 욕망의 열망을 적정하게 멈추기 위하여 설법하지 않았는가?

어리석은 사람이여. 이것은 오히려 믿지 않는 자는 신심이 생겨나지 않게 하고, 이미 믿었던 자는 증장하지 않게 하느니라. …… 이미 믿었던 자는 일부가 전전하여 다른 곳으로 향하여 떠나가게 하느니라."

이와 같이 세존께서는 여러 종류의 방편으로써 장로 우타이를 꾸짖고서 뒤에 부양이 어렵고 가르치고 양육함이 어려우며, …… 나아가 …… 여러 비구들을 위하여 적절한 법을 수순하여 설하신 뒤에 여러 비구들에게 알려 말씀하셨다.

"여러 비구들이여. 나는 열 가지의 이익을 까닭으로써 여러 비구들을 위하여 학처를 제정하겠나니, 그대들은 마땅히 이와 같이 학처를 송출할지니라.

'어느 누구의 비구일지라도 욕정(欲情)과 연심(戀心)을 일으켜서 여인의 앞에서 자기를 위하여 〈나는 지계자와 같고, 범행자와 같으며, 선법의 행을 갖춘 자와 같으니, 이 법에 의지하여 공양한다면, 곧 이것이 공양의 가운데에서 제일이다.〉라고 음욕으로 공양하라고 찬탄하였고, 만약 음욕법과 관련이 있는 자는 승잔을 범하느니라.'"

2-1 '어느 누구'는 어느 태어난 곳의 이유, …… 혹은 중간의 법랍이었다면 이것을 '어느 누구'라고 말한다.

'비구'는 구걸하는 비구이니, 일을 쫓아서 걸식하는 비구, …… 곧 이것에서 '비구'의 뜻이라고 말하는 것이다.

'욕정을 일으키다.'는 욕념에 내쫓겨서 욕락에 집착하면서 사랑하는 것을 말한다.

'연심'은 음욕도 역시 연심이고, 성냄도 역시 연심이며, 미혹되어 혼란함도 연심인데, 이것에서의 연심은 욕정의 연심을 가리키는 말이다.

'여인'은 여인, 비인, 야차녀, 아귀녀, 축생녀 등이고, 능히 좋은 말, 나쁜 말, 추악한 말, 추악하지 않은 말을 아는 자이다.

'여인의 앞에서'는 여인과 이웃하였거나, 혹은 여인의 근처이다.

'자기의 음욕을 위하여'는 자기의 음욕을 위한 것이고, 자기를 위한 인연이며, 자기를 위한 뜻이고, 자기를 위한 공양이다.

'자매'는 찰제리녀(刹帝利女)이거나, 혹은 바라문녀(婆羅門女)이거나, 혹은 폐사녀(吠舍女)이거나, 혹은 수다라녀(首陀羅女)이다.

'나와 같다.'는 찰제리이거나, 혹은 바라문이거나, 혹은 폐사이거나, 혹은 수다라이다.

'지계자'는 살생을 벗어났고, 투도를 벗어났으며, 망어를 벗어난 자이다.

'범행자'는 부정법(不淨法)을 벗어난 자이다

'선법의 행을 갖춘 자'는 그 계율을 이유로, 그 범행을 이유로, 선법의 행을 갖춘 자이다.

'이 법을 의지하다.'는 음욕법을 의지하는 것이다.

'공양'은 능히 사람을 환희하게 하는 것이다.

'이것이 공양의 가운데에서 제일이다.'는 이것이 제일(第一)이라고 말하거나, 이것이 최상(最上)이라고 말하거나, 이것이 최선(最善)이라고 말하거나, 이것이 무상(無上)이라고 말하는 것이다.

'만약 음욕법과 관련이 있다.'는 만약 음욕법과 연결되어 있는 것이다.

'승잔'은 승가 대중을 마주하고서 그 죄에 별주를 주어서 그 죄를 되돌려

서 본래로 돌아오게 하거나, …… 그 죄가 모였던 것을 마주하고서 같은
뜻과 말로 갈마하는 것이다. 이러한 까닭으로 승잔이라고 이름한다.

3-1 여인이 있었고, 만약 비구가 여인이라는 생각을 짓고서 욕념을 일으켰
는데, 여인의 앞에서 자기를 위하여 음욕을 공양하는 것을 찬탄하는
자는 승잔을 범한다.

  두 여인이 있었고, 비구가 두 여인이라는 생각을 짓고서 욕념을 일으켰
는데, 두 여인의 앞에서 자기를 위하여 음욕을 공양하는 것을 찬탄하는
자는 두 번의 승잔을 범한다.

  여인과 황문이 있었고, 비구가 두 여인이라는 생각을 짓고서 욕념을
일으켰는데, 두 사람의 앞에서 자기를 위하여 음욕을 공양하는 것을
찬탄하는 자는 하나의 승잔과 하나의 돌길라를 범한다.

3-2 의복으로써 청하면서 말하였거나, 음식으로써 청하면서 말하였거나,
방사로써 청하면서 말하였거나, 필수 의약품으로써 청하면서 말하였거
나, 어리석고 미쳤거나, 최초로 범한 자는 범하지 않았느니라.

4-1 불임(不姙)을 위한 것, 아들을 얻는 것(得子), 애락(愛樂), 행복(幸福),
마땅히 무엇으로 공양하는가?, 무엇이 선취(善趣)로 나아가는가? 등을
설하는 것이 있다.

4-2 그때 한 불임의 여인이 이와 같이 공양하는 곳에서 비구를 마주하고서
말하였다.
  "대덕이여. 내가 무엇을 하면 임신할 수 있나요?"
  "그렇다면 자매여. 마땅히 제일의 보시로써 하시오."
  "대덕이여. 무엇이 제일의 보시입니까?"
  "음욕법입니다."
  그 비구는 마음에 후회가 생겨났고, …… 나아가 …… 세존께서는

말씀하셨다.

　"비구여. 승잔을 범하였느니라."

4-3 그때 임신할 수 있는 여인이 이와 같이 공양하는 곳에서 비구를 마주하고서 말하였다.

　"대덕이여. 내가 무엇을 하면 아들을 얻을 수 있나요?"

　"그렇다면 자매여. 마땅히 제일의 보시로써 하시오."

　"대덕이여. 무엇이 제일의 보시입니까?"

　"음욕법입니다."

　그 비구는 마음에 후회가 생겨났고, …… 나아가 …… 세존께서는 말씀하셨다.

　"비구여. 승잔을 범하였느니라."

4-4 그때 한 여인이 이와 같이 공양하는 곳에서 비구를 마주하고서 말하였다.

　"대덕이여. 내가 무엇을 하면 나의 남편과 애락(愛樂)할 수 있나요?"

　"그렇다면 자매여. 마땅히 제일의 보시로써 하시오."

　"대덕이여. 무엇이 제일의 보시입니까?"

　"음욕법입니다."

　그 비구는 마음에 후회가 생겨났고, …… 나아가 …… 세존께서는 말씀하셨다.

　"비구여. 승잔을 범하였느니라."

4-5 그때 한 여인이 공양하는 곳에서 비구를 마주하고서 말하였다.

　"대덕이여. 내가 마땅히 무슨 물건으로써 대덕께 공양해야 합니까?"

　"자매여. 마땅히 제일의 보시로써 하시오."

　"대덕이여. 무엇이 제일의 보시입니까?"

　"음욕법입니다."

그 비구는 마음에 후회가 생겨났고, …… 나아가 …… 세존께서는 말씀하셨다.

"비구여. 승잔을 범하였느니라."

4-6 그때 한 여인이 공양하는 곳에서 비구를 마주하고서 말하였다.

"대덕이여. 내가 마땅히 무슨 물건으로써 대덕께 공양해야 합니까?"

"마땅히 제일의 보시로써 하시오."

"대덕이여. 무엇이 제일의 보시입니까?"

"음욕법입니다."

그 비구는 마음에 후회가 생겨났고, …… 나아가 …… 세존께서는 말씀하셨다.

"비구여. 승잔을 범하였느니라."

4-7 그때 한 여인이 공양하는 곳에서 비구를 마주하고서 말하였다.

"대덕이여. 내가 마땅히 무엇과 같다면 선취로 나아갈 수 있습니까?"

"마땅히 제일의 보시로써 행하시오."

"대덕이여. 무엇이 제일의 보시입니까?"

"음욕법입니다."

그 비구는 마음에 후회가 생겨났고, …… 나아가 …… 세존께서는 말씀하셨다.

"비구여. 승잔을 범하였느니라."

[네 번째의 승잔을 마친다.]

5) 매가(媒嫁) 학처

1-1 그때 세존께서는 사위성의 기수급고독원에 머무르셨다.

그때 장로 우타이는 사위성에 단월이 있었고 허락된 많은 거사의 집을 왕래하였다. 그가 결혼하지 않은 동자(童子)나 동녀(童女)를 보았다면 동자의 부모 앞에서 동녀를 찬탄하여 말하였다.

"어느 집의 동녀는 단정하고 아름다우며 어질고 지혜로우며 영리(伶俐)하고 부지런합니다. 그 동녀는 진실로 이 집안의 동자와 적합합니다."

부모는 이와 같이 말하였다.

"대덕이여. 우리들은 그녀가 어떠한 사람이고 누구 집의 딸인가를 알지 못합니다. 만약 대덕께서 그녀의 집에 주라고 말해 주신다면, 우리들이 마땅히 아이에게 그 동녀를 취하게 하겠습니다."

또한 동녀의 부모 앞에서 동자를 찬탄하여 말하였다.

"어느 집의 동자는 단정하고 아름다우며 지혜가 있고 영리하며 부지런합니다. 그 동자는 진실로 이 집안의 동녀와 적합합니다."

그들은 이와 같이 말하였다.

"대덕이여. 우리들은 동자가 어떠한 사람이고 누구 집의 동자인가를 알지 못합니다. 우리들이 어떻게 동녀의 혼사를 하겠습니까? 만약 대덕께서 구하는 자가 있다면, 우리들의 동녀를 마땅히 그 사내아이에게 주겠습니다."

그 비구는 이와 같은 방편으로써 혼인하고 시집가게 하였다

1-2 그때 한 취락의 과부에게 딸이 한 명 있었는데 단정하고 아름다웠다. 취락 밖의 사명외도(邪命外道)의 속가제자(俗家弟子) 등이 그 과부에게 이르러 이와 같이 말하였다.

"대자(大姊)여. 따님을 나의 아들에게 주십시오."

그 여인은 이와 같이 말하였다.

"현자들이여. 나는 그가 어떠한 사람이고 누구 집의 아들인가를 알지 못합니다. 나에게는 하나뿐인 딸인데 어떻게 취락의 밖으로 보내겠습니까? 나는 줄 수 없습니다."

여러 사람들이 사명외도의 제자들을 마주하고서 말하였다.

"현자들이여. 그대들은 무슨 까닭으로 왔습니까?"

"현자들이여. 우리들은 우리의 아들을 위하여 어느 취락 부인의 집에서 그녀의 딸을 구하고자 왔습니다."

그 부인이 말하였다.

"현자들이여. 나는 그가 어떠한 사람이고 누구 집의 아들인가를 알지 못합니다. 나에게는 하나뿐인 딸인데 어떻게 취락의 밖으로 보내겠습니까? 나는 줄 수 없습니다."

"현자들이여. 그대들이 무슨 이유로 그 취락의 부인에게 딸을 구합니까? 현자들이여. 마땅히 우타이에게 알리십시오. 우타이가 마땅히 그녀를 줄 것입니다."

이때 그 나형외도(裸形外道)의 제자들은 장로 우타이의 처소에 이르러 이와 같이 말하였다.

"대덕이여. 우리들은 어느 취락의 부인에게 딸을 구하고 있습니다. …… 그녀는 '나는 줄 수 없습니다.'라고 말하였습니다. 원하건대 대덕이여. 그 부인에게 딸을 우리의 아들에게 주게 하십시오."

우타이는 그녀의 집에 이르러 이와 같이 말하였다.

"무슨 까닭으로 딸을 그들에게 주지 않습니까?"

"대덕이여. 나는 그가 어떠한 사람이고 누구 집의 아들인가를 알지 못합니다. 나에게는 하나뿐인 딸인데 어떻게 취락의 밖으로 보내겠습니까? 나는 줄 수 없습니다."

"그들에게 주십시오. 내가 그들을 알고 있습니다."

"대덕께서 만약 그들을 알고 있다면 내가 마땅히 주겠습니다."

이와 같이 그녀는 딸을 사명외도의 아들에게 주었다.

1-3 이와 같이 그 나형외도의 속가제자 등은 그녀를 취하여 1개월은 신부의 일을 시켰고, 그 뒤에는 곧 노비의 일을 시켰다. 그녀는 어머니의 처소에 사자를 보내어 말하였다.

"나는 진실로 피곤하고 괴롭습니다. 오직 1개월은 신부의 일을 시켰고,

그 뒤에는 곧 노비의 일을 시켰습니다. 어머니께서 오셔서 나를 데리고 돌아가세요.”

그 부인은 나형외도 제자의 처소에 이르러서 말하였다.

“현자들이여. 그대들은 내 딸에게 노비의 일을 시키지 말고, 마땅히 신부의 일을 시키세요.”

그들이 말하였다.

“우리들에게 시집을 왔으니, 그대와 관련이 없소. 우리들에게 시집을 왔으므로, 곧 사문과 함께 지낼 것이오. 우리들은 그대를 알지 못하니 떠나시오.”

이와 같이 그 부인은 나형외도 제자들의 처소에서 모욕당하고 다시 사위성으로 돌아왔다. 딸은 어머니 처소에 다시 사자를 보내어 말하였다.

“나는 진실로 피곤하고 괴롭습니다. 오직 1개월은 신부의 일을 시켰고, 그 뒤에는 곧 노비의 일을 시켰습니다. 어머니께서 오셔서 나를 데리고 돌아가세요.”

그 취락의 부인은 장로 우타이의 처소에 이르러서 말하였다.

“대덕이여. 내 딸은 진실로 피곤하고 괴롭습니다. 오직 1개월은 신부의 일을 하였고, 그 뒤에는 곧 노비의 일을 하였습니다. 대덕께서 가시어 ‘그대들은 이 여인에게 노비의 일을 시키지 말고, 마땅히 신부의 일을 시키시오.’라고 알리세요.”

이때 장로 우타이는 나형외도 제자의 처소에 이르러서 말하였다.

“현자들이여. 그대들은 이 여인에게 노비의 일을 시키지 말고, 마땅히 신부의 일을 시키시오.”

그들이 대답하여 말하였다.

“우리들에게 시집을 왔으니, 그대와 관련이 없소. 우리들에게 시집을 왔으므로, 곧 취락의 여인들과 함께 지낼 것이오. 그대는 사문이고 사문은 일을 경영하지 않아야 좋은 사문입니다. 우리들은 그대를 알지 못하니 떠나시오.”

이와 같이 우타이는 나형외도 제자들의 처소에서 모욕당하고 다시 사위성으로 돌아왔다. 딸은 어머니 처소에 세 번째로 사자를 보내어 말하였다.

"나는 진실로 피곤하고 괴롭습니다. 오직 1개월은 신부의 일을 시켰고, 그 뒤에는 곧 노비의 일을 시켰습니다. 어머니가 오셔서 나를 데리고 돌아가세요."

그 취락의 부인은 장로 우타이의 처소에 이르러서 말하였다.

"대덕이여. 내 딸은 진실로 피곤하고 괴롭습니다. 오직 1개월은 신부의 일을 하였고, 그 뒤에는 곧 노비의 일을 하였습니다. 대덕께서 가시어 '그대들은 이 여인에게 노비의 일을 시키지 말고, 마땅히 신부의 일을 시키시오.'라고 알리세요."

장로 우타이가 말하였다.

"이전에 나도 역시 나형외도 제자들에게 모욕당했소. 대자가 청하더라도 나는 갈 수 없소."

1-4 그때 그 부인은 싫어하면서 비난하였다.

"오히려 내 딸은 악한 시아버지와 시어머니 및 남편의 인연으로 진실로 피곤하고 괴롭다. 대덕 우타이도 역시 마땅히 이와 같이 피곤하고 괴로워서 즐거움이 없어야 한다."

여인의 딸도 역시 싫어하고 비난하여 말하였다.

"오히려 나는 악한 시아버지와 시어머니 및 남편의 인연으로 진실로 피곤하고 괴롭다. 대덕 우타이도 역시 마땅히 이와 같이 피곤하고 괴로워서 즐거움이 없어야 한다."

다른 여인들도 역시 시아버지와 시어머니 및 남편에게 만족하지 못하면 저주하여 말하였다.

"오히려 우리들은 악한 시아버지와 시어머니 및 남편의 인연으로 진실로 피곤하고 괴롭다. 대덕 우타이도 역시 마땅히 이와 같이 피곤하고 괴로워서 즐거움이 없어야 한다."

그러나 여인 가운데에서 시아버지와 시어머니 및 남편에게 만족하였다면 이와 같이 발원하였다.

"오히려 우리들은 좋은 시아버지와 시어머니 및 남편의 인연으로 행복하고 쾌락하다. 대덕 우타이도 역시 마땅히 이와 같이 행복하고 쾌락해야 한다."

1-5 여러 비구들은 여인들의 저주와 발원을 들었다. 그 비구들의 가운데에서 욕망이 적은 자들도 역시 싫어하고 비난하여 말하였다.

"무슨 까닭으로 장로 우타이는 사람을 중매하였는가?"

여러 비구들은 이 일로써 세존께 아뢰었다. 이때 세존께서는 이 인연으로써 여러 비구들을 모으셨으며, 장로 우타이에게 물어 말씀하셨다.

"우타이여. 그대가 진실로 중매하였는가?"

"진실로 그렇습니다. 세존이시여."

세존께서는 꾸짖으셨다.

"어리석은 사람이여. 어찌하여 그대는 중매하였는가? 어리석은 사람이여. 이것은 상응하는 법이 아니고 수순하는 행이 아니며 위의가 아니고 사문의 행이 아니며 청정한 행이 아니고 마땅히 할 것이 아니니라. 어리석은 사람이여. 이것은 오히려 믿지 않는 자는 신심이 생겨나지 않게 하고, …… 나아가 …… 이미 믿었던 자는 일부가 전전하여 다른 곳으로 향하여 떠나가게 하느니라."

이와 같이 세존께서는 여러 종류의 방편으로써 장로 우타이를 꾸짖고서 뒤에 부양이 어렵고 가르치고 양육함이 어려우며, …… 나아가 …… 여러 비구들을 위하여 적절한 법을 수순하여 설하신 뒤에 여러 비구들에게 알려 말씀하셨다.

"여러 비구들이여. 나는 열 가지의 이익을 까닭으로써 여러 비구들을 위하여 학처를 제정하겠나니, 그대들은 마땅히 이와 같이 학처를 송출할지니라.

'어느 누구의 비구일지라도 중매자가 되어서 곧 여인을 위하여 남자의 뜻을 전달하였거나, 혹은 남자를 위하여 여인의 뜻을 전달하였거나, 혹은 부부를 이루어지게 하였거나, 혹은 정인(情人)을 이루어지게 하는 자는 승잔을 범하느니라.'"

2-1 그때 많은 노름꾼의 무리가 원림의 가운데에서 유희하면서 사자를 보내어 유녀(遊女)를 불렀다.

"우리들은 원림의 가운데에 있으니 와서 오락하기를 청하오."

그녀가 말하였다.

"여러 현자들이여. 나는 그대들이 어떠한 사람이고 누구 집의 아들인가를 알지 못합니다. 나에게는 수용한 물건과 살림살이가 많이 있는데, 어찌 시가지의 밖으로 나가겠습니까? 나는 마땅히 가지 않겠습니다."

이와 같이 사자를 보내어 여러 노름꾼들에게 이렇게 말하였다. 이와 같이 알리는 때에 한 사람이 여러 노름꾼들을 마주하고서 말하였다.

"여러 현자들이여. 그대들은 어찌하여 유녀를 구하는가? 여러 현자들이여. 마땅히 우타이에게 말한다면 우타이가 마땅히 오게 보낼 것이오."

이와 같이 말하는 때에 한 우바새가 말하였다.

"현자여 이렇게 말하지 마시오. 이와 같은 일은 사문의 처소에서 마땅하지 않습니다."

이와 같이 "마땅히 할 것이오.", "마땅히 하지 않을 것이오."라고 말하는 때에 그것을 내기하였다. 이 노름꾼들은 장로 우타이의 처소에 이르러 이와 같이 말하였다.

"대덕이여. 우리들이 원림의 가운데에서 유희하고 있습니다. 사자를 어느 유녀의 처소에 보내어 '우리들은 원림의 가운데에 있으니 와서 오락하기를 청하오.'라고 말하였는데, 그녀가 '여러 현자들이여. 나는 그대들이 어떠한 사람이고 누구 집의 아들인가를 알지 못합니다. 나에게는 수용한 물건과 살림살이가 많이 있는데, 어찌 시가지의 밖으로 나가겠습니까? 나는 마땅히 가지 않겠습니다.'라고 말하였습니다. 원하건대 대덕께서 시켜서 그녀가 오게 하십시오."

장로 우타이는 유녀의 처소에 이르러 말하였다.

"그대는 무슨 까닭으로 어느 곳에 가지 않는가?"

"대덕이여. 나는 그들이 어떠한 사람이고 누구 집의 아들인가를 알지 못합니다. 나에게는 수용한 물건과 살림살이가 많이 있는데, 어찌 시가지의 밖으로 나가겠습니까? 나는 마땅히 가지 않겠습니다."

"내가 그들을 알고 있소. 곧 그곳에 가시오."

"대덕께서 만약 그들을 아신다면 마땅히 가겠습니다."

이와 같이 그 노름꾼들에게 이끌려서 유녀는 그들의 원림의 가운데로 갔다.

2-2 그때 그 우바새들은 싫어하고 비난하였다.

"무슨 까닭으로 대덕 우타이는 한때를 위하여 중매하는가?"

그 비구들의 가운데에서 욕망이 적은 자들도 역시 싫어하고 비난하여 말하였다.

"무슨 까닭으로 장로 우타이는 한때를 위하여 중매하는가?"

여러 비구들은 이 일로써 세존께 아뢰었다. 이때 세존께서는 이 인연으로써 여러 비구들을 모으셨으며, 장로 우타이에게 물어 말씀하셨다.

"우타이여. 그대가 진실로 한때를 위하여 중매하였는가?"

"진실로 그렇습니다. 세존이시여."

세존께서는 꾸짖으셨다.

"어리석은 사람이여. 그대는 무슨 까닭으로 중매하였는가? 어리석은 사람이여. 이것은 상응하는 법이 아니고 수순하는 행이 아니며 …… 집착을 없애라고 설법하였고 집착이 있으라고 설법하지 않았느니라. 어리석은 사람이여. 이것은 오히려 믿지 않는 자는 신심이 생겨나지 않게 하고, …… 나아가 …… 이미 믿었던 자는 일부가 전전하여 다른 곳으로 향하여 떠나가게 하느니라."

이와 같이 세존께서는 여러 종류의 방편으로써 장로 우타이를 꾸짖고서 뒤에 부양이 어렵고 가르치고 양육함이 어려우며, …… 나아가 …… "여러 비구들이여. 나는 열 가지의 이익을 까닭으로써 여러 비구들을 위하여 학처를 제정하겠나니, 그대들은 마땅히 이와 같이 학처를 송출할지니라.

'어느 누구의 비구일지라도 중매자가 되어서 곧 여인을 위하여 남자의 뜻을 전달하였거나, 혹은 남자를 위하여 여인의 뜻을 전달하였거나, 혹은 부부를 이루어지게 하였거나, 혹은 정인(情人)을 이루어지게 하면서 비록 한때의 관계일지라도 역시 승잔을 범하느니라.'"

3-1 '어느 누구'는 어느 태어난 곳의 이유, …… 혹은 중간의 법랍이었다면 이것을 '어느 누구'라고 말한다.

'비구'는 구걸하는 비구이니, 일을 쫓아서 걸식하는 비구, …… 곧 이것에서 '비구'의 뜻이라고 말하는 것이다.

'중매하다.'는 여인을 남자의 처소에 보내어 이르게 하거나, 혹은 남자를 여인의 처소에 보내어 이르게 하는 것이다.

'여인을 위하여 남자의 뜻을 전하다.'는 남자의 감정(情)을 가지고 여인에게 알리는 것이다.

'남자를 위하여 여인의 뜻을 전하다.'는 여인의 감정을 가지고 남자에게 알리는 것이다.

'혹은 부부를 이루어지게 하다.'는 바로 부부를 이루어지게 하는 것이다.

'혹은 정인을 이루어지게 하다.'는 애정(愛情)을 이루어지게 하는 것이다.

'비록 한때'는 한 때의 아내가 되게 하는 것이다.

'승잔'은 승가 대중을 마주하고서 그 죄에 별주를 주어서 그 죄를 되돌려서 본래로 돌아오게 하거나, …… 그 죄가 모였던 것을 마주하고서 같은 뜻과 말로 갈마하는 것이다. 이러한 까닭으로 승잔이라고 이름한다.

4-1 10종류의 여인이 있나니, 어머니의 보호(母護), 아버지의 보호(父護), 부모의 보호(父母護), 형제의 보호(兄護), 자매의 보호(姉護), 종친의 보호(宗親護), 족성의 보호(姓護), 법의 보호(法護), 자신의 보호(自護), 형벌의 보호(罰護) 등이다.

10종류의 여인이 있나니, 사서 얻은 아내(買得), 즐겁게 머무르는 아내

(樂住), 고용되어 머무르는 아내(雇住), 옷과 물건으로 머무르는 아내(衣物), 물로 얻는 아내(水得), 반지로 얻은 아내(鐶得), 노비를 취한 아내(婢取), 일꾼이었던 아내(執作), 포로인 아내(俘虜婦), 잠시 머무르는 아내(暫住婦) 등이 있다.

4-2 '어머니의 보호녀'는 어머니가 보호하고 감독하며 지배하는 여인이다.

'아버지의 보호녀'는 아버지가 보호하고 감독하며 지배하는 여인이다.

'부모의 보호녀'는 아버지와 어머니가 보호하고 감독하며 지배하는 여인이다.

'형제의 보호녀'는 오빠가 보호하고 감독하며 지배하는 여인이다.

'자매의 보호녀'는 언니가 보호하고 감독하며 지배하는 여인이다.

'종친의 보호녀'는 종친이 보호하고 감독하며 지배하는 여인이다.

'족성의 보호녀'는 종족이 보호하고 감독하며 지배하는 여인이다.

'법의 보호녀'는 법과 같은 사람이 보호하고 감독하며 지배하는 여인이다.

'자신의 보호녀'는 내실에 데리고 들어가서 "이 여인은 나의 소유이고, 나아가 꽃다발로 둘러싸여 있다."라고 말하는 것이다.

'형벌의 보호녀'는 누가 몽둥이를 세운 이유로 "일반적으로 누구누구인 여인의 처소에 이른다면 이 사람에게 마땅히 몽둥이로 벌하겠다."라고 선언하여 말하는 것이다.

4-3 '사서 얻은 아내'는 재물로써 사서 머무르게 하는 것이다.

'즐겁게 머무르는 아내'는 애인에게 애인으로 머무르게 하는 것이다.

'고용되어 머무르는 아내'는 물건을 주어서 그녀를 머무르게 하는 것이다.

'옷과 물건으로 머무르는 아내'는 옷과 물건을 주어서 그녀를 머무르게 하는 것이다.

'물로 얻는 아내'는 발우로 물과 접촉하여 그녀를 머무르게 하는 것이다.

'반지로 얻은 아내'는 반지를 취하여 떠나가서 그녀를 머무르게 하는 것이다.

'노비를 취한 아내'는 이미 노비였는데 또한 아내로 삼는 것이다.
'일꾼이었던 아내'는 이미 일꾼이었는데, 또한 아내로 삼는 것이다.
'포로인 아내'는 포로 가운데에서 취하여 왔던 아내이다.
'잠시 머무르는 아내'는 한 때의 아내이다.

4-4 남자가 비구에게 사자를 보내어 "대덕께서 어느 어머니가 보호하는
여인에게 가시어 '그대는 마땅히 어느 사람이 사서 얻은 아내로 되겠는가?'
라고 말하십시오."라고 말하게 하였고, 만약 비구가 그의 말을 받아들여서
가서 그녀에게 말하였고, 그녀의 말을 받아서 돌아왔다면, 알려주는 자는
승잔을 범한다.

　남자가 비구에게 사자를 보내어 "대덕께서 어느 아버지가 보호하는
여인에게, …… 나아가 …… 어느 부모가 보호하는 여인에게, …… 나아가
…… 어느 형제가 보호하는 여인에게, …… 나아가 …… 어느 자매가
보호하는 여인에게, …… 나아가 …… 어느 종친이 보호하는 여인에게,
…… 나아가 …… 어느 족성이 보호하는 여인에게, …… 나아가 ……
어느 법이 보호하는 여인에게, …… 나아가 …… 자신이 보호하는 여인에
게, …… 나아가 …… 어느 형벌이 보호하는 여인에게 '그대는 마땅히
어느 사람이 사서 얻은 아내로 되겠는가?'라고 말하십시오."라고 말하게
하였고, 만약 비구가 그의 말을 받아들여서 가서 그녀에게 말하였고,
그녀의 말을 받아서 돌아왔다면, 알려주는 자는 승잔을 범한다.

[적요구(摘要句)를 마친다.]

　남자가 비구에게 사자를 보내어 "대덕께서 어느 어머니와 아버지가
보호하는 여인에게 가시어 '그대는 마땅히 어느 사람이 사서 얻는 아내로
되겠는가?'라고 말하십시오."라고 하였고, 만약 비구가 그의 말을 받아들
여서 가서 그녀에게 말하였고, 그녀의 말을 받아서 돌아왔다면, 알려주는
자는 승잔을 범한다.

남자가 비구에게 사자를 보내어 "대덕께서 어느 어머니와 아버지가 보호하는 여인에게, …… 나아가 …… 어느 어머니와 어느 부모가 보호하는 여인에게, …… 나아가 …… 어느 어머니와 어느 형벌이 보호하는 여인에게 '그대는 마땅히 어느 사람이 사서 얻는 아내로 되겠는가?'라고 말하게 하였고, …… 나아가 …… 그녀의 말을 받아서 돌아왔다면, 알려주는 자는 승잔을 범한다.

[분단장을 마친다.]

남자가 비구에게 사자를 보내어 "대덕께서 어느 부모가 보호하는 여인과 어느 부모가 보호하는 여인에게, …… 나아가 …… 어느 부모가 보호하는 여인과 어느 어머니가 보호하는 여인에게, …… 나아가 …… '그대는 마땅히 어느 사람이 사서 얻는 아내로 되겠는가?'라고 말하게 하였고, …… 나아가 …… 그녀의 말을 받아서 돌아왔다면 알려주는 자는 승잔을 범한다.

[생략결합근장을 마친다.]

남자가 비구에게 사자를 보내어 "대덕께서 어느 형벌이 보호하는 여인과 어느 부모가 보호하는 여인에게, …… 나아가 …… 어느 형벌이 보호하는 여인과 자신이 보호하는 여인에게, …… 나아가 …… '그대는 마땅히 어느 사람이 사서 얻는 아내로 되겠는가?'라고 말하게 하였고, …… 나아가 …… 그녀의 말을 받아서 돌아왔다면, 알려주는 자는 승잔을 범한다.

[일근장을 마친다.]

◇ 이와 같이 2근, 3근, 나아가 9근도 이와 같이 그것을 설한다. 이것이 10근의 법을 삼는다.

남자가 비구에게 사자를 보내어 "대덕께서 어느 어머니가 보호하는 여인과 어느 아버지가 보호하는 여인에게, …… 나아가 …… 어느 형벌이 보호하는 여인과 자신이 보호하는 여인에게 '그대는 마땅히 어느 사람이 사서 얻는 아내로 되겠는가?'라고 말하게 하였고, …… 나아가 …… 그녀의 말을 받아서 돌아왔다면, 알려주는 자는 승잔을 범한다.

[매득녀장(買得女章)을 마친다.]

4-5 남자가 비구에게 사자를 보내어 "대덕께서 어느 어머니가 보호하는 여인에게 가시어 '그대가 어느 사람을 위하여 즐거이 머무르는 아내가 되겠는가?'라고, …… 나아가 …… '그대가 어느 사람을 위하여 고용되는 아내가 되겠는가?'라고, …… 나아가 …… '그대가 어느 사람을 위하여 잠시 머무는 아내가 되겠는가?'라고 말하게 하였고, 만약 비구가 그의 말을 받아들여서 가서 그녀에게 말하였고, 그녀의 말을 받아서 돌아왔다면, 알려주는 자는 승잔을 범한다.

남자가 비구에게 사자를 보내어 "대덕께서 어느 어머니가 보호하는 여인과 어느 아버지가 보호하는 여인에게, …… 나아가 …… 어느 형벌이 보호하는 여인과 자신이 보호하는 여인에게, …… 나아가 …… '그대가 어느 사람을 위하여 잠시 머무는 아내가 되겠는가?'라고 말하게 하였고, …… 나아가 …… 그녀의 말을 받아서 돌아왔다면, 알려주는 자는 승잔을 범한다.

[잠주부장(暫住婦章)을 마친다.]

4-6 남자가 비구에게 사자를 보내어 "대덕께서 어느 어머니가 보호하는 여인에게 가시어 '그대가 어느 사람을 위하여 사서 얻는 아내가 되겠는가?' 라고 하였고, 만약 비구가 그의 말을 받아들여서 가서 그녀에게 말하였고, 그녀의 말을 받아서 돌아왔으며, 알려주는 자는 승잔을 범한다.

남자가 비구에게 사자를 보내어 "대덕께서 어느 어머니가 보호하는 여인에게, …… 나아가 …… '그대가 어느 사람을 위하여 즐겁게 머무는 아내가 되겠는가?'라고, …… 나아가 …… '그대가 어느 사람을 위하여 고용되어 머무는 아내가 되겠는가?'라고, …… 나아가 …… '그대가 어느 사람을 위하여 잠시 머무는 아내가 되겠는가?'라고 말하게 하였고, …… 나아가 …… 그녀의 말을 받아서 돌아왔으며, 알려주는 자는 승잔을 범한다.

[적요구를 마친다.]

◇ 이것으로 10근의 법을 삼는다.

4-7 남자가 비구에게 사자를 보내어 "대덕께서 어느 어머니가 보호하는 여인에게 가시어 '그대가 어느 사람을 위하여 사서 얻는 아내가 되겠는가?'라고 말하였고, …… 나아가 …… 알려주는 자는 승잔을 범한다.

남자가 비구에게 사자를 보내어 "대덕께서 어느 어머니가 보호하는 여인과 아버지가 보호하는 여인에게 '그대가 어느 사람을 위하여 사서 얻는 아내가 되겠는가? 그대가 어느 사람을 위하여 즐겁게 머무는 아내가 되겠는가?'라고 말하게 하였고, …… 나아가 …… 알려주는 자는 승잔을 범한다.

남자가 비구에게 사자를 보내어 "대덕께서 어느 어머니가 보호하는 여인과 어느 어머니와 아버지가 보호하는 여인, 어느 부모가 보호하는 여인에게 '그대가 어느 사람을 위하여 즐겁게 머무는 아내가 되겠는가? 그대가 어느 사람을 위하여 고용되어 머무르는 아내가 되겠는가?'라고 말하게 하였고, …… 나아가 …… 알려주는 자는 승잔을 범한다.

남자가 비구에게 사자를 보내어 "대덕께서 어느 어머니가 보호하는 여인과 아버지가 보호하는 여인과, …… 어느 형벌이 보호하는 여인에게 '그대가 어느 사람을 위하여 즐겁게 머무는 아내가 되겠는가?'라고, ……

'그대가 어느 사람을 위하여 사서 얻는 아내가 되겠는가? 그대가 어느 사람을 위하여 잠시 머무는 아내가 되겠는가? 그대가 어느 사람을 위하여 고용되어 머무르는 아내가 되겠는가?'라고 말하게 하였고, …… 나아가 …… 알려주는 자는 승잔을 범한다.

[양변관설장(兩邊關說章)을 마친다.]

4-8 남자의 어머니가 비구에게 사자를 보내어, …… 나아가 …… 남자의 아버지가 비구에게 사자를 보내어, …… 나아가 …… 남자의 부모가 비구에게 사자를 보내어, …… 나아가 …… 남자의 형제가 비구에게 사자를 보내어, …… 나아가 …… 남자의 자매가 비구에게 사자를 보내어, …… 나아가 …… 남자의 종친이 비구에게 사자를 보내어, …… 나아가 …… 남자의 족성이 비구에게 사자를 보내어, …… 나아가 …… 남자의 동법(同法)인 사람이 비구에게 사자를 보내어, …… 나아가 …… "대덕께서 어느 어머니가 보호하는 여인에게 가시어 '그대가 어느 사람을 위하여 사서 얻는 아내가 되겠는가?'라고 말하게 하였고, ……" 알려주는 자는 승잔을 범한다.

4-9 어머니의 보호를 받는 여인의 어머니가 비구에게 사자를 보내어 "대덕께서 어느 어머니가 보호하는 여인에게 가시어 '그대가 어느 사람을 위하여 사서 얻는 아내가 되겠는가?'라고 말하게 하였고, …… 나아가 ……" 알려주는 자는 승잔을 범한다.

어머니의 보호를 받는 여인의 어머니가 비구에게 사자를 보내어 "대덕께서 어느 여인에게 가시어 '그대가 어느 사람을 위하여 사서 얻는 아내가 되겠는가?'라고, …… 나아가 …… '그대가 어느 사람을 위하여 즐겁게 머무는 아내가 되겠는가?'라고, …… 나아가 …… '그대가 어느 사람을 위하여 잠시 머무는 아내가 되겠는가?'라고, …… 나아가 ……" 알려주는 자는 승잔을 범한다.

[적요구를 마친다.]

◇ 이것으로 10근의 법을 삼는다.

어머니의 보호를 받는 여인의 어머니가 비구에게 사자를 보내어 "대덕께서 어느 여인에게 가시어 '그대가 어느 사람을 위하여 사서 얻는 아내가 되겠는가? 그대가 어느 사람을 위하여 즐겁게 머무는 아내가 되겠는가? 그대가 어느 사람을 위하여 잠시 머무는 아내가 되겠는가?'라고 말하게 하였고, …… 나아가 ……" 알려주는 자는 승잔을 범한다.

4-10 아버지의 보호를 받는 여인의 아버지가 비구에게 사자를 보내어, …… 나아가 …… 부모의 보호를 받는 여인의 부모가 비구에게 사자를 보내어, …… 나아가 …… 형제의 보호를 받는 여인의 형제가 비구에게 사자를 보내어, …… 나아가 …… 자매의 보호를 받는 여인의 자매가 비구에게 사자를 보내어, …… 나아가 …… 종친의 보호를 받는 여인의 종친이 비구에게 사자를 보내어, …… 나아가 …… 종족의 보호를 받는 여인의 종족이 비구에게 사자를 보내어, …… 나아가 …… 법의 보호를 받는 여인의 법의 집행자가 비구에게 사자를 보내어, …… 나아가 …… 자신의 보호를 받는 여인의 소유자가 비구에게 사자를 보내어, …… 나아가 …… 형벌의 보호를 받는 형벌의 집행자가 비구에게 사자를 보내어 "대덕께서 어느 여인에게 가시어 '그대가 어느 사람을 위하여 사서 얻는 아내가 되겠는가?', …… '그대가 어느 사람을 위하여 사서 얻는 아내가 되겠는가? 그대가 어느 사람을 위하여 즐겁게 머무르는 아내가 되겠는가? 그대가 어느 사람을 위하여 잠시 머무는 아내가 되겠는가?'라고 말하게 하였고, ……" 알려주는 자는 승잔을 범한다.

4-11 어머니의 보호를 받는 여인이 비구에게 사자를 보내어 "대덕께서 누구와 누구에게 가시어 '내가 어느 사람을 위하여 사서 얻는 아내가

되겠습니다.'라고 말하게 하였고, …… 나아가 ……" 알려주는 자는 승잔을
범한다.

어머니의 보호를 받는 여인이 비구에게 사자를 보내어 "대덕께서 누구
와 누구에게 가시어 '내가 마땅히 어느 사람을 위하여 즐겁게는 아내가
되겠습니다.'라고 하였고, …… 나아가 …… '내가 어느 사람을 위하여
잠시 머무는 아내가 되겠습니다.'라고, …… 나아가 ……" 알려주는 자는
승잔을 범한다.

[적요구를 마친다.]

어머니의 보호를 받는 여인이 비구에게 사자를 보내어 "대덕께서 누구
와 누구에게 가시어 '내가 어느 사람을 위하여 사서 얻는 아내가 되겠습니
다. 내가 어느 사람을 위하여 즐겁게는 아내가 되겠습니다. 내가 어느
사람을 위하여 즐겁게 머무는 아내가 되겠습니다.'"라고 말하게 하였고,
만약 비구가 그의 말을 받아들여서 가서 그녀에게 말하였고, 그녀의
말을 받아서 돌아왔다면, 알려주는 자는 승잔을 범한다.

[전근장구(全根章句)를 마친다.]

4-12 말을 받았고 말을 전하였으며 돌아와서 알리는 자는 승잔을 범한다.

말을 받았고 말을 전하였으며 돌아와서 알리지 않는 자는 투란차를
범한다.

말을 받았고 말을 전하지 않았으며 돌아와서 알리는 자는 투란차를
범한다.

말을 받았고 말을 전하지 않았으며 돌아와서 알리지 않는 자는 돌길라를
범한다.

말을 받지 않았고 말을 전하였으며 돌아와서 알리는 자는 투란차를
범한다.

말을 받지 않았고 말을 전하였으며 돌아와서 알리지 않는 자는 돌길라를 범한다.

말을 받지 않았고 말을 전하지 않았으며 돌아와서 알리는 자는 돌길라를 범한다.

말을 받지 않았고 말을 전하지 않았으며 돌아와서 알리지 않는 자는 범하지 않는다.

4-13 남자가 여러 비구에게 "대덕들께서 어느 여인에게 가서 말을 전하시오."라고 명령하였고, 여러 비구들이 말을 받았고, 말을 전하였으며 돌아와서 알렸다면 여러 비구들은 승잔을 범한다.

남자가 여러 비구에게 "대덕들께서 어느 여인에게 가서 말을 전하시오."라고 명령하였고, 여러 비구들이 말을 받았고, 여러 비구들이 말을 전하였으며, 한 비구가 돌아와서 알렸다면 여러 비구들은 승잔을 범한다.

남자가 여러 비구에게 "대덕들께서 어느 여인에게 가서 말을 전하시오."라고 명령하였고, 여러 비구들이 말을 받았고, 한 비구가 말을 전하였으며, 모든 비구가 돌아와서 알렸다면 여러 비구들은 승잔을 범한다.

남자가 여러 비구에게 "대덕들께서 어느 여인에게 가서 말을 전하시오."라고 명령하였고, 여러 비구들이 말을 받았고, 한 비구가 말을 전하였으며, 한 비구가 돌아와서 알렸다면 여러 비구들은 승잔을 범한다.

4-14 남자가 비구에게 "대덕께서 어느 여인에게 가서 말을 전하시오."라고 명령하였고, 말을 받았고, 말을 전하였으며 돌아와서 알렸다면 비구는 승잔을 범한다.

남자가 비구에게 "대덕께서 어느 여인에게 가서 말을 전하시오."라고 명령하였고, 말을 받았고, 말을 전하였으며, 제자에게 시켜서 돌아와서 알렸다면 비구는 승잔을 범한다.

남자가 비구에게 "대덕께서 어느 여인에게 가서 말을 전하시오."라고 하였고, 말을 받았고, 제자에게 시켜서 말을 전하였으며, 스스로가 돌아와서 알렸다면 비구는 승잔을 범한다.

남자가 비구에게 "대덕께서 어느 여인에게 가서 말을 전하시오."라고 명령하였고, 말을 받았고, 제자에게 시켜서 말을 전하였으며, 제자가 그것을 전하였고, 다른 사람에게 시켜서 돌아와서 알렸다면 두 사람은 투란차를 범한다.

4-15 가는 때에 말을 받았고 전하면서 알렸으며 돌아오는 때에 알리지 않는 자는 투란차를 범한다. 가는 때에 말을 받지 않았고 돌아오는 때에 말을 받았으며 알리지 않는 자는 투란차를 범한다. 가는 때에 말을 받았고 그것을 말하였는데, 돌아오는 때에 말을 받았고 전하며 알리는 자는 승잔을 범한다.

4-16 승가를 위하여, 탑을 위하여, 병자를 위하여 가서 소임을 처리하였거나, 미쳤던 자이거나, 최초로 범한 자는 범하지 않는다.

5-1 잠자는 여인, 죽은 여인, 외출, 여인이 아닌 것(非女), 황문(黃門), 싸움을 화해시킨 것(鬪爭和解), 황문을 위하여 중매하는 것(爲黃門作媒) 등을 설하는 것이 있다.

5-2 한 남자가 한 비구에게 "대덕께서 어느 여인에게 가서 말하시오."라고 명령하였고, 그 비구가 여러 사람들에게 가서 "어느 여인은 어느 곳에 머무릅니까?"라고 말하였으며, "대덕이여. 잠자고 있습니다."라고 대답하였으나, 그 비구는 마음에 후회가 생겨났다.

"내가 어찌 승잔을 범하지 않았겠는가?"

이 일로써 세존께 아뢰었고, 세존께서는 말씀하셨다.

"비구여. 승잔을 범하지 않았으나, 돌길라를 범하였느니라."

5-3 한 남자가 한 비구에게 명령하여 "대덕께서 어느 여인에게 가서

말하시오."라고 하였고, 그 비구가 여러 사람들에게 가서 "어느 여인은 어느 곳에 머무릅니까?"라고 말하였으며, "대덕이여. 죽었습니다."라고 대답하였다. 그 비구는 마음에 후회가 생겨났고, …… 나아가 …… 세존께서는 말씀하셨다.

"비구여. 승잔을 범하지 않았으나, 돌길라를 범하였느니라."

남자가 한 비구에게 명령하여, …… "대덕이여. 외출하였습니다."라고 대답하였다. 그 비구는 마음에 후회가 생겨났고, …… 나아가 …… 세존께서는 말씀하셨다.

"비구여. 승잔을 범하지 않았으나, 돌길라를 범하였느니라."

남자가 한 비구에게 명령하여, …… "대덕이여. 여인이 아닙니다."라고 대답하였다. 그 비구는 마음에 후회가 생겨났고, …… 나아가 …… 세존께서는 말씀하셨다.

"비구여. 승잔을 범하지 않았으나, 돌길라를 범하였느니라."

남자가 한 비구에게 명령하여, …… "대덕이여. 여인의 황문입니다."라고 대답하였다. 그 비구는 마음에 후회가 생겨났고, …… 나아가 ……
"비구여. 승잔을 범하지 않았으나, 돌길라를 범하였느니라."

5-4 그때 여인이 남편과 함께 싸우고서 부모의 집으로 갔는데, 공양을 받은 비구가 화해시켰다. 그 비구는 마음에 후회가 생겨났고, 이 일로써 세존께 아뢰었고, 세존께서는 말씀하셨다.

"비구여. 그 여인은 이혼을 당하였는가?"

"세존이시여. 아닙니다."

"비구여. 그 여인이 이혼당하지 않았으니 범하지 않았느니라."

5-5 그때 한 비구가 황문을 위하여 중매하였으나 그 비구는 마음에 후회가 생겨났다.

"내가 어찌 승잔을 범하지 않았겠는가?"

이 일로써 세존께 아뢰었고, 세존께서는 말씀하셨다.

"비구여. 승잔을 범하지 않았으나, 투란차를 범하였느니라."

[다섯 번째의 승잔을 마친다.]

6) 조소사(造小寺) 학처

1-1 그때 세존께서는 왕사성의 가란타죽림원의 가운데에 머무르셨다.

그때 아라비(阿羅毘)의 여러 비구들이 함께 구걸하여 시주자가 없이 스스로가 이치로 방사를 지었는데, 무한(無限)한 자재가 필요하였고, 이 일이 끝나지 않았다. 그들은 매우 많이 구걸하면서 "그대들은 사람을 주십시오. 그대들은 기술자를 주십시오. 소를 주십시오. 수레를 주십시오. 칼을 주십시오. 도끼를 주십시오. 괭이를 주십시오. 톱을 주십시오. 넝쿨을 주십시오. 대나무를 주십시오. 문야초(文若草)를 주십시오. 바바초(婆婆草)를 주십시오. 풀을 주십시오. 흙을 주십시오."라고 말하였다.

여러 거사들에게 이것을 구걸하여 구하면서 번뇌시켰다. 여러 비구들을 보면 곧 두렵고 당황스러워 혹은 다른 길로 달아났고, 혹은 반대로 피하여 갔으며, 혹은 문을 닫았고, 소를 보고서 비구라고 잘못 생각하여 빠르게 달아났다.

이때 장로 대가섭(大迦葉)[8]은 왕사성에서 안거를 마치고 아라비를 향하여 떠나갔다. 점차 유행(遊行)하여 아라비에 이르렀고, 이 장로 대가섭은 아라비의 아가라바탑묘(阿伽羅婆塔廟)[9]의 가운데에 머물렀다. 이때 장로 대가섭은 이른 아침에 하의를 입고 옷과 발우를 지니고서 걸식하려는 인연으로 아라비읍으로 들어갔다.

여러 거사들은 장로 대가섭을 보고서 두렵고 당황스러워서 혹은 다른

---

8) 팔리어 mahākassapa(마하까싸파)의 음사이다.
9) 팔리어 aggālava cetiya(아까라바 체티야)의 음사로, aggālava는 지명이고 cetiya 는 제저(制底)를 나타낸다.

길로 달아났고, 혹은 반대로 피하여 갔으며, 혹은 문을 닫았고, 소를 보고서 비구라고 잘못 생각하여 빠르게 달아났다. 이와 같이 장로 대가섭은 아라비읍을 다니면서 걸식하였다. 음식을 먹고서 걸식에서 돌아와서 여러 비구들에게 말하였다.

"장로들이여. 본래 이 아라비는 풍요롭고 걸식이 쉬웠습니다. 보시하여 주었던 음식에 의지하여도 생활이 넉넉하고 쉬웠습니다. 그러나 지금의 아라비는 기근으로 음식을 얻는 것이 어렵고, 보시하여 주었던 음식에 의지하는 생활이 쉽지 않습니다. 장로들이여. 무슨 인연으로써 이 아라비는 기근으로 음식을 얻는 것이 어렵고, 보시하여 주었던 음식에 의지하는 생활이 쉽지 않습니까?"

이때 여러 비구들은 이 일로써 장로 대가섭에게 알렸다.

1-2 그때 세존께서는 뜻을 따라서 왕사성에 머무르셨고, 아라비를 향하여 유행하셨다. 점차 유행하여 아라비에 이르렀고, 세존께서는 아라비의 아가라바탑묘의 가운데에 머물렀다. 이때 장로 대가섭은 세존의 처소에 이르러 세존의 발에 예경하고서 한쪽에 앉았다. 앉고서 장로 대가섭은 이 일로써 세존께 아뢰었다. 이때 세존께서는 이 인연으로써 여러 비구들을 모으셨으며, 아라비의 여러 비구들에게 물어 말씀하셨다.

"여러 비구들이여. 그대들이 진실로 시주자가 없이 스스로가 이치로 함께 방사를 지으면서 무량한 자재가 필요하였고, 이러한 일을 결국 끝내지 못하였는가? 그대들이 그 거사들을 향하여 매우 많이 구걸하면서 '그대들은 사람을 주십시오. 그대들은 기술자를 주십시오. 소를 주십시오. …… 풀을 주십시오. 흙을 주십시오.'라고 말하였고, …… 소를 보고서 비구라고 잘못 생각하여 빠르게 달아나게 하였는가?"

"진실로 그렇습니다. 세존이시여."

세존께서는 꾸짖으셨다.

"그대들 어리석은 사람들이여. 무슨 까닭으로 시주자가 없이 스스로가 이치로 함께 방사를 지으면서, …… '그대들은 사람을 주십시오. ……

흙을 주십시오.'라고 말하였고, …… 소를 보고서 비구라고 잘못 생각하여
빠르게 달아나게 하였는가? 어리석은 사람들이여. 이것은 상응하는 법이
아니고, …… 이미 믿었던 자는 일부가 전전하여 다른 곳으로 향하여
떠나가게 하느니라."

　…… 나아가 …… 여러 비구들을 위하여 적절한 법을 수순하여 설하신
뒤에 여러 비구들에게 알려 말씀하셨다.

1-3 "여러 비구들이여. 과거의 세상에서 두 형제인 선인(仙人)이 있었고
항하(恒河)[10]의 주변에 머물렀느니라. 이때 용왕은 마니건다(摩尼犍大)[11]
라고 이름하였는데, 항하를 건너와서 동생인 선인의 처소를 둥글게 일곱
겹으로 휘감았고, 둥글고 둥근 고리(環)로 그들을 감쌌으며, 큰 낫의
모양을 이루고 그의 머리 위에 서 있었느니라.

　여러 비구들이여. 동생인 선인은 그 용왕을 두려워하여서 형체가 마르
고 여위었으며 용모가 초췌하였고 힘줄과 핏줄이 모두 드러났다. 형인
선인은 동생인 선인이 형체가 마르고 여위었으며 용모가 초췌하였고
힘줄과 핏줄이 모두 드러난 것을 마주하고서 그에게 말하였다.

　"그대는 무슨 까닭으로 형체가 마르고 여위었으며 용모가 초췌하였고
힘줄과 핏줄이 모두 드러났는가?"

　"선인이여. 이 마니건다 용왕은 항하를 건너와서 나의 처소에 이르렀고,
둥글게 일곱 겹으로 휘감았고, 둥글고 둥근 고리로 그들을 감쌌으며,
큰 낫의 모양을 이루고 나의 머리 위에 서 있었습니다. 그 용왕을 두려워하
여서 형체가 마르고 여위었으며 용모가 초췌하고 힘줄과 핏줄이 모두
드러났습니다."

　"그대는 용왕이 오지 않게 하고자 하는가?"

　"선인이여. 나는 용왕이 오지 않게 하고자 합니다."

　"그대는 용왕의 무슨 물건을 보았는가?"

---

10) 팔리어 gaṅga(강가)의 음사이다.
11) 팔리어 maṇikaṇṭha(마니칸타)의 음사이다.

"선인이여. 나는 용왕의 목에 보주(寶珠)가 장식된 것을 보았습니다."

"그렇다면 그대는 용왕을 향하여 '나에게 마니(摩尼)12)를 주십시오. 나는 마니를 원합니다.'라고 그 마니를 구걸하게."

이때 마니건다 용왕은 항하를 건너와서 선인의 처소에 이르렀고, 한쪽에 서 있었다. 용왕이 한쪽에 서 있었으므로 동생 선인은 이와 같이 말하였다.

"나에게 마니를 주십시오. 나는 마니를 원합니다."

여러 비구들이여. 이 마니건다 용왕은 말하였느니라.

"비구가 마니를 구걸한다. 비구가 마니를 원한다."

곧 떠나갔느니라. 마니건다 용왕은 다시 항하를 건너와서 선인의 처소에 이르렀고, …… 동생인 선인은 그 용왕을 마주하고서 말하였다.

"나에게 마니를 주십시오. 나는 마니를 원합니다."

이때 용왕은 말하였다.

"비구가 마니를 구걸한다. 마니를 원한다."

곧 그것을 이유로 처소로 돌아갔다. 용왕은 세 번째로 항하를 건너와서 선인의 처소에 이르렀고, …… 동생인 선인은 그 용왕을 마주하고서 말하였다.

"나에게 마니를 주십시오. 나는 마니를 원합니다."

여러 비구들이여. 이때 마니건다 용왕은 게송으로써 동생 선인에게 말하였다.

나의 풍요로운 음식들은
모두 마니를 이유로 나오는 것이니
그대 탐욕스런 사람에게 주지 않겠고
다시 그대의 처소에 오지 않겠네.

---

12) 팔리어 maṇi(마니)의 음사이다.

　장사(壯士)의 손에 검이 있는데
　내가 지닌 마니를 구걸하니
　그대 탐욕스런 사람에게 주지 않겠고
　다시 그대의 처소에 오지 않겠네.

　여러 비구들이여. 그때 마니건다 용왕은 말하였다.

　"비구가 마니를 구걸한다. 마니를 원한다."

　곧 돌아갔고 다시 오지 않았느니라. 이때 동생인 선인은 그 용왕을 보지 않았으므로 형체가 다시 마르고 여위었으며 용모가 초췌하였고 힘줄과 핏줄이 모두 드러났느니라. 형인 선인은 동생인 선인이 형체가 마르고 여위었으며 용모가 초췌하였고 힘줄과 핏줄이 모두 드러난 것을 마주하고서 그에게 말하였다.

　"그대는 무슨 까닭으로 형체가 다시 마르고 여위었으며 용모가 초췌하였고 힘줄과 핏줄이 모두 드러났는가?"

　"선인이여. 나는 아름다운 용왕을 보지 못한 까닭으로 형체가 마르고 여위었으며 용모가 초췌하고 힘줄과 핏줄이 모두 드러났습니다."

　이때 형인 선인은 동생 선인을 위하여 게송으로써 말하였다.

　사람의 사랑을 구하지 않을 것이니
　탐욕으로 구한다면 미움과 원망이 생겨나고
　범행인이 마니를 구걸하니
　용은 떠나가서 다시 오지 않는다네.

　여러 비구들이여. 그 축생도 역시 진실로 구걸하여 구하는 것을 기뻐하지 않았는데, 하물며 사람이겠는가?"

1-4 "여러 비구들이여. 한 비구가 설산(雪山)의 돌출된 한 우거진 숲에 머물렀느니라. 그 우거진 숲속의 근처에 큰 연못이 있었느니라. 이때

큰 새의 무리들이 낮에는 이 연못에서 먹이를 찾았고 저녁에 깊은 숲으로
가서 잠잤느니라. 여러 비구들이여. 이때 비구는 새들이 요란하게 우는
소리를 듣고 혼란스러워서 나의 처소에 왔고 머리 숙여 예경하고서 한쪽에
앉았느니라. 나는 그를 마주하고서 이와 같이 말하였느니라.

"비구여. 여러 일에 안은하고 견딜 수 있었는가? 걸식은 쉬웠는가?
도로의 오랜 여행에서 피로하지 않았는가? 그대는 어느 곳에서 왔는가?"

"세존이시여. 여러 일은 안은하고 견딜 수 있었습니다. 세존이시여.
걸식은 쉬웠고 도로의 오랜 여행에서 피로하지 않았습니다. 세존이시여.
설산의 돌출된 한 우거진 숲에 머물고 있습니다. 그곳의 근처에 큰 연못이
있는데, 큰 새의 무리들이 낮에는 이 연못에서 먹이를 찾았고 저녁에
우거진 숲으로 잠자려고 돌아갑니다. 세존이시여. 저는 새들이 요란하게
우는 소리를 듣고 혼란스러웠던 까닭으로 그 처소에서 왔습니다."

"비구여. 그대는 그 새들이 오지 않게 하고자 하는가?"

"세존이시여. 저는 새의 무리들이 오는 것을 바라지 않습니다."

"그렇다면 비구여. 그대는 깊은 숲속의 처소로 가서 밤의 초분(初分)[13]
에 세 번을 외쳐 말하게. '이 깊은 숲에 머무르고 있는 새들은 나의
말을 듣게. 나는 그대들의 깃털이 필요하네. 그대들은 각자 나에게 깃털을
주게.' 밤의 중분(中分)[14]에도 역시 세 번을 외쳐 말하게. '이 깊은 숲에
머무르고 있는 새들은 나의 말을 듣게. 나는 그대들의 깃털이 필요하네.
그대들은 각자 나에게 깃털을 주게.' 밤의 후분에도 역시 세 번을 외쳐
말하게. '이 깊은 숲에 머무르고 있는 새들은 나의 말을 듣게. 나는 그대들
의 깃털이 필요하네. 그대들은 각자 나에게 깃털을 주게.'"

여러 비구들이여. 그 비구가 깊은 숲속의 처소로 가서 밤의 초분에
세 번을 외쳐 말하였느니라. '이 깊은 숲에 머무르고 있는 새들은 나의
말을 들으시오. 나는 그대들의 깃털이 필요하오. 그대들은 각자 나에게
깃털을 주시오.' 밤의 중분에도 역시, …… 밤의 후분에도 역시, ……

---

13) 저녁 6시에서 10시를 가리킨다.
14) 밤 10시부터 새벽 2시를 가리킨다.

'그대들은 각자 나에게 깃털을 주시오.'"

이때 그 여러 새들은 비구가 깃털을 구걸하였고, 비구가 깃털을 원하였던 인연으로 이 깊은 숲을 버리고 떠나갔고, 이곳을 떠난 뒤에 다시 돌아오지 않았느니라. 여러 비구들이여. 그 축생도 역시 진실로 구걸하여 구하는 것을 기뻐하지 않았는데, 하물며 사람이겠는가?"

1-5 "여러 비구들이여. 훌륭한 가문(家門)의 뇌타바라(賴吒婆羅)[15]의 아버지가 뇌타바라를 마주하고서 게송으로써 말하였느니라.

　그 대중들이 나는 알지 못하여도
　그들도 또한 나에게 구걸하는데
　그대가 나의 자식인데도
　무슨 까닭으로 와서 구걸하지 않는가?

　구걸하는 자는 사랑하지 않아서
　얻지 못하면 곧 원망하므로
　따라서 나는 그대에게 구걸하지 않으니
　나에게 원망하지 마십시오.

여러 비구들이여. 그 뇌타바라도 진실로 훌륭한 가문의 아들이고, 자기의 아버지를 마주하고서 이와 같이 말하였는데, 하물며 사람이겠는가?"

1-6 "여러 비구들이여. 여러 거사들의 재산들은 모으기도 어렵고 지키기도 어려우니라. 어리석은 사람들이여. 그대들은 진실로 이와 같이 모으기도 어렵고 지키기도 어려운 재산들을 많이 구걸하여 머무르면서 '그대들은

---

15) 팔리어 raṭṭhapāla(라따파라)의 음사이다.

사람을 주십시오. 그대들은 기술자를 주십시오. 소를 주십시오. ……
풀을 주십시오. 흙을 주십시오.'라고 말하였는가? 어리석은 사람들이여.
이것은 오히려 믿지 않는 자는 신심이 생겨나지 않게 하고, 이미 믿었던
자는 일부가 전전하여 다른 곳으로 향하여 떠나가게 하느니라."

이와 같이 세존께서는 여러 종류의 방편으로써 여러 비구들을 꾸짖고서
뒤에 부양이 어렵고 가르치고 양육함이 어려우며, …… 나아가 …… 여러
비구들을 위하여 적절한 법을 수순하여 설하신 뒤에 여러 비구들에게
알려 말씀하셨다.

"여러 비구들이여. 나는 열 가지의 이익을 까닭으로써 여러 비구들을
위하여 학처를 제정하겠나니, 그대들은 마땅히 이와 같이 학처를 송출할
지니라.

'만약 비구가 스스로가 구걸하여 방사를 지으면서 시주자가 없었고
스스로의 이치인 때라면 마땅히 양과 같게 지어야 한다. 이것에서 말하는
양은 길이가 세존의 12걸수(搩手)[16]이고, 내부의 넓이는 7걸수이다. 마땅
히 여러 비구들이 같이 가서 짓는 곳을 지시(指示)받아야 한다. 마땅히
이 여러 비구들은 어려움이 없는 처소이고, 접근할 수 있는 곳이라면
짓는 처소에 지시해야 하며, 만약 비구가 어려움이 있는 처소이고 접근할
수 없는 곳이라면 짓는 처소를 지시하지 않아야 한다. 스스로가 구걸하여
방사를 지으면서, 혹은 여러 비구들과 같이 가서 짓는 처소를 지시받지
않았거나, 혹은 양을 넘기는 자는 승잔이니라."

2-1 '스스로가 구걸하다.'는 스스로가 구걸하여 사람, 기술자, 도끼, 수레,
…… 나아가 …… 풀, 흙을 구하는 것이다.

'짓다.'는 스스로가 짓거나, 남을 시켜서 짓는 것이다.

'방사(房舍)'는 내부를 발랐던 곳이 있거나, 외부가 역시 발랐던 곳이

---

16) 팔리어 vidatthi(비다띠)의 의역이고, 길이의 단위인 12aṅgula(앙굴라)와 같다.
　　Aṅgula는 엄지손가락 폭이고 대략 1.763㎝와 같으므로, 1걸수는 20.156㎝이다.
　　그러나 중국에서는 이것을 8치(寸, 약 24.5㎝)라고 설명하는 설이 있다.

있거나, 혹은 안과 밖을 균등하게 발랐던 곳이 있는 것이다.

'시주가 없다.'는 다른 어느 누구의 사람이 시주가 없나니, 곧 혹은 남자이거나, 혹은 여인이거나, 혹은 재가자이거나, 혹은 출가자이다.

'스스로의 이치'는 자기를 위하여 짓는 것이다.

'마땅히 양과 같게 지어야 하나니, 이것에서 말하는 양은 길이가 세존의 12걸수이다.'는 바깥쪽의 양을 가리키는 말이다.

'내부의 넓이는 7걸수이다.'는 안쪽의 양을 가리키는 말이다.

2-2 '마땅히 여러 비구들과 같이 가서 짓는 처소를 지시받다.'는 방사를 짓는 비구는 구걸하여 방사를 짓는 때에 마땅히 승가의 가운데에 이르러 오른쪽 어깨를 드러내고 상좌 비구의 발에 예배하고 호궤(胡跪) 합장하고서 이와 같이 아뢰어야 한다.

"여러 대덕들이여. 나는 스스로가 구걸하여 시주자가 없이 스스로의 이치로 방사를 짓고자 합니다. 여러 대덕들이여. 나는 지금 승가께서 짓는 처소를 검사하여 주시기를 애원합니다."

마땅히 두 번째도 애원하여 청하고, 세 번째도 애원하여 청해야 한다. 만약 모든 승가가 능히 짓는 처소를 검사할 수 있다면 모든 승가가 그곳을 검사하고, 만약 모든 승가가 능히 짓는 처소를 검사할 수 없었으며, 애원을 받은 가운데에 총명하고 현명하며 유능한 비구가 있다면 어려움이 있는 곳이라고 알고, 어려움이 없는 곳이라고 알며, 접근할 수 있는 곳이고, 접근할 수 없는 곳을 허락하도록 청해야 한다.

"여러 비구들이여. 마땅히 이와 같이 허락하십시오."

마땅히 한 명의 총명하고 현명하며 유능한 비구는 승가의 가운데에서 창언(唱言)하여 말한다.

"대덕 승가께서는 허락하십시오. 이 누구 비구는 스스로가 구걸하여 시주자가 없이 스스로가 이치로 방사를 짓고자 합니다. 그 비구는 승가가 방사를 짓는 곳을 검사하는 것을 애원하고 있습니다. 만약 승가께서 때에 이르렀다면 승가께서는 누구 비구와 누구 비구가 어느 비구가 방사를

짓는 처소를 검사하도록 허락하십시오. 이와 같이 아룁니다.'

'대덕 승가께서는 허락하십시오. 이 누구 비구는 스스로가 구걸하여 시주자가 없이 스스로가 이치로 방사를 짓고자 합니다. 그 비구는 승가가 방사를 짓는 곳을 검사하는 것을 애원하고 있습니다. 승가는 누구 비구와 누구 비구 등이 누구 비구가 방사를 짓는 처소를 검사하도록 허락하겠습니다. 여러 대덕들께서 누구 비구와 누구 비구가 어느 비구가 방사를 짓는 처소를 검사하는 것을 인정하신다면 묵연(默然)하시고, 인정하지 않으신다면 곧 말씀하십시오.'

'승가시여. 누구 비구와 누구 비구 등이 누구 비구가 방사를 짓는 처소를 검사하도록 하겠습니다. 승가께서 인정하신 것은 묵연하였던 까닭입니다. 나는 이와 같이 알고 이해하겠습니다.'"

그 허락받은 비구는 그 비구가 짓는 처소에 가서 검사하면서 마땅히 어려움이 있는 처소인가를 알아야 하고, 어려움이 없는 처소인가를 알아야 하며, 접근할 수 있는 처소인가를 알아야 하고 접근할 수 없는 처소인가를 알아야 한다. 만약 이러한 어려움이 있고 접근할 수 없다면 마땅히 이곳에 짓지 말라고 말해야 한다. 만약 어려움이 없고, 접근할 수 있다면 마땅히 승가를 마주하고서 어려움이 없고, 접근할 수 있다고 알려야 한다.

그 방사를 짓는 비구는 승가의 가운데에 이르러 오른쪽 어깨를 드러내고 상좌 비구의 발에 예배하고 호궤 합장하고서 이와 같이 아뢰어야 한다.

"여러 대덕들이여. 나는 스스로가 구걸하여 시주자가 없이 스스로가 이치로 방사를 짓고자 합니다. 여러 대덕들이여. 나는 지금 승가께서 짓는 처소를 지시하여 주시기를 애원합니다."

마땅히 두 번째도 애원하여 청하고, 세 번째도 애원하여 청해야 한다.

마땅히 한 명의 총명하고 현명하며 유능한 비구는 승가의 가운데에서 창언하여 말한다.

"대덕 승가께서는 허락하십시오. 이 누구 비구는 스스로가 구걸하여 시주자가 없이 스스로가 이치로 방사를 짓고자 하며, 승가께서 방사를 짓는 처소를 지시하는 것을 애원하고 있습니다. 만약 승가께서 때에 이르렀다면 승가께서는 누구 비구가 방사를 짓는 처소를 지시하여 주십시오. 이와 같이 아룁니다.'

'대덕 승가께서는 허락하십시오. 이 누구 비구는 스스로가 구걸하여 시주자가 없이 스스로가 이치로 방사를 짓고 있으며 승가께서 방사를 짓는 처소를 지시하는 것을 애원하고 있습니다. 만약 승가께서 때에 이르렀다면 승가께서는 누구 비구가 방사를 짓는 처소를 지시하겠습니다. 여러 대덕들께서 누구 비구가 방사를 짓는 처소를 지시하는 것을 인정하신다면 묵연하시고, 인정하지 않으신다면 곧 말씀하십시오.'

'승가시여. 누구 비구가 방사를 짓는 처소를 지시하는 것을 마쳤습니다. 승가께서 인정하신 것은 묵연하였던 까닭입니다. 나는 이와 같이 알고 이해하겠습니다.'"

2-3 '어려움이 있다.'는 혹은 왕개미가 머무는 곳을 말하고, 혹은 흰개미가 머무는 곳을 말하며, 혹은 쥐가 머무는 곳을 말하고, 뱀이 머무는 곳이거나, 전갈이 머무는 곳이거나, 혹은 백족(白足)이 머무는 곳이거나, 코끼리가 머무는 곳이거나, 말이 머무는 곳이거나, 사자가 머무는 곳이거나, 호랑이가 머무는 곳이거나, 표범이 머무는 곳이거나, 곰이 머무는 곳이거나, 하이에나(鬣狗)가 머무는 곳이거나, 이 가운데에 축생이 머무는 곳을 말한다.

혹은 일곱 가지의 곡식이 자라나는 곳이거나, 혹은 일곱 가지의 채소가 자라나는 곳이거나, 혹은 처형하는 곳이거나, 형을 집행하는 곳이거나, 혹은 무덤인 곳이거나, 원림인 곳이거나, 혹은 왕의 땅이거나, 코끼리의 우리이거나, 말의 우리이거나, 감옥이거나, 술집이거나, 도축장이거나, 수레의 도로이거나, 사거리이거나, 집회하는 곳이거나, 가려진 곳 등이니, 이것을 어려움이 있는 곳이라고 말한다.

'접근할 수 없다.'는 소의 수레가 회전할 수 없는 곳이고, 사방을 사다리에서 돌아볼 수 없는 곳이다. 이것을 접근할 수 없다고 말한다.

'어려움이 없다.'는 왕개미가 없는 곳이고, 흰개미가 없는 곳이며, ……
집회하는 곳이 아니고, 가려진 곳이 없는 곳 등이니, 이것을 어려움이
없는 곳이라고 말한다.

'접근할 수 있다.'는 소의 수레가 회전할 수 있는 곳이고, 사방을 사다리
에서 돌아볼 수 있는 곳이다. 이것을 접근할 수 있다고 말한다.

2-4 '스스로가 구걸하다.'는 스스로가 구걸하여 사람, 기술자, 도끼, 수레,
추, 손도끼, 괭이, 끌, …… 나아가 …… 풀, 흙을 구하는 것이다.

'짓다.'는 스스로가 짓거나, 다른 사람을 시켜서 짓는 것이다.

'방사'는 내부를 바른 것이 있거나, 외부를 역시 바른 것이 있거나,
혹은 안과 밖을 균등하게 발랐던 것이 있는 곳이다.

'혹은 여러 비구들과 같이 가서 짓는 곳을 지시받지 않았거나, 혹은
양을 넘기는 자'는 백이갈마로 짓는 곳을 지시받지 않은 이유로, 혹은
길었거나, 혹은 넓었으므로, 그 양을 머리카락의 정도를 넘기면서, 스스로
가 지었거나, 혹은 다른 사람을 시켜서 짓는 자는 매번 짓는 것마다
돌길라를 범한다. 마지막에 이르러 진흙의 한 덩어리를 바르지 않은
자는 투란차를 범하며, 그 진흙의 한 덩어리를 발랐던 자는 승잔을 범한다.

'승잔'은 승가 대중을 마주하고서 그 죄에 별주를 주어서 그 죄를 되돌려
서 본래로 돌아오게 하거나, …… 그 죄가 모였던 것을 마주하고서 같은
뜻과 말로 갈마하는 것이다. 이러한 까닭으로 승잔이라고 이름한다.

3-1 비구가 방사를 지으면서 짓는 처소를 지시받지 않았고, 어려움이
있는 곳이며, 접근할 수 없다면 하나의 승잔과 두 번의 돌길라를 범한다.
비구가 방사를 지으면서 짓는 처소를 지시받지 않았고, 어려움이 있는
곳이며, 접근할 수 있다면 하나의 승잔과 돌길라를 범한다.

비구가 방사를 지으면서 짓는 처소를 지시받지 않았고, 어려움이 없는
곳이며, 접근할 수 없다면 하나의 승잔과 하나의 돌길라를 범한다. 비구가
방사를 지으면서 짓는 처소를 지시받지 않았고, 어려움이 없는 곳이며,

접근할 수 있다면 하나의 승잔을 범한다.

비구가 방사를 지으면서 짓는 처소를 지시받았고, 어려움이 있는 곳이며, 접근할 수 없다면 두 번의 돌길라를 범한다. 비구가 방사를 지으면서 짓는 처소를 지시받았고, 어려움이 있는 곳이며, 접근할 수 있다면 하나의 돌길라를 범한다.

비구가 방사를 지으면서 짓는 처소를 지시받았고, 어려움이 없는 곳이며, 접근할 수 없다면 하나의 돌길라를 범한다. 비구가 방사를 지으면서 짓는 처소를 지시받았고, 어려움이 없는 곳이며, 접근할 수 있다면 범하지 않는다.

3-2 비구가 방사를 지으면서 짓는 양을 넘겼고, 어려움이 있는 곳이며, 접근할 수 없다면 하나의 승잔과 두 번의 돌길라를 범한다. 비구가 방사를 지으면서 짓는 양을 넘겼고, 어려움이 있는 곳이며, 접근할 수 있다면 하나의 승잔과 두 번의 돌길라를 범한다.

비구가 방사를 지으면서 짓는 양을 넘겼고, 어려움이 없는 곳이며, 접근할 수 없다면 하나의 승잔과 하나의 돌길라를 범한다. 비구가 방사를 지으면서 짓는 양을 넘겼고, 어려움이 없는 곳이며, 접근할 수 있다면 하나의 승잔을 범한다.

비구가 방사를 지으면서 양에 알맞고, 어려움이 있는 곳이며, 접근할 수 없다면 두 번의 돌길라를 범한다. 비구가 방사를 지으면서 양에 알맞고, 어려움이 있는 곳이며, 다닐 곳이 있다면 하나의 돌길라를 범한다. 비구가 방사를 지으면서 양에 알맞고, 어려움이 없는 곳이며, 접근할 수 없다면 하나의 돌길라를 범한다. 비구가 방사를 지으면서 양에 알맞고, 어려움이 없는 곳이며, 접근할 수 있다면 범하지 않는다.

3-3 비구가 방사를 지으면서 짓는 처소를 지시받지 않았고, 짓는 양을 넘겼으며, 어려움이 있는 곳이고, 접근할 수 없다면 두 번의 승잔과 두 번의 돌길라를 범한다. 비구가 방사를 지으면서 짓는 처소를 지시받지

않았고, 짓는 양을 넘겼으며, 어려움이 있는 곳이고, 접근할 수 있다면 두 번의 승잔과 하나의 돌길라를 범한다.

비구가 방사를 지으면서 짓는 처소를 지시받지 않았고, 짓는 양을 넘겼으며, 어려움이 없는 곳이고, 접근할 수 없다면 두 번의 승잔과 하나의 돌길라를 범한다. 비구가 방사를 지으면서 짓는 처소를 지시받지 않았고, 짓는 양을 넘겼으며, 어려움이 없는 곳이고, 접근할 수 있다면 두 번의 승잔을 범한다.

3-4 비구가 방사를 지으면서 짓는 처소를 지시받았고, 짓는 양에 알맞으며, 어려움이 있는 곳이고, 접근할 수 없다면 두 번의 돌길라를 범한다. 비구가 방사를 지으면서 짓는 처소를 지시받았고, 짓는 양에 알맞으며, 어려움이 있는 곳이고, 접근할 수 있다면 하나의 돌길라를 범한다.

비구가 방사를 지으면서 짓는 처소를 지시받았고, 짓는 양에 알맞으며, 어려움이 없는 곳이고, 접근할 수 없다면 하나의 돌길라를 범한다. 비구가 방사를 지으면서 짓는 지시를 받았고, 양에 알맞으며, 어려움이 없는 곳이고, 접근할 수 있다면 범하지 않는다.

3-5 비구가 "그대는 나의 방사를 지으시오."라고 명령하였고, 그의 방사를 지으면서 짓는 처소를 지시받지 않았고, 어려움이 있는 곳이며, 접근할 수 없다면 두 번의 돌길라를 범한다.

비구가 "그대는 나의 방사를 지으시오."라고 명령하였고, 그의 방사를 지으면서 짓는 처소를 지시받았고, 짓는 양에 알맞으며, 어려움이 없는 곳이고, 접근할 수 있다면 범하지 않는다.

3-6 비구가 "그대는 나의 방사를 지으시오."라고 명령하고서 떠나갔고, '마땅히 짓는 처소를 지시받아야 하고, 어려움이 없는 곳이며, 접근할 수 있어야 한다.'라고 생각하였는데, 그의 방사를 지으면서 짓는 처소를 지시받지 않았고, 어려움이 있는 곳이며, 접근할 수 없다면 하나의 승잔과

두 번의 돌길라를 범한다.

비구가 "그대는 나의 방사를 지으시오."라고 명령하고서 떠나갔고, '마땅히 짓는 처소를 지시받아야 하고, 어려움이 없는 곳이며, 접근할 수 있어야 한다.'라고 생각하였으며, 그의 방사를 지으면서 짓는 처소를 지시받았고, 양에 알맞으며, 어려움이 없는 곳이고, 다닐 곳이 있다면 범하지 않는다.

3-7 비구가 "그대는 나의 방사를 지으시오."라고 명령하고서 떠나갔고, '마땅히 양에 알맞고, 어려움이 없는 곳이며, 접근할 수 있어야 한다.'라고 생각하였는데, 그의 방사를 지으면서 양을 넘겼고, 어려움이 없는 곳이며, 접근할 수 없다면 하나의 승잔과 두 번의 돌길라를 범한다.

비구가 "그대는 나의 방사를 지으시오."라고 명령하고서 떠나갔고, '마땅히 양에 알맞고, 어려움이 없는 곳이며, 다닐 곳이 있어야 한다.'라고 생각하였는데, 그의 방사를 지으면서 양에 알맞고, 어려움이 없는 곳이며, 접근할 수 있다면 범하지 않는다.

3-8 비구가 "그대는 나의 방사를 지으시오."라고 명령하고서 떠나갔고, '마땅히 짓는 처소를 지시받아야 하고, 마땅히 양에 알맞으며, 어려움이 없는 곳이고, 다닐 곳이 있어야 한다.'라고 생각하였는데, 그의 방사를 지으면서 마땅히 짓는 처소를 지시받지 않았고, 양을 넘겼으며, 어려움이 있는 곳이고, 접근할 수 없다면 두 번의 승잔과 두 번의 돌길라를 범한다.

비구가 "그대는 나의 방사를 지으시오."라고 명령하고서 떠나갔고, '마땅히 짓는 처소를 지시받아야 하고, 마땅히 양에 알맞으며, 어려움이 없는 곳이고, 접근할 수 있어야 한다.'라고 생각하였는데, 그의 방사를 지으면서 마땅히 짓는 처소를 지시받았고, 양에 알맞으며, 어려움이 없는 곳이고, 다닐 곳이 있다면 범하지 않는다.

3-9 비구가 "그대는 나의 방사를 지으시오."라고 명령하고서 떠나갔고,

'마땅히 짓는 처소를 지시받아야 하고, 어려움이 없는 곳이며, 다닐 곳이 있어야 한다.'라고 명령하였는데, 그의 방사를 지으면서 마땅히 짓는 처소를 지시 받지 않았고, 어려움이 있는 곳이며, 접근할 수 없었다. 그 비구가 "나의 방사를 지으면서 짓는 처소를 지시받지 않았고, 어려움이 있는 곳이며, 다닐 곳이 없다."라고 들었다면, 그 비구에게 마땅히 스스로가 가거나, 혹은 사자를 보내어 "마땅히 짓는 처소를 지시받아야 하고, 어려움이 없는 곳이며, 다닐 곳이 있어야 합니다.'라고 말해야 한다. 만약 스스로가 가지 않았거나, 사람을 보내지 않았다면 돌길라를 범한다.

비구가 "그대는 나의 방사를 지으시오."라고 명령하고서 떠나갔고, …… 그 비구가 "방사를 지으면서 짓는 처소를 지시받았고, 어려움이 있는 곳이며, 접근할 수 없다."라고 들었다면, 그 비구에게 마땅히 스스로가 가거나, 혹은 사자를 보내어 "마땅히 짓는 처소를 지시받아야 하고, 어려움이 없는 곳이며, 다닐 곳이 있어야 합니다."라고 말해야 한다. 만약 스스로가 가지 않았거나, 사람을 보내지 않았다면 돌길라를 범한다.

비구가 "그대는 나의 방사를 지으시오."라고 명령하고서 떠나갔고, …… 그 비구가 "방사를 지으면서 짓는 처소를 지시받았고, 어려움이 없는 곳이며, 접근할 수 없다."라고 들었다면, 그 비구에게 마땅히 스스로가 가거나, 혹은 사자를 보내어 "마땅히 짓는 처소를 지시받아야 하고, 어려움이 없는 곳이며, 접근할 수 있어야 합니다."라고 말해야 한다. 만약 스스로가 가지 않았거나, 사람을 보내지 않았다면 돌길라를 범한다.

비구가 "그대는 나의 방사를 지으시오."라고 명령하고서 떠나갔고, …… 그 비구가 "방사를 지으면서 짓는 처소를 지시받았고, 어려움이 없는 곳이며, 접근할 수 있다."라고 들었다면, 범하지 않는다.

3-10 비구가 "그대는 나의 방사를 지으시오."라고 명령하고서 떠나갔고, '마땅히 양에 알맞으며, 어려움이 없는 곳이고, 접근할 수 있어야 한다.'라고 또한 명령하였는데, 그의 방사를 지으면서 양을 넘겼고, 어려움이 있는 곳이며, 접근할 수 없었다. 그 비구가 "나의 방사를 지으면서 짓는

양을 넘겼고, 어려움이 있는 곳이며, 접근할 수 없다."라고 들었다면, 그 비구에게 스스로가 가거나, 혹은 사자를 보내어 "마땅히 양을 넘기지 않아야 하고, 어려움이 없는 곳이며, 다닐 곳이어야 합니다."라고 말해야 한다. 만약 스스로가 가지 않았거나, 사람을 보내지 않았다면 돌길라를 범한다.

비구가 "그대는 나의 방사를 지으시오."라고 명령하고서 떠나갔고, …… "마땅히 짓는 양을 넘기지 않아야 하고, 어려움이 없어야 하며, 다닐 길이 있어야 합니다."라고, …… 나아가 …… 마땅히 양에 알맞고, 어려움이 없으며, 마땅히 다닐 길이 있다면 범하지 않는다.

3-11 비구가 "그대는 나의 방사를 지으시오."라고 명령하고서 떠나갔고, '마땅히 짓는 처소를 지시받아야 하고, 양에 알맞으며, 어려움이 없는 곳이고, 다닐 곳이 있어야 한다.'라고 또한 명령하였는데, 그의 방사를 지으면서 짓는 처소를 지시받지 않았고, 양을 넘겼으며, 어려움이 있는 곳이고, 접근할 수 없었다. 그 비구가 "나의 방사를 지으면서 짓는 처소를 지시받지 않았고, 양을 넘겼으며, 어려움이 있는 곳이고, 접근할 수 없다."라고 들었다면, 그 비구에게 스스로가 가거나, 혹은 사자를 보내어 "마땅히 짓는 처소를 지시받아야 하고, 마땅히 양을 넘기지 않아야 하며, 어려움이 없는 곳이고, 다닐 곳이어야 합니다."라고 말해야 한다. 만약 스스로가 가지 않았거나, 사람을 보내지 않았다면 돌길라를 범한다.

비구가 "그대는 나의 방사를 지으시오."라고 명령하고서 떠나갔고, …… "마땅히 짓는 처소를 지시받아야 하고, 양을 넘기지 않아야 하고, 어려움이 없어야 하며, 접근할 수 있어야 합니다."라고, …… 나아가 …… 처소를 지시받았고, 양에 알맞으며, 어려움이 없으며, 마땅히 접근할 수 있다면 범하지 않는다.

3-12 비구가 "그대는 나의 방사를 지으시오."라고 명령하고서 떠나갔고,

'마땅히 짓는 처소를 지시받아야 하고, 어려움이 없는 곳이며, 접근할 수 있어야 한다.'라고 또한 명령하였는데, 그의 방사를 지으면서 짓는 처소를 지시받지 않았고, 어려움이 있는 곳이며, 접근할 수 없는 곳에 짓는 자는 세 번의 돌길라를 범한다.

비구가 "그대는 나의 방사를 지으시오."라고 명령하고서 떠나갔고, …… 나아가 …… 그의 방사를 지으면서 짓는 처소를 지시받지 않았고, 어려움이 있는 곳이며, 접근할 수 있는 곳에 짓는 자는 두 번의 돌길라를 범한다. …… 나아가 …… 그의 방사를 지으면서 짓는 처소를 지시받지 않았고, 어려움이 없는 곳이며, 접근할 수 없는 곳에 방사를 짓는 자는 두 번의 돌길라를 범한다. …… 나아가 ……그의 방사를 지으면서 짓는 처소를 지시받지 않았고, 어려움이 없는 곳이며, 접근할 수 있는 곳에 짓는 자는 하나의 돌길라를 범한다.

비구가 "그대는 나의 방사를 지으시오."라고 명령하고서 떠나갔고, …… 그의 방사를 지으면서 짓는 처소를 지시받았고, 어려움이 있는 곳이며, 접근할 수 없는 곳에 방사를 짓는 자는 두 번의 돌길라를 범한다. …… 나아가 …… 그의 방사를 지으면서 짓는 처소를 지시받았고, 어려움이 있는 곳이며, 접근할 수 있는 곳에 짓는 자는 하나의 돌길라를 범한다. …… 나아가 …… 그의 방사를 지으면서 짓는 처소를 지시받았고, 어려움이 없는 곳이며, 접근할 수 없는 곳에 방사를 짓는 자는 하나의 돌길라를 범한다. …… 나아가 …… 그의 방사를 지으면서 짓는 처소를 지시받았고, 어려움이 없는 곳이며, 다닐 곳이 있는 곳에 짓는 자는 범하지 않는다.

3-13 비구가 "그대는 나의 방사를 지으시오."라고 명령하고서 떠나갔고, '마땅히 양에 알맞아야 하고, 어려움이 없는 곳이며, 접근할 수 있어야 한다.'라고 또한 명령하였는데, 그의 방사를 지으면서 양에 알맞지 않았고, 어려움이 있는 곳이며, 접근할 수 없는 곳에 짓는 자는 세 번의 돌길라를 범한다.

비구가 …… 나아가 …… 그의 방사를 지으면서 양에 알맞지 않았고,

어려움이 있는 곳이며, 접근할 수 있는 곳에 짓는 자는 두 번의 돌길라를 범한다. …… 나아가 …… 그의 방사를 지으면서 양에 알맞지 않았고, 어려움이 없는 곳이며, 접근할 수 없는 곳에 짓는 자는 두 번의 돌길라를 범한다. …… 나아가 …… 그의 방사를 지으면서 짓는 양에 알맞지 않았고, 어려움이 없는 곳이며, 접근할 수 있는 곳에 짓는 자는 하나의 돌길라를 범한다.

비구가 …… 나아가 …… 그의 방사를 지으면서 지시받았고, 어려움이 있는 곳이며, 접근할 수 없는 곳에 짓는 자는 두 번의 돌길라를 범한다. …… 나아가 …… 그의 방사를 지으면서 지시받았고, 어려움이 있는 곳이며, 접근할 수 있는 곳에 짓는 자는 하나의 돌길라를 범한다. …… 나아가 …… 그의 방사를 지으면서 지시받았고, 어려움이 없는 곳이며, 접근할 수 없는 곳에 짓는 자는 하나의 돌길라를 범한다. …… 나아가 …… 그의 방사를 지으면서 지시받았고, 어려움이 없는 곳이며, 접근할 수 있는 곳에 지었던 자는 범하지 않는다.

3-14 비구가 "그대는 나의 방사를 지으시오."라고 명령하고서 떠나갔고, 그의 방사를 지으면서 짓는 처소를 지시받지 않았고, 어려움이 있는 곳이며, 접근할 수 없는 곳에 지었다. 그 비구가 만약 방사가 완성되지 않은 때에 왔다면, 그것을 이유로 비구에게 "그 방사는 다른 사람에게 주시오. 혹은 무너트리고 다시 지으시오."라고 말해야 한다. 만약 다른 사람에게 주지 않거나, 혹은 무너트리고 다시 짓지 않는 자는 하나의 승잔과 두 번의 돌길라를 범한다.

…… 나아가 …… 비구가 "그대는 나의 방사를 지으시오."라고 명령하고서 떠나갔고, 그의 방사를 지으면서 짓는 처소를 지시받았고, 양에 알맞으며, 어려움이 없는 곳이며, 다닐 곳이 있었다면 범하지 않는다.

3-15 스스로가 지으면서 완성되지 않았거나, 자기가 완성한 이유라면 곧 승잔을 범한다. 스스로가 지으면서 완성되지 않았거나, 다른 사람을

시켜서 완성한 이유라도 역시 승잔을 범한다. 다른 사람을 시켜서 지으면서 완성되지 않았거나, 스스로가 완성한 이유라도 곧 승잔을 범한다. 다른 사람을 시켜서 지으면서 완성되지 않았거나, 다른 사람을 시켜서 완성한 이유라도 역시 승잔을 범한다.

3-16 산의 굴이거나, 동굴이거나, 초옥(草屋)이거나, 다른 사람을 위하여 지었다면 범하지 않는다. 자기가 머무는 집을 제외하고 대중을 위하여 짓는 자는 모두 범하지 않는다. 어리석고 미쳤던 자이거나, 최초로 범한 자는 범하지 않는다.

[여섯 번째의 승잔을 마친다.]

7) 조대사(造大寺) 학처

1-1 그때 세존께서는 구섬미국(拘睒彌國)의 구사라원(瞿師羅園)[17]에 머무르셨다.

그때 장로 천타(闡陀)[18]의 단월(檀越)인 거사가 천타를 마주하고서 이와 같이 말하였다.

"대덕이여. 정사의 터(地)를 보여주십시오. 내가 대덕을 위하여 사람을 시켜서 정사를 짓겠습니다."

이때 장로 천타는 정사의 터를 구하였고, 취락의 사람, 포구의 사람, 시장의 사람, 강변의 사람, 백성들이 제사를 모시는 하나의 당산나무(神廟樹)를 베었다. 여러 사람들이 싫어하면서 비난하였다.

"무엇을 위하여 사문 석자는 취락의 사람, 포구의 사람, 시장의 사람, 강변의 사람, 백성들이 제사를 모시는 당산나무를 베는가? 사문 석자는

---

17) 팔리어 ghositārā(고시타라)의 음사이다.
18) 팔리어 channa(찬나)의 음사이다.

한 뿌리의 생명을 상하게 하는가?"

여러 비구들은 그를 여러 사람들이 싫어하면서 비난하는 것을 들었다. 그 비구들의 가운데에서 욕망이 적은 자들은 싫어하면서 비난하였다.

"무슨 까닭으로 천타는 취락의 사람, 포구의 사람, 시장의 사람, 강변의 사람, 백성들이 제사를 모시는 당산나무를 베었는가?"

이때 여러 비구들은 이 일로써 세존께 아뢰었다. 이때 세존께서는 이 인연으로써 여러 비구들을 모으셨으며, 장로 천타에게 물어 말씀하셨다.

"천타여. 그대가 진실로 취락의 사람, 포구의 사람, 시장의 사람, 강변의 사람, 백성들이 제사를 모시는 당산나무를 베었는가?"

"진실로 그렇습니다. 세존이시여."

세존께서는 여러 방편으로 꾸짖으셨으며,

"어리석은 사람이여. 이것은 상응하는 법이 아니고 수순하는 행이 아니며, …… 나아가 …… 집착을 없애라고 설법하였고 집착이 있으라고 설법하지 않았느니라. 어리석은 사람이여. 그대는 어찌하여 취락의 사람, 포구의 사람, 시장의 사람, 강변의 사람, 백성들이 제사를 모시는 당산나무를 베었는가? 어리석은 사람이여. 사람들이 이 나무에게 생명이 있다고 생각을 지었느니라. 어리석은 사람이여. 이것은 오히려 믿지 않는 자는 신심이 생겨나지 않게 하고, 이미 믿었던 자는 증장하지 않게 하느니라. 어리석은 사람이여. 이것은 오히려 믿지 않는 자는 신심이 생겨나지 않게 하고, 이미 믿었던 자는 일부가 전전하여 다른 곳으로 향하여 떠나가게 하느니라."

이와 같이 세존께서는 여러 종류의 방편으로써 천타를 꾸짖고서 뒤에 부양이 어렵고 가르치고 양육함이 어려우며, …… 나아가 …… 여러 비구들을 위하여 적절한 법을 수순하여 설하신 뒤에 여러 비구들에게 알려 말씀하셨다.

"여러 비구들이여. 나는 열 가지의 이익을 까닭으로써 여러 비구들을 위하여 학처를 제정하겠나니, 그대들은 마땅히 이와 같이 학처를 송출할 지니라.

'만약 비구가 큰 정사를 시주자가 있어도 스스로가 이치로써 짓는다면 마땅히 여러 비구들을 같이 데리고 가서 짓는 처소를 지시받을 것이고, 여러 비구들이 어려움이 없는 곳이라고 지시하였으며, 접근할 수 있는 곳이라면 처소를 지어야 한다. 만약 어려움이 있는 곳이고, 접근할 수 없는 곳에 큰 정사를 지으면서 만약 여러 비구들을 같이 데리고 가서 짓는 처소를 지시받지 않는 자는 승잔이니라.'"

2-1 '짓다.'는 스스로가 짓거나, 남을 시켜서 짓는 것이다.

'크다.'는 정사의 시주자가 있는 것을 말한다.

'정사(精舍)'는 내부를 발랐던 곳이 있거나, 외부가 역시 발랐던 곳이 있거나, 혹은 안과 밖을 균등하게 발랐던 곳이 있는 것이다.

'시주가 있다.'는 다른 어느 누구의 사람이 시주가 되었던 것이니, 곧 혹은 남자이거나, 혹은 여인이거나, 혹은 재가자이거나, 혹은 출가자이다.

'스스로의 이치'는 자기를 위하여 짓는 것이다.

'마땅히 여러 비구들을 같이 데리고 가서 짓는 곳을 지시받다.'는 시주자가 있고 큰 방사를 짓는 비구는 짓는 때라면, 마땅히 승가의 가운데에 이르러 오른쪽 어깨를 드러내고 상좌 비구의 발에 예배하고 호궤 합장하고서 이와 같이 아뢰어야 한다.

"여러 대덕들이여. 나는 시주자가 있고 스스로의 이치로 큰 정사를 짓습니다. 여러 대덕들이여. 나는 지금 승가께서 짓는 처소를 검사하여 주시기를 애원합니다."

마땅히 두 번째도 애원하여 청하고, 세 번째도 애원하여 청해야 한다. 만약 모든 승가가 능히 짓는 처소를 검사할 수 있다면 모든 승가가 그곳을 검사하고, 만약 모든 승가가 능히 짓는 처소를 검사할 수 없었고 애원을 받은 가운데에 총명하고 현명하며 유능한 비구가 있어서 어려움이 있는 곳이라고 알고, 어려움이 없는 곳이라고 알며, 접근할 수 있고, 접근할 수 없는 곳을 허락하도록 청한다.

"여러 비구들이여. 마땅히 이와 같이 허락하십시오."

　　마땅히 한 명의 총명하고 현명하며 유능한 비구가 승가의 가운데에서
창언하여 말해야 한다.

　　"대덕 승가께서는 허락하십시오. 이 누구 비구는 시주자가 있고 스스로
가 이치로 큰 정사를 짓고자 합니다. 그 비구는 승가가 방사를 짓는
곳을 검사하는 것을 애원하고 있습니다. 만약 승가께서 때에 이르렀다면
승가께서는 누구 비구와 누구 비구가 어느 비구가 큰 정사를 짓는 처소를
검사하도록 허락하십시오. 이와 같이 아룁니다.'

　　'대덕 승가께서는 허락하십시오. 이 누구 비구는 시주자가 있고 스스로
가 이치로 큰 정사를 짓고자 합니다. 그 비구는 승가가 방사를 짓는
곳을 검사하는 것을 애원하고 있습니다. 승가는 누구 비구와 누구 비구가
어느 비구가 방사를 짓는 처소를 검사하도록 허락하겠습니다. 여러 대덕
들께서 누구 비구와 누구 비구가 어느 비구가 큰 정사를 짓는 처소를
검사하는 것을 인정하신다면 묵연하시고, 인정하지 않으신다면 곧 말씀하
십시오.'

　　'승가시여. 누구 비구와 누구 비구가 어느 비구가 큰 정사를 짓는
처소를 검사하도록 하겠습니다. 승가께서 인정하신 것은 묵연하였던
까닭입니다. 나는 이와 같이 알고 이해하겠습니다.'"

　　그 허락받은 비구는 그 비구가 짓는 처소에 가서 검사하면서 마땅히
어려움이 있는 처소인가를 알고, 어려움이 없는 처소인가를 알며, 처소가
접근할 수 있는가를 알고 접근할 수 없는가를 알아야 한다. 만약 이러한
어려움이 있고 접근할 수 없다면 마땅히 이곳에 짓지 말라고 말해야
한다. 만약 어려움이 없고, 접근할 수 있다면 마땅히 승가를 마주하고서
어려움이 없고, 접근할 수 있다고 알려야 한다.

　　그 정사를 짓는 비구는 승가의 가운데에 이르러 오른쪽 어깨를 드러내고
상좌 비구의 발에 예배하고 호궤 합장하고서 이와 같이 아뢰어야 한다.

　　"여러 대덕들이여. 나는 시주자가 있고 스스로가 이치로 방사를 짓습니
다. 여러 대덕들이여. 나는 지금 승가께서 짓는 처소를 지시하여 주시기를
애원합니다."

마땅히 두 번째도 애원하여 청하고, 세 번째도 애원하며 청해야 한다.

마땅히 한 명의 총명하고 현명하며 유능한 비구가 승가의 가운데에서 창언하여 말한다.

"대덕 승가께서는 허락하십시오. 이 누구 비구는 시주자가 있고 스스로가 이치로 큰 정사를 짓고 있으며 승가께서 큰 정사를 짓는 처소를 지시하는 것을 애원하고 있습니다. 만약 승가께서 때에 이르렀다면 승가께서는 누구 비구가 방사를 짓는 처소를 지시하여 주십시오. 이와 같이 아룁니다.'

'대덕 승가께서는 허락하십시오. 이 누구 비구는 시주자가 있고 스스로가 이치로 방사를 짓고 있으며 승가께서 방사를 짓는 처소를 지시하는 것을 애원하고 있습니다. 만약 승가께서 때에 이르렀다면 승가께서는 누구 비구가 큰 정사를 짓는 처소를 지시하겠습니다. 여러 대덕들께서 누구 비구가 큰 정사를 짓는 처소를 지시하는 것을 인정하신다면 묵연하시고, 인정하지 않으신다면 곧 말씀하십시오.'

'승가시여. 누구 비구가 큰 정사를 짓는 처소를 지시하는 것을 마쳤습니다. 승가께서 인정하신 것은 묵연하였던 까닭입니다. 나는 이와 같이 알고 이해하겠습니다.'"

'짓다.'는 스스로가 짓거나, 남을 시켜서 짓는 것이다.

'크다.'는 정사의 시주자가 있는 것을 말한다.

'정사'는 내부를 발랐던 곳이 있거나, 외부가 역시 발랐던 곳이 있거나, 혹은 안과 밖을 균등하게 발랐던 곳이 있는 것이다.

'혹은 여러 비구들을 같이 데리고 가서 짓는 곳을 지시받다.'는 백이갈마로 정사를 짓는 곳을 지시받지 않았던 이유로 혹은 지었거나, 혹은 다른 사람을 시켜서 짓는 자는 매번 짓는 것마다 돌길라를 범한다. 마지막에 이르러 진흙 한 덩어리를 바르지 않은 자는 투란차를 범하며, 그 진흙 한 덩어리를 바른 자는 승잔을 범한다.

'승잔'은 승가대중을 마주하고서 그 죄에 별주를 주어서 그 죄를 되돌려서 본래로 돌아오게 하거나, …… 그 죄가 모였던 것을 마주하고서 같은 뜻과 말로 갈마하는 것이다. 이러한 까닭으로 승잔이라고 이름한다.

3-1 비구가 방사를 지으면서 짓는 처소를 지시받지 않았고, 어려움이 있는 곳이며, 접근할 수 없다면 하나의 승잔과 두 번의 돌길라를 범한다. 비구가 방사를 지으면서 짓는 처소를 지시받지 않았고, 어려움이 있는 곳이며, 접근할 수 있다면 하나의 승잔과 돌길라를 범한다.

비구가 방사를 지으면서 짓는 처소를 지시받지 않았고, 어려움이 없는 곳이며, 접근할 수 없다면 하나의 승잔과 하나의 돌길라를 범한다. 비구가 방사를 지으면서 짓는 처소를 지시받지 않았고, 어려움이 없는 곳이며, 접근할 수 있다면 하나의 승잔을 범한다.

비구가 방사를 지으면서 짓는 처소를 지시받았고, 어려움이 있는 곳이며, 접근할 수 없다면 두 번의 돌길라를 범한다. 비구가 방사를 지으면서 짓는 처소를 지시받았고, 어려움이 있는 곳이며, 접근할 수 있다면 하나의 돌길라를 범한다.

비구가 방사를 지으면서 짓는 처소를 지시받았고, 어려움이 없는 곳이며, 접근할 수 없다면 하나의 돌길라를 범한다. 비구가 방사를 지으면서 짓는 처소를 지시받았고, 어려움이 없는 곳이며, 접근할 수 있다면 범하지 않는다.

3-2 비구가 "그대는 나의 방사를 지으시오."라고 명령하였고, 그의 방사를 지으면서 짓는 처소를 지시받지 않았고, 어려움이 있는 곳이며, 접근할 수 없다면 세 번의 돌길라를 범한다. …… 나아가 …… 비구가 "그대는 나의 방사를 지으시오."라고 명령하였고, 그의 방사를 지으면서 짓는 처소를 지시받았고, 짓는 양에 알맞으며, 어려움이 없는 곳이고, 접근할 수 있다면 범하지 않는다.

3-3 비구가 "그대는 나의 방사를 지으시오."라고 명령하고서 떠나갔고, '마땅히 짓는 처소를 지시받아야 하고, 어려움이 없는 곳이며, 접근할

수 있어야 한다.'라고 또한 명령하지 않았는데, 그의 방사를 지으면서
짓는 처소를 지시받지 않았고, 어려움이 있는 곳이며, 접근할 수 없는
곳에 짓는 자는 세 번의 돌길라를 범한다. …… 나아가 …… 그의 방사를
지으면서 짓는 처소를 지시받았고, 어려움이 없는 곳이며, 접근할 수
있는 곳에 짓는 자는 범하지 않는다.

3-4 비구가 "그대는 나의 정사를 지으시오."라고 명령하고서 떠나갔고,
'마땅히 짓는 처소를 지시받아야 하고, 어려움이 없는 곳이며, 접근할
수 있어야 한다.'라고 또한 명령하였는데, 그의 방사를 지으면서 '나의
정사를 지으면서 짓는 처소를 지시받지 않았고, 어려움이 있는 곳이며,
접근할 수 없다.'라고 들었다면, 그 비구에게 스스로가 가거나, 혹은
사자를 보내어 '마땅히 짓는 처소를 지시받아야 하고, 마땅히 양을 넘기지
않아야 하며, 어려움이 없는 곳이고, 접근할 수 있어야 합니다.'라고
말해야 한다. 만약 스스로가 가지 않았거나, 사람을 보내지 않았다면
돌길라를 범한다. …… 나아가 …… 처소를 지시받았고, 양에 알맞으며,
어려움이 없으며, 마땅히 접근할 수 있다면 범하지 않는다.

3-5 비구가 "그대는 나의 정사를 지으시오."라고 명령하고서 떠나갔고,
'마땅히 짓는 처소를 지시받았고, 어려움이 없는 곳이며, 접근할 수 있어야
한다.'라고 또한 명령하였는데, 그의 정사를 지으면서 짓는 처소를 지시받
지 않았고, 어려움이 있는 곳이며, 다닐 곳이 없었다면, 세 번의 돌길라를
범한다. …… 나아가 …… 처소를 지시받았고, 어려움이 없으며, 마땅히
접근할 수 있다면 범하지 않는다.

3-6 비구가 "그대는 나의 정사를 지으시오."라고 명령하고서 떠나갔고,
그의 정사를 지으면서 짓는 처소를 지시받지 않았고, 어려움이 있는
곳이며, 접근할 수 없는 곳에 지었다. 그 비구가 만약 방사가 완성되지
않은 때에 왔고, 그것을 이유로 비구에게 "그 정사는 다른 사람에게

주시오. 혹은 무너트리고 다시 지으시오."라고 말해야 한다. 만약 다른 사람에게 주지 않거나, 혹은 무너트리고 다시 짓지 않는 자는 하나의 승잔과 두 번의 돌길라를 범한다. …… 나아가 …… 처소를 지시받았고, 어려움이 없는 곳이며, 접근할 수 있었다면 범하지 않는다.

3-7 스스로가 지으면서 완성되지 않았거나, 자기가 완성한 이유라면 곧 승잔을 범한다. 스스로가 지으면서 완성되지 않았거나, 다른 사람을 시켜서 완성한 이유라도 역시 승잔을 범한다. 다른 사람을 시켜서 지으면서 완성되지 않았거나, 스스로가 완성한 이유라도 곧 승잔을 범한다. 다른 사람을 시켜서 지으면서 완성되지 않았거나, 다른 사람을 시켜서 완성한 이유라도 역시 승잔을 범한다.

　산굴(山窟)이거나, 동굴이거나, 초옥이거나, 다른 사람을 위하여 지었다면 범하지 않는다. 자기가 머무는 집을 제외하고 대중을 위하여 짓는 자는 모두 범하지 않는다. 어리석고 미쳤던 자이거나, 최초로 범한 자는 범하지 않는다.

[일곱 번째의 승잔을 마친다.]

8) 무근방(無根謗) 학처

1-1 그때 세존께서는 왕사성의 가란타죽림원에 머무르셨다.

　그때 장로 답바마라자(沓婆摩羅子)[19]는 일곱 살에 아라한과를 증득하였다. 일반적으로 여러 성문들은 마땅히 통달해야 할 것을 그는 모두 통달하

---

19) 팔리어로 dabba mallaputa(다빠 마라푸타)의 음사이다. dabba는 이름이고, malla는 부족명이며, puta는 아들이라는 뜻이다. 다른 『십송율』과 『마하승기율』에서는 타표마라자(陀驃摩羅子)라고 번역되고, 『오분율』에서는 타바역사자(陀婆力士子)로 번역되고 있다.

였다. 그는 수승(殊勝)하여 그가 다시 수승한 어느 일이라도 지을 것이 없고, 지어야 할 것도 역시 다시 더할 것이 없었다. 장로 답바마라자는 혼자 적정한 처소에 앉아 있는 때에 마음에서 이와 같은 사유를 일으켰다.

'나는 일곱 살에 아라한과를 증득하였다. 일반적으로 여러 성문들은 마땅히 통달해야 할 것을 나는 모두 통달하였다. 그는 수승하여 그가 다시 수승한 어느 일이라도 지어야 할 것이 없고, 지을 것도 없으며, 역시 다시 더할 것도 없다. 나는 승가 대중을 위하여 무슨 소임을 보아야 하는가?'

장로 답바마라자는 이렇게 사유를 지었다.

"나는 대중 승가를 위하여 방사를 나누어주고, 청식(請食)을 분배해야겠다."

1-2 그때 장로 답바마라자는 포시(晡時)²⁰⁾에 적정한 자리에서 일어났고, 세존의 처소에 이르렀다. 이르러서 세존의 발에 예경하고서 한쪽에 앉았고, 답바마라자는 세존을 향하여 이와 같이 아뢰어 말하였다.

"세존이시여. 저는 적정한 처소에 앉아 있는 때에 마음에서 이와 같은 사유를 일으켰습니다. '나는 7살에 아라한과를 증득하였다. 일반적으로 여러 성문들이 마땅히 통달해야 할 것을 나는 모두 통달하였다. 그는 수승하여 그가 다시 수승한 어느 일이라도 지어야 할 것도 없고, 지을 것도 없으며, 역시 다시 더할 것도 없다. 나는 승가 대중을 위하여 무슨 소임을 보아야 하는가?' 세존이시여. 저는 이와 같이 사유하였습니다. '나는 승가 대중을 위하여 방사를 나누어주고, 청식을 분배해야겠다.'"

"옳도다.(善哉) 답바여. 그렇다면 곧 승가를 위하여 방사를 나누어주고, 공양청을 분배하도록 하게."

"알겠습니다. 세존이시여."

장로 답바마라자는 세존을 마주하고서 허락받았다.

---

20) 오후 3시부터 5시까지를 말한다.

1-3 이때 이 인연으로써 설법하셨고 여러 비구들에게 알려 말씀하셨다.

"그러므로, 여러 비구들이여. 승가는 마땅히 장로 답바마라자에게 방사를 나누어주고, 공양청을 분배하는 것을 동의하도록 하라. 여러 비구들이여. 마땅히 이와 같이 허락하도록 하라. 최초로 마땅히 답바에게 애원하여 청하게 하고, 청한 뒤에는 마땅히 한 명의 총명하고 현명하며 유능한 비구는 승가의 가운데에서 창언하여 말해야 한다.

"대덕 승가께서는 허락하십시오. 만약 승가께서 때에 이르렀다면 승가께서는 장로 답바마라자가 방사를 나누어주고, 청식을 분배하는 사람으로 동의하는 것을 허락하십시오. 이와 같이 아룁니다.'

'대덕 승가께서는 허락하십시오. 승가께서는 장로 답바마라자가 방사를 나누어주고, 청식을 분배하는 사람으로 동의하는 것을 허락하십시오. 여러 장로의 가운데에서 답바마라자가 방사를 나누어주고, 청식을 분배하는 사람으로 동의하는 것을 인정하신다면 묵연하시고, 인정하지 않으신다면 말씀하십시오.'

'승가시여. 답바마라자가 방사를 나누어주고, 청식을 분배하는 사람으로 동의하는 것을 허락하겠습니다. 승가께서 인정하신 것은 묵연하였던 까닭입니다. 나는 이와 같이 알고 이해하겠습니다.'"

1-4 이미 허락받은 장로 답바마라자는 곧 승가의 비구들에게 같은 처소의 방사를 나누어주었다. 비구들의 가운데에서 송경(誦經)하는 자라면 그들이 능히 서로가 경전을 합송(合誦)하도록 그들을 위하여 같은 처소의 방사를 나누어주었고, 비구들의 가운데에서 지율(持律)인 자라면 그들이 서로가 율을 판결하도록 그들을 위하여 같은 처소의 방사를 나누어주었으며, 비구들의 가운데에서 설법(說法)하는 자라면 그들이 능히 서로가 경전을 논의(論義)하도록 그들을 위하여 같은 처소의 방사를 나누어주었고, 일반적으로 좌선(坐禪)하는 자라면 그들이 능히 서로가 방해하지 않도록 그들을 위하여 같은 처소의 방사를 나누어주었으며, 거칠게 말하고 신체가 건장(健壯)한 자라면 곧 그들을 위하여 같은 처소의 방사를

나누어주었다.

이것을 인연으로 그 장로들은 여유롭고 적정하게 머물렀다. 또한 비구의 가운데에서 늦게 왔던 자라면 그는 화광삼매(火光三昧)에 들어가서 그 빛으로 방사를 나누었다. 그러나 여러 비구들이 고의로 늦게 왔던 자가 있다면 '우리들은 장차 장로 답바마라자의 신통력을 볼 수 있다.'라고 생각하였고 답바마라자의 처소에 이르러 이와 같이 말하였다.

"대덕이신 답바여. 우리들을 위하여 방사를 나누어 주십시오."

장로 답바마라자는 그들을 마주하고서 말하였다.

"장로여. 어느 처소를 즐거이 원합니까? 내가 곧 어느 처소를 나누어주어야 합니까?"

"대덕이신 답바여. 우리들을 위하여 기사굴산[21]에 방사를 나누어 주십시오. 대덕이신 답바여. 우리들을 위하여 독수리 봉우리[22]에 방사를 나누어 주십시오. 선인산(仙人山)의 흑석굴(黑石崛)[23]에 방사를 나누어 주십시오. …… 나아가 …… 비바라산(毘婆羅山)의 칠엽굴(七葉崛)[24]에, …… 나아가 …… 시다림(陀林)의 타수동(蛇鬚洞)[25]에, …… 나아가 …… 오마타굴(五摩陀崛)[26]에, …… 나아가 …… 전타가굴(顚陀伽崛)[27]에, 다부타굴(浮陀崛)[28]에, …… 나아가 …… 다부타원(多浮陀園)[29]에, 나아가 기바

---

21) 팔리어 Gijjhakūṭa(기짜쿠타)의 의역이고, 왕사성 주위의 다섯 산 중 하나이다.
22) 팔리어 Corapapāta(초라파파타)의 의역이고, 왕사성 주위의 다섯 산 중 하나이다.
23) 팔리어 Isigilipassa(이시기리파싸)의 의역이고, 왕사성 주위의 다섯 산 중 하나이다. 그 한쪽에는 칼라실라(Kālasilā)라고 불리는 검은 돌이 있었다.
24) 팔리어 Sattapaṇṇiguha(사따판니구하)의 의역이고, 비바라산의 경사면에 있는 왕사성의 동굴이다.
25) 팔리어 Sītavana sappasoṇḍikapabbhāra(시타바나 사빠손디카파빠라)의 의역이고, sītavana는 시다림으로 의역되고, Sappasoṇḍikapabbhāra는 산의 이름이다.
26) 팔리어 Gotamakakandara(고타마카칸다라)의 음사이다.
27) 팔리어 Tindukakandara(틴두카칸다라)의 음사이다.
28) 팔리어 Tapodakandara(타포다칸다라)의 음사이다.
29) 팔리어 Tapodārāma(타포다라마)의 음사이다.

가리원(耆婆伽梨園)[30])에, …… 나아가 …… 만직림(曼直林)의 녹원(鹿園)[31]
에 방사를 나누어 주십시오."

장로 답바마라자는 그들을 위하여 화광삼매에 들어가서 그들의 앞에서
손가락의 끝에 빛을 일으켰고 그들도 역시 이 빛을 따라서 장로 답바마라
자를 따라서 다녔다. 장로 답바마라자는 이와 같이 그들에게 방사를
나누어 주었는데, 이것은 와상(臥床)이었고, 이것은 좌상(座床)이었으며,
이것은 요(褥床)이었고, 이것은 베개(枕)이었으며, 이곳은 대변처(大便處)
이었고, 이곳은 소변을 보는 곳이었으며, 이것은 마시는 물(飮用水)이었고,
이것은 깨끗이 씻는 물(淸水)이었으며, 이것은 막대기(杖)이었고, 이곳은
바로 승가가 논의하는 곳이었고, 이곳은 들어가는 곳이었고, 이곳은 나가
는 곳이었다.

장로 답바마라자는 이와 같이 그들에게 방사를 나누어 주고서 다시
죽림으로 돌아왔다.

1-5 그때 자(慈)비구[32])와 지(地)비구[33])가 있었는데, 새롭게 출가하여
덕이 적었던 까닭으로, 그들은 승가의 가운데에서 나쁜 방사와 거친
음식을 받았다. 그때 왕사성의 가운데에서 사람들이 환희하면서 장로
비구들에게 숙소(熟酥), 호마유(胡麻油), 조미료 등을 음식물에 준비하였
다. 그러나 자비구와 지비구를 마주하고는 곧 싸라기 밥과 신맛의 죽
등의 평소의 음식을 공급하여 주었다. 그들은 음식을 먹고서 걸식을
마치고 돌아와서 장로 비구들에게 물었다.

"장로들이여. 식당에서 장로들에게는 무슨 음식이 있었습니까?"

일부의 장로들이 말하였다.

"비구여. 우리들에게 숙소, 호마유, 조미료 등이 있었습니다."

---

30) 팔리어 Jīvakambavana(지바캄바바나)의 음사이다.
31) 팔리어 Maddakucchismi(마따쿠찌스미)의 음사이다.
32) 팔리어 Mettiya bhūmajakā(메띠야 부마자카)의 의역이다.
33) 팔리어 Navakā ceva(나바카 체바)의 의역이다.

자비구와 지비구는 여러 비구들을 마주하고서 말하였다.

"장로들이여. 우리들에게는 무슨 음식물도 없었습니다. 오직 싸라기 밥과 신맛의 죽 등의 평소의 음식으로써 공급하였습니다."

1-6 그때 한 선반(善飯)[34] 거사가 있어서 네 종류로 평소처럼 음식을 보시하여 공양하였다. 그의 식당에서는 아내와 아들이 함께 서 있으면서 시중들었는데, 혹은 밥을 받들었고, 혹은 국을 받들었으며, 혹은 호마유를 받들었고, 혹은 조미료를 받들었다. 어느 날에 선반 거사가 다음 날에 음식을 청하였고, 차례에 따라서 자비구와 지비구는 마땅히 공양을 지정 (指定)받았다.

이날 선반 거사는 일로써 정사에 왔고 장로 답바마라자의 처소에 이르러 그의 발에 예배하고서 한쪽에 앉았다. 앉았으므로 장로 답바마라자는 선반 거사를 위하여 설법하여 열어서 보여주었고 가르쳤으며 이익되고 기쁘게 하였다. 선반 거사는 장로 답바마라자를 마주하고서 말하였다.

"대덕이여. 내일 저의 집에서 공양하도록 지정된 사람은 누구입니까?"

"자비구와 지비구가 지정받았습니다."

이때 선반 거사는 즐겁지 않아서 생각하였다.

'어찌 악한 비구가 장차 내 집에서 음식을 먹는가?'

집으로 돌아가서 노비에게 말하였다.

"내일 음식을 받는 자가 온다면 그를 위하여 곡식 창고에 자리를 펴놓고 싸라기 밥과 신맛의 죽 등의 평소의 음식을 공급하여 주도록 하라."

"알겠습니다. 주인님."

그 노비는 이와 같이 선반 거사에게 대답하였다.

1-7 이때 자비구는 지비구에게 말하였다.

"비구여. 어제 선반 거사가 음식을 청하였고, 우리들을 지정하였네.

---

34) 음식을 잘 만든다는 뜻이다.

내일 우리들은 선반 장자와 아내, 아들이 서 있으면서 시중들 것이고,
혹은 밥을 받들고, 혹은 국을 받들며, 혹은 호마유를 받들고, 혹은 조미료를
받들 것이네.”

그들은 환희하면서 밤을 새며 평소와 같이 잠들지 못하였다.

이때 자비구와 지비구는 아침에 하의를 입고 상의와 발우를 지니고서
선반 거사의 집에 이르렀다. 그 집 노비는 자비구와 지비구가 멀리서
오는 것을 보았고, 곡식 창고에 자리를 펴놓고서 자비구와 지비구를
마주하고서 말하였다.

“대덕들이여. 앉으세요.”

이때 자비구와 지비구는 이렇게 생각하였다.

‘반드시 음식 만드는 일이 끝나지 않았구나. 이때 우리들을 잠시 곡식
창고에 앉혔구나.’

그러나 그 노비는 싸라기 밥·조미료·신맛의 죽을 가지고 와서 말하였다.

“대덕들께서는 드십시오.”

“누이여. 우리들은 평소에 보시하는 음식을 받고자 왔소.”

“대덕들이여. 나는 알지 못합니다. 그러나 어제 우리들은 가주(家主)께
명령을 받았습니다. ‘내일 음식을 받는 자가 온다면 그들을 위하여 곡식
창고에 자리를 펴고 싸라기 밥과 조미료, 신맛의 죽을 공급하여 주게.’
대덕들께서는 드십시오.”

이 자비구는 지비구에게 말하였다.

“비구여. 어제 선반 거사가 정사에 왔었고, 답바마라자의 처소에 이르렀
네. 반드시 답바마라자가 선반 거사의 앞에서 우리들을 흉보았을 것이네.”

그들은 우뇌(憂惱)하였고 평소와 같은 음식을 먹지 못하였다.

이때 자비구와 지비구는 음식을 먹고서 정사로 돌아오는 데 이르렀으
며, 옷과 발우를 거두고서 문밖의 창고에서 승가리(僧伽梨)에 쪼그리고
앉아서 얼굴을 붉히고 어깨를 늘어뜨리고 머리에 슬픔과 분노를 품고서
곤혹스러워 하였다.

1-8 이때 자(慈)비구니가 자비구와 지비구 앞에 이르렀고, 그들을 마주하고서 이와 같이 말하였다.

"나는 대덕들께 정례합니다."

이와 같이 말하는 때에 자비구와 지비구는 역시 말하지 않았다. 두 번째에도 이와 같이 말하였고, 세 번째에도 자비구니는 자비구를 마주하고서 말하였다.

"나는 대덕들께 정례합니다."

세 번째에도 자비구와 지비구는 모두 대답하지 않았다.

"내가 대덕들께 무슨 허물이 있습니까? 무슨 까닭으로 대덕들께서는 나에게 대답하지 않습니까?"

"누이여. 우리들은 이와 같이 답바마라자에게 피해를 당하였어도, 그대는 관심이 없구나."

"대덕이여. 내가 무엇을 할 수 있습니까?"

"누이여. 그대는 세존의 처소에 이르러 이와 같이 말하도록 하라. '세존이시여. 이것은 선이 아니고, 여법하지 않습니다. 세존이시여. 마땅히 두려움이 없는 곳이고, 번뇌의 피해가 없는 곳이며, 이곳은 위험의 재난이 없는 곳이어야 합니다. 그러나 이곳은 두려움이 있는 곳이고, 번뇌의 피해가 있는 곳이며, 위험의 재난이 있는 곳입니다. 바람이 없는 곳에서 바람이 일어났고, 그 물은 불과 같습니다. 진실로 답바마라자는 나를 처소에서 범하였습니다.'"

"알겠습니다. 대덕이여."

자비구니는 허락하였고, 자비구와 지비구는 세존의 처소에 이르렀고, 세존의 발에 예경하고서 한쪽에 서 있었다. 한쪽에 서 있으면서 자비구니는 세존께 이와 같이 말하였다.

"세존이시여. 이것은 선이 아니고, 여법하지 않습니다. 세존이시여. 마땅히 두려움이 없는 곳이고, 번뇌의 피해가 없는 곳이며, 이곳은 위험의 재난이 없는 곳이어야 합니다. 그러나 이곳은 두려움이 있는 곳이고, 번뇌의 피해가 있는 곳이며, 위험의 재난이 있는 곳입니다. 바람이 없는 곳에서 바람이 일어났고, 그 물(水)은 불과 같습니다. 진실로 답바마라자는 나를 처소에서 범하였습니다.”

1-9 이때 세존께서는 이 인연으로써 여러 비구들을 모으셨으며, 답바마라자에게 물어 말씀하셨다.

“답바여. 그대는 그 비구니가 말하는 것의 행을 기억하는가?”

“세존이시여. 세존께서 저를 아시는 것과 같습니다.”

세존께서는 두 번째에도 이와 같이 물으셨으며, …… 세존께서는 세 번째에도 이와 같이 물으셨고, …… “답바여. 그대는 그 비구니가 말하는 것의 행을 기억하는가?”

“세존이시여. 세존께서 저를 아시는 것과 같습니다.”

“답바여. 그대는 이것을 능히 대답하지 않았느니라. 그대가 만약 하였다면 하였다고 말하고, 만약 하지 않았다면 하지 않았다고 말하라.”

“세존이시여. 내가 기억하기로는 태어난 이후에 꿈속에서도 역시 부정법을 행하지 않았습니다. 하물며 깨어있는 때이겠습니까?”

이때 세존께서는 여러 비구들에게 알려 말씀하셨다.

“그러므로. 여러 비구들이여. 자비구니를 멸빈(滅擯)시키고, 마땅히 이 비구니를 가르쳐서 부추겼던 여러 비구들을 힐문(詰問)하도록 하라.”

말씀하시고서 자리에서 일어나서 정사로 들어가셨다. 여러 비구들은 자비구니를 멸빈시켰고, 이때 자비구와 지비구는 그 여러 비구들을 마주하고 말하였다.

“여러 장로들이여. 자비구니를 멸빈시키지 마십시오. 그 비구니는 어떤 허물도 없습니다. 우리들이 답바에게 진노하고 기쁘지 않아서 그를 빈출(擯出)하고자 그 비구니를 가르쳐서 부추겼습니다.”

“비구들이여. 그대가 근거없는 바라이법으로 장로 답바마라자를 비방하였습니까?”

“그렇습니다. 여러 장로들이여.”

여러 비구들의 가운데에서 욕망이 적은 자들은 싫어하면서 비난하였다.

"무슨 까닭으로 자비구와 지비구는 근거없는 바라이법으로써 장로 답바마라자를 비방하였는가?"

이때 여러 비구들은 이 일로써 세존께 아뢰었다. 이때 세존께서는 이 인연으로써 여러 비구들을 모으셨으며, 자비구와 지비구에게 물어 말씀하셨다.

"비구들이여. 그대들이 진실로 근거없는 바라이법으로써 장로 답바마라자를 비방하였는가?"

"진실로 그렇습니다. 세존이시여."

세존께서는 여러 방편으로 꾸짖으셨다.

"어리석은 사람들이여. 그대들은 어찌하여 근거없는 바라이법으로써 장로 답바마라자를 비방하였는가? 이것은 상응하는 법이 아니고 수순하는 행이 아니며, …… 나아가 …… 집착을 없애라고 설법하였고 집착이 있으라고 설법하지 않았느니라. 어리석은 사람이여. 이것은 오히려 믿지 않는 자는 신심이 생겨나지 않게 하고, …… 이미 믿었던 자는 일부가 전전하여 다른 곳으로 향하여 떠나가게 하느니라."

이와 같이 세존께서는 여러 종류의 방편으로써 자비구와 지비구를 꾸짖고서 뒤에 부양이 어렵고 가르치고 양육함이 어려우며, …… 나아가 …… 여러 비구들을 위하여 적절한 법을 수순하여 설하신 뒤에 여러 비구들에게 알려 말씀하셨다.

"여러 비구들이여. 나는 열 가지의 이익을 까닭으로써 여러 비구들을 위하여 학처를 제정하겠나니, 그대들은 마땅히 이와 같이 학처를 송출할 지니라.

'어느 누구의 비구일지라도 다른 비구를 마주하고서 악하게 성내고 만족하지 않아서 근거없는 바라이법으로써 그를 비방하면서 〈그가 이것을 이유로 범행에서 퇴전(退轉)할 것이다.〉라고 생각하였으나, 그가 뒤의 때에 혹은 힐문을 받았거나, 혹은 힐문을 받지 않아도, 그 비구는 사정(事情)에 근거가 없는 자이었고, 비구가 성냄(瞋恚)에 머물렀던 인연의 까닭이었던 자는 승잔을 범하느니라.'"

2-1 '어느 누구'는 어느 태어난 곳의 이유, …… 혹은 중간의 법랍이었다면 이것을 '어느 누구'라고 말한다.

'비구'는 구걸하는 비구이니, 일을 좇아서 걸식하는 비구, …… 곧 이것에서 '비구'의 뜻이라고 말하는 것이다.

'다른 비구'는 그 다른 비구이다.

'악하게 성내다.'는 분노하고 불쾌(不快)하며 즐겁지 않고 성내면서 평안하지 않은 것이다.

'만족하지 않다.'는 진노한 이유로 불쾌하고 즐겁지 않으며 만족하지 못하는 것이다.

'근거가 없다.'는 보지 못하였고 듣지 못하였으며 의심이 없는 것이다.

'바라이법으로써'는 4바라이법의 가운데에서 하나이다.

'비방하다.'는 스스로가 비방하거나, 다른 사람을 시켜서 비난하는 것이다.

'능히 그가 이것을 이유로 범행에서 퇴전할 것이다.'는 비구를 사타(捨墮)에 떨어지게 하고, 사문법에서 퇴전하게 하며, 계법에서 퇴전하게 하고, 덕을 닦는 법에서 퇴전하게 하는 것이다.

'뒤의 때'는 그를 비방한 때이거나, 찰나라도 지나갔거나, 경각이라도 지나갔거나, 수유라도 지나간 것이다.

'힐문을 받다.'는 비방하였던 일의 근본을 밝게 밝히는 것이다.

'힐문을 받지 않다.'는 무슨 일이라도 추궁당하지 않는 것이다.

'사정'은 네 가지의 일이 있거나, 일을 논의하거나, 어려운 일이 아니거나, 죄의 일이거나, 일을 행하는 것이다.

'비구가 성냄에 머물렀던 인연'은 내가 헛된 일이라고 말하였던 이유이거나, 내가 망령된 일이라고 말하였던 이유이거나, 내가 진실이 없다고 말하였던 이유이거나, 내가 알지 못한 것으로써 그것을 말한 것이다.

'승잔'은 승가 대중을 마주하고서 그 죄에 별주를 주어서 그 죄를 되돌려서 본래로 돌아오게 하거나, …… 그 죄가 모였던 것을 마주하고서 같은 뜻과 말로 갈마하는 것이다. 이러한 까닭으로 승잔이라고 이름한다.

3-1 그 비구가 바라이를 범한 것을 보지 않았으나, "나는 그대가 바라이법을 범하였다고 보았으므로 그대는 사문이 아니고, 석자가 아니며, 그대와 함께 포살(布薩)·자자(自恣)·승갈마(僧羯磨)를 하지 않겠습니다."라고 그 비구를 비방하였다면 말하는 것마다 승잔을 범한다.

그 비구가 바라이를 범한 것을 듣지 않았으나 "나는 그대가 바라이법을 범하였다고 들었으므로 그대는 사문이 아니고, 석자가 아니며, 그대와 함께 포살, 자자, 승갈마를 하지 않겠습니다."라고 그 비구를 비방하였다면 말하는 것마다 승잔을 범한다.

그 비구가 바라이를 범한 것을 의심하지 않았으나 "나는 그대가 바라이법을 범하였다고 의심하므로 그대는 사문이 아니고, 석자가 아니며, 그대와 함께 포살·자자·승갈마를 하지 않겠습니다."라고 그 비구를 비방하였다면 말하는 것마다 승잔을 범한다.

3-2 그 비구가 바라이를 범한 것을 보지 않았으나, "그대가 바라이법을 범하였다고 나는 보았고, 나는 들었으므로 그대는 사문이 아니고, …… 승갈마를 하지 않겠습니다."라고 그 비구를 비방하였다면 말하는 것마다 승잔을 범한다.

그 비구가 바라이를 범한 것을 보지 않았으나, "그대가 바라이법을 범하였다고 나는 그것을 보았고, 나는 그것을 의심하였으므로, …… 나는 그것을 보았고, 나는 그것을 들었으며, 나는 그것을 의심하였으므로 그대는 사문이 아니고, …… 승갈마를 하지 않겠습니다."라고 그 비구를 비방하였다면 말하는 것마다 승잔을 범한다.

그 비구가 바라이법을 범한 것을 듣지 않았으나, "그대가 바라이를 범하였다고 나는 그것을 들었고, 나는 그것을 의심하였으며, …… 나아가 …… 나는 그것을 들었고, 또한 그것을 보았으며, …… 나아가 …… 나는 그것을 들었고, 또한 그것을 보았으며, 나는 그것을 의심하므로 그대는 사문이 아니고, …… 승갈마를 하지 않겠습니다."라고 그 비구를 비방하였다면 말하는 것마다 승잔을 범한다.

그 비구가 바라이법을 범한 것을 의심하지 않았으나, "그대가 바라이를 범하였다고 나는 의심하였고, 나는 그것을 보았으며, …… 나아가 …… 나는 그것을 의심하였고, 나는 그것을 들었으며, …… 나아가 …… 나는 의심하였고, 나는 보았으며, 나는 들었으므로 그대는 사문이 아니고, …… 승갈마를 하지 않겠습니다."라고 그 비구를 비방하였다면 말하는 것마다 승잔을 범한다.

3-3 그 비구가 바라이법을 범한 것을 보았으므로, "그대가 바라이법을 범하였다고 나는 그것을 들었고, …… 나는 그것을 의심하며, …… 나는 그것을 들었고, 나는 그것을 의심하므로, …… 그대는 사문이 아니고, …… 승갈마를 하지 않겠습니다."라고 그 비구를 비방하였다면 말하는 것마다 승잔을 범한다.

그 비구가 바라이법을 범한 것을 들었으므로, "그대가 바라이법을 범하였다고 나는 그것을 의심하고, …… 나는 그것을 보았으며, …… 나는 그것을 의심하였고, 나는 그것을 보았으므로, …… 그대는 사문이 아니고, …… 승갈마를 하지 않겠습니다."라고 그 비구를 비방하였다면 말하는 것마다 승잔을 범한다.

그 비구가 바라이법을 범한 것을 의심하였으므로, "그대가 바라이법을 범하였다고 나는 그것을 보았고, …… 나는 그것을 들었으며, …… 나는 그것을 보았고, 나는 그것을 들었으므로, …… 그대는 사문이 아니고, …… 승갈마를 하지 않겠습니다."라고 그 비구를 비방하였다면 말하는 것마다 승잔을 범한다.

3-4 그 비구가 바라이를 범하는 것을 보았으나, 보았던 것에 의심이 있었고, 보았던 것을 확신하지 못하였으며, 보았던 것을 기억하지 못하였고, 보았던 것을 잊어버렸거나, 들었던 것에 의심이 있었고, 들었던 것을 확신하지 못하였으며, 들었던 것을 기억하지 못하였고, 들었던 것을 잊어버렸거나, 의심하였던 것에 의혹이 있었고, 의심하였던 것을 확신하지

못하였으며, 의심하였던 것을 기억하지 못하였고, 의심하였던 것을 잊어 버렸는데, "그대가 바라이법을 범하였다고 나는 그것을 의심하였고 나는 그것을 보았으며, …… 나아가 …… 나는 그것을 의심하였고 나는 그것을 들었으며, …… 나아가 …… 나는 그것을 의심하였고 나는 그것을 보았으며 나는 그것을 들었으므로 그대는 사문이 아니고, …… 승갈마를 하지 않겠습니다."라고 그 비구를 비방하였다면 말하는 것마다 승잔을 범한다.

3-5 그 비구가 바라이를 범한 것을 보지 않았으나, 다른 사람을 시켜서 비방하게 하면서 "그대가 바라이법을 범하였다고 그것을 보았고 그것을 들었으며, 그것을 의심하였으므로 그대는 사문이 아니고, …… 승갈마를 하지 않겠습니다."라고 그 비구를 비방하였다면 말하는 것마다 승잔을 범한다.

그 비구가 바라이를 범한 것을 듣지 않았으나, 다른 사람을 시켜서 비방하게 하면서 "그대가 바라이법을 범하였다고 그것을 들었고 그것을 의심하였으며, 그것을 보았으므로 그대는 사문이 아니고, …… 승갈마를 하지 않겠습니다."라고 그 비구를 비방하였다면 말하는 것마다 승잔을 범한다.

그 비구가 바라이를 범한 것을 의심하지 않았으나, 다른 사람을 시켜서 비방하게 하면서, "그대가 바라이법을 범하였다고 그것을 의심하였고 그것을 보았으며 그것을 들었으므로 그대는 사문이 아니고, …… 승갈마를 하지 않겠습니다."라고 그 비구를 비방하였다면 말하는 것마다 승잔을 범한다.

3-6 그 비구가 바라이를 범한 것을 보지 않았으나, 다른 사람을 시켜서 비방하게 하면서, "그대가 바라이법을 범하였다고 그것을 보게 하였고 그것을 듣게 하였으며, …… 나아가 …… 그것을 보게 하였고 그것을 의심하게 하였으며, …… 나아가 …… 그것을 보게 하였고 그것을 듣게 하였으며 그것을 의심하게 하였으므로 그대는 사문이 아니고, …… 승갈마

를 하지 않겠습니다."라고 그 비구를 비방하였다면 말하는 것마다 승잔을 범한다.

그 비구가 바라이를 범한 것을 듣지 않았으나, 다른 사람을 시켜서 비방하게 하면서, "그대가 바라이법을 범하였다고 그것을 듣게 하였고 그것을 의심하였으며, …… 나아가 …… 그것을 듣게 하였고 그것을 의심하게 하였으며, …… 나아가 …… 그것을 듣게 하였고 그것을 의심하게 하였으며 그것을 보게 하였으므로 그대는 사문이 아니고, …… 승갈마를 하지 않겠습니다."라고 그 비구를 비방하였다면 말하는 것마다 승잔을 범한다.

그 비구가 바라이를 범한 것을 의심하지 않았으나, 다른 사람을 시켜서 비방하게 하면서, "그대가 바라이법을 범하였다고 그것을 의심하게 하였고 그것을 보게 하였으며, …… 나아가 …… 그것을 의심하게 하였고 나는 그것을 듣게 하였으며, …… 나아가 …… 그것을 의심하게 하였고 그것을 보게 하였으며 그것을 듣게 하였으므로 그대는 사문이 아니고, …… 승갈마를 하지 않겠습니다."라고 그 비구를 비방하였다면 말하는 것마다 승잔을 범한다.

3-7 그 비구가 바라이를 범한 것을 보았고, 다른 사람을 시켜서 비방하게 하면서, "그대가 바라이법을 범하였다고 그것을 보게 하였고 그것을 듣게 하였으며, …… 나아가 …… 그것을 보게 하였고 그것을 의심하게 하였으며, …… 나아가 …… 그것을 보게 하였고 그것을 듣게 하였으며 그것을 의심하게 하였으므로 그대는 사문이 아니고, …… 승갈마를 하지 않겠습니다."라고 그 비구를 비방하였다면 말하는 것마다 승잔을 범한다.

그 비구가 바라이를 범한 것을 들었고, 다른 사람을 시켜서 비방하게 하면서, "그대가 바라이법을 범하였다고 그것을 듣게 하였고 그것을 의심하였으며, …… 나아가 …… 그것을 듣게 하였고 그것을 의심하게 하였으며, …… 나아가 …… 그것을 듣게 하였고 그것을 의심하게 하였으며 그것을 보게 하였으므로 그대는 사문이 아니고, …… 승갈마를 하지 않겠습니다."라고 그 비구를 비방하였다면 말하는 것마다 승잔을 범한다.

그 비구가 바라이를 범한 것을 의심하였고, 다른 사람을 시켜서 비방하게 하면서, "그대가 바라이법을 범하였다고 그것을 의심하게 하였고 그것을 보게 하였으며, …… 나아가 …… 그것을 의심하게 하였고 그것을 듣게 하였으며, …… 나아가 …… 그것을 의심하게 하였고 그것을 보게 하였으며 그것을 듣게 하였으므로 그대는 사문이 아니고, …… 승갈마를 하지 않겠습니다."라고 그 비구를 비방하였다면 말하는 것마다 승잔을 범한다.

3-8 그 비구가 바라이를 범하는 것을 보았으나, 보았던 것에 의심이 있었고, 보았던 것을 확신하지 못하였으며, 보았던 것을 기억하지 못하였고, 보았던 것을 잊어버렸는데, "그대가 바라이법을 범하였다고 그것을 의심하게 하였고 그것을 보게 하였으며, …… 나아가 …… 그것을 의심하게 하였고 그것을 듣게 하였으며, …… 나아가 …… 나는 그것을 의심하게 하였고, 그것을 보게 하였으며 듣게 하였으므로 그대는 사문이 아니고, …… 승갈마를 하지 않겠습니다."라고 그 비구를 비방하였다면 말하는 것마다 승잔을 범한다.

그 비구가 바라이를 범하는 것을 들었으나, 들었던 것에 의심이 있었고, 들었던 것을 확신하지 못하였으며, 들었던 것을 기억하지 못하였고, 들었던 것을 잊어버렸는데, "그대가 바라이법을 범하였다고 그것을 의심하게 하였고 그것을 듣게 하였으며, …… 나아가 …… 그것을 의심하게 하였고 그것을 보게 하였으며, …… 나아가 …… 나는 그것을 의심하게 하였고, 그것을 듣게 하였으며 보게 하였으므로 그대는 사문이 아니고, …… 승갈마를 하지 않겠습니다."라고 그 비구를 비방하였다면 말하는 것마다 승잔을 범한다.

그 비구가 바라이를 범하는 것을 의심하였으나, 의심하였던 것에 의혹이 있었고, 의심하였던 것을 확신하지 못하였으며, 의심하였던 것을 기억하지 못하였고, 의심하였던 것을 잊어버렸는데, "그대가 바라이법을 범하였다고 그것을 의심하게 하였고 그것을 보게 하였으며, …… 나아가 …… 그것을 의심하게 하였고 나는 그것을 듣게 하였으며, …… 나아가 …… 나는 그것을 의심하게 하였고, 그것을 보게 하였으며 듣게 하였으므로 그대는 사문이 아니고, …… 승갈마를 하지 않겠습니다."라고 그 비구를 비방하였다면 말하는 것마다 승잔을 범한다.

4-1 청정하지 않았는데 청정하다는 견해가 있었거나, 청정하였는데 청정하지 않다는 견해가 있었거나, 청정하지 않았고 청정하지 않다는 견해가 있었거나, 청정하였고 청정하다는 견해가 있었던 것이 있다.

4-2 청정하지 않았던 사람이 하나의 바라이법을 범한 것이 있었고, 만약 그 비구에게 청정하다는 견해가 있었더라도, 허락받지 않고서 빈출(擯出)하려는 뜻으로 그 비구를 말하였다면, 곧 하나의 승잔과 하나의 돌길라를 범한다.

청정하지 않았던 사람이 하나의 바라이법을 범한 것이 있었고, 만약 그 비구에게 청정하다는 견해가 있었으며, 허락받고서 빈출하려는 뜻으로 그 비구를 말하였다면, 승잔을 범한다.

청정하지 않았던 사람이 하나의 바라이법을 범한 것이 있었고, 만약 그 비구에게 청정하다는 견해가 있었더라도, 허락받지 않고서 꾸짖으려는 뜻으로 말하였다면, 곧 하나의 악작죄(惡作罪)와 하나의 돌길라를 범한다.

청정하지 않았던 사람이 하나의 바라이법을 범한 것이 있었고, 만약 그 비구에게 청정하다는 견해가 있었으며, 허락받고서 꾸짖으려는 뜻으로 말하였다면, 하나의 악작죄를 범한다.

4-3 청정한 사람이 하나의 바라이법을 범한 것이 없었고, 만약 그 비구에게 청정하지 않다는 견해가 있었더라도, 허락받지 않고서 빈출하려는 뜻으로 그 비구를 말하였다면, 하나의 돌길라를 범한다.

청정한 사람이 하나의 바라이법을 범한 것이 없었고, 만약 그 비구에게 청정하지 않다는 견해가 있었으며, 허락받고서 빈출하려는 뜻으로 그 비구를 말하였다면, 범하지 않는다.

청정한 사람이 하나의 바라이법을 범한 것이 없었고, 만약 그 비구에게 청정하지 않다는 견해가 있었더라도, 허락받지 않고서 꾸짖으려는 뜻으로 말하였다면, 하나의 악작죄와 하나의 돌길라를 범한다.

청정한 사람이 하나의 바라이법을 범한 것이 없었고, 만약 그 비구에게 청정하지 않다는 견해가 있었으며, 허락받고서 꾸짖으려는 뜻으로 말하였다면, 범하지 않는다.

4-4 청정하지 않았던 사람이 하나의 바라이법을 범한 것이 있었고, 만약 그 비구에게 청정하지 않다는 견해가 있었더라도, 허락받지 않고서 빈출하려는 뜻으로 그 비구를 말하였다면, 돌길라를 범한다.

청정하지 않았던 사람이 하나의 바라이법을 범한 것이 있었고, 만약 그 비구에게 청정하지 않다는 견해가 있었으며, 허락받고서 빈출하려는 뜻으로 그 비구를 말하였다면, 범하지 않는다.

청정하지 않았던 사람이 하나의 바라이법을 범한 것이 있었고, 만약 그 비구에게 청정하지 않다는 견해가 있었더라도, 허락받지 않고서 꾸짖으려는 뜻으로 말하였다면, 하나의 악작죄와 하나의 돌길라를 범한다.

청정하지 않았던 사람이 하나의 바라이법을 범한 것이 있었고, , 만약 그 비구에게 청정하지 않다는 견해가 있었으며, 허락받고서 꾸짖으려는 뜻으로 말하였다면, 악작죄를 범한다.

4-5 청정한 사람이 하나의 바라이법이라도 범한 것이 없었고, 만약 그 비구에게 청정하다는 견해가 있었더라도, 허락받지 않고서 빈출하려는 뜻으로 그 비구를 말하였다면, 하나의 승잔과 하나의 돌길라를 범한다.

청정한 사람이 하나의 바라이법을 범한 것이 없었고, 만약 그 비구에게 청정하다는 견해가 있었으며, 허락받고서 빈출하려는 뜻으로 그 비구를 말하였다면, 승잔을 범한다.

청정한 사람이 하나의 바라이법이라도 범한 것이 없었고, 만약 그 비구에게 청정하다는 견해가 있었더라도, 허락받지 않고서 꾸짖으려는 뜻으로 말하였다면, 하나의 악작죄와 하나의 돌길라를 범한다.

청정한 사람이 하나의 바라이법이라도 범한 것이 없었고, 만약 그 비구에게 청정하다는 견해가 있었으며, 허락받고서 꾸짖으려는 뜻으로 말하였다면, 악작죄를 범한다.

4-6 청정한 사람에게 청정하지 않다는 견해를 지녔거나, 청정하지 않았고 청정하지 않다는 견해를 지녔거나, 미쳤던 자이거나, 최초로 범한 자는 범하지 않는다.

[여덟 번째의 승잔을 마친다.]

9) 가근방(假根謗) 학처

1-1 그때 세존께서는 왕사성의 가란타죽림원에 머무르셨다.

그때 자비구와 지비구가 기사굴산에서 내려오는 때에, 수컷 양과 암컷 양이 교미하는 것을 보았다. 보고서 이와 같이 말을 지었다.

"비구여. 우리들은 이 수컷 양을 답바마라자라고 이름하고, 암컷 양을 자비구니라고 이름하세. 우리들은 마땅히 이와 같이 말해야 하네. '여러 장로들이여. 이전에 우리가 장로 답바마라자를 비방하는 것을 들었습니다. 그러나 지금 우리는 그 비구가 자비구니와 함께 음행하는 것을 보았습니다.'"

그들은 수컷 양을 답바마라자라고 이름하였고, 그 암컷 양을 자비구니라고 이름하였으며, 그들은 여러 비구들에게 말하였다.

"여러 장로들이여. 이전에 우리가 장로 답바마라자를 비방하는 것을 들었습니다. 그러나 지금 우리는 그 비구가 자비구니와 함께 음행하는 것을 보았습니다."

여러 비구들이 이와 같이 말하였다.

"비구들이여. 이와 같은 말을 짓지 마십시오. 장로 답바마라자는 이와
같이 하지 않습니다."

여러 비구들은 이 일로써 세존께 아뢰었다. 이때 세존께서는 이 인연으
로써 여러 비구들을 모으셨으며, 답바마라자에게 물어 말씀하셨다.

"답바여. 그대는 여러 비구들이 말하는 것을 기억하는가?"

"세존이시여. 세존께서 저를 아시는 것과 같습니다."

세존께서는 두 번째에도 이와 같이 물으셨으며, …… 세존께서는 세
번째에도 이와 같이 물으셨고, …… "답바여. 그대는 그 비구니가 말하는
것의 행을 기억하는가?"

"세존이시여. 세존께서 저를 아시는 것과 같습니다."

"답바여. 그대는 이것을 능히 대답하지 않았느니라. 그대가 만약 행하였
다면 행하였다고 말하고, 만약 행하지 않았다면 행하지 않았다고 말하라."

"세존이시여. 내가 기억하기로는 태어난 이후에 꿈속에서도 역시 부정
법을 행하지 않았습니다. 하물며 깨어있는 때이겠습니까?"

이때 세존께서는 여러 비구들에게 알려 말씀하셨다.

"그렇다면 여러 비구들이여. 마땅히 이 여러 비구들에게 힐문하도록
하라."

이와 같이 말씀하시고서 자리에서 일어나서 정사로 들어가셨다.

1-2 그때 그 여러 비구들은 자비구와 지비구의 도중에게 힐문하였다.
여러 비구들에게 힐문을 당하였고 그들은 이 일로써 여러 비구들에게
알렸다.

"여러 비구들이여. 그대들은 다른 일의 가운데에서 어느 비슷한 점을
취하였고, 바라이법으로써 답바마라자를 비방하였는가?"

"그렇습니다. 여러 장로들이여."

여러 비구들의 가운데에서 욕망이 적은 자들은 싫어하면서 비난하였다.

"무슨 까닭으로 자비구와 지비구는 다른 일의 가운데에서 어느 비슷한 점을 취하였고, 바라이법으로써 장로 답바마라자를 비방하였는가?"

이때 여러 비구들은 이 일로써 세존께 아뢰었다. 이때 세존께서는 자비구와 지비구에게 물어 말씀하셨다.

"비구들이여. 그대들이 진실로 다른 일의 가운데에서 어느 비슷한 점을 취하였고, 바라이법으로써 장로 답바마라자를 비방하였는가?"

"진실로 그렇습니다. 세존이시여."

세존께서는 여러 방편으로 꾸짖으셨다.

"어리석은 사람들이여. 그대들은 어찌하여 다른 일의 가운데에서 어느 비슷한 점을 취하였고, 바라이법으로써 장로 답바마라자를 비방하였는가? 이것은 상응하는 법이 아니고 수순하는 행이 아니며, …… 나아가 …… 집착을 없애라고 설법하였고 집착이 있으라고 설법하지 않았느니라. 어리석은 사람이여. 이것은 오히려 믿지 않는 자는 신심이 생겨나지 않게 하고, …… 이미 믿었던 자는 일부가 전전하여 다른 곳으로 향하여 떠나가게 하느니라."

이와 같이 세존께서는 여러 종류의 방편으로써 자비구와 지비구를 꾸짖고서 뒤에 부양이 어렵고 가르치고 양육함이 어려우며, …… 나아가 …… 여러 비구들을 위하여 적절한 법을 수순하여 설하신 뒤에 여러 비구들에게 알려 말씀하셨다.

"여러 비구들이여. 나는 열 가지의 이익을 까닭으로써 여러 비구들을 위하여 학처를 제정하겠나니, 그대들은 마땅히 이와 같이 학처를 송출할 지니라.

'어느 누구의 비구일지라도 다른 비구를 마주하고서 악하게 성내고 만족하지 않아서 다른 일의 가운데에서 무슨 비슷한 점을 취하였고, 바라이법으로써 그를 비방하면서 〈그가 이것을 이유로 범행에서 퇴전(退轉)할 것이다.〉라고 생각하였으나, 그가 뒤의 때에 혹은 힐문을 받았거나, 혹은 힐문을 받지 않았어도, 오직 그 다른 일의 가운데에서 무슨 비슷한 점을 취하였고, 비구가 성냄에 머물렀던 인연의 까닭이었던 자는 승잔을 범하느니라.'"

2-1 '어느 누구'는 어느 태어난 곳의 이유, …… 혹은 중간의 법랍이었다면 이것을 '어느 누구'라고 말한다.

'비구'는 구걸하는 비구이니, 일을 쫓아서 걸식하는 비구, …… 곧 이것에서 '비구'의 뜻이라고 말하는 것이다.

'다른 비구'는 그 다른 비구이다.

'악하게 성내다.'는 분노하고 불쾌(不快)하며 즐겁지 않고 성내면서 평안하지 않은 것이다.

'만족하지 않다.'는 진노한 이유로 불쾌하고 즐겁지 않으며 만족하지 못하는 것이다.

2-2 '다른 일의 가운데에서'는 혹은 다른 일의 죄이거나, 혹은 다른 일의 일이 있다. 무슨 일이 그것의 일과 다른 일인가? 논쟁의 일과 교계(敎誡)하는 일, 죄를 범한 일, 행하는 일이라면 그것이 다른 일이다. 교계의 일과 논쟁의 일, 죄를 범한 일, 행하는 일이라면 그것이 다른 일이다. 행하는 일과 논쟁의 일, 교계의 일, 죄를 범한 일이라면 그것이 다른 일이다. 이와 같은 일이라면 바로 다른 일이다.

무슨 일이 그것의 일과 같은 일인가? 논쟁의 일과 논쟁의 일은 그것이 같은 일이고, 교계하는 일과 교계하는 일은 그것이 같은 일이며, 죄를 범한 일과 능히 이러한 죄를 범한 일이라면 그것이 같은 일이거나, 혹은 다른 일이다.

무엇과 같은 죄를 범한 일이 그것의 죄를 범한 일과 다른 일인가? 부정법(不淨法)의 바라이죄와 불여취(不與取)의 바라이죄, 단인명(斷人命)의 바라이죄, 상인법(上人法)의 바라이죄라면 그것과 다른 일이다. 불여취의 바라이죄와 단인명의 바라이죄, 상인법의 바라이죄, 부정법의 바라이죄라면 그것과 다른 일이다. 상인법의 바라이죄와 부정법의 바라이죄, 불여취의 바라이죄, 단인명의 바라이죄라면 그것과 다른 일이다. 이와 같은 죄를 범한 일이라면 바로 그것이 다른 일이다.

무엇과 같은 죄를 범한 일이 그것의 죄를 범한 일과 같은 일인가? 부정법의 바라이죄와 부정법의 바라이죄라면 그것과 같은 일이고, 불여취의 바라이죄와 불여취의 바라이죄라면 그것과 같은 일이며, 단인명의 바라이죄와 단인명의 바라이죄라면 그것과 같은 일이고, 상인법의 바라이죄와 상인법의 바라이죄라면 그것과 같은 일이다. 이와 같은 죄를 범한 일이라면 바로 죄를 범한 일이 그것과 같은 일이다. 행하는 일이라면 바로 행하는 일이 그것과 같은 일이다. 이와 같은 일이라면 바로 그것이 같은 일이다.

2-3 '오직 비슷한 점의 부류를 취하다.'는 비슷한 부류에 10종류의 비슷한 부류가 있나니, 종족이 비슷하거나, 이름이 비슷하거나, 종성(種姓)이 비슷하거나, 모습이 비슷하거나, 죄가 비슷하거나, 발우가 비슷하거나, 옷이 비슷하거나, 화상(和尙)이 비슷하거나, 아사리(阿闍梨)가 비슷하거나, 방사(房舍)가 비슷한 것이다.

'종족이 비슷하다.'는 찰제리(刹帝利)[35] 종족이 바라이법을 범하는 것을 보았고, 뒤에 그와 다른 찰제리 종족을 보고서 "내가 찰제리 종족이 바라이법을 범하는 것을 보았던 이유로, 그대는 사문이 아니고, 석자가 아니며, 그대와 함께 포살, 자자, 승갈마를 하지 않겠습니다."라고 비방하였다면 말하는 것마다 승잔을 범한다.

바라문(婆羅門)[36] 종족이 바라이법을 범하는 것을 보았고, 뒤에 그와 다른 바라문 종족을 보고서, …… 나아가 …… 폐사(吠舍)[37] 종족이 바라이법을 범하는 것을 보았고, 뒤에 그와 다른 폐사 종족을 보고서, …… 나아가 …… 수타(首陀)[38] 종족이 바라이법을 범하는 것을 보았고, 뒤에

---

35) 팔리어 khattiya(카띠야)의 음사이다.
36) 팔리어 Brāhmaṇa(브라마나)의 음사이다.
37) 팔리어 Vessa(베사)의 음사이다.
38) 팔리어 Sudda(수따)의 음사이다.

그와 다른 수타 종족을 보고서, …… 나아가 …… 비방하였다면 말하는 것마다 승잔을 범한다.

'이름이 비슷하다.'는 불호(佛護)가 바라이법을 범하는 것을 보았고, 뒤에 그와 다른 불호를 보고서, …… 나아가 …… 법호(法護)가 바라이법을 범하는 것을 보았고, …… 나아가 …… 승호(僧護)가 바라이법을 범하는 것을 보았고, 뒤에 그와 다른 승호를 보고서, …… 나아가 …… 비방하였다면 말하는 것마다 승잔을 범한다.

'종성이 비슷하다.'는 구담(瞿曇)[39] 종성이 바라이법을 범하는 것을 보았고, …… 나아가 …… 목건련(目犍連)[40] 종성이 바라이법을 범하는 것을 보았고,…… 나아가 …… 가전연(迦旃延)[41] 종성이 바라이법을 범하는 것을 보았고,…… 나아가 …… 바사달(婆斯達)[42] 종성이 범하는 것을 보았고, 뒤에 그와 다른 바사달 종성을 보고서, …… 나아가 …… 비방하였다면 말하는 것마다 승잔을 범한다.

'모습이 비슷하다.'는 키가 큰 사람이, …… 나아가 …… 키가 작은 사람이, …… 나아가 …… 검은 사람이 범하는 것을 보았고, 뒤에 그와 다른 검은 사람을 보고서, …… 나아가 …… 비방하였다면 말하는 것마다 승잔을 범한다.

'죄가 비슷하다.'는 가벼운 죄를 범한 그 바라이법을 범한 사람을 보았고, 그를 바라이법으로써 "그대는 사문이 아니고, 석자가 아니며, 그대와 함께 포살, 자자, 승갈마를 하지 않겠습니다."라고 비방하였다면 말하는 것마다 승잔을 범한다.

'발우가 비슷하다.'는 철 발우를 지닌 사람이, …… 나아가 …… 베(布) 발우를 지닌 사람이, …… 나아가 …… 쪼개진 발우를 지닌 사람이 범하는 것을 보았고, 뒤에 그와 다른 발우를 지닌 사람을 보고서, …… 나아가

---

39) 팔리어 Gotama(고타마)의 음사이다.
40) 팔리어 Moggallāna(목깔라나)의 음사이다.
41) 팔리어 Kaccāyana(카짜야나)의 음사이다.
42) 팔리어 Vāsiṭṭha(바시따)의 음사이다.

…… 비방하였다면 말하는 것마다 승잔을 범한다.

'옷이 비슷하다.'는 분소의를 입은 사람이, …… 나아가 …… 거사의 옷을 입은 사람이 바라이법을 범하는 것을 보았고, 뒤에 그와 다른 옷을 입은 사람을 보고서, …… 나아가 …… 비방하였다면 말하는 것마다 승잔을 범한다.

'화상이 비슷하다.'는 어느 화상의 제자가 바라이법을 범하는 것을 보았고, 뒤에 그와 다른 화상의 제자를 보고서, …… 나아가 …… 비방하였다면 말하는 것마다 승잔을 범한다.

'아사리가 비슷하다.'는 어느 아사리의 제자가 바라이법을 범하는 것을 보았고, 뒤에 그와 다른 아사리의 제자를 보고서, …… 나아가 …… 비방하였다면 말하는 것마다 승잔을 범한다.

'방사가 비슷하다.'는 어느 방사의 사람이 바라이법을 범하는 것을 보았고, 뒤에 그와 다른 방사의 사람을 보고서, …… 나아가 …… 비방하였다면 말하는 것마다 승잔을 범한다.

2-4 '바라법으로써'는 4바라이법 중의 하나이다.

'비방하다.'는 스스로가 비방하거나, 다른 사람을 시켜서 비난한 것이다.

'그가 이것을 이유로 범행에서 퇴전할 것이다.'는 비구가 사타(捨墮)에 떨어지게 하고, 사문법에서 퇴전하게 하며, 계법에서 퇴전하게 하고, 덕을 닦는 법에서 퇴전하게 하는 것이다.

'뒤의 때'는 그를 비방한 때이거나, 찰나라도 지나갔거나, 경각이었거나, 수유이었던 것이다.

'힐문을 받다.'는 비방하였던 일의 근본을 확실히 추궁하는 것이다.

'힐문을 받지 않다.'는 무슨 일이라도 추궁당하지 않는 것이다.

'일'은 네 가지가 있나니, 논쟁의 일, 교계하는 일, 죄를 범한 일, 행하는 일이다.

'오직 비슷한 점의 부류를 취하다.'는 그 부류의 비슷한 부분을 마주하고서 다른 사람의 비슷한 부류를 취하는 것이다.

'비구가 성냄에 머물렀던 인연'은 나에게 헛된 일이라고 말하였던 이유이었거나, 나에게 망령된 일이라고 말하였던 이유이었거나, 나에게 진실이 없다고 말하였던 이유이었거나, 나에게 알지 못한 것으로써 그것을 말한 것이다.

'승잔'은 승가대중을 마주하고서 그 죄에 별주를 주어서 그 죄를 되돌려서 본래로 돌아오게 하거나, …… 그 죄가 모였던 것을 마주하고서 같은 뜻과 말로 갈마하는 것이다. 이러한 까닭으로 승잔이라고 이름한다.

3-1 어느 비구가 승잔을 범하는 것을 보았고, 승잔에서 승잔이라는 견해가 있었는데, 만약 그를 마주하고서 "그대는 사문이 아니고, 석자가 아니며, 그대와 함께 포살, 자자, 승갈마를 하지 않겠습니다."라고 바라이를 범한 것으로써 비방하였고, 이와 같이 범한 죄를 다른 일에서 비슷한 부류로 취하였다면 말하는 것마다 승잔을 범한다.

어느 비구가 승잔을 범하는 것을 보았고, 승잔에서 투란차라는 견해가 있었는데, …… 나아가 …… 바일제라는 견해가 있었는데, …… 나아가 …… 바라제제사니라는 견해가 있었는데, …… 나아가 …… 악작이라는 견해가 있었는데, …… 나아가 …… 악설(惡說)이라는 견해가 있었는데, 만약 그를 마주하고서, …… 범한 죄를 다른 일에서 비슷한 부류로 취하였다면 말하는 것마다 승잔을 범한다.

어느 비구가 투란차를 범하는 것을 보았고, 투란차에서 투란차라는 견해가 있었는데, …… 나아가 …… 바일제라는 견해가 있었는데, …… 나아가 …… 바라제제사니라는 견해가 있었는데, …… 나아가 …… 악작이라는 견해가 있었는데, …… 나아가 …… 악설이라는 견해가 있었는데, 만약 그를 마주하고서, …… 범한 죄를 다른 일에서 비슷한 부류로 취하였다면 말하는 것마다 승잔을 범한다.

어느 비구가 악설을 범하는 것을 보았고, 악설에서 승잔이라는 견해가 있었거나, 악설에서 투란차, 바일제, 바라제제사니, 악작이라는 견해가 있었는데, 만약 그를 마주하고서, …… 범한 죄를 다른 일에서 비슷한 부류로 취하였다면 말하는 것마다 승잔을 범한다.

　[하나하나의 근거를 지어서 묶어서 그것을 순환시키면서 완성하여 설명하는 것이다.]

3-2 어느 비구가 승잔을 범하는 것을 보았고, 승잔에서 승잔이라는 견해가 있었는데, 만약 그를 마주하고 다른 사람에게 시켜서 "그대는 사문이 아니고, 석자가 아니며, 그대와 함께 포살, 자자, 승갈마를 하지 않겠습니다."라고 바라이를 범한 것으로써 비방하였고, 범한 죄를 다른 일에서 비슷한 부류로 취하였다면 말하는 것마다 승잔을 범한다.

　어느 비구가 승잔을 범하는 것을 보았고, 승잔에서 투란차라는 견해가 있었는데, …… 나아가 …… 바일제라는 견해가 있었는데, …… 나아가 …… 바라제제사니라는 견해가 있었는데, …… 나아가 …… 악작이라는 견해가 있었는데, …… 나아가 …… 악설이라는 견해가 있었거나, …… 어느 비구가 악설을 범하는 것을 보았고, 악설에서 악설이라는 견해가 있었는데, 만약 그를 마주하고서, 만약 그를 마주하고 다른 사람에게 시켜서 "그대는 사문이 아니고, …… 승갈마를 하지 않겠습니다."라고 바라이를 범한 것으로써 비방하였고, 범한 죄를 다른 일에서 비슷한 부류로 취하였다면 말하는 것마다 승잔을 범한다.

3-3 그가 죄가 있다고 말하면서 스스로가 비구를 비방하였거나, 혹은 시켜서 비방하는 자이거나, 미쳤던 자이거나, 최초를 범한 자는 범하지 않는다.

　[아홉 번째의 승잔을 마친다.]

10) 파승사간(破僧事諫) 학처

1-1 그때 세존께서는 왕사성의 가란타죽림원에 머무르셨다.

이때 제바달다(提婆達多)[43]는 구가리가(拘迦利迦)[44], 가타무가리(迦吒無迦利)[45], 건타비야자(騫陀毗耶子)[46], 사무타달(娑勿陀達)[47]의 처소에 이와 같이 말을 지었다.

"장로들이여. 오십시오. 우리들이 사문 구담을 마주하고서 승가를 깨트리고 법륜을 깨트립시다."

구가리가는 제바달다에게 대답하여 말하였다.

"장로여. 사문 구담은 대신통(大神通)의 자이고, 대위력(大威力)의 자입니다. 우리들이 어떻게 승가를 깨트리고 법륜을 깨트리겠소?"

"장로들이여. 오십시오. 우리들은 세존의 처소에 이르러 다섯 가지의 일을 요구합시다. '세존이시여. 세존께서는 여러 종류의 방편으로써 욕심이 적어서 만족함을 아는 것, 욕심을 억제하는 것, 두타행, 즐겁게 머무는 것, 번뇌를 없애는 것, 정진을 찬탄하셨습니다. 세존이시여. 이 다섯 가지의 법은 여러 종류의 방편으로써 욕심이 적어서 만족함을 알게 하는 것이고, 욕심을 억제하는 것이며, 두타행이고, 즐겁게 머무는 것이며, 번뇌를 없애고, 정진하는 것에 수승한 법입니다.

원하건대 세존이시여. 여러 비구들이 목숨을 마치도록 마땅히 아련야에서 머물러야 하나니, 취락에 이르는 자는 죄입니다. 여러 비구들이 목숨을 마치도록 마땅히 걸식해야 하나니, 청식(受請)을 받는 자는 죄입니다. 여러 비구들이 목숨을 마치도록 마땅히 분소의를 입어야 하나니, 거사에게 옷을 받는 자는 죄입니다. 여러 비구들이 목숨을 마치도록

---

43) 팔리어 Davadatta(다바다따)의 음사이다.
44) 팔리어 Kokālika(코카리타)의 음사이다.
45) 팔리어 Kaṭamodakatissaka(카타모다카티싸카)의 음사이다.
46) 팔리어 Khaṇḍadeviya putta(칸다데비야 푸따)의 음사이다.
47) 팔리어 Samuddadatta(사무따다따)의 음사이다.

마땅히 나무의 아래에서 머물러야 하나니, 집에 머무는 자는 죄입니다.
여러 비구들이 목숨을 마치도록 마땅히 물고기와 고기를 먹지 않아야
하나니, 물고기와 고기를 먹는 자는 죄입니다.'

사문 구담은 마땅히 이 다섯 가지의 일을 허락하지 않을 것이오. 우리들
은 이 다섯 가지의 일을 알려서 대중이 알게 합시다. 장로들이여. 우리들은
이 다섯 가지의 일을 이유로 사문 구담을 마주하고서 승가를 깨트리고
법륜을 깨트릴 수 있습니다. 대중들은 진실로 가난한 고행을 기쁘게
믿는 까닭이오."

1-2 이때 제바달다는 벗들의 무리와 세존의 처소에 이르러 머리 숙여
예경하고 물러나서 한쪽에 앉았다. 앉아서 세존을 마주하고 말하였다.
"세존이시여. 세존께서는 여러 종류의 방편으로써 욕심이 적어서 만족
함을 아는 것, 욕심을 억제하는 것, 두타행, 즐겁게 머무는 것, 번뇌를
없애는 것, 정진을 찬탄하셨습니다. …… 여러 비구들이 목숨을 마치도록
마땅히 물고기와 고기를 먹지 않아야 하나니, 물고기와 고기를 먹는
자는 죄입니다."

"멈추게. 제바달다여. 아련야에 머무르고자 하는 자는 마땅히 아련야에
머물러야 하고, 취락에 머무르고자 하는 자는 마땅히 취락에 머물러야
하며, 걸식하고자 하는 자는 마땅히 걸식해야 하고, 청식을 받고자 하는
자는 마땅히 청식을 받아야 하며, 분소의를 입고자 하는 자는 마땅히
분소의를 입어야 하고, 거사에게 옷을 받고자 하는 자는 마땅히 거사에게
옷을 받아야 하네. 제바달다여. 나는 8개월을 나무 아래에서 머무는
것을 허락하겠고, 역시 보지 않겠고 듣지 않겠으며 의심스럽지 않은
세 가지의 청정한 물고기와 고기는 허락하겠네."

그때 제바달다는 '세존께서 다섯 가지의 일을 허락하지 않는다.'라고
알았고, 매우 기뻐하면서 반려의 무리들과 자리에서 일어나서 세존을
오른쪽으로 돌면서 떠나갔다. 이때 제바달다는 왕사성에 들어가서 다섯
가지의 일을 대중에게 알렸다.

"여러 현자들이여. 우리들은 사문 구담의 처소에서 다섯 가지의 일을 애원하며 청하였소. '세존이시여. 세존께서는 여러 종류의 방편으로써 욕심이 적어서 만족함을 아는 것, 욕심을 억제하는 것, 두타행, 즐겁게 머무는 것, 번뇌를 없애는 것, 정진을 찬탄하셨습니다. …… 여러 비구들이 목숨을 마치도록 마땅히 물고기와 고기를 먹지 않아야 하나니, 물고기와 고기를 먹는 자는 죄입니다.' 사문 구담은 우리들이 이 다섯 가지의 일을 수지(修持)하는 것을 허락하지 않으셨소."

1-3 그때 대중의 가운데에서 신심이 없고 청정한 마음이 없으며 깨닫기 어려운 자들은 말하였다.

"이 사문 석자들은 두타를 행하는 자이고, 욕망을 절제하는 자들이다. 그러나 사문 구담은 사치(奢侈)한 자이고, 사치에 집착하는 자이다."

그러나 대중의 가운데에서 신심이 있고 청정한 마음이 있으며 어진 지혜가 있고 깨달음이 있는 자들은 싫어하면서 비난하였다.

"무엇을 위하여 제바달다는 세존을 마주하고서 승가를 깨트리고 법륜을 깨트리고자 시도(試圖)하는가?"

여러 비구들은 대중들이 싫어하면서 비난하는 것을 들었다. 여러 비구들의 가운데에서 욕망이 적은 자들은 싫어하면서 비난하였다.

"무슨 까닭으로 제바달다는 세존을 마주하고서 승가를 깨트리고 법륜을 깨트리고자 시도하는가?"

이때 여러 비구들은 이 일로써 세존께 아뢰었다. 이때 세존께서는 이 인연으로써 여러 비구들을 모으셨으며, 제바달다에게 물어 말씀하셨다.

"제바달다여. 그대가 진실로 승가를 깨트리고 법륜을 깨트리고자 시도하였는가?"

"진실로 그렇습니다. 세존이시여."

세존께서는 여러 방편으로 꾸짖으셨다.

"어리석은 사람이여. 그대는 어찌하여 승가를 깨트리고 법륜을 깨트리고자 시도하였는가? 이것은 상응하는 법이 아니고 수순하는 행이 아니며,"

····· 나아가 ····· 집착을 없애라고 설법하였고 집착이 있으라고 설법하지 않았느니라. 어리석은 사람이여. 이것은 오히려 믿지 않는 자는 신심이 생겨나지 않게 하고, ····· 이미 믿었던 자는 일부가 전전하여 다른 곳으로 향하여 떠나가게 하느니라."

이와 같이 세존께서는 여러 종류의 방편으로써 제바달다를 꾸짖고서 뒤에 부양이 어렵고 가르치고 양육함이 어려우며, ····· 나아가 ····· 여러 비구들을 위하여 적절한 법을 수순하여 설하신 뒤에 여러 비구들에게 알려 말씀하셨다.

"여러 비구들이여. 나는 열 가지의 이익을 까닭으로써 여러 비구들을 위하여 학처를 제정하겠나니, 그대들은 마땅히 이와 같이 학처를 송출할지니라.

'어느 누구의 비구일지라도 화합승가를 깨트리고자 시도하면서, 혹은 취하고 인도하면서 파승사에 이르게 하거나, 여러 사람들에게 드러내어 보여주면서 머물렀거나 서 있다면, 여러 비구들을 마땅히 그들을 마주하고서 이와 같이 말을 지어야 한다.

〈장로여. 화합승가를 깨트리고자 시도하면서, 혹은 취하여 인도하여 파승사에 이르도록 드러내어 보여주면서 머물렀거나 서 있지 마십시오. 장로여. 마땅히 승가와 화합하십시오. 승가를 진실로 위한다면 환희하고, 화합하며, 투쟁하지 않고 동일하게 계를 설하면서 안은하게 머물러야 합니다.〉

여러 비구들이 그들을 마주하고서 이와 같이 말을 지었는데, 오히려 집착하는 자라면 여러 비구들은 그의 집착을 버리게 해야 하고, 마땅히 세 번을 충고하여야 한다. 세 번의 충고에 이르렀는데, 만약 버린다면 좋으나, 만약 버리지 않는 자는 승잔을 범하느니라.'"

2-1 '어느 누구'는 어느 태어난 곳의 이유, ····· 혹은 중간의 법랍이었다면 이것을 '어느 누구'라고 말한다.

'비구'는 구걸하는 비구이니, 일을 쫓아서 걸식하는 비구, ····· 곧 이것에서 '비구'의 뜻이라고 말하는 것이다.

'파승사를 시도하다.'는 무엇을 시켜서 승가를 분열시키거나, 다른 것이 있거나, 화합하지 않거나, 붕당(朋黨)을 구하면서 대중을 결속하는 것이다.

'화합하다.'는 승가가 같이 머무르고, 동일한 경계를 세우는 것이다.

'취하다.'는 말을 꺼내는 것이다.

'인도하여 파승사에 이르게 하다.'는 18가지의 파승사이다.

'여러 사람들에게 드러내어 보여주다.'는 여러 사람들에게 보여주면서 설명하는 것이다.

'여러 비구들'은 그 다른 비구들에게 보았거나 들었던 것이 있는 이유라면 그들은 마땅히 "장로여. 화합승가를 깨트리고자 시도하면서, 혹은 취하여 인도하여 파승사에 이르도록 드러내어 보여주면서 머물렀거나 서 있지 마십시오. 장로여. 마땅히 승가와 화합하십시오. 승가를 진실로 위한다면 환희하고, 화합하며, 투쟁하지 않고 동일하게 계를 설하면서 안은하게 머물러야 합니다."라고 이와 같이 말해야 하고, 두 번째에도 이와 같이 말해야 하며, …… 나아가 …… 세 번째에도 이와 같이 말해야 하고, …… 나아가 …… 만약 버린다면 좋으나, 만약 버리지 않는 자는 돌길라를 범하고, 파승사를 시도하는 것을 들었으나 말하지 않는다면 돌길라를 범한다.

그 비구를 마땅히 승가의 가운데에 데리고 와서 충고하여 말해야 한다.

"장로여. 화합승가를 깨트리고자 시도하면서, 혹은 취하여 인도하여 파승사에 이르게 드러내어 보여주면서 머무르거나, 서 있지 마십시오. 장로여. 마땅히 승가와 화합하십시오. 승가를 진실로 위한다면 환희하고, 화합하며, 투쟁하지 않고 동일하게 계를 설하면서 안은하게 머물러야 합니다."

두 번째에도 이와 같이 말해야 하고, …… 나아가 …… 세 번째에도 이와 같이 말해야 하며, …… 나아가 …… 만약 버린다면 좋으나, 만약 버리지 않는 자는 돌길라를 범한다.

그 비구에게 마땅히 승가의 가운데에서 충고하여 알리고자 한다면, 여러 비구들은 마땅히 이와 같이 충고하여 알려야 한다. 마땅히 한 명의 총명하고 유능한 비구가 승가의 가운데에서 창언하여 말해야 한다.

"대덕 승가께서는 허락하십시오. 이 누구 비구는 화합승가를 파괴하고자 시도하고 있으며, 그는 그 일을 버리지 않고 있습니다. 만약 승가께서 때에 이르렀다면 승가께서는 누구 비구를 시켜서 그러한 일을 버리도록 충고하겠습니다. 이와 같이 아룁니다.'

'대덕 승가께서는 허락하십시오. 이 누구 비구는 화합승가를 파괴하고자 시도하고 있으며, 그는 그러한 일을 버리지 않고 있습니다. 승가는 누구 비구를 시켜서 그러한 일을 버리도록 충고하겠습니다. 여러 대덕들의 가운데에서 누구 비구가 그러한 일을 버리도록 충고하는 것을 인정하신다면 묵연하시고, 인정하지 않으신다면 말씀하십시오.'

저는 두 번째로 이 일을 아룁니다.

'대덕 승가께서는 허락하십시오. 이 누구 비구는 화합승가를 파괴하고자 시도하고 있으며, 그는 그러한 일을 버리지 않고 있습니다. 승가는 누구 비구를 시켜서 그러한 일을 버리도록 충고하겠습니다. 여러 대덕들의 가운데에서 누구 비구가 그러한 일을 버리도록 충고하는 것을 인정하신다면 묵연하시고, 인정하지 않으신다면 말씀하십시오.'

저는 세 번째로 이 일을 아룁니다.

'대덕 승가께서는 허락하십시오. 이 누구 비구는 화합승가를 파괴하고자 시도하고 있으며, 그는 그러한 일을 버리지 않고 있습니다. 승가는 누구 비구를 시켜서 그러한 일을 버리도록 충고하겠습니다. 여러 대덕들의 가운데에서 누구 비구가 그러한 일을 버리도록 충고하는 것을 인정하신다면 묵연하시고, 인정하지 않으신다면 말씀하십시오.'

'승가시여. 누구 비구를 시켜서 그 일을 버리도록 충고하게 하는 것을 마쳤습니다. 승가께서 인정하신 것은 묵연하였던 까닭입니다. 나는 이와 같이 알고 이해하겠습니다.'"

아뢰었던 이유라면 돌길라를 범하고, 두 번을 갈마하였다면 투란차를 범하며, 갈마의 말을 마쳤다면 승잔을 범한다.

'승잔죄'는 아뢰었던 돌길라와 두 번을 갈마하였던 투란차를 제외한 것이다.

'그 비구'는 그 승가를 깨트린 비구이다.

'승잔'은 승가 대중을 마주하고서 그 죄에 별주를 주어서 그 죄를 되돌려서 본래로 돌아오게 하거나, …… 그 죄가 모였던 것을 마주하고서 같은 뜻과 말로 갈마하는 것이다. 이러한 까닭으로 승잔이라고 이름한다.

3-1 여법갈마(如法羯磨)에서 여법갈마라는 생각이 있었는데, 버리지 않는 자는 승잔을 범한다. 여법갈마에서 의심이 있었는데, 버리지 않는 자는 승잔을 범한다. 여법갈마에서 비법갈마(非法羯磨)라는 생각이 있었는데, 버리지 않는 자는 승잔을 범한다.

비법갈마에서 여법갈마라는 생각이 있었다면 돌길라를 범한다. 비법갈마에서 의심이 있었다면 돌길라를 범한다. 비법갈마에서 비법갈마라는 생각이 있었다면 돌길라를 범한다.

3-2 충고를 받지 않은 자, 버렸던 자, 미쳤던 자, 마음이 혼란한 자, 번뇌로 고통받는 자, 최초로 범한 자는 범하지 않는다.

[열 번째의 승잔을 마친다.]

11) 조파승사(助破僧事) 학처

1-1 그때 세존께서는 왕사성의 가란타죽림원에 머무르셨다.

그때 제바달다(提婆達多)는 파승사와 파법륜(破法輪)을 시도하였고, 여러 비구들은 이와 같이 말하였다.

"제바달다는 비법을 말하는 자이고, 율이 아닌 것을 말하는 자이다.

무엇을 위하여 파승사와 파법륜을 시도하는가?"

이와 같이 말하는 때에 구가리가, 가타무가리, 건타비야자, 사무타달은 여러 비구들을 마주하고서 말하였다.

"여러 장로들이여. 이와 같이 말하지 마십시오. 제바달다는 법을 설하는 자이고, 율을 설하는 자입니다. 제바달다는 우리들이 구하려는 것을 취하고, 기쁘고 즐거운 것을 말하며, 우리들의 욕구를 명료하게 알고서 말합니다. 이러한 까닭으로 그를 마주하고서 우리들은 마땅히 인정합니다."

여러 비구들의 가운데에서 욕망이 적은 자들은 싫어하면서 비난하였다.

"무슨 까닭으로 제바달다는 여러 비구들을 마주하고서 파승사를 시도하고, 함께 붕당을 결속하여 수순하는가?"

이때 여러 비구들은 이 일로써 세존께 아뢰었다. 이때 세존께서는 이 인연으로써 여러 비구들을 모으셨으며, 제바달다의 붕당에게 물어 말씀하셨다.

"여러 비구들이여. 진실로 여러 비구들을 마주하고서 제바달다가 파승사를 시도하였고, 함께 붕당을 결속하여 수순하였는가?"

"진실로 그렇습니다. 세존이시여."

세존께서는 여러 방편으로 꾸짖으셨다.

"여러 비구들이여. 어찌하여 어리석은 제바달다와 마주하고서 파승사를 시도하였고, 함께 붕당을 결속하여 수순하였는가? 여러 비구들이여. 이것은 상응하는 법이 아니고 수순하는 행이 아니며, …… 나아가 …… 집착을 없애라고 설법하였고 집착이 있으라고 설법하지 않았느니라. 어리석은 사람이여. 이것은 오히려 믿지 않는 자는 신심이 생겨나지 않게 하고, …… 이미 믿었던 자는 일부가 전전하여 다른 곳으로 향하여 떠나가게 하느니라."

이와 같이 세존께서는 여러 종류의 방편으로써 제바달다와 붕당을 꾸짖고서 뒤에 부양이 어렵고 가르치고 양육함이 어려우며, …… 나아가 …… 여러 비구들을 위하여 적절한 법을 수순하여 설하신 뒤에 여러 비구들에게 알려 말씀하셨다.

"여러 비구들이여. 나는 열 가지의 이익을 까닭으로써 여러 비구들을 위하여 학처를 제정하겠나니, 그대들은 마땅히 이와 같이 학처를 송출할 지니라.

'만약 어느 비구들이라도 그 비구를 수순하는 자이고, 붕당을 결속하는 자이면서, 만약 한 사람이거나, 만약 두 사람이거나, 만약 세 사람 등이 그 비구들에게 〈장로들이여. 그 비구를 마주하고서 어느 일이라도 말하지 마십시오. 그 비구는 법을 설하는 자이고, 그 비구는 율을 설하는 자입니다. 그 비구는 우리들이 구하려는 것을 취하고, 기쁘고 즐거운 것을 말하며, 우리들의 욕구를 명료하게 알고서 말합니다. 이러한 까닭으로 그를 마주 하고서 우리들은 마땅히 인정합니다.〉라고 이와 같이 말하였다면, 여러 비구들은 그 비구들을 마주하고서 이와 같이 말해야 한다. 〈장로들이여. 이와 같은 말을 짓지 마십시오. 그 비구는 비법을 말하는 자이고, 그 비구는 율이 아닌 것을 말하는 자입니다. 장로들에게 이르렀어도, 역시 파승사를 환희하지 않아야 합니다. 장로 등은 마땅히 승가와 함께 화합해 야 합니다. 승가는 진실로 환희하고 화합하며 다투지 않고 동일하게 계를 설하며 안은하게 머물러야 합니다.〉'

여러 비구들이 그 비구들을 마주하고서 이와 같이 말을 지었는데, 오히려 굳게 집착하였다면, 여러 비구들은 그 비구들에게 집착을 버리게 해야 한다. 마땅히 세 번을 차례로 충고할 것이고, 세 번의 충고에 이르는 때에, 만약 버린다면 좋으나, 만약 버리지 않는다면 승잔을 범하느니라."

2-1 '어느 비구들'은 다른 붕당을 결속한 비구들이다.

'그 비구'는 파승사의 비구이다.

'수순하다.'는 그에게 이러한 견해·인정·즐거움이 있다면 그들에게도 역시 이러한 견해·인정·즐거움이 있는 것이다.

'붕당을 결속하다.'는 그들의 부류, 그들의 측근을 세우는 것이다.

'만약 한 사람이거나, 만약 두 사람이거나, 만약 세 사람이다.'는 혹은 한 사람이 있는 것이고, 혹은 두 사람이 있는 것이며, 혹은 세 사람이 있는 것이다. 그들이 "장로들이여. 그 비구를 마주하고서 무슨 일을 말하지 마십시오. 그 비구는 법을 설하는 자이고, 그 비구는 율을 설하는 자입니다. 그 비구는 우리들이 구하려는 것을 취하고, 기쁘고 즐거운 것을 말하며, 우리들의 욕구를 명료하게 알고서 말합니다. 이러한 까닭으로 그를 마주하고서 우리들은 마땅히 인정합니다."라고 이와 같이 말하는 것이다.

'여러 비구들'은 다른 비구들의 보았거나, 들었던 이유라면 그들은 마땅히 "장로들이여. 이와 같이 말을 짓지 마십시오. 그 비구는 비법을 말하는 자이고, 그 비구는 율이 아닌 것을 말하는 자입니다. 장로들에게 이르렀어도, 역시 파승사를 환희하지 않아야 합니다. 장로 등은 마땅히 승가와 함께 화합해야 합니다. 승가는 진실로 환희하고 화합하며 다투지 않고 동일하게 계를 설하며 안은하게 머물러야 합니다."라고 이와 같이 말해야 한다. 두 번째에도 이와 같이 말해야 하고, …… 나아가 …… 세 번째에도 이와 같이 말해야 하며, …… 나아가 …… 만약 버린다면 좋으나, 만약 버리지 않는 자는 돌길라를 범한다.

그 비구를 데리고 여러 비구들은 마땅히 승가의 가운데에 이르러 이와 같이 말해야 한다.

"장로들이여. 이와 같이 말하지 마십시오. 그 비구들은 화합승가를 깨트리고자 시도하면서, …… 동일하게 계를 설하면서 안은하게 머물러야 합니다."라고 충고하여 말해야 한다. 두 번째에도 이와 같이 말해야 하고, …… 나아가 …… 세 번째에도 이와 같이 말해야 하며, …… 나아가 …… 만약 버린다면 좋으나, 만약 버리지 않는 자는 돌길라를 범한다.

그 비구에게 마땅히 승가의 가운데에서 충고하여 알리고자 한다면, 여러 비구들은 마땅히 이와 같이 충고하여 알려야 한다. 마땅히 한 명의 총명하고 유능한 비구가 승가의 가운데에서 창언하여 말해야 한다.

'대덕 승가께서는 허락하십시오. 누구와 누구 비구 등은 이 누구 비구가 화합승가를 파괴하고자 시도하였는데, 붕당을 결속하고 수순하면서 그들은 그러한 일을 버리지 않고 있습니다. 만약 승가께서 때에 이르렀다면 승가께서는 누구 비구를 시켜서 누구 비구가 그 일을 버리도록 충고하겠습

니다. 이와 같이 아룁니다.'

　'대덕 승가께서는 허락하십시오. 누구와 누구 비구 등은 이 누구 비구가 화합승가를 파괴하고자 시도하였는데, 붕당을 결속하고 수순하면서 그들은 그러한 일을 버리지 않고 있습니다. 승가는 누구 비구를 시켜서 그 일을 버리도록 충고하겠습니다. 여러 대덕들의 가운데에서 누구 비구가 누구 비구 등에게 그 일을 버리도록 충고하는 것을 인정하신다면 묵연하시고, 인정하지 않으신다면 말씀하십시오.'

　저는 두 번째로 이 일을 아룁니다.

　'대덕 승가께서는 허락하십시오. 누구와 누구 비구 등은 이 누구 비구가 화합승가를 파괴하고자 시도하였는데, 붕당을 결속하고 수순하면서 그들은 그러한 일을 버리지 않고 있습니다. 승가는 누구 비구를 시켜서 그 일을 버리도록 충고하겠습니다. 여러 대덕들의 가운데에서 누구 비구가 누구 비구 등에게 그 일을 버리도록 충고하는 것을 인정하신다면 묵연하시고, 인정하지 않으신다면 말씀하십시오.'

　저는 세 번째로 이 일을 아룁니다.

　'대덕 승가께서는 허락하십시오. 누구와 누구 비구 등은 이 누구 비구가 화합승가를 파괴하고자 시도하였는데, 붕당을 결속하고 수순하면서 그들은 그러한 일을 버리지 않고 있습니다. 승가는 누구 비구를 시켜서 그 일을 버리도록 충고하겠습니다. 여러 대덕들의 가운데에서 누구 비구가 누구 비구 등에게 그 일을 버리도록 충고하는 것을 인정하신다면 묵연하시고, 인정하지 않으신다면 말씀하십시오.'

　'승가시여. 누구 비구가 누구 비구 등에게 그러한 일을 버리도록 충고하게 하는 것을 마쳤습니다. 승가께서 인정하신 것은 묵연하였던 까닭입니다. 나는 이와 같이 알고 이해하겠습니다.'"

　아뢰었던 이유라면 돌길라를 범하고, 두 번을 갈마하였다면 투란차를 범하며, 갈마의 말을 마쳤다면 승잔을 범한다.

　'승잔죄'는 아뢰는 돌길라와 두 번을 갈마하였던 투란차를 제외한 것이다. 두 명이거나, 세 명이라면 마땅히 한 처소에서 충고할 수 있으나,

그 이상이라면 한 처소에서 충고할 수 없다.

'그 비구'는 여러 비구들의 붕당을 수순하는 자이다.

'승잔'은 승가 대중을 마주하고서 그 죄에 별주를 주어서 그 죄를 되돌려서 본래로 돌아오게 하거나, …… 그 죄가 모였던 것을 마주하고서 같은 뜻과 말로 갈마하는 것이다. 이러한 까닭으로 승잔이라고 이름한다.

3-1 여법갈마에서 여법갈마라는 생각이 있었는데, 버리지 않는 자는 승잔을 범한다. 여법갈마에서 의심이 있었는데, 버리지 않는 자는 승잔을 범한다. 여법갈마에서 비법갈마라는 생각이 있었는데, 버리지 않는 자는 승잔을 범한다.

비법갈마에서 여법갈마라는 생각이 있었다면 돌길라를 범한다. 비법갈마에서 의심이 있었다면 돌길라를 범한다. 비법갈마에서 비법갈마라는 생각이 있었다면 돌길라를 범한다.

3-2 충고받지 않은 자, 버렸던 자, 미쳤던 자, 마음이 요란한 자, 번뇌로 고통받는 자, 최초로 범한 자는 범하지 않는다.

[열한 번째의 승잔을 마친다.]

12) 악성위간(惡性爲諫) 학처

1-1 그때 불·세존께서는 구섬미국(拘睒彌國)의 구사라원(瞿師羅園)에 머무르셨다.

그때 장로 천타(闡陀)는 선(善)하지 않게 행하였으므로, 여러 비구들이 이와 같이 말하였다.

"장로 천타여. 이러한 부정한 법을 행하지 마십시오."

그는 이렇게 말을 지었다.

"장로들이여. 그대들은 어찌하여 나에게 충고하여 말해야 한다고 생각하는가? 내가 그대들에게 충고해야 합니다. 세존께서는 우리들을 소유하셨고, 법도 역시 우리들을 소유하였소. 우리들의 성스러운 주인은 이 법을 이미 증득하였소. 비유한다면 큰 바람이 풀·나뭇잎·나무 조각의 더러운 물건들을 한곳에 모았던 것과 같소. 또한 오히려 여러 계곡물을 흘러온 산속의 수초(水草), 청태(靑苔)⁴⁸⁾를 한곳에 모았던 것과 같소.

이와 같이 여러 종류의 이름, 여러 종류의 족성, 여러 종류의 가문을 이유로 한곳에 모았던 것과 같소. 그대들은 어찌하여 나에게 충고하여 말해야 한다고 생각하는가? 내가 마땅히 그대들에게 충고해야 하오. 세존께서는 우리들을 소유하셨고, 법도 역시 우리들을 소유하였소. 우리들의 성스러운 주인은 이 법을 이미 증득하였소."

그 비구들의 가운데에서 욕망이 적은 자들은 싫어하면서 비난하였다.

"무슨 까닭으로 장로 천타는 여러 비구들이 여법하게 그에게 충고하였던 이유로써 자기를 위하여 충고하지 말라고 말하는가?"

이때 여러 비구들은 이 일로써 세존께 아뢰었다. 이때 세존께서는 이 인연으로써 여러 비구들을 모으셨으며, 천타에게 물어 말씀하셨다.

"천타여. 그대는 진실로 여러 비구들이 여법하게 그대에게 충고하였던 이유로써 자기를 위하여 충고하지 말라고 말하였는가?"

"진실로 그렇습니다. 세존이시여."

세존께서는 여러 방편으로 꾸짖으셨다.

"어리석은 사람이여. 어찌하여 여러 비구들이 여법하게 그대에게 충고하였던 이유로 자기를 위하여 충고하지 말라고 말하였는가? 천타여. 이것은 상응하는 법이 아니고 수순하는 행이 아니며, …… 나아가 …… 집착을 없애라고 설법하였고 집착이 있으라고 설법하지 않았느니라. 어리석은 사람이여. 이것은 오히려 믿지 않는 자는 신심이 생겨나지 않게 하고, …… 이미 믿었던 자는 일부가 전전하여 다른 곳으로 향하여

---

48) 푸른 이끼를 가리킨다.

떠나가게 하느니라.”

이와 같이 세존께서는 여러 종류의 방편으로써 천타를 꾸짖고서 뒤에 부양이 어렵고 가르치고 양육함이 어려우며, …… 나아가 …… 여러 비구들을 위하여 적절한 법을 수순하여 설하신 뒤에 여러 비구들에게 알려 말씀하셨다.

“여러 비구들이여. 나는 열 가지의 이익을 까닭으로써 여러 비구들을 위하여 학처를 제정하겠나니, 그대들은 마땅히 이와 같이 학처를 송출할지니라.

‘만약 비구가 악구(惡口)의 성품으로 교계가 포함된 학처의 가운데에 얽혀 있었고, 여러 비구들이 여법하게 그에게 충고하였던 이유였는데, 자신에게 함께 충고하지 못하게 지으면서 〈장로들이여. 나를 마주하고서 어떠한 무슨 일이 좋고 나쁘더라도 충고하지 마십시오. 나도 장로들을 마주하고서 역시 어떠한 무슨 일이 좋고 나쁘더라도 충고하지 않겠습니다. 장로들도 마땅히 나에게 충고하지 마십시오.〉라고 말하였다면, 여러 비구들은 마땅히 그 비구를 마주하고서 이와 같이 충고해야 한다.

〈장로여. 자신에게 함께 충고하지 못하게 짓지 마십시오. 장로여. 마땅히 자신을 위한 것으로써 함께 충고해야 합니다. 장로는 여러 비구들을 청하여 마주하고서 역시 그들에게 여법하게 충고해야 하고, 여러 비구들도 장로를 마주하고서 역시 그대에게 여법하게 충고해야 합니다. 이와 같이 세존의 제자인 대중은 서로에게 충고하고, 서로에게 노력한다면 증장할 것입니다.〉’

여러 비구들이 그 비구를 마주하고서 이와 같이 말을 지었는데, 오히려 굳게 집착하였다면, 여러 비구들은 그 비구가 집착을 버리게 해야 한다. 마땅히 세 번을 차례로 충고하여 알릴 것이고, 세 번을 충고하여 알리며 이르렀던 때에, 만약 버린다면 좋으나, 만약 버리지 않는다면 승잔을 범하느니라.”

2-1 ‘만약 비구가 악구의 성품이다.’는 악하게 말하고, 악한 말의 행법이

있으며, 인정하지 않고, 다른 사람의 교계를 받아들이지 않는 것이다.

'교계가 포함된 학처의 가운데에 얽혀 있다.'는 바라제목차(波羅提木叉)의 가운데에 학처를 포함한 것이다.

'여러 비구들을 이유로'는 그 다른 비구들의 이유이다.

'여법하다.'는 세존께서 설하신 학처에 의지하였다면 여법하다고 이름한다.

그들이 그에게 충고하였던 이유로 자신에게 함께 충고하지 못하게 지으면서 "장로들이여. 나를 마주하고서 어떠한 무슨 일이 좋고 나쁘더라도 충고하지 마십시오. 나도 장로들을 마주하고서 역시 어떠한 무슨 일이 좋고 나쁘더라도 충고하지 않겠습니다. 장로들도 마땅히 나에게 충고하지 마십시오."라고 말하였다면, 여러 비구들은 그 다른 비구의 보고 들었던 것이 있는 까닭으로, 그들은 마땅히 이와 같이 충고해야 한다.

"장로여. 자신에게 함께 충고하지 못하게 짓지 마십시오. 장로여. 마땅히 자신을 위한 것으로써 함께 충고해야 합니다. 장로는 여러 비구들을 청하여 마주하고서 역시 그들에게 여법하게 충고해야 하고, 여러 비구들도 장로를 마주하고서 역시 그대에게 여법하게 충고해야 합니다. 이와 같이 세존의 제자인 대중은 서로에게 충고하고, 서로에게 노력한다면 증장할 것입니다."

마땅히 두 번째에도 이와 같이 충고해야 하고, …… 나아가 …… 세 번째에도 이와 같이 충고해야 하며, …… 나아가 …… 만약 버린다면 좋으나, 만약 버리지 않는 자는 돌길라를 범한다.

그 비구를 데리고 마땅히 승가의 가운데에 이르러 충고하여 알려야 한다.

"대덕이여. 자신에게 함께 충고하지 못하게 하지 마십시오. …… 나아가 …… 서로가 노력한다면 증장할 것입니다."라고 충고하여 말해야 한다. 마땅히 두 번째에도 이와 같이 말해야 하고, …… 나아가 …… 세 번째에도 이와 같이 말해야 하며, …… 나아가 …… 만약 버린다면 좋으나, 만약 버리지 않는 자는 돌길라를 범한다.

그 비구에게 마땅히 승가의 가운데에서 충고하여 알리고자 한다면, 여러 비구들은 마땅히 이와 같이 충고하여 알려야 한다. 마땅히 한 명의 총명하고 유능한 비구가 승가의 가운데에서 창언하여 말해야 한다.

'대덕 승가께서는 허락하십시오. 이 누구 비구는 여러 비구들이 여법하게 그에게 충고하였던 이유로, 자신에게 함께 충고하지 못하게 하였고, 그 비구는 그러한 일을 버리지 않았습니다. 만약 승가께서 때에 이르렀다면 승가께서는 누구 비구가 그 일을 버리도록 충고하겠습니다. 이와 같이 아룁니다.'

'대덕 승가께서는 허락하십시오. 이 누구 비구는 여러 비구들이 여법하게 그에게 충고하였던 이유로, 자신에게 함께 충고하지 못하게 하였고, 그 비구는 그 일을 버리지 않았습니다. 승가는 누구 비구에게 그 일을 버리도록 충고하겠습니다. 여러 대덕들의 가운데에서 누구 비구에게 그 일을 버리도록 충고하는 것을 인정하신다면 묵연하시고, 인정하지 않으신다면 말씀하십시오.'

저는 두 번째로 이 일을 아룁니다.

'대덕 승가께서는 허락하십시오. 이 누구 비구는 여러 비구들이 여법하게 그에게 충고하였던 이유로, 자신에게 함께 충고하지 못하게 하였고, 그 비구는 그 일을 버리지 않았습니다. 승가는 누구 비구에게 그 일을 버리도록 충고하겠습니다. 여러 대덕들의 가운데에서 누구 비구에게 그 일을 버리도록 충고하는 것을 인정하신다면 묵연하시고, 인정하지 않으신다면 말씀하십시오.'

저는 세 번째로 이 일을 아룁니다.

'대덕 승가께서는 허락하십시오. 이 누구 비구는 여러 비구들이 여법하게 그에게 충고하였던 이유로, 자신에게 함께 충고하지 못하게 하였고, 그 비구는 그 일을 버리지 않았습니다. 승가는 누구 비구에게 그 일을 버리도록 충고하겠습니다. 여러 대덕들의 가운데에서 누구 비구에게 그 일을 버리도록 충고하는 것을 인정하신다면 묵연하시고, 인정하지

않으신다면 말씀하십시오.'

'승가시여. 누구 비구에게 그 일을 버리도록 충고하게 하는 것을 마쳤습니다. 승가께서 인정하신 것은 묵연하였던 까닭입니다. 나는 이와 같이 알고 이해하겠습니다.'"

아뢰었던 이유라면 돌길라를 범하고, 두 번을 갈마하였다면 투란차를 범하며, 갈마의 말을 마쳤다면 승잔을 범한다.

'그 비구'는 악구의 성품인 비구이다.

'승잔'은 승가 대중을 마주하고서 그 죄에 별주를 주어서 그 죄를 되돌려서 본래로 돌아오게 하거나, …… 그 죄가 모였던 것을 마주하고서 같은 뜻과 말로 갈마하는 것이다. 이러한 까닭으로 승잔이라고 이름한다.

3-1 여법갈마에서 여법갈마라는 생각이 있었는데, 버리지 않는 자는 승잔을 범한다. 여법갈마에서 의심이 있었는데, 버리지 않는 자는 승잔을 범한다. 여법갈마에서 비법갈마라는 생각이 있었는데, 버리지 않는 자는 승잔을 범한다.

비법갈마에서 여법갈마라는 생각이 있었는데, 버리지 않는 자는 돌길라를 범한다. 비법갈마에서 의심이 있었는데, 버리지 않는 자는 돌길라를 범한다. 비법갈마에서 비법갈마라는 생각이 있었는데, 버리지 않는 자는 돌길라를 범한다.

3-2 충고받지 않은 자, 버렸던 자, 미쳤던 자, 마음이 요란한 자, 번뇌로 고통받는 자, 최초로 범한 자는 범하지 않는다.

[열두 번째의 승잔을 마친다.]

13) 오가(汚家) 학처

1-1 그때 불·세존께서는 사위국의 기수급고독원에 머무르셨다.

그때 아습바(阿濕婆)[49]와 부나바사(富那婆娑)[50]라고 이름하는 부끄러움이 없는 악한 비구들이 계타산읍(雞咤山邑)[51]에 머물렀다. 그들은 이와 같은 비법을 행하였다.

"스스로가 꽃과 나무를 심었고 또한 다른 사람을 시켜서 심었으며, 스스로가 물을 뿌렸고 혹은 다른 사람을 시켜서 뿌렸으며, 스스로가 꽃을 꺾었고 혹은 다른 사람을 시켜서 꺾었으며, 스스로가 꽃을 묶었고 혹은 다른 사람을 시켜서 묶었으며, 하나의 꽃과 줄기로 꽃다발을 지었고 혹은 다른 사람을 시켜서 지었으며, 두 개의 꽃과 줄기로 꽃다발을 지었고 혹은 다른 사람을 시켜서 지었으며, 꽃과 줄기로 줄기와 같은 꽃다발을 지었고 혹은 다른 사람을 시켜서 지었으며, 꽃으로 반지(環)를 지었고 혹은 다른 사람을 시켜서 지었으며, 꽃으로 귀걸이(耳環)를 지었고 혹은 다른 사람을 시켜서 지었으며, 머리 장식을 지었고 혹은 다른 사람을 시켜서 지었으며, 가슴 장식을 지었고 혹은 다른 사람을 시켜서 지었다.

그들은 좋은 가문의 부인을 위하여, 좋은 가문의 소녀를 위하여, 좋은 가문의 동녀(童女)를 위하여, 좋은 가문의 며느리를 위하여, 좋은 가문의 여노비를 위하여, 하나의 꽃과 줄기의 꽃다발을 운반하였고 혹은 다른 사람을 시켜서 운반하였으며, 두 개의 꽃과 줄기의 꽃다발을 운반하였고 혹은 다른 사람을 시켜서 운반하였으며, 가지와 같은 꽃과 줄기의 꽃다발을 운반하였고 혹은 다른 사람을 시켜서 운반하였으며, 꽃반지를 운반하였고 혹은 다른 사람을 시켜서 운반하였으며, 꽃 귀걸이를 운반하였고 혹은 다른 사람을 시켜서 운반하였으며, 가슴 장식을 운반하였고 혹은 다른 사람을 시켜서 운반하였으며, 머리 장식을 운반하였고 혹은 다른

---

49) 팔리어 assaji(아싸지)의 음사이다.
50) 팔리어 punabbasuka(푸나빠수카)의 음사이다.
51) 팔리어 kīṭāgiri(키타기리)의 음사이다.

사람을 시켜서 운반하였다.

　그들은 고귀한 가문의 부인, 딸, 동녀, 며느리, 노비 등과 함께 같은 한 그릇으로 먹었고, 같은 한 그릇으로 마셨으며, 같이 하나의 자리에 앉았고, 같이 하나의 양탄자 위에 누웠으며, 같이 누워서 하나의 양탄자를 덮었다.

　때가 아닌 때에 먹었고, 술을 마셨으며, 꽃다발을 걸었고, 향유(香油)를 발랐으며, 혹은 춤을 추었고, 혹은 노래를 불렀으며, 혹은 연주하였고, 혹은 오락하였으며, 혹은 그들은 여인과 짝을 지어서 춤추었고, 혹은 그들은 여인과 짝을 지어서 노래하였으며, 혹은 그들은 여인과 짝을 지어서 연주하였고, 혹은 그들은 여인과 짝을 지어서 오락하였다.

　여인이 노래를 부르면 짝을 지어서 그들은 춤추었고, 여인이 노래를 부르면 짝을 지어서 그들은 노래를 불렀으며, 여인이 노래를 부르면 짝을 지어서 그들은 연주하였고, 여인이 노래를 부르면 짝을 지어서 그들은 오락하였다. 여인이 춤추면 짝을 지어서 그들은 노래를 불렀고, 여인이 춤추면 짝을 지어서 그들은 춤추었으며, 여인이 춤추면 짝을 지어서 그들은 연주하였고, 여인이 춤추면 짝을 지어서 그들은 오락하였다.

　여인이 연주하면 짝을 지어서 그들은 노래를 불렀고, 여인이 연주하면 짝을 지어서 그들은 춤추었으며, 여인이 연주하면 짝을 지어서 그들은 연주하였고, 여인이 연주하면 짝을 지어서 그들은 오락하였다. 여인이 오락하면 짝을 지어서 그들은 노래를 불렀고, 여인이 오락하면 짝을 지어서 그들은 춤추었으며, 여인이 오락하면 짝을 지어서 그들은 연주하였고, 여인이 오락하면 짝을 지어서 그들은 오락하였다.

1-2 팔목바둑(八目碁)을 즐겼고, 혹은 십목바둑(十目碁)을 즐겼으며, 허공바둑, 원형 놀이,52) 블록 쌓기,53) 주사위 놀이, 자치기,54) 손금 보기,55)

---

52) 팔리어 Parihārapatha(파리하라파타)의 의역이다. 여러 원형의 선들을 그려놓고 서로가 피하면서 즐기는 놀이이다.
53) 팔리어 Santikāya kīḷanti(산티카야 키란티)의 의역이다.

공놀이 등을 즐겼고, 풀피리를 불었고, 쟁기질을 즐겼으며, 재주를 넘었고, 바람개비를 돌렸으며, 대나무 놀이를 즐겼고, 수레 놀이를 즐겼으며, 활 놀이를 즐겼고, 글자 맞추기를 즐겼고, 생각을 맞추기를 즐겼으며, 장애인 놀이56)를 즐겼다.

혹은 코끼리를 조련하는 것을 배웠고, 말을 조련하는 것을 배웠으며, 수레를 이끄는 것을 배웠고, 활쏘기를 배웠으며, 칼을 다루는 것을 배웠고, 코끼리의 앞을 달려갔으며, 말의 앞을 달려갔고, 수레의 앞을 달려갔으며, 혹은 달려갔고 돌아왔으며, 휘파람을 불었고, 박수쳤으며, 씨름하였고, 주먹으로 싸웠으며, 또한 무대의 위에서 승가리를 펼쳐서 무녀를 마주하고서 '자매여. 여기서 춤을 추시오.'라고 말하였고, 또한 갈채를 보냈으며, 또한 여러 악행을 행하였다."

1-3 그때 한 비구가 가시국(迦尸國)57)에서 안거를 마치고 세존을 보고자 사위성으로 가는 도중에 계타산읍에 이르렀다. 이때 그 비구는 이른 아침에 하의를 입고서 승가리와 발우를 지니고 걸식하기 위하여 계타산읍으로 들어갔다. 나아가고 물러났으며 앞을 보았고 뒤를 돌아보았으며 손을 굽히고 펼쳤는데, 모두가 가지런하게 정돈되었고 단정하였으며 가는 눈으로 아래를 보았으므로 위의가 구족되었다. 여러 사람들이 그 비구를 보고서 이와 같이 말하였다.

"이 자는 누구인가? 나약하고 우직하며 항상 미소를 짓는 얼굴이 아닌데, 그에게 때에 이르렀어도 누가 즐거이 음식을 주겠는가? 우리들의 존자인 아습바와 부나바사의 도중(徒衆)은 온화하게 친근하고 사람의 말에 즐거움이 있으며 웃음이 가득한 얼굴로 다니면서 '어서 오십시오.

---

54) 팔리어 Ghatikena kīḷanti(가티케나 키란티)의 의역이다. 큰 나무를 사용하여 작은 나무를 움직이는 놀이이다.
55) 팔리어 Salākahatthena kīḷanti(사라카하떼나 키란티)의 의역이다.
56) 팔리어 Yathāvajjena kīḷanti(야타바쩨나 키란티)의 의역이다.
57) 팔리어 Kāsī(카시)의 음사이다.

잘 오셨습니다.'라고 말하고, 얼굴에 무표정이 없으며 명랑하게 스스로가 먼저 나아가서 말을 건네므로, 바로 마땅히 그들에게 음식을 주어야 한다."

한 우바새가 그 비구가 계타산에서 걸식하는 것을 보았고, 그 비구의 처소에 이르렀으며, 머리 숙여 예배하고서 말하였다.

"대덕이여. 음식을 얻었습니까?"

"현자여. 얻지 못하였습니다."

"대덕이여. 청하오니 우리 집으로 오십시오."

1-4 이 우바새는 비구를 데리고 그의 집에 이르렀고 음식을 공양하였으며 이와 같이 말하였다.

"대덕이여. 어느 곳으로 가고자 합니까?"

"현자여. 나는 세존께 예경하고자 사위성으로 갑니다."

"그러시다면 대덕이여. 저를 대신하여 세존의 발에 예경하고서 이와 같이 청하여 말씀하여 주십시오. '세존이시여. 계타산의 주처(住處)는 염오(染汚)되었습니다. 계타산에 머무르는 자들은 아습바와 부나바사라고 이름하는데, 부끄러움이 없는 악한 비구입니다. 그들은 이와 같은 악행을 지었는데, 스스로가 꽃과 나무를 심었고 또한 다른 사람을 시켜서 심었으며, 스스로가 물을 뿌렸고 혹은 다른 사람을 시켜서 뿌렸으며, …… 또한 무대의 위에서 승가리를 펼쳐서 무녀(舞女)를 마주하고서 〈자매여. 여기서 춤을 추시오.〉라고 말하였고, 또한 갈채를 보냈으며, 또한 여러 악행을 행하였습니다.

세존이시여. 여러 사람들은 이전에는 청정한 믿음이 있었던 자들이었으나, 지금은 청정하지 않고 믿음이 없습니다. 또한 이전에는 승가에게 보시하였던 길이 있었으나, 지금은 이미 끊어졌습니다. 선한 비구는 떠나갔고, 다만 악한 비구가 남아 있습니다. 세존이시여. 원하옵건대 여러 비구들을 계타산에 보내주시고, 거듭하여 계타산의 주처를 바로잡아 주십시오.'"

1-5 "알겠습니다. 현자여."

이 비구는 우바새에게 허락하였고 자리에서 일어나서 사위성으로 떠나갔다. 점차로 사위성의 기수급고독원에 이르렀고, 세존의 처소에 이르렀다. 이르러 세존의 발에 예경하고서 한쪽에 앉았다. 여러 객비구들과 함께 서로가 친절한 뜻으로 맞이하는 것이 바로 여러 제불의 상법이었다. 이때 세존께서는 그 비구에게 물어 말씀하셨다.

"비구여. 여러 일에서 안은하였는가? 걸식은 얻기가 어렵지 않았는가? 멀리 오는 도중에 피로하지 않았는가? 그대는 어느 곳에서 왔는가?"

"세존이시여. 여러 일에서 안은하였고, 걸식은 얻는 것이 어렵지 않았으며, 저는 멀리 오는 도중에 피로하지 않았습니다. 저는 가시국에 머무르면서 안거하였고, 세존을 보고자 사위성으로 오면서 도중에 계타산읍에 이르렀습니다. 세존이시여. 그때 저는 이른 아침에 하의를 입고 승가리와 발우를 지니고 걸식을 위하여 계타산읍으로 들어갔는데, 한 우바새가 걸식을 행하는 저를 보았고, 나아가 저의 처소에 이르러 예배하고서 말하였습니다.

'존자여. 음식을 얻었습니까?'

'현자여. 얻지 못하였습니다.'

'대덕이여. 청하오니 우리 집으로 오십시오.'

이와 같이 세존이시여. 저를 데리고 그의 집에 이르렀고 음식을 공양하였으며 이와 같이 말하였습니다.

'존자여. 어느 곳으로 가고자 합니까?'

'현자여. 나는 세존께 예경하고자 사위성으로 갑니다.'

'그렇다면 존자여. 저를 대신하여 세존의 발에 예경하고서 이와 같이 청하여 말씀하여 주십시오. '세존이시여. 계타산의 주처는 염오되었습니다. …… 세존이시여. 원하옵건대 여러 비구들을 계타산에 보내주시고 거듭 계타산의 주처를 바로잡아 주십시오.'

세존이시여. 저는 이것을 인연으로 왔습니다."

1-6 이때 세존께서는 이 인연으로써 여러 비구들을 모으셨으며, 여러 비구들에게 물어 말씀하셨다.

"여러 비구들이여. 계타산에 머무르는 자들은 아습바와 부나바사라고 이름하는데, 부끄러움이 없는 악한 비구이고, 그들은 이와 같은 악행을 지었는데, 스스로가 꽃과 나무를 심었고 또한 다른 사람을 시켜서 심었으며, 스스로가 물을 뿌렸고 혹은 다른 사람을 시켜서 뿌렸으며, …… 나아가 …… 또한 여러 악행을 행하였는가? 여러 비구들이여. 이것은 오히려 믿지 않는 자는 신심이 생겨나지 않게 하고, …… 이미 믿었던 자는 일부가 전전하여 다른 곳으로 향하여 떠나가게 하느니라."

세존께서는 여러 종류의 방편으로써 꾸짖으셨고, 뒤에 부양이 어렵고 가르치고 양육함이 어려우며, 욕심이 많아서 만족을 알지 못하고, 대중의 가운데에 참여하면서 방일한 허물을 설하셨으며, …… 사리불과 목련에게 알려 말씀하셨다.

"사리불과 목련이여. 그대들은 계타산읍에 가서 아습바와 부나바사의 처소에 이르러 구출갈마(驅出羯磨)를 행하도록 하게. 대체로 그들이 그대들의 제자인 까닭이네."

"세존이시여. 우리들은 어떻게 아습바와 부나바사의 비구들에게 구출갈마를 행해야 합니까? 그 비구들은 흉악하고 거칠며 폭력적입니다."

"그렇다면 사리불과 목련이여. 그대들은 여러 비구들과 떠나가도록 하게."

"알겠습니다."

사리불과 목련은 세존을 마주하고서 허락하였다.

1-7 "여러 비구들이여. 이와 같이 갈마를 지어야 한다. 먼저 아습바와 부나바사의 도중에게 경계하여 알릴 것이고, 알렸다면 그것을 기억시켜야 하며, 그들 스스로가 죄를 아뢰게 하라. 마땅히 한 명의 총명하고 유능한 비구가 승가의 가운데에서 창언하여 말해야 한다.

'대덕 승가께서는 허락하십시오. 이 아습바와 부나바사 비구는 속가(俗

家)를 염오시키면서 악행을 행하였습니다. 그들의 악행을 보여주었고 또한 들려주었으며, 그들이 염오시켰던 속가도 역시 보였고 또한 들렸습니다. 만약 승가께서 때에 이르렀다면 승가께서는 아습바와 부나바사 비구에게 거행갈마(擧行羯磨)를 행하여, 아습바와 부나바사 비구를 계타산에서 쫓아내고자 합니다. 아습바와 부나바사 비구는 계타산에 머무를 수 없습니다. 이와 같이 아룁니다.'

'대덕 승가께서는 허락하십시오. 이 아습바와 부나바사 비구는 속가를 염오시키면서 악행을 행하였습니다. 그들의 악행을 보여주었고 또한 들려주었으며, 그들이 염오시켰던 속가도 역시 보였고 또한 들렸습니다. 만약 승가께서 때에 이르렀다면 승가께서는 아습바와 부나바사 비구에게 거행갈마를 행하여 아습바와 부나바사 비구를 계타산에서 쫓아내고자 합니다. 아습바와 부나바사 비구는 계타산에 머무를 수 없습니다. 여러 대덕들께서 아습바와 부나바사 비구를 마주하고서 계타산에 머무르지 못하도록 하겠으며, 아울러 계타산에서 구출갈마를 짓는 것을 인정하신다면 묵연하시고, 인정하지 않으신다면 말씀하십시오.'

저는 두 번째로 이 일을 아룁니다.

'대덕 승가께서는 허락하십시오. 이 아습바와 부나바사 비구는 속가를 염오시키면서 악행을 행하였습니다. 그들의 악행을 보여주었고 또한 들려주었으며, 그들이 염오시켰던 속가도 역시 보였고 또한 들렸습니다. 만약 승가께서 때에 이르렀다면 승가께서는 아습바와 부나바사 비구에게 거행갈마를 행하여 아습바와 부나바사 비구를 계타산에서 쫓아내고자 합니다. 아습바와 부나바사 비구는 계타산에 머무를 수 없습니다. 여러 대덕들께서 아습바와 부나바사 비구를 마주하고서 계타산에 머무르지 못하도록 하겠으며, 아울러 계타산에서 구출갈마를 짓는 것을 인정하신다면 묵연하시고, 인정하지 않으신다면 말씀하십시오.'

저는 세 번째로 이 일을 아룁니다.

'대덕 승가께서는 허락하십시오. 이 아습바와 부나바사 비구는 속가를 염오시키면서 악행을 행하였습니다. 그들의 악행을 보여주었고 또한 들려주었으며, 그들이 염오시켰던 속가도 역시 보였고 또한 들렸습니다. 만약 승가께서 때에 이르렀다면 승가께서는 아습바와 부나바사 비구에게 거행갈마를 행하여 아습바와 부나바사 비구를 계타산에서 쫓아내고자 합니다. 아습바와 부나바사 비구는 계타산에 머무를 수 없습니다. 여러 대덕들께서 아습바와 부나바사 비구를 마주하고서 계타산에 머무르지 못하도록 하겠으며, 아울러 계타산에서 구출갈마를 짓는 것을 인정하신다면 묵연하시고, 인정하지 않으신다면 말씀하십시오.'

'승가시여. 아습바와 부나바사 비구를 마주하고서 계타산에서 거행갈마와 구출갈마를 행하였으므로, 아습바와 부나바사 비구는 계타산에 머무를 수 없습니다. 승가께서 인정하신 것은 묵연하였던 까닭입니다. 나는 이와 같이 알고 이해하겠습니다.'"

1-8 이때 사리불과 목련은 비구 대중의 상수(上首)가 되어 계타산읍에 이르러 갈마를 행하였다. 아습바와 부나바사 비구를 데리고 계타산에서 구출갈마를 행하였고, 아습바와 부나바사 비구는 계타산읍에 머무를 수 없었다. 그들은 승가에서 구출갈마를 지었던 이유로 여법하지 않게 떠나갔고, 머리카락을 자르지 않았으며, 죄를 참회하지 않았고, 여러 비구들에게 죄의 용서를 애원하지 않았다. 곧 반대로 꾸짖고 욕하면서 "여러 비구들은 욕망을 따랐고, 성냄을 따랐으며, 어리석음을 따랐고, 악행의 두려운 행을 따랐다."라고 비방하였으며, 그러한 뒤에, 혹은 주처를 떠나갔고, 혹은 환속(還俗)하였다.

그 비구들의 가운데에서 욕망이 적은 자들은 싫어하면서 비난하였다.
"어찌하여 아습바와 부나바사 비구는 승가가 구출갈마를 행하였던 이유로 여법하지 않게 떠나가고, 죄를 벗어나는 도리를 행하지 않으며, 여러 비구들에게 죄의 용서를 애원하지 않고서 반대로 꾸짖고 욕하면서 '여러 비구들은 욕망을 따랐고, 성냄을 따랐으며, 어리석음을 따랐고, 악행의 두려운 행을 따랐다.'라고 비방하면서, 혹은 주처를 떠나가고, 혹은 환속하는가?"

이때 여러 비구들은 이 일로써 세존께 아뢰었다. 이때 세존께서는 이 인연으로써 여러 비구들을 모으셨으며, 여러 비구들에게 물어 말씀하셨다.

"여러 비구들이여. 아습바와 부나바사 비구는 승가가 구출갈마를 행하였던 이유로 여법하지 않게 떠나갔고, …… 혹은 주처를 떠나갔고, 혹은 환속하였는가?"

"진실로 그렇습니다. 세존이시여."

세존께서는 여러 방편으로 꾸짖으셨다.

"여러 비구들이여. 이것은 상응하는 법이 아니고 수순하는 행이 아니며, …… 나아가 …… 집착을 없애라고 설법하였고 집착이 있으라고 설법하지 않았느니라. 어리석은 사람이여. 이것은 오히려 믿지 않는 자는 신심이 생겨나지 않게 하고, …… 이미 믿었던 자는 일부가 전전하여 다른 곳으로 향하여 떠나가게 하느니라."

이와 같이 세존께서는 여러 종류의 방편으로써 아습바와 부나바사의 도중을 꾸짖고서 부양이 어렵고 가르치고 양육함이 어려우며, …… 나아가 …… 여러 비구들을 위하여 적절한 법을 수순하여 설하신 뒤에 여러 비구들에게 알려 말씀하셨다.

"여러 비구들이여. 나는 열 가지의 이익을 까닭으로써 여러 비구들을 위하여 학처를 제정하겠나니, 그대들은 마땅히 이와 같이 학처를 송출할지니라.

'만약 비구가 취락이나, 혹은 성읍에 의지하여 머무르면서 악행으로써 속가를 염오시켰고, 그의 악행을 보여주었고 들려주었으며, 그가 염오시켰던 속가를 이유로 역시 보였고 들렸던 이유라면, 여러 비구들은 그 비구를 마주하고서 마땅히 이와 같이 말을 지어야 한다.

〈장로가 이러한 악행으로 속가를 염오시켰으니 장로의 악행은 보였고 들렸습니다. 또한 장로가 염오시켰던 속가를 이유로, 역시 보였고 들렸습니다. 장로여. 이 주처를 떠나가기를 청합니다. 장로여. 이 처소에 머무를 수 없습니다.〉 여러 비구들이 그 비구에게 이와 같이 말하였는데, 그 비구가 여러 비구들을 마주하고서 〈여러 비구들은 욕망을 따랐고, 성냄을 따랐으며, 어리석음을 따랐고, 악행의 두려운 행을 따랐으며, 이와 같은 죄에 대하여 혹은 쫓아낸 자도 있고, 쫓아내지 않은 자도 있다.〉라고 이와 같이 말을 지었다면, 여러 비구들이 그 비구에게 이와 같이 말해야 한다.

〈장로여. 이와 같이 말하지 마십시오. 여러 비구들은 욕망을 따르지 않았고, 성냄을 따르지 않았으며, 어리석음을 따르지 않았고, 악행의 두려운 행을 따르지 않았습니다. 장로는 악행으로 속가를 염오시켰고, 장로의 악행은 바로 보였고 또한 들렸습니다. 장로가 염오시켰던 속가를 이유로 역시 보였고 들렸습니다. 장로여. 이 주처를 떠나가기를 청합니다. 장로는 이 처소에 머무를 수 없습니다.〉

여러 비구들이 그 비구를 마주하고서 이와 같이 말을 지었는데, 오히려 굳게 집착하였다면, 여러 비구들은 그 비구에게 집착을 버리게 해야 한다. 마땅히 세 번을 차례대로 충고하여 알릴 것이고, 세 번을 충고하여 알리는 때에 이르렀는데, 만약 버린다면 좋으나, 만약 버리지 않는다면 승잔을 범하느니라.”

2-1 ‘만약 비구가 취락이나, 혹은 성읍에 의지하여 머무르다.’는 취락과 성읍, 성안의 시장이니, 곧 취락과 성안의 시가지이다.

‘의지하다.’는 이것에 의지하면 의복이 있고 음식이 있으며 방사가 있고 병의 의약품이 있는 것이다.

‘속가를 염오시키다.’는 꽃으로써, 과일, 가루약, 점토(粘土), 치목, 대나무, 약, 사자(使者)를 짓는 것으로써 청정한 신심의 속가의 집을 염오시키는 것이다.

‘속가’는 네 종류의 집이 있으니, 찰제리의 집, 바라문의 집, 폐사의 집, 수다라의 집이다.

‘악행’은 꽃과 나무를 심고 또한 심게 시키거나, 물을 뿌리고 또한 시켜서 뿌리며, 꽃을 꺾고 또한 시켜서 꺾으며, 꽃을 묶고 또한 시켜서 묶는 것이다.

'보였고 또한 들렸다.'는 마땅히 현전에서 보였던 것이고, 마땅히 현전이 아니었어도 들렸던 것이다.

'그 비구가 속가를 염오시켰던 이유로'는 이전에는 청정하였으나 그를 인연으로 청정하지 않은 것이다. 그러므로 믿음이 불신으로 성립된 이유 이다.

'보였고 또한 들렸다.'는 마땅히 현전에서 보였던 것이고, 마땅히 현전이 아니었어도 들린 것이다.

'여러 비구들'은 마땅히 그 다른 비구가 보았거나 들었던 이유라면, "장로가 이러한 악행으로 속가를 염오시켰으니, 장로의 악행은 보였고 들렸습니다. …… 이 처소에 머무를 수 없습니다."라고 말하였는데, 그 비구가 여러 비구들이 이와 같이 말하였던 것을 이유로 그 여러 비구들을 마주하고서 "여러 비구들은 욕망을 따랐고, …… 쫓아내지 않은 자도 있다."라고 이와 같이 말하는 것이다.

'그 비구'는 속가를 염오시킨 비구이다.

'여러 비구들'은 마땅히 다른 비구를 보았거나 들었던 것이 있는 이유라 면, "장로여. 이와 같이 말하지 마십시오. 여러 비구들은 욕망을 따르지 않았고, …… 장로는 이 처소에 머무를 수 없습니다."라고 말해야 한다. 두 번째에도 이와 같이 말해야 하고, …… 나아가 …… 세 번째에도 이와 같이 말해야 하며, …… 나아가 …… 만약 버린다면 좋으나, 만약 버리지 않는 자는 돌길라를 범한다. 들었어도 말하지 않는 자는 돌길라를 범한다.

그 비구에게 마땅히 승가의 가운데에서 그것을 충고해야 한다. 여러 비구들이여. 마땅히 이와 같이 충고하여야 한다.

"대덕 승가께서는 허락하십시오. 이 누구 비구는 승가에서 거행갈마와 구출갈마를 행하였던 이유로 '여러 비구들은 욕망을 따랐고, 성냄을 따랐 으며, 어리석음을 따랐고, 악행의 두려운 행을 따랐다'라고 말하면서 그 일을 버리지 않았습니다. 만약 승가께서 때에 이르렀다면 승가께서는 누구 비구를 위하여 집착하는 일을 버리도록 충고하여 알리겠습니다.

이와 같이 아룁니다.'

'대덕 승가께서는 허락하십시오. 이 누구 비구는 승가에서 구출갈마를 행하였던 이유로 '여러 비구들은 욕망을 따랐고, 성냄을 따랐으며, 어리석음을 따랐고, 악행의 두려운 행을 따랐다'라고 말하면서 그 일을 버리지 않았습니다. 만약 승가께서 때에 이르렀다면 승가께서는 누구 비구를 위하여 집착하는 일을 버리도록 충고하여 알리겠습니다. 여러 대덕들께서 누구 비구에게 그 집착하는 일을 버리게 충고하여 알리는 것을 인정하신다면 묵연하시고, 인정하지 않으신다면 말씀하십시오.'

저는 두 번째로 이 일을 아룁니다.

'대덕 승가께서는 허락하십시오. 이 누구 비구는 승가에서 구출갈마를 행하였던 이유로 '여러 비구들은 욕망을 따랐고, 성냄을 따랐으며, 어리석음을 따랐고, 악행의 두려운 행을 따랐다'라고 말하면서 그 일을 버리지 않았습니다. 만약 승가께서 때에 이르렀다면 승가께서는 누구 비구를 위하여 집착하는 일을 버리도록 충고하여 알리겠습니다. 여러 대덕들께서 누구 비구에게 그 집착하는 일을 버리게 충고하여 알리는 것을 인정하신다면 묵연하시고, 인정하지 않으신다면 말씀하십시오.'

저는 세 번째로 이 일을 아룁니다.

'대덕 승가께서는 허락하십시오. 이 누구 비구는 승가에서 구출갈마를 행하였던 이유로 '여러 비구들은 욕망을 따랐고, 성냄을 따랐으며, 어리석음을 따랐고, 악행의 두려운 행을 따랐다'라고 말하면서 그 일을 버리지 않았습니다. 만약 승가께서 때에 이르렀다면 승가께서는 누구 비구를 위하여 집착하는 일을 버리도록 충고하여 알리겠습니다. 여러 대덕들께서 누구 비구에게 그 집착하는 일을 버리게 충고하여 알리는 것을 인정하신다면 묵연하시고, 인정하지 않으신다면 말씀하십시오.'

'승가시여. 누구 비구에게 그 일을 버리도록 충고하여 알리는 것을 마쳤습니다. 승가께서 인정하신 것은 묵연하였던 까닭입니다. 나는 이와 같이 알고 이해하겠습니다.'"

아뢰었던 이유라면 돌길라를 범하고, 두 번을 갈마하였다면 투란차를 범하며, 갈마의 말을 마쳤다면 승잔을 범한다.

'그 비구'는 갈마를 지어 주었던 비구이다.

'승잔'은 승가 대중을 마주하고서 그 죄에 별주를 주어서 그 죄를 되돌려서 본래로 돌아오게 하거나, …… 그 죄가 모였던 것을 마주하고서 같은 뜻과 말로 갈마하는 것이다. 이러한 까닭으로 승잔이라고 이름한다.

3-1 여법갈마에서 여법갈마라는 생각이 있었는데, 버리지 않는 자는 승잔을 범한다. 여법갈마에서 의심이 있었는데, 버리지 않는 자는 승잔을 범한다. 여법갈마에서 비법갈마라는 생각이 있었는데, 버리지 않는 자는 승잔을 범한다.

비법갈마에서 여법갈마라는 생각이 있었는데, 버리지 않는 자는 돌길라를 범한다. 비법갈마에서 의심이 있었는데, 버리지 않는 자는 돌길라를 범한다. 비법갈마에서 비법갈마라는 생각이 있었는데, 버리지 않는 자는 돌길라를 범한다.

3-2 충고받지 않은 자, 버렸던 자, 미쳤던 자, 마음이 요란한 자, 번뇌로 고통받는 자, 최초로 범한 자는 범하지 않는다.

[열세 번째의 승잔을 마친다.]

"여러 대덕들이여. 13승잔을 송출하여 마쳤습니다. 앞의 9가지는 최초로 성립된 죄이고, 뒤의 4가지는 3번에 이르면 비로소 죄가 성립됩니다. 만약 비구가 앞에서 어느 하나의 계목이라도 범하였고, 숨겨서 감추었던 날짜를 알았다면, 곧 그 날짜에 의지하여 그 비구가 비록 뜻으로 원하지 않아도 역시 마땅히 별주해야 합니다.

별주를 마쳤다면 비구는 다시 6일밤의 뒤에 마땅히 비구의 마나타에 들어가야 하고, 마나타를 마쳤으며, 이 처소에서 만약 20명의 비구 승가인 때라면 그를 다시 회복시키는 것을 허락할 수 있습니다. 만약 20명에서

비록 한 사람이라도 부족한 비구 승가라면 그를 다시 회복시킬 권리가
없고, 그 비구도 다시 회복될 수 없습니다. 또한 여러 비구들을 마땅히
꾸짖어야 합니다. 이것은 이것의 여법한 때에 행하여야 합니다. 이것을
나는 지금 여러 대덕들께 묻겠습니다."

"이 일에서 청정합니까?"

두 번째로 묻겠습니다.

"이 일에서 청정합니까?"

세 번째로 묻겠습니다.

"이 일에서 청정합니까?"

지금 여러 대덕들께서는 이 일에 청정하나니, 이것은 묵연하였던 까닭
입니다. 나는 이와 같이 알고 이해하겠습니다.

섭송으로 말하겠노라.

고의로 출정하는 것과 어루만지는 것과
추악하게 말하는 것과 자기를 위하여 음욕법을 찬탄하는 것과
중매하는 것과 방사를 짓는 것과 정사를 짓는 것과

근거없이 비방하는 것과 비슷한 근거로 비방하는 것과
파승사와 파승사를 돕는 것과 악구의 성품으로 비방하는 것과
속가를 염오시키는 이것이 13가지의 승잔이니라.

○ 13승잔을 마친다.

경분별(經分別) 제3권

3. 부정법(不定法, Aniyata)

여러 대덕들이여. 지금 2부정법(二不定法)을 송출하겠습니다.

1) 부정(不定)

1-1 그때 불·세존께서는 사위국의 기수급고독원에 머무르셨다.

이때 장로 우타이는 사위성에 매우 많은 단월의 집을 왕래하였다. 이때 장로 우타이의 단월의 집에서 그 딸을 이미 한 가문의 아들에게 주었다. 이때 우타이는 이른 아침에 하의를 입고서 승가리와 발우를 지니고 그의 집에 이르렀고 물어 말하였다.

"누구 여인이 이곳에 있습니까?"

그들이 대답하여 말하였다.

"대덕이여. 이미 어느 집의 아들에게 주었습니다."

그 집안도 역시 우타이의 단월이었으므로, 우타이는 마침내 그 집에 이르러 물어 말하였다.

"누구 여인이 이곳에 있습니까?"

그들이 대답하여 말하였다.

"대덕이여. 그녀는 내실에 있습니다."

이때 장로 우타이는 그녀의 처소에 이르렀다. 이르러 그 여인과 함께 비밀스럽고 음행이 가능한 가려진 곳에서 혼자서 그녀와 서로를 마주하고서 앉았으며, 때를 보면서 한가롭게 이야기를 하였고 때를 보면서 설법하였다.

이때 비사거녹자모(毘舍佉鹿子母)[1]는 자식과 손자들이 많았는데, 자식과 손자들이 건강하고 행복하여 복이 많았다. 그러므로 여러 사람들이 제사, 잔치, 휴일에는 비사거녹자모를 청하여 처음으로 음식을 대접하였다. 이때 비사거녹자모는 청을 받고서 그의 집에 이르렀고, 그녀는 장로 우타이가 여인과 함께 비밀스럽고 음행이 가능한 가려진 곳에서 혼자서 한 사람을 마주하고서 앉아 있는 것을 보았고, 우타이에게 말하였다.

"대덕이신 존자께서는 여인과 함께 비밀스럽고 음행이 가능한 가려진 곳에서 혼자서 한 사람을 마주하고서 앉으셨는데, 여법하지 않고 수순한 행이 아닙니다. 대덕이여. 존자께서는 욕망이 없더라도 이러한 법은 사람들에게 악한 믿음을 일으키는 까닭으로 여러 사람들이 믿지 않을 것입니다."

장로 우타이는 비사거녹자모의 말을 받아들이지 않았고, 이와 같았으므로 비사거녹자모는 떠나갔으며, 이 일을 여러 비구들에게 말하였다.

그 비구들의 가운데에서 욕망이 적은 자들은 싫어하면서 비난하였다.

"무슨 까닭으로 장로 우타이는 여인과 함께 비밀스럽고 음행이 가능한 가려진 곳에서 혼자서 한 사람과 함께 마주하고서 앉는가?"

이때 여러 비구들은 이 일로써 세존께 아뢰었다. 이때 세존께서는 이 인연으로써 여러 비구들을 모으셨으며, 장로 우타이에게 물어 말씀하셨다.

"우타이여. 그대가 진실로 여인과 함께 비밀스럽고 음행이 가능한 가려진 곳에서 혼자서 한 사람을 마주하고서 앉았는가?"

---

1) 팔리어 Visākhā migāramātā(비사카 미가라마타)의 음사이다.

"진실로 그렇습니다. 세존이시여."

세존께서는 여러 방편으로 꾸짖으셨다.

"어리석은 사람이여. 이것은 상응하는 법이 아니고 수순하는 행이 아니며, …… 나아가 …… 집착을 없애라고 설법하였고 집착이 있으라고 설법하지 않았느니라. 어리석은 사람이여. 어찌하여 여인과 함께 비밀스럽고 음행이 가능한 가려진 곳에서 혼자서 한 사람을 마주하고서 앉았는가? 어리석은 사람이여. 이것은 오히려 믿지 않는 자는 신심이 생겨나지 않게 하고, …… 이미 믿었던 자는 일부가 전전하여 다른 곳으로 향하여 떠나가게 하느니라."

이와 같이 세존께서는 여러 종류의 방편으로써 장로 우타이를 꾸짖고서 뒤에 부양이 어렵고 가르치고 양육함이 어려우며, …… 나아가 …… 여러 비구들을 위하여 적절한 법을 수순하여 설하신 뒤에 여러 비구들에게 알려 말씀하셨다.

"여러 비구들이여. 나는 열 가지의 이익을 까닭으로써 여러 비구들을 위하여 학처를 제정하겠나니, 그대들은 마땅히 이와 같이 학처를 송출할 지니라.

'어느 누구의 비구일지라도 여인과 함께 비밀스럽고 음행이 가능한 가려진 곳에서 혼자서 한 사람과 함께 마주하고서 앉아 있었고, 믿을 수 있는 우바이(優婆夷)가 보았으며, 세 가지 법의 가운데에서 혹은 바라이, 혹은 승잔, 혹은 바일제의 어느 하나의 법이라고 그것을 말하였고, 만약 비구가 같이 앉았던 것을 인정하였다면, 그녀가 말하였던 것을 따라서 세 가지 법의 가운데에서 혹은 바라이, 혹은 승잔, 혹은 바일제 중 어느 하나의 법으로써 그 비구를 처벌해야 한다. 혹은 믿을 수 있는 우바이가 말하였던 것을 이유로 그 비구를 처벌하므로 부정법이라고 이름하느니라."

2-1 '어느 누구'는 어느 태어난 곳의 이유, …… 혹은 중간의 법랍이었다면 이것을 '어느 누구'라고 말한다.

'비구'는 구걸하는 비구이니, 일을 쫓아서 걸식하는 비구, …… 곧 이것에서 '비구'의 뜻이라고 말하는 것이다.

'여인'은 사람의 여인은 야차녀, 귀신녀, 축생녀가 아니고, 사람의 여인으로 처음으로 태어난 여인을 가리키는데, 하물며 장대한 여인이겠는가?

'혼자서 한 사람과 마주하다.'는 오직 한 비구와 한 여인이 있는 것이다.

'함께'는 같은 한 장소이다.

'비밀이다.'는 보았던 것이 비밀이거나, 들었던 것이 비밀이었던 것이다.

'보았던 것이 비밀'은 눈을 가리거나, 눈썹을 치켜들거나, 머리를 들어서 보지 못하게 하는 것이다.

'들었던 것이 비밀'은 평소의 말을 듣지 못한 것이다.

'음행이 가능하다.'는 부정한 행이 가능한 곳이다.

'가려진 곳'은 벽으로써, 혹은 자물쇠로써, 혹은 펼쳐진 물건으로써, 혹은 휘장으로써, 혹은 나무로써, 혹은 기둥으로써, 혹은 자루 등의 어느 물건으로써 가려진 곳이다.

'앉다.'는 여인이 앉은 곳에 비구가 가까이 앉았거나, 그곳에 눕는 것이다. 비구가 앉은 곳에 여인이 가까이 앉았거나, 그곳에 누웠거나, 혹은 함께 앉았거나, 함께 누워서 말하는 것이다.

'믿을 수 있다.'는 도과(道果)를 증득하였거나, 정견(正見)을 얻었거나, 교법(敎法)을 이해한 것이다.

'우바이'는 세존께 귀의하였고, 법에 귀의하였으며, 승가에 귀의한 신심이 있는 여인이다.

'보았다.'는 그곳에 이르러 보았다는 뜻이다.

2-2 세 가지 법의 가운데에서 어느 무엇인 하나의 법이었는데, 혹은 바라이, 혹은 승잔, 혹은 바일제의 하나라고 그것을 말하였고, 비구가 같이 앉아 있었던 것을 인정하였다면, 세 가지 법의 가운데에서 혹은 바라이, 혹은 승잔, 혹은 바일제 가운데의 어느 하나의 법으로써 그 비구를 처벌하거나, 혹은 믿을 수 있는 우바이가 말하였던 것을 이유로

그 비구를 처벌하는 것이다.

그 여인이 만약 "나는 대덕께서 여인과 함께 앉아서 부정을 행하는 것을 보았습니다."라고 이와 같이 말하였고, 그 비구가 만약 인정하였다면, 마땅히 그 죄에 의지하여 그 비구를 처벌해야 한다. 그 여인이 만약 "나는 대덕께서 여인과 함께 앉아서 부정을 행하는 것을 보았습니다."라고 이와 같이 말하였고, 그 비구가 만약 "나는 진실로 함께 앉아 있었으나, 부정을 행하지 않았습니다."라고 말하였다면, 마땅히 앉은 것에 의지하여 그 비구를 처벌해야 한다.

그 여인이 만약 "나는 대덕께서 여인과 함께 앉아서 부정을 행하는 것을 보았습니다."라고 이와 같이 말하였고, 그 비구가 만약 "나는 앉아 있지 않았고, 오직 누워있었습니다."라고 말하였다면, 마땅히 누워있었던 것에 의지하여 그 비구를 처벌해야 한다. 그 여인이 만약 "나는 대덕께서 여인과 함께 앉아서 부정을 행하는 것을 보았습니다."라고 이와 같이 말하였고, 그 비구가 만약 "나는 누워있지 않았고, 오직 서 있었습니다."라고 말하였다면, 마땅히 처벌하지 않아야 한다.

그 여인이 만약 "나는 대덕께서 여인과 함께 앉아서 부정을 행하는 것을 보았습니다."라고 이와 같이 말하였고, 그 비구가 만약 "나는 누워있지 않았고, 오직 앉아 있었습니다."라고 말하였다면, 마땅히 앉았던 것에 의지하여 그 비구를 처벌해야 한다.

그 여인이 만약 "나는 대덕께서 여인과 함께 앉아서 부정을 행하는 것을 보았습니다."라고 이와 같이 말하였고, 그 비구가 만약 "나는 누워있지 않았고, 오직 서 있었습니다."라고 말하였다면, 마땅히 처벌하지 않아야 한다.

그 여인이 만약 "나는 대덕께서 여인과 함께 앉아서 서로가 몸을 어루만지는 것을 보았습니다."라고 이와 같이 말하였고, 그 비구가 만약 인정하였다면, 마땅히 그 죄를 의지하여 그 비구를 처벌해야 한다. …… 나아가 …… "나는 오직 앉아 있었고, 서로가 몸을 어루만지지 않았습니다."라고 말하였다면, 마땅히 앉았던 것에 의지하여 그 비구를 처벌해야 한다.

…… 나아가 …… "나는 앉아 있지 않았고, 오직 누워있었습니다."라고 말하였다면, 마땅히 누워있었던 것에 의지하여 그 비구를 처벌해야 한다. "나는 눕지 않았고, 오직 서 있었습니다."라고 말하였다면, 마땅히 처벌하지 않아야 한다.

그 여인이 만약 "나는 대덕께서 여인과 함께 누워서 서로가 몸을 어루만지는 것을 보았습니다."라고 이와 같이 말하였고, 그 비구가 만약 인정하였다면, 마땅히 그 죄를 의지하여 그 비구를 처벌해야 한다. …… 나아가 …… "나는 오직 누워있었고, 서로가 몸을 어루만지지 않았습니다."라고 말하였다면, 마땅히 누워있었던 것에 의지하여 그 비구를 처벌해야 한다. …… 나아가 …… "나는 누워있지 않았고, 오직 서 있었습니다."라고 말하였다면, 마땅히 처벌하지 않아야 한다.

그 여인이 만약 "나는 대덕께서 여인과 함께 혼자서 한 사람과 마주하고서 비밀스럽게 음행이 가능한 곳에 앉아 있는 것을 보았습니다."라고 이와 같이 말하였고, 그 비구가 만약 인정하였다면, 마땅히 그 죄를 의지하여 그 비구를 처벌해야 한다. …… 나아가 …… "나는 앉아 있지 않았고, 오직 누워있었습니다."라고 말하였다면, 마땅히 누워있었던 것에 의지하여 그 비구를 처벌해야 한다. …… 나아가 …… "나는 앉아 있지 않았고, 오직 서 있었습니다."라고 말하였다면, 마땅히 처벌하지 않아야 한다.

그 여인이 만약 "나는 대덕께서 여인과 함께 혼자서 한 사람과 마주하고서 음행이 가능한 곳에 누워있는 것을 보았습니다."라고 이와 같이 말하였고, 그 비구가 만약 인정하였다면, 마땅히 그 죄를 의지하여 그 비구를 처벌해야 한다. …… 나아가 …… "나는 누워있지 않았고, 오직 앉아 있었습니다."라고 말하였다면, 마땅히 앉아 있었던 것에 의지하여 그 비구를 처벌해야 한다. …… 나아가 …… "나는 누워있지 않았고, 오직 서 있었습니다."라고 말하였다면, 마땅히 처벌하지 않아야 한다.

'부정'은 혹은 바라이이거나, 혹은 승잔이거나, 혹은 바일제가 확정되지 않은 것이다.

3-1 갔다고 인정하였고, 앉았다고 인정하였으며, 죄를 인정한 자는 마땅히 그 죄에 의지하여 그 비구를 처벌한다.

갔다고 인정하였고, 앉았다고 인정하지 않았으나, 죄를 인정한 자는 마땅히 그 죄에 의지하여 그 비구를 처벌한다.

갔다고 인정하였고, 앉았다고 인정하였으며, 죄를 인정하지 않은 자는 마땅히 앉은 것에 의지하여 그 비구를 처벌한다.

갔다고 인정하였고, 앉았다고 인정하지 않았으며, 죄를 인정하지 않은 자는 마땅히 처벌할 수 없다.

갔다고 인정하지 않았고, 앉았다고 인정하였으며, 죄를 인정한 자는 마땅히 그 죄에 의지하여 그 비구를 처벌한다.

갔다고 인정하지 않았고, 앉았다고 인정하지 않았으며, 죄를 인정한 자는 마땅히 그 죄에 의지하여 그 비구를 처벌한다.

갔다고 인정하지 않았고, 앉았다고 인정하였으며, 마땅히 죄를 인정하지 않은 자는 앉은 것에 의지하여 그 비구를 처벌한다.

갔다고 인정하지 않았고, 앉았다고 인정하지 않았으며, 마땅히 죄를 인정하지 않은 자는 마땅히 처벌할 수 없다.

[첫 번째의 부정법을 마친다.]

2) 부정(不定)

1-1 그때 불·세존께서는 사위국의 기수급고독원에 머무르셨다.

이때 장로 우타이는 세존께서 여인과 함께 비밀스럽고 음행이 가능한 가려진 곳에서 혼자서 한 사람을 마주하고서 앉아 있는 것을 금지하였던 인연으로 그 여인과 함께 드러난 곳에서 비밀스럽게 혼자서 한 사람을 마주하고 앉아서 때를 보면서 한가롭게 이야기를 하였고, 때를 보면서 설법하였다.

비사거녹자모는 청을 받고서 그녀의 집에 이르렀고, 비사거녹자모는 장로 우타이가 여인과 함께 비밀이 드러나는 곳에서 혼자서 한 사람을 마주하고서 앉아 있는 것을 보았고, 곧 우타이에게 이와 같이 말하였다.

"대덕이신 존자께서는 여인과 함께 비밀이 드러나는 곳에서 혼자서 한 사람을 마주하고서 앉으셨는데, 여법하지 않고 수순한 행이 아닙니다. 대덕이여. 존자께서는 욕망이 없더라도 이러한 법은 사람들에게 악한 믿음을 일으키는 까닭으로 여러 사람들이 믿지 않을 것입니다."

비사거녹자모는 비록 이와 같이 그에게 말하였으나, 장로 우타이는 말을 받아들이지 않았다. 이와 같았으므로 비사거녹자모는 떠나갔으며, 이 일을 여러 비구들에게 말하였다. 그 비구들의 가운데에서 욕망이 적은 자들은 싫어하면서 비난하였다.

"무슨 까닭으로 장로 우타이는 여인과 함께 비밀이 드러나는 곳에서 혼자서 한 사람을 마주하고서 앉는가?"

이때 여러 비구들은 이 일로써 세존께 아뢰었다. 이때 세존께서는 이 인연으로써 여러 비구들을 모으셨으며, 장로 우타이에게 물어 말씀하셨다.

"우타이여. 그대가 진실로 여인과 함께 비밀이 드러나는 곳에서 혼자서 한 사람을 마주하고서 앉았는가?"

"진실로 그렇습니다. 세존이시여."

세존께서는 여러 방편으로 꾸짖으셨다.

"어리석은 사람이여. 이것은 상응하는 법이 아니고 수순하는 행이 아니며, …… 나아가 …… 집착을 없애라고 설법하였고 집착이 있으라고 설법하지 않았느니라. 어리석은 사람이여. 어찌하여 여인과 함께 비밀스럽고 음행이 가능한 가려진 곳에서 혼자서 한 사람을 마주하고서 앉았는가? 어리석은 사람이여. 이것은 오히려 믿지 않는 자는 신심이 생겨나지 않게 하고, …… 이미 믿었던 자는 일부가 전전하여 다른 곳으로 향하여 떠나가게 하느니라."

이와 같이 세존께서는 여러 종류의 방편으로써 장로 우타이를 꾸짖고서 뒤에 부양이 어렵고 가르치고 양육함이 어려우며, …… 나아가 …… 여러 비구들을 위하여 적절한 법을 수순하여 설하신 뒤에 여러 비구들에게 알려 말씀하셨다.

"여러 비구들이여. 나는 열 가지의 이익을 까닭으로써 여러 비구들을 위하여 학처를 제정하겠나니, 그대들은 마땅히 이와 같이 학처를 송출할지니라.

'만약 가려지지 않은 곳에 앉았고, 음행이 가능하지 않은 곳이었더라도, 여인과 추악하게 말할 수 있는 곳이었으며, 만약 어느 누구의 비구라도 이와 같은 곳에서 여인과 함께 혼자서 한 사람을 마주하고서 비밀스럽게 함께 앉아 있었는데, 믿을 수 있는 우바이가 보았으며, 두 가지 법의 가운데에서 혹은 승잔, 혹은 바일제의 어느 하나의 법이라고 그것을 말하였고, 만약 비구가 함께 앉아 있었던 것을 인정하였다면, 두 가지 법의 가운데에서 혹은 승잔, 혹은 바일제 가운데의 어느 하나의 법으로써 그 비구를 처벌해야 한다. 혹은 믿을 수 있는 우바이가 말하였던 것을 이유로 그 비구를 처벌하므로 이것도 역시 부정법이라고 이름하느니라.'"

2-1 '만약 가려지지 않은 곳에 앉았다.'는 벽으로써, 혹은 자물쇠로써, 혹은 펼쳐진 물건으로써, 혹은 휘장으로써, 혹은 나무로써, 혹은 기둥으로써, 혹은 자루 등의 어느 물건으로써 가려진 것이 없는 곳이다.

'음행이 가능하지 않다.'는 부정한 행이 가능하지 않은 곳을 말한다.

'여인과 추악하게 말하다.'는 여인과 함께 추악하게 말하는 곳을 말한다.

'어느 누구'는 어느 태어난 곳의 이유, …… 혹은 중간의 법랍이었다면 이것을 '어느 누구'라고 말한다.

'비구'는 구걸하는 비구이니, 일을 쫓아서 걸식하는 비구, …… 곧 이것에서 '비구'의 뜻이라고 말하는 것이다.

'여인'은 사람의 여인은 야차녀, 귀신녀, 축생녀가 아니고, 사람의 여인으로 처음으로 태어난 여인을 가리키는데, 하물며 장대한 여인이겠는가?

'함께'는 같은 한 장소이다.

‘비밀이다.’는 보았던 것이 비밀이거나, 들었던 것이 비밀인 것이다. ‘보았던 것이 비밀’은 눈을 가리거나, 눈썹을 치켜들거나, 머리를 들어서 보지 못하게 하는 것이다.

‘들었던 것이 비밀’은 평소의 말을 듣지 못한 것이다.

‘앉다.’는 여인이 앉은 곳에 비구가 가까이 앉았거나, 그곳에 눕는 것이다. 비구가 앉은 곳에 여인이 가까이 앉았거나, 그곳에 누웠거나, 혹은 함께 앉았거나, 함께 누워서 말하는 것이다.

‘보았다.’는 그곳에 이르러 보았다는 뜻이다.

2-2 두 가지 법의 가운데에서 어느 무엇인 하나의 법이었는데, 혹은 승잔으로써, 혹은 바일제로써 그에게 말하였고, 비구가 같이 앉아 있었던 것을 인정하였다면, 두 가지 법의 가운데에서 혹은 승잔, 혹은 바일제의 어느 하나의 법으로써 그 비구를 처벌하거나, 혹은 믿을 수 있는 우바이가 말하였던 것을 이유로 그 비구를 처벌하는 것이다.

그 여인이 만약 “나는 대덕께서 여인과 함께 앉아서 서로가 몸을 어루만지는 것을 보았습니다.”라고 이와 같이 말하였고, 그 비구가 만약 인정하였다면, 마땅히 그 죄를 의지하여 그 비구를 처벌해야 한다.

그 여인이 만약 “나는 대덕께서 여인과 함께 앉아서 서로가 몸을 어루만지는 것을 보았습니다.”라고 이와 같이 말하였고, 그 비구가 만약 “나는 진실로 앉아 있었고, 서로가 몸을 어루만지지 않았습니다.”라고 말하였다면, 마땅히 앉았던 것에 의지하여 그 비구를 처벌해야 한다. …… 나아가 …… “나는 앉아 있지 않았고, 오직 누워있었습니다.”라고 말하였다면, 마땅히 누워있었던 것에 의지하여 그 비구를 처벌해야 한다. “나는 눕지 않았고, 오직 서 있었습니다.”라고 말하였다면, 마땅히 처벌하지 않아야 한다.

그 여인이 만약 “나는 대덕께서 여인과 함께 누워서 서로가 몸을 어루만지는 것을 보았습니다.”라고 이와 같이 말하였고, 그 비구가 만약 인정하였다면, 마땅히 그 죄를 의지하여 그 비구를 처벌해야 한다. …… 나아가

…… "나는 진실로 누워있었고, 서로가 몸을 어루만지지 않았습니다."라고 말하였다면, 마땅히 누워있었던 것에 의지하여 그 비구를 처벌해야 한다. …… 나아가 …… "나는 앉아 있지 않았고, 오직 누워있었습니다."라고 말하였다면, 마땅히 누워있었던 것에 의지하여 그 비구를 처벌해야 한다. …… 나아가 …… "나는 누워있지 않았고, 오직 서 있었습니다."라고 말하였다면, 마땅히 처벌하지 않아야 한다.

그 여인이 만약 "나는 대덕께서 여인과 함께 앉아서 추악하게 말하는 것을 들었습니다."라고 이와 같이 말하였고, 그 비구가 만약 인정하였다면, 마땅히 그 죄를 의지하여 그 비구를 처벌해야 한다. …… 나아가 …… "나는 진실로 앉아 있었고, 추악하게 말하지 않았습니다."라고 말하였다면, 마땅히 앉아 있었던 것에 의지하여 그 비구를 처벌해야 한다. …… 나아가 …… "나는 앉아 있지 않았고, 오직 누워있었습니다."라고 말하였다면, 마땅히 누워있었던 것에 의지하여 그 비구를 처벌해야 한다. …… 나아가 …… "나는 앉아 있지 않았고, 오직 서 있었습니다."라고 말하였다면, 마땅히 처벌하지 않아야 한다.

그 여인이 만약 "나는 대덕께서 여인과 함께 누워서 추악하게 말하는 것을 보았습니다."라고 이와 같이 말하였고, 그 비구가 만약 인정하였다면, 마땅히 그 죄를 의지하여 그 비구를 처벌해야 한다. …… 나아가 …… "나는 진실로 누워있었고, 추악하게 말하지 않았습니다."라고 말하였다면, 마땅히 누워있었던 것에 의지하여 그 비구를 처벌해야 한다. …… 나아가 …… "나는 앉아 있지 않았고, 오직 누워있었습니다."라고 말하였다면, 마땅히 누워있었던 것에 의지하여 그 비구를 처벌해야 한다. …… 나아가 …… "나는 누워있지 않았고, 오직 서 있었습니다."라고 말하였다면, 마땅히 처벌하지 않아야 한다.

그 여인이 만약 "나는 대덕께서 여인과 함께 혼자서 한 사람을 마주하고서 비밀스럽게 같이 앉아 있는 것을 보았습니다."라고 이와 같이 말하였고, 그 비구가 만약 인정하였다면, 마땅히 그 죄를 의지하여 그 비구를 처벌해야 한다. …… 나아가 …… "나는 앉아 있지 않았고, 오직 누워있었습니다."

라고 말하였다면, 마땅히 누워있었던 것에 의지하여 그 비구를 처벌해야한다. …… 나아가 …… "나는 누워있지 않았고, 오직 서 있었습니다."라고 말하였다면, 마땅히 처벌하지 않아야 한다.

그 여인이 만약 "나는 대덕께서 여인과 함께 혼자서 한 사람을 마주하고서 비밀스럽게 같이 누워있는 것을 보았습니다."라고 이와 같이 말하였고, 그 비구가 만약 인정하였다면, 마땅히 그 죄를 의지하여 그 비구를 처벌해야 한다. …… 나아가 …… "나는 누워있지 않았고, 오직 앉아 있었습니다." 라고 말하였다면, 마땅히 앉아 있었던 것에 의지하여 그 비구를 처벌해야한다. …… 나아가 …… "나는 누워있지 않았고, 오직 서 있었습니다."라고 말하였다면, 마땅히 처벌하지 않아야 한다.

'이것도 역시'는 앞의 것을 계속하여 그것을 말하는 것이다.

'부정'은 혹은 바라이이거나, 혹은 승잔이거나, 혹은 바일제가 확정되지 않은 것이다.

3-1 갔다고 인정하였고, 앉았다고 인정하였으며, 죄를 인정한 자는 마땅히 그 죄에 의지하여 그 비구를 처벌한다.

갔다고 인정하였고, 앉았다고 인정하지 않았으나, 죄를 인정한 자는 마땅히 그 죄에 의지하여 그 비구를 처벌한다.

갔다고 인정하였고, 앉았다고 인정하였으며, 죄를 인정하지 않은 자는 마땅히 앉은 것에 의지하여 그 비구를 처벌한다.

갔다고 인정하였고, 앉았다고 인정하지 않았으며, 죄를 인정하지 않은 자는 마땅히 처벌할 수 없다.

갔다고 인정하지 않았고, 앉았다고 인정하였으며, 죄를 인정한 자는 마땅히 그 죄에 의지하여 그 비구를 처벌한다.

갔다고 인정하지 않았고, 앉았다고 인정하지 않았으며, 죄를 인정한 자는 마땅히 그 죄에 의지하여 그 비구를 처벌한다.

갔다고 인정하지 않았고, 앉았다고 인정하였으며, 마땅히 죄를 인정하지 않은 자는 앉은 것에 의지하여 그 비구를 처벌한다.

갔다고 인정하지 않았고, 앉았다고 인정하지 않았으며, 마땅히 죄를 인정하지 않은 자는 마땅히 처벌할 수 없다.

[두 번째의 부정법을 마친다.]

"여러 대덕들이여. 2부정법을 송출하여 마쳤습니다. 이것을 나는 지금 여러 대덕들께 묻겠습니다."
"이 일에서 청정합니까?"
두 번째로 묻겠습니다.
"이 일에서 청정합니까?"
세 번째로 묻겠습니다.
"이 일에서 청정합니까?"
지금 여러 대덕들께서는 이 일에 청정하나니, 이것은 묵연하였던 까닭입니다. 나는 이와 같이 알고 이해하겠습니다.

섭송으로 말하겠노라.

음행이 가능한 곳과
그렇지 않더라도 부정이나니
이것은 불세존께서
그것을 선하게 제정하신 이유라네.

○ **2부정법을 마친다.**

경분별(經分別) 제4권

4. 니살기바일제(尼薩耆波逸提, Nissaggiya)

여러 대덕들이여. 지금 30니살기바일제(尼薩耆波逸提, Nissaggiya)를 송출하겠습니다.

1) 축장의(蓄長衣) 학처

1-1 그때 불·세존께서는 비사리의 구담묘(瞿曇廟)[1]의 가운데에 머무르셨다.

이때 세존께서는 여러 비구들이 삼의(三衣)를 수지(受持)하는 것을 허락하셨다. 육군비구(六群比丘)[2]들은 세존께서 삼의를 수지하는 것을 허락하였던 인연으로 처음에 삼의로써 취락에 들어갔고, 그것과 다른 삼의로써 정사에 머물렀으며, 별도의 삼의로써 목욕하였다. 여러 비구들의 가운데에서 욕심이 적은 자들은 싫어하고 비난하였다.

"무슨 까닭으로 육군비구들은 장의(長衣)[3]를 저축하는가?"

---

1) 팔리어 Gotamaka cetiya(고타마카 체티야)의 의역이다.
2) 팔리율에서는 Assaji(아싸지), Punabbasu(푸나빠수), Panduka(판두카), Lohitaka(로히타카), Mettiya(메띠야), Bhummaja(붐마자) 등을 언급하고 있어 한역 율장과는 다르게 나타나고 있다.

이때 여러 비구들은 이 일로써 세존께 아뢰었고, 세존께서는 이 인연으로써 여러 비구들을 모으셨으며, 육군비구들에게 물어 말씀하셨다.

"육군비구들이여. 그대들이 진실로 장의를 저축하였는가?"

"진실로 그렇습니다. 세존이시여."

세존께서는 여러 방편으로 꾸짖으셨다.

"어리석은 사람들이여. 어찌하여 그대들은 장의를 저축하였는가? 어리석은 사람들이여. 이것은 믿지 않는 자는 신심이 생겨나지 않게 하고, 이미 믿었던 자는 증장시키지 않느니라. 어리석은 사람이여. 이것은 오히려 믿지 않는 자는 불신이 생겨나지 않는 것이 없게 하고, 믿었던 자는 전전하여 일부가 다른 곳으로 향하여 떠나가게 하느니라."

이와 같이 세존께서는 여러 종류의 방편으로써 육군비구들을 꾸짖고서 뒤에 부양하기 어렵고, 가르치고 양육함이 어려우며, 욕심이 많아서 만족함을 알지 못하고, 대중의 가운데에 참여하면서 방일하였던 허물을 설하셨다. 그러한 뒤에 여러 종류의 방편으로써 부양하기 쉽고, 가르치고 양육함이 쉬우며, 욕심이 적어서 만족함을 알고, 두타행을 좋아하며, 단정하여 대중의 가운데에 참여하지 않고 용맹하게 정진하는 아름다움을 설하셨다. 아울러 또한 여러 비구들을 위하여 적절한 법을 수순하여 설하신 뒤에 여러 비구들에게 알려 말씀하셨다.

"여러 비구들이여. 이와 같으므로 열 가지의 이익을 까닭으로써 나는 여러 비구들을 위하여 학처를 제정하겠노라. 승가의 섭수를 위하여, 승가의 안락을 위하여, 악인을 조복하기 위하여, 선한 비구들을 안락하게 머무르는 것을 위하여, 현세의 누(漏)를 방호하기 위하여, 후세의 누를 없애기 위하여, 믿지 않는 자에게 신심이 생겨나는 것을 위하여, 이미 믿었던 자의 증장을 위하여, 정법이 오래 머무르는 것을 위하여, 율의 공경과 존중을 위한 것이니라. 여러 비구들이여. 그대들은 마땅히 이와 같이 학처를 송출할지니라.

---

3) 여분의 옷을 가리킨다.

'어느 누구의 비구일지라도 장의를 저축하는 자는 니살기바일제이니라.'"

이와 같이 세존께서는 여러 비구들을 위하여 학처를 제정하여 세우셨다.

2-1 그때 장로 아난은 장의를 얻었다. 장로 아난은 이 장의로써 장로 사리불에게 받들어 주고자 하였고, 장로 사리불이 머무르는 사기(沙祇)⁴⁾에 가서 곧 만나고자 하였다. 이때 장로 아난은 생각하였다.

'세존께서는 장의를 저축하는 것을 금지하는 학처를 제정하셨다. 내가 얻은 이 장의를 장로 사리불에게 주고자 한다. 장로 사리불은 사기에 머무르고 있으니, 나는 마땅히 무엇을 지어야 하는가?'

이때 장로 아난은 이 일로써 세존께 아뢰었고, 세존께서는 말씀하셨다.

"아난이여. 사리불은 몇 일안에 돌아올 수 있는가?"

"세존이시여. 마땅히 9일이나, 혹은 10일 있으면 돌아올 것입니다."

그때 세존께서는 이 인연으로써 여러 비구들을 모으셨으며, 여러 비구들에게 말씀하셨다.

"여러 비구들이여. 10일을 한도로 장의를 저축하는 것을 허락하겠노라. 그대들은 마땅히 이와 같이 학처를 송출할지니라. '비구가 삼의를 짓는 것을 이미 마쳤고, 가치나의(迦絺那衣)⁵⁾를 이미 버렸다면, 10일을 한도로 장의를 저축할 수 있다. 만약 이 기한을 넘겼다면 니살기바일제를 범하느니라.'"

3-1 '옷을 짓는 것을 이미 마치다.'는 안거한 뒤의 옷의 때에 비구에게 옷을 짓게 하였거나, 혹은 잃어버렸거나, 혹은 찢어졌거나, 혹은 불탔거나, 혹은 옷을 얻는다고 바라는 때가 없는 것이다.

---

4) 팔리어 Sāketa(사케타)의 음사이다.
5) 팔리어 Kathina(카티나)의 음사이다. 공덕(功德) 또는 견고(堅固)라고 한역됨. 안거를 마친 수행자가 공양을 받은 옷으로 하루 만에 만들어 입는 간편한 옷을 가리킨다.

'가치나의를 버리다.'는 8사(八事)의 가운데에서 하나의 일로 버렸거나, 승가의 가운데에서 버리는 것이다.

'10일 안으로 제한하다.'는 최대로 10일을 저축하는 것이다.

'장의'는 수지하지 않은 옷이고, 정시(淨施)[6]한다고 말하지 않은 것이다.

'옷'은 여섯 종류의 옷 가운데에서 어느 하나의 옷이고, 마땅히 최하의 양으로 정시하였던 옷을 말한다.

3-2 '만약 이것을 넘겼다면 니살기바일제이다.'는 11일에 해가 밝은 모양으로 떠오르는 때라면 니살기바일제를 범하나니, 마땅히 승가, 별도의 대중, 혹은 사람에게 버려야 하고, 비구는 마땅히 이와 같이 버려야 한다. 그 비구는 승가의 처소에 이르러 오른쪽 어깨를 드러내고 상좌의 발에 예배하고 호궤 합장하고서 이와 같이 아뢰어야 한다.

"여러 대덕들이여. 이 옷을 내가 10일을 넘겨서 저축하였던 이유로 마땅히 그것을 버립니다. 나는 지금 이 옷을 승가에 버립니다."

버리고서 스스로가 그 죄를 참회하며 아뢰어야 한다. 마땅히 한 총명하고 유능한 비구가 그 죄의 참회를 섭수(攝受)하고서 버렸던 옷을 돌려주어야 한다.

"대덕 승가께서는 허락하십시오. 이 옷은 바로 어느 비구의 사타(捨墮)의 옷이고, 이미 승가에서 버렸습니다. 만약 승가께서 때에 이르셨다면 승가는 마땅히 이 옷을 누구 비구에게 돌려주겠습니다."

혹은 그 비구는 대중이 많은 비구의 처소에 이르러 오른쪽 어깨를 드러내고 상좌의 발에 예배하고 호궤 합장하고서 이와 같이 아뢰어야 한다.

"여러 대덕들이여. 이 옷을 내가 10일을 넘겨서 저축하였던 이유로 마땅히 그것을 버립니다. 나는 지금 이 옷을 여러 대덕들께 버립니다."

버리고서 스스로가 그 죄를 참회하며 아뢰어야 한다. 마땅히 한 총명하

---

6) 여분의 옷과 발우를 소유하였다면 대중에게 내어놓고 참회하면 대중이 그 소유를 정해 주는 것이다. 옷은 대체로 소유자에게 돌려주었던 특징이 있다.

고 유능한 비구가 그 죄의 참회를 섭수하고서 버렸던 옷을 돌려주어야
한다.

"여러 대덕들께서는 허락하십시오. 이 옷은 누구 비구의 사타의 옷이고,
여러 대덕들께 버렸습니다. 여러 대덕들께서 만약 때에 이르렀다면 이
옷을 마땅히 누구 비구에게 돌려주겠습니다."

혹은 그 비구는 한 비구의 처소에 이르러 오른쪽 어깨를 드러내고
호궤 합장하고서 이와 같이 아뢰어야 한다.

"대덕들이여. 이 옷을 내가 10일을 넘겨서 저축하였던 이유로 마땅히
그것을 버립니다. 나는 지금 이 옷을 여러 대덕에게 버립니다."

버리고서 스스로가 그 죄를 참회하며 아뢰어야 한다. 마땅히 그 비구는
그 죄의 참회를 섭수하고서 버렸던 옷을 돌려주어야 한다.

"나는 이 옷을 대덕에게 주겠습니다."

4-1 10일이 지나갔다는 생각이 있었는데, 옷을 저축하는 자는 사타를
범하고, 10일이 지나갔다는 의심이 있었는데, 옷을 저축하는 자는 사타를
범한다. 10일이 지나지 않았다는 생각이 있었는데, 옷을 저축하는 자는
사타를 범한다.

옷을 수지하지 않았고 수지하였다는 생각이 있었는데, 옷을 저축하는
자는 사타를 범한다.

옷을 정시하겠다고 말하지 않았고 정시하겠다고 말하였다는 생각이
있었는데, 옷을 저축하는 자는 사타를 범한다.

옷을 버리지 않았고 버렸다는 생각이 있었는데, 옷을 저축하는 자는
사타를 범한다.

옷을 잃어버리지 않았고 잃어버렸다는 생각이 있었는데, 옷을 저축하
는 자는 사타를 범한다.

옷이 찢어지지 않았고 찢어졌다는 생각이 있었는데, 옷을 저축하는
자는 사타를 범한다.

옷이 불타지 않았고 불탔다는 생각이 있었는데, 옷을 저축하는 자는

사타를 범한다.

옷을 빼앗기지 않았고 빼앗겼다는 생각이 있었는데, 옷을 저축하는 자는 사타를 범한다.

사타 옷을 버리지 않고서 수용하는 자는 돌길라를 범한다.

10일이 지나지 않았고 지났다는 생각이 있었는데, 옷을 저축하는 자는 돌길라를 범한다. 10일이 지나지 않았고 지났다고 의심하는 생각이 있었는데, 옷을 저축하는 자는 돌길라를 범한다. 10일이 지나지 않았고 지나지 않았다는 생각이 있었는데, 옷을 저축하는 자는 범하지 않는다.

수지하고 10일 안에 정시하였거나, 버렸거나, 잃어버렸거나, 찢어졌거나, 불탔거나, 빼앗겼던 옷을 취하였거나, 친근하다고 생각하고 취하였거나, 미쳤던 자이거나, 최초로 범한 자는 범하지 않는다.

5-1 그때 육군비구들이 버렸던 옷을 돌려주지 않았다. 이 일로써 세존께 아뢰었고, 세존께서는 말씀하셨다.

"여러 비구들이여. 버려진 옷을 돌려주지 않더라도 얻을 수 없느니라. 돌려주지 않는 자는 돌길라를 범하느니라."

[첫 번째의 사타를 마친다.]

2) 이삼의(離三衣) 학처

1-1 그때 불·세존께서는 사위국의 기수급고독원에 머무르셨다.

이때 여러 비구들이 비구들의 손에 옷을 맡겼고 오직 안타회(安陀會)와 울다라승(鬱多羅僧)을 입고서 여러 나라를 유행하였다. 그 옷들은 오래 놓아두어서 더럽혀졌고 손상되었으므로 여러 비구들은 그 옷을 말렸다. 장로 아난이 여러 방사를 살피면서 다니는 때에 여러 비구들이 곧 옷을 말리는 것을 보았다. 보고서 여러 비구들의 처소에 이르러 이와 같이 말을 지었다.

"장로들이여. 이 옷들은 더럽혀졌고 손상되었는데, 누구의 물건입니까?"

그때 여러 비구들은 이 일로써 아난에게 알렸고, 장로 아난은 싫어하고 비난하였다.

"무슨 까닭으로 여러 비구들은 비구들의 손에 옷을 맡기고 오직 안타회와 울다라승을 입고서 여러 나라를 유행하는가?"

아난은 이 일로써 세존께 아뢰었고, 세존께서는 말씀하셨다.

"여러 비구들이여. 그 여러 비구들이 진실로 비구들의 손에 옷을 맡기고 오직 안타회와 울다라승을 입고서 여러 나라를 유행하였는가?"

"진실로 그렇습니다. 세존이시여."

세존께서는 여러 방편으로 꾸짖으셨다.

"여러 비구들이여. 무슨 까닭으로 그 어리석은 사람들은 비구들의 손에 옷을 맡기고서 오직 안타회와 울다라승을 입고 여러 나라를 유행하였는가? 여러 비구들이여. 이것은 오히려 믿지 않는 자는 신심이 생겨나지 않게 하고, …… 이미 믿었던 자는 일부가 전전하여 다른 곳으로 향하여 떠나가게 하느니라."

이와 같이 세존께서는 여러 종류의 방편으로써 장로 우타이를 꾸짖고서 뒤에 부양이 어렵고 가르치고 양육함이 어려우며, …… 나아가 …… 여러 비구들을 위하여 적절한 법을 수순하여 설하신 뒤에 여러 비구들에게 알려 말씀하셨다.

"여러 비구들이여. 나는 열 가지의 이익을 까닭으로써 여러 비구들을 위하여 학처를 제정하겠나니, 그대들은 마땅히 이와 같이 학처를 송출할지니라.

비구가 삼의를 짓는 것을 이미 마쳤고, 가치나의를 이미 버렸는데, 비록 삼의를 하룻밤이라도 벗어났다면 니살기바일제를 범하느니라."

이와 같이 세존께서는 여러 비구들을 위하여 학처를 제정하여 세우셨다.

2-1 그때 한 비구가 구섬미국에서 병들었으므로 친족이 사자를 보내어 그 비구의 처소에 이르렀다.

"대덕께서는 오십시오. 우리들이 간병하겠습니다."

여러 비구들도 역시 이와 같이 말하였다.

"장로여. 떠나가십시오. 친족이 그대를 간병할 것입니다."

그 비구가 말하였다.

"장로들이여. 세존께서 학처를 제정하시어 세우셨으므로 삼의를 떠날 수 없습니다. 나는 병으로 삼의를 가지고 떠날 수 없습니다. 나는 떠나지 않겠습니다."

이 일로써 세존께 아뢰었다. 그때 세존께서는 이 인연으로써 설법하셨고, 여러 비구들에게 알려 말씀하셨다.

"여러 비구들이여. 병든 비구를 위하여 불실의(不失衣)를 인정하여 주는 것을 허락하겠노라. 여러 비구들이여. 마땅히 이와 같이 주어야 한다. 그 병든 비구는 승가의 가운데에서 오른쪽 어깨를 드러내고 상좌의 발에 예배하고 호궤 합장하고서 이와 같이 아뢰어야 한다.

'여러 대덕들이여. 나는 병으로 능히 삼의를 지니고 떠나갈 수 없습니다. 여러 대덕들이여. 저는 승가께서 불실삼의(不失三衣)를 인정하도록 애원합니다.'

마땅히 두 번째에도 애원해야 하고, 세 번째에도 애원해야 한다.

마땅히 한 총명하고 유능한 비구가 승가의 가운데에서 창언하여 말한다.

'대덕 승가께서는 허락하십시오. 이 누구 비구는 병을 인연으로 능히 삼의를 지니고 떠나갈 수 없으며, 그 비구는 승가께서 불실의를 인정하도록 애원하고 있습니다. 만약 승가께서 때에 이르렀다면 승가께서는 누구 비구에게 불실의를 주는 것을 허락하십시오. 이와 같이 아룁니다.'

'대덕 승가께서는 허락하십시오. 이 누구 비구는 병을 인연으로 능히 삼의를 지니고 떠나갈 수 없으며, 그 비구는 승가께서 불실의를 허락하도록 애원하고 있습니다. 여러 대덕들께서 누구 비구에게 불실의를 주는 것을 인정하신다면 묵연하시고, 인정하지 않으신다면 말씀하십시오.'

'승가시여. 누구 비구에게 불실의를 주는 것을 마쳤습니다. 승가께서 인정하신 것은 묵연하였던 까닭입니다. 나는 이와 같이 알고 이해하겠습니다.'"

"여러 비구들이여. 그대들은 마땅히 이와 같이 이 학처를 송출할지니라.

'비구가 삼의를 짓는 것을 마쳤고, 가치나의를 버렸는데, 승가가 허락한 것을 제외하고서, 비록 삼의를 하룻밤이라도 벗어났다면 니살기바일제를 범하느니라."

3-1 '옷을 짓는 것을 이미 마쳤다.'는 안거한 뒤의 옷의 때에 비구가 옷을 지었거나, 혹은 잃어버렸거나, 혹은 찢어졌거나, 혹은 불탔거나, 혹은 옷을 얻는다는 희망이 없는 것이다.

'가치나의를 버리다.'는 8사의 가운데에서 하나의 일로 버렸거나, 혹은 승가의 가운데에서 버리는 것이다.

'비록 삼의를 하룻밤을 벗어나다.'는 승가리를 벗어나고, 울다라승과 안타회를 벗어난 것이다.

'승가가 허락한 것을 제외하다.'는 비구가 허락받은 것은 제외하는 것이다.

'니살기'는 11일에 해가 밝은 모양으로 떠오르는 때라면 곧 사타를 범하나니, 마땅히 승가에 버려야 하고, 별도의 대중에 버려야 하며, 혹은 사람에게 버려야 한다.

여러 비구들이여. 마땅히 이와 같이 버려야 한다. 그 비구는 승가의 처소에 이르러 오른쪽 어깨를 드러내고 상좌의 발에 예배하고 호궤 합장하고서 이와 같이 아뢰어야 한다.

"여러 대덕들이여. 이 삼의를 승가께서 제가 하룻밤을 벗어나도록 허락하지 않았으므로 마땅히 그것을 버립니다. 나는 지금 이 옷을 승가에 버립니다."

버리고서 스스로가 그 죄를 참회하며 아뢰어야 한다. 마땅히 한 총명하고 유능한 비구가 그 죄의 참회를 섭수하고서 버렸던 옷을 돌려주어야 한다.

"대덕 승가께서는 허락하십시오. 이 옷은 바로 어느 비구의 사타(捨墮)의 옷이고, 이미 승가에서 버렸습니다. 만약 승가께서 때에 이르셨다면 승가는 마땅히 이 옷을 누구 비구에게 돌려주겠습니다.

…… 여러 대중들의 처소에 이르러 오른쪽 어깨를 드러내고, …… 나아가 …… 여러 대덕들께서 만약 때에 이르렀다면 이 옷을 마땅히 누구 비구에게 돌려주겠습니다. …… 한 비구의 처소에 이르러 오른쪽 어깨를 드러내고, …… 나아가 …… "나는 이 옷을 대덕에게 주겠습니다."

3-2 취락의 같은 경계와 다른 경계, 주처의 같은 경계와 다른 경계, 작은 집(小屋)의 같은 경계와 다른 경계, 망루의 같은 경계와 다른 경계, 장막의 같은 경계와 다른 경계, 중각(重閣)의 같은 경계와 다른 경계, 별도 집(別屋)의 같은 경계와 다른 경계, 배(船)의 같은 경계와 다른 경계, 상단(商團)의 같은 경계와 다른 경계, 밭(田)의 같은 경계와 다른 경계, 탈곡장(穀場)의 같은 경계와 다른 경계, 원림(園)의 같은 경계와 다른 경계, 정사의 같은 경계와 다른 경계, 나무 아래(樹下)의 같은 경계와 다른 경계, 노지(露地)의 같은 경계와 다른 경계 등이 있다.

3-3 '취락의 같은 경계'는 한 가문(家門)의 취락에 울타리가 있었고, 만약 옷을 취락의 안에 놓아두었으며, 몸이 마땅히 취락 안에 머물렀다면 옷을 잃은 것은 아니다. 만약 울타리가 없었고, 옷을 한 집에 놓아두었으며, 마땅히 그 집에 머물렀거나, 혹은 몸이 옷을 떠난 것이라도 돌을 던져서 미치는 자라면 옷을 잃은 것이 아니다.

'취락의 다른 경계'는 여러 가문의 취락에 울타리가 있었고, 만약 옷을 한 집에 놓아두었으며, 몸이 마땅히 그 집에 머물렀거나, 혹은 집회하는 곳이거나, 취락의 문 아래에 머물렀거나, 혹은 돌을 던져서 미치는 곳이라면 옷을 잃은 것이 아니다. 집회하는 곳에 이르러 옷을 놓아두었으며, 돌을 던져서 미치는 곳이거나, 마땅히 집회하는 곳에 머물렀거나, 취락의 문 아래에 머물렀거나, 혹은 돌을 던져서 미치는 자라면 옷을 잃은 것이 아니다.

옷을 집회하는 곳에 놓아두었고, 마땅히 집회하는 곳에 머물렀거나, 취락의 문 아래에 머물렀거나, 혹은 돌을 던져서 미치는 곳이라면 옷을 벗어난 것이 아니다. 만약 울타리가 없었고, 옷을 한 집에 놓아두었으며, 마땅히 한 집에 머물렀거나, 마땅히 머무는 그 집이거나, 혹은 돌을 던져서 미치는 자라면 옷을 잃은 것이 아니다.

3-4 한 가문의 주처가 있고, 울타리가 있었으며, 여러 종류의 가려진 방이 있었고, 여러 종류의 내실이 있었는데, 옷을 주처의 안에 놓아두고서 마땅히 주처의 안에서 머물렀거나, 울타리가 없었는데, 옷을 방에 놓아두고서 마땅히 그 방에서 머물렀거나, 혹은 돌을 던져서 미치는 자라면 옷을 잃은 것이 아니다.

여러 가문의 주처가 있고, 울타리가 있었으며, 여러 종류의 가려진 방이 있었고, 여러 종류의 내실이 있었는데, 옷을 주처의 안에 놓아두고서 마땅히 주처의 안에서 머물렀거나, 취락의 문 아래에 머물렀거나, 혹은 돌을 던져서 미치는 곳이라면 옷을 벗어난 것이 아니다. 울타리가 없었는데, 옷을 한 방에 놓아두고서 마땅히 그 방에서 머물렀거나, 혹은 돌을 던져서 미치는 자라면 옷을 잃은 것이 아니다.

3-5 한 가문의 작은 집이 있고 울타리가 있었으며, 여러 종류의 가려진 방이 있었고, 여러 종류의 내실이 있었는데, 옷을 주처의 안에 놓아두고서 마땅히 주처의 안에서 머물렀거나, 울타리가 없었는데, 옷을 방에 놓아두고서 마땅히 그 방에서 머물렀거나, 혹은 돌을 던져서 미치는 자라면 옷을 잃은 것이 아니다.

여러 가문의 작은 집이 있고, 울타리가 있었으며, 여러 종류의 가려진 방이 있었고, 여러 종류의 내실이 있었는데, 옷을 주처의 안에 놓아두고서 마땅히 주처의 안에서 머물렀거나, 취락의 문 아래에 머물렀거나, 혹은 돌을 던져서 미치는 곳이라면 옷을 잃은 것이 아니다. 울타리가 없었는데, 옷을 한 방에 놓아두고서 마땅히 그 방에서 머물렀거나, 혹은 돌을 던져서 미치는 자라면 옷을 잃은 것이 아니다.

3-6 한 가문의 망루가 있어 옷을 망루의 가운데에 놓아두고서 마땅히 망루의 가운데에 머물렀거나, 여러 가문의 망루가 있어 여러 종류의 가려진 방이 있었으며, 여러 종류의 내실이 있었는데, 옷을 한 방에 놓아두고서 마땅히 그 방에서 머물렀거나, 취락의 문 아래에 머물렀거나, 혹은 돌을 던져서 미치는 자라면 옷을 잃은 것이 아니다.

3-7 한 가문의 장막이 있어 옷을 장막의 가운데에 놓아두고서 마땅히 장막의 가운데에 머물렀거나, 여러 가문의 장막이 있어 여러 종류의 가려진 방이 있었으며, 여러 종류의 내실이 있었는데, 옷을 한 방에 놓아두고서 마땅히 그 방에서 머물렀거나, 취락의 문의 아래에 머물렀거나, 혹은 돌을 던져서 미치는 자라면 옷을 잃은 것이 아니다.

3-8 한 가문의 중각(重閣)이 있어 옷을 중각의 가운데에 놓아두고서 마땅히 중각의 가운데에 머물렀거나, 여러 가문의 중각이 있어 여러 종류의 가려진 방이 있었으며, 여러 종류의 내실이 있었는데, 옷을 한 방에 놓아두고서 마땅히 그 방에서 머물렀거나, 취락의 문의 아래에 머물렀거나, 혹은 돌을 던져서 미치는 곳이라면 옷을 잃은 것이 아니다.

3-9 한 가문의 별도의 집이 있었고, 옷을 별도의 집안에 놓아두고서 마땅히 별도의 집안에서 머물렀거나, 여러 가문의 별도의 집이 있었고, 여러 종류의 가려진 방이 있었으며, 여러 종류의 내실이 있었는데, 옷을 한 방에 놓아두고서 마땅히 그 방에서 머물렀거나, 취락의 문 아래에 머물렀거나, 혹은 돌을 던져서 미치는 자라면 옷을 잃은 것이 아니다.

3-10 한 가문의 배(船)가 있었고, 옷을 배의 안에 놓아두고서 마땅히 배의 안에서 머물렀거나, 여러 가문의 배가 있었고, 여러 종류의 가려진 방이 있었으며, 여러 종류의 내실이 있었는데, 옷을 한 내실에 놓아두고서 마땅히 그 내실에서 머물렀거나, 혹은 돌을 던져서 미치는 자라면 옷을 잃은 것이 아니다.

3-11 한 가문의 상단(商團)이 있었고, 옷을 상단의 가운데에 놓아두고서 마땅히 앞과 뒤가 7척(尺)인 자는 옷을 잃은 것이 아니고, 옆이 1척인 자도 옷을 잃은 것이 아니다. 한 가문의 상단이 있었고, 옷을 상단의 가운데에 놓아두고서 만약 돌을 던져서 미치는 곳이라면 옷을 잃은 것이 아니다.

3-12 한 가문의 밭이 있었고, 울타리가 있었으며, 옷을 밭의 가운데에 놓아두고서 마땅히 밭의 가운데에 머물렀거나, 만약 울타리가 없었어도 돌을 던져서 미치는 자라면 옷을 잃은 것이 아니다. 여러 가문의 밭이 있었고, 울타리가 있었으며, 옷을 밭의 가운데에 놓아두고서 마땅히 문 아래에 머물렀거나, 혹은 돌을 던져서 미치는 자라면 옷을 잃은 것이 아니다. 만약 울타리가 없었어도 돌을 던져서 미치는 자라면 옷을 잃은 것이 아니다.

3-13 한 가문의 탈곡장(脫穀場)이 있었고, 만약 울타리가 있었으며, 옷을 탈곡장의 안에 놓아두고서 마땅히 탈곡장의 안에서 머물렀거나, 만약 울타리가 없었어도 돌을 던져서 미치는 자라면 옷을 잃은 것은 아니다. 여러 가문의 탈곡장이 있었고, 만약 울타리가 있었으며, 옷을 탈곡장의 안에 놓아두고서 마땅히 문의 아래에 머물렀거나, 혹은 돌을 던져서 미치는 자라면 옷을 잃은 것이 아니다. 만약 울타리가 없었어도 돌을 던져서 미치는 자라면 옷을 잃은 것이 아니다.

3-14 한 가문의 원림이 있었고, 만약 울타리가 있었으며, 옷을 원림의 안에 놓아두고서 마땅히 원림의 안에서 머물렀거나, 만약 울타리가 없었어도 돌을 던져서 미치는 자라면 옷을 잃은 것은 아니다. 여러 가문의 원림이 있었고, 만약 원림이 있었으며, 옷을 탈곡장의 안에 놓아두고서 마땅히 문의 아래에 머물렀거나, 혹은 돌을 던져서 미치는 자라면 옷을 잃은 것이 아니다. 만약 울타리가 없었어도 돌을 던져서 미치는 자라면 옷을 잃은 것이 아니다.

3-15 한 가문의 정사(精舍)가 있었고, 만약 울타리가 있었으며, 옷을 정사에 놓아두고서 마땅히 정사의 가운데에서 머물렀거나, 만약 울타리가 없었어도 옷을 정사에 놓아두고서 마땅히 정사의 가운데에서 머물렀거나, 혹은 돌을 던져서 미치는 자라면 옷을 잃은 것은 아니다. 여러 가문의 정사가 있었고, 만약 울타리가 있었으며, 옷을 한 정사에 놓아두고서 마땅히 정사의 가운데에서 머물렀거나, 마땅히 문의 아래에 머물렀거나, 혹은 돌을 던져서 미치는 자라면 옷을 잃은 것이 아니다. 만약 울타리가 없었어도 옷을 한 정사에 놓아두고서 마땅히 정사의 가운데에서 머물렀거나, 혹은 돌을 던져서 미치는 자라면 옷을 잃은 것은 아니다.

3-16 한 가문의 나무 아래에 있었고, 한낮에 나무의 그늘이 넓었던 때에 옷을 그늘의 가운데에 놓아두고서 마땅히 그늘의 가운데에서 머물렀거나, 여러 가문의 나무 아래에 있었고, 돌을 던져서 미치는 자라면 옷을 잃은 것은 아니다.

3-17 '노지의 같은 경계'는 취락이 없는 빈 곳이라면, 주위를 7척(尺)으로써 같은 경계로 삼고, 그 외에는 다른 경계로 삼는다.

3-18 옷을 벗어났고 옷을 벗어났다는 생각이 있었는데, 비록 삼의를 하룻밤이라도 벗어났다면 승가가 허락한 자를 제외하고는 사타를 범한다.

옷을 벗어났고 벗어났다는 의심이 있었는데, 비록 삼의를 하룻밤이라도 벗어났다면 승가가 허락한 자를 제외하고는 사타를 범한다. 옷을 벗어났고 옷을 벗어나지 않았다는 생각이 있었는데, 비록 삼의를 하룻밤이라도 벗어났다면 승가가 허락한 자를 제외하고는 사타를 범한다.

옷을 붙잡지 않았고 붙잡았다는 생각이 있었는데, 비록 삼의를 하룻밤이라도 벗어났다면 승가가 허락한 자를 제외하고는 사타를 범한다.

옷을 버리지 않았고 버렸다는 생각이 있었는데, 비록 삼의를 하룻밤이라도 벗어났다면 승가가 허락한 자를 제외하고는 사타를 범한다.

옷을 잃어버리지 않았고 잃어버렸다는 생각이 있었는데, 비록 삼의를 하룻밤이라도 벗어났다면 승가가 허락한 자를 제외하고는 사타를 범한다.

옷이 찢어지지 않았고 찢어졌다는 생각이 있었는데, 비록 삼의를 하룻밤이라도 벗어났다면 승가가 허락한 자를 제외하고는 사타를 범한다.

옷이 불타지 않았고 불탔다는 생각이 있었는데, 승가가 허락한 자를 제외하고는 사타를 범한다.

옷을 빼앗기지 않았고 빼앗겼다는 생각이 있었는데, 비록 삼의를 하룻밤이라도 벗어났다면 승가가 허락한 자를 제외하고는 사타를 범한다.

사타의를 버리지 않고서 수용하는 자는 돌길라를 범한다.

옷을 벗어나지 않았으나 옷을 벗어났다는 생각이 있었는데, 비록 삼의를 하룻밤이라도 벗어났다면 돌길라를 범한다. 옷을 벗어나지 않았으나 옷을 벗어났다는 의심이 있었는데, 비록 삼의를 하룻밤이라도 벗어났다면 돌길라를 범한다. 옷을 벗어나지 않았고 옷을 벗어나지 않았다는 생각이 있었는데, 비록 삼의를 하룻밤이라도 벗어났더라도 범하지 않는다.

3-19 밤이 밝아지기 이전에 옷을 취하였거나, 버렸거나, 잃어버렸거나, 찢어졌거나, 불탔거나, 취하였던 옷을 빼앗겼거나, 친근하다고 생각하고 취하였거나, 미쳤던 자이거나, 최초로 범한 자는 범하지 않는다.

[두 번째의 사타를 마친다.]

3) 일월의(一月衣) 학처

1-1 그때 불·세존께서는 사위국의 기수급고독원에 머무르셨다.

그때 한 비구가 비시의(非時衣)를 얻었는데, 그것으로 옷을 짓는데 부족하였다. 그 비구는 그 길이를 늘이고자 그 옷을 들고서 반복하여 마찰하였다. 세존께서는 방사를 살피면서 다니셨는데, 그 비구가 옷을 들고서 마찰하는 것을 보셨다. 보시고서 비구에게 말씀하셨다.

"비구여. 무슨 까닭으로 옷을 들고서 마찰하는가?"

"세존이시여. 나는 비시의를 얻었는데 옷이 부족하였던 까닭으로 이 옷을 들고서 반복하여 마찰하고 있습니다."

"비구여. 그대는 오히려 옷을 얻을 희망이 있는가?"

"세존이시여. 있습니다."

그때 세존께서는 이 인연으로써 설법하셨고, 여러 비구들에게 알려 말씀하셨다.

"여러 비구들이여. 비시의를 얻은 때이고, 오히려 옷을 얻을 희망이 있다면 그것을 저축하는 것을 허락하겠노라."

1-2 그때 여러 비구들은 생각하였다.

'세존께서는 비시의를 얻은 때이고, 오히려 옷을 얻을 희망이 있다면 그것을 저축하는 것을 허락하셨다.'

그들은 비시의를 얻고서 저축하여 1개월이 지났으나, 그 옷을 묶어서 옷시렁(衣架)에 놓아두었다. 장로 아난은 방사를 살피고 다니면서 옷이 옷시렁에 묶여서 놓여있는 것을 보았고 여러 비구들에게 말하였다.

"장로들이여. 옷시렁에 묶여서 놓여있는 것은 누구의 옷입니까?"

"장로여. 우리들의 비시의이고 옷을 얻기를 바랐던 까닭으로 그것을 저축하였습니다."

"장로들이여. 이 옷을 몇 일을 저축하였습니까?"

"장로여. 이미 1개월이 지나갔습니다."

장로 아난은 싫어하면서 비난하였다.

"무슨 까닭으로 여러 비구들은 비시의를 얻고서 1개월을 넘겨서 저축하는가?"

이때 아난은 이 일로써 세존께 아뢰었고, 세존께서는 말씀하셨다.

"여러 비구들이여. 그대들이 진실로 비시의를 얻고서 1개월을 넘겨서 저축하였는가?"

"진실로 그렇습니다. 세존이시여."

세존께서는 여러 방편으로 꾸짖으셨다.

"여러 비구들이여. 어찌하여 그대들 어리석은 사람들은 비시의를 얻고서 1개월을 넘겨서 저축하였는가? 여러 비구들이여. 이것은 오히려 믿지 않는 자는 신심이 생겨나지 않게 하고, …… 이미 믿었던 자는 일부가 전전하여 다른 곳으로 향하여 떠나가게 하느니라."

이와 같이 세존께서는 여러 종류의 방편으로써 여러 비구들을 꾸짖고서 뒤에 부양이 어렵고 가르치고 양육함이 어려우며, …… 나아가 …… 여러 비구들을 위하여 적절한 법을 수순하여 설하신 뒤에 여러 비구들에게 알려 말씀하셨다.

"여러 비구들이여. 나는 열 가지의 이익을 까닭으로써 여러 비구들을 위하여 학처를 제정하겠나니, 그대들은 마땅히 이와 같이 학처를 송출할지니라.

'비구가 삼의를 짓는 것을 이미 마쳤고, 가치나의를 이미 버렸는데, 비구가 만약 비시의를 얻었고 마땅히 옷을 얻기를 희망하였던 이유라면 비구는 옷을 받을 수 있으나, 받고서 뒤에 마땅히 옷을 빠르게 지어야 한다. 만약 만족하지 않은 때라면 오직 1개월로 제한하고, 그 기한의 안에서 만족할 희망이 있는 자라면, 그 비구는 그 옷을 얻어서 저축할 수 있다. 만약 이것을 넘겨서 저축하였다면 비록 만족함을 희망할 수 있더라도, 역시 니살기바일제를 범하느니라."

2-1 '옷을 짓는 것을 이미 마쳤다.'는 안거한 뒤의 옷의 때에 비구가

옷을 지었거나, 혹은 잃어버렸거나, 혹은 찢어졌거나, 혹은 불탔거나, 혹은 옷을 얻는다고 바라는 때가 없는 것이다.

'가치나의를 버리다.'는 8사의 가운데에서 하나의 일로 버렸거나, 승가의 가운데에서 버리는 것이다.

'얻을 수 있다.'는 혹은 승가를 이유로, 혹은 별중(別衆)을 이유로, 혹은 친족을 이유로, 혹은 지식(知識)을 이유로 얻는 것이고, 혹은 분소의를 얻었거나, 혹은 자신의 것으로 얻는 것이다.

'비시의'는 가치나의를 입고서 돌아다니지 않는 때인 11개월의 중간에서 얻었던 옷이거나, 가치나의를 입고서 돌아다니는 때의 7개월의 중간에서 얻었던 옷이다. 또한 옷의 때의 중간에 지정(指定)하여 옷을 주었다면 이것을 비시의라고 이름한다.

'희망하며 바라다.'는 희망하며 받기를 기다렸던 자는 그것을 받을 수 있다.

'받은 뒤에 마땅히 옷을 빠르게 지어야 한다.'는 마땅히 10일 안에 짓는 것이다.

'만약 만족하지 못한 때'는 지으면서 부족한 것이다.

'1개월로 제한하고 그 비구는 그 옷을 얻어서 저축할 수 있다.'는 최장(最長)으로 1개월을 저축할 수 있다는 것이다.

'그 기한의 안에서 만족할 희망이 있다.'는 그 기한의 안에서 만족함을 희망하는 것이다.

'희망이 있다.'는 혹은 승가를 이유로, 혹은 별중을 이유로, 혹은 친족을 이유로, 혹은 지식을 이유로 얻는 것이고, 혹은 분소의를 얻었거나, 혹은 자신의 것으로 얻는 것이다.

2-2 '비록 희망이 있더라도, 만약 이 옷을 넘겨서 저축하다.'는 본래의 옷을 얻고서 옷을 얻는 날짜를 희망하였더라도, 마땅히 10일 안에 옷을 지어야 한다.

본래 옷을 얻고서 뒤의 2일째에 옷을 얻기를 희망하였더라도, 마땅히

10일 안에 옷을 지어야 한다. 본래 옷을 얻고서 뒤의 2일째에 옷을 얻기를 희망하였더라도, …… 나아가 …… 본래 옷을 얻고서 뒤의 3일째에 옷을 얻기를 희망하였더라도, …… 나아가 …… 본래 옷을 얻고서 뒤의 4일째에 옷을 얻기를 희망하였더라도, …… 나아가 …… 본래 옷을 얻고서 뒤의 5일째에 옷을 얻기를 희망하였더라도, …… 나아가 …… 본래 옷을 얻고서 뒤의 6일째에 옷을 얻기를 희망하였더라도, …… 나아가 …… 본래 옷을 얻고서 뒤의 7일째에 옷을 얻기를 희망하였더라도, …… 나아가 …… 본래 옷을 얻고서 뒤의 8일째에 옷을 얻기를 희망하였더라도, …… 나아가 …… 본래 옷을 얻고서 뒤의 9일째에 옷을 얻기를 희망하였더라도, …… 나아가 …… 본래 옷을 얻고서 뒤의 10일째에 옷을 얻기를 희망하였더라도, 마땅히 10일 안에 옷을 지어야 한다.

본래 옷을 얻고서 뒤의 11일째에 옷을 얻기를 희망하였더라도, …… 나아가 …… 본래 옷을 얻고서 뒤의 12일째에 옷을 얻기를 희망하였더라도, …… 나아가 …… 본래 옷을 얻고서 뒤의 13일째에 옷을 얻기를 희망하였더라도, …… 나아가 …… 본래 옷을 얻고서 뒤의 14일째에 옷을 얻기를 희망하였더라도, …… 나아가 …… 본래 옷을 얻고서 뒤의 15일째에 옷을 얻기를 희망하였더라도, …… 나아가 …… 본래 옷을 얻고서 뒤의 16일째에 옷을 얻기를 희망하였더라도, …… 나아가 …… 본래 옷을 얻고서 뒤의 17일째에 옷을 얻기를 희망하였더라도, …… 나아가 …… 본래 옷을 얻고서 뒤의 18일째에 옷을 얻기를 희망하였더라도, …… 나아가 …… 본래 옷을 얻고서 뒤의 19일째에 옷을 얻기를 희망하였더라도, …… 나아가 …… 본래 옷을 얻고서 뒤의 20일째에 옷을 얻기를 희망하였더라도, 마땅히 20일 안에 옷을 지어야 한다.

본래 옷을 얻고서 뒤의 21일째에 옷을 얻기를 희망하였더라도, …… 나아가 …… 본래 옷을 얻고서 뒤의 22일째에 옷을 얻기를 희망하였더라도, …… 나아가 …… 본래 옷을 얻고서 뒤의 23일째에 옷을 얻기를 희망하였더라도, …… 나아가 …… 본래 옷을 얻고서 뒤의 24일째에 옷을 얻기를 희망하였더라도, …… 나아가 …… 본래 옷을 얻고서 뒤의 25일째에 옷을 얻기를 희망하였더라도, …… 나아가 …… 본래 옷을 얻고서 뒤의 26일째에 옷을 얻기를 희망하였더라도, …… 나아가 …… 본래 옷을 얻고서 뒤의 27일째에 옷을 얻기를 희망하였더라도, …… 나아가 …… 본래 옷을 얻고서 뒤의 28일째에 옷을 얻기를 희망하였더라도, …… 나아가 …… 본래 옷을 얻고서 뒤의 29일째에 옷을 얻기를 희망하였더라도, 마땅히 하루 안에 옷을 지어야 한다.

본래 옷을 얻고서 뒤의 30일째에 옷을 얻기를 희망하였다면, 마땅히 곧 그날에 옷을 수지하거나, 정시하거나, 혹은 버려야 한다. 만약 수지하지 않거나, 정시하지 않거나, 혹은 버리지 않고서, 31일에 해가 밝은 모양으로 떠오르는 때라면 니살기바일제를 범하나니, 마땅히 승가에게 버려야 하고, 별중에게 버려야 하며, 혹은 사람에게 버려야 한다. 비구는 마땅히 이와 같이 버려야 한다.

그 비구는 승가의 처소에 이르러 오른쪽 어깨를 드러내고 상좌의 발에 예배하고 호궤 합장하고서 이와 같이 아뢰어야 한다.

"여러 대덕들이여. 이 옷을 내가 1개월이 지나도록 저축하였던 이유로 마땅히 그것을 버립니다. 나는 지금 이 옷을 승가에 버립니다."

버리고서 스스로가 그 죄를 참회하며 아뢰어야 한다. 마땅히 한 총명하고 유능한 비구가 그 죄의 참회를 섭수하고서 버렸던 옷을 돌려주어야 한다.

"대덕 승가께서는 허락하십시오. 이 옷은 바로 어느 비구의 사타의 옷이고, 이미 승가에서 버렸습니다. 만약 승가께서 때에 이르셨다면 승가는 마땅히 이 옷을 누구 비구에게 돌려주겠습니다."

…… 여러 대중들의 처소에 이르러 오른쪽 어깨를 드러내고, …… 나아가 …… "여러 대덕들께서 만약 때에 이르렀다면 이 옷을 마땅히 누구 비구에게 돌려주겠습니다." …… 한 비구의 처소에 이르러 오른쪽 어깨를 드러내고, …… 나아가 …… "나는 이 옷을 대덕에게 주겠습니다."

3-1 다른 옷을 얻었고, 본래의 옷을 얻고자 희망하였으며, 날짜의 제한이

오히려 남아있는 때에도 옷을 바라지 않는 자라면, 마땅히 짓지 않을 수 있다.

30일이 지나갔고 지났다는 생각이 있는 자는 사타를 범한다. 30일이 지나갔고 지났다는 의심이 있는 자, …… 나아가 …… 30일이 지나갔고 지나지 않았다는 생각이 있는 자, …… 나아가 …… 수지하지 않았고 수지하였다는 생각이 있는 자, …… 나아가 …… 정시하지 않았고 정시하였다는 생각이 있는 자, …… 나아가 …… 버리지 않았고 버렸다는 생각이 있는 자, …… 나아가 …… 잃어버리지 않았고 잃어버렸다는 생각이 있는 자, …… 나아가 …… 찢어지지 않았고 찢어졌다는 생각이 있는 자, …… 나아가 …… 빼앗기지 않았고 빼앗겼다는 생각이 있는 자는 사타를 범한다.

사타의를 버리지 않고서 수용하는 자는 돌길라를 범한다.

30일이 지나갔고 지났다는 생각이 있는 자는 돌길라를 범하고, 30일이 지나갔고 지났다는 의심이 있는 자도 돌길라를 범하며, 30일이 지나갔고 지나지 않았다는 생각이 있는 자도 돌길라를 범한다.

4-1 수지하고 30일 안에 정시하였거나, 버렸거나, 잃어버렸거나, 찢어졌거나, 불탔거나, 취하였던 옷을 빼앗겼거나, 친근하다고 생각하고 취하였거나, 미쳤던 자이거나, 최초로 범한 자는 범하지 않는다.

[세 번째의 사타를 마친다]

4) 사비친니완고의(使非親尼浣故衣) 학처

1-1 그때 불·세존께서는 사위국의 기수급고독원에 머무르셨다.

이때 장로 우타이의 옛 아내가 출가하여 비구니가 되었다. 그 여인은 항상 우타이의 처소에 이르렀고, 장로 우타이도 역시 항상 그 비구니의 처소에 이르렀다. 이때 장로 우타이는 그 비구니의 처소에 이르러 음식을 공급하였다.

이때 장로 우타이는 이른 아침에 내의(內衣)를 입고서 승가리와 발우를 지니고 그 비구니의 처소에 이르렀고, 비구니의 앞에서 생지(生支)를 노출하고서 앉았고, 그 비구니도 역시 장로 우타이의 앞에서 음부(陰部)를 노출하고서 앉았다. 이때 장로 우타이는 욕념이 일어났고 그녀의 음부를 생각하면서 생지에서 부정(不淨)을 실정(失精)하였다. 그때 우타이는 그 비구니에게 말하였다.

"자매여. 물을 가져오시오. 나는 안타회를 씻고자 하오."

"대덕이여. 주세요. 제가 세탁하여 주겠어요."

곧 부정의 일부를 취하여 입에 넣었고, 일부를 음부의 안에 넣었는데, 그 비구니는 이것을 인연으로 임신하였다. 여러 비구니들이 말하였다.

"이 비구니는 범행이 아닌 것을 행하여 임신하였다."

"대자(大姉)들이여. 범행이 아닌 것을 행하지 않았습니다."

이 일로써 여러 비구니들에게 아뢰었고, 여러 비구니들은 싫어하고 비난하였다.

"무슨 까닭으로 대덕 우타이는 비구니에게 세탁하게 시키는가?"

여러 비구니들은 이 일로써 여러 비구들에게 말하였고, 여러 비구들의 가운데에서 욕심이 적은 자들은 싫어하고 비난하였다.

"어찌하여 대덕 우타이는 비구니에게 세탁하게 시켰는가?"

여러 비구들은 이 일로써 세존께 아뢰었고, 세존께서는 말씀하셨다.

"우타이여. 그대가 진실로 비구니에게 세탁하게 시켰는가?"

"진실로 그렇습니다. 세존이시여."

"우타이여. 이 비구니가 그대의 친족인가? 친족이 아닌가?"

"세존이시여. 친족이 아닙니다."

세존께서는 여러 방편으로 꾸짖으셨다.

"어리석은 사람이여. 친족이 아닌데 친족이 아닌 여인을 마주하면서 위의와 위의가 아닌 것을 알지 못하였고, 청정한 행과 청정하지 않은 행을 알지 못하였는가? 이러한 까닭으로 어리석은 사람이여. 친족이 아닌 비구니에게 입었던 옷을 세탁하게 시킬 수 없느니라. 어리석은 사람이여. 이것은 오히려 믿지 않는 자는 신심이 생겨나지 않게 하고, …… 이미 믿었던 자는 일부가 전전하여 다른 곳으로 향하여 떠나가게 하느니라."

이와 같이 세존께서는 여러 종류의 방편으로써 우타이를 꾸짖고서 뒤에 부양이 어렵고 가르치고 양육함이 어려우며, …… 나아가 …… 여러 비구들을 위하여 적절한 법을 수순하여 설하신 뒤에 여러 비구들에게 알려 말씀하셨다.

"여러 비구들이여. 나는 열 가지의 이익을 까닭으로써 여러 비구들을 위하여 학처를 제정하겠나니, 그대들은 마땅히 이와 같이 학처를 송출할 지니라.

'어느 누구의 비구일지라도 친족이 아닌 비구니에게 입었던 옷을 세탁 하고 염색하며 두드리게 시키는 자는 니살기바일제를 범하느니라.'"

2-1 '어느 누구'는 어느 태어난 곳의 이유, …… 혹은 중간의 법랍이었다면 이것을 '어느 누구'라고 말한다.

'비구'는 구걸하는 비구이니, 일을 쫓아서 걸식하는 비구, …… 곧 이것에 서 '비구'의 뜻이라고 말하는 것이다.

'친족이 아니다.'는 7대(代)에 이르도록 부모에게 얽혀진 친족이 아닌 자이다.

'비구니'는 2부중(部衆)에게 구족계를 받은 자이다.

'입었던 옷'은 이미 입고서 지냈던 옷이다.

세탁하게 시키는 자는 돌길라를 범하고, 세탁하였다면 사타를 범한다. 염색하게 시키는 자는 돌길라를 범하고, 염색하였다면 사타를 범한다. 두드리게 시키는 자는 돌길라를 범하고, 비록 한 번이라도 두드렸다면 사타를 범하나니, 마땅히 승가에게 버려야 하고, 별중에게 버려야 하며, 혹은 사람에게 버려야 한다. 비구는 마땅히 이와 같이 버려야 한다.

"여러 대덕들이여. 이 옷은 내가 이미 입었고 친족이 아닌 비구니에게 세탁하게 시켰던 이유로 마땅히 그것을 버립니다. 나는 지금 이 옷을 승가에 버립니다."

버리고서 스스로가 그 죄를 참회하며 아뢰어야 한다. 마땅히 한 총명하고 유능한 비구가 그 죄의 참회를 섭수하고서 버렸던 옷을 돌려주어야 한다.

"대덕 승가께서는 허락하십시오. 이 옷은 바로 어느 비구의 사타의 옷이고, 이미 승가에서 버렸습니다. 만약 승가께서 때에 이르셨다면 승가는 마땅히 이 옷을 누구 비구에게 돌려주겠습니다."

…… 여러 대중들의 처소에 이르러 오른쪽 어깨를 드러내고, …… 나아가 …… "여러 대덕들께서 만약 때에 이르렀다면 이 옷을 마땅히 누구 비구에게 돌려주겠습니다." …… 한 비구의 처소에 이르러 오른쪽 어깨를 드러내고, …… 나아가 …… "나는 이 옷을 대덕에게 주겠습니다."

2-2 친족이 아니었고 친족이라는 생각이 있었는데, 입었던 옷을 세탁하게 시키는 자는 사타를 범한다. 친족이 아니었고 친족이 아니라는 생각이 있었는데, 세탁하게 시켰고, 입었던 옷을 염색하게 시키는 자는 하나의 사타와 하나의 돌길라를 범한다. 친족이 아니었고 친족이 아니라는 생각이 있었는데, 세탁하게 시켰고, 입었던 옷을 두드리게 시키는 자는 하나의 사타와 하나의 돌길라를 범한다. 친족이 아니었고 친족이 아니라는 생각이 있었는데, 세탁하게 시켰고, 염색하게 시켰으며, 입었던 옷을 두드리게 시키는 자는 하나의 사타와 두 번의 돌길라를 범한다.

친족이 아니었고 친족이 아니라는 생각이 있었는데, 입었던 옷을 염색하게 시키는 자는 사타를 범한다. 친족이 아니었고 친족이 아니라는 생각이 있었는데, 염색하게 시켰고, 입었던 옷을 두드리게 시키는 자는 하나의 사타와 하나의 돌길라를 범한다. 친족이 아니었고 친족이 아니라는 생각이 있었는데, 염색하게 시켰고, 입었던 옷을 세탁하게 시키는 자는 하나의 사타와 하나의 돌길라를 범한다. 친족이 아니었고 친족이 아니라는 생각이 있었는데, 염색하게 시켰고, 두드리게 시켰으며, 입었던 옷을 세탁하게 시키는 자는 하나의 사타와 두 번의 돌길라를 범한다.

친족이 아니었고 친족이 아니라는 생각이 있었는데, 입었던 옷을 두드리게 시키는 자는 사타를 범한다. 친족이 아니었고 친족이 아니라는 생각이 있었는데, 두드리게 시켰고, 입었던 옷을 세탁하게 시키는 자는 하나의 사타와 하나의 돌길라를 범한다. 친족이 아니었고 친족이 아니라는 생각이 있었는데, 두드리게 시켰고, 입었던 옷을 염색하게 시키는 자는 하나의 사타와 하나의 돌길라를 범한다. 친족이 아니었고 친족이 아니라는 생각이 있었는데, 두드리게 시켰고, 세탁하게 시켰으며, 입었던 옷을 염색하게 시키는 자는 하나의 사타와 두 번의 돌길라를 범한다.

친족이 아니었고 친족이 아니라는 의심이 있었는데, …… 나아가 …… 입었던 옷을 세탁하거나, 염색하거나, 두드리게 시키는 자는 돌길라를 범한다. …… 나아가 …… 친족이 아니었고 친족이라는 생각이 있었는데, 입었던 옷을 세탁하거나, 염색하거나, 두드리게 시키는 자는 돌길라를 범한다.

다른 사람이 입었던 옷을 세탁하는 자는 돌길라를 범한다.

니사단(尼師壇)[7]을 세탁하게 시키는 자는 사타를 범한다. 오직 비구니의 승가에 의지하여 구족계를 받은 자에게 입었던 옷을 세탁하거나, 염색하거나, 두드리게 시키는 자는 돌길라를 범한다.

친족이었고 친족이 아니라는 생각이 있었는데, 두드리게 시켰고, 세탁하게 시켰으며, 입었던 옷을 염색하게 시키는 자는 돌길라를 범한다. 친족이었고 친족이 아니라는 의심이 있었는데, 입었던 옷을 세탁하거나, 염색하거나, 두드리게 시키는 자는 돌길라를 범한다. 친족이었고 친족이라고 생각하였는데, 입었던 옷을 세탁하거나, 염색하거나, 두드리게 시키는 자는 범하지 않는다.

---

7) 팔리어 Nisīdana(니시다나)의 음사이고, 좌구(坐具)라고 번역된다. 비구(比丘)가 어깨에 걸치고 다니면서 앉거나 누울 때, 땅이나 바닥에 까는 직사각형의 천을 가리킨다.

3-1 친족인 비구니가 입었던 옷을 세탁하려고 하였거나, 친족이 아니었던 비구니가 도우려는 때이었거나, 세탁하라고 말하지 않았거나, 새로운 옷을 세탁하게 시켰거나, 다른 도구로써 옷을 세탁하게 하였거나, 식차마나에게 세탁하게 시켰거나, 미쳤던 자이거나, 최초로 범한 자는 범하지 않는다.

[네 번째의 사타를 마친다.]

5) 종비친니취의(從非親尼取衣) 학처

1-1 그때 불·세존께서는 왕사성의 가란타죽림원에 머무르셨다.

그때 연화색8) 비구니는 사위성에 머물렀다. 이때 연화색 비구니는 이른 아침에 내의를 입고서 승가리와 발우를 지니고 걸식하려고 사위성으로 들어갔다. 사위성에서 걸식을 마치고 음식을 받고서 돌아왔으며, 한낮에 선정에 들어가서 휴식하려고 하였다. 안타림(安陀林)9)에 이르렀고 숲속에 들어가서 한 나무의 아래에 앉아서 휴식하였다.

이때 공교롭게 여러 도둑들이 암소를 죽였고 그 고기를 가지고 안타림으로 들어왔다. 도둑의 우두머리가 연화색 비구니가 한낮에 한 나무 아래에 앉아서 휴식하는 것을 보았다. 보고서 이와 같이 사유를 지었다.

'만약 나의 아들과 부하들이 그녀를 본다면, 능히 이 비구니를 해칠 수 있다.'

이러한 까닭으로 곧 다른 도로로 지나갔다. 이때 그 도둑의 우두머리는 삶은 고기의 가운데에서 최고로 좋은 고기를 종려(棕櫚)나무10)의 잎으로

---

8) 팔리어 Uppalavaṇṇā(우파라반나)의 음사이고, '푸른 수련의 색깔'을 의미한다.
9) 팔리어 Andhavana ajjhogāhetvā(안다바나 아쪼가헤트바)의 음사이다. Andhavana는 나무가 울창하여 어둡다는 의미이고, ajjhogāhetvā는 숲이라는 의미이다.

감쌌으며, 연화색 비구니의 근처에 있는 나무의 위에 매달아 두고서 말하였다.

"베풀어 주겠으니, 사문과 바라문 가운데에서 보았던 자는 가지고 떠나가기를 청하오."

그리고 떠나갔고, 연화색 비구니는 삼매에서 일어났던 이유로 도둑의 우두머리가 이렇게 말하는 것을 들었다. 이때 연화색 비구니는 그 고기를 취하여 머무르는 방사로 돌아왔다. 이때 연화색 비구니는 밤이 지나자, 그 고기를 취하여 안타회로 그것을 감쌌으며, 공중을 날아서 다시 죽림의 가운데에 나타났다.

1-2 이때 세존께서는 걸식하기 위하여 취락에 들어가셨고, 장로 우타이가 정사를 보호하려고 남아있었다. 이때 연화색 비구니는 우타이의 처소에 이르러 이와 같이 말하였다.

"세존께서는 어디로 가셨습니까?"

"자매여. 세존께서는 걸식하고자 취락에 들어가셨소."

"대덕이시여. 이 고기로써 세존께 받들어 공양하고자 청합니다."

"자매여. 그대는 이 고기로써 세존을 즐겁게 할 수 있소. 그대가 만약 안타회를 나에게 준다면 나도 역시 이와 같은 안타회로 즐거움을 얻을 것이오."

"대덕이여. 우리 여인들은 옷을 진실로 얻기가 어렵습니다. 이것은 나의 최후의 다섯 번째의 옷[11]이므로, 나는 줄 수 없습니다."

"자매여. 비유하면 사람에게 코끼리를 주었다면 역시 마땅히 풀도 주어야 하오. 이와 같이 그대가 세존께 고기를 받들어 공양하고자 한다면

---

10) 대추야자를 가리키며, 야자나무과의 암수딴그루의 상록교목으로 키는 10m 정도이다.
11) 승가의 비구니들이 입는 다섯 가지 옷으로, 승가리(僧伽梨), 울다라승(鬱多羅僧), 안타회(安陀會)의 삼의(三衣)와 가슴을 덮으려고 삼의의 안에 입는 승기지(僧祇支)와 통치마인 구소락가(俱蘇洛迦)를 가리킨다.

역시 나에게 안타회를 주어야 합니다."

이와 같이 연화색 비구니는 장로 우타이가 강제로 구하였으므로 곧 안타회를 주고서 머무는 방사로 돌아왔다. 여러 비구들은 연화색 비구니의 옷과 발우를 취하여 받으면서 연화색 비구니를 마주하고서 말하였다.

"대자여. 그대의 안타회는 어느 곳에 있습니까?"

연화색 비구니는 이 일로써 여러 비구니들에게 알렸고, 여러 비구니들은 싫어하고 비난하였다.

"무슨 까닭으로 장로 우타이는 비구니의 옷을 취하여 받는가? 여인들은 옷을 얻기가 매우 어렵다."

이때 여러 비구니들은 이 일로써 여러 비구들에게 말하였고, 여러 비구들의 가운데에서 욕심이 적은 자들은 싫어하고 비난하였다.

"무슨 까닭으로 장로 우타이는 비구니의 옷을 받는가?"

여러 비구들은 이 일로써 세존께 아뢰었고, 세존께서는 말씀하셨다.

"우타이여. 그대가 진실로 비구니의 옷을 받았는가?"

"진실로 그렇습니다. 세존이시여."

"우타이여. 이 비구니가 그대의 친족인가? 친족이 아닌가?"

"세존이시여. 친족이 아닙니다."

세존께서는 여러 방편으로 꾸짖으셨다.

"어리석은 사람이여. 친족이 아닌데 친족이 아닌 여인을 마주하면서 위의와 위의가 아닌 것을 알지 못하였고, 청정한 행과 청정하지 않은 행을 알지 못하였는가? 이러한 까닭으로 어리석은 사람이여. 친족이 아닌 비구니에게 옷을 받을 수 없느니라. 어리석은 사람이여. 이것은 오히려 믿지 않는 자는 신심이 생겨나지 않게 하고, …… 이미 믿었던 자는 일부가 전전하여 다른 곳으로 향하여 떠나가게 하느니라."

이와 같이 세존께서는 여러 종류의 방편으로써 장로 우타이를 꾸짖고서 뒤에 부양이 어렵고 가르치고 양육함이 어려우며, …… 나아가 …… 여러 비구들을 위하여 적절한 법을 수순하여 설하신 뒤에 여러 비구들에게 알려 말씀하셨다.

"여러 비구들이여. 나는 열 가지의 이익을 까닭으로써 여러 비구들을
위하여 학처를 제정하겠나니, 그대들은 마땅히 이와 같이 학처를 송출할
지니라.

'어느 누구의 비구일지라도 만약 친족이 아닌 비구니를 쫓아서 손으로
옷을 받는 자는 니살기바일제를 범하느니라.'"

이와 같이 세존께서는 여러 비구들을 위하여 학처를 제정하시어 세우셨다.

2-1 그때 여러 비구들은 두려워서 비구니들이 교역하는 옷을 손으로
받지 않았다. 여러 비구니들은 싫어하고 비난하였다.

"대덕이여. 무슨 까닭으로 우리들이 교역하는 옷을 받지 않습니까?"

여러 비구들은 비구니들이 싫어하고 비난하는 것을 들었다. 여러 비구
들은 이 일로써 세존께 아뢰었고, 세존께서는 이 인연으로써 설법하셨고,
여러 비구들에게 알려 말씀하셨다.

"여러 비구들이여. 5중(衆)이 옷을 교역하는 것을 허락하겠나니, 곧
비구·비구니·식차마나·사미·사미니가 교역하는 옷이니라. 여러 비구들
이여. 이 5중이 옷을 교역하면서 마주하고 받는 것은 허락하겠노라.
여러 비구들이여. 그대들은 마땅히 이와 같이 송출할지니라. '어느 누구의
비구일지라도 만약 친족이 아닌 비구니의 옷을 교역하는 것을 제외하고서
손으로 받는 자는 니살기바일제를 범하느니라.'"

3-1 '어느 누구'는 어느 태어난 곳의 이유, …… 혹은 중간의 법랍이었다면
이것을 '어느 누구'라고 말한다.

'비구'는 구걸하는 비구이니, 일을 쫓아서 걸식하는 비구, …… 곧 이것에
서 '비구'의 뜻이라고 말하는 것이다.

'친족이 아니다.'는 7대에 이르도록 부모에게 얽혀진 친족이 아닌 자이다.

'비구니'는 2부중에게 구족계를 받은 자이다.

'옷'은 여섯 가지의 옷의 가운데에서 한 가지의 옷이고, 마땅히 정시한
최소인 양의 이상을 말한다.

'교역은 제외하다.'는 교환하였다면 제외하는 것이다.

마주하고서 받았거나, 장차 필요하여 받는 때에는 돌길라를 범하고, 손에 이르렀던 자는 사타를 범하나니, 마땅히 승가에게 버려야 하고, 별중에게 버려야 하며, 혹은 사람에게 버려야 한다. 비구는 마땅히 이와 같이 버려야 한다.

"여러 대덕들이여. 이 옷을 내가 교역하지 않고 친족이 아닌 비구니에게 받았던 이유로 마땅히 그것을 버립니다. 나는 지금 이 옷을 승가에 버립니다."

버리고서 스스로가 그 죄를 참회하며 아뢰어야 한다. 마땅히 한 총명하고 유능한 비구가 그 죄의 참회를 섭수하고서 버렸던 옷을 돌려주어야 한다.

"대덕 승가께서는 허락하십시오. 이 옷은 바로 어느 비구의 사타의 옷이고, 이미 승가에서 버렸습니다. 만약 승가께서 때에 이르셨다면 승가는 마땅히 이 옷을 누구 비구에게 돌려주겠습니다."

…… 나아가 …… 여러 대중들의 처소에 이르러 오른쪽 어깨를 드러내고, …… 나아가 …… "여러 대덕들께서 만약 때에 이르렀다면 이 옷을 마땅히 누구 비구에게 돌려주겠습니다." …… 나아가 …… 한 비구의 처소에 이르러 오른쪽 어깨를 드러내고, …… 나아가 …… "나는 이 옷을 대덕에게 주겠습니다."

3-2 친족이 아니었고 친족이 아니라는 생각이 있었는데, 옷을 받는 자는 교역하는 것을 제외하고는 사타를 범한다. 친족이 아니었고 친족이 아니라는 의심이 있었는데, 옷을 받는 자는 교역하는 것을 제외하고는 사타를 범한다. 친족이 아니었고 친족이라는 생각이 있었는데, 옷을 받는 자는 교역하는 것을 제외하고는 사타를 범한다.

오직 비구니 승가에 의지하여 구족계를 받은 자에게 옷을 받는 자는 교역하는 것을 제외하고는 사타를 범한다.

친족이었고 친족이 아니라는 생각이 있었는데, 옷을 받는 자는 돌길라를 범한다. 친족이었고 친족이 아니라는 의심이 있었는데, 옷을 받는 자는 돌길라를 범한다. 친족이었고 친족이라는 생각이 있었는데, 옷을 받는 자는 범하지 않는다.

3-3 친족이 물건을 교역하였거나, 가벼운 물건을 주고서 무거운 물건을 받는 때이거나, 무거운 물건을 주고서 가벼운 물건을 받는 때이거나, 비구가 친근하다고 생각하고서 그것을 취하였거나, 잠시 취하겠다고 생각하고서 그것을 취하였거나, 옷을 제외하고서 그 다른 물건을 받았거나, 식차마나에게 그것을 받았던 이유이거나, 사미니에게 그것을 받았던 이유이거나, 미쳤던 자이거나, 최초로 범한 자는 범하지 않는다.

[다섯 번째의 사타를 마친다.]

6) 종비친족거사걸의(從非親族居士乞衣) 학처

1-1 그때 불·세존께서는 사위성의 기수급고독원에 머무르셨다.

그때 우파난타(優波難陀)12) 석자는 설법을 잘하였다. 이때 한 장자가 장로 우파난타의 처소에 이르러 예배하고 한쪽에 앉았다. 그 장자가 앉았고 장로 우파난타가 설법하여 가르치고 보여주었으며 이익되고 기쁘게 하였다. 이때 그 장자는 우파난타 석자가 설법하여 가르치고 보여주었으며 이익되고 기쁘게 하였던 이유로 장로를 마주하고서 말하였다.

"대덕이여. 필요한 것이 있다면 청하여 말씀하십시오. 일반적으로 의복·음식·방사·필수 의약품이라면 그 가운데에서 어느 무엇의 한 종류라도 나는 대덕께 주겠습니다."

"현자여. 그대가 만약 나에게 주겠다는 뜻이 있다면 그대가 착용한

---

12) 팔리어 Upananda(우파난다)의 음사이다.

이 외투를 나에게 주시오."

"대덕이여. 내가 돌아가기를 기다리신다면 집으로 돌아가서 내가 착용한 외투이거나, 혹은 이것보다 좋은 옷을 보내주겠습니다."

장로 우파난타 석자는 다시 장자의 아들을 마주하고서 이와 같이 말하였고, …… 세 번째로 청하면서 …… 나아가 …… "청하건대 그대가 착용한 이 외투를 나에게 주시오."

"대덕이여. 우리들은 뛰어난 가문의 아들인데, 오직 하나의 외투를 입고서 어떻게 돌아가겠습니까? 대덕이여. 청하건대 내가 집으로 돌아가기를 기다리신다면 집으로 돌아가서 내가 착용한 이것의 외투이거나, 혹은 이것보다 좋은 옷을 보내드리겠습니다."

"현자여. 그대는 보시하여 주겠다는 뜻이 없으면서 어찌 말하였소?"

이때 장자의 아들은 장로 우파난타 석자가 강제로 구하였으므로, 주고서 하나의 외투로 떠나갔다.

1-2 여러 사람들이 장자의 아들에게 이와 같이 말하였다.

"현자여. 그대는 무슨 까닭으로 하나의 외투를 입고서 돌아오는가?"

이때 장자의 아들은 이 일을 여러 사람들에게 말하였고, 여러 사람들은 싫어하고 비난하였다.

"이들 사문 석자들은 많이 구하여도 부족하구나! 그들은 설법을 인연으로 베풀어 달라고 청하면서 구하므로, 진실로 쉽지 않구나. 무엇을 위하여 설법하였고 장자의 아들에게 베풀어 달라고 청하여 구하면서, 이때에 장자의 옷을 취하였는가?"

이때 여러 비구들은 여러 사람들이 싫어하고 비난하는 것을 들었다. 여러 비구들의 가운데에서 욕심이 적은 자들은 싫어하고 비난하였다.

"무슨 까닭으로 장로 우파난타 석자는 장자 아들의 옷을 구걸하는가?"

여러 비구들은 이 일로써 세존께 아뢰었고, 세존께서는 말씀하셨다.

"우파난타여. 그대가 진실로 장자 아들의 옷을 구걸하였는가?"

"진실로 그렇습니다. 세존이시여."

"우파난타여. 이 자가 그대의 친족인가? 친족이 아닌가?"

"세존이시여. 친족이 아닙니다."

세존께서는 여러 방편으로 꾸짖으셨다.

"어리석은 사람이여. 친족이 아닌데 친족이 아닌 자를 마주하면서 위의와 위의가 아닌 것을 알지 못하였고, 청정한 행과 청정하지 않은 행을 알지 못하였는가? 이러한 까닭으로 어리석은 사람이여. 친족이 장자의 아들에게 옷을 구걸할 수 없느니라. 어리석은 사람이여. 이것은 오히려 믿지 않는 자는 신심이 생겨나지 않게 하고, …… 이미 믿었던 자는 일부가 전전하여 다른 곳으로 향하여 떠나가게 하느니라."

이와 같이 세존께서는 여러 종류의 방편으로써 장로 우파난타를 꾸짖고서 뒤에 부양이 어렵고 가르치고 양육함이 어려우며, …… 나아가 …… 여러 비구들을 위하여 적절한 법을 수순하여 설하신 뒤에 여러 비구들에게 알려 말씀하셨다.

"여러 비구들이여. 나는 열 가지의 이익을 까닭으로써 여러 비구들을 위하여 학처를 제정하겠나니, 그대들은 마땅히 이와 같이 학처를 송출할지니라.

'어느 누구의 비구일지라도 만약 친족이 아닌 거사이거나, 혹은 거사의 아내에게 옷을 구걸하는 자는 니살기바일제를 범하느니라.'"

이와 같이 세존께서는 여러 비구들을 위하여 학처를 제정하시어 세우셨다.

2-1 그때 여러 비구들이 사기장(沙祇長)13)을 따라서 왕사성으로 갔는데, 도중에 도둑들이 나타나서 비구들의 옷을 빼앗았다. 그때 여러 비구들은 사유하였다.

'세존께서는 친족이 아닌 거사이거나, 혹은 거사의 아내를 향하여 옷을 구걸하는 것을 금지하셨다.'

그러므로 옷을 구걸하는 것이 두려워서 조심하였고, 나형외도(裸形外

---

13) 팔리어 Sāketā(사케타)의 음사이다.

道)와 비슷하게 사위성에 왔으며, 여러 비구들을 향하여 예배하였다. 여러 비구들은 이와 같이 말하였다.

"벗들인 사명외도(邪命外道)들이여. 그대들이 여러 비구들에게 예배하니 좋구려."

그들이 말하였다.

"장로들이여. 우리들은 사명외도가 아니고, 우리들은 비구들입니다."

여러 비구들이 장로 우바리(優波離)14)에게 이와 같이 말하였다.

"대덕이신 우바리여. 그들의 검문(檢問)을 청합니다."

이때 우바리는 여러 비구들을 검문하였고, 여러 비구들에게 알려 말하였다.

"장로들이여. 그들은 비구들입니다. 그들에게 옷을 공급하여 주십시오."

여러 비구들의 가운데에서 욕심이 적은 자들은 싫어하고 비난하였다.

"무슨 까닭으로 여러 비구들은 나형으로 다니는가? 마땅히 부드러운 풀이거나, 혹은 나뭇잎으로 덮고서 다녀야 한다."

여러 비구들은 이 일로써 세존께 아뢰었고, 세존께서는 이 인연으로써 설법하셨고, 여러 비구들에게 알려 말씀하셨다.

"여러 비구들이여. 옷을 빼앗겼거나, 혹은 옷을 잃어버린 자는 친족이 아닌 거사이거나, 혹은 거사의 아내를 향하여 옷을 구걸하는 것을 허락하겠노라. 먼저 승가의 주처로 떠나갈 것이고, 만약 승가의 정사에 옷·와구(臥具)·부구(敷具)·요(褥) 등이 있다면 취하여 몸을 덮을 것이니라. 만약 승가의 정사에 옷, 와구, 부구, 요 등이 없다면 부드러운 풀이거나, 혹은 나뭇잎으로 덮고서 다녀야 하고, 나형으로 다닐 수 없느니라. 나형으로 다니는 자는 돌길라를 범한다. 여러 비구들이여. 그대들은 마땅히 이와 같이 송출할지니라.

어느 비구라도 친족이 아닌 거사이거나, 혹은 거사의 아내를 향하여 옷을 구걸하는 자는 갖추어진 그 조건을 제외하고는 니살기바일제를

---

14) 팔리어 Upāli(우파리)의 음사이다.

범하느니라. 이것에서 말하는 갖추어진 조건은 비구가 옷을 빼앗겼던 때이거나, 혹은 옷을 잃은 때이니, 이것이 그 조건이니라."

3-1 '어느 누구'는 어느 태어난 곳의 이유, …… 혹은 중간의 법랍이었다면 이것을 '어느 누구'라고 말한다.

'비구'는 구걸하는 비구이니, 일을 좇아서 걸식하는 비구, …… 곧 이것에서 '비구'의 뜻이라고 말하는 것이다.

'친족이 아니다.'는 7대에 이르도록 부모에게 얽혀진 친족이 아닌 자이다.

'거사'는 속가에 머무르는 남자를 말한다.

'거사의 아내'는 속가에 머무르는 부인을 말한다.

'옷'은 여섯 가지의 옷의 가운데에서 한 가지의 옷이고, 마땅히 정시한 최소인 양의 이상을 말한다.

'갖추어진 그 조건을 제외하다.'는 그 조건을 제외하는 것이다.

'옷을 빼앗기다.'는 비구의 옷을 왕과 도둑에게 빼앗기는 것이고, 혹은 어느 사람에게 빼앗기는 것이다.

'옷을 잃어버리다.'는 비구의 옷이 혹은 불탔거나, 물에 떠내려갔거나, 쥐와 개미가 씹었거나, 혹은 입으면서 찢어진 것이다.

3-2 갖추어진 그 조건을 제외하고서 구걸하거나, 장차 필요하여 구걸하는 때에는 돌길라를 범하고, 손에 이르렀던 자는 사타를 범하나니, 마땅히 승가에게 버려야 하고, 별중에게 버려야 하며, 혹은 사람에게 버려야 한다. 비구는 마땅히 이와 같이 버려야 한다.

"여러 대덕들이여. 이 옷은 내가 갖추어진 그 조건을 제외하고서 친족이 아닌 거사의 물건을 구걸하였으므로 마땅히 그것을 버립니다. 나는 지금 이 옷을 승가에 버립니다."

버리고서 스스로가 그 죄를 참회하며 아뢰어야 한다. 마땅히 한 총명하고 유능한 비구가 그 죄의 참회를 섭수하고서 버렸던 옷을 돌려주어야 한다.

"대덕 승가께서는 허락하십시오. 이 옷은 바로 어느 비구의 사타의 옷이고, 이미 승가에서 버렸습니다. 만약 승가께서 때에 이르셨다면 승가는 마땅히 이 옷을 누구 비구에게 돌려주겠습니다."

…… 나아가 …… 여러 대중들의 처소에 이르러 오른쪽 어깨를 드러내고, …… 나아가 …… "여러 대덕들께서 만약 때에 이르렀다면 이 옷을 마땅히 누구 비구에게 돌려주겠습니다." …… 나아가 …… 한 비구의 처소에 이르러 오른쪽 어깨를 드러내고, …… 나아가 …… "나는 이 옷을 대덕에게 주겠습니다."

3-3 친족이 아니었고 친족이 아니라는 생각이 있었는데, 갖추어진 그 조건을 제외하고서 옷을 구걸하는 자는 사타를 범한다. 친족이 아니었고 친족이 아니라는 의심이 있었는데, 갖추어진 그 조건을 제외하고서 옷을 구걸하는 자는 사타를 범한다. 친족이 아니었고 친족이라는 생각이 있었는데, 갖추어진 그 조건을 제외하고서 옷을 구걸하는 자는 사타를 범한다.

친족이었고 친족이 아니라는 생각이 있었는데, 갖추어진 그 조건을 제외하고서 옷을 구걸하는 자는 돌길라를 범한다. 친족이었고 친족이 아니라는 의심이 있었는데, 갖추어진 그 조건을 제외하고서 옷을 구걸하는 자는 돌길라를 범한다. 친족이었고 친족이라는 생각이 있었는데, 갖추어진 그 조건을 제외하고서 옷을 구걸하는 자는 범하지 않는다.

3-4 그 조건이 갖추어진 때이거나, 친족인 자이거나, 청을 받은 자이거나, 다른 사람을 위하여 구걸하였거나, 자기의 재물에 의지하였거나, 미쳤던 자이거나, 최초로 범한 자는 범하지 않는다.

[여섯 번째의 사타를 마친다.]

7) 과량걸의(過量乞衣) 학처

1-1 그때 불·세존께서는 사위성의 기수급고독원에 머무르셨다.

그때 육군비구들이 옷을 빼앗겼던 비구들의 처소에 이르러 이와 같이 말하였다.

"장로들이여. 옷을 빼앗겼거나, 잃어버린 자들은 세존께서 친족이 아닌 거사이거나, 혹은 거사의 아내를 향하여 옷을 구걸하도록 허락하셨소. 장로들이여. 옷을 구걸하러 떠납시다."

"장로들이여. 우리들은 만족하게 옷을 얻었습니다."

"우리들은 여러 장로들을 위하여 옷을 구걸하는 것이오."

"장로들은 옷을 구걸하러 떠나십시오."

이때 육군비구들은 여러 거사들의 처소에 이르러 이와 같이 말하였다.

"현자들이여. 옷을 빼앗겼던 비구들이 와 있소. 청하건대 그들에게 옷을 주시오."

이와 같이 매우 많은 옷을 구걸하였다. 이때 한 거사가 집회하는 곳에 앉아서 다른 거사들에게 말하였다.

"현자들이여. 옷을 빼앗겼던 비구들이 왔었습니다. 우리들은 이미 그들에게 옷을 주었습니다."

그 다른 거사들도 역시 이와 같이 말하였다.

"우리들도 옷을 주었습니다."

그들은 서로에게 말하였고, 여러 사람들은 싫어하면서 비난하였다.

"어찌 사문 석자는 양을 알지 못하고 많은 옷을 구걸하는가? 사문 석자는 옷 가게를 짓거나, 혹은 상점을 열 것이다."

여러 비구들은 여러 사람들이 싫어하면서 비난하는 것을 들었다. 여러 비구들의 가운데에서 욕심이 적은 자들은 싫어하고 비난하였다.

"무슨 까닭으로 육군비구들은 양을 알지 못하고 많은 옷을 구걸하는가?"

여러 비구들은 이 일로써 세존께 아뢰었고, 세존께서는 육군비구들에게 물어 말씀하셨다.

"육군비구들이여. 그대가 진실로 양을 알지 못하고 많은 옷을 구걸하였는가?"

"진실로 그렇습니다. 세존이시여."

세존께서는 여러 방편으로 꾸짖으셨다.

"어리석은 사람들이여. 어찌하여 그대들은 양을 알지 못하고 많은 옷을 구걸하였는가? 어리석은 사람들이여. 이것은 오히려 믿지 않는 자는 신심이 생겨나지 않게 하고, …… 이미 믿었던 자는 일부가 전전하여 다른 곳으로 향하여 떠나가게 하느니라."

이와 같이 세존께서는 여러 종류의 방편으로써 육군비구들을 꾸짖고서 뒤에 부양이 어렵고 가르치고 양육함이 어려우며, …… 나아가 …… 여러 비구들을 위하여 적절한 법을 수순하여 설하신 뒤에 여러 비구들에게 알려 말씀하셨다.

"여러 비구들이여. 나는 열 가지의 이익을 까닭으로써 여러 비구들을 위하여 학처를 제정하겠나니, 그대들은 마땅히 이와 같이 학처를 송출할지니라.

'만약 그 비구가 친족이 아닌 거사이거나, 혹은 거사의 아내가 많은 옷이 있어서 받들어 공양하였고, 스스로 뜻으로 선택하여 취하게 하였어도, 그 비구는 최대로 역시 마땅히 그 옷들의 가운데에서 내의와 겉옷을 취하여 수용해야 한다. 만약 이것을 넘겨서 취하여 수용하는 자는 니살기바일제를 범하느니라.'"

2-1 '만약 그 비구'는 옷을 빼앗긴 비구를 가리키는 뜻이다.

'친족이 아니다.'는 7대에 이르도록 부모에게 얽혀진 친족이 아닌 자이다.

'거사'는 속가에 머무르는 남자를 말한다.

'거사의 아내'는 속가에 머무르는 부인을 말한다.

'많은 옷이 있다.'는 많은 양의 옷이 있는 것이다.

'받들어 공양하였고, 스스로 뜻으로 선택하여 취하게 하다.'는 비구가 욕망을 따라서 그것을 선택하라고 말하는 것이다.

'그 비구는 최대로 역시 마땅히 그 옷들의 가운데에서 내의와 겉옷을 취하여 수용해야 한다.'는 만약 삼의를 잃었다면 마땅히 2의를 수용해야 하고, 만약 2의를 잃었다면 마땅히 1의를 수용해야 하고, 만약 1의를 잃었다면 어떠한 무슨 물건이라도 모두 수용할 수 없는 것이다.

'이것을 넘겨서 취하여 수용하다.'는 이 2의 이상을 구걸하거나, 장차 필요하여 구걸하는 때에는 돌길라를 범하고, 손에 이르렀던 자는 사타를 범하나니, 마땅히 승가에게 버려야 하고, 별중에게 버려야 하며, 혹은 사람에게 버려야 한다. 비구는 마땅히 이와 같이 버려야 한다.

"여러 대덕들이여. 이 옷은 내가 친족이 아닌 거사에게 양을 넘겨서 구하여 왔던 물건이므로 마땅히 그것을 버립니다. 나는 지금 이 옷을 승가에 버립니다."

버리고서 스스로가 그 죄를 참회하며 아뢰어야 한다. 마땅히 한 총명하고 유능한 비구가 그 죄의 참회를 섭수하고서 버렸던 옷을 돌려주어야 한다.

"대덕 승가께서는 허락하십시오. 이 옷은 바로 어느 비구의 사타의 옷이고, 이미 승가에서 버렸습니다. 만약 승가께서 때에 이르셨다면 승가는 마땅히 이 옷을 누구 비구에게 돌려주겠습니다."

…… 나아가 …… 여러 대중들의 처소에 이르러 오른쪽 어깨를 드러내고, …… 나아가 …… "여러 대덕들께서 만약 때에 이르렀다면 이 옷을 마땅히 누구 비구에게 돌려주겠습니다." …… 나아가 …… 한 비구의 처소에 이르러 오른쪽 어깨를 드러내고, …… 나아가 …… "나는 이 옷을 대덕에게 주겠습니다."

2-2 친족이 아니었고 친족이 아니라는 생각이 있었는데, 이것을 넘겨서 옷을 구걸하는 자는 사타를 범한다. 친족이 아니었고 친족이 아니라는 의심이 있었는데, 이것을 넘겨서 옷을 구걸하는 자는 사타를 범한다. 친족이 아니었고 친족이라는 생각이 있었는데, 이것을 넘겨서 옷을 구걸하는 자는 사타를 범한다.

친족이었고 친족이 아니라는 생각이 있었는데, 이것을 넘겨서 옷을 구걸하는 자는 돌길라를 범한다. 친족이었고 친족이 아니라는 의심이 있었는데, 이것을 넘겨서 옷을 구걸하는 자는 돌길라를 범한다. 친족이었고 친족이라는 생각이 있었는데, 이것을 지나쳐서 옷을 구걸하는 자는 범하지 않는다.

2-3 "나는 나머지의 수량을 취하겠다."라고 말하고서 곧 떠나갔거나, "나머지의 수량은 그대의 물건이다."라고 말하고서 주었거나, 옷을 빼앗기지 않았는데 고의로 주었거나, 옷을 잃어버리지 않았는데 고의로 주었거나, 친족인 자이거나, 청을 받은 자이거나, 자기의 재물에 의지하였거나, 미쳤던 자이거나, 최초로 범한 자는 범하지 않는다.

[일곱 번째의 사타를 마친다.]

8) 선왕취기의작지시(先往就其衣作指示) 학처

1-1 그때 불·세존께서는 사위성의 기수급고독원에 머무르셨다.
그때 한 거사가 아내를 마주하고서 이와 같이 말하였다.
"옷을 대덕이신 우파난타께 주고자 하오."
한 걸식비구가 이 거사의 말을 듣고서 우파난타 석자의 처소에 이르렀고, 그를 마주하고서 이와 같이 말하였다.
"장로 우파난타여. 그대의 대복덕의 사람입니다. 어느 처소의 거사가 아내를 마주하고서 말하였습니다. '옷을 대덕이신 우파난타께 주고자 하오.'"
"장로여. 그는 나의 단월입니다."
이 장로 우파난타 석자는 거사의 집에 이르렀고 그에게 말하였다.
"현자여. 그대가 진실로 나에게 옷을 주고자 합니까?"

"대덕이여. 나는 진실로 이와 같이 사유하였습니다. '나는 우파난타 대덕께 주겠다.'"

"현자여. 그대가 만약 옷을 나에게 주고자 한다면 마땅히 이와 같은 옷을 주시오. 내가 착용할 수 없는 옷을 준다면 나에게 주어도 무슨 소용이 있겠소?"

이때 그 거사는 싫어하면서 비난하였다.

"이들 사문 석자들은 많이 구하여도 부족하구나! 옷을 주더라도 진실로 쉽지 않다. 무엇을 위하여 대덕 우파난타는 내가 청하지도 않았는데, 옷을 짓는 것을 지시하는가?"

이때 여러 비구들은 그 거사가 싫어하고 비난하는 것을 들었다. 여러 비구들의 가운데에서 욕심이 적은 자들은 싫어하고 비난하였다.

"무슨 까닭으로 장로 우파난타 석자는 청하지도 않았는데, 먼저 거사의 집에 이르러 옷을 짓는 것을 지시하는가?"

여러 비구들은 이 일로써 세존께 아뢰었고, 세존께서는 말씀하셨다.

"우파난타여. 그대가 진실로 청하지도 않았는데, 먼저 거사의 집에 이르러 옷을 짓는 것을 지시하였는가?"

"진실로 그렇습니다. 세존이시여."

"우파난타여. 이 자가 그대의 친족인가? 친족이 아닌가?"

"세존이시여. 친족이 아닙니다."

세존께서는 여러 방편으로 꾸짖으셨다.

"어리석은 사람이여. 친족이 아닌데 친족이 아닌 자를 마주하면서 위의와 위의가 아닌 것을 알지 못하였고, 청정한 행과 청정하지 않은 행을 알지 못하였는가? 이러한 까닭으로 어리석은 사람이여. 그대는 청하지도 않았는데, 친족이 아닌 거사의 집에 이르러 옷을 짓는 것을 지시할 수 없느니라. 어리석은 사람이여. 이것은 오히려 믿지 않는 자는 신심이 생겨나지 않게 하고, …… 이미 믿었던 자는 일부가 전전하여 다른 곳으로 향하여 떠나가게 하느니라."

이와 같이 세존께서는 여러 종류의 방편으로써 장로 우파난타를 꾸짖고서 뒤에 부양이 어렵고 가르치고 양육함이 어려우며, …… 나아가 ……
여러 비구들을 위하여 적절한 법을 수순하여 설하신 뒤에 여러 비구들에게
알려 말씀하셨다.

"여러 비구들이여. 나는 열 가지의 이익을 까닭으로써 여러 비구들을
위하여 학처를 제정하겠나니, 그대들은 마땅히 이와 같이 학처를 송출할
지니라.

'어느 누구의 비구일지라도 친족이 아닌 거사이거나, 혹은 거사의 아내
가 만약 비구를 위하여 옷값을 먼저 준비하였고, 옷값으로 이 옷을 사서
누구 비구에게 입게 하려고 하였다. 이때 만약 그 비구가 청을 받지
않고 먼저 가서 그 옷을 짓는 것을 〈옳습니다. 현자여. 이러한 옷값으로
이와 같은 옷을 사서 나에게 주고서 입게 하십시오.〉라고 지시하였다면,
좋은 옷을 구하면서 희망하였던 까닭으로 니살기바일제를 범하느니라.'"

2-1 '친족이 아니다.'는 7대에 이르도록 부모에게 얽혀진 친족이 아닌
자이다.

'거사'는 속가에 머무르는 남자를 말한다.

'거사의 아내'는 속가에 머무르는 부인을 말한다.

'만약 비구를 위하다.'는 비구를 위하였거나, 비구를 위한 대상을 비구에
게 주고서 입도록 하려는 것이다.

'옷값'은 혹은 황금이거나, 혹은 금전이거나, 혹은 진주(眞珠)이거나,
혹은 보주(寶珠)이거나, 혹은 산호(珊瑚)이거나, 혹은 면포(綿布)이거나,
혹은 실(絲)이거나, 혹은 옷감(綿) 등이다.

'이 옷값'은 지시하여 물건을 먼저 준비하라는 뜻이다.

'사다.'는 교환(交換)하는 것이다.

'입게 하다.'는 뜻으로 베풀어 준다는 것이다.

'이때 만약 그 비구'는 비구를 지정하고서 옷값을 먼저 준비하는 때에
관련이 있는 비구이다.

'청을 받지 않고 먼저 가다.'는 "대덕이여. 그대는 어떠한 옷이 필요합니

까? 필요하다면 내가 무엇과 같은 옷을 사야 합니까?"라고 말하지 않은
것이다.

'가다.'는 그의 집에 갔거나, 혹은 어느 곳에 이른 것이다.

'나아가서 그 옷을 짓는 것을 지시하다.'는 혹은 길이거나, 혹은 넓이거
나, 혹은 두께이거나, 혹은 부드러움을 희망하면서 말하는 것이다.

'이 옷값'은 먼저 물건을 준비하라는 뜻이다.

'사다.'는 교역하는 것이다.

'이와 같다.'는 혹은 길이거나, 혹은 넓이거나, 혹은 두께이거나, 혹은
부드러움 등이다.

'나에게 주고서 입게 하다.'는 나에게 보시하여 주라는 뜻이다.

'좋은 옷을 구하면서 희망하였던 까닭'은 좋은 옷을 희망하였거나,
혹은 값비싼 옷을 희망하였던 것이다.

그 비구가 혹은 긴 옷이거나, 혹은 넓은 옷이거나, 혹은 두꺼운 옷이거나,
혹은 부드러운 옷을 사서 주라고 말하면서, 사는 때에 있으면서 시켰다면
돌길라를 범하고, 손에 이르렀던 자는 사타를 범하나니, 마땅히 승가에게
버려야 하고, 별중에게 버려야 하며, 혹은 사람에게 버려야 한다. 비구는
마땅히 이와 같이 버려야 한다.

"여러 대덕들이여. 이 옷은 내가 청하지 않았으나, 먼저 친족이 아닌
거사의 집에 이르렀고, 그 옷을 짓는 곳에 나아가서 얻을 물건을 지시하였
으므로 마땅히 그것을 버립니다. 나는 지금 이 옷을 승가에 버립니다."

버리고서 스스로가 그 죄를 참회하며 아뢰어야 한다. 마땅히 한 총명하
고 유능한 비구가 그 죄의 참회를 섭수하고서 버렸던 옷을 돌려주어야
한다.

"대덕 승가께서는 허락하십시오. 이 옷은 바로 어느 비구의 사타의
옷이고, 이미 승가에서 버렸습니다. 만약 승가께서 때에 이르셨다면
승가는 마땅히 이 옷을 누구 비구에게 돌려주겠습니다."

…… 나아가 …… 여러 대중들의 처소에 이르러 오른쪽 어깨를 드러내고,
…… 나아가 …… "여러 대덕들께서 만약 때에 이르렀다면 이 옷을 마땅히

누구 비구에게 돌려주겠습니다." …… 나아가 …… 한 비구의 처소에
이르러 오른쪽 어깨를 드러내고, …… 나아가 …… "나는 이 옷을 대덕에게
주겠습니다."

2-2 친족이 아니었고 친족이 아니라는 생각이 있었는데, 청하지 않았으나
먼저 친족이 아닌 거사의 집에 이르렀고, 그 옷을 짓는 것을 지시하는
자는 사타를 범한다. 친족이 아니었고 친족이 아니라는 의심이 있었는데,
청하지 않았으나 먼저 친족이 아닌 거사의 집에 이르렀고, 그 옷을 짓는
것을 지시하는 자는 사타를 범한다. 친족이 아니었고 친족이라는 생각이
있었는데, 청하지 않았으나 먼저 친족이 아닌 거사의 집에 이르렀고,
그 옷을 짓는 것을 지시하는 자는 사타를 범한다.

　친족이었고 친족이 아니라는 생각이 있었는데, 청하지 않았으나 친족
이 아닌 거사의 집에 이르렀고, 그 옷을 짓는 것을 지시하는 자는 돌길라를
범한다. 친족이었고 친족이 아니라는 의심이 있었는데, 청하지 않았으나
먼저 친족이 아닌 거사의 집에 이르렀고, 그 옷을 짓는 것을 지시하는
자는 돌길라를 범한다. 친족이었고 친족이라는 생각이 있었는데, 청하지
않았으나 먼저 친족이 아닌 거사의 집에 이르렀고, 그 옷을 짓는 것을
지시하는 자는 범하지 않는다.

2-3 친족인 자이거나, 청을 받은 자이거나, 다른 사람을 위한 자이거나,
자기의 재물에 의지하였거나, 미쳤던 자이거나, 최초로 범한 자는 범하지
않는다.

　[여덟 번째의 사타를 마친다.]

9) 선왕취공여기의작지시(先往就共與其衣作指示) 학처

1-1 그때 불·세존께서는 사위성의 기수급고독원에 머무르셨다.

그때 한 거사가 다른 거사를 마주하고서 이와 같이 말하였다.

"나는 장차 옷으로써 대덕이신 우파난타 석자가 입게 하겠습니다."

다른 거사도 역시 말하였다.

"나도 역시 장차 옷으로써 대덕이신 우파난타 석자가 입게 하겠습니다."

한 걸식비구가 이 거사들의 담화(談話)를 들었다. 그 비구는 장로 우파난타 석자의 처소에 이르렀고, 그에게 이와 같이 말하였다.

"장로 우파난타여. 그대의 대복덕의 사람입니다. 어느 처소의 한 거사가 다른 거사를 마주하고서 말하였습니다. '나는 장차 옷으로써 대덕이신 우파난타 석자가 입게 하겠습니다.' 그 거사도 역시 이와 같이 말하였습니다. '나도 역시 장차 옷으로써 대덕이신 우파난타 석자가 입게 하겠습니다.'"

"장로여. 그들은 나의 단월입니다."

이 장로 우파난타 석자는 거사들의 집에 이르렀고 그들을 마주하고서 이와 같이 말하였다.

"현자여. 그대들이 진실로 나에게 옷을 주고자 합니까?"

"대덕이여. 나는 진실로 이와 같이 사유하였습니다. '우리들은 장차 옷으로써 대덕이신 우파난타 석자가 입게 하겠다.'"

"현자여. 그대들이 만약 옷을 나에게 주고자 한다면 마땅히 이와 같은 옷을 주시오. 만약 내가 원하지 않는 옷을 나에게 준다면 무슨 소용이 있겠소?"

이때 그 거사들은 싫어하면서 비난하였다.

"이들 사문 석자들은 많이 구하여도 부족하구나! 옷을 주더라도 진실로 쉽지 않다. 무엇을 위하여 대덕 우파난타는 내가 청하지도 않았는데, 옷을 짓는 것을 지시하는가?"

이때 여러 비구들은 그 거사들이 싫어하고 비난하는 것을 들었다.

여러 비구들의 가운데에서 욕심이 적은 자들은 싫어하고 비난하였다.

"무슨 까닭으로 장로 우파난타 석자는 청하지도 않았는데, 먼저 거사들의 집에 이르러 옷을 짓는 것을 지시하는가?"

여러 비구들은 이 일로써 세존께 아뢰었고, 세존께서는 말씀하셨다.

"우파난타여. 그대가 진실로 청하지도 않았는데, 먼저 거사들의 집에 이르러 옷을 짓는 것을 지시하였는가?"

"진실로 그렇습니다. 세존이시여."

"우파난타여. 이 자들이 그대의 친족인가? 친족이 아닌가?"

"세존이시여. 친족이 아닙니다."

세존께서는 여러 방편으로 꾸짖으셨다.

"어리석은 사람이여. 친족이 아닌데 친족이 아닌 자들을 마주하면서 위의와 위의가 아닌 것을 알지 못하였고, 청정한 행과 청정하지 않은 행을 알지 못하였는가? 이러한 까닭으로 어리석은 사람이여. 그대는 청하지도 않았는데, 먼저 친족이 아닌 거사들의 집에 이르러 옷을 짓는 것을 지시할 수 없느니라. 어리석은 사람이여. 이것은 오히려 믿지 않는 자는 신심이 생겨나지 않게 하고, …… 이미 믿었던 자는 일부가 전전하여 다른 곳으로 향하여 떠나가게 하느니라."

이와 같이 세존께서는 여러 종류의 방편으로써 장로 우파난타를 꾸짖고서 뒤에 부양이 어렵고 가르치고 양육함이 어려우며, …… 나아가 …… 여러 비구들을 위하여 적절한 법을 수순하여 설하신 뒤에 여러 비구들에게 알려 말씀하셨다.

"여러 비구들이여. 나는 열 가지의 이익을 까닭으로써 여러 비구들을 위하여 학처를 제정하겠나니, 그대들은 마땅히 이와 같이 학처를 송출할지니라.

'만약 두 명의 친족이 아닌 거사이거나, 혹은 거사의 아내들이 각자 스스로가 비구를 위하여 옷값을 먼저 준비하였고, 〈우리들이 장차 각자 이 옷값으로써 각자 옷을 사서 누구 비구에게 주고서 입게 하겠다.〉라고 말하였는데, 이때 만약 그 비구가 청을 받지 않고 먼저 가서 그 옷을 짓는 것을 〈옳습니다. 현자여. 각자의 옷값으로 두 사람이 함께 이와 같은 옷을 사서 하나의 옷을 나에게 주고서 입게 하십시오.〉라고 지시하였다면, 좋은 옷을 구하면서 희망하였던 까닭으로 니살기바일제를 범하느니라.'"

이와 같이 세존께서는 여러 비구들을 위하여 학처를 제정하시어 세우셨다.

2-1 '만약 비구를 위하다.'는 비구를 위하였거나, 비구를 위한 대상을 비구에게 주고서 입도록 하려는 것이다.

'두 사람'은 두 사람이다.

'친족이 아니다.'는 7대에 이르도록 부모에게 얽혀진 친족이 아닌 자이다.

'거사'는 속가에 머무르는 남자를 말한다.

'거사의 아내'는 속가에 머무르는 부인을 말한다.

'옷값'은 혹은 황금이거나, 혹은 금전이거나, 혹은 진주이거나, 혹은 보주이거나, 혹은 산호이거나, 혹은 면포(綿布)이거나, 혹은 실이거나, 혹은 옷감 등이다.

'이 옷값'은 지시하여 물건을 먼저 준비하라는 뜻이다.

'사다.'는 교환하는 것이다.

'입게 주다.'는 베풀어 주어라는 뜻이다.

'이때 만약 그 비구'는 비구를 지정하고서 옷값을 먼저 준비하는 때에 관련이 있는 비구이다.

'청을 받지 않고 먼저 가다.'는 "대덕이여. 그대는 어떠한 옷이 필요합니까? 필요하다면 내가 무엇과 같은 옷을 사야 합니까?"라고 말하지 않은 것이다.

'가다.'는 그의 집에 갔거나, 혹은 어느 곳에 이른 것이다.

'나아가서 그 옷을 짓는 것을 지시하다.'는 혹은 길이거나, 혹은 넓이거나, 혹은 두께이거나, 혹은 부드러움을 희망하면서 말하는 것이다.

'이 옷값'은 먼저 물건을 준비하라는 뜻이다.

'사다.'는 교역하는 것이다.

'이와 같다.'는 혹은 길이거나, 혹은 넓이거나, 혹은 두께이거나, 혹은 부드러움 등이다.

'나에게 주고서 입게 하다.'는 나에게 보시하여 베풀어야 한다는 뜻이다.

'좋은 옷을 구하면서 희망하였던 까닭'은 좋은 옷을 희망하였거나, 혹은 고가의 옷을 희망하였던 것이다.

그 비구가 혹은 긴 옷이거나, 혹은 넓은 옷이거나, 혹은 두꺼운 옷이거나, 혹은 부드러운 옷을 사서 주라고 말하였고, 사는 때에 있으면서 시켰다면 돌길라를 범하고, 손에 이르렀던 자는 사타를 범하나니, 마땅히 승가에게 버려야 하고, 별중에게 버려야 하며, 혹은 사람에게 버려야 한다. 비구는 마땅히 이와 같이 버려야 한다.

"여러 대덕들이여. 이 옷은 내가 청하지 않았으나 먼저 친족이 아닌 거사의 집에 이르렀고, 그 옷을 짓는 곳에 나아가서 지시하여 얻었던 물건이므로 마땅히 그것을 버립니다. 나는 지금 이 옷을 승가에 버립니다."

버리고서 스스로가 그 죄를 참회하며 아뢰어야 한다. 마땅히 한 총명하고 유능한 비구가 그 죄의 참회를 섭수하고서 버렸던 옷을 돌려주어야 한다.

"대덕 승가께서는 허락하십시오. 이 옷은 바로 어느 비구의 사타의 옷이고, 이미 승가에서 버렸습니다. 만약 승가께서 때에 이르셨다면 승가는 마땅히 이 옷을 누구 비구에게 돌려주겠습니다."

…… 나아가 …… 여러 대중들의 처소에 이르러 오른쪽 어깨를 드러내고, …… 나아가 …… "여러 대덕들께서 만약 때에 이르렀다면 이 옷을 마땅히 누구 비구에게 돌려주겠습니다." …… 나아가 …… 한 비구의 처소에 이르러 오른쪽 어깨를 드러내고, …… 나아가 …… "나는 이 옷을 대덕에게 주겠습니다."

2-2 친족이 아니었고 친족이 아니라는 생각이 있었는데, 청하지 않았으나 먼저 친족이 아닌 거사의 집에 이르렀고, 그 옷을 짓는 것을 지시하는 자는 사타를 범한다. 친족이 아니었고 친족이 아니라는 의심이 있었는데, 청하지 않았으나 먼저 친족이 아닌 거사의 집에 이르렀고, 그 옷을 짓는

것을 지시하는 자는 사타를 범한다. 친족이 아니었고 친족이라는 생각이 있었는데, 청하지 않았으나 먼저 친족이 아닌 거사의 집에 이르렀고, 그 옷을 짓는 것을 지시하는 자는 사타를 범한다.

친족이었고 친족이 아니라는 생각이 있었는데, 청하지 않았으나 먼저 친족이 아닌 거사의 집에 이르렀고, 그 옷을 짓는 것을 지시하는 자는 돌길라를 범한다. 친족이었고 친족이 아니라는 의심이 있었는데, 청하지 않았으나 먼저 친족이 아닌 거사의 집에 이르렀고, 그 옷을 짓는 것을 지시하는 자는 돌길라를 범한다. 친족이었고 친족이라는 생각이 있었는데, 청하지 않았으나 먼저 친족이 아닌 거사의 집에 이르렀고, 그 옷을 짓는 것을 지시하는 자는 범하지 않는다.

2-3 친족인 자이거나, 청을 받은 자이거나, 다른 사람을 위한 자이거나, 자기의 재물에 의지하였거나, 값비싼 옷을 사고자 하였으나 곧 적당한 옷을 샀거나, 미쳤던 자이거나, 최초로 범한 자는 범하지 않는다.

[아홉 번째의 사타를 마친다.]

10) 과한색의(過限索衣) 학처

1-1 그때 불·세존께서는 사위성의 기수급고독원에 머무르셨다.

그때 장로 우파난타 석자의 단월이었던 대신(大臣)이 사자(使者)에게 옷값을 보내면서 장로 우파난타 석자에게 말하였다.

"이 옷값으로 옷을 사시오. 그러한 뒤에 이 옷을 우파난타 대덕에게 주고서 입게 하시오."

그 사자는 장로 우파난타 석자의 처소에 이르러 이와 같이 말하였다.

"대덕이여. 이 옷값을 대덕을 위하여 보내왔습니다. 대덕께서는 이 옷값을 취하십시오."

이와 같이 말하였는데, 장로 우파난타는 그 사자를 마주하고서 말하였다.

"현자여. 우리들은 옷값을 취하지 않소. 그러나 우리들이 필요한 때에 이른다면 마땅히 청정한 옷을 취하오."

이때 그 사자는 장로 우파난타 석자를 마주하고서 말하였다.

"대덕이여. 누가 집사인(執事人)입니까?"

그때 한 거사가 사무를 위하여 정사로 왔다. 이때 장로 우파난타 석자는 사자에게 말하였다.

"현자여. 그 우바새가 여러 비구들을 위한 집사인이오."

이때 사자는 우바새를 동의시켰고, 장로 우파난타 석자의 처소에 이르러 우파난타를 마주하고서 말하였다.

"대덕이여. 장로의 처소에서 보았던 집사인의 거사에게 나는 이미 그의 동의를 얻었습니다. 대덕이여. 때에 이르러 그곳에 가시어 청하면 그가 옷을 가지고 대덕께 드릴 것입니다."

그때 그 대신은 사자를 보냈고, 장로 우파난타의 처소에 이르러 "대덕이여. 이 옷을 수용하십시오. 나는 대덕께서 이 옷을 수용하는 것을 원하고 있습니다."라고 말하게 하였다. 이때 장로 우파난타 석자는 그 우바새를 마주하고서 역시 어떤 일도 말하지 않았다. 그 대신은 두 번째로 사자를 보냈고, 장로 우파난타의 처소에 이르러 "대덕이여. 이 옷을 수용하십시오. 나는 대덕께서 이 옷을 수용하는 것을 원하고 있습니다."라고 말하게 하였다. 우파난타 석자는 그 우바새를 마주하고서 역시 무슨 일도 말하지 않았다. 그 대신은 세 번째로 사자를 보냈고, 장로 우파난타의 처소에 이르러 "대덕이여. 이 옷을 수용하십시오. 나는 대덕께서 이 옷을 수용하는 것을 원하고 있습니다."라고 말하게 하였다.

1-2 그때 시장 사람들에게 집회가 있었고, 시장 사람들은 "늦게 오는 자에게 500금전(金錢)을 부과한다."라는 규약(規約)을 맺었다. 이때 장로 우파난타 석자는 우바새의 처소에 이르러 그를 마주하고서 말하였다.

"현자여. 나는 옷이 필요하오."

"대덕이여. 오늘 밤을 기다려 주십시오. 오늘은 시장 사람들의 집회가 있고, 시장 사람들은 '늦게 오는 자에게 500금전을 부과한다.'라는 규약을 맺었습니다."

우파난타가 말하였다.

"현자여. 나는 옷이 필요하오."

이와 같이 우바새에게 그 옷과 허리띠를 집착하였고, 장로 우파난타 석자가 강제로 구하였다. 우파난타 석자를 위하여 옷을 사고서 뒤에 이르렀는데, 여러 사람들이 그 우바새를 마주하고서 말하였다.

"현자여. 그대는 무슨 까닭으로 늦게 왔는가? 그대에게 500금전을 취하겠소."

그때 그 우바새는 이 일을 그들에게 말하였고, 여러 사람들은 싫어하면서 비난하였다.

"이들 사문 석자들은 많이 구하여도 부족하구나! 옷을 주더라도 진실로 쉽지 않다. 무슨 까닭으로 우바새가 '대덕이여. 오늘 밤을 기다려 주십시오.'라고 말하였는데, 능히 기다리지 못하는가?"

이때 여러 비구들은 여러 사람들이 싫어하고 비난하는 것을 들었다. 여러 비구들의 가운데에서 욕심이 적은 자들은 싫어하고 비난하였다.

"무슨 까닭으로 장로 우파난타 석자는 우바새가 '대덕이여. 오늘 밤을 기다려 주십시오.'라고 말하였는데, 능히 기다리지 못하는가?"

여러 비구들은 이 일로써 세존께 아뢰었고, 세존께서는 말씀하셨다.

"우파난타여. 그대가 진실로 우바새가 '대덕이여. 오늘 밤을 기다려 주십시오.'라고 말하였는데, 능히 기다리지 못하였는가?"

"진실로 그렇습니다. 세존이시여."

세존께서는 여러 방편으로 꾸짖으셨다.

"어리석은 사람이여. 어찌하여 우바새가 '대덕이여. 오늘 밤을 기다려 주십시오.'라고 말하였는데, 능히 기다리지 못하였는가? 어리석은 사람이여. 이것은 오히려 믿지 않는 자는 신심이 생겨나지 않게 하고, …… 이미 믿었던 자는 일부가 전전하여 다른 곳으로 향하여 떠나가게 하느니라."

이와 같이 세존께서는 여러 종류의 방편으로써 장로 우파난타를 꾸짖고서 뒤에 부양이 어렵고 가르치고 양육함이 어려우며, …… 나아가 …… 여러 비구들을 위하여 적절한 법을 수순하여 설하신 뒤에 여러 비구들에게 알려 말씀하셨다.

"여러 비구들이여. 나는 열 가지의 이익을 까닭으로써 여러 비구들을 위하여 학처를 제정하겠나니, 그대들은 마땅히 이와 같이 학처를 송출할지니라.

'만약 왕이거나, 만약 대신이거나, 만약 바라문이거나, 만약 거사 등이 사자에게 비구를 위하여 옷값을 보내면서 〈이 옷값으로써 옷을 사서 어느 비구에게 주고서 입게 하시오.〉라고 말하였고, 그 사자가 비구의 처소에 이르러 〈대덕이여, 장로를 위하여 옷값을 보내왔습니다. 장로께서는 마땅히 이 옷값을 받으십시오.〉라고 이와 같이 말하였다면, 그 비구는 사자를 마주하고서 〈현자여. 우리들은 옷값을 받을 수 없습니다. 우리들은 적당한 때라면 마땅히 청정한 옷을 받겠습니다.〉라고 말해야 한다.

그 사자가 그 비구에게 〈장로여. 집사인은 있습니까?〉라고 이와 같이 말하였다면, 여러 비구들이여. 옷을 희망하였던 비구는 마땅히 집사인이거나, 정인(淨人)을 지정하거나, 혹은 우바새에게 〈그 사람이 바로 여러 비구들의 집사인입니다.〉라고 말해야 한다. 그 사자가 집사인의 동의를 얻었다면 그 비구의 처소에 이르러 〈장로의 처소에서 지정하신 집사인에게 나는 이미 그것의 동의를 얻었습니다. 장로께서 때에 이르러 그곳에 가시어 청하면 그가 옷을 가지고 장로께 드릴 것입니다.〉라고 이와 같이 말하게 해야 한다.

여러 비구들이여. 만약 비구의 옷을 얻고자 희망하였다면 집사인의 처소에 이르러 두 번·세 번을 차례로 재촉해야 한다.

〈현자여. 나는 옷이 필요합니다.〉

두 번·세 번을 차례로 재촉해야 하고, 그 옷을 얻었다면 좋으나, 만약 얻지 못하였다면 네 번, 다섯 번, 여섯 번째에 그 옷을 얻기 위하여 묵연히 서 있어야 한다. 네 번, 다섯 번, 여섯 번째에 그 옷을 얻기 위하여 묵연히 서 있으면서 그 옷을 얻었다면 좋으나, 이것을 넘겨서 구하면서 얻고자 노력하는 자는 니살기바일제를 범한다.

만약 얻지 못한 때라면 옷값을 시주자의 처소로 보내거나, 스스로가 가거나, 혹은 사자를 보내어 〈여러 현자들이여. 그대들이 비구를 위하여 옷값을 보냈으나, 그 비구는 마주하였어도 어떤 무슨 이익도 없습니다. 현자들은 마땅히 자기의 물건을 되돌려서 취하시고, 그대들은 자기의 물건을 잃지 마십시오.〉라고 말해야 한다. 이것이 바로 이때의 여법한 행이니라."

2-1 '만약 비구를 위하다.'는 비구를 위하였거나, 비구를 대상으로 삼고서 필요하다면 주려는 것이다.

'왕'은 통치하는 사람이다.

'대신'은 왕의 봉록(俸祿)을 먹는 자이다.

'바라문'은 바라문 종성의 사람이다.

'거사'는 왕, 대신, 바라문을 제외하고 기타의 사람을 거사라고 말한다.

'옷값'은 혹은 황금이거나, 혹은 금전이거나, 혹은 진주이거나, 혹은 보주이다.

'이 옷값'은 물건을 먼저 준비하는 것이다.

'사다.'는 교역한다는 뜻이다.

'주어서 입게 하다.'는 베풀어 주어라는 뜻이다.

만약 그 사자가 비구의 처소에 이르러 "대덕이여. 장로를 위하여 이 옷값을 가지고 왔습니다. 장로께서는 받아주십시오."라고 말하였다면 비구는 그 사자를 마주하고서 "현자여. 우리들은 옷값을 받을 수 없습니다. 우리들이 적당한 때라면 마땅히 청정한 옷을 받겠습니다."라고 말해야 한다. 그 사자가 그 비구에게 "장로여. 집사인은 있습니까?"라고 이와 같이 말하였다면, 옷을 희망하였던 비구는 마땅히 집사인이거나, 정인(淨人)을 지정하거나, 혹은 우바새에게 "그 사람이 바로 여러 비구들의 집사인입니다."라고 말해야 한다.

"그에게 주십시오." 혹은 "그것을 저축하십시오. 혹은 마땅히 교역하십시오. 혹은 그에게 그것을 사서 주십시오."라고 이와 같이 말하지 않아야 한다.

만약 그 사자가 집사인의 동의를 얻었고, 그 비구의 처소에 이르러 "대덕이여. 장로의 처소에서 지정하신 집사인에게 나는 이미 그것의 동의를 얻었습니다. 장로께서 때에 이르러 그곳에 가시어 청하면 그가 옷을 가지고 장로께 드릴 것입니다."라고 이와 같이 말하였고, 여러 비구들이여. 만약 비구가 옷을 얻고자 희망하였다면 집사인의 처소에 이르러 두 번·세 번을 차례로 〈현자여. 나는 옷이 필요합니다.〉라고 재촉해야 한다.

마땅히 "나의 옷을 주십시오. 나의 옷을 가지고 오십시오. 나의 옷을 교역하십시오. 가서 나의 옷을 사십시오."라고 말할 수 없다. 두 번째에도 그것을 말해야 하고, …… 나아가 …… 세 번째에도 그것을 말해야 하며, …… 나아가 …… 만약 옷을 얻었다면 좋으나, 만약 얻지 못하였다면 그곳에 이르러 묵연히 서 있어야 하고, 앉지 않아야 하며, 음식을 먹을 수 없고 설법할 수 없다.

만약 "그대는 무엇을 위하여 오셨습니까?"라고 묻는 때라면, 곧 "현자가 알 것입니다."라고 말해야 하고, 만약 앉거나, 혹은 음식을 취하거나, 설법하는 자는 서 있다면 위의를 깨트린 것이다. 마땅히 두 번째에도 서 있어야 하고, 세 번째에도 서 있어야 한다.

네 번째로 재촉하는 자는 네 번째에도 서 있어야 하고, 다섯 번째로 재촉하는 자는 다섯 번째에도 서 있어야 하며, 여섯 번째로 재촉하는 자는 서 있을 수 없다.

2-2 만약 이 제한을 넘겨서 옷을 구하였고 얻었던 자는 돌길라를 범하고, 손에 이르렀던 자는 사타를 범하나니, 마땅히 승가에게 버려야 하고, 별중에게 버려야 하며, 혹은 사람에게 버려야 한다. 비구는 마땅히 이와 같이 버려야 한다.

"여러 대덕들이여. 이 옷은 내가 세 번 이상을 재촉하였고, 여섯 번 이상을 묵연히 서 있으면서 얻은 물건이므로 마땅히 그것을 버립니다. 나는 지금 이 옷을 승가에 버립니다."

버리고서 스스로가 그 죄를 참회하며 아뢰어야 한다. 마땅히 한 총명하고 유능한 비구가 그 죄의 참회를 섭수하고서 버렸던 옷을 돌려주어야 한다.

"대덕 승가께서는 허락하십시오. 이 옷은 바로 어느 비구의 사타의 옷이고, 이미 승가에서 버렸습니다. 만약 승가께서 때에 이르셨다면 승가는 마땅히 이 옷을 누구 비구에게 돌려주겠습니다."

…… 나아가 …… 여러 대중들의 처소에 이르러 오른쪽 어깨를 드러내고, …… 나아가 …… "여러 대덕들께서 만약 때에 이르렀다면 이 옷을 마땅히 누구 비구에게 돌려주겠습니다." …… 나아가 …… 한 비구의 처소에 이르러 오른쪽 어깨를 드러내고, …… 나아가 …… "나는 이 옷을 대덕에게 주겠습니다."

만약 얻지 못한 때라면 옷값을 시주자의 처소로 보내거나, 스스로가 가거나, 혹은 사자를 보내어 "여러 현자들이여. 그대들이 비구를 위하여 옷값을 보냈으나, 그 비구는 마주하였어도 어떤 무슨 이익이 없습니다. 경 등은 마땅히 자기의 물건을 되돌려서 취하시고, 그대들은 자기의 물건을 잃지 마십시오."라고 말해야 한다. 이것이 바로 이때의 여법한 행이고, 이것이 바로 이때의 법을 따르는 행이니라.

2-3 세 번 이상을 재촉하였고, 여섯 번 이상을 묵연히 서 있었으며, 넘겼다는 생각이 있었는데, 얻은 자는 사타를 범한다. 세 번의 이상을 재촉하였고, 여섯 번의 이상을 묵연히 서 있었으며, 의심스러운 생각이 있었는데, 얻은 자는 사타를 범한다. 세 번의 이상을 재촉하였고, 여섯 번의 이상을 묵연히 서 있었으며, 넘기지 않았다는 생각이 있었는데, 얻은 자는 사타를 범한다.

세 번 이하를 재촉하였고, 여섯 번 이하를 묵연히 서 있었으며, 넘겼다는 생각이 있었는데, 얻은 자는 돌길라를 범한다. 세 번 이하를 재촉하였고, 여섯 번 이하를 묵연히 서 있었으며, 의심스러운 생각이 있었는데, 얻은 자는 돌길라를 범한다. 세 번 이하를 재촉하였고, 여섯 번 이하를 묵연히 서 있었으며, 넘기지 않았다는 생각이 있었는데, 얻은 자는 범하지 않는다.

2-4 세 번을 재촉하였고 여섯 번을 묵연히 서 있었거나, 세 번 이하를 재촉하였고 여섯 번 이하를 묵연히 서 있었거나, 재촉하지 않았는데 주었거나, 단월이 재촉하여 주었거나, 미쳤던 자이거나, 최초로 범한 자는 범하지 않는다.

[열 번째의 사타를 마친다.]

○**【첫째로 가치나의품을 마친다.】**

섭송으로 설하겠노라.

10일과 하룻밤과 1개월과
세탁하는 것과 취하는 것과
친족이 아닌 것과 지시하는 것과
두 사람과 사자를 보내는 것이 있다.

11) 교사야작와구(憍奢耶作臥具) 학처

1-1 그때 불·세존께서는 아라비읍(阿羅毘邑)의 아가라바(阿伽羅婆) 제저(制底)[15])에 머무르셨다.

---

15) 팔리어 cetiya(체티야)의 음사이다.

그때 육군비구들이 양잠(養蠶)하는 집에 이르러 이와 같이 말하였다.

"현자여. 많은 누에고치를 삶아서 우리들에게 주시오. 우리들은 교사야 (憍奢耶)16)를 섞어서 와구를 짓고자 하오."

그들은 싫어하면서 비난하였다.

"무엇을 위하여 사문 석자들은 우리들의 처소에 와서 '현자여. 많은 누에고치를 삶아서 우리들에게 주시오. 우리들은 비단실을 섞어서 와구를 짓고자 하오.'라고 이와 같이 말하는가? 이것은 우리들도 역시 박복(薄福)한 선하지 않은 업이다. 우리들은 생활하기 위하여 아내와 자식을 위한 까닭으로 이것을 만들면서 작은 생물들을 많이 죽이는 것이다."

이때 여러 비구들은 여러 사람들이 싫어하고 비난하는 것을 들었다. 여러 비구들의 가운데에서 욕심이 적은 자들은 싫어하고 비난하였다.

"무슨 까닭으로 육군비구들은 양잠하는 집에 이르러 '현자여. 많은 누에고치를 삶아서 우리들에게 주시오. 우리들은 비단실을 섞어서 와구를 짓고자 하오.'라고 이와 같이 말하는가?"

여러 비구들은 이 일로써 세존께 아뢰었고, 세존께서는 말씀하셨다.

"육군비구들이여. 그대들이 진실로 양잠하는 집에 이르러 '현자여. 많은 누에고치를 삶아서 우리들에게 주시오. 우리들은 비단실을 섞어서 와구를 짓고자 하오.'라고 이와 같이 말하였는가?"

"진실로 그렇습니다. 세존이시여."

세존께서는 여러 방편으로 꾸짖으셨다.

"어리석은 사람들이여. 그대들은 어찌하여 양잠하는 집에 이르러 '현자여. 많은 누에고치를 삶아서 우리들에게 주시오. 우리들은 비단실을 섞어서 와구를 짓고자 하오.'라고 이와 같이 말하였는가? 어리석은 사람들이여. 이것은 오히려 믿지 않는 자는 신심이 생겨나지 않게 하고, …… 이미 믿었던 자는 일부가 전전하여 다른 곳으로 향하여 떠나가게 하느니라."

---

16) 팔리어 kosiya(코시야)의 음사로, 비단을 가리킨다.

이와 같이 세존께서는 여러 종류의 방편으로써 육군비구들을 꾸짖고서 뒤에 부양이 어렵고 가르치고 양육함이 어려우며, …… 나아가 …… 여러 비구들을 위하여 적절한 법을 수순하여 설하신 뒤에 여러 비구들에게 알려 말씀하셨다.

"여러 비구들이여. 나는 열 가지의 이익을 까닭으로써 여러 비구들을 위하여 학처를 제정하겠나니, 그대들은 마땅히 이와 같이 학처를 송출할지니라.

'어느 누구의 비구일지라도 만약 비단실을 섞어서 와구를 짓는 자는 니살기바일제를 범하느니라."

2-1 '어느 누구'는 어느 태어난 곳의 이유, …… 혹은 중간의 법랍이었다면 이것을 '어느 누구'라고 말한다.

'비구'는 구걸하는 비구이니, 일을 쫓아서 걸식하는 비구, …… 곧 이것에서 '비구'의 뜻이라고 말하는 것이다.

'와구'는 나란히 펼쳐서 만든 것이고, 직물(織物)은 아니다.

'만약 비단실을 섞어서 와구를 짓는 자'는 비록 한 가닥의 비단실을 섞어서 스스로가 지었거나, 다른 사람을 가르쳐서 짓는 자는 돌길라를 범하고, 지어서 완성한 자는 사타를 범하나니, 마땅히 승가에게 버려야 하고, 별중에게 버려야 하며, 혹은 사람에게 버려야 한다. 비구는 마땅히 이와 같이 버려야 한다.

"여러 대덕들이여. 이것은 비단실을 섞어서 와구를 내가 스스로가 지었던 이유로 마땅히 그것을 버립니다. 나는 지금 이 와구를 승가에 버립니다."

버리고서 스스로가 그 죄를 참회하며 아뢰어야 한다. 마땅히 한 총명하고 유능한 비구가 그 죄의 참회를 섭수하고서 버렸던 와구를 돌려주어야 한다.

"대덕 승가께서는 허락하십시오. 이 와구는 바로 어느 비구의 사타의 와구이고, 이미 승가에서 버렸습니다. 만약 승가께서 때에 이르렀다면 승가는 마땅히 이 와구를 누구 비구에게 돌려주겠습니다."

…… 나아가 …… 여러 대중들의 처소에 이르러 오른쪽 어깨를 드러내고, …… 나아가 …… "여러 대덕들께서 만약 때에 이르렀다면 이 와구를 마땅히 누구 비구에게 돌려주겠습니다." …… 나아가 …… 한 비구의 처소에 이르러 오른쪽 어깨를 드러내고, …… 나아가 …… "나는 이 와구를 대덕에게 주겠습니다."

2-2 스스로가 지으면서 아직 완성되지 않았으나, 스스로에게 짓게 시켜서 완성한 자는 사타를 범한다. 스스로가 지으면서 아직 완성되지 않았으나, 다른 사람에게 시켜서 지으면서 완성한 자는 사타를 범한다. 다른 사람에게 시켜서 지으면서 아직 완성되지 않았으나, 스스로가 지으면서 완성한 자는 사타를 범한다. 다른 사람에게 시켜서 지으면서 아직 완성되지 않았으나, 다른 사람에게 시켜서 완성한 자는 사타를 범한다.

다른 사람을 위하여 지었거나, 혹은 짓게 시키는 자는 돌길라를 범한다. 다른 사람이 지었으나 얻어서 수용하는 자는 돌길라를 범한다.

2-3 일산·양탄자·장막(幕)·긴 베개·베개 등을 지었거나, 미쳤던 자이거나, 최초로 범한 자는 범하지 않는다.

[열한 번째의 사타를 마친다.]

12) 용순흑양모작와구(用純黑羊毛作臥具) 학처

1-1 그때 불·세존께서는 비사리 대림의 중각강당(重閣講堂)에 머무르셨다.

그때 육군비구들이 순수한 검은 양털로써 와구를 짓게 하였다. 여러 사람들이 정사를 돌아다니면서 보았고, 여러 사람들은 싫어하고 비난하였다. "무엇을 위하여 사문 석자들은 순수한 검은 양털로써 와구를 짓게 하는가? 재가에서 욕망을 받는 자와 같구나!"

이때 여러 비구들은 여러 사람들이 싫어하고 비난하는 것을 들었다. 여러 비구들의 가운데에서 욕심이 적은 자들은 싫어하고 비난하였다.

"무슨 까닭으로 육군비구들은 순수한 검은 양털로써 와구를 짓게 하는가?"

여러 비구들은 이 일로써 세존께 아뢰었고, 세존께서는 말씀하셨다.

"육군비구들이여. 그대들이 진실로 순수한 검은 양털로써 와구를 짓게 하였는가?"

"진실로 그렇습니다. 세존이시여."

세존께서는 여러 방편으로 꾸짖으셨다.

"어리석은 사람들이여. 그대들은 어찌하여 순전히 검은 양털로써 와구를 짓게 하였는가? 어리석은 사람들이여. 이것은 오히려 믿지 않는 자는 신심이 생겨나지 않게 하고, …… 이미 믿었던 자는 일부가 전전하여 다른 곳으로 향하여 떠나가게 하느니라."

이와 같이 세존께서는 여러 종류의 방편으로써 육군비구들을 꾸짖고서 뒤에 부양이 어렵고 가르치고 양육함이 어려우며, …… 나아가 …… 여러 비구들을 위하여 적절한 법을 수순하여 설하신 뒤에 여러 비구들에게 알려 말씀하셨다.

"여러 비구들이여. 나는 열 가지의 이익을 까닭으로써 여러 비구들을 위하여 학처를 제정하겠나니, 그대들은 마땅히 이와 같이 학처를 송출할지니라.

'어느 누구의 비구일지라도 만약 순수한 검은 양털로써 와구를 짓는 자는 니살기바일제를 범하느니라."

2-1 '어느 누구'는 어느 태어난 곳의 이유, …… 혹은 중간의 법랍이었다면 이것을 '어느 누구'라고 말한다.

'비구'는 구걸하는 비구이니, 일을 쫓아서 걸식하는 비구, …… 곧 이것에서 '비구'의 뜻이라고 말하는 것이다.

'검다.'는 두 가지의 검은 것이 있나니, 본래부터 검었거나, 혹은 염색한 것이다.

'와구'는 나란히 펼쳐서 만든 것이고, 직물은 아니다.

'짓게 시키다.'는 스스로가 지었거나, 다른 사람을 가르쳐서 짓는 자는 돌길라를 범하고, 지어서 완성한 자는 사타를 범하나니, 마땅히 승가에게 버려야 하고, 별중에게 버려야 하며, 혹은 사람에게 버려야 한다. 비구는 마땅히 이와 같이 버려야 한다.

"여러 대덕들이여. 이것은 순수한 검은 양털로써 와구를 내가 스스로 지었던 이유로 마땅히 그것을 버립니다. 나는 지금 이 와구를 승가에 버립니다."

버리고서 스스로가 그 죄를 참회하며 아뢰어야 한다. 마땅히 한 총명하고 유능한 비구가 그 죄의 참회를 섭수하고서 버렸던 와구를 돌려주어야 한다.

"대덕 승가께서는 허락하십시오. 이 와구는 바로 어느 비구의 사타의 와구이고, 이미 승가에서 버렸습니다. 만약 승가께서 때에 이르셨다면 승가는 마땅히 이 와구를 누구 비구에게 돌려주겠습니다."

…… 나아가 …… 여러 대중들의 처소에 이르러 오른쪽 어깨를 드러내고, …… 나아가 …… "여러 대덕들께서 만약 때에 이르렀다면 이 와구를 마땅히 누구 비구에게 돌려주겠습니다." …… 나아가 …… 한 비구의 처소에 이르러 오른쪽 어깨를 드러내고, …… 나아가 …… "나는 이 와구를 대덕에게 주겠습니다."

2-2 스스로가 지으면서 아직 완성되지 않았으나, 스스로에게 짓게 시켜서 완성한 자는 사타를 범한다. 스스로가 지으면서 아직 완성되지 않았으나, 다른 사람에게 시켜서 지으면서 완성한 자는 사타를 범한다. 다른 사람에게 시켜서 지으면서 아직 완성되지 않았으나, 스스로가 지으면서 완성한 자는 사타를 범한다. 다른 사람에게 시켜서 지으면서 아직 완성되지 않았으나, 다른 사람에게 시켜서 완성한 자는 사타를 범한다.

2-3 다른 사람을 위하여 지었거나, 혹은 짓게 시키는 자는 돌길라를 범한다. 다른 사람이 지었으나 얻어서 수용하는 자는 돌길라를 범한다.

일산·양탄자·장막·긴 베개·베개 등을 지었거나, 미쳤던 자이거나, 최초로 범한 자는 범하지 않는다.

[열두 번째의 사타를 마친다.]

13) 과분수작와구(過分數作臥具) 학처

1-1 그때 불·세존께서는 사위성의 기수급고독원에 머무르셨다.

그때 육군비구들은 '세존께서 순수한 검은 양털로써 와구를 짓는 것을 금지하셨다.'라고 생각하였다. 그들은 다만 주변에 흰색의 양털을 덧대었고, 여전히 순수한 검은색의 양털로 와구를 짓게 하였다. 여러 비구들의 가운데에서 욕심이 적은 자들은 싫어하고 비난하였다.

"무슨 까닭으로 육군비구들은 오직 주변에 흰색의 양털을 덧대고서, 여전히 순수한 검은색의 양털로 와구를 짓게 시키는가?"

여러 비구들은 이 일로써 세존께 아뢰었고, 세존께서는 말씀하셨다.

"육군비구들이여. 그대들이 진실로 오직 주변에 흰색의 양털을 덧대고서, 여전히 순수한 검은색의 양털로 와구를 짓게 시켰는가?"

"진실로 그렇습니다. 세존이시여."

세존께서는 여러 방편으로 꾸짖으셨다.

"어리석은 사람들이여. 그대들은 어찌하여 오직 주변에 흰색의 양털을 덧대고서, 여전히 순수한 검은색의 양털로 와구를 짓게 시켰는가? 어리석은 사람들이여. 이것은 오히려 믿지 않는 자는 신심이 생겨나지 않게 하고, …… 이미 믿었던 자는 일부가 전전하여 다른 곳으로 향하여 떠나가게 하느니라."

이와 같이 세존께서는 여러 종류의 방편으로써 육군비구들을 꾸짖고서 뒤에 부양이 어렵고 가르치고 양육함이 어려우며, …… 나아가 …… 여러 비구들을 위하여 적절한 법을 수순하여 설하신 뒤에 여러 비구들에게 알려 말씀하셨다.

　"여러 비구들이여. 나는 열 가지의 이익을 까닭으로써 여러 비구들을 위하여 학처를 제정하겠나니, 그대들은 마땅히 이와 같이 학처를 송출할 지니라.

　'만약 비구가 새롭게 와구를 짓는 때에는 마땅히 2분(二分)의 순수한 검은색의 양털을 취하고, 제3분은 흰색의 양털을 취하며, 제4분은 갈색(褐色)의 양털을 취해야 한다. 만약 2분의 순수한 검은색의 양털을 취하지 않고, 제3분은 흰색의 양털을 취하지 않으며, 제4분은 갈색의 양털을 취하지 않고서 새롭게 와구를 짓게 하는 자는 니살기바일제를 범하느니라.'

2-1 '새롭다.'는 취하여 짓는 것을 말한다.

　'와구'는 나란히 펼쳐서 만든 것이고, 직물은 아니다.

　'짓는 때'는 바로 스스로가 있으면서 짓거나, 혹은 다른 사람을 가르쳐서 짓는 것이다.

　'2분의 순수한 검은색의 양털을 취하다.'는 곧 2다라(多羅)17) 양의 검은색의 양털을 집어넣는 것이다.

　'제3분은 흰색의 양털을 취하다.'는 곧 1다라 양의 흰색의 양털을 집어넣는 것이다.

　'제4분은 갈색의 양털을 취하다.'는 곧 1다라 양의 갈색의 양털을 집어넣는 것이다.

　'만약 비구가 2분의 순수한 검은색의 양털을 취하지 않고, 제3분은 흰색의 양털을 취하지 않으며, 제4분은 갈색의 양털을 취하지 않다.'는 1다라의 흰색의 양털을 집어넣지 않는 것이고, 1다라의 갈색의 양털을 집어넣지 않고서 새롭게 와구를 지었거나, 혹은 다른 사람을 가르쳐서

---

17) 팔리어 Tulā(투라)의 음사이고, 1Tulā는 100Pala(파라) 단위에 해당하고, 1Pala는 40g이므로, 1Tulā는 4kg에 해당하는 무게의 단위이다.

짓게 하면서 새롭게 짓고자 하는 자는 돌길라를 범하고, 지어서 완성한 자는 사타를 범하나니, 마땅히 승가에게 버려야 하고, 별중에게 버려야 하며, 혹은 사람에게 버려야 한다. 비구는 마땅히 이와 같이 버려야 한다.

"여러 대덕들이여. 이 와구는 내가 흰색의 양털 1다라와 갈색의 양털 1다라를 더하지 않고서 지었으므로 마땅히 그것을 버립니다. 나는 지금 이 와구를 승가에 버립니다."

버리고서 스스로가 그 죄를 참회하며 아뢰어야 한다. 마땅히 한 총명하고 유능한 비구가 그 죄의 참회를 섭수하고서 버렸던 와구를 돌려주어야 한다.

"대덕 승가께서는 허락하십시오. 이 와구는 바로 어느 비구의 사타의 와구이고, 이미 승가에서 버렸습니다. 만약 승가께서 때에 이르셨다면 승가는 마땅히 이 와구를 누구 비구에게 돌려주겠습니다."

…… 나아가 …… 여러 대중들의 처소에 이르러 오른쪽 어깨를 드러내고, …… 나아가 …… "여러 대덕들께서 만약 때에 이르렀다면 이 와구를 마땅히 누구 비구에게 돌려주겠습니다." …… 나아가 …… 한 비구의 처소에 이르러 오른쪽 어깨를 드러내고, …… 나아가 …… "나는 이 와구를 대덕에게 주겠습니다."

2-2 스스로가 지으면서 아직 완성되지 않았으나, 스스로에게 짓게 시켜서 완성한 자는 사타를 범한다. 스스로가 지으면서 아직 완성되지 않았으나, 다른 사람에게 시켜서 지으면서 완성한 자는 사타를 범한다. 다른 사람에게 시켜서 지으면서 아직 완성되지 않았으나, 스스로가 지으면서 완성한 자는 사타를 범한다. 다른 사람에게 시켜서 지으면서 아직 완성되지 않았으나, 다른 사람에게 시켜서 완성한 자는 사타를 범한다.

다른 사람을 위하여 지었거나, 혹은 짓게 시키는 자는 돌길라를 범한다. 다른 사람이 지었으나 얻어서 수용하는 자는 돌길라를 범한다.

2-3 1다라의 흰색 양털과 1다라의 갈색 양털을 섞어서 집어넣고서 지었거나, 그 이상의 흰색 양털과 그이상의 갈색 양털을 섞어서 지었거나, 순수한 흰색의 양털과 순수한 갈색의 양털로 지었거나, 일산, 양탄자, 휘, 긴 베개, 베개 등을 지었거나, 미쳤던 자이거나, 최초로 범한 자는 범하지 않는다.

[열세 번째의 사타를 마친다.]

14) 작감육년와구(作減六年臥具) 학처

1-1 그때 불·세존께서는 사위성의 기수급고독원에 머무르셨다.

그때 여러 비구들은 해마다 와구를 짓게 시키면서 그들은 "양털을 주십시오. 양털이 필요합니다."라고 많이 구하였고 많이 구걸하여 말하였다. 여러 사람들은 싫어하고 비난하였다.

"무엇을 위하여 사문 석자들은 해마다 와구를 짓게 시키면서 '양털을 주십시오. 양털이 필요합니다.'라고 많이 구하면서 많이 구걸하는가? 우리들은 첫 번째로 지어도 5·6년을 사용하고 있는데, 우리들은 여러 아이들의 대·소변이 있고, 혹은 쥐가 씹는 것도 있다. 그러나 사문 석자들은 해마다 와구를 짓게 시키면서 '양털을 주십시오. 양털이 필요합니다.'라고 많이 구하면서 많이 구걸하는구나!"

이때 여러 비구들은 여러 사람들이 싫어하고 비난하는 것을 들었다. 여러 비구들의 가운데에서 욕심이 적은 자들은 싫어하고 비난하였다.

"무슨 까닭으로 여러 비구들은 해마다 와구를 짓게 시키면서 '양털을 주십시오. 양털이 필요합니다.'라고 많이 구하면서 많이 구걸하는가?"

여러 비구들은 이 일로써 세존께 아뢰었고, 세존께서는 말씀하셨다.

"여러 비구들이여. 그대들이 진실로 해마다 와구를 짓게 시키면서 '양털을 주십시오. 양털이 필요합니다.'라고 많이 구하면서 많이 구걸하였는가?"

"진실로 그렇습니다. 세존이시여."

세존께서는 여러 방편으로 꾸짖으셨다.

"어리석은 사람들이여. 그대들은 어찌하여 해마다 와구를 짓게 시키면서 '양털을 주십시오. 양털이 필요합니다.'라고 많이 구하면서 많이 구걸하였는가? 어리석은 사람들이여. 이것은 오히려 믿지 않는 자는 신심이 생겨나지 않게 하고, …… 이미 믿었던 자는 일부가 전전하여 다른 곳으로 향하여 떠나가게 하느니라."

이와 같이 세존께서는 여러 종류의 방편으로써 여러 비구들을 꾸짖고서 뒤에 부양이 어렵고 가르치고 양육함이 어려우며, …… 나아가 …… 여러 비구들을 위하여 적절한 법을 수순하여 설하신 뒤에 여러 비구들에게 알려 말씀하셨다.

"여러 비구들이여. 나는 열 가지의 이익을 까닭으로써 여러 비구들을 위하여 학처를 제정하겠나니, 그대들은 마땅히 이와 같이 학처를 송출할지니라.

'만약 비구가 새롭게 와구를 짓게 시켰다면 마땅히 가지고 6년을 사용해야 한다. 그 와구를 6년 안에 혹은 버렸거나, 버리지 않았어도 새롭게 와구를 짓게 시키는 자는 니살기바일제를 범하느니라.'"

이와 같이 여러 비구들을 위하여 학처를 제정하여 세우셨다.

2-1 그때 한 비구가 구섬미국에서 병들었으므로 여러 친족들이 사자를 그 비구의 처소에 보내어서 말하였다.

"대덕께서는 돌아오십시오. 우리들이 그대를 간병하겠습니다."

여러 비구들도 역시 이와 같이 말하였다.

"장로여. 떠나가십시오. 친족들이 그대를 간병할 것입니다."

그 비구가 말하였다.

"장로들이여. 세존께서 학처를 제정하시어 세우시어 '만약 비구가 새롭게 와구를 지었다면 마땅히 가지고 6년을 사용해야 한다.'라고 세우셨습니다. 나는 병으로 와구를 가지고 떠날 수 없습니다. 나는 와구가 없다면 몸이 편안하지 않습니다. 나는 떠나지 않겠습니다."

이 일로써 세존께 아뢰었다. 그때 세존께서는 이 인연으로써 설법하셨고, 여러 비구들에게 알려 말씀하셨다.

"여러 비구들이여. 마땅히 인정하는 것을 허락하겠노라. 여러 비구들이여. 마땅히 이와 같이 주어야 한다. 그 병든 비구는 승가의 가운데에서 오른쪽 어깨를 드러내고 상좌의 발에 예배하고 호궤 합장하고서 이와 같이 아뢰어야 한다.

'여러 대덕들이여. 나는 병으로 능히 와구를 지니고 떠나갈 수 없습니다. 여러 대덕들이여. 저는 승가께서 와구를 구걸하도록 허락하시기를 청합니다.'"

마땅히 두 번째에도 애원해야 하고, 세 번째에도 애원해야 한다.

마땅히 한 총명하고 유능한 비구가 승가의 가운데에서 창언하여 말해야 한다.

"대덕 승가께서는 허락하십시오. 이 누구 비구는 병을 인연으로 능히 와구를 지니고 떠나갈 수 없으며, 그 비구는 승가께 와구를 허락하도록 청하고 있습니다. 만약 승가께서 때에 이르렀다면 승가께서는 누구 비구에게 와구를 허락하여 주십시오. 이와 같이 아룁니다.'

'대덕 승가께서는 허락하십시오. 이 누구 비구는 병을 인연으로 능히 와구를 지니고 떠나갈 수 없으며, 그 비구는 승가께서 와구를 허락하도록 청하고 있습니다. 여러 대덕들께서 누구 비구에게 와구를 허락하는 것을 인정하신다면 묵연하시고, 인정하지 않으신다면 말씀하십시오.'

'승가시여. 누구 비구에게 와구를 허락하는 것을 마쳤습니다. 승가께서 인정하신 것은 묵연하였던 까닭입니다. 나는 이와 같이 알고 이해하겠습니다.'"

"여러 비구들이여. 그대들은 마땅히 이와 같이 이 학처를 외울지니라.

'만약 비구가 새롭게 와구를 지었다면 마땅히 가지고 6년을 사용해야 한다. 그 와구를 6년 안에 혹은 버렸거나, 버리지 않았어도 새롭게 와구를 짓게 시키는 자는 승가가 허락한 것을 제외하고는 니살기바일제를 범하느니라.'"

3-1 '새롭다.'는 취하여 짓는 것을 말한다.

'와구'는 나란히 펼쳐서 만든 것이고, 직물은 아니다.

'짓다.'는 스스로가 짓거나, 혹은 다른 사람을 가르쳐서 짓는 것이다.

'마땅히 지니고 6년을 사용하다.'는 최소로 6년을 사용하는 것이다.

'만약 6년 안에'는 6년의 이하이다.

'그 와구를 버리다.'는 다른 사람에게 베풀어 주는 것이다.

'버리지 않다.'는 어느 누구의 사람에게 주지 않는 것이다.

'승가가 허락한 것을 제외하다.'는 승가가 허락하지 않았는데 스스로가 지었거나 다른 사람을 시켜서 새롭게 와구를 지었거나, 장차 필요하여 짓는 자는 돌길라를 범하고, 지어서 완성한 자는 사타를 범하나니, 마땅히 승가에게 버려야 하고, 별중에게 버려야 하며, 혹은 사람에게 버려야 한다. 비구는 마땅히 이와 같이 버려야 한다.

"여러 대덕들이여. 이 와구는 내가 6년 안에 승가께 허락받지 않고 지었던 물건이므로 마땅히 그것을 버립니다. 나는 지금 이 와구를 승가에 버립니다."

버리고서 스스로가 그 죄를 참회하며 아뢰어야 한다. 마땅히 한 총명하고 유능한 비구가 그 죄의 참회를 섭수하고서 버렸던 와구를 돌려주어야 한다.

"대덕 승가께서는 허락하십시오. 이 와구는 바로 어느 비구의 사타의 와구이고, 이미 승가에서 버렸습니다. 만약 승가께서 때에 이르셨다면 승가는 마땅히 이 와구를 누구 비구에게 돌려주겠습니다."

…… 나아가 …… 여러 대중들의 처소에 이르러 오른쪽 어깨를 드러내고, …… 나아가 …… "여러 대덕들께서 만약 때에 이르렀다면 이 와구를 마땅히 누구 비구에게 돌려주겠습니다." …… 나아가 …… 한 비구의 처소에 이르러 오른쪽 어깨를 드러내고, …… 나아가 …… "나는 이 와구를

대덕에게 주겠습니다."

3-2 스스로가 지으면서 아직 완성되지 않았으나, 스스로에게 짓게 시켜서 완성한 자는 사타를 범한다. 스스로가 지으면서 아직 완성되지 않았으나, 다른 사람에게 시켜서 지으면서 완성한 자는 사타를 범한다. 다른 사람에게 시켜서 지으면서 아직 완성되지 않았으나, 스스로가 지으면서 완성한 자는 사타를 범한다. 다른 사람에게 시켜서 지으면서 아직 완성되지 않았으나, 다른 사람에게 시켜서 완성한 자는 사타를 범한다.

3-3 6년에 지었거나, 6년 이상에 다른 사람을 위하여 지었거나, 다른 사람이 지었고 얻어서 수용하였거나, 일산·양탄자·장막·긴 베개·베개 등을 지었거나, 승가의 허락을 얻었거나, 미쳤던 자이거나, 최초로 범한 자는 범하지 않는다.

[열네 번째의 사타를 마친다.]

15) 작신와구괴색(作新臥具壞色) 학처

1-1 그때 불·세존께서는 사위성의 기수급고독원에 머무르셨다.
　이때 세존께서는 여러 비구들을 마주하고서 말씀하셨다.
　"여러 비구들이여. 나는 3개월을 적정한 곳에서 입정(入靜)하고자 하노라. 음식을 보내는 비구를 제외하고서 어느 누구의 사람이라도 모두 마땅히 나의 처소에 이르지 않게 하라."
　"알겠습니다. 세존이시여."
　여러 비구들은 마땅히 세존께 승낙하였고 음식을 보내는 비구를 제외하고서 어느 누구도 모두 세존의 처소에 이르지 못하게 하였다. 그때 승가에서는 이러한 규범을 세웠다.

"장로들이여. 세존께서는 3개월을 적정한 곳에서 입정하고자 하십니다. 음식을 보내는 비구를 제외하고서 어느 누구도 모두 세존의 처소에 이르게 허락하지 않겠습니다. 만약 세존의 처소에 이르는 자는 마땅히 바일제로써 다스리겠습니다."

이때 우파사나붕건타자(優波斯那朋健陀子)18)가 대중들을 데리고 세존의 처소에 이르렀고, 세존의 발에 예경하고서 물러나서 한쪽에 앉았다. 여러 제불의 상법(常法)은 객비구와 서로가 문신하는 것이다. 세존께서는 물러나서 한쪽에 앉은 장로 우파사나붕건타자를 마주하고서 이와 같이 말씀하셨다.

"우파사나여. 여러 일에 안은하였는가? 걸식하기 어렵지 않았는가? 멀리 유행하여 오면서 피로하지 않았는가?"

"세존이시여. 우리들은 안은하였고, 걸식은 쉽게 얻었으며, 멀리 길을 왔어도 피곤하지 않습니다."

이때 장로 우파사나의 제자 비구들은 세존의 근처에 앉아 있었다. 이때 세존께서는 그 비구들을 마주하고서 말씀하셨다.

"비구들이여. 그대들은 분소의가 즐거운가?"

"세존이시여. 저희들은 분소의가 즐겁지 않습니다."

"비구들이여. 그대들은 무슨 까닭으로 분소의를 입었는가?"

"세존이시여. 저희들의 화상께서 분소의를 입었던 까닭으로 우리들도 역시 분소의를 입었습니다."

그때 세존께서는 장로 우파사나붕건타자를 마주하고서 이와 같이 말씀하셨다.

"우파사나여. 그대의 도중(徒衆)을 진실로 깊이 사랑하는가? 우파사나여. 그대는 무슨 가르침으로 이 대중을 인도하였는가?"

"세존이시여. 만약 저를 향하여 출가를 구하는 자가 왔다면 저는 곧

---

18) 팔리어 Upasena vaṅgantaputta(우파세나 반간타푸타)의 음사이다. 'upasena'는 이름이고, vaṅgantaputta는 '반간타의 아들'이라는 뜻이다. 반간타는 곧 사리불 아버지의 이름이므로 곧 사리불의 남동생을 가리킨다.

이와 같이 말하였습니다. '현자여. 나는 아련야에 머무르는 자이고, 걸식하는 자이며, 분소의를 입는 자이니, 그대들도 역시 아련야에 머무르는 자이고, 걸식하는 자이며, 분소의를 입는 자라면 나는 마땅히 그대들의 출가를 허락하겠네.'

그들이 만약 마땅히 승낙한다면 출가를 허락하였고, 승낙하지 않는다면 출가를 허락하지 않습니다. 와서 의지를 구하는 자에게도 저는 곧 '비구여. 나는 아련야에 머무르는 자이고, 걸식하는 자이며, 분소의를 입는 자이네. 그대들도 역시 아련야에 머무르는 자이고, 걸식하는 자이며, 분소의를 입는 자라면 나는 마땅히 그대들의 의지를 허락하겠네.'

그들이 만약 마땅히 승낙한다면 의지를 허락하였고, 승낙하지 않는다면 출가를 허락하지 않습니다. 세존이시여. 저는 이와 같이 이 대중을 가르치고 인도하였습니다."

1-2 "옳도다(善哉). 옳도다. 우파사나여. 옳도다. 우파사나가 이끄는 대중이여. 우파사나여. 그대는 사위성에서 승가의 규범을 아는가?"

"세존이시여. 저는 사위성의 규범을 알지 못합니다."

"우파사나여. 사위성의 승가는 '장로들이여. 세존께서는 3개월을 적정한 곳에서 입정하고자 하십니다. 음식을 보내는 비구를 제외하고서 어느 누구도 모두 세존의 처소에 이르게 허락하지 않겠습니다. 만약 세존의 처소에 이르는 자는 마땅히 바일제로써 다스리겠습니다.'라고 스스로가 규범을 제정하였네."

"세존이시여. 사위성의 승가는 스스로가 규범을 제정하였습니까? 저는 세존의 처소에서 아직 제정하지 않은 것을 제정하지 않았고, 또한 이미 제정한 것을 마땅히 버리지 않았습니다. 세존께서 제정하여 세웠던 학처를 취하여 진실로 행하였습니다."

"옳도다. 우파사나여. 아직 제정하지 않은 것을 제정하지 않았고, 이미 제정한 것을 마땅히 버리지 않았구려. 제정하여 세웠던 학처를 취하여 진실로 행하였구려. 우파사나여. 여러 비구들의 가운데에서 아련야에 머무르는 자, 걸식하는 자, 분소의를 입는 자 등은 뜻을 따라서 와서 나를 보는 것을 허락하겠노라."

그때 많은 대중들이 '우리들은 장로 우파사나붕건타자를 바일제로써 다스리겠다.'라고 생각하면서 문밖에 서 있었다. 이때 장로 우파사나붕건타자는 자리에서 일어나서 세존의 발에 예경하고서 오른쪽으로 돌면서 떠나갔다. 그때 여러 비구들이 우파사나붕건타자에게 말하였다.

"장로 우파사나여. 그대는 사위성의 승가에게 규범이 있는 것을 아십니까?"

"장로들이여. 세존께서도 역시 나에게 '그대는 사위성에서 아직 제정하지 않은 것을 제정하지 않았고, 이미 제정한 것을 마땅히 버리지 않았구려. 제정하여 세웠던 학처를 취하여 진실로 행하였구려.'라고 이와 같이 말씀하셨습니다."

그때 여러 비구들은 말하였다.

"장로 우파사나는 아직 제정하지 않은 것을 제정하게 하지 않았고, 이미 제정한 것을 마땅히 버리지 않았구나! 제정하여 세웠던 학처를 취하여 진실로 행하였구나!"

1-3 여러 비구들은 세존께서 "아련야의 비구, 걸식하는 비구, 분소의를 입는 비구 등은 뜻을 따라서 와서 나를 보는 것을 허락하겠노라."라고 말씀하셨던 것을 들었다. 여러 비구들은 세존을 보았던 인연으로 그 와구를 버렸고, 아련야의 비구로 분장하였으며, 걸식하는 비구로 분장하였고, 분소의 비구로 분장하였다. 이때 세존께서는 여러 비구들의 방사를 살피면서 처소를 다니셨다. 처소에 와구를 버린 것을 보시고서 여러 비구들에게 말씀하셨다.

"여러 비구들이여. 무슨 까닭으로 와구들을 여러 곳에 버렸는가?"

여러 비구들은 이 일로써 세존께 아뢰었다. 이때 세존께서는 이 인연으로써 설법하셨고, 여러 비구들에게 알려 세존께서는 말씀하셨다.

"그러므로 여러 비구들이여. 나는 열 가지의 이익을 까닭으로써 여러 비구들을 위하여 학처를 제정하겠나니, 승가를 섭수하기 위하여, 승가의 안락을 위하여, 악인을 조복하기 위하여, …… 나아가 …… 율을 공경하고 존중하기 위함이니라. 여러 비구들이여. 그대들은 마땅히 이와 같은 학처를 송출할지니라.

'만약 비구가 와구를 지었고 색을 무너트리려는 까닭이라면, 마땅히 옛날 와구에서 가장자리에 세존의 1걸수(搩手)를 취하여 덧대야 한다. 만약 비구가 옛날 와구에서 세존의 1걸수를 취하여 덧대지 않았으며, 새롭게 와구를 짓게 시키는 자는 니살기바일제를 범하느니라.'"

2-1 '짓다.'는 스스로가 짓거나, 혹은 다른 사람을 시켜서 짓는 때이다.

'좌구'는 깔고서 앉는 것을 말한다.

'와구'는 나란히 펼쳐서 만든 것이고, 직물은 아니다.

'색을 무너트리려는 까닭으로, 마땅히 옛날 와구에서 가장자리에 세존의 1걸수를 취하여 덧대야 한다.'는 견고하게 하기 위하여 마땅히 주위를 잘라내거나, 혹은 네 모서리를 잘라내고서, 새로운 와구를 한 곳에 펼쳐놓거나, 혹은 거칠게 찢어서 펼쳐놓은 것이다.

'옛날 와구'는 먼저 한 번을 펼쳤거나, 혹은 먼저 한 번을 사용한 것이다.

'만약 옛 와구에서 가장자리에 세존의 1걸수를 취하여 덧대야 한다.'는 만약 옛날 와구에서 가장자리에 세존의 1걸수를 취하지 않고서 스스로가 지었거나, 다른 사람을 시켜서 새롭게 와구를 지었거나, 마땅히 준비하는 때라면 돌길라를 범하고, 지어서 완성한 자는 사타를 범하나니, 마땅히 승가에게 버려야 하고, 별중에게 버려야 하며, 혹은 사람에게 버려야 한다. 비구는 마땅히 이와 같이 버려야 한다.

"여러 대덕들이여. 이 와구는 내가 옛날 와구에서 가장자리에 세존의 1걸수를 취하지 않고서 덧대어 지었던 물건이므로 마땅히 그것을 버립니다. 나는 지금 이 와구를 승가에 버립니다."

버리고서 스스로가 그 죄를 참회하며 아뢰어야 한다. 마땅히 한 총명하고 유능한 비구가 그 죄의 참회를 섭수하고서 버렸던 와구를 돌려주어야 한다.

"대덕 승가께서는 허락하십시오. 이 와구는 바로 어느 비구의 사타의 와구이고, 이미 승가에서 버렸습니다. 만약 승가께서 때에 이르셨다면 승가는 마땅히 이 와구를 누구 비구에게 돌려주겠습니다."

…… 나아가 …… 여러 대중들의 처소에 이르러 오른쪽 어깨를 드러내고, …… 나아가 …… "여러 대덕들께서 만약 때에 이르렀다면 이 와구를 마땅히 누구 비구에게 돌려주겠습니다." …… 나아가 …… 한 비구의 처소에 이르러 오른쪽 어깨를 드러내고, …… 나아가 …… "나는 이 와구를 대덕에게 주겠습니다."

2-2 스스로가 지으면서 아직 완성되지 않았으나, 스스로에게 짓게 시켜서 완성한 자는 사타를 범한다. 스스로가 지으면서 아직 완성되지 않았으나, 다른 사람에게 시켜서 지으면서 완성한 자는 사타를 범한다. 다른 사람에게 시켜서 지으면서 아직 완성되지 않았으나, 스스로가 지으면서 완성한 자는 사타를 범한다. 다른 사람에게 시켜서 지으면서 아직 완성되지 않았으나, 다른 사람에게 시켜서 완성한 자는 사타를 범한다.

2-3 옛날 와구에서 가장자리에 세존의 1걸수를 취하고서 덧대어 지었거나, 얻지 않은 때에 취하고서 덧대어 작은 양으로 그것을 지었거나, 얻지 않은 때에 작은 양을 취하고서 덧대어 그것을 지었거나, 다른 사람이 지었고 얻어서 수용하였거나, 일산·양탄자·장막·긴 베개·베개 등을 지었거나, 미쳤던 자이거나, 최초로 범한 자는 범하지 않는다.

[열다섯 번째의 사타를 마친다.]

16) 자담부양모(自擔負羊毛) 학처

1-1 그때 불·세존께서는 사위성의 기수급고독원에 머무르셨다.

그때 한 비구가 사위성으로 오면서 도중에 교살라국(憍薩羅國)[19]에서 양털을 얻었다. 이때 비구는 양털을 가지고 울다라승으로 감싸서 다녔는데, 여러 사람들이 그 비구를 보고서 웃으면서 말하였다.

"대덕이여. 그대는 조금을 사셨습니다. 조금의 이익은 있습니까?"

그 비구는 사람들에게 조롱과 비웃음을 당하였으므로 성냄이 있었으므로, 그 비구는 사위성에 이르러 서서 양털을 던져두고 떠나갔다. 여러 비구들이 그 비구에게 말하였다.

"장로여. 그대는 무슨 까닭으로 서서 양털을 던지고 떠나갑니까?"

"장로들이여. 나는 진실로 이 양털로 여러 사람들에게 웃음거리가 되었습니다."

"장로여. 그대는 매우 먼 거리에서 이 양털을 가지고 왔습니까?"

"장로들이여. 나는 3유순(由旬)[20]을 넘겼습니다."

여러 비구들의 가운데에서 욕심이 적은 자들은 싫어하고 비난하였다.

"무슨 까닭으로 비구가 양털을 가지고 3유순을 넘겨서 다니는가?"

여러 비구들은 이 일로써 세존께 아뢰었고, 세존께서는 말씀하셨다.

"비구여. 그대가 진실로 양털을 가지고 3유순을 넘겨서 다녔는가?"

"진실로 그렇습니다. 세존이시여."

세존께서는 여러 방편으로 꾸짖으셨다.

"어리석은 사람들이여. 그대는 어찌하여 양털을 가지고 3유순을 넘겨서 다녔는가? 어리석은 사람들이여. 이것은 오히려 믿지 않는 자는 신심이

---

19) 팔리어 Kosala(코살라)의 음사이고, 사위성이 있었던 코살라국을 가리킨다. 현재의 우타르프라데시에서 서부 오디샤에 이르는 아와드 지역에 해당한다. 코살라국은 기원전 5세기 무렵에 세존의 Shakya 부족의 영토를 통합하였다.

20) 팔리어 Yojana(요자나)의 음사이고, 고대 인도의 거리의 단위로 대유순(80리), 중유순(60리), 소유순(40리)의 3가지가 있다. 혹은 소달구지로 하루에 갈 수 있는 거리를 1유순이라고 말하는데, 11~15㎞라고 전해진다.

생겨나지 않게 하고, …… 이미 믿었던 자는 일부가 전전하여 다른 곳으로 향하여 떠나가게 하느니라."

이와 같이 세존께서는 여러 종류의 방편으로써 여러 비구들을 꾸짖고서 뒤에 부양이 어렵고 가르치고 양육함이 어려우며, …… 나아가 …… 여러 비구들을 위하여 적절한 법을 수순하여 설하신 뒤에 여러 비구들에게 알려 말씀하셨다.

"여러 비구들이여. 나는 열 가지의 이익을 까닭으로써 여러 비구들을 위하여 학처를 제정하겠나니, 그대들은 마땅히 이와 같이 학처를 송출할 지니라.

'만약 비구가 도로를 다니는 때에 양털을 얻었는데, 필요하다면 마땅히 받을 수 있다. 받고서 가지고 오는 자가 없는 때이고, 스스로가 가지고서 오고자 하였다면 3유순으로 제한하겠노라. 만약 이것을 지니고서 넘었다 면 비록 지녔던 자가 없더라도 니살기바일제를 범하느니라.'"

2-1 '만약 비구가 도로를 다니는 때'는 바로 도로를 다니겠다는 뜻이 있는 것이다.

'양털을 얻다.'는 승가를 쫓아서, 혹은 별중에게, 혹은 친족에게, 혹은 지식에게 얻었거나, 혹은 스스로가 분소의 물건을 얻었거나, 혹은 자기의 재물로 얻은 것이다.

'필요하다.'는 그것을 희망한다는 뜻이다.

'받고서 가지고 오는 자가 없는 때이고, 스스로가 가지고서 오고자 하였다면 3유순으로 제한하다.'는 최고로 멀리 스스로가 가지고 3유순을 갈 수 있다는 뜻이다.

'지닌 자가 없는 때'는 그 어느 누구라도 가지고 오는 자는 혹은 여인이거나, 혹은 남자이거나, 혹은 재가자이거나, 혹은 출가자가 없는 것이다.

'만약 이것을 지니고서 넘겼고 비록 지녔던 자가 없더라도'는 3유순을 넘겨서 최초의 한 걸음을 갔다면 돌길라를 범하고, 두 걸음을 갔던 자는 사타를 범한다. 3유순의 안에 서 있으며, 3유순의 밖으로 던지는 자도 사타를 범한다. 다른 사람의 수레이거나, 혹은 짐꾸러미에 방치하고서 알지 못하여 3유순을 넘겼어도 사타를 범하나니, 마땅히 승가에게 버려야 하고, 별중에게 버려야 하며, 혹은 사람에게 버려야 한다. 비구는 마땅히 이와 같이 버려야 한다.

"여러 대덕들이여. 이 양털은 내가 3유순을 넘겨서 가지고 왔던 물건이므로 마땅히 그것을 버립니다. 나는 지금 이 물건을 승가에 버립니다."

버리고서 스스로가 그 죄를 참회하며 아뢰어야 한다. 마땅히 한 총명하고 유능한 비구가 그 죄의 참회를 섭수하고서 버렸던 물건을 돌려주어야 한다.

"대덕 승가께서는 허락하십시오. 이 옷은 바로 어느 비구의 사타의 물건이고, 이미 승가에서 버렸습니다. 만약 승가께서 때에 이르셨다면 승가는 마땅히 이 물건을 누구 비구에게 돌려주겠습니다."

…… 나아가 …… 여러 대중들의 처소에 이르러 오른쪽 어깨를 드러내고, …… 나아가 …… "여러 대덕들께서 만약 때에 이르렀다면 이 물건을 마땅히 누구 비구에게 돌려주겠습니다." …… 나아가 …… 한 비구의 처소에 이르러 오른쪽 어깨를 드러내고, …… 나아가 …… "나는 이 물건을 대덕에게 주겠습니다."

2-2 3유순을 넘겼고 넘겼다는 생각이 있었는데, 넘겨서 다니는 자는 사타를 범한다. 3유순을 넘겼고 넘겼다는 의심이 있었는데, 넘겨서 다니는 자는 사타를 범한다. 3유순을 넘겼고 넘기지 않았다는 생각이 있었는데, 넘겨서 다니는 자는 사타를 범한다.

3유순을 넘기지 않았고 넘겼다는 생각이 있었는데, 넘겨서 다니는 자는 돌길라를 범한다. 3유순을 넘기지 않았고 넘겼다는 의심이 있었는데, 넘겨서 다니는 자는 돌길라를 범한다. 3유순을 넘기지 않았고, 넘기지 않았다는 생각이 있었는데, 넘겨서 다니는 자는 돌길라를 범한다.

2-3 3유순을 가지고 왔거나, 3유순의 이하를 가지고 왔거나, 3유순을

가지고 왔으나 또한 돌아갔거나, 3유순에서 묵으려는 뜻이었고 3유순을
간 뒤에 이 처소에서 가지고 다른 처소로 갔거나, 빼앗겼으나 다시 얻어서
가지고 왔거나, 버려진 물건을 얻어서 다시 가지고 왔거나, 짐꾸러미를
지어서 다른 사람이 가지고 가게 시켰거나, 미쳤던 자이거나, 최초로
범한 자는 범하지 않는다.

[열여섯 번째의 사타를 마친다.]

17) 비친족비구니완염(非親族比丘尼浣染) 학처

1-1 그때 불·세존께서는 석가국(釋迦國)[21] 가비라위성(迦毘羅衛城)[22]의
니구율원(尼拘律園)[23]에 머무르셨다.

그때 육군비구들이 비구니에게 양털을 세탁하고 염색하며 다듬게 시켰
다. 여러 비구니들은 양털을 세탁하고 염색하며 다듬었으므로 송출(誦出),
질문(質問), 증상계(增上戒), 증상심(增上心), 증상혜(增上慧)에 게을러지
고 그만두었다. 이때 마하파사파제구담미(摩訶波闍波提瞿曇彌)[24]가 세존
의 처소에 이르렀고 세존의 발에 예경하고서 물러나서 한쪽에 서 있었다.
서 있었으므로 세존께서는 마하파사파제구담미를 마주하고서 이와 같이
말씀하셨다.

"구담미여. 여러 비구니들은 진실로 부지런히 정진하고, 스스로가 인욕
하면서 머무르고 있습니까?"

"세존이시여. 비구니들이 어떻게 부지런히 정진하겠습니까? 육군비구
들이 비구니에게 양털을 세탁하고 염색하며 다듬게 시켰고, 여러 비구니

---

21) 팔리어 Sakka(사카)의 음사이다.
22) 팔리어 Kapilavatthu(카필라바투)의 음사이다.
23) 팔리어 Nigrodhārāma(니그로다라마)의 음사이다.
24) 팔리어 Mahāpajāpati gotamī(마하파자파티 고타미)의 음사이다.

들은 양털을 세탁하고 염색하며 다듬었으므로 송출, 질문, 증상계, 증상심, 증상혜에서 게을러지고 그만두었습니다.”

이때 세존께서는 마하파사파제구담미를 마주하고 설법하시어 가르치셨고, 보여주었으며 이익되고 기쁘게 하셨다. 이때 마하파사파제구담미는 세존께서 설법하시어 가르치셨고, 보여주었으며, 이익되고 기쁘게 하셨으므로 세존의 발에 예경하였고 오른쪽으로 돌면서 돌아갔다.

그때 세존께서는 이 인연으로써 비구승가를 모으셨으며, 육군비구들에게 알려 말씀하셨다.

“육군비구들이여. 그대들이 진실로 비구니들에게 양털을 세탁하고 염색하며 다듬게 시켰는가?”

“진실로 그렇습니다. 세존이시여.”

“육군비구들이여. 이 비구니들이 그대의 친족인가? 친족이 아닌가?”

“세존이시여. 친족이 아닙니다.”

세존께서는 여러 방편으로 꾸짖으셨다.

“어리석은 사람들이여. 친족이 아닌데 친족이 아닌 여인을 마주하면서 위의와 위의가 아닌 것을 알지 못하였고, 청정한 행과 청정하지 않은 행을 알지 못하였는가? 이러한 까닭으로 어리석은 사람들이여. 그대들은 친족이 아닌 비구니에게 양털을 빨고 염색하며 다듬게 시킬 수 없느니라. 어리석은 사람들이여. 이것은 오히려 믿지 않는 자는 신심이 생겨나지 않게 하고, …… 이미 믿었던 자는 일부가 전전하여 다른 곳으로 향하여 떠나가게 하느니라.”

이와 같이 세존께서는 여러 종류의 방편으로써 육군비구들을 꾸짖고서 뒤에 부양이 어렵고 가르치고 양육함이 어려우며, …… 나아가 …… 여러 비구들을 위하여 적절한 법을 수순하여 설하신 뒤에 여러 비구들에게 알려 말씀하셨다.

“여러 비구들이여. 나는 열 가지의 이익을 까닭으로써 여러 비구들을 위하여 학처를 제정하겠나니, 그대들은 마땅히 이와 같이 학처를 송출할지니라.

'어느 누구의 비구일지라도 친족이 아닌 비구니에게 양털을 세탁하고 염색하며 다듬게 시키는 자는 니살기바일제를 범하느니라.'

2-1 '어느 누구'는 어느 태어난 곳의 이유, …… 혹은 중간의 법랍이었다면 이것을 '어느 누구'라고 말한다.

'비구'는 구걸하는 비구이니, 일을 쫓아서 걸식하는 비구, …… 곧 이것에서 '비구'의 뜻이라고 말하는 것이다.

'친족이 아니다.'는 7대에 이르도록 부모에게 얽혀진 친족이 아닌 자이다.

'비구니'는 2부중에게 구족계를 받은 자이다.

'입었던 옷'은 이미 입고서 지냈던 옷이다.

'그것을 세탁하시오.'라고 이와 같이 시키는 자는 돌길라를 범하고, 그것을 세탁시키는 자는 사타를 범한다. '그것을 염색하시오.'라고 이와 같이 시키는 자는 돌길라를 범하고, 그것을 염색시키는 자는 사타를 범한다. '그것을 다듬으시오.'라고 이와 같이 시키는 자는 돌길라를 범하고, 그것을 다듬게 시키는 자는 사타를 범하나니, 마땅히 승가에게 버려야 하고, 별중에게 버려야 하며, 혹은 사람에게 버려야 한다. 비구는 마땅히 이와 같이 버려야 한다.

"여러 대덕들이여. 이 양털을 내가 친족이 아닌 비구니에게 양털을 세탁하게 시켰던 이유로 마땅히 그것을 버립니다. 나는 지금 이 양털을 승가에 버립니다."

버리고서 스스로가 그 죄를 참회하며 아뢰어야 한다. 마땅히 한 총명하고 유능한 비구가 그 죄의 참회를 섭수하고서 버렸던 양털을 돌려주어야 한다.

"대덕 승가께서는 허락하십시오. 이 양털은 바로 어느 비구의 사타의 양털이고, 이미 승가에서 버렸습니다. 만약 승가께서 때에 이르셨다면 승가는 마땅히 이 양털을 누구 비구에게 돌려주겠습니다."

…… 나아가 …… 여러 대중들의 처소에 이르러 오른쪽 어깨를 드러내고, …… 나아가 …… "여러 대덕들께서 만약 때에 이르렀다면 이 양털을

마땅히 누구 비구에게 돌려주겠습니다." …… 나아가 …… 한 비구의
처소에 이르러 오른쪽 어깨를 드러내고, …… 나아가 …… "나는 이 양털을
대덕에게 주겠습니다."

2-2 친족이 아니었고 친족이라는 생각이 있었는데, 양털을 세탁하게
시키는 자는 사타를 범한다. 친족이 아니었고 친족이 아니라는 생각이
있었는데, 양털을 세탁하게 시켰고, 염색하게 시키는 자는 하나의 사타와
하나의 돌길라를 범한다. 친족이 아니었고 친족이 아니라는 생각이 있었
는데, 양털을 세탁하게 시켰고, 다듬게 시키는 자는 하나의 사타와 하나의
돌길라를 범한다. 친족이 아니었고 친족이 아니라는 생각이 있었는데,
양털을 세탁하게 시켰고, 염색하게 시켰으며, 다듬게 시키는 자는 하나의
사타와 두 번의 돌길라를 범한다.

　친족이 아니었고 친족이 아니라는 생각이 있었는데, 양털을 염색하게
시키는 자는 사타를 범한다. 친족이 아니었고 친족이 아니라는 생각이
있었는데, 양털을 염색하게 시켰고, 다듬게 시키는 자는 하나의 사타와
하나의 돌길라를 범한다. 친족이 아니었고 친족이 아니라는 생각이 있었
는데, 양털을 염색하게 시켰고, 세탁하게 시키는 자는 하나의 사타와
하나의 돌길라를 범한다. 친족이 아니었고 친족이 아니라는 생각이 있었
는데, 양털을 염색하게 시켰고, 다듬게 시켰으며, 입었던 옷을 세탁하게
시키는 자는 하나의 사타와 두 번의 돌길라를 범한다.

　친족이 아니었고 친족이 아니라는 생각이 있었는데, 양털을 다듬게
시키는 자는 사타를 범한다. 친족이 아니었고 친족이 아니라는 생각이
있었는데, 양털을 다듬게 시켰고, 세탁하게 시키는 자는 하나의 사타와
하나의 돌길라를 범한다. 친족이 아니었고 친족이 아니라는 생각이 있었
는데, 양털을 다듬게 시켰고, 염색하게 시키는 자는 하나의 사타와 하나의
돌길라를 범한다. 친족이 아니었고 친족이 아니라는 생각이 있었는데,
양털을 다듬게 시켰고, 세탁하게 시켰으며, 염색하게 시키는 자는 하나의
사타와 두 번의 돌길라를 범한다.

친족이 아니었고 친족이 아니라는 의심이 있었는데, 양털을 다듬게 시키는 자는 사타를 범한다. 친족이 아니었고 친족이 아니라는 의심이 있었는데, 양털을 다듬게 시켰고, 세탁하게 시키는 자는 하나의 사타와 하나의 돌길라를 범한다. 친족이 아니었고 친족이 아니라는 의심이 있었는데, 양털을 다듬게 시켰고, 염색하게 시키는 자는 하나의 사타와 하나의 돌길라를 범한다. 친족이 아니었고 친족이 아니라는 의심이 있었는데, 양털을 다듬게 시켰고, 세탁하게 시켰으며, 염색하게 시키는 자는 하나의 사타와 두 번의 돌길라를 범한다.

친족이 아니었고 친족이라는 생각이 있었는데, 양털을 다듬게 시키는 자는 사타를 범한다. 친족이 아니었고 친족이라는 의심이 있었는데, 양털을 다듬게 시켰고, 세탁하게 시키는 자는 하나의 사타와 하나의 돌길라를 범한다. 친족이 아니었고 친족이라는 의심이 있었는데, 양털을 다듬게 시켰고, 염색하게 시키는 자는 하나의 사타와 하나의 돌길라를 범한다. 친족이 아니었고 친족이라는 의심이 있었는데, 양털을 다듬게 시켰고, 세탁하게 시켰으며, 염색하게 시키는 자는 하나의 사타와 두 번의 돌길라를 범한다.

다른 사람의 양털을 세탁하는 자는 돌길라를 범한다. 오직 비구니의 승가에 의지하여 구족계를 받은 자에게 양털을 세탁하게 시키는 자는 돌길라를 범한다.

친족이었고 친족이 아니라는 생각이 있었는데, 양털을 세탁하거나, 염색하거나, 다듬게 시키는 자는 돌길라를 범한다. 친족이었고 친족이 아니라는 의심이 있었는데, 양털을 세탁하거나, 염색하거나, 다듬게 시키는 자는 돌길라를 범한다. 친족이었고 친족이라는 생각이 있었는데, 양털을 세탁하거나, 염색하거나, 다듬게 시키는 자는 범하지 않는다.

2-3 친족인 비구니가 그것을 세탁하였거나, 친족이 아니었던 비구니가 도우려는 때이었거나, 세탁하라고 말하지 않았거나, 세탁하게 시켰어도 양털 제품을 사용하지 않았던 때이거나, 식차마나에게 그것을 시켰거나,

사미니에게 그것을 세탁하게 시켰거나, 미쳤던 자이거나, 최초로 범한 자는 범하지 않는다.

[열일곱 번째의 사타를 마친다.]

18) 착금은(捉金銀) 학처

1-1 그때 불·세존께서는 왕사성의 가란타죽원에 머무르셨다.

이때 우파난타 석자에게 왕사성의 한 단월의 집에서 항상 음식을 보시하였다. 일반적으로 이 집에서 작식(嚼食)과 담식(噉食)을 얻었다면 그 가운데에서 일부분을 반드시 장로 우파난타의 몫으로 남겨두었다. 하루는 늦게 그 집에 고기가 있었고, 우파난타 석자의 몫으로 남겨두었는데, 그 집의 아이가 밤의 밝은 때에 일어났고 울면서 말하였다.

"나에게 고기를 주세요."

이때 거사가 아내를 마주하고서 말하였다.

"대덕의 몫을 아이에게 주시오. 우리들은 별도로 사서 대덕께 줍시다."

이때 장로 우파난타 석자는 이른 아침에 하의를 입고서 옷과 발우를 지니고서 그의 집에 이르렀고, 펼쳐진 자리의 위에 앉았다. 그때 그 거사는 우파난타의 앞에서 예배하고 물러나서 한쪽에 앉았다. 한쪽에 앉고서 그 거사는 장로 우파난타 석자에게 이와 같이 말하였다.

"어젯밤 늦게 고기를 얻었고 그 중에 일부분을 대덕을 위하여 남겨두었습니다. 대덕이여. 밤의 밝은 때에 이르러 이 아이가 일어났고 울면서 '나에게 고기를 주세요.'라고 말하던 까닭으로 대덕의 몫을 주었습니다. 대덕이여. 1금전(金錢)25)을 가지고 무슨 물건을 얻겠습니까?"

---

25) 팔리어 māsaka(마사카)의 의역이고, 고대 인도의 동전의 한 종류로 금·은과 동으로 만들었다. 1kahāpaṇa(카하파나)는 20māsaka의 가치를 지녔고, 1pāda(파다)는 5māsaka의 가치를 지녔으므로, 1kahāpaṇa는 4pāda의 가치를 지니고

"현자여. 이 1전을 나를 위하여 남겨두었던 것이오?"

"그렇습니다. 대덕을 위하여 남겨두었습니다."

"현자여. 그 1전을 마땅히 나에게 주시오."

이때 거사는 장로 우파난타 석자에게 1전을 주었으나, 싫어하고 비난하였다.

"우리들이 금전을 지니는 것과 같구나! 그들 사문 석자들도 이와 같이 금전을 받아서 지니는구나!"

여러 비구들은 여러 거사들이 싫어하고 비난하는 것을 들었다. 여러 비구들의 가운데에서 욕심이 적은 자들은 싫어하고 비난하였다.

"무슨 까닭으로 장로 우파난타 석자는 금전을 받아서 지니는가?"

여러 비구들은 이 일로써 세존께 아뢰었고, 세존께서는 말씀하셨다.

"우파난타여. 그대가 진실로 금전을 받아서 지녔는가?"

"진실로 그렇습니다. 세존이시여."

세존께서는 여러 방편으로 꾸짖으셨다.

"어리석은 사람이여. 그대는 어찌하여 금전을 받아서 지녔는가? 어리석은 사람이여. 이것은 오히려 믿지 않는 자는 신심이 생겨나지 않게 하고, …… 이미 믿었던 자는 일부가 전전하여 다른 곳으로 향하여 떠나가게 하느니라."

이와 같이 세존께서는 여러 종류의 방편으로써 우파난타를 꾸짖고서 뒤에 부양이 어렵고 가르치고 양육함이 어려우며, …… 나아가 …… 여러 비구들을 위하여 적절한 법을 수순하여 설하신 뒤에 여러 비구들에게 알려 말씀하셨다.

"여러 비구들이여. 나는 열 가지의 이익을 까닭으로써 여러 비구들을 위하여 학처를 제정하겠나니, 그대들은 마땅히 이와 같이 학처를 송출할지니라.

'어느 누구의 비구일지라도 스스로가 금·은과 금전을 붙잡거나, 혹은

_____

있었다.

시켜서 붙잡게 하거나, 혹은 그것을 남겨두게 하고서 받는 자는 니살기바일제를 범하느니라.'"

2-1 '어느 누구'는 어느 태어난 곳의 이유, …… 혹은 중간의 법랍이었다면 이것을 '어느 누구'라고 말한다.

'비구'는 구걸하는 비구이니, 일을 쫓아서 걸식하는 비구, …… 곧 이것에서 '비구'를 뜻한다고 말하는 것이다.

'붙잡다.'는 스스로가 취하는 자는 사타이다.

'금·은'은 황금 등을 말한다.

'금전'은 가리사반(迦利沙槃)26)의 금전이거나, 동(銅)의 금전이거나, 나무(木)의 금전이거나, 수교(樹膠)27)의 금전 등이고, 일반적으로 통용되는 것이다.

'남겨두게 하고서 받다.'는 "이것은 대덕의 물건입니다."라고 말하고서 다른 사람을 위하여 남겨두는 것이며, 그것을 받는 자는 사타이니, 마땅히 승가의 가운데에서 버려야 한다. 여러 비구들이여. 마땅히 이와 같이 버려야 한다.

그 비구는 승가의 처소에 이르러 오른쪽 어깨를 드러내고 상좌의 발에 예배하고 호궤 합장하고서 이와 같이 아뢰어야 한다.

"여러 대덕들이여. 내가 금전을 붙잡고서 취하였으므로 마땅히 그것을 버립니다. 나는 지금 이것을 승가에 버립니다."

버리고서 스스로가 그 죄를 참회하며 아뢰어야 한다. 마땅히 한 총명하고 유능한 비구가 그 죄의 참회를 섭수하여야 한다. 만약 이곳에 정인이 있었거나, 혹은 우바새가 왔던 때라면 그에게 마땅히 이와 같이 말해야 한다.

"현자여. 이것을 아십시오."

만약 그가 바로 "이것으로 무슨 물건을 가지고 와야 합니까?"라고

---

26) 팔리어 Kahāpaṇa(카하파나)의 음사이다.
27) 나무의 껍질에 상처를 만들어 채취하는 아교(阿膠) 같은 진액을 가리킨다.

말하였어도, "이와 같고 이와 같은 물건을 가져오십시오."라고 말할 수 없고, 마땅히 소(酥), 기름, 꿀, 석밀 등의 청정한 물건을 보여주어야 한다. 만약 그가 청정한 물건으로 교환하여 가지고 왔던 이유라면 곧 금전을 붙잡았던 비구를 제외하고서 그 소유물을 사람들이 모두 사용할 수 있다. 이와 같이 이것을 얻어서 사용할 수 있다. 만약 얻지 못하였다면 그에게 마땅히 말해야 한다.

"현자여. 그것을 버리십시오."

만약 그가 버린다면 좋으나, 만약 버리지 않는다면 마땅히 5법을 구족한 비구를 뽑아서 그 비구가 금전을 버리게 맡겨야 하나니, 곧 애욕의 행이 없어야 하고, 성냄의 행이 없어야 하며, 어리석음의 행이 없어야 하고, 두려운 행이 없어야 하며, 버리고 버리지 않을 것을 아는 것이다.

여러 비구들이여. 마땅히 이와 같이 뽑아야 한다. 첫 번째로 그 비구에게 애원하여 청해야 하고, 애원하여 청하였다면 마땅히 한 총명하고 유능한 비구가 승가의 가운데에서 창언하여 말한다.

"대덕 승가께서는 허락하십시오. 만약 승가께서 때에 이르렀다면 승가께서는 누구 비구에게 금전을 버리게 맡기도록 뽑는 것을 허락하여 주십시오. 이와 같이 아룁니다."

"대덕 승가께서는 허락하십시오. 누구 비구에게 금전을 버리게 맡기고자 뽑는 것을 허락하여 주십시오. 여러 대덕들께서 누구 비구에게 금전을 버리게 맡기도록 뽑는 것을 인정하신다면 묵연하시고, 인정하지 않으신다면 말씀하십시오.'

'승가시여. 누구 비구가 누구 비구에게 금전을 버리게 맡기도록 뽑는 것을 마쳤습니다. 승가께서 인정하신 것은 묵연하였던 까닭입니다. 나는 이와 같이 알고 이해하겠습니다.'"

그것에 뽑혀서 맡은 비구라면 마땅히 상(相)을 짓지 않고서 그것을 던져야 한다. 만약 상을 짓고서 던지는 자는 돌길라를 범한다.

2-2 금·은이었고 금·은이라는 생각이 있었는데, 금·은을 붙잡은 자는

사타를 범한다. 금·은이었고 금·은이라는 의심이 있었는데, 금·은을 붙잡은 자도 사타를 범한다. 금·은이었고 금·은이 아니라는 생각이 있었는데, 금·은을 붙잡은 자도 사타를 범한다.

금·은이 아니었고 금·은이라는 생각이 있었는데, 금·은을 붙잡은 자는 돌길라를 범한다. 금·은이 아니었고 금·은이라는 의심이 있었는데, 금·은을 붙잡은 자도 돌길라를 범한다. 금·은이 아니었고 금·은이 아니라는 생각이 있었는데, 금·은을 붙잡은 자는 범하지 않는다.

2-3 정사 안에서, 혹은 주처에서 스스로가 붙잡았거나, 혹은 붙잡고 그것을 감추었으며 "소유자가 마땅히 가져갈 것이다."라고 말하였거나, 미쳤던 자이거나, 최초로 범한 자는 범하지 않는다.

[열여덟 번째의 사타를 마친다.]

19) 매매금은(買賣金銀) 학처

1-1 그때 불·세존께서는 사위성의 기수급고독원에 머무르셨다.

이때 육군비구들은 여러 종류의 금·은을 매매하였다. 여러 거사들은 싫어하고 비난하였다.

"무슨 까닭으로 사문 석자들은 재가에서 사람들이 욕망을 받는 것과 같은가? 어찌 여러 종류의 금·은을 매매하는가?"

여러 비구들은 여러 거사들이 싫어하고 비난하는 것을 들었다. 여러 비구들의 가운데에서 욕심이 적은 자들은 싫어하고 비난하였다.

"무슨 까닭으로 육군비구들은 여러 종류의 금·은을 매매하는가?"

여러 비구들은 이 일로써 세존께 아뢰었고, 세존께서는 말씀하셨다.

"육군비구들이여. 그대들이 진실로 여러 종류의 금·은을 매매하였는가?"

"진실로 그렇습니다. 세존이시여."

세존께서는 여러 방편으로 꾸짖으셨다.

"어리석은 사람이여. 그대는 어찌하여 여러 종류의 금·은을 매매하였는가? 어리석은 사람이여. 이것은 오히려 믿지 않는 자는 신심이 생겨나지 않게 하고, …… 이미 믿었던 자는 일부가 전전하여 다른 곳으로 향하여 떠나가게 하느니라."

이와 같이 세존께서는 여러 종류의 방편으로써 육군비구들을 꾸짖고서 뒤에 부양이 어렵고 가르치고 양육함이 어려우며, …… 나아가 …… 여러 비구들을 위하여 적절한 법을 수순하여 설하신 뒤에 여러 비구들에게 알려 말씀하셨다.

"여러 비구들이여. 나는 열 가지의 이익을 까닭으로써 여러 비구들을 위하여 학처를 제정하겠나니, 그대들은 마땅히 이와 같이 학처를 송출할지니라.

어느 누구의 비구일지라도 만약 여러 종류의 금·은을 매매하는 자는 니살기바일제를 범하느니라."

2-1 '어느 누구'는 어느 태어난 곳의 이유, …… 혹은 중간의 법랍이었다면 이것을 '어느 누구'라고 말한다.

'비구'는 구걸하는 비구이니, 일을 쫓아서 걸식하는 비구, …… 곧 이것에서 '비구'를 뜻한다고 말하는 것이다.

'매매하다.'는 완성(完成)된 것으로써 완성된 것을 매매하는 자는 사타이다. 완성된 것으로써 완성되지 않은 것을 매매하는 자도 사타이다. 완성된 것으로써 완성되었거나 완성되지 않은 것을 매매하는 자도 사타이다.

'그 여러 종류'는 이미 완성되었거나, 이미 완성되지 않았거나, 이미 완성되었고 완성되지 않은 것을 말한다.

'완성된 것'은 머리 장신구, 목 장신구, 손 장신구, 발 장신구, 허리 장신구 등이다.

'완성되지 않은 것'은 그 덩어리인 물건을 말한다.

'완성되었고 완성되지 않은 것'은 앞의 두 가지를 말한다.

'금전'은 황금을 말하거나, 가리사반이거나, 동의 금전이거나, 나무의 금전이거나, 수교의 금전 등이고, 일반적으로 통용되는 것이다.

완성되지 않은 것으로써 완성된 것을 매매하는 자는 사타이고, 완성되지 않은 것으로써 완성되지 않은 것을 매매하는 자도 사타이며, 완성되지 않은 것으로써 완성되고 완성되지 않은 것을 매매하는 자도 사타이다.

완성된 것으로써 완성된 것을 매매하는 자는 사타이고, 완성된 것으로써 완성되지 않은 것을 매매하는 자도 사타이며, 완성된 것으로써 완성되고 완성되지 않은 것을 매매하는 자도 사타이다.

완성되었거나 완성되지 않은 것으로써 완성된 것을 매매하는 자는 사타이고, 완성되었거나 완성되지 않은 것으로써 완성되지 않은 것을 매매하는 자도 사타이며, 완성되었거나 완성되지 않은 것으로써 완성되고 완성되지 않은 것을 매매하는 자도 사타이니, 마땅히 승가의 가운데에서 버려야 한다.

여러 비구들이여. 마땅히 이와 같이 버려야 한다. 그 비구는 승가의 처소에 이르러 오른쪽 어깨를 드러내고 상좌의 발에 예배하고 호궤 합장하고서 이와 같이 아뢰어야 한다.

"여러 대덕들이여. 내가 여러 종류의 금·은을 매매하였으므로 마땅히 그것을 버립니다. 나는 지금 이것을 승가에 버립니다."

버리고서 스스로가 그 죄를 참회하며 아뢰어야 한다. 마땅히 한 총명하고 유능한 비구가 그 죄의 참회를 섭수하여야 한다. 만약 이곳에 정인이 있었거나, 혹은 우바새가 왔던 때라면 그에게 마땅히 이와 같이 말해야 한다.

"현자여. 이것을 아십시오."

만약 그가 바로 "이것으로 무슨 물건을 가지고 와야 합니까?"라고 말하였어도, "이와 같고 이와 같은 물건을 가져오십시오."라고 말할 수 없고 마땅히 소, 기름, 꿀, 석밀 등의 청정한 물건을 보여주어야 한다. 만약 그가 청정한 물건으로 교환하여 가지고 왔던 이유라면 곧 금전을 붙잡았던 비구를 제외하고서 그 소유물을 사람들이 모두 사용할 수 있다. 이와 같이 이것을 얻어서 사용할 수 있다. 만약 얻지 못하였다면 그에게 마땅히 말해야 한다.

"현자여. 그것을 버리십시오."

만약 그가 버린다면 좋으나, 만약 버리지 않는다면 마땅히 5법을 구족한 비구를 뽑아서 그 비구가 금전을 버리게 맡겨야 하나니, 곧 애욕의 행이 없어야 하고, 성냄의 행이 없어야 하며, 어리석음의 행이 없어야 하고, 두려운 행이 없어야 하며, 버리고 버리지 않을 것을 아는 것이다.

여러 비구들이여. 마땅히 이와 같이 뽑아야 한다. 첫 번째로 그 비구에게 애원하여 청해야 하고, 애원하여 청하였다면, 마땅히 한 총명하고 유능한 비구가 승가의 가운데에서 창언하여 말한다.

"대덕 승가께서는 허락하십시오. 만약 승가께서 때에 이르렀다면 승가 께서는 누구 비구에게 금·은을 버리게 맡기도록 뽑는 것을 허락하여 주십시오. 이와 같이 아룁니다.

'대덕 승가께서는 허락하십시오. 누구 비구에게 금·은을 버리게 맡기도록 뽑는 것을 허락하여 주십시오. 여러 대덕들께서 누구 비구에게 금전을 버리게 맡기고자 뽑는 것을 인정하신다면 묵연하시고, 인정하지 않으신다면 말씀하십시오.'

'승가시여. 누구 비구가 누구 비구에게 금·은을 버리게 맡기도록 뽑는 것을 마쳤습니다. 승가께서 인정하신 것은 묵연하였던 까닭입니다. 나는 이와 같이 알고 이해하겠습니다.'"

그것에 뽑혀서 맡은 비구라면 마땅히 상을 짓지 않고서 그것을 던져야 한다. 만약 상을 짓고서 던지는 자는 돌길라를 범한다.

2-2 금·은이었고 금·은이라는 생각이 있었는데, 금·은을 붙잡은 자는 사타를 범한다. 금·은이었고 금·은이라는 의심이 있었는데, 금·은을 붙잡은 자도 사타를 범한다. 금·은이었고 금·은이 아니라는 생각이 있었는데, 금·은을 붙잡은 자도 사타를 범한다.

금·은이 아니었고 금·은이라는 생각이 있었는데, 금·은을 붙잡은 자는 돌길라를 범한다. 금·은이 아니었고 금·은이라는 의심이 있었는데, 금·은을 붙잡은 자도 돌길라를 범한다. 금·은이 아니었고 금·은이 아니라는 생각이 있었는데, 금·은을 붙잡은 자는 범하지 않는다.

미쳤던 자이거나, 최초로 범한 자는 범하지 않는다.

[열아홉 번째의 사타를 마친다.]

20) 교역(交易) 학처

1-1 그때 불·세존께서는 사위성의 기수급고독원에 머무르셨다.

이때 장로 우파난타 석자는 좋은 솜씨로 옷을 지었다. 그 비구는 외투를 옷감 조각으로 승가리를 지었는데, 가지런하게 꿰맸고 선명하고 화사한 붉은 색으로 그 옷을 염색하였다. 이때 한 사문이 값비싼 외투를 입고서 장로 우파난타 석자의 처소에 이르렀는데, 그를 마주하고서 말하였다.

"사문이여. 그대의 승가리는 진실로 좋구려. 나에게 주시오."

"사문이여. 그대는 진실로 아십니까?"

"그렇소. 나는 알고 있소."

"좋소. 그대의 옷이오."

그것을 주었고, 이와 같이 사문은 그 승가리를 입고서 자기의 처소로 돌아왔다. 다른 사문들이 그 사문을 마주하고서 이와 같이 말하였다.

"사문이여. 이 승가리는 그대에게 진실로 아름답구려. 그대는 어느 곳에서 얻었습니까?"

"사문들이여. 나의 외투로써 교환하고 왔습니다."

"사문이여. 이 승가리는 옛날 옷이어서 몇 일의 기한을 수용할 수 있소. 거꾸로 그대의 외투는 좋은 옷이오."

이때 그 사문은 생각하였다.

'그들의 말이 진실이다. 이 승가리는 몇 일의 기한을 수용할 수 있고, 반대로 나의 외투는 좋은 옷이다.'

곧 우파난타 석자의 처소에 이르러 이와 같이 말을 지었다.

"사문이여. 이것은 그대의 승가리이니, 나의 외투를 돌려주시오."

"사문이여. 나는 이미 그대에게 말하였고, 그대는 스스로가 알았소. 나는 돌려줄 수 없소."

이때 그 사문은 싫어하고 비난하였다.

"재가인이 재가인을 마주하고서 뒤에 후회한다면 오히려 돌려주는 것이다. 무엇을 위하여 출가자가 출가자를 마주하고서 돌려주지 않는가?"

여러 비구들은 이 사문이 싫어하고 비난하는 것을 들었다. 여러 비구들의 가운데에서 욕심이 적은 자들은 싫어하고 비난하였다.

"무슨 까닭으로 우파난타 석자는 사문과 함께 교환하는가?"

여러 비구들은 이 일로써 세존께 아뢰었고, 세존께서는 말씀하셨다.

"우파난타여. 그대가 진실로 사문과 함께 교환하였는가?"

"진실로 그렇습니다. 세존이시여."

세존께서는 여러 방편으로 꾸짖으셨다.

"어리석은 사람이여. 그대는 어찌하여 사문과 함께 교환하였는가? 어리석은 사람이여. 이것은 오히려 믿지 않는 자는 신심이 생겨나지 않게 하고, …… 이미 믿었던 자는 일부가 전전하여 다른 곳으로 향하여 떠나가게 하느니라."

이와 같이 세존께서는 여러 종류의 방편으로써 우파난타를 꾸짖고서 뒤에 부양이 어렵고 가르치고 양육함이 어려우며, …… 나아가 …… 여러 비구들을 위하여 적절한 법을 수순하여 설하신 뒤에 여러 비구들에게 알려 말씀하셨다.

"여러 비구들이여. 나는 열 가지의 이익을 까닭으로써 여러 비구들을 위하여 학처를 제정하겠나니, 그대들은 마땅히 이와 같이 학처를 송출할지니라.

어느 누구의 비구일지라도 만약 여러 종류의 물건을 교환하는 자는 니살기바일제를 범하느니라."

2-1 '어느 누구'는 어느 태어난 곳의 이유, …… 혹은 중간의 법랍이었다면 이것을 '어느 누구'라고 말한다.

'비구'는 구걸하는 비구이니, 일을 쫓아서 걸식하는 비구, …… 곧 이것에서 '비구'를 뜻한다고 말하는 것이다.

'여러 종류'는 의복, 음식, 와구, 좌구, 의약품, 나아가 가루 덩어리, 치목, 짜지 않은 실 등을 말한다.

'만약 교역하다.'는 이것으로써 그것을 주고, 이것으로써 그것을 취하며, 이것으로써 그것을 교환하며, 이것으로써 그것을 사는 것이다. 이와 같이 행하는 자는 돌길라를 범한다. 이것을 매매하여서 자기의 물건이 다른 사람의 손에 들어갔거나, 다른 사람의 물건이 자기의 손에 들어왔던 이유라면 사타를 범하나니, 마땅히 승가에게 버려야 하고, 별중에게 버려야 하며, 혹은 사람에게 버려야 한다. 비구는 마땅히 이와 같이 버려야 한다.

"여러 대덕들이여. 내가 여러 종류의 물건을 교환하였으므로 마땅히 그것을 버립니다. 나는 지금 이것을 승가에 버립니다."

버리고서 스스로가 그 죄를 참회하며 아뢰어야 한다. 마땅히 한 총명하고 유능한 비구가 그 죄의 참회를 섭수하고서 버렸던 물건을 돌려주어야 한다.

"대덕 승가께서는 허락하십시오. 이것은 바로 어느 비구의 사타의 물건이고, 이미 승가에서 버렸습니다. 만약 승가께서 때에 이르셨다면 승가는 마땅히 이것을 누구 비구에게 돌려주겠습니다."

…… 나아가 …… 여러 대중들의 처소에 이르러 오른쪽 어깨를 드러내고, …… 나아가 …… "여러 대덕들께서 만약 때에 이르렀다면 이것을 마땅히 누구 비구에게 돌려주겠습니다." …… 나아가 …… 한 비구의 처소에 이르러 오른쪽 어깨를 드러내고, …… 나아가 …… "나는 이것을 대덕에게 주겠습니다."

2-2 교역이었고 교역이라는 생각이 있는 자는 사타를 범한다. 교역이었고 교역이라는 의심이 있는 자도 사타를 범한다. 교역이었고 교역이 아니라는 생각이 있는 자는 사타를 범한다.

교역이 아니었고 교역이라는 생각이 있는 자는 돌길라를 범한다. 교역이 아니었고 교역이라는 의심이 있는 자는 돌길라를 범한다. 교역이 아니었고 교역이 아니라는 생각이 있는 자는 범하지 않는다.

2-3 값을 물었거나, 청정하게 만든 물건이라고 말하는 자이거나, 이것은 우리들을 위한 물건이라고 말하였거나, 우리들이 필요한 물건이라고 말하였거나, 미쳤던 자이거나, 최초로 범한 자는 범하지 않는다.

[스무 번째의 사타를 마친다.]

○【둘째로 잠면품(蠶綿品)을 마친다.】

섭송으로 설하겠노라.

비단과 순수함과 이분(二分)과
6년의 좌구 및 와구와
양털의 두 가지와 잡고서 취하는 것과
여러 종류를 교역하는 것이 있다.

21) 축장발(蓄長鉢) 학처

1-1 그때 불·세존께서는 사위성의 기수급고독원에 머무르셨다.
그때 육군비구들은 많은 발우들을 저축하였다. 여러 사람들이 정사를 돌아다니면서 예배하면서 이것을 보고서 싫어하고 비난하였다.

"무엇을 위하여 사문 석자들은 많은 발우들을 저축하는가?"

여러 비구들은 여러 사람들이 싫어하고 비난하는 것을 들었다. 그 여러 비구들 가운데에서 욕심이 적은 자들은 싫어하고 비난하였다.

"무슨 까닭으로 육군비구들은 많은 발우들을 저축하는가?"

여러 비구들은 이 일로써 세존께 아뢰었고, 세존께서는 말씀하셨다.

"육군비구들이여. 그대들이 진실로 많은 발우들을 저축하였는가?"

"진실로 그렇습니다. 세존이시여."

세존께서는 여러 방편으로 꾸짖으셨다.

"어리석은 사람들이여. 그대들은 어찌하여 많은 발우들을 저축하였는가? 어리석은 사람들이여. 이것은 오히려 믿지 않는 자는 신심이 생겨나지 않게 하고, …… 이미 믿었던 자는 일부가 전전하여 다른 곳으로 향하여 떠나가게 하느니라."

이와 같이 세존께서는 여러 종류의 방편으로써 육군비구들을 꾸짖고서 뒤에 부양이 어렵고 가르치고 양육함이 어려우며, …… 나아가 …… 여러 비구들을 위하여 적절한 법을 수순하여 설하신 뒤에 여러 비구들에게 알려 말씀하셨다.

"여러 비구들이여. 나는 열 가지의 이익을 까닭으로써 여러 비구들을 위하여 학처를 제정하겠나니, 그대들은 마땅히 이와 같이 학처를 송출할지니라.

'만약 어느 비구라도 여분의 발우들을 저축하는 자는 니살기바일제를 범하느니라.'"

이와 같이 세존께서는 여러 비구들을 위하여 학처를 제정하여 세우셨다.

2-1 그때 장로 아난은 여분의 발우를 얻었고, 장로 아난은 이것으로써 장로 사리불에게 주고자 하였고, 사리불이 머무르는 사지(沙祇)에 가서 만나고자 하였다. 이때 장로 아난은 이와 같이 생각하였다.

'세존께서는 학처를 제정하여 세우시어 여분의 발우를 저축하지 못한다. 나는 지금 여분의 발우를 장로 사리불께 주고자 하는데, 장로 사리불은 사지에 머무르고 있다. 나는 마땅히 어떻게 해야 하는가?'

이때 장로 아난은 이 일로써 세존께 아뢰었고, 세존께서는 말씀하셨다.

"아난이여. 사리불은 몇 일이면 돌아올 수 있는가?"

"세존이시여. 9일이나, 10일이면 됩니다."

그때 세존께서는 이 인연으로 설법하셨고, 여러 비구들에게 알려 말씀하셨다.

"여러 비구들이여. 10일로 제한하여 여분의 발우를 저축하는 것을 허락하겠노라. 여러 비구들이여. 그대들은 마땅히 이 학처를 이와 같이 송출할지니라.

'10일로 제한하여 여분의 발우를 저축할 수 있으나, 만약 이것을 넘겼다면 니살기바일제를 범하느니라.'"

3-1 '10일로 제한하다.'는 최대로 10일을 저축하는 것이다.

'여분의 발우'는 수지한 물건이 아니고, 또한 청정한 물건이라고 말하지 않는다.

'발우'는 두 종류의 발우인, 철발우와 질그릇 발우이다. 또한 세 종류가 있나니, 대발(大鉢), 중발(中鉢), 소발(小鉢)이다.

'대발'은 아라가(阿羅伽)28) 양의 밥과 1/4의 음식물, 그것에 마땅한

---

28) 팔리어 āḷhaka(알라카)의 음사이고, 일반적으로 액체 측정을 위한 어떤 정도의 척도를 가리킨다. 『마하승기율』 10권에서는 "상발우는 마갈제국(摩竭提國)의 1아라(阿羅)의 쌀로 밥과 나물 반찬을 만드는 것이다. 1아라는 이 나라의 1말 6되이다. 중발우는 반(半) 아라의 쌀로 밥과 나물 반찬을 만드는 것이다. 하발우는 1발타(鉢他)의 쌀로 밥과 나물 반찬들을 만드는 것이니, 3분(分)은 밥이요 1분은 나물 반찬이다."라고 자세하게 설명되어 있고, 『사분율』 9권에서는 "큰 것은 서 말이요 작은 것은 한 말 반이다."라고 서술되어 있으며, 『십송율』 7권에서는 "상발우는 사람들로부터 밥을 세 그릇, 사람들로부터 국을 한 그릇, 여타 먹을 수 있는 것들과 죽을 받을 수 있는 것이다. 이를 상발우라 한다. 하발우는 사람들로부터 밥을 한 그릇, 사람들로부터 국을 반 그릇, 여타 먹을 수 있는 것들과 죽을 받을 수 있는 것이다. 이를 하발우라 한다. 그 나머지는 중발우라고

카레(curry)를 담을 수 있다.

'중발'은 나리(那利)²⁹⁾ 양의 밥과 1/4의 음식물, 그것에 마땅한 카레를 담을 수 있다.

'소발'은 발타(拔陀)³⁰⁾ 양의 밥과 1/4의 음식물, 그것에 마땅한 카레를 담을 수 있다. 대발보다 크면 발우가 아니고, 소발보다 작다면 발우가 아니다.

'만약 넘겼다면 니살기바일제이다.'는 11일의 밝은 모습이 나타나는 때라면 사타를 범하나니, 마땅히 승가에게 버려야 하고, 별중에게 버려야 하며, 혹은 사람에게 버려야 한다. 비구는 마땅히 이와 같이 버려야 한다.

그 비구는 승가의 처소에 이르러 오른쪽 어깨를 드러내고 상좌의 발에 예배하고 호궤 합장하고서 이와 같이 아뢰어야 한다.

"여러 대덕들이여. 내가 이 발우를 10일을 넘겨서 저축하였으므로 마땅히 그것을 버립니다. 나는 지금 이것을 승가에 버립니다."

버리고서 스스로가 그 죄를 참회하며 아뢰어야 한다. 마땅히 한 총명하고 유능한 비구가 그 죄의 참회를 섭수하고서 버렸던 발우를 돌려주어야 한다.

"대덕 승가께서는 허락하십시오. 이 발우는 누구 비구가 버린 발우입니다. 이미 승가에 버렸으니, 만약 승가께서 때에 이르렀다면 승가께서는 이 발우를 누구 비구에게 돌려주겠습니다.

…… 나아가 …… 여러 대중들의 처소에 이르러 오른쪽 어깨를 드러내고, …… 나아가 …… "여러 대덕들께서 만약 때에 이르렀다면 이 발우를 마땅히 누구 비구에게 돌려주겠습니다." …… 나아가 …… 한 비구의 처소에 이르러 오른쪽 어깨를 드러내고, …… 나아가 …… "나는 이 발우를

이름한다."라고 결집되고 있다. 따라서 『십송율』이 현실에 가장 접근하였다고 생각된다.

29) 팔리어 nāḷika의 음사이고, 일반적으로 Āḷhaka의 1/2 정도를 가리킨다.

30) 팔리어 pattha의 음사이고, 일반적으로 Āḷhaka의 1/4 정도를 가리킨다.

대덕에게 주겠습니다."

3-2 발우를 10일을 넘겼고 10일을 넘겼다는 생각이 있었는데, 발우를 저축한 자는 사타를 범한다. 발우를 10일을 넘겼고 10일을 넘겼다는 의심이 있었는데, 발우를 저축한 자는 사타를 범한다. 발우를 10일을 넘겼고 10일을 넘기지 않았다는 생각이 있었는데, 발우를 저축한 자는 사타를 범한다.

발우가 쪼개지지 않았고 쪼개졌다는 생각이 있었는데, 10일을 넘겨서 발우를 저축한 자는 사타를 범한다.

발우가 부서지지 않았고 부서졌다는 생각이 있었는데, 10일을 넘겨서 발우를 저축한 자는 사타를 범한다.

발우를 빼앗기지 않았고 빼앗겼다는 생각이 있었는데, 10일을 넘겨서 발우를 저축한 자는 사타를 범한다.

사타인 발우를 버리지 않고 수용하는 자는 돌길라를 범한다.

발우를 10일을 넘기지 않았고 10일을 넘겼다는 생각이 있었는데, 저축한 자는 돌길라를 범한다. 발우를 10일을 넘기지 않았고, 10일을 넘겼다는 의심이 있었는데, 저축한 자는 돌길라를 범한다. 발우를 10일을 넘기지 않았고, 10일을 넘기지 않았다는 생각이 있었는데, 저축한 자는 범하지 않는다.

3-3 수지하고서 10일 안에 정시한다고 말하였거나, 버렸거나, 잃어버렸거나, 파괴되었거나, 취하였던 것을 빼앗겼거나, 친근하다고 생각하고 취하였거나, 미쳤던 자이거나, 최초로 범한 자는 범하지 않는다.

4-1 그때 육군비구들이 버렸던 발우를 돌려주지 않았다. 이 일로써 세존께 아뢰었고, 세존께서는 말씀하셨다.

"여러 비구들이여. 버려진 발우를 돌려주지 않더라도 얻을 수 없느니라. 돌려주지 않는 자는 돌길라를 범하느니라."

[스물한 번째의 사타를 마친다.]

22) 걸발(乞鉢) 학처

1-1 그때 불·세존께서는 석가국 가비라성의 니구율원에 머무르셨다. 이때 한 도공(陶師)이 여러 비구들을 향하여 말하였다.

"여러 대덕들께서 발우가 필요하시다면 제가 받들어 공양하겠습니다."

그때 여러 비구들은 양을 알지 못하고 많은 발우를 구걸하였다. 그들의 가운데에서 소발우를 수지하였다면 대발우를 구걸하였고, 대발우를 수지하였다면 소발우를 구걸하였다. 이때 도공은 여러 비구들을 위하여 발우를 지었고, 다른 것을 만들어서 판매할 수 없었으므로, 생활이 어려워서 아내와 자식들도 괴로웠다. 여러 사람들은 이것을 보고서 싫어하고 비난하였다.

"무엇을 위하여 사문 석자들은 양을 알지 못하고서 많은 발우를 구걸하는가? 도공은 그들을 위하여 발우를 지었고, 다른 것들을 만들어서 판매할 수 없었으므로, 생활이 어려워서 아내와 자식들도 괴롭구나."

여러 비구들은 여러 사람들이 싫어하고 비난하는 것을 들었다. 그 여러 비구들의 가운데에서 욕심이 적은 자들은 싫어하고 비난하였다.

"무슨 까닭으로 여러 비구들은 양을 알지 못하고서 많은 발우를 구걸하는가?"

여러 비구들은 이 일로써 세존께 아뢰었고, 세존께서는 말씀하셨다.

"여러 비구들이여. 그대들이 진실로 양을 알지 못하고 많은 발우를 구걸하였는가?"

"진실로 그렇습니다. 세존이시여."

세존께서는 여러 방편으로 꾸짖으셨고, 설법하셨으며, 여러 비구들에게 말씀하셨다.

"여러 비구들이여. 발우를 구걸하여 얻을 수 없나니, 구걸하는 자는 돌길라를 범하느니라."

1-2 그때 한 비구의 발우가 부서졌다. 이때 그 비구는 이와 같이 생각하였다.
'세존께서는 학처를 제정하여 세우시어 발우를 구걸하지 못하게 하셨다.'
두렵고 삼가하면서 감히 구걸하지 못하였고, 손으로써 걸식하였다.
여러 사람들은 이것을 보고서 싫어하고 비난하였다.
"무엇을 위하여 사문 석자들은 손으로써 걸식하는가? 외도와 비슷하구나."
여러 비구들은 여러 사람들이 싫어하고 비난하는 것을 들었다. 여러
비구들은 이 일로써 세존께 아뢰었고, 세존께서는 말씀하셨다. 그때
세존께서는 이 인연으로 설법하셨고, 여러 비구들에게 알려 말씀하셨다.
"여러 비구들이여. 만약 발우를 잃어버렸거나, 혹은 발우가 부서졌다면
발우를 구걸할 수 있느니라.'"

1-3 그때 육군비구들은 "세존께서 발우를 잃어버렸거나, 혹은 발우가
부서졌다면 발우를 구걸할 수 있다."고 말씀하신 것을 알고서 그것이
작게 금이 갔거나, 작게 깨졌거나, 조금 손상되어도 곧 많은 발우를
구걸하였다. 이때 도공은 역시 이와 같이 육군비구들을 위하여 발우를
지었고, 다른 것을 만들어서 판매할 수 없었으므로, 생활이 어려워서
아내와 자식들도 괴로웠다. 여러 사람들은 이것을 보고서 싫어하고 비난
하였다.
"무엇을 위하여 사문 석자들은 양을 알지 못하고서 많은 발우를 구걸하
는가? 도공은 그들을 위하여 발우를 지었고, 다른 것을 만들어서 판매할
수 없었으며, 자기의 생활이 어려워서 아내와 자식들도 역시 괴롭구나."
여러 비구들은 여러 사람들이 싫어하고 비난하는 것을 들었다. 그
여러 비구들의 가운데에서 욕심이 적은 자들은 싫어하고 비난하였다.
"무슨 까닭으로 육군비구들은 작게 쪼개졌거나, 작게 깨졌거나, 조금
손상되어도 곧 많은 발우를 구걸하는가?"
여러 비구들은 이 일로써 세존께 아뢰었고, 세존께서는 말씀하셨다.

"육군비구들이여. 그대들이 진실로 작게 쪼개졌거나, 작게 깨졌거나, 조금 손상되어도 곧 많은 발우를 구걸하였는가?"

"진실로 그렇습니다. 세존이시여."

세존께서는 여러 방편으로 꾸짖으셨다.

"어리석은 사람들이여. 그대들은 어찌하여 작게 쪼개졌거나, 작게 깨졌거나, 조금 손상되어도 많은 발우들을 구걸하였는가? 어리석은 사람들이여. 이것은 오히려 믿지 않는 자는 신심이 생겨나지 않게 하고, …… 이미 믿었던 자는 일부가 전전하여 다른 곳으로 향하여 떠나가게 하느니라."

이와 같이 세존께서는 여러 종류의 방편으로써 육군비구들을 꾸짖고서 뒤에 부양이 어렵고 가르치고 양육함이 어려우며, …… 나아가 …… 여러 비구들을 위하여 적절한 법을 수순하여 설하신 뒤에 여러 비구들에게 알려 말씀하셨다.

"여러 비구들이여. 나는 열 가지의 이익을 까닭으로써 여러 비구들을 위하여 학처를 제정하겠나니, 그대들은 마땅히 이와 같이 학처를 송출할지니라.

'만약 어느 비구라도 발우를 다섯 번을 꿰매지 않았는데, 새로운 발우로 바꾸는 자는 니살기바일제를 범하느니라.'

그 비구는 그 발우를 마땅히 비구승가에게 버려야 하고, 비구 승가의 가운데에서 마땅히 최하의 발우로써 그 비구에게 주어야 한다.

'비구여. 이것이 그대의 발우이니, 마땅히 부서지도록 수지하십시오.'

이것이 바로 이때의 여법한 행이니라."

2-1 '어느 누구'는 어느 태어난 곳의 이유, …… 혹은 중간의 법랍이었다면 이것을 '어느 누구'라고 말한다.

'비구'는 구걸하는 비구이니, 일을 쫓아서 걸식하는 비구, …… 곧 이것에서 '비구'를 뜻한다고 말하는 것이다.

'다섯 번을 꿰매지 않았다.'는 발우를 꿰매지 않았거나, 혹은 한 번을 꿰매었거나, 혹은 두 번을 꿰매었거나, 혹은 세 번을 꿰매었거나, 혹은 네 번을 꿰매던 것이다.

'꿰매지 않은 좋은 발우'는 두 손가락 길이의 흔적이 없는 것이다.

'꿰맨 발우'는 두 손가락 길이의 흔적이 있는 것이다.

'바꾸다.'는 구걸하는 것이다. 얻고자 하였다면 돌길라를 범하고 이미 얻었다면 사타를 범하나니, 승가의 가운데에서 버려야 하고, 모든 비구는 마땅히 발우를 수지하고서 모여야 하며, 하품(下品)의 발우인 자는 상품의 발우를 수지할 수 없다. 만약 하품의 발우인 자가 상품의 발우를 수지하고자 한다면 돌길라를 범한다.

'새로운 발우'는 구걸하여 발우를 취하는 것이다.

여러 비구들이여. 마땅히 이와 같이 버려야 한다.

그 비구는 승가의 처소에 이르러 오른쪽 어깨를 드러내고 상좌의 발에 예배하고 호궤 합장하고서 이와 같이 아뢰어야 한다.

"여러 대덕들이여. 이 발우는 내가 아직 다섯 번을 꿰매지 않고서 얻었던 이유로 마땅히 그것을 버립니다. 나는 지금 이것을 승가에 버립니다."

버리고서 스스로가 그 죄를 참회하며 아뢰어야 한다. 마땅히 한 총명하고 유능한 비구가 그 죄의 참회를 섭수해야 한다.

마땅히 5법을 구족한 비구를 뽑아서 발우를 나누는 사람으로 삼아야 하나니, 곧 애욕의 행이 없어야 하고, 성냄의 행이 없어야 하며, 어리석음의 행이 없어야 하고, 두려운 행이 없어야 하며, 취하고 취하지 않을 것을 아는 것이다. 여러 비구들이여. 마땅히 이와 같이 뽑아야 한다. 첫 번째로 그 비구에게 애원하여 청하게 하고, 애원하여 청하였다면, 마땅히 한 총명하고 유능한 비구가 승가의 가운데에서 창언하여 말한다.

"대덕 승가께서는 허락하십시오. 만약 승가께서 때에 이르렀다면 승가께서는 누구 비구를 뽑아서 발우를 나누는 사람으로 삼으십시오. 이와 같이 아룁니다.'

'대덕 승가께서는 허락하십시오. 누구 비구를 뽑아서 발우를 나누는 사람으로 삼으십시오. 여러 대덕들께서 누구 비구를 뽑아서 나누는 사람

으로 삼는 것을 인정하신다면 묵연하시고, 인정하지 않으신다면 말씀하십시오.'

'승가시여. 누구 비구를 뽑아서 발우를 나누는 사람으로 삼는 것을 마쳤습니다. 승가께서 인정하신 것은 묵연하였던 까닭입니다. 나는 이와 같이 알고 이해하겠습니다.'"

어느 비구라도 발우를 나누는 사람으로 뽑혔다면 상좌를 향하여 말해야 한다.

"대덕이여. 발우를 취하십시오."

만약 상좌가 그 발우를 취한다면 상좌의 발우는 제2의 상좌에게 주어야 한다. 그것을 마주하고 애민하게 생각하여 취하지 않을 수 있으나, 취하지 않는 자는 돌길라를 범한다. 발우가 없는 자는 취하여 얻게 할 수 없다. 이와 같은 방법으로써 비구 승가의 가운데에 이르러 하좌까지 그것을 취하게 하고, 그 비구 승가의 가운데에서 최하의 발우를 주어야 한다.

"비구여. 이것이 그대의 발우이니, 마땅히 부서지도록 수지하십시오."

그 비구는 이 발우를 처소가 아닌 곳에 내려놓을 수 없고, 음식이 아닌 것을 담아서 먹을 수 없으며, 어찌하든 이것을 잃어버렸거나, 혹은 깨트렸거나, 부서트린 것을 논하지 않으며, 버리고 떠나갈 수 없다. 만약 이것을 처소가 아닌 곳에 내려놓거나, 음식이 아닌 것을 담아서 먹었거나, 버리고 떠나갔다면 돌길라를 범한다.

'이것이 바로 이때에 여법한 행이다.'는 이 장소에 합당하고 수순하게 법을 삼는다는 뜻이다.

2-2 꿰매지 않은 발우로써 꿰매지 않은 발우로 바꾸는 자는 사타를 범한다. 꿰매지 않은 발우로써 한 번을 꿰맸던 발우로 바꾸는 자는 사타를 범한다. 꿰매지 않은 발우로써 두 번을 꿰맸던 발우로, …… 세 번을 꿰맸던 발우로, …… 네 번을 꿰맸던 발우로 바꾸는 자는 사타를 범한다.

한 번을 꿰맸던 발우로써 한 번을 꿰맸던 발우로 바꾸는 자는 사타를 범한다. 한 번을 꿰맸던 발우로써 …… 두 번을 꿰맸던 발우로, ……

세 번을 꿰맸던 발우로, …… 네 번을 꿰맸던 발우로 바꾸는 자는 사타를 범한다.

두 번을 꿰맸던 발우로써, …… 세 번을 꿰맸던 발우로, …… 네 번을 꿰맸던 발우로써 꿰매지 않은 발우로 바꾸는 자는 사타를 범한다. …… 나아가 …… 한 번을 꿰맸던 발우로써 …… 나아가 …… 두 번을 꿰맸던 발우로써, …… 세 번을 꿰맸던 발우로써, …… 네 번을 꿰맸던 발우로 바꾸는 자는 사타를 범한다.

꿰매지 않은 발우로써 꿰매지 않은 좋은 발우로 바꾸는 자는 사타를 범한다. 꿰매지 않은 발우로써 한 번을 꿰맸던 좋은 발우로써, …… 두 번을 꿰맸던 좋은 발우로써, …… 세 번을 꿰맸던 좋은 발우로써, …… 네 번을 꿰맸던 좋은 발우로 바꾸는 자는 사타를 범한다.

꿰매지 않은 좋은 발우로써 꿰매지 않은 좋은 발우로 바꾸는 자는 사타를 범한다. …… 네 번을 꿰맸던 좋은 발우로써 네 번을 꿰맸던 좋은 발우로 바꾸는 자는 사타를 범한다.

2-3 발우를 잃어버린 자이거나, 발우가 부서진 자, 친족인 자, 청을 받은 자, 다른 사람을 위하여 구걸한 자, 자기의 재물에 의지한 자, 미쳤던 자이거나, 최초로 범한 자는 범하지 않는다.

[스물두 번째의 사타를 마친다.]

23) 복과칠일약(服過七日藥) 학처

1-1 그때 불·세존께서는 사위성의 기수급고독원에 머무르셨다.

그때 장로 필릉가바차(畢陵伽婆蹉)[31]는 왕사성의 주변에 있으면서 주처

---

31) 팔리어 Pilindavaccha(필린다바짜)의 음사이다.

인 산굴(山窟)을 짓고자 하였고, 산비탈을 깨끗하게 청소하고 있었다. 이때 마갈타국의 왕인 사니야빈비사라가 필릉가바차의 처소에 이르러 장로에게 예배하고 물러나서 한쪽에 앉았다. 앉고서 사니야빈비사라는 장로 필릉가바차를 마주하고서 그에게 말하였다.

"대덕이여. 상좌께서는 다른 사람에게 무슨 일을 짓게 하고자 하십니까?"

"대왕이여. 주처인 굴(窟)을 짓고자 하며, 다른 사람을 시켜서 산굴을 청소하고자 합니다."

"대덕이여. 존자께서는 정인(淨人)이 필요하십니까?"

"대왕이여. 세존께서는 정인을 수용하는 것을 허락하지 않았습니다."

"대덕이여. 만약 이와 같다면 곧 세존께 물으시고 그러한 뒤에 나에게 알려 주십시오."

"알겠습니다. 대왕이여."

장로 필릉가바차는 마갈타국의 왕인 사니야빈비사라에게 이와 같이 말하였다. 그때 장로 필릉가바차는 빈비사라에게 설법하여 가르쳤고, 보여주었으며, 이익되고 기쁘게 하였으므로 왕은 일어나서 장로의 발에 예배하였고 오른쪽으로 돌면서 돌아갔다. 이것을 이유로 장로 필릉가바차는 세존의 처소에 사자를 보내어 말하였다.

"세존이시여. 마갈타국의 왕인 빈비사라가 정인을 보내주고자 합니다. 세존이시여. 이것을 마땅히 어떻게 해야 합니까?"

그때 세존께서는 이 인연으로 설법하셨고, 여러 비구들에게 알려 말씀하셨다.

"여러 비구들이여. 정인을 수용하는 것을 허락하겠노라."

마갈타국의 왕인 사니야빈비사라는 장로 필릉가바차에게 다시 이르렀고, 장로에게 예배하고 물러나서 한쪽에 앉았다. 앉고서 장로에게 말하였다.

"대덕이여. 세존께서는 정인(淨人)을 수용하는 것을 허락하셨습니까?"

"그렇습니다. 대왕이여."

"대덕이여. 그렇다면 내가 존자께 정인을 보내드리겠습니다."

이때 마갈타국의 왕인 사니야빈비사라는 장로 필릉가바차에게 정인을 보내주겠다고 승낙하였던 것을 잊어버렸으나, 오랜 뒤에 기억하고서 한 대신에게 말하였다.

"나는 대덕에게 정인을 승낙하였소. 그대는 이미 보내주었소?"

"대왕이여. 오히려 대덕께 정인을 보내지 않았습니다."

"지금 몇 일이 지났소?"

이때 그 대신은 그 날짜를 계산하고서 빈비사라에게 말하였다.

"대왕이여. 5백일이 지났습니다."

"그렇다면 그대가 500명의 정인을 대덕께 보내드리시오."

"알겠습니다. 대왕이여."

그 대신은 마땅히 대왕이 허락하였으므로 500의 정인을 장로 필릉가바차에게 보내주었다. 이것을 인연으로 한 취락이 이루어졌고, 이곳을 정인의 취락이라고 이름하였으며, 역시 필릉가바차의 취락이라고 불렀다.

1-2 그때 장로 필릉가바차는 이 취락을 의지하여 머물렀다. 이때 장로 필릉가바차는 이른 아침에 하의를 입고서 옷과 발우를 지니고서 걸식하기 위하여 필릉가바차 취락으로 들어갔다. 그때 그 취락은 축제를 시행하였고, 동녀 등은 화만(華鬘)을 화려하게 꾸미고서 유희하였다. 이때 장로 필릉가바차는 차례로 걸식하면서 한 정인의 집에 이르렀고, 펼쳐진 자리 위에 앉아 있었다. 그때 정인 아내의 딸이 소녀들이 화만을 화려하게 꾸미고서 유희하는 것을 보고서 울고 있었다.

"나에게 화만을 주세요. 나에게 장신구를 주세요."

이때 장로 필릉가바차는 정인의 아내에게 물어 말하였다.

"이 소녀는 무슨 까닭으로 우는 것이오?"

"대덕이여. 이 아이는 다른 소녀들이 화만을 화려하게 꾸미고서 유희하는 것을 보고서 울고 있었습니다. '나에게 화만을 주세요. 나에게 장신구를 주세요.' 우리는 가난한 사람들인데 어느 곳에 능히 화만과 장신구가 있겠습니까?"

그때 장로 필릉가바차는 하나의 풀을 취하여 둥글게 만들었고 정인의 아내에게 말하였다.

"와서 이 풀로써 소녀의 머리 위를 둥글게 묶으시오."

이때 그 정인의 아내는 풀을 취하여 소녀의 머리 위를 둥글게 묶었는데, 곧 황금의 화만으로 변하였다. 아름답게 장엄되어 왕의 후궁들도 역시 이와 같은 화만이 없었으므로, 여러 사람들은 마갈타국의 왕인 빈비사라에게 말하였다.

"대왕이여. 그 정인의 집에 황금의 화만이 있습니다. 아름답게 장엄되어 왕의 후궁들도 역시 이와 같은 화만이 없습니다. 그 사람은 가난한데 어디에서 얻었겠습니까? 반드시 훔쳐서 가져왔던 물건입니다."

이때 마갈타국의 왕인 사니야빈비사라는 정인의 가족을 체포하도록 명령하였다. 이때 장로 필릉가바차는 이른 아침에 하의를 입고서 옷과 발우를 지니고서 걸식하기 위하여 다시 필릉가바차 취락으로 들어갔다. 취락에서 차례로 걸식하면서 그 정인의 집에 이르렀고 이웃의 거사에게 물어 말하였다.

"이 정인의 가족은 어디로 갔소?"

"대덕이여. 황금의 화만을 인연으로 왕에게 붙잡혔습니다."

1-3 이때 장로 필릉가바차는 마갈타국의 왕인 사니야빈비사라의 궁전으로 갔고 이르러 펼쳐진 자리 위에 앉았다. 이때 마갈타국의 왕인 사니야빈비사라는 장로 필릉가바차에게 예배하고 물러나서 한쪽에 앉았다. 한쪽에 앉고서 필릉가바차는 왕을 마주하고서 말하였다.

"대왕이여. 무슨 까닭으로 정인의 가족을 붙잡았습니까?"

"대덕이여. 그 정인의 집에 황금의 화만이 있습니다. 아름답게 장엄되어 왕의 후궁들도 역시 이와 같은 화만이 없습니다. 그 사람은 가난한데 어디에서 얻었겠습니까? 반드시 훔쳐서 가져왔던 물건입니다."

이때 장로 필릉가바차는 생각을 지었다.

'마갈타국의 왕인 사니야빈비사라의 궁전은 황금으로 변하라.'

이것을 인연으로 궁전이 모두 황금으로 변하였다.

"대왕이여. 왕의 궁전의 이 많은 황금은 어느 곳에서 왔습니까?"

"대덕이여. 알겠습니다. 대덕의 신통력이 이유입니다."

그 정인의 가족을 풀어주었다. 여러 사람들은 대덕 필릉가바차가 왕의 앞에서 불가사의한 과인법(過人法)의 신통을 나타낸 것을 알고서 환희하며 신앙하였고, 장로 필릉가바차를 위하여 다섯 가지의 약물인 숙소(熟酥), 생소(生酥), 기름(油), 꿀(蜜), 석밀(石蜜)을 가지고 왔다. 장로 필릉가바차는 이 다섯 가지의 약물을 얻었고, 그 얻었던 다섯 가지의 약물을 도중(徒衆)에게 나누어 주었다. 그 도중들은 많이 얻었던 인연으로 얻었던 것을 가지고 항아리와 옹기에 담아서 감추었고, 녹수낭과 자루에 채워서 창문 위에 매달아 두었다.

이 물건들이 서로가 흘러넘쳐서 방바닥을 더럽혔고, 역시 쥐들도 정사에 흩어져서 먹었다. 여러 사람들이 정사를 돌아다니면서 예배하면서 싫어하고 비난하였다.

"이 사문 석자들은 재화와 물건을 안에 감춘 것이 마갈타국의 왕인 사니야빈비사라와 비슷하구나."

여러 비구들은 여러 사람들이 싫어하고 비난하는 것을 들었다. 여러 비구들의 가운데에서 욕심이 적은 자들은 싫어하고 비난하였다.

"무슨 까닭으로 여러 비구들은 이와 같이 교만하고 사치를 생각하는가?"

여러 비구들은 이 일로써 세존께 아뢰었고, 세존께서는 말씀하셨다.

"여러 비구들이여. 그대들이 진실로 이와 같이 교만하고 사치를 생각하였는가?"

"진실로 그렇습니다. 세존이시여."

세존께서는 여러 방편으로 꾸짖으셨다.

"여러 비구들이여. 그대들은 어찌하여 이와 같이 교만하고 사치를 생각하였는가? 여러 비구들이여. 이것은 오히려 믿지 않는 자는 신심이 생겨나지 않게 하고, …… 이미 믿었던 자는 일부가 전전하여 다른 곳으로 향하여 떠나가게 하느니라."

이와 같이 세존께서는 여러 종류의 방편으로써 여러 비구들을 꾸짖고서 뒤에 부양이 어렵고 가르치고 양육함이 어려우며, …… 나아가 …… 여러 비구들을 위하여 적절한 법을 수순하여 설하신 뒤에 여러 비구들에게 알려 말씀하셨다.

"여러 비구들이여. 나는 열 가지의 이익을 까닭으로써 여러 비구들을 위하여 학처를 제정하겠나니, 그대들은 마땅히 이와 같이 학처를 송출할지니라.

'병든 비구에게 마땅히 병의 남은 약이 있었고, 곧 숙소, 생소, 기름, 꿀, 석밀이었다면, 이것들을 뒤에 7일 동안을 저축하고 복용하도록 제한하겠노라. 만약 이것을 넘기는 자는 니살기바일제를 범하느니라.'"

2-1 '병든 비구에게 마땅히 병의 남은 약이 있다.'는 '숙소'는 소의 우유의 소이고, 생소는 양의 우유의 소와 혹은 물소의 우유의 소 등이며, 그 청정한 고기의 소를 익힌 것이다.

'생소'는 이것 등의 날 것인 소이다.

'기름'은 참깨의 기름, 개자(芥子)의 기름, 밀수(蜜樹)[32]의 기름, 비마(萞麻)[33]의 기름, 짐승의 기름이다.

'꿀'은 벌꿀의 꿀이다.

'석밀'은 사탕수수에서 얻은 것이다.

'이것 등을 얻고서 7일동안 저축하고 복용하도록 제한한다.'는 최대로 7일을 먹을 수 있는 것이다.

'이것을 넘기는 자는 니살기바일제를 범하다.'는 제8일에 밝은 모습이

---

32) 팔리어 Madhukatela(마두카테라)의 의역이고, 본래의 명칭은 Madhuca longifolia이며, 인도의 열대나무로 평야와 숲, 네팔 및 스리랑카에서 자라난다. 일반적으로 madhūka, madkam, mahuwa로 불리며, 버터나무로 알려져 있다. 높이가 약 20미터까지 자라며 상록 또는 반상록 단풍을 가지고 있으며, 매년 20~200kg의 씨앗이 생산되고, 기름은 피부 관리, 비누 또는 세제 제조 및 식물성 버터로 사용된다.

33) 아주까리를 가리킨다.

나타나는 때라면 사타를 범하나니, 마땅히 승가에게 버려야 하고, 별중에게 버려야 하며, 혹은 사람에게 버려야 한다. 비구는 마땅히 이와 같이 버려야 한다.

"여러 대덕들이여. 내가 이 약을 7일이 넘게 저축하였던 이유로 마땅히 그것을 버립니다. 나는 지금 이 약을 승가에 버립니다."

버리고서 스스로가 그 죄를 참회하며 아뢰어야 한다. 마땅히 한 총명하고 유능한 비구가 그 죄의 참회를 섭수하고서 버렸던 약을 돌려주어야 한다.

"대덕 승가께서는 허락하십시오. 이 약은 바로 어느 비구의 사타의 약이고, 이미 승가에서 버렸습니다. 만약 승가께서 때에 이르셨다면 승가는 마땅히 이 약을 누구 비구에게 돌려주겠습니다."

…… 나아가 …… 여러 대중들의 처소에 이르러 오른쪽 어깨를 드러내고, …… 나아가 …… "여러 대덕들께서 만약 때에 이르렀다면 이 약을 마땅히 누구 비구에게 돌려주겠습니다." …… 나아가 …… 한 비구의 처소에 이르러 오른쪽 어깨를 드러내고, …… 나아가 …… "나는 이 약을 대덕에게 주겠습니다."

2-2 7일이 지나갔고 7일이 지났다는 생각이 있었는데, 복용하는 자는 사타를 범한다. 7일이 지나갔고 7일이 지났다는 의심이 있었는데, 복용하는 자는 사타를 범한다. 7일이 지나갔고 7일이 지나지 않았다는 생각이 있었는데, 복용하는 자는 사타를 범한다.

약을 수지하지 않았고 수지하였다는 생각이 있었는데, 복용하는 자는 사타를 범한다.

약을 버리지 않았고 버렸다는 생각이 있었는데, 복용하는 자는 사타를 범한다.

약을 잃어버리지 않았고 잃어버렸다는 생각이 있었는데, 복용하는 자는 사타를 범한다.

약이 손상되지 않았고 손상되었다는 생각이 있었는데, 복용하는 자는 사타를 범한다.

약이 불타지 않았고 불탔다는 생각이 있었는데, 복용하는 자는 사타를 범한다.

약을 빼앗기지 않았고 빼앗겼다는 생각이 있었는데, 복용하는 자는 사타를 범한다.

이미 버려진 것을 얻었어도 몸에 바르면서 사용할 수 없고, 먹을 수 없으며, 마땅히 불을 켜거나, 혹은 발에 발라야 하나니, 다른 비구에게 얻은 이유라면 몸에 바를 수는 있어도 먹을 수는 없다.

7일을 넘기지 않았고 7일을 넘겼다는 생각이 있었는데, 복용하는 자는 돌길라를 범한다. 7일을 넘기지 않았고 7일을 넘겼다는 의심이 있었는데, 복용하는 자는 돌길라를 범한다. 7일을 넘기지 않았고, 7일을 넘기지 않았다는 생각이 있었는데, 복용하는 자는 범하지 않는다.

2-3 수지하고서 7일 안에 버렸거나, 잃어버렸거나, 손상되었거나, 빼앗겼던 것을 취하였거나, 친근하다고 생각하고 취하였거나, 구족계를 받지 않은 자가 버리고 떠나갔거나, 혹은 나머지가 남겨졌거나, 혹은 버려졌던 물건이거나, 미쳤던 자이거나, 최초로 범한 자는 범하지 않는다.

[스물세 번째의 사타를 마친다.]

24) 우기의(雨期衣) 학처

1-1 그때 불·세존께서는 사위성의 기수급고독원에 머무르셨다. 이때 세존께서는 여러 비구들에게 우기의를 허락하셨다. 육군비구들은 "세존께서는 우기의를 허락하셨다."는 것을 알고서 곧 일찍이 우기의를 구하였고, 일찍이 우기의를 지어서 입었으며, 우기의가 찢어졌던 인연으로 나형으로 비를 맞았다. 여러 비구들의 가운데에서 욕심이 적은 자들은

싫어하고 비난하였다.

"무슨 까닭으로 육군비구들은 일찍이 우기의를 지어서 입었고, 우기의가 찢어졌던 인연으로 나형으로 비를 맞는가?"

여러 비구들은 이 일로써 세존께 아뢰었고, 세존께서는 말씀하셨다.

"육군비구들이여. 그대들이 진실로 일찍이 우기의를 지어서 입었고, 우기의가 찢어졌던 인연으로 나형으로 비를 맞았는가?"

"진실로 그렇습니다. 세존이시여."

세존께서는 여러 방편으로 꾸짖으셨다.

"어리석은 사람들이여. 그대들은 어찌하여 일찍이 우기의를 지어서 입었고, 우기의가 찢어졌던 인연으로 나형으로 비를 맞았는가? 어리석은 사람들이여. 이것은 오히려 믿지 않는 자는 신심이 생겨나지 않게 하고, …… 이미 믿었던 자는 일부가 전전하여 다른 곳으로 향하여 떠나가게 하느니라."

이와 같이 세존께서는 여러 종류의 방편으로써 육군비구들을 꾸짖고서 뒤에 부양이 어렵고 가르치고 양육함이 어려우며, …… 나아가 …… 여러 비구들을 위하여 적절한 법을 수순하여 설하신 뒤에 여러 비구들에게 알려 말씀하셨다.

"여러 비구들이여. 나는 열 가지의 이익을 까닭으로써 여러 비구들을 위하여 학처를 제정하겠나니, 그대들은 마땅히 이와 같이 학처를 송출할지니라.

'여름의 마지막 1개월은 비구가 마땅히 우기의를 구할 것이고, 여름의 마지막 15일은 마땅히 지어서 수용하라. 만약 여름의 마지막 1개월의 이전에 우기의를 구하거나, 여름의 마지막 15일의 이전에 지어서 수용하는 자는 니살기바일제를 범하느니라.'"

2-1 '여름의 마지막 1개월은 비구가 마땅히 우기의를 구하다.'는 이전에 일찍이 우기의를 보시하였던 여러 사람들의 처소에 이르러 마땅히 이와 같이 말을 지어야 한다.

"우기의의 때입니다. 우기의의 때를 알려서 그 다른 사람들도 역시
우기의를 베풀어 주게 하십시오."

이와 같이 말할 수는 없다.

"나에게 우기의를 주십시오. 나에게 우기의를 가지고 오십시오. 나를
위하여 우기의를 바꿔주십시오. 나를 위하여 우기의를 사주십시오."

'여름의 마지막 15일의 이전에 지어서 수용하다.'는 여름의 마지막
15일이 남았다면 마땅히 꿰매어 수용하는 것이다.

'여름의 마지막 1개월의 이전'은 여름의 마지막 1개월의 이상이 남은
때에 우기의를 구하는 자는 사타를 범한다.

'여름의 마지막 15일의 이전'은 여름의 마지막 15일의 이상이 남은
때에 우기의를 꿰매어 입는 자는 사타를 범하나니, 마땅히 승가에게
버려야 하고, 별중에게 버려야 하며, 혹은 사람에게 버려야 한다. 비구는
마땅히 이와 같이 버려야 한다.

"여러 대덕들이여. 이 우기의를 내가 여름의 마지막 1개월의 이상이
남은 때에 우기의를 구하였던 이유로 마땅히 그것을 버립니다. 나는
지금 이 옷을 승가에 버립니다."

버리고서 스스로가 그 죄를 참회하며 아뢰어야 한다. 마땅히 한 총명하
고 유능한 비구가 그 죄의 참회를 섭수하고서 버렸던 옷을 돌려주어야
한다.

"대덕 승가께서는 허락하십시오. 이 옷은 바로 어느 비구의 사타의
옷이고, 이미 승가에서 버렸습니다. 만약 승가께서 때에 이르셨다면
승가는 마땅히 이 옷을 누구 비구에게 돌려주겠습니다."

…… 나아가 …… 여러 대중들의 처소에 이르러 오른쪽 어깨를 드러내고,
…… 나아가 …… "여러 대덕들께서 만약 때에 이르렀다면 이 옷을 마땅히
누구 비구에게 돌려주겠습니다." …… 나아가 …… 한 비구의 처소에
이르러 오른쪽 어깨를 드러내고, …… 나아가 …… "나는 이 옷을 대덕에게
주겠습니다."

2-2 여름의 마지막 1개월이 남아있는 이전이었고, 지났다는 생각이 있었는데, 우기의를 구하는 자는 사타를 범한다. 여름의 마지막 1개월 이상이 남아있었고 의심이 있었는데, 우기의를 구하는 자는 사타를 범한다. 여름의 마지막 1개월 이상이 남아있었고 1개월 이하라는 생각이 있었는데, 우기의를 구하는 자는 사타를 범한다.

여름의 마지막 15일 이상이 남아있었고, 지났다는 생각이 있어서 우기의를 지어서 입는 자는 사타를 범한다. 여름의 마지막 15일 이상이 남아있었고 의심이 있었는데, 우기의를 지어서 입는 자는 사타를 범한다. 여름의 마지막 15일 이상이 남아있었고, 15일 이하라는 생각이 있었는데, 우기의를 지어서 입는 자는 사타를 범한다.

우기의가 있었는데, 나형으로 비를 맞는 자는 돌길라를 범한다.

여름이 1개월 이하가 남아있었고 지났다는 생각이 있었는데, 우기의를 구하는 자는 돌길라를 범한다. 여름이 1개월 이하가 남아있었고 의심이 있었는데, 우기의를 구하는 자는 돌길라를 범한다. 여름이 1개월 이하가 남아있었고 1개월 이하라는 생각이 있었는데, 우기의를 구하는 자는 범하지 않는다.

여름이 1개월 이하가 남아있었고 지났다는 생각이 있었는데, 우기의를 구하는 자는 돌길라를 범한다. 여름이 15일 이하가 남아있었고 의심이 있었는데, 우기의를 구하는 자는 돌길라를 범한다. 여름의 앞의 15일 이하가 남아있었고 15일 이하라는 생각이 있었는데, 우기의를 구하는 자는 범하지 않는다.

2-3 여름이 1개월이 남아있어서 우기의를 구하였고 여름이 15일이 남아있어서 우기의를 지어서 입었거나, 여름이 1개월 이하가 남아있어서 우기의를 구하였고 여름이 15일 이하가 남아있어서 우기의를 지어서 입었거나, 그것을 구하는 것으로써 우기가 지나갔거나, 우기의를 입고서 우기가 지나갔거나, 세탁하여 보관하였거나, 이유가 있어서 처음으로 입었거나, 옷을 빼앗겼거나, 옷을 잃어버렸거나, 뜻밖의 사고의 때이거나,

미쳤던 자이거나, 최초로 범한 자는 범하지 않는다.

[스물네 번째의 사타를 마친다.]

25) 탈의(奪衣) 학처

1-1 그때 불·세존께서는 사위성의 기수급고독원에 머무르셨다.

이때 장로 우파난타 석자는 형제의 제자인 비구를 마주하고서 이와 같이 말하였다.

"비구여 오게. 우리들과 함께 여러 지방을 유행하러 떠나세."

"대덕이여. 나는 이 낡은 옷을 입은 인연으로 떠나갈 수 없습니다."

"비구여. 오게. 내가 그대의 옷을 주겠네."

옷을 가지고 그 비구에게 주었는데, 그 비구는 "세존께서 장차 여러 지방을 유행하시고자 한다."라고 들었다. 이때 장로 우파난타는 그 비구에게 말하였다.

"비구여. 오게. 우리들과 함께 여러 지방을 유행하러 떠나세."

"대덕이여. 나는 대덕과 함께 여러 지방을 유행할 수 없습니다. 나는 세존과 함께 여러 지방을 유행하고자 합니다."

"비구여. 내가 그대에게 옷을 주었던 것은 바로 그대가 나와 함께 유행하는 것을 희망하였던 것이네."

분노하고 기쁘지 않아서 그 옷을 다시 빼앗았다. 이때 그 비구는 이 일로써 여러 비구들에게 말하였고, 그 여러 비구들의 가운데에서 욕심이 적은 자들은 싫어하고 비난하였다.

"무슨 까닭으로 장로 우파난타 석자는 스스로가 비구에게 옷을 주었으나, 뒤에 분노하고 기쁘지 않아서 그 옷을 다시 빼앗는가?"

여러 비구들은 이 일로써 세존께 아뢰었고, 세존께서는 말씀하셨다.

"우파난타여. 그대들이 진실로 스스로가 비구에게 옷을 주었으나, 뒤에 분노하고 기쁘지 않아서 그 옷을 다시 빼앗았는가?"

"진실로 그렇습니다. 세존이시여."

세존께서는 여러 방편으로 꾸짖으셨다.

"어리석은 사람이여. 그대들은 어찌하여 스스로가 비구에게 옷을 주었으나, 뒤에 분노하고 기쁘지 않아서 그 옷을 다시 빼앗았는가? 어리석은 사람이여. 이것은 오히려 믿지 않는 자는 신심이 생겨나지 않게 하고, …… 이미 믿었던 자는 일부가 전전하여 다른 곳으로 향하여 떠나가게 하느니라."

이와 같이 세존께서는 여러 종류의 방편으로써 우파난타를 꾸짖고서 뒤에 부양이 어렵고 가르치고 양육함이 어려우며, …… 나아가 …… 여러 비구들을 위하여 적절한 법을 수순하여 설하신 뒤에 여러 비구들에게 알려 말씀하셨다.

"여러 비구들이여. 나는 열 가지의 이익을 까닭으로써 여러 비구들을 위하여 학처를 제정하겠나니, 그대들은 마땅히 이와 같이 학처를 송출할지니라.

'어느 누구의 비구일지라도 스스로가 비구에게 옷을 주었으나, 뒤에 분노하고 기쁘지 않아서 스스로가 빼앗았거나, 혹은 시켜서 빼앗는 자는 니살기바일제를 범하느니라.'"

2-1 '어느 누구'는 어느 태어난 곳의 이유, …… 혹은 중간의 법랍이었다면 이것을 '어느 누구'라고 말한다.

'비구'는 구걸하는 비구이니, 일을 쫓아서 걸식하는 비구, …… 곧 이것에서 '비구'를 뜻한다고 말하는 것이다.

'스스로'는 스스로가 베풀어 주는 것이다.

'옷'은 여섯 종류의 옷 가운데에서 하나를 말하고, 마땅히 그것을 정시하였던 것이며, 어느 누구의 옷이라도 최하인 양인 것이다.

'비구'는 그 다른 비구이다.

'분노하고 기쁘지 않다.'는 뜻에 알맞지 않다고 말하거나, 마음이 충격을 받아서 성내는 것이다.

'빼앗다.'는 스스로가 그것을 빼앗는다면 곧 사타이다.

'빼앗게 시키다.'는 다른 사람에게 빼앗게 시키는 자는 돌길라를 범한다. 한 번을 명령하여 많이 빼앗는 자는 사타를 범하나니, 마땅히 승가에게 버려야 하고, 별중에게 버려야 하며, 혹은 사람에게 버려야 한다. 비구는 마땅히 이와 같이 버려야 한다.

"여러 대덕들이여. 이 옷은 내가 스스로 비구에게 주고서 뒤에 다시 빼앗은 물건이므로 마땅히 그것을 버립니다. 나는 지금 이 옷을 승가에 버립니다."

버리고서 스스로가 그 죄를 참회하며 아뢰어야 한다. 마땅히 한 총명하고 유능한 비구가 그 죄의 참회를 섭수하고서 버렸던 옷을 돌려주어야 한다.

"대덕 승가께서는 허락하십시오. 이 옷은 바로 어느 비구의 사타의 옷이고, 이미 승가에서 버렸습니다. 만약 승가께서 때에 이르셨다면 승가는 마땅히 이 옷을 누구 비구에게 돌려주겠습니다."

…… 나아가 …… 여러 대중들의 처소에 이르러 오른쪽 어깨를 드러내고, …… 나아가 …… "여러 대덕들께서 만약 때에 이르렀다면 이 옷을 마땅히 누구 비구에게 돌려주겠습니다." …… 나아가 …… 한 비구의 처소에 이르러 오른쪽 어깨를 드러내고, …… 나아가 …… "나는 이 옷을 대덕에게 주겠습니다."

2-2 구족계를 받은 자이었고 구족계를 받았다는 생각이 있어서 옷을 주었는데, 뒤에 분노하고 기쁘지 않아서 빼앗았거나, 시켜서 빼앗는 자는 사타를 범한다. 구족계를 받은 자이었고 구족계를 받았다는 의심이 있었어도 옷을 주었는데, 뒤에 분노하고 기쁘지 않아서 빼앗았거나, 시켜서 빼앗는 자는 사타를 범한다. 구족계를 받은 자이었고 구족계를 받지 않았다는 생각이 있었어도 옷을 주었는데, 뒤에 분노하고 기쁘지 않아서 빼앗았거나, 시켜서 빼앗는 자는 사타를 범한다.

다른 사람에게 자구(資具)³⁴⁾를 주고서, 뒤에 분노하고 기쁘지 않아서 빼앗았거나, 시켜서 빼앗는 자는 돌길라를 범한다.

구족계를 받지 않은 자에게 옷을 주었거나, 혹은 기타의 자구를 주고서, 뒤에 분노하고 기쁘지 않아서 빼앗았거나, 시켜서 빼앗는 자는 돌길라를 범한다.

구족계를 받지 않은 자이었고 구족계를 받지 않았다는 생각이 있었어도 옷을 주었는데, 뒤에 분노하고 기쁘지 않아서 빼앗았거나, 시켜서 빼앗는 자는 돌길라를 범한다. 구족계를 받지 않은 자이었고 구족계를 받지 않았다는 의심이 있었어도 옷을 주었는데, 뒤에 분노하고 기쁘지 않아서 빼앗았거나, 시켜서 빼앗는 자는 돌길라를 범한다. 구족계를 받지 않은 자이었고 구족계를 받지 않았다고 생각하고서 옷을 주었는데, 뒤에 분노하고 기쁘지 않아서 빼앗았거나, 시켜서 빼앗는 자는 돌길라를 범한다.

혹은 그가 주었거나, 혹은 그를 마주하고서 친근하다는 생각이 있어서 취하였거나, 미쳤던 자이거나, 최초로 범한 자는 범하지 않는다.

[스물다섯 번째의 사타를 마친다.]

26) 영직사직의(令織師織衣) 학처

1-1 그때 불·세존께서는 왕사성의 가란타죽림원에 머무르셨다.

이때 육군비구들이 옷을 짓는 때에 남은 실(絲)을 구걸하여 옷을 지었는데, 실이 많이 남았다. 이때 육군비구들은 말하였다.

"장로들이여. 우리들은 다시 실을 구걸하여 직공(織師)에게 옷을 짜게 시키세."

육군비구들은 다시 실을 구걸하여 직공에게 옷을 짜게 시켰고 옷을

---

34) 승가에서 사용하는 여러 물품을 가리킨다.

짰는데, 실이 또한 많이 남았다. 두 번째에도 육군비구들은 다시 실을 구걸하여 직공에게 옷을 짜게 시켰고 옷을 짰는데, 실이 또한 많이 남았다. 세 번째에도 육군비구들은 다시 실을 구걸하여 직공에게 옷을 짜게 시켰는 데, 여러 사람들은 싫어하면서 비난하였다.

"무엇을 위하여 사문 석자들은 스스로가 구걸하여 직공에게 옷을 짜게 시키는가?"

그 여러 비구들의 가운데에서 욕심이 적은 자들은 싫어하고 비난하였다.

"무슨 까닭으로 육군비구들은 스스로가 구걸하여 직공에게 옷을 짜게 시키는가?"

여러 비구들은 이 일로써 세존께 아뢰었고, 세존께서는 말씀하셨다.

"육군비구들이여. 그대들이 진실로 스스로가 구걸하여 직공에게 옷을 짜게 시켰는가?"

"진실로 그렇습니다. 세존이시여."

세존께서는 여러 방편으로 꾸짖으셨다.

"어리석은 사람들이여. 그대들은 어찌하여 스스로가 구걸하여 직공에게 옷을 짜게 시켰는가? 어리석은 사람들이여. 이것은 오히려 믿지 않는 자는 신심이 생겨나지 않게 하고, …… 이미 믿었던 자는 일부가 전전하여 다른 곳으로 향하여 떠나가게 하느니라."

이와 같이 세존께서는 여러 종류의 방편으로써 육군비구들을 꾸짖고서 뒤에 부양이 어렵고 가르치고 양육함이 어려우며, …… 나아가 …… 여러 비구들을 위하여 적절한 법을 수순하여 설하신 뒤에 여러 비구들에게 알려 말씀하셨다.

"여러 비구들이여. 나는 열 가지의 이익을 까닭으로써 여러 비구들을 위하여 학처를 제정하겠나니, 그대들은 마땅히 이와 같이 학처를 송출할 지니라.

'어느 누구의 비구일지라도 스스로가 구걸하여 직공에게 옷을 짜게 시키는 자는 니살기바일제를 범하느니라.'"

2-1 '어느 누구'는 어느 태어난 곳의 이유, …… 혹은 중간의 법랍이었다면 이것을 '어느 누구'라고 말한다.

'비구'는 구걸하는 비구이니, 일을 쫓아서 걸식하는 비구, …… 곧 이것에서 '비구'를 뜻한다고 말하는 것이다.

'스스로'는 스스로가 구걸하는 것이다.

'실'은 여섯 종류가 있나니, 삼베(麻) 실, 면(綿) 실, 비단(絹), 양털(毛), 대마(大麻) 실, 거친 삼베(粗麻) 실이다.

'직공에게 시키다.'는 직공에게 그것을 짜게 시키는 것이니, 짜게 시키려는 때에는 돌길라를 범한다. 이미 짜서 완성하였고 손으로 받은 자는 사타를 범하나니, 마땅히 승가에게 버려야 하고, 별중에게 버려야 하며, 혹은 사람에게 버려야 한다. 비구는 마땅히 이와 같이 버려야 한다.

"여러 대덕들이여. 이 옷은 내가 스스로 구걸하여 직공에게 짜게 시켰던 물건이므로 마땅히 그것을 버립니다. 나는 지금 이것을 승가에게 버립니다."

버리고서 스스로가 그 죄를 참회하며 아뢰어야 한다. 마땅히 한 총명하고 유능한 비구가 그 죄의 참회를 섭수하고서 버렸던 옷을 돌려주어야 한다.

"대덕 승가께서는 허락하십시오. 이것은 바로 어느 비구의 사타의 물건이고, 이미 승가에서 버렸습니다. 만약 승가께서 때에 이르셨다면 승가는 마땅히 이것을 누구 비구에게 돌려주겠습니다."

…… 나아가 …… 여러 대중들의 처소에 이르러 오른쪽 어깨를 드러내고, …… 나아가 …… "여러 대덕들께서 만약 때에 이르렀다면 이것을 마땅히 누구 비구에게 돌려주겠습니다." …… 나아가 …… 한 비구의 처소에 이르러 오른쪽 어깨를 드러내고, …… 나아가 …… "나는 이것을 대덕에게 주겠습니다."

2-2 짰던 물건이었고 짰던 물건이라는 생각이 있었던 자는 사타를 범한다. 짰던 물건이었고 짰던 물건이라는 의심이 있었던 자는 사타를 범한다. 짰던 물건이었고 짰던 물건이 아니라는 생각이 있었던 자는 사타를 범한다.

짜지 않았던 물건이었고 짰던 물건이라는 생각이 있었던 자는 돌길라를 범한다. 짜지 않았던 물건이었고 짰던 물건이라는 의심이 있었던 자는 돌길라를 범한다. 짜지 않았던 물건이었고 짜지 않았던 물건이라는 생각이 있었던 자는 범하지 않는다.

2-3 옷을 꿰매기 위한 실이었거나, 허리띠를 위한 실이었거나, 어깨끈을 꿰매기 위한 실이었거나, 발랑(鉢囊)을 꿰매기 위한 실이었거나, 녹수낭(漉水囊)을 꿰매기 위한 실이었거나, 친족이었거나, 청을 받았거나, 다른 사람을 위하여 구걸하였거나, 자기의 재물에 의지하였거나, 미쳤던 자이거나, 최초로 범한 자는 범하지 않는다.

[스물여섯 번째의 사타를 마친다.]

27) 지시직사직의(指示織師織衣) 학처

1-1 그때 불·세존께서는 사위성의 기수급고독원에 머무르셨다.
  이때 한 거사가 먼 지방을 가기 위하여 그 아내를 마주하고서 말하였다.
  "실을 가지고 누구 직공에게 주어서 옷이 짜지면 뒤에 그것을 보관하시오. 내가 돌아온다면 마땅히 옷으로써 대덕 우파난타 석자에게 공양하여 입게 하겠소."
  한 걸식비구가 이 거사의 말을 들었다. 그 비구는 장로 우파난타 석자의 처소에 이르러 이와 같이 말을 지었다.
  "장로 우파난타여. 그대의 대복덕의 사람입니다. 어느 처소의 한 거사가 먼 지방을 가기 위하여 아내를 마주하고서 말하였습니다. '실을 가지고 누구 직공에게 주어서 옷이 짜지면 뒤에 그것을 보관하시오. 내가 돌아온다면 마땅히 옷으로써 대덕 우파난타 석자에게 공양하여 입게 하겠소.'"
  "장로여. 그는 나의 단월입니다."

그 직공도 역시 장로 우파난타 석자의 단월이었다. 이때 장로 우파난타 석자는 그 직공의 처소에 이르렀고 이와 같이 말을 지었다.

"현자여. 이 옷은 나를 위하여 짜는 것이오. 그대가 마땅히 지으면서 다시 길고 넓으며 두껍고 부드러우며 세밀하게 짜고, 평평하고 매끄럽게 짜시오."

"대덕이여. 그들이 실을 가지고 와서 나에게 말하였습니다. '실에 의지하여 옷을 짜세요.' 대덕이여. 능히 길고 넓으며 두껍게 짤 수 없습니다. 또한 대덕이여. 부드러우며 세밀하게 짜고, 평평하고 매끄럽게 짤 수 없습니다."

"아니오. 현자여. 그대는 이 실에 구애받지 마시오. 마땅히 길고 넓으며 두껍게 짜시오."

이때 그 직공은 장차 가지고 왔던 실을 직조기(織造機)에 걸었고 그 부인의 처소에 이르러 이렇게 말을 지었다.

"대매여. 다시 실이 필요합니다."

"현자여. 나는 그대에게 이 실을 의지하여 짜라고 말하지 않았나요?"

"대매여. 그대는 진실로 나에게 이 실을 의지하여 그것을 짜라고 알렸습니다. 그러나 대덕 우파난타 석자가 나에게 이와 같이 말하였습니다. '아니오. 현자여. 그대는 이 실에 구애받지 마시오. 마땅히 길고 넓으며 두껍게 짜시오.'"

이때 그 부인은 또한 같은 양의 실을 주었다. 장로 우파난타 석자는 "그 거사가 먼 지방에서 돌아왔다."라고 들었다. 장로 우파난타 석자는 그 거사의 집에 이르러 펼쳐진 자리 위에 앉았다. 이때 거사는 우파난타 석자가 있는 곳에 이르러 예배하고서 물러나서 한쪽에 앉았다. 앉고서 그 거사는 아내에게 물어 말하였다.

"그 옷은 이미 짰소?"

"그렇습니다. 가주(家主)여. 그 옷은 이미 짰습니다."

"옷을 가져오시오. 나는 대덕 우파난타에게 공양하여 입게 하겠소."

이때 그 아내는 옷을 가지고 왔고, 그 일로써 남편에게 말하였다. 이때 거사는 장로 우파난타 석자에게 옷을 주고서 싫어하면서 비난하였다.

"이들 사문 석자들은 많이 구하여도 부족하구나! 옷을 그들에게 주더라도 진실로 쉽지 않다. 무엇을 위하여 대덕 우파난타는 내가 청하지도 않았는데, 곧 직공의 집에 이르렀으며, 나아가 그 옷을 짓는 것을 지시하였는가?"

이때 여러 비구들은 그 거사가 싫어하고 비난하는 것을 들었다. 여러 비구들의 가운데에서 욕심이 적은 자들은 싫어하고 비난하였다.

"무슨 까닭으로 장로 우파난타 석자는 먼저 거사가 청하지도 않았는데, 직공의 집에 이르렀으며, 나아가 그 옷을 짓는 것을 지시하였는가?"

여러 비구들은 이 일로써 세존께 아뢰었고, 세존께서는 말씀하셨다.

"우파난타여. 그대가 진실로 먼저 거사가 청하지도 않았는데, 직공의 집에 이르렀으며, 나아가 그 옷을 짓는 것을 지시하였는가?"

"진실로 그렇습니다. 세존이시여."

"우파난타여. 이 자가 그대의 친족인가? 친족이 아닌가?"

"세존이시여. 친족이 아닙니다."

세존께서는 여러 방편으로 꾸짖으셨다.

"어리석은 사람이여. 친족이 아닌데 친족이 아닌 자를 마주하면서 위의와 위의가 아닌 것을 알지 못하였고, 청정한 행과 청정하지 않은 행을 알지 못하였는가? 이러한 까닭으로 어리석은 사람이여. 그대는 먼저 거사가 청하지도 않았다면, 직공의 집에 이르렀어도, 나아가 그 옷을 짓는 것을 지시할 수 없느니라. 어리석은 사람이여. 이것은 오히려 믿지 않는 자는 신심이 생겨나지 않게 하고, …… 이미 믿었던 자는 일부가 전전하여 다른 곳으로 향하여 떠나가게 하느니라."

이와 같이 세존께서는 여러 종류의 방편으로써 우파난타를 꾸짖고서 뒤에 부양이 어렵고 가르치고 양육함이 어려우며, …… 나아가 …… 여러 비구들을 위하여 적절한 법을 수순하여 설하신 뒤에 여러 비구들에게 알려 말씀하셨다.

"여러 비구들이여. 나는 열 가지의 이익을 까닭으로써 여러 비구들을

위하여 학처를 제정하겠나니, 그대들은 마땅히 이와 같이 학처를 송출할
지니라.

'친족이 아닌 거사이거나, 혹은 거사의 아내가 만약 비구를 위하여
직공에게 옷을 짓게 시켰고, 그때 만약 그 비구가 거사의 청을 받지
않았는데, 직공의 집에 이르렀고, 나아가 그 옷을 〈현자여. 이 옷은 나를
위하여 짜는 것이오. 반드시 지으면서 다시 길고 넓으며 두껍고 부드러우
며 세밀하게 짜고, 평평하고 매끄럽게 짜시오.〉라고 지시하였고, 그 비구
가 이와 같이 말하면서, 만약 물건으로써 주었는데, 비록 탁발(托鉢)한
음식일지라도 역시 니살기바일제를 범하느니라.'"

2-1 '친족이 아니다.'는 7대에 이르도록 부모에게 얽혀진 친족이 아닌
자이다.

'거사'는 속가에 머무르는 남자를 말한다.

'거사의 아내'는 속가에 머무르는 부인을 말한다.

'만약 비구를 위하다.'는 비구로서 대상을 삼아서 주고서 비구가 입게
하려는 것이다.

'직공에게 시키다.'는 직공에게 짜게 시키는 것이다.

'짜게 시키다.'는 옷을 짜게 시키는 것이다.

'옷'은 여섯 종류의 옷 가운데에서 하나를 말하고, 마땅히 그것을 정시하
겠다고 말하였던 최하인 양이다.

'그때 만약 비구'는 비구를 위하여 비구의 옷을 짜라고 말하는 것이다.

'청을 받기 이전'은 "대덕이여. 무슨 옷을 희망합니까? 내가 대덕을
위하여 무슨 옷을 짜야 합니까?"라고 말하지 않은 이전이다.

'직공의 처소에 이르다.'는 그 직공의 집에 이르렀거나, 어느 곳에서
곧 어느 곳에 이른 것이다.

'나아가서 그 옷을 짓는 것을 지시하다.'는 "현자여. 이 옷은 나를 위하여
짜는 것이오. 반드시 지으면서 다시 길고 넓으며 두껍고 부드러우며
세밀하게 짜고, 평평하고 매끄럽게 짜시오. 나도 역시 능히 물건으로써

현자에게 주겠소."라고 말하는 것이다.

'그 비구가 이와 같이 말하면서, 만약 물건으로써 주면서 비록 탁발한 음식이라도'는 탁발한 음식은 바로 죽, 밥, 작식, 가루 덩어리, 양지, 짜지 않은 실, 나아가 설법 등이다.

그 비구의 말에 의지하여 길고 넓으며 두껍게 그것을 짓게 시켰던 자는 돌길라를 범한다. 완성되어 손으로 받았던 자는 사타를 범하나니, 마땅히 승가에게 버려야 하고, 별중에게 버려야 하며, 혹은 사람에게 버려야 한다. 비구는 마땅히 이와 같이 버려야 한다.

"여러 대덕들이여. 이 옷은 내가 친족이 아닌 거사의 청을 받기 이전에 직공의 집에 이르렀고, 나아가 그 옷을 짓는 것을 지시하였던 이유로 마땅히 그것을 버립니다. 나는 지금 이 옷을 승가에 버립니다."

버리고서 스스로가 그 죄를 참회하며 아뢰어야 한다. 마땅히 한 총명하고 유능한 비구가 그 죄의 참회를 섭수하고서 버렸던 옷을 돌려주어야 한다.

"대덕 승가께서는 허락하십시오. 이 옷은 바로 어느 비구의 사타의 옷이고, 이미 승가에서 버렸습니다. 만약 승가께서 때에 이르셨다면 승가는 마땅히 이 옷을 누구 비구에게 돌려주겠습니다."

…… 나아가 …… 여러 대중들의 처소에 이르러 오른쪽 어깨를 드러내고, …… 나아가 …… "여러 대덕들께서 만약 때에 이르렀다면 이 옷을 마땅히 누구 비구에게 돌려주겠습니다." …… 나아가 …… 한 비구의 처소에 이르러 오른쪽 어깨를 드러내고, …… 나아가 …… "나는 이 옷을 대덕에게 주겠습니다."

2-2 친족이 아니었고 친족이 아니라는 생각이 있었는데, 거사의 청을 받기 이전에 직공의 집에 이르렀고, 나아가 그 옷을 짓는 것을 지시하는 자는 사타를 범한다. 친족이 아니었고 친족이 아니라는 의심이 있었는데, 거사의 청을 받기 이전에 직공의 집에 이르렀고, 나아가 그 옷을 짓는 것을 지시하는 자는 사타를 범한다. 친족이 아니었고 친족이라는 생각이

있었는데, 거사의 청을 받기 이전에 직공의 집에 이르렀고, 나아가 그 옷을 짓는 것을 지시하는 자는 사타를 범한다.

친족이었고 친족이 아니라는 생각이 있었는데, 거사의 청을 받기 이전에 직공의 집에 이르렀고, 나아가 그 옷을 짓는 것을 지시하는 자는 돌길라를 범한다. 친족이었고 친족이 아니라는 의심이 있었는데, 거사의 청을 받기 이전에 직공의 집에 이르렀고, 나아가 그 옷을 짓는 것을 지시하는 자는 돌길라를 범한다. 친족이었고 친족이라는 생각이 있었으며, 거사의 청을 받기 이전에 직공의 집에 이르렀고, 나아가 그 옷을 짓는 것을 지시하는 자는 범하지 않는다.

2-3 친족이었거나, 청을 받았거나, 다른 사람을 위하여 구걸하였거나, 자기의 재물에 의지하였거나, 값비싼 옷을 짜고자 하였는데 곧 적당한 옷을 짰거나, 미쳤던 자이거나, 최초로 범한 자는 범하지 않는다.

[스물일곱 번째의 사타를 마친다.]

28) 급난시의(急難施衣) 학처

1-1 그때 불·세존께서는 사위성의 기수급고독원에 머무르셨다.

이때 한 대신이 먼 지방으로 떠나가면서 사자를 비구들의 처소에 보냈다.

"여러 대덕들께서는 오십시오. 내가 마땅히 안거의 옷과 물건을 보시하고자 합니다."

여러 비구들은 안거하며 머물렀던 인연이었고, 세존께서 안거의 보시를 받는 것을 허락하지 않으셨으므로 두렵고 조심스러워 가지 않았다. 그때 대신은 싫어하면서 비난하였다.

"어찌하여 여러 대덕들은 내가 사자를 보냈어도 오지 않는가? 나는 군진으로 떠나가므로 생사를 알기 어렵다.”

이때 여러 비구들은 그 대신이 싫어하고 비난하는 것을 들었다. 이때 여러 비구들은 이 일로써 세존께 아뢰었다. 이때 세존께서는 이 인연으로써 설법하셨으며 여러 비구들에게 알려 말씀하셨다.

“여러 비구들이여. 특별히 보시하는 옷을 받아서 저축하는 것을 허락하겠노라.”

1-2 그때 여러 비구들은 “특별히 보시하는 옷을 받아서 저축하는 것을 허락하셨다.”라고 알았다. 그들은 특별히 보시하는 옷을 수지하였으나, 저축하는 옷의 때가 지났으므로 그 옷을 모았고 묶어서 옷의 시렁에 걸어두었다. 장로 아난은 방사를 돌아다니면서 옷을 모아서 묶었고 옷의 시렁에 걸어두었던 것을 보았다. 보고서 여러 비구들에게 이와 같이 말하였다.

“장로들이여. 누구의 옷을 모아서 묶었고 옷의 시렁에 걸어두었습니까?”

“장로여. 우리들이 특별히 보시받은 옷입니다.”

“장로들이여. 특별히 보시받은 옷을 몇 일을 저축하였습니까?”

여러 비구들은 그 저축하였던 것과 같게 장로 아난에게 말하였고, 장로 아난은 싫어하면서 비난하였다.

“무슨 까닭으로 여러 비구들은 특별히 보시받은 옷을 수지하고서 옷의 때를 넘겨서 저축하는가?”

이때 장로 아난은 이 일로써 세존께 아뢰었고, 세존께서는 말씀하셨다.

“여러 비구들이여. 그대들이 진실로 특별히 보시받은 옷을 수지하고서 옷의 때를 넘겨서 저축하였는가?”

“진실로 그렇습니다. 세존이시여.”

세존께서는 여러 방편으로 꾸짖으셨다.

“여러 비구들이여. 어찌하여 특별히 보시받은 옷을 수지하고서 옷의 때를 넘겨서 저축하였는가? 여러 비구들이여. 이것은 오히려 믿지 않는 자는 신심이 생겨나지 않게 하고, …… 이미 믿었던 자는 일부가 전전하여 다른 곳으로 향하여 떠나가게 하느니라."

이와 같이 세존께서는 여러 종류의 방편으로써 여러 비구들을 꾸짖고서 뒤에 부양이 어렵고 가르치고 양육함이 어려우며, …… 나아가 …… 여러 비구들을 위하여 적절한 법을 수순하여 설하신 뒤에 여러 비구들에게 알려 말씀하셨다.

"여러 비구들이여. 나는 열 가지의 이익을 까닭으로써 여러 비구들을 위하여 학처를 제정하겠나니, 그대들은 마땅히 이와 같이 학처를 송출할 지니라.

'아직 가제월(迦提月)의 만월(滿月)35)에 이르지 않았는데, 10일 동안에 비구가 특별히 보시하는 옷을 얻을 수 있었고, 비구가 특별히 보시하는 옷이라고 알았다면, 마땅히 그것을 받을 것이고, 받은 뒤에 옷의 때에 이르기까지 저축할 수 있다. 만약 이것을 넘겨서 저축하는 자는 니살기바 일제를 범하느니라.'"

2-1 '10일 동안'은 자자일까지 10일이 남았다는 뜻이다.

'가제월의 만월'은 가제월 자자일의 이전을 말한다.

'특별히 보시하는 옷'은 혹은 군진(軍陣)으로 떠나가는 자이거나, 혹은 멀리 떠나가는 자이거나, 혹은 병을 앓고 있는 자이거나, 혹은 임신한 자이거나, 혹은 불신하는 자가 신심을 일으킨 때이거나, 혹은 부정(不淨)한 신심의 자가 청정한 신심을 일으킨 때에 만약 그가 사자를 보내어 "대덕께 서 오신다면 내가 안거의를 보시하겠습니다."라고 말하는 것이다.

'비구가 특별히 보시하는 옷을 알았다면, 마땅히 그것을 받을 것이고, 받은 뒤에 옷의 때에 이르기까지 저축할 수 있다.'는 이것은 특별히 보시하는 옷이라고 알고서 뒤에 그것을 저축하는 것이다.

'옷의 때'는 가치나의를 주는 것이 없는 때라면, 이것은 우기의 마지막

---

35) 팔리어 Kattika māsipuṇṇamā(카띠카 마시푼나마)의 음사이고, kattikā는 '달의 보름'이라는 뜻이고, māsika는 작다는 뜻이며 puṇṇama는 둥글다는 뜻이다. 따라서 우기가 계속되는 5개월의 끝을 말하며, 10~11월을 뜻한다.

1개월이다. 가치나의를 주는 것이 있는 때라면, 이것은 5개월을 말한다.

'만약 이것을 넘겨서 저축하다.'는 가치나의를 주는 것이 없는 때이고, 우기의 마지막 날(8월 15일)이 지났다면 사타를 범한다. 가치나의를 주는 것이 있는 때이고, 가치나의를 버리는 날(12월 15일)이 지났다면 사타를 범하나니, 마땅히 승가에게 버려야 하고, 별중에게 버려야 하며, 혹은 사람에게 버려야 한다. 비구는 마땅히 이와 같이 버려야 한다.

"여러 대덕들이여. 이 특별히 보시받은 옷은 내가 옷의 때를 넘겨서 저축한 물건이므로 마땅히 그것을 버립니다. 나는 지금 이 옷을 승가에 버립니다."

버리고서 스스로가 그 죄를 참회하며 아뢰어야 한다. 마땅히 한 총명하고 유능한 비구가 그 죄의 참회를 섭수하고서 버렸던 옷을 돌려주어야 한다.

"대덕 승가께서는 허락하십시오. 이 옷은 바로 어느 비구의 사타의 옷이고, 이미 승가에서 버렸습니다. 만약 승가께서 때에 이르셨다면 승가는 마땅히 이 옷을 누구 비구에게 돌려주겠습니다."

…… 나아가 …… 여러 대중들의 처소에 이르러 오른쪽 어깨를 드러내고, …… 나아가 …… "여러 대덕들께서 만약 때에 이르렀다면 이 옷을 마땅히 누구 비구에게 돌려주겠습니다." …… 나아가 …… 한 비구의 처소에 이르러 오른쪽 어깨를 드러내고, …… 나아가 …… "나는 이 옷을 대덕에게 주겠습니다."

2-2 특별히 보시받은 옷이었고 특별히 보시받은 옷이라는 생각이 있었는데, 옷의 때를 넘겨서 저축하였던 자는 사타를 범한다. 특별히 보시받은 옷이었고 특별히 보시받은 옷이라는 의심이 있었는데, 옷의 때를 넘겨서 저축하였던 자는 사타를 범한다. 특별히 보시받은 옷이었고 특별히 보시받은 옷이 아니라는 생각이 있었는데, 옷의 때를 넘겨서 저축하였던 자는 사타를 범한다.

옷을 수지하지 않았고 수지하였다는 생각이 있었는데, 옷의 때를 넘겨서 저축한 자는 사타를 범한다.

옷을 정시하지 않았고 정시하였다는 생각이 있었는데, 옷의 때를 넘겨서 저축한 자는 사타를 범한다.

옷을 버리지 않았고 버렸다는 생각이 있었는데, 옷의 때를 넘겨서 저축한 자는 사타를 범한다.

옷을 잃어버리지 않았고 잃어버렸다는 생각이 있었는데, 옷의 때를 넘겨서 저축한 자는 사타를 범한다.

옷이 찢어지지 않았고 찢어졌다는 생각이 있었는데, 옷의 때를 넘겨서 저축한 자는 사타를 범한다.

옷이 불타지 않았고 불탔다는 생각이 있었는데, 옷의 때를 넘겨서 저축한 자는 사타를 범한다.

옷을 빼앗기지 않았고 빼앗겼다는 생각이 있었는데, 옷의 때를 넘겨서 저축한 자는 사타를 범한다.

사타의를 버리지 않고 수용하는 자는 돌길라를 범한다.

특별히 보시받은 옷이 아니었고 특별히 보시받은 옷이라는 생각이 있었는데, 옷의 때를 넘겨서 저축하였던 자는 돌길라를 범한다. 특별히 보시받은 옷이 아니었고 특별히 보시받은 옷이라는 의심이 있었는데, 옷의 때를 넘겨서 저축하였던 자는 돌길라를 범한다. 특별히 보시받은 옷이 아니었고 특별히 보시받은 옷이 아니라는 생각이 있었으며, 옷의 때를 넘겨서 저축하였던 자는 범하지 않는다.

2-3 옷의 때의 중간에 수지하였거나, 정시하였거나, 버렸거나, 잃어버렸거나, 찢어졌거나, 취하였던 것을 빼앗겼거나, 친근하다고 생각하고 취하였거나, 미쳤던 자이거나, 최초로 범한 자는 범하지 않는다.

[스물여덟 번째의 사타를 마친다.]

29) 아련야의육야(阿練若衣六夜) 학처

1-1 그때 불·세존께서는 사위성의 기수급고독원에 머무르셨다.

이때 여러 비구들이 우안거(雨安居)를 마치고서 아련야의 처소에 머물렀고, 가제월의 도둑들은 '비구가 재물을 얻을 것이다.'라고 생각하고서 겁탈(劫奪)하였다. 여러 비구들은 이 일로써 세존께 아뢰었고, 세존께서는 인연으로써 설법하셨으며 여러 비구들에게 알리셨다.

"여러 비구들이여. 아련야의 처소에 머무르는 비구들은 3의(衣)의 가운데에서 하나의 옷을 취락의 집안에 남겨두는 것을 허락하겠노라."

1-2 그때 여러 비구들은 "세존께서 아련야의 처소에 머무르는 비구들은 3의의 가운데에서 하나의 옷을 취락의 집안에 남겨두는 것을 허락하셨다."라고 알았다. 그들은 삼의의 가운데에서 하나의 옷을 취락의 집안에 남겨두었고, 다른 곳을 다니면서 6일밤을 지냈다. 그들의 옷들은 잃어버렸고, 찢어졌으며, 쥐가 씹었으므로 여러 비구들은 허름하게 입었고, 추루한 옷을 입었다. 다른 비구들이 이와 같이 말하였다.

"장로들이여. 그대들은 무슨 까닭으로 허름하게 입었고, 추루한 옷을 입었습니까?"

그때 여러 비구들은 이 일로써 다른 비구들에게 알렸고, 다른 비구들의 가운데에서 욕심이 적은 자들은 싫어하고 비난하였다.

"무슨 까닭으로 여러 비구들은 3의의 가운데에서 하나의 옷을 취락의 집안에 남겨두고서, 다른 곳을 다니면서 6일밤을 지냈는가?"

다른 비구들은 이 일로써 세존께 아뢰었고, 세존께서는 말씀하셨다.

"여러 비구들이여. 그대들이 진실로 3의의 가운데에서 하나의 옷을 취락의 집안에 남겨두고서, 다른 곳을 다니면서 6일밤을 지냈는가?"

"진실로 그렇습니다. 세존이시여."

세존께서는 여러 방편으로 꾸짖으셨다.

"여러 비구들이여. 그대들은 어찌하여 3의의 가운데에서 하나의 옷을 취락의 집안에 남겨두고서, 다른 곳을 다니면서 6일밤을 지냈는가? 여러 비구들이여. 이것은 오히려 믿지 않는 자는 신심이 생겨나지 않게 하고, …… 이미 믿었던 자는 일부가 전전하여 다른 곳으로 향하여 떠나가게 하느니라."

이와 같이 세존께서는 여러 종류의 방편으로써 여러 비구들을 꾸짖고서 뒤에 부양이 어렵고 가르치고 양육함이 어려우며, …… 나아가 …… 여러 비구들을 위하여 적절한 법을 수순하여 설하신 뒤에 여러 비구들에게 알려 말씀하셨다.

"여러 비구들이여. 나는 열 가지의 이익을 까닭으로써 여러 비구들을 위하여 학처를 제정하겠나니, 그대들은 마땅히 이와 같이 학처를 송출할 지니라.

'하안거를 마치고서 뒤에 가제월의 만월에 이르렀는데, 어느 누구의 비구일지라도 위험과 공포가 갖추어져 있는 아련야의 주처에 머물렀거나, 이와 같은 주처에 비구가 머물렀다면, 뜻으로 원하는 자는 삼의의 가운데 에서 하나의 옷을 취락의 집안에 남겨둘 수 있다. 비구가 만약 무슨 옷을 떠날 인연이 있었다면 그 비구가 그 옷을 떠날 수 있으나, 6일밤으로 제한하겠노라. 승가가 허락한 것을 제외하고서 만약 이 제한을 넘겨서 떠난 자는 니살기바일제를 범하느니라.'"

2-1 '하안거를 마치다.'는 우안거가 지나서 머무는 것이다.

'가제월의 만월에 이르다.'는 가제월 만월의 뒤를 말한다.

'위험이 갖추어져 있다.'는 정사에서, 정사의 경내에서 도둑들이 머무르고 서 있으며 앉아 있고 누워있는 곳을 보았던 것이다.

'공포가 갖추어져 있다.'는 정사와 정사의 경내에서 도둑들에게 살해되었고 겁탈을 당하였으며, 얻어맞는 것을 일찍이 보았던 것이다.

'어느 누구의 비구일지라도 아련야의 주처에 머무르다.'는 아련야의 주처는 500궁(弓)36)이 떨어진 처소를 말한다.

'이와 같은 주처에 머무는 비구'는 이와 같은 주처에 머무는 비구를 가리키는 뜻이다.

'뜻으로 원하다.'는 희망이 있는 자이다.

'3의의 가운데에서 하나의 옷'은 혹은 승가리이거나, 혹은 울다라승이거나, 혹은 안타회이다.

'취락의 집안에 남겨두다.'는 걸식을 행하는 취락 주위의 경계이다.

'비구가 무슨 옷을 떠날 인연이 있다.'는 인연의 이유가 있거나, 마땅히 지을 일이 있는 것이다.

'비구가 그 옷을 떠날 수 있으나, 6일밤으로 제한하다.'는 최대로 6일을 떠날 수 있는 것이다.

'승가가 허락한 것을 제외하다.'는 비구가 허락한 것을 제외하는 것이다.

'만약 이것을 넘겨서 떠나다.'는 7일째에 밝은 모습이 나타나는 때라면 사타를 범하나니, 마땅히 승가에게 버려야 하고, 별중에게 버려야 하며, 혹은 사람에게 버려야 한다. 비구는 마땅히 이와 같이 버려야 한다.

"여러 대덕들이여. 이 옷은 내가 승가의 허락이 없었는데 6일밤 이상을 떠났던 물건이므로 마땅히 그것을 버립니다. 나는 지금 이 옷을 승가에 버립니다."

버리고서 스스로가 그 죄를 참회하며 아뢰어야 한다. 마땅히 한 총명하고 유능한 비구가 그 죄의 참회를 섭수하고서 버렸던 옷을 돌려주어야 한다.

"대덕 승가께서는 허락하십시오. 이 옷은 바로 어느 비구의 사타의 옷이고, 이미 승가에서 버렸습니다. 만약 승가께서 때에 이르셨다면 승가는 마땅히 이 옷을 누구 비구에게 돌려주겠습니다."

······ 나아가 ······ 여러 대중들의 처소에 이르러 오른쪽 어깨를 드러내고, ······ 나아가 ······ "여러 대덕들께서 만약 때에 이르렀다면 이 옷을 마땅히 누구 비구에게 돌려주겠습니다." ······ 나아가 ······ 한 비구의 처소에

---

36) 길이의 단위로 궁(弓)은 지금의 약 5척(尺)으로, 보(步)와 같은 의미로 사용되었다. 360궁(弓)은 360보(步)와 같은 말로, 이것을 1리(里)라고 말하였다. 1리(里)는 약 393m이고, 10리(里)는 약 4㎞를 의미한다.

이르러 오른쪽 어깨를 드러내고, …… 나아가 …… "나는 이 옷을 대덕에게 주겠습니다."

2-2 승가의 허락이 없었고 옷을 떠나서 6일밤을 넘겼는데, 넘겼다는 생각이 있었던 자는 사타를 범한다. 승가의 허락이 없었고 옷을 떠나서 6일밤을 넘겼는데, 넘겼다는 의심이 있었던 자는 사타를 범한다. 승가의 허락이 없었고 옷을 떠나서 6일밤을 넘겼는데, 넘기지 않았다는 생각이 있었던 자는 사타를 범한다.

옷을 붙잡지 않았고 붙잡았다는 생각이 있었는데, 옷을 떠나서 6일밤을 넘겼던 자는 사타를 범한다.

옷을 잃어버리지 않았고 잃어버렸다는 생각이 있었는데, 옷을 떠나서 6일밤을 넘겼던 자는 사타를 범한다.

옷이 찢어지지 않았고 찢어졌다는 생각이 있었는데, 옷을 떠나서 6일밤을 넘겼던 자는 사타를 범한다.

옷이 불타지 않았고 불탔다는 생각이 있었는데, 옷을 떠나서 6일밤을 넘겼던 자는 사타를 범한다.

승가의 허락이 없었고 빼앗기지 않았으며 빼앗겼다는 생각이 있었는데, 옷을 떠나서 6일밤을 넘겼던 자는 사타를 범한다.

사타의를 버리지 않고 수용하는 자는 돌길라를 범한다.

승가의 허락이 없었고 옷을 떠나서 6일밤의 이하였는데, 넘겼다는 생각이 있었던 자는 돌길라를 범한다. 승가의 허락이 없었고 옷을 떠나서 6일밤의 이하였는데, 넘겼다는 의심이 있었던 자는 돌길라를 범한다. 승가의 허락이 없었고 옷을 떠나서 6일밤의 이하였는데, 넘기지 않았다는 생각이 있었던 자는 범하지 않는다.

2-3 옷을 떠나서 6일밤이었거나, 옷을 떠나서 6일밤의 이하였거나, 옷을 떠나서 6일밤에 다시 취락에 들어가서 경계 안에서 머무르면서 나오지 않았거나, 6일 안에 옷을 붙잡았거나, 버렸거나, 잃어버렸거나, 찢어졌거

나, 취하였던 것을 빼앗겼거나, 친근하다고 생각하고 취하였거나, 승가가 허락하였거나, 미쳤던 자이거나, 최초로 범한 자는 범하지 않는다.

[스물아홉 번째의 사타를 마친다.]

30) 회중물입기(迴衆物入己) 학처

1-1 그때 불·세존께서는 사위성의 기수급고독원에 머무르셨다.

그때 사위성의 한 집단(集團)이 승가를 위하여 옷과 음식을 준비하면서 "우리들이 옷과 음식을 공양하겠습니다."라고 말하였다. 이때 육군비구들은 그 집단에 이르러 이와 같이 말하였다.

"현자여. 이 옷을 우리들에게 주시오."

"대덕이여. 우리들은 능히 줄 수 없습니다. 우리들은 매년 옷과 음식을 준비하여 승가께 보시합니다."

"현자여. 대중 승가에게는 많은 시주자들이 있고, 많은 음식도 있소. 우리들은 오직 그대들을 의지하고, 그대들을 보고서 이곳에 머무르고 있소. 그대들이 만약 우리들에게 주지 않는다면 누가 우리들에게 주겠소? 현자여. 이 옷을 우리들에게 주시오."

이때 그 여러 사람들이 준비하였던 옷들을 육군비구들이 강제로 구하였으므로 모두 육군비구들에게 주었고, 다만 음식으로써 대중 승가에게 공양하였다. 여러 비구들의 가운데에서는 대중승가를 위하여 옷을 미리 준비한 것을 알았으나, 육군비구들에게 옷을 주었던 것을 알지 못하여 이와 같이 말을 지었다.

"현자여. 대중 승가에게 옷을 주십시오."

"대덕이여. 없습니다. 준비하였던 옷들은 육군비구들이 되돌려서 자기들의 소유로 삼았습니다."

여러 비구들의 가운데에서 욕심이 적은 자들은 싫어하고 비난하였다.

"무슨 까닭으로 육군비구들은 승가를 위하여 공양하여 얻어진 물건이라고 분명히 알면서도 되돌려서 자기들의 소유로 삼는가?"

다른 비구들은 이 일로써 세존께 아뢰었고, 세존께서는 말씀하셨다.

"육군비구들이여. 그대들이 진실로 승가를 위하여 공양하여 얻어진 물건이라고 분명히 알면서도 되돌려서 자기들의 소유로 삼았는가?"

"진실로 그렇습니다. 세존이시여."

세존께서는 여러 방편으로 꾸짖으셨다.

"어리석은 사람들이여. 그대들은 어찌하여 승가를 위하여 공양하여 얻어진 물건이라고 분명히 알면서도 되돌려서 자기들의 소유로 삼았는가? 어리석은 사람들이여. 이것은 오히려 믿지 않는 자는 신심이 생겨나지 않게 하고, …… 이미 믿었던 자는 일부가 전전하여 다른 곳으로 향하여 떠나가게 하느니라."

이와 같이 세존께서는 여러 종류의 방편으로써 육군비구들을 꾸짖고서 뒤에 부양이 어렵고 가르치고 양육함이 어려우며, …… 나아가 …… 여러 비구들을 위하여 적절한 법을 수순하여 설하신 뒤에 여러 비구들에게 알려 말씀하셨다.

"여러 비구들이여. 나는 열 가지의 이익을 까닭으로써 여러 비구들을 위하여 학처를 제정하겠나니, 그대들은 마땅히 이와 같이 학처를 송출할지니라.

'어느 누구의 비구일지라도 승가를 위하여 공양하여 얻어진 물건이라고 분명히 알면서도 되돌려서 자기들의 소유로 삼는 자는 니살기바일제를 범하느니라.'"

2-1 '어느 누구'는 어느 태어난 곳의 이유, …… 혹은 중간의 법랍이었다면 이것을 '어느 누구'라고 말한다.

'비구'는 구걸하는 비구이니, 일을 좇아서 걸식하는 비구, …… 곧 이것에서 '비구'를 뜻한다고 말하는 것이다.

'분명히 알다.'는 스스로가 알았거나, 다른 사람이 그에게 알렸거나,

혹은 누가 그것을 알린 것이다.

'공양'은 "내가 보았던 것이다. 내가 지었던 것이다."라는 것의 말을 깨트린 것이다.

'승가를 위하여 공양한 물건'은 승가에 보시한 물건이다.

'얻어진 것'은 의복, 음식, 방사, 병의 의약품, 나아가 가루 덩어리, 양지, 짜지 않은 실 등을 말한다.

'되돌려서 자기들의 소유로 삼다.'는 이전에 방편으로 하였다면 돌길라를 범하고, 손에 이르렀다면 사타를 범하나니, 마땅히 승가에게 버려야 하고, 별중에게 버려야 하며, 혹은 사람에게 버려야 한다. 비구는 마땅히 이와 같이 버려야 한다.

"여러 대덕들이여. 이것은 내가 승가에 공양하여서 얻어진 물건이라고 알았으나, 되돌려서 나의 소유로 삼았으므로 마땅히 그것을 버립니다. 나는 지금 이것을 승가에 버립니다."

버리고서 스스로가 그 죄를 참회하며 아뢰어야 한다. 마땅히 한 총명하고 유능한 비구가 그 죄의 참회를 섭수하고서 버렸던 물건을 돌려주어야 한다.

"대덕 승가께서는 허락하십시오. 이것은 바로 어느 비구의 사타의 물건이고, 이미 승가에서 버렸습니다. 만약 승가께서 때에 이르셨다면 승가는 마땅히 이것을 누구 비구에게 돌려주겠습니다."

…… 나아가 …… 여러 대중들의 처소에 이르러 오른쪽 어깨를 드러내고, …… 나아가 …… "여러 대덕들께서 만약 때에 이르렀다면 이것을 마땅히 누구 비구에게 돌려주겠습니다." …… 나아가 …… 한 비구의 처소에 이르러 오른쪽 어깨를 드러내고, …… 나아가 …… "나는 이것을 대덕에게 주겠습니다."

2-2 공양이었고 공양이라는 생각이 있었는데, 되돌려서 자기의 소유로 삼는 자는 사타를 범한다. 공양이었고 공양이라는 의심이 있었는데, 되돌려서 자기의 소유로 삼는 자는 사타를 범한다. 공양이었고 공양이

아니라는 생각이 있었는데, 되돌려서 자기의 소유로 삼는 자는 사타를 범한다.

승가에 공양한 것으로써, 다른 승가와 혹은 탑에 되돌리는 자는 돌길라를 범한다. 탑에 공양한 것으로써, 다른 탑과 다른 승가에 되돌리는 자는 돌길라를 범한다. 사람에게 공양한 것으로써, 다른 사람과 혹은 탑에 되돌리는 자는 돌길라를 범한다.

공양이 아니었고 공양이라는 생각이 있었는데, 되돌려서 자기의 소유로 삼는 자는 돌길라를 범한다. 공양이 아니었고 공양이라는 의심이 있었는데, 되돌려서 자기의 소유로 삼는 자는 돌길라를 범한다. 공양이 아니었고 공양이 아니라는 생각이 있었는데, 되돌려서 자기의 소유로 삼는 자는 범하지 않는다.

"내가 어느 곳에 보시해야 합니까?"라고 물었고, "그대가 보시물을 수용할 수 있는 처소에 보시하거나, 덕의 과보를 얻을 처소이거나, 항상 머무는 처소이거나, 혹은 그대의 마음이 청정하고 환희하는 곳에 보시하십시오."라고 말하였거나, 미쳤던 자이거나, 최초로 범한 자는 범하지 않는다.

[서른 번째의 사타를 마친다.]

○【셋째로 발품(鉢品)을 마친다.】

섭송으로 설하겠노라.

두 발우와 약과 우의와
다섯 번째의 보시와
스스로 짜게 하는 것과 특별한 보시와
위험이 있는 곳과 승가의 물건이 있다.

"여러 대덕들이여. 30니살기바일제법을 송출하여 마쳤습니다. 여기서 나는 지금 여러 대덕들께 묻겠습니다."

"이 일에서 청정합니까?"

두 번째로 묻겠습니다.

"이 일에서 청정합니까?"

세 번째로 묻겠습니다.

"이 일에서 청정합니까?"

지금 여러 대덕들께서는 이 일에서 청정하나니, 이것은 묵연하였던 까닭입니다. 나는 이와 같이 알고 이해하겠습니다.

○ **니살기바일제를 마친다.**

경분별(經分別) 제5권

5. 바일제(波逸提, Pācittiya)

여러 대덕들이여. 지금 90바일제(波逸提, Pācittiya)를 송출하겠습니다.

1) 고망어(故妄語) 학처

1-1 그때 불·세존께서는 사위성의 기수급고독원에 머무르셨다.

이때 갈타가(喝陀伽)[1] 석자는 반복하여 외도와 함께 논의하면서 틀린 것으로써 옳다고 말하였고, 옳은 것으로써 틀렸다고 말하면서 고의로 다르게 대답하였으며, 고의로 망어하면서 약속한 때에 오지 않았다. 여러 외도들이 싫어하면서 비난하였다.

"무슨 까닭으로 갈타가 석자는 우리들과 논의하면서 틀린 것으로써 옳다고 말하고, 옳은 것으로써 틀렸다고 말하면서 고의로 다르게 대답하며, 고의로 망어하면서 약속한 때에 오지 않는가?"

이때 여러 비구들은 그 외도들이 싫어하고 비난하는 것을 들었다. 여러 비구들은 갈타가 석자의 처소에 이르러 이렇게 말을 지었다.

---

1) 팔리어 hatthaka(하따카)의 음사이다.

"장로 갈타가여. 그대가 진실로 외도들과 함께 논의하면서 틀린 것으로써 옳다고 말하였고, 옳은 것으로써 틀렸다고 말하면서 고의로 다르게 대답하였으며, 고의로 망어하면서 약속한 때에 가지 않았습니까?"

"장로들이여. 마땅히 무엇이라도 말하여 그 외도들을 굴복시켜야 합니다. 그들이 승리하게 할 수 없습니다."

여러 비구들의 가운데에서 욕심이 적은 자들은 싫어하고 비난하였다.

"무슨 까닭으로 장로 갈타가 석자는 외도들과 함께 논의하면서 틀린 것으로써 옳다고 말하였고, 옳은 것으로써 틀렸다고 말하면서 고의로 다르게 대답하였으며, 고의로 망어하면서 약속한 때에 가지 않았는가?"

여러 비구들은 이 일로써 세존께 아뢰었고, 세존께서는 이 인연으로써 비구승가를 모으셨으며, 갈타가 석자에게 물어 말씀하셨다.

"갈타가여. 그대가 진실로 외도들과 함께 논의하면서 틀린 것으로써 옳다고 말하였고, 옳은 것으로써 틀렸다고 말하면서 고의로 다르게 대답하였으며, 고의로 망어하면서 약속한 때에 가지 않았는가?"

"진실로 그렇습니다. 세존이시여."

세존께서는 여러 방편으로 꾸짖으셨다.

"어리석은 사람이여. 그대는 어찌하여 외도들과 함께 논의하면서 틀린 것으로써 옳다고 말하였고, 옳은 것으로써 틀렸다고 말하면서 고의로 다르게 대답하였으며, 고의로 망어하면서 약속한 때에 가지 않았는가? 이것은 믿지 않는 자는 신심이 생겨나지 않게 하고, 이미 믿었던 자는 증장시키지 않느니라. 어리석은 사람이여. 이것은 오히려 믿지 않는 자는 불신이 생겨나지 않는 것이 없게 하고, 믿었던 자는 전전하여 일부가 다른 곳을 향하여 떠나가게 하느니라.

이와 같이 세존께서는 여러 종류의 방편으로써 장로 갈타가를 꾸짖고서 뒤에 부양이 어렵고 가르치고 양육함이 어려우며, 욕심이 많아서 만족함을 알지 못하고, 대중의 가운데에 참여하면서 방일하였던 허물을 설하셨다. 그러한 뒤에 여러 종류의 방편으로써 부양하기 쉽고, 가르치고 양육함이 쉬우며, 욕심이 적어서 만족함을 알고, 두타행을 좋아하며, 단정하여 대중의 가운데에 참여하지 않고 용맹하게 정진하는 아름다움을 설하셨다. 아울러 또한 여러 비구들을 위하여 적절한 법을 수순하여 설하신 뒤에 여러 비구들에게 알려 말씀하셨다.

"여러 비구들이여. 이와 같으므로 열 가지의 이익을 까닭으로써 나는 여러 비구들을 위하여 학처를 제정하겠노라. 승가의 섭수를 위하여, 승가의 안락을 위하여, 악인을 조복하기 위하여, 선한 비구들을 안락하게 머무르는 것을 위하여, 현세의 누(漏)를 방호하기 위하여, 후세의 누를 없애기 위하여, 믿지 않는 자에게 신심이 생겨나는 것을 위하여, 이미 믿었던 자의 증장을 위하여, 정법이 오래 머무르는 것을 위하여, 율의 공경과 존중을 위한 것이니라. 여러 비구들이여 그대들은 마땅히 이와 같이 학처를 송출할지니라.

'고의로 망어하는 자는 바일제를 범하느니라.'"

2-1 '고의로 망어하다.'는 속이려고 말하는 것이니, 말하거나, 설명하거나, 연설하거나, 알려서 말하는 것이며, 성스러운 말이 아니다. 곧 보지 않았는데 보았다고 말하거나, 듣지 않았는데 들었다고 말하거나, 느끼지 않았는데 느꼈다고 말하거나, 알지 않았는데 알았다고 말하거나, 보았는데 보지 않았다고 말하거나, 들었는데 듣지 않았다고 말하거나, 느꼈는데 느끼지 않았다고 말하거나, 알았는데 알지 못하였다고 말하는 것이다.

'보지 않았다.'는 눈으로 보지 않은 것이다.

'듣지 않았다.'는 귀로 듣지 않은 것이다.

'느끼지 않았다.'는 코로 냄새를 맡지 않았고, 혀로 맛보지 않았으며, 몸으로 접촉하지 않아서 이것을 알지 못하고 마음으로 인식하지 않은 것이다.

'보았다.'는 눈으로 보았던 것이다.

'들었다.'는 귀로 들은 것이다.

'느끼다.'는 코로 냄새를 맡았고, 혀로 맛보았으며, 몸으로 접촉하여서 이것을 알았고 마음으로 인식하였던 것이다.

2-2 세 가지의 행상(行相)²⁾을 이유로 보지 않았는데, "나는 보았다."라고
이와 같이 고의로 망어하는 자는 바일제를 범한다. 곧 이전에 "내가
장차 망어하겠다."라고 생각하고서 말하는 것이고, 말하는 때에 "내가
망어하겠다."라고 생각하는 것이며, 말하고서 "내가 망어하였다."라고
생각하는 것이다.

　네 가지의 행상을 이유로 보지 않았는데, "나는 보았다."라고 이와
같이 고의로 망어하는 자는 바일제를 범한다. 곧 이전에 "내가 장차
망어하겠다."라고 생각하고서 말하는 것이고, 말하는 때에 "내가 망어하겠
다."라고 생각하는 것이며, 말하고서 "내가 망어하였다."라고 생각하면서
다른 견해로 말하는 것이다.

　다섯 가지의 행상을 이유로 보지 않았는데, "나는 보았다."라고 이와
같이 고의로 망어하는 자는 바일제를 범한다. 곧 이전에 "내가 장차
망어하겠다."라고 생각하고서 말하는 것이고, 말하는 때에 "내가 망어하겠
다."라고 생각하는 것이며, 말하고서 "내가 망어하였다."라고 생각하면서
다른 견해로 말하는 것이고, 다른 견해를 인정하여 말하는 것이다.

　여섯 가지의 행상을 이유로 보지 않았는데, "나는 보았다."라고 이와
같이 고의로 망어하는 자는 바일제를 범한다. 곧 이전에 "내가 장차
망어하겠다."라고 생각하고서 말하는 것이고, 말하는 때에 "내가 망어하겠
다."라고 생각하는 것이며, 말하고서 "내가 망어하였다."라고 생각하면서
다른 견해로 말하는 것이고, 다른 견해를 인정하여 말하는 것이며, 다른
견해를 즐겁다고 말하는 것이다.

　일곱 가지의 행상을 이유로 보지 않았는데, "나는 보았다."라고 이와
같이 고의로 망어하는 자는 바일제를 범한다. 곧 이전에 "내가 장차
망어하겠다."라고 생각하고서 말하는 것이고, 말하는 때에 "내가 망어하겠
다."라고 생각하는 것이며, 말하고서 "내가 망어하였다."라고 생각하면서
다른 견해로 말하는 것이고, 다른 견해를 인정하여 말하는 것이며, 다른

---

　2) 팔리어 ākāra(아카라)의 음사이고, 마음에 비친 객관적인 모습을 인식하는 작용
　　을 가리킨다.

견해를 즐겁다고 말하는 것이고, 다른 생각에서 말하는 것이다.

세 가지의 행상을 이유로 듣지 않았는데, "나는 들었다."라고 이와 같이 고의로 망어하는 자이거나, …… 나아가 …… 느끼지 않았는데, "나는 느꼈다."라고 이와 같이 고의로 망어하는 자이거나, …… 나아가 …… 알지 못하였는데, "나는 알았다."라고 이와 같이 고의로 망어하는 자는 바일제를 범한다. 곧 이전에 "내가 장차 망어하겠다."라고 생각하고서 말하는 것이고, 말하는 때에 "내가 망어하겠다."라고 생각하는 것이며, 말하고서 "내가 망어하였다."라고 생각하는 것이다.

네 가지의 행상을 이유로, …… 나아가 …… 다섯 가지의 행상을 이유로, …… 나아가 …… 여섯 가지의 행상을 이유로, …… 나아가 …… 일곱 가지의 행상을 이유로, 듣지 않았는데, "나는 들었다."라고 이와 같이 고의로 망어하는 자이거나, …… 나아가 …… 다른 견해를 즐겁다고 말하는 것이고, 다른 생각에서 말하는 것이다.

2-3 세 가지의 행상을 이유로 보지 않았는데, "나는 보았고, 나는 들었다."라고 이와 같이 고의로 망어하는 자는 바일제를 범한다. 세 가지의 행상을 이유로 보지 않았는데, "나는 보았고, 나는 느꼈다."라고 이와 같이 고의로 망어하는 자는 바일제를 범한다. 세 가지의 행상을 이유로 보지 않았는데, "나는 보았고, 나는 알았다."라고 이와 같이 고의로 망어하는 자는 바일제를 범한다.

세 가지의 행상을 이유로 보지 않았는데, "나는 보았고, 나는 들었으며, 나는 느꼈다."라고 이와 같이 고의로 망어하는 자는 바일제를 범한다. 세 가지의 행상을 이유로 보지 않았는데, "나는 보았고, 나는 들었으며, 나는 알았다."라고 이와 같이 고의로 망어하는 자는 바일제를 범한다. 세 가지의 행상을 이유로 보지 않았는데, "나는 보았고, 나는 들었으며, 나는 느꼈으며, 나는 알았다."라고 이와 같이 고의로 망어하는 자는 바일제를 범한다.

세 가지의 행상을 이유로 듣지 않았는데, "나는 들었고, 나는 느꼈다."라고 이와 같이 고의로 망어하는 자는 바일제를 범한다. …… "나는 들었고, 나는 보았다."라고 이와 같이 고의로 망어하는 자는 바일제를 범한다. …… "나는 들었고, 나는 느꼈으며, 나는 알았고, 나는 보았다."라고 이와 같이 고의로 망어하는 자는 바일제를 범한다.

세 가지의 행상을 이유로 느끼지 않았는데, "나는 느꼈고, 나는 알았다." 라고 이와 같이 고의로 망어하는 자는 바일제를 범한다. …… "나는 느꼈고, 나는 알았으며, 나는 보았고, 나는 들었다."라고 이와 같이 고의로 망어하는 자는 바일제를 범한다.

세 가지의 행상을 이유로 알지 못하였는데, "나는 알았고, 나는 보았다." 라고 이와 같이 고의로 망어하는 자는 바일제를 범한다. …… "나는 알았고, 보았으며, 나는 들었고, 나는 느꼈다."라고 이와 같이 고의로 망어하는 자는 바일제를 범한다.

2-4 세 가지의 행상을 이유로 보았는데, "나는 보지 않았다."라고, …… 나아가 …… 들었는데, "나는 듣지 않았다."라고, …… 나아가 …… 느꼈는데, "나는 느끼지 않았다."라고, …… 나아가 …… 알았는데, "나는 알지 못하였다."라고, 이와 같이 고의로 망어하는 자는 바일제를 범한다.

2-5 세 가지의 행상을 이유로 보았는데, "나는 들었다."라고, …… 나아가 …… "나는 느꼈다."라고, …… 나아가 …… "나는 알았다."라고 이와 같이 고의로 망어하는 자는 바일제를 범한다.

세 가지의 행상을 이유로 보았는데, "나는 들었고, 나는 느꼈다."라고, …… 나아가 …… "나는 들었고, 나는 알았다."라고, 세 가지의 행상을 이유로 보았는데, "나는 들었고, 느꼈고, 나는 알았다."라고, …… 나아가 …… "나는 보았고, 들었으며, 나는 느꼈다."라고 이와 같이 고의로 망어하는 자는 바일제를 범한다.

2-6 세 가지의 행상을 이유로 보았던 것에서 의심이 있었거나, 보고서

확실히 믿지 못하였거나, 보고서 기억하지 못하였거나, 보고서 잊어버렸거나, 들었던 것에서 의심이 있었거나, 듣고서 확실히 믿지 못하였거나, 듣고서 기억하지 못하였거나, 듣고서 잊어버렸거나, 느꼈던 것에서 의심이 있었거나, 느끼고서 확실히 믿지 못하였거나, 느끼고서 기억하지 못하였거나, 느끼고서 잊어버렸거나, 알았던 것에서 의심이 있었거나, 알고서 확실히 믿지 못하였거나, 알고서 기억하지 못하였거나, 알고서 잊어버렸는데, 곧 "나는 알았고, 나는 보았다."라고 말하였거나, 알고서 잊어버렸는데, 곧 "나는 알았고, 나는 느꼈다."라고 말하였거나, 알고서 잊어버렸는데, 곧 "나는 알았고, 나는 보았으며 나는 들었다."라고 말하였거나, 알고서 잊어버렸는데, 곧 "나는 알았고, 나는 보았으며 나는 들었고 나는 느꼈다."라고 이와 같이 고의로 망어하는 자는 바일제를 범한다.

네 가지의 행상을 이유로, …… 나아가 …… 다섯 가지의 행상을 이유로, …… 나아가 …… 여섯 가지의 행상을 이유로, …… 나아가 …… 일곱 가지의 행상을 이유로 알고서 잊어버렸는데, 곧 "나는 알았고, 나는 보았다."라고 말하였거나, 알고서 잊어버렸는데, 곧 "나는 알았고, 나는 보았으며, 나는 느꼈다."라고 이와 같이 고의로 망어하는 자는 바일제를 범한다. 곧 "내가 장차 망어하겠다."라고 생각하고서 말하는 것이고, 말하는 때에 "내가 망어하겠다."라고 생각하는 것이며, 말하고서 "내가 망어하였다."라고 생각하면서 다른 견해로 말하는 것이고, 다른 견해를 인정하여 말하는 것이며, 다른 견해를 즐긴다고 말하는 것이고, 다른 생각에서 말하는 것이다.

2-7 희롱하고자 말하였거나, 조급하여 말하였거나(희롱하고자 말하는 것은 사유하지 않고서 곧 말한 것이고, 조급하게 말한 것은 이것을 생각하고서 다른 사람에게 잘못하여 말한 것이다.), 미쳤던 자이거나, 최초로 범한 자는 범하지 않는다.

[첫 번째의 바일제를 마친다.]

2) 훼자어(毀訾語) 학처

1-1 그때 불·세존께서는 사위성의 기수급고독원에 머무르셨다.

이때 육군비구들이 여러 선한 비구들과 논쟁(論諍)하였고, 여러 선한 비구들을 종족, 이름, 족성, 직업, 기술, 병, 모습, 욕념, 죄 등을 따라서 업신여기고 욕하면서 악구(惡口)로 조롱하였다. 여러 비구들의 가운데에서 욕심이 적은 자들은 싫어하고 비난하였다.

"무슨 까닭으로 육군비구들은 여러 선한 비구들과 논쟁하고서, 여러 선한 비구들을 종족, 이름, 족성, 직업, 기술, 병, 모습, 욕념, 죄 등을 따라서 업신여기고 욕하면서 악구로 조롱하는가?"

여러 비구들은 이 일로써 세존께 아뢰었고, 세존께서는 이 인연으로써 비구승가를 모으셨으며, 육군비구에게 물어 말씀하셨다.

"육군비구들이여. 그대들이 진실로 여러 선한 비구들과 논쟁하고서, 여러 선한 비구들을 종성, 이름, 족성, 직업, 기술, 병, 모습, 욕념, 죄 등을 따라서 업신여기고 욕하면서 악구로 조롱하였는가?"

"진실로 그렇습니다. 세존이시여."

세존께서는 여러 방편으로 꾸짖으셨다.

"어리석은 사람들이여. 그대들은 어찌하여 여러 선한 비구들과 논쟁하고서, 여러 선한 비구들을 종족, 이름, 족성, 직업, 기술, 병, 모습, 욕념, 죄를 따라서 업신여기고 욕하면서 악구로 조롱하였는가? 어리석은 사람들이여. 이것은 오히려 믿지 않는 자는 신심이 생겨나지 않게 하고, …… 이미 믿었던 자는 일부가 전전하여 다른 곳으로 향하여 떠나가게 하느니라."

이와 같이 세존께서는 여러 종류의 방편으로써 육군비구들을 꾸짖고서 설법하셨으며 여러 비구들에게 알려 말씀하셨다.

2-1 "여러 비구들이여. 지나간 옛날에 득차시라국(得叉尸羅國)3)의 한 바라문에게 난저이사라(蘭底伊沙羅)4)라고 이름하는 한 마리의 소가 있었

느니라. 이때 난저이사라 소가 바라문에게 말하였느니라.

"바라문이여. 당신께서 가서 말하십시오. '나의 소는 능히 가득히 실은 백 대의 수레를 끌 수 있습니다.' 그러한 뒤에 장자들과 1천 금전으로 도박하십시오."

이때 그 바라문은 장자들과 함께 말하였다.

"나의 소는 능히 가득히 실은 백 대의 수레를 끌 수 있습니다."

그리고 1천 금전을 내기하였다. 여러 비구들이여. 그 바라문은 난저이사라 소에게 백 대의 수레를 묶고서 말하였다.

"무각(無角)이여. 끌고 가라. 무각이여. 끌고 가라."

그때 난저이사라 소는 곧 그곳에 서서 멈추었느니라. 이 바라문은 도박에서 1천 금전을 배상하고서 걱정하였다. 이때 난저이사라 소는 그 바라문에게 말하였다.

"바라문이여. 당신께서는 무슨 까닭으로 근심하십니까?"

"나는 진실로 너를 위하여 1천 금전을 배상하였다."

"바라문이여. 당신께서는 무슨 까닭으로 나는 뿔이 없지 않나 욕하였고 무각이라고 불렀습니까? 당신께서는 가서 말하십시오. '나의 소는 능히 가득히 실은 백 대의 수레를 끌 수 있습니다.' 장자여. 2천 금전으로 도박하시고 내가 뿔이 없는 것이 아니므로, 무각이라고 나를 욕하지 마십시오."

여러 비구들이여. 그 바라문은 장자들과 함께 말하였다.

"나의 소는 능히 가득히 실은 백 대의 수레를 끌 수 있습니다."

그리고 2천 금전으로 도박하였다. 여러 비구들이여. 그 바라문은 난저이사라 소에게 백 대의 수레를 묶고서 말하였다.

"가라. 좋은 소여. 끌고 가라. 좋은 소여."

여러 비구들이여. 이때 난저이사라 소가 100대의 수레를 끌었느니라.

---

3) 팔리어 Takkasilā(타까시라)의 음사이다.

4) 팔리어 Nandivisāla(난디비사라)의 음사이고, 환희라고 의역된다.

좋고 사랑스럽게 마땅히 말하고
일체를 선하지 않게 말하지 않을지니
사랑스럽게 말하는 자는
소가 곧 무거운 짐을 이끌 수 있어서
그도 역시 재물을 얻었고
이것을 이유로 모두가 환희하였네.

여러 비구들이여. 그때 악구로 조롱하여 말하였던 것이, 바로 내가 사랑하지 않았던 말이니라. 지금 어찌하여 악구로써 조롱하여 말하였는데, 사랑스럽게 말하였겠는가? 여러 비구들이여. 이것은 오히려 믿지 않는 자는 신심이 생겨나지 않게 하고, …… 이미 믿었던 자는 일부가 전전하여 다른 곳으로 향하여 떠나가게 하느니라."

이와 같이 세존께서는 여러 종류의 방편으로써 육군비구들을 꾸짖고서 뒤에 부양이 어렵고 가르치고 양육함이 어려우며, …… 나아가 …… 여러 비구들을 위하여 적절한 법을 수순하여 설하신 뒤에 여러 비구들에게 알려 말씀하셨다.

"여러 비구들이여. 나는 열 가지의 이익을 까닭으로써 여러 비구들을 위하여 학처를 제정하겠나니, 그대들은 마땅히 이와 같이 학처를 송출할지니라.

'욕하면서 조롱하는 자는 바일제를 범하느니라.'"

3-1 '욕하다'는 열 종류로 욕하는 것이니, 곧 종성, 이름, 족성, 직업, 기술, 모습, 병, 욕념, 허물, 악한 욕설이다.

'종성'은 두 종류가 있나니, 비천한 종성과 고귀한 종성이다. 비천한 종족은 전다라(旃陀羅), 대나무 장인(竹師), 사냥꾼(獵師), 마부(車師), 분뇨 처리자(除糞者) 종성이니, 이것을 비천한 종성이라고 말한다. 고귀한 종성은 찰제리(刹帝利)와 바라문(婆羅門)의 종성이니, 이것을 고귀한 종성이라고 말한다.

'이름'은 두 종류가 있나니, 비천한 이름과 고귀한 이름이다. 비천한 이름은 아와강나가(阿蛙康那加)5), 사와강나가(奢蛙康那加)6), 단니달가(單尼達加)7), 사의달가(沙義達加)8), 고랍와달가(庫拉蛙達加)9) 등이고, 각 지방에서 멸시받고 조롱받으면서 존경받지 못하나니, 이것을 비천한 이름이라고 이름한다. 고귀한 이름은 불호(佛護), 법호(法護), 승호(僧護)이고, 각 지방에서 멸시받지 않고 조롱받지 않으면서 존경받는 것이니, 이것을 고귀한 이름이라고 이름한다.

'족성'은 두 종류가 있나니, 비천한 족성과 고귀한 족성이다. 비천한 이름은 고사야(庫奢耶)10)와 파납다와사(婆拉多蛙奢)11)의 족성이고, 각 지방에서 멸시받고 조롱받으면서 존경받지 못하나니, 이것을 비천한 족성이라고 이름한다. 고귀한 족성은 구담(瞿曇)12), 막가납나(莫迦拉那)13), 가사야나(伽奢耶那)14), 와시달(瓦施達)15) 족성이고, 각 지방에서 멸시받지 않고 조롱받지 않으면서 존경받는 것이니, 이것을 고귀한 이름이라고 이름한다.

'직업'은 두 종류가 있나니, 비천한 직업인과 고귀한 직업인이다. 비천한 직업인은 목수(木工)와 청소부(打掃夫)의 직업이고, 각 지방에서 멸시받고 조롱받으면서 존경받지 못하나니, 이것을 비천한 직업이라고 이름한다. 고귀한 직업은 농업자, 상인, 목축업자이고, 각 지방에서 멸시받지 않고 조롱받지 않으면서 존경받나니, 이것을 고귀한 직업인이라고 이름한다.

---

5) 팔리어 Avakaṇṇaka(아바칸나카)의 음사이다.
6) 팔리어 Javakaṇṇaka(자바칸나카)의 음사이다.
7) 팔리어 Dhaniṭṭhaka(다니따카)의 음사이다.
8) 팔리어 Saviṭṭhaka(사비따카)의 음사이다.
9) 팔리어 Kulavaḍḍhaka(쿠라바따카)의 음사이다.
10) 팔리어 Kosiya(코시야)의 음사이다.
11) 팔리어 Bhāradvāja(바라드바자)의 음사이다.
12) 팔리어 Gotama(고타마)의 음사이다.
13) 팔리어 Moggallāna(목갈라나)의 음사이다.
14) 팔리어 Kaccāna(카짜나)의 음사이다.
15) 팔리어 Vāsiṭṭha(바시따)의 음사이다.

'기술'은 두 종류가 있나니, 비천한 기술과 고귀한 기술이다. 비천한 기술은 대나무 장인, 도공, 직공, 가죽 기술, 이발 기술이고, 각 지방에서 멸시받고 조롱받으면서 존경받지 못하나니, 이것을 비천한 기술이라고 이름한다. 고귀한 기술은 회계(會計), 계산, 서사(書寫)이고, 각 지방에서 멸시받지 않고 조롱받지 않으면서 존경받나니, 이것을 고귀한 직업이라고 이름한다.

'일체의 병'은 비천한 것이다. 그러나 당뇨병은 고귀한 병이다.

'모습'은 두 종류가 있나니, 비천한 모습과 고귀한 모습이다. 비천한 모습은 너무 크거나, 너무 작거나, 매우 검거나, 매우 하얀 것이니, 이것을 비천한 모습이라고 이름한다. 고귀한 모습은 너무 크지 않거나, 너무 작지 않거나, 매우 검지 않거나, 매우 하얗지 않은 것이니, 이것을 고귀한 모습이라고 이름한다.

'일체의 욕념'은 비천한 것이다.

'일체의 허물'은 비천한 것이다. 그러나 예류과가 범하였거나, 정진하면서 범하였다면 고귀한 것이다.

'악한 욕설'은 두 종류가 있나니, 비천한 욕설과 고귀한 욕설이다. 비천한 욕설은 "그대는 낙타이다. 그대는 양이다. 그대는 소이다. 그대는 당나귀이다. 그대는 축생이다. 그대는 지옥에 떨어질 사람이다. 그대는 선취(善趣)가 없다. 악취(惡趣)가 그대에게 있다고 말하거나, 혹은 이름의 뒤에 '야(ya)'의 또는 '바(va)'의 소리를16) 붙여서 부르거나, '남근(男根)' 또는 '여근(女根)'으로 부르는 것이니, 이것을 비천한 욕설이라고 이름한

---

16) 원문에서는 yakārena vā, bhakārena vā, kāṭakoṭacikāya vā 등으로 결집되고 있는데, '야(ya)' 또는 '바(va)'는 뒤에 붙어서 욕설의 의미를 지닌다. 『근본설일체유부비나야(根本說一切有部毘奈耶)』 제21권에서는 "엽바는 바른 눈으로 서방(西方)에서 말하는 남녀 교합의 불궤(不軌, 즉 음행)를 말한다. 만약 이 지방의 음가(音價)에 의지하면 다비설(多鄙媟)이라고 말한다. 또한 서방 음가는 처소에 따라 일정하지 않은 까닭으로 본래의 글자대로 둔다. 그러나 서방에서는 교수(教授)하여 이 말을 말할 때에 또한 완전한 말이 없고 비악(鄙惡)인 까닭으로 다만 엽자(葉字)·바자(婆字)라고 말할 뿐이다."라고 전하고 있어 이러한 내용을 이해할 수 있다. 필요하다면 승잔의 세 번째인 설비악어(說鄙惡語) 학처를 참조하라.

다. 고귀한 욕설은 "그대는 현자이다. 그대는 능력자이다. 그대는 지혜로운 자이다. 그대는 다문자이다. 그대는 설법자이다. 그대는 악취가 없다. 선취가 그대에게 있다."라고 말하는 것이니, 이것을 고귀한 욕설이라고 이름한다.

3-2 한 비구가 다른 비구에게 악구의 뜻으로써, 멸시하려는 뜻으로써, 그를 부끄럽게 시키려는 뜻으로 비천한 종족인 곧 전다라, 대나무 장인, 사냥꾼, 마부, 분뇨 처리자 등을 마주하고서 비천한 말로써 "그대는 전다라이다. 그대는 대나무 장인이다. 그대는 사냥꾼이다. 그대는 마부이다. 그대는 분뇨 처리자이다."라고 말하였다면 바일제를 범한다.

한 비구가 다른 비구에게 악구의 뜻으로써, 멸시하려는 뜻으로써, 그를 부끄럽게 시키려는 뜻으로 찰제리와 바라문의 종족을 마주하고서 비천한 말로써 "그대는 전다라이다. …… 그대는 분뇨 처리자이다."라고 말하였다면 바일제를 범한다.

한 비구가 다른 비구에게 악구의 뜻으로써, 멸시하려는 뜻으로써, 그를 부끄럽게 시키려는 뜻으로 전다라, 대나무 장인, 사냥꾼, 마부, 분뇨 처리자 등을 마주하고서 고귀한 말로써 "그대는 찰제리이다. 그대는 바라문이다."라고 말하였다면 바일제를 범한다.

한 비구가 다른 비구에게 악구의 뜻으로써, 멸시하려는 뜻으로써, 그를 부끄럽게 시키려는 뜻으로 찰제리·바라문의 종족을 마주하고서 고귀한 말로써 "그대는 찰제리이다. 그대는 바라문이다."라고 말하였다면 바일제를 범한다.

한 비구가 다른 비구에게 악구의 뜻으로써, 멸시하려는 뜻으로써, 그를 부끄럽게 시키려는 뜻으로 비천한 이름인 곧 아와강나가, 사와강나가, 단니달가, 사의달가, 고랍와달가 등을 마주하고서 비천한 말로써 "그대는 아와강나가이다. 그대는 사와강나가이다. 그대는 단니달가이다. 그대는 사의달가이다. 고랍와달가이다."라고 말하였다면 바일제를 범한다.

한 비구가 다른 비구에게 악구의 뜻으로써, 멸시하려는 뜻으로써, 그를 부끄럽게 시키려는 뜻으로 고귀한 이름인 곧 불호, 법호, 승호를 마주하고서 비천한 말로써 "그대는 아와강나가이다. 그대는 사와강나가이다. 그대는 단니달가이다. 그대는 사의달가이다. 고랍와달가이다."라고 말하였다면 바일제를 범한다.

한 비구가 다른 비구에게 악구의 뜻으로써, 멸시하려는 뜻으로써, 그를 부끄럽게 시키려는 뜻으로 비천한 이름인 곧 아와강나가, 사와강나가, 단니달가, 사의달가, 고랍와달가 등을 마주하고서 고귀한 말로써 "그대는 불호이다. 그대는 법호이다. 그대는 승호이다."라고 말하였다면 바일제를 범한다.

한 비구가 다른 비구에게 악구의 뜻으로써, 멸시하려는 뜻으로써, 그를 부끄럽게 시키려는 뜻으로 고귀한 이름인 곧 불호, 법호, 승호 등을 마주하고서 고귀한 말로써 "그대는 불호이다. 그대는 법호이다. 그대는 승호이다."라고 말하였다면 바일제를 범한다.

한 비구가 다른 비구에게 악구의 뜻으로써, 멸시하려는 뜻으로써, 그를 부끄럽게 시키려는 뜻으로 비천한 족성인 곧 고사야와 파납다와사를 마주하고서 비천한 말로써 "그대는 아와강나가이다. 그대는 고사야이다. 그대는 파납다와사이다."라고 말하였다면 바일제를 범한다.

한 비구가 다른 비구에게 악구의 뜻으로써, 멸시하려는 뜻으로써, 그를 부끄럽게 시키려는 뜻으로 고귀한 족성자인 곧 구담, 막가납나, 가사야나, 와시달을 마주하고서 비천한 말로써 "그대는 아와강나가이다. 그대는 고사야이다. 그대는 파납다와사이다."라고 말하였다면 바일제를 범한다.

한 비구가 다른 비구에게 악구의 뜻으로써, 멸시하려는 뜻으로써, 그를 부끄럽게 시키려는 뜻으로 비천한 족성인 곧 고사야와 파납다와사를 마주하고서 고귀한 말로써 "그대는 구담이다. …… 그대는 와시달이다."라고 말하였다면 바일제를 범한다.

한 비구가 다른 비구에게 악구의 뜻으로써, 멸시하려는 뜻으로써,

그를 부끄럽게 시키려는 뜻으로 고귀한 족성인 곧 구담, 막가납나, 가사야나, 와시달을 마주하고서 고귀한 말로써 "그대는 구담이다. …… 그대는 와시달이다."라고 말하였다면 바일제를 범한다.

한 비구가 다른 비구에게 악구의 뜻으로써, 멸시하려는 뜻으로써, 그를 부끄럽게 시키려는 뜻으로 비천한 직업인 곧 목수와 청소부를 마주하고서 비천한 말로써 "그대는 목수이다. 그대는 청소부이다."라고 말하였다면 바일제를 범한다.

한 비구가 다른 비구에게 악구의 뜻으로써, 멸시하려는 뜻으로써, 그를 부끄럽게 시키려는 뜻으로 고귀한 직업인 곧 농업자, 상업자, 목축업자를 마주하고서 비천한 말로써 "그대는 목수이다. 그대는 청소부이다."라고 말하였다면 바일제를 범한다.

한 비구가 다른 비구에게 악구의 뜻으로써, 멸시하려는 뜻으로써, 그를 부끄럽게 시키려는 뜻으로 고귀한 직업인 곧 농업자, 상업자, 목축업자를 마주하고서 비천한 말로써 "그대는 목수이다. 그대는 청소부이다."라고 말하였다면 바일제를 범한다.

한 비구가 다른 비구에게 악구의 뜻으로써, 멸시하려는 뜻으로써, 그를 부끄럽게 시키려는 뜻으로 고귀한 직업인 곧 농업자, 상업자, 목축업자를 마주하고서 고귀한 말로써 "그대는 농업자이다. 그대는 상업자이다. 그대는 목축업자이다."라고 말하였다면 바일제를 범한다.

한 비구가 다른 비구에게 악구의 뜻으로써, 멸시하려는 뜻으로써, 그를 부끄럽게 시키려는 뜻으로 비천한 기술자인 곧 대나무 장인, 도공, 직공, 가죽 세공사, 이발사를 마주하고서 비천한 말로써 "그대는 대나무 장인이다. …… 그대는 이발사이다."라고 말하였다면 바일제를 범한다.

한 비구가 다른 비구에게 악구의 뜻으로써, 멸시하려는 뜻으로써, 그를 부끄럽게 시키려는 뜻으로 비천한 기술자인 곧 대나무 장인, 도공, 직공, 가죽 세공사, 이발사를 마주하고서 고귀한 말로써 "그대는 회계사이다. …… 그대는 서사자이다."라고 말하였다면 바일제를 범한다.

한 비구가 다른 비구에게 악구의 뜻으로써, 멸시하려는 뜻으로써,

그를 부끄럽게 시키려는 뜻으로 고귀한 기술자인 곧 회계사, 계산자, 서사자를 마주하고서 비천한 말로써 "그대는 대나무 장인이다. …… 그대는 이발사이다."라고 말하였다면 바일제를 범한다.

한 비구가 다른 비구에게 악구의 뜻으로써, 멸시하려는 뜻으로써, 그를 부끄럽게 시키려는 뜻으로 고귀한 기술자인 곧 회계사, 계산자, 서사자를 마주하고서 고귀한 말로써 "그대는 회계사이다. …… 그대는 서사자이다."라고 말하였다면 바일제를 범한다.

한 비구가 다른 비구에게 악구의 뜻으로써, 멸시하려는 뜻으로써, 그를 부끄럽게 시키려는 뜻으로 비천한 병자인 곧 나병 병자, 종기 병자, 폐병 병자, 정신병자를 마주하고서 비천한 말로써 "그대는 나병 병자이다. …… 그대는 정신병자이다."라고 말하였다면 바일제를 범한다.

한 비구가 다른 비구에게 악구의 뜻으로써, 멸시하려는 뜻으로써, 그를 부끄럽게 시키려는 뜻으로 비천한 병자인 곧 나병 병자, 종기 병자, 폐병 병자, 정신병자를 마주하고서 고귀한 말로써 "그대는 당뇨 병자이다."라고 말하였다면 바일제를 범한다.

한 비구가 다른 비구에게 악구의 뜻으로써, 멸시하려는 뜻으로써, 그를 부끄럽게 시키려는 뜻으로 고귀한 병자인 곧 당뇨 병자를 마주하고서 비천한 말로써 "그대는 나병 병자이다. …… 그대는 정신 병자이다."라고 말하였다면 바일제를 범한다.

한 비구가 다른 비구에게 악구의 뜻으로써, 멸시하려는 뜻으로써, 그를 부끄럽게 시키려는 뜻으로 고귀한 병자인 곧 당뇨 병자를 마주하고서 고귀한 말로써 "그대는 당뇨 병자이다."라고 말하였다면 바일제를 범한다.

한 비구가 다른 비구에게 악구의 뜻으로써, 멸시하려는 뜻으로써, 그를 부끄럽게 시키려는 뜻으로 비천한 모습인 곧 너무 큰 자, 너무 작은 자, 매우 검은 자, 매우 하얀 자를 마주하고서 비천한 말로써 "그대는 너무 큰 자이다. …… 그대는 너무 하얀 자이다."라고 말하였다면 바일제를 범한다.

한 비구가 다른 비구에게 악구의 뜻으로써, 멸시하려는 뜻으로써,

그를 부끄럽게 시키려는 뜻으로 고귀한 모습인 곧 너무 크지 않은 자, 너무 작지 않은 자, 매우 검지 않은 자, 매우 하얗지 않은 자를 마주하고서 비천한 말로써 "그대는 너무 큰 자이다. …… 그대는 너무 하얀 자이다."라고 말하였다면 바일제를 범한다.

한 비구가 다른 비구에게 악구의 뜻으로써, 멸시하려는 뜻으로써, 그를 부끄럽게 시키려는 뜻으로 고귀한 모습인 곧 너무 크지 않은 자, 너무 작지 않은 자, 매우 검지 않은 자, 매우 하얗지 않은 자를 마주하고서 비천한 말로써 "그대는 너무 큰 자이다. …… 그대는 너무 하얀 자이다."라고 말하였다면 바일제를 범한다.

한 비구가 다른 비구에게 악구의 뜻으로써, 멸시하려는 뜻으로써, 그를 부끄럽게 시키려는 뜻으로 고귀한 모습인 곧 너무 크지 않은 자, 너무 작지 않은 자, 매우 검지 않은 자, 매우 하얗지 않은 자를 마주하고서 고귀한 말로써 "그대는 너무 크지 않은 자이다. …… 그대는 너무 하얗지 않은 자이다."라고 말하였다면 바일제를 범한다.

한 비구가 다른 비구에게 악구의 뜻으로써, 멸시하려는 뜻으로써, 그를 부끄럽게 시키려는 뜻으로 탐욕에 얽매인 자, 성냄에 얽매인 자, 어리석음에 얽매인 자를 마주하고서 비천한 말로써 "그대는 탐욕스러운 자이다. 그대는 성내는 자이다. 그대는 어리석은 자이다."라고 말하였다면 바일제를 범한다.

한 비구가 다른 비구에게 악구의 뜻으로써, 멸시하려는 뜻으로써, 그를 부끄럽게 시키려는 뜻으로 탐욕에 얽매인 자, 성냄에 얽매인 자, 어리석음에 얽매인 자를 마주하고서 고귀한 말로써 "그대는 탐욕을 벗어난 자이다. 그대는 성냄을 벗어난 자이다. 그대는 어리석음을 벗어난 자이다."라고 말하였다면 바일제를 범한다.

한 비구가 다른 비구에게 악구의 뜻으로써, 멸시하려는 뜻으로써, 그를 부끄럽게 시키려는 뜻으로 탐욕에서 벗어난 자, 성냄에서 벗어난 자, 어리석음에서 벗어난 자를 마주하고서 비천한 말로써 "그대는 탐욕스러운 자이다. 그대는 성내는 자이다. 그대는 어리석은 자이다."라고 말하였다면 바일제를 범한다.

한 비구가 다른 비구에게 악구의 뜻으로써, 멸시하려는 뜻으로써, 그를 부끄럽게 시키려는 뜻으로 탐욕에서 벗어난 자, 성냄에서 벗어난 자, 어리석음에서 벗어난 자를 마주하고서 고귀한 말로써 "그대는 탐욕을 벗어난 자이다. 그대는 성냄을 벗어난 자이다. 그대는 어리석음을 벗어난 자이다."라고 말하였다면 바일제를 범한다.

한 비구가 다른 비구에게 악구의 뜻으로써, 멸시하려는 뜻으로써, 그를 부끄럽게 시키려는 뜻으로 바라이를 범한 자, 승잔을 범한 자, 투란차를 범한 자, 바일제를 범한 자, 바라제제사니를 범한 자, 돌길라를 범한 자, 악설을 범한 자를 마주하고서 비천한 말로써 "그대는 바라이를 범한 자이다. 그대는 승잔을 범한 자이다. 그대는 투란차를 범한 자이다. 그대는 바일제를 범한 자이다. 그대는 바라제제사니를 범한 자이다. 그대는 돌길라를 범한 자이다. 그대는 악설을 범한 자이다."라고 말하였다면 바일제를 범한다.

한 비구가 다른 비구에게 악구의 뜻으로써, 멸시하려는 뜻으로써, 그를 부끄럽게 시키려는 뜻으로 바라이를 범한 자, …… 악설을 범한 자를 마주하고서 고귀한 말로써 "그대는 예류과자이다."라고 말하였다면 바일제를 범한다.

한 비구가 다른 비구에게 악구의 뜻으로써, 멸시하려는 뜻으로써, 그를 부끄럽게 시키려는 뜻으로 예류과를 범한 자를 마주하고서 비천한 말로써 "그대는 바라이를 범한 자이다. …… 그대는 악설을 범한 자이다."라고 말하였다면 바일제를 범한다.

한 비구가 다른 비구에게 악구의 뜻으로써, 멸시하려는 뜻으로써, 그를 부끄럽게 시키려는 뜻으로 예류과자를 마주하고서 고귀한 말로써 "그대는 예류과를 범한 자이다."라고 말하였다면 바일제를 범한다.

한 비구가 다른 비구에게 악구의 뜻으로써, 멸시하려는 뜻으로써, 그를 부끄럽게 시키려는 뜻으로 비천한 낙타, 양, 소, 당나귀, 축생, 지옥에 떨어질 자를 마주하고서 비천한 말로써 "그대는 낙타이다. 그대는 양이다.

그대는 소이다. 그대는 당나귀이다. 그대는 축생이다. 그대는 지옥에 떨어질 사람이다. 그대는 선취가 없고, 악취가 그대에게 있다."라고 말하였다면 바일제를 범한다.

한 비구가 다른 비구에게 악구의 뜻으로써, 멸시하려는 뜻으로써, 그를 부끄럽게 시키려는 뜻으로 고귀한 현자, 능력자, 지혜로운 자, 다문자, 설법자를 마주하고서 비천한 말로써 "그대는 낙타이다. 그대는 양이다. 그대는 소이다. 그대는 당나귀이다. 그대는 축생이다. 그대는 지옥에 떨어질 사람이다. 그대는 선취가 없고, 악취가 그대에게 있다."라고 말하였다면 바일제를 범한다.

한 비구가 다른 비구에게 악구의 뜻으로써, 멸시하려는 뜻으로써, 그를 부끄럽게 시키려는 뜻으로 비천한 낙타, 양, 소, 당나귀, 축생, 지옥에 떨어질 사람을 마주하고서 고귀한 말로써 "그대는 현자이다. 그대는 능력자이다. 그대는 지혜로운 자이다. 그대는 다문자이다. 그대는 설법자이다. 그대는 악취가 없고, 선취가 그대에게 있다."라고 말하였다면 바일제를 범한다.

한 비구가 다른 비구에게 악구의 뜻으로써, 멸시하려는 뜻으로써, 그를 부끄럽게 시키려는 뜻으로 고귀한 현자, 능력자, 지혜로운 자, 다문자, 설법자를 마주하고서 고귀한 말로써 "그대는 현자이다. 그대는 능력자이다. 그대는 지혜로운 자이다. 그대는 다문자이다. 그대는 설법자이다. 그대는 악취가 없고, 선취가 그대에게 있다."라고 말하였다면 바일제를 범한다.

3-3 한 비구가 다른 비구에게 악구의 뜻으로써, 멸시하려는 뜻으로써, 그를 부끄럽게 시키려는 뜻으로 "이곳에 많은 숫자의 전다라, 대나무 장인, 사냥꾼, 마부, 분뇨 처리자가 있다."라고 이와 같이 말하였다면 말하는 것마다 악작을 범한다.

한 비구가 다른 비구에게 악구의 뜻으로써, 멸시하려는 뜻으로써, 그를 부끄럽게 시키려는 뜻으로 "이곳에 많은 찰제리와 바라문이 있다."라고 이와 같이 말하였다면 말하는 것마다 악작을 범한다.

한 비구가 다른 비구에게 악구의 뜻으로써, 멸시하려는 뜻으로써, 그를 부끄럽게 시키려는 뜻으로 "이곳에 많은 아와강나가, 사와강나가, 단니달가, 사의달가, 고랍와달가, …… 불호, 법호, 승호, …… 고사야와 파납다와사, …… 구담, 막가납나, 가사야나, 와시달, …… 목수와 청소부, …… 농업자, 상업자, 목축업자, …… 대나무 장인, 도공, 직공, 가죽 세공사, 이발사, …… 회계사, 계산자, 서사자, …… 나병 병자, 종기 병자, 폐병 병자, 정신병자, …… 당뇨 병자, …… 너무 큰 자, 너무 작은 자, 매우 검은 자, 매우 하얀 자, …… 탐욕에 얽매인 자, 성냄에 얽매인 자, 어리석음에 얽매인 자, …… 바라이를 범한 자, 승잔을 범한 자, 투란차를 범한 자, 바일제를 범한 자, 바라제제사니를 범한 자, 돌길라를 범한 자, 악설을 범한 자, …… 예류자, …… 낙타, 양, 소, 당나귀, 축생, 지옥에 떨어질 자, …… 그에게 선취가 없는 자, 그에게 악취가 있는 자, …… 현자, 능력자, 지혜로운 자, 다문자, 설법자, 그들은 악취가 없고 선취가 그들에게 있다."라고 이와 같이 말하였다면 말하는 것마다 악작을 범한다.

3-4 한 비구가 다른 비구에게 악구의 뜻으로써, 멸시하려는 뜻으로써, 그를 부끄럽게 시키려는 뜻으로 "이 자들은 진실로 전다라, 대나무 장인, 사냥꾼, 마부, 분뇨 처리자, …… 나아가 …… 진실로 현자, 능력자, 지혜로운 자, 다문자, 설법자이다."라고 이와 같이 말하였다면 말하는 것마다 악작을 범한다.

3-5 한 비구가 다른 비구에게 악구의 뜻으로써, 멸시하려는 뜻으로써, 그를 부끄럽게 시키려는 뜻으로 "우리들은 전다라, 대나무 장인, 사냥꾼, 마부, 분뇨 처리자가 아니고 …… 나아가 …… 우리들은 현자, 능력자, 지혜로운 자, 다문자, 설법자가 아니며, 우리들은 악취가 없고, 선취가 우리들을 기다리는 자이다."라고 이와 같이 말하였다면 말하는 것마다 악작을 범한다.

3-6 한 비구가 구족계를 받지 않은 자에게 악구의 뜻으로써, 멸시하려는 뜻으로써, 그를 부끄럽게 시키려는 뜻으로 비천한 말로써 비천한 자를 마주하고서 말하였거나, 비천한 말로써 고귀한 자를 마주하고서 말하였거나, 고귀한 말로써 비천한 자를 마주하고서 말하였거나, 고귀한 말로써 고귀한 자인 능력자, 지혜로운 자, 다문자, 설법자를 마주하고서 "그대들은 현자이다. 그대들은 능력자이다. 그대들은 지혜로운 자이다. 그대들은 다문자이다. 그대들은 설법자이다."라고 말하였다면 말하는 것마다 악작을 범한다.

한 비구가 구족계를 받지 않은 자에게 악구의 뜻으로써, 멸시하려는 뜻으로써, 그를 부끄럽게 시키려는 뜻으로 "이곳에 많은 숫자의 전다라, 대나무 장인, 사냥꾼, 마부, 분뇨 처리자가 있다. …… 우리들은 현자, 능력자, 지혜로운 자, 다문자, 설법자가 아니며, 우리들은 악취가 없고, 선취가 우리들을 기다리는 자이다."라고 이와 같이 말하였다면 말하는 것마다 악작을 범한다.

3-7 한 비구가 다른 비구에게 악구가 없었고, 멸시하려는 뜻이 없었으며, 역시 그를 부끄럽게 시키려는 뜻이 없었는데, 즐기기 위하여 비천한 말로써 비천한 전다라, 대나무 장인, 사냥꾼, 마부, 분뇨 처리자 등을 마주하고서 "그대는 전다라이다. 그대는 대나무 장인이다. 그대는 사냥꾼이다. 그대는 마부이다. 그대는 분뇨 처리자이다."라고 말하였다면 말하는 것마다 악설을 범한다.

한 비구가 다른 비구에게 악구가 없었고, 멸시하려는 뜻이 없었으며, 역시 그를 부끄럽게 시키려는 뜻이 없었는데, 즐기기 위하여 비천한 말로써 고귀한 찰제리, 바라문을 마주하고서 "그대는 전다라이다. …… 그대는 분뇨 처리자이다."라고 말하였다면 말하는 것마다 악설을 범한다.

한 비구가 다른 비구에게 악구가 없었고, 멸시하려는 뜻이 없었으며, 역시 그를 부끄럽게 시키려는 뜻이 없었는데, 즐기기 위하여 고귀한 말로써 비천한 전다라, 대나무 장인, 사냥꾼, 마부, 분뇨 처리자 등을 마주하고서 "그대는 찰제리이다. 그대는 바라문이다."라고 말하였다면 말하는 것마다 악설을 범한다.

한 비구가 다른 비구에게 악구가 없었고, 멸시하려는 뜻이 없었으며, 역시 그를 부끄럽게 시키려는 뜻이 없었는데, 즐기기 위하여 비천한 말로써 고귀한 찰제리, 바라문 등을 마주하고서 "그대는 전다라이다. …… 그대는 분뇨 처리자이다."라고 말하였다면 말하는 것마다 악설을 범한다.

한 비구가 다른 비구에게 악구가 없었고, 멸시하려는 뜻이 없었으며, 역시 그를 부끄럽게 시키려는 뜻이 없었는데, 즐기기 위하여 고귀한 말로써 고귀한 찰제리, 바라문 등을 마주하고서 "그대는 찰제리이다. 그대는 바라문이다."라고 말하였다면 말하는 것마다 악설을 범한다.

한 비구가 다른 비구에게 악구가 없었고, 멸시하려는 뜻이 없었으며, 역시 그를 부끄럽게 시키려는 뜻이 없었는데, 즐기기 위하여 비천한 말로써 비천한 낙타, 양, 소, 당나귀, 축생, 지옥에 떨어질 자를 마주하고서 비천한 말로써 "그대는 낙타이다. …… 그대는 지옥에 떨어질 사람이다. 그대는 선취가 없고, 악취가 그대에게 있다."라고 말하였다면 말하는 것마다 악설을 범한다.

한 비구가 다른 비구에게 악구가 없었고, 멸시하려는 뜻이 없었으며, 역시 그를 부끄럽게 시키려는 뜻이 없었는데, 즐기기 위하여 고귀한 현자, 능력자, 지혜로운 자, 다문자, 설법자를 마주하고서 비천한 말로써 "그대는 낙타이다. …… 그대는 지옥에 떨어질 사람이다. 그대는 선취가 없고, 악취가 그대에게 있다."라고 말하였다면 말하는 것마다 악설을 범한다.

한 비구가 다른 비구에게 악구가 없었고, 멸시하려는 뜻이 없었으며, 역시 그를 부끄럽게 시키려는 뜻이 없었는데, 즐기기 위하여 비천한 말로써 비천한 낙타, 양, …… 지옥에 떨어질 자를 마주하고서 고귀한 말로써 "그대는 현자이다. …… 그대는 악취가 없고, 선취가 그대에게 있다."라고 말하였다면 바일제를 범한다.

한 비구가 다른 비구에게 악구가 없었고, 멸시하려는 뜻이 없었으며, 역시 그를 부끄럽게 시키려는 뜻이 없었는데, 즐기기 위하여 고귀한 현자, 능력자, …… 설법자를 마주하고서 "그대는 현자이다. …… 그대는 악취가 없고, 선취가 그대에게 있다."라고 말하였다면 바일제를 범한다.

한 비구가 다른 비구에게 악구가 없었고, 멸시하려는 뜻이 없었으며, 역시 그를 부끄럽게 시키려는 뜻이 없었는데, 즐기기 위하여 "이곳에 진실로 전다라, 대나무 장인, …… 진실로 현자, 능력자, 지혜로운 자, 다문자, 설법자가 있고, …… 나아가 …… 이 자들은 진실로 전다라, …… 나아가 …… 진실로 현자, 능력자, 지혜로운 자, 다문자, 설법자이며, …… 나아가 …… 우리들은 전다라, 대나무 장인, …… 우리들은 현자, 능력자, 지혜로운 자, 다문자, 설법자가 아니며, 우리들은 악취가 없고, 선취가 우리들을 기다리는 자이다."라고 말하였다면 말하는 것마다 악작을 범한다.

3-8 한 비구가 구족계를 받지 않은 자에게 악구가 없었고, 멸시하려는 뜻이 없었으며, 역시 그를 부끄럽게 시키려는 뜻이 없었는데, 즐기기 위하여 비천한 말로써 비천한 전다라, …… 분뇨 처리자 등을 마주하고서 "그대는 전다라이다. …… 그대는 분뇨 처리자이다."라고 말하였다면 말하는 것마다 악설을 범한다.

한 비구가 구족계를 받지 않은 자에게 악구가 없었고, 멸시하려는 뜻이 없었으며, 역시 그를 부끄럽게 시키려는 뜻이 없었는데, 즐기기 위하여 비천한 말로써 고귀한 찰제리·바라문을 마주하고서 "그대는 전다라이다. …… 그대는 분뇨 처리자이다."라고 말하였다면 말하는 것마다 악설을 범한다.

한 비구가 구족계를 받지 않은 자에게 악구가 없었고, 멸시하려는 뜻이 없었으며, 역시 그를 부끄럽게 시키려는 뜻이 없었는데, 즐기기 위하여 고귀한 말로써 비천한 전다라, 대나무 장인, 사냥꾼, 마부, 분뇨 처리자 등을 마주하고서 "그대는 찰제리이다. 그대는 바라문이다."라고 말하였다면 말하는 것마다 악설을 범한다.

한 비구가 구족계를 받지 않은 자에게 악구가 없었고, 멸시하려는 뜻이 없었으며, 역시 그를 부끄럽게 시키려는 뜻이 없었는데, 즐기기 위하여 고귀한 말로써 비천한 전다라, …… 분뇨 처리자 등을 마주하고서 "그대는 찰제리이다. 그대는 바라문이다."라고 말하였다면 말하는 것마다 악설을 범한다.

한 비구가 구족계를 받지 않은 자에게 악구가 없었고, 멸시하려는 뜻이 없었으며, 역시 그를 부끄럽게 시키려는 뜻이 없었는데, 즐기기 위하여 고귀한 말로써 비천한 찰제리·바라문 등을 마주하고서 "그대는 찰제리이다. 그대는 바라문이다."라고 말하였다면 말하는 것마다 악설을 범한다.

한 비구가 구족계를 받지 않은 자에게 악구가 없었고, 멸시하려는 뜻이 없었으며, 역시 그를 부끄럽게 시키려는 뜻이 없었는데, 즐기기 위하여 비천한 말로써 비천한 낙타, …… 지옥에 떨어질 자를 마주하고서 비천한 말로써 "그대는 낙타이다. …… 그대는 선취가 없고, 악취가 그대에게 있다."라고 말하였다면 말하는 것마다 악설을 범한다.

한 비구가 구족계를 받지 않은 자에게 악구가 없었고, 멸시하려는 뜻이 없었으며, 역시 그를 부끄럽게 시키려는 뜻이 없었는데, 즐기기 위하여 고귀한 현자, …… 설법자를 마주하고서 비천한 말로써 "그대는 낙타이다. …… 그대는 선취가 없고, 악취가 그대에게 있다."라고 말하였다면 말하는 것마다 악설을 범한다.

한 비구가 구족계를 받지 않은 자에게 악구가 없었고, 멸시하려는 뜻이 없었으며, 역시 그를 부끄럽게 시키려는 뜻이 없었는데, 즐기기 위하여 비천한 말로써 비천한 낙타, …… 지옥에 떨어질 자를 마주하고서 고귀한 말로써 "그대는 현자이다. 그대는 능력자이다. …… 그대는 악취가 없고, 선취가 그대에게 있다."라고 말하였다면 바일제를 범한다.

한 비구가 구족계를 받지 않은 자에게 악구가 없었고, 멸시하려는 뜻이 없었으며, 역시 그를 부끄럽게 시키려는 뜻이 없었는데, 즐기기 위하여 고귀한 현자, …… 설법자를 마주하고서 "그대는 현자이다. ……
그대는 설법자이다. 그대는 악취가 없고, 선취가 그대에게 있다."라고
말하였다면 바일제를 범한다.

　한 비구가 구족계를 받지 않은 자에게 악구가 없었고, 멸시하려는
뜻이 없었으며, 역시 그를 부끄럽게 시키려는 뜻이 없었는데, 즐기기
위하여 "이곳에는 진실로 전다라, 대나무 장인, …… 진실로 현자, 능력자,
지혜로운 자, 다문자, 설법자가 있고, …… 나아가 …… 이 자들은 진실로
전다라, …… 나아가 …… 진실로 현자, 능력자, 지혜로운 자, 다문자,
설법자이며, …… 나아가 …… 우리들은 전다라, 대나무 장인, …… 우리들
은 현자, 능력자, 지혜로운 자, 다문자, 설법자가 아니며, 우리들은 악취가
없고, 선취가 우리들을 기다리는 자이다."라고 말하였다면 말하는 것마다
악작을 범한다.

3-9 뜻을 위하여 설명하였거나, 법을 위하여 설명하였거나, 가르침을
위하여 설명하였거나, 미쳤던 자이거나, 최초로 범한 자는 범하지 않는다.

　[두 번째의 바일제를 마친다.]

　3) 이간어(離間語) 학처

1-1 그때 불·세존께서는 사위성의 기수급고독원에 머무르셨다.
　이때 육군비구들이 여러 비구들과 논쟁하였고, 이간질하는 말을 제공
하며, 이 말을 들었다면 이 비구들을 깨트리기 위하여 그 비구들에게
이것을 말하였고, 저 말을 들었다면 저 비구들을 깨트리기 위하여 그
비구들에게 그것을 말하였다. 이때 일어나지 않았던 논쟁의 일이 일어났
고, 이미 일어난 논쟁의 일은 증대하였다. 여러 비구들의 가운데에서
욕심이 적은 자들은 싫어하고 비난하였다.

"무슨 까닭으로 육군비구들은 일어나지 않았던 논쟁의 일을 일으키고, 이간질하는 말을 제공하며, 이 말을 들었다면 이 비구들을 깨트리기 위하여 이것을 이 비구들에게 말하고, 저 말을 들었다면 저 비구들을 깨트리기 위하여 그것을 그 비구들에게 말하면서 이미 일어난 논쟁의 일은 증대시키는가?"

여러 비구들은 이 일로써 세존께 아뢰었고, 세존께서는 이 인연으로써 비구승가를 모으셨으며, 육군비구에게 물어 말씀하셨다.

"육군비구들이여. 그대들이 진실로 일어나지 않았던 논쟁의 일을 일으키고, 이간질하는 말을 제공하며, 이 말을 들었다면 이 비구들을 깨트리기 위하여 이것을 이 비구들에게 말하였고, 저 말을 들었다면 저 비구들을 깨트리기 위하여 그것을 그 비구들에게 말하면서 이미 일어난 논쟁의 일은 증대시켰는가?"

"진실로 그렇습니다. 세존이시여."

세존께서는 여러 방편으로 꾸짖으셨다.

"어리석은 사람들이여. 그대들은 어찌하여 일어나지 않았던 논쟁의 일을 일으키고, 이간질하는 말을 제공하며, 이 말을 들었다면 이 비구들을 깨트리기 위하여 이것을 이 비구들에게 말하였고, 저 말을 들었다면 저 비구들을 깨트리기 위하여 그것을 그 비구들에게 말하면서 이미 일어난 논쟁의 일은 증대시켰는가? 어리석은 사람들이여. 이것은 오히려 믿지 않는 자는 신심이 생겨나지 않게 하고, …… 이미 믿었던 자는 일부가 전전하여 다른 곳으로 향하여 떠나가게 하느니라."

이와 같이 세존께서는 여러 종류의 방편으로써 육군비구들을 꾸짖고서 뒤에 부양이 어렵고 가르치고 양육함이 어려우며, …… 나아가 …… 여러 비구들을 위하여 적절한 법을 수순하여 설하신 뒤에 여러 비구들에게 알려 말씀하셨다.

"여러 비구들이여. 나는 열 가지의 이익을 까닭으로써 여러 비구들을 위하여 학처를 제정하겠나니, 그대들은 마땅히 이와 같이 학처를 송출할 지니라.

'말로써 비구를 이간시키는 자는 바일제를 범하느니라.'"

2-1 '이간시키다.'는 두 가지 일에 의지하여 이간시켜 말하는 것이니, 곧 애호(愛好)를 얻거나, 혹은 이간시키는 것이다.

'열 가지 일을 까닭으로 이간하는 말을 제공하다.'는 곧 종성, 이름, 족성, 직업, 기술, 모습, 병, 욕념, 허물, 악한 욕설이다.

'종성'은 두 종류가 있나니, 비천한 종성과 고귀한 종성이다. 비천한 종족은 전다라, 대나무 장인, 사냥꾼, 마부, 분뇨 처리자 등의 종성이니, 이것을 비천한 종성이라고 말한다. 고귀한 종성은 찰제리와 바라문의 종성이니, 이것을 고귀한 종성이라고 말한다.

[나머지의 자세한 설명은 앞의 훼자어 학처에서와 같다.]

…… 나아가 …… '악한 욕설'은 두 종류가 있나니, 비천한 욕설과 고귀한 욕설이다.

비천한 욕설은 "그대는 낙타이다. 그대는 양이다. …… '남근' 또는 '여근'이다."라고 부르는 것이니, 이것을 비천한 욕설이라고 이름한다. 고귀한 욕설은 "그대는 현자이다. …… 선취가 그대에게 있다."라고 말하는 것이니, 이것을 고귀한 욕설이라고 이름한다.

2-2 비구가 한 비구의 말을 듣고서 다른 비구에게 이간하는 말을 제공하면서 "어느 비구가 그대를 전다라, 대나무 장인, 사냥꾼, 마부, 분뇨 청소부이다."라고 이와 같이 말하였다면 말하는 것마다 바일제를 범한다.

비구가 한 비구의 말을 듣고서 다른 비구에게 이간하는 말을 제공하면서 "어느 비구가 그대는 찰제리·바라문이다."라고 이와 같이 말하였다면 말하는 것마다 바일제를 범한다.

비구가 한 비구의 말을 듣고서 다른 비구에게 이간하는 말을 제공하면서 "누구 비구가 그대는 아와강나가, 사와강나가, 단니달가, 사의달가, 고랍와달가이다."라고 이와 같이 말하였다면 말하는 것마다 바일제를 범한다.

비구가 한 비구의 말을 듣고서 다른 비구에게 이간하는 말을 제공하면서

"누구 비구가 그대는 낙타, 양, 소, 당나귀, 축생, 지옥에 떨어질 자, 그대는 선취가 없고, 악취가 그대에게 있다."라고 이와 같이 말하였다면 말하는 것마다 바일제를 범한다.

비구가 한 비구의 말을 듣고서 다른 비구에게 이간하는 말을 제공하면서 "누구 비구가 그대는 현자, 능력자, 지혜로운 자, 다문자, 설법자, 악취가 없고, 선취가 그대에게 있다."라고 이와 같이 말하였다면 말하는 것마다 바일제를 범한다.

비구가 한 비구의 말을 듣고서 다른 비구에게 이간하는 말을 제공하면서 "어느 비구가 '이곳에 많은 숫자의 전다라, 대나무 장인, 사냥꾼, 마부, 분뇨 처리자가 있다.'라고 말하였는데, 그 비구가 다른 사람을 말하지 않았고 바로 그대라고 말하였다."라고 이와 같이 말하는 자는 말하는 것마다 악작을 범한다.

비구가 한 비구의 말을 듣고서 다른 비구에게 이간하는 말을 제공하면서 "어느 비구가 '이곳에 많은 숫자의 찰제리·바라문이 있다.'라고 말하였는데, 그 비구가 다른 사람을 말하지 않았고 바로 그대라고 말하였다."라고 이와 같이 말하는 자는 말하는 것마다 악작을 범한다.

비구가 한 비구의 말을 듣고서 다른 비구에게 이간하는 말을 제공하면서 "어느 비구가 '이곳에 많은 숫자의 현자, 능력자, 지혜로운 자, 다문자, 설법자, 그들은 악취가 없고 선취가 그들에게 있다.'라고 말하였는데, 그 비구가 다른 사람을 말하지 않았고 바로 그대라고 말하였다."라고 이와 같이 말하는 자는 말하는 것마다 악작을 범한다.

비구가 한 비구의 말을 듣고서 다른 비구에게 이간하는 말을 제공하면서 "어느 비구가 '진실로 전다라, 대나무 장인, 사냥꾼, 마부, 분뇨 처리자가 있다.'라고 말하였는데, 그 비구가 다른 사람을 말하지 않았고 바로 그대라고 말하였다."라고 이와 같이 말하는 자는 말하는 것마다 악작을 범한다.

비구가 한 비구의 말을 듣고서 다른 비구에게 이간하는 말을 제공하면서 "어느 비구가 '진실로 찰제리·바라문이 있다.'라고 말하였는데, 그 비구가 다른 사람을 말하지 않았고 바로 그대라고 말하였다."라고 이와 같이 말하는 자는 말하는 것마다 악작을 범한다.

비구가 한 비구의 말을 듣고서 다른 비구에게 이간하는 말을 제공하면서 "어느 비구가 '진실로 현자, 능력자, 지혜로운 자, 다문자, 설법자, 그들은 악취가 없고 선취가 그들에게 있다.'라고 말하였는데, 그 비구가 다른 사람을 말하지 않았고 바로 그대라고 말하였다."라고 이와 같이 말하는 자는 말하는 것마다 악작을 범한다.

비구가 한 비구의 말을 듣고서 다른 비구에게 이간하는 말을 제공하면서 "어느 비구가 '우리들은 전다라, 대나무 장인, 사냥꾼, 마부, 분뇨 청소부가 아니다.'라고 말하였는데, 그 비구가 다른 사람을 말하지 않았고 바로 그대라고 말하였다."라고 이와 같이 말하는 자는 말하는 것마다 악작을 범한다.

비구가 한 비구의 말을 듣고서 다른 비구에게 이간하는 말을 제공하면서 "어느 비구가 '우리들은 찰제리와 바라문이 아니다.'라고 말하였는데, 그 비구가 다른 사람을 말하지 않았고 바로 그대라고 말하였다."라고 이와 같이 말하는 자는 말하는 것마다 악작을 범한다.

비구가 한 비구의 말을 듣고서 다른 비구에게 이간하는 말을 제공하면서 "어느 비구가 '우리들은 현자, 능력자, 지혜로운 자, 다문자, 설법자가 아니고, 우리들은 악취가 없고 선취가 우리들에게 있다.'라고 말하였는데, 그 비구가 다른 사람을 말하지 않았고 바로 그대라고 말하였다."라고 이와 같이 말하는 자는 말하는 것마다 악작을 범한다.

3-1 비구가 한 비구의 말을 듣고서 다른 비구에게 이간하는 말을 제공하는 자는 말하는 것마다 바일제를 범한다.

비구가 한 비구의 말을 듣고서 구족계를 받지 않은 자에게 이간하는 말을 제공하는 자는 말하는 것마다 악작을 범한다. 비구가 한 구족계를 받지 않은 자의 말을 듣고서 비구에게 이간하는 말을 제공하는 자는 말하는 것마다 악작을 범한다. 비구가 한 구족계를 받지 않은 자의 말을 듣고서 구족계를 받지 않은 자에게 이간하는 말을 제공하는 자는 말하는 것마다 악작을 범한다.

4-1 애호를 얻기 위하여 말하지 않았거나, 이간질을 시키려고 말하지 않았거나, 미쳤던 자이거나, 최초로 범한 자는 범하지 않는다.

[세 번째의 바일제를 마친다.]

4) 여미수구계자동송법(與未受具戒者同誦法) 학처

1-1 그때 불·세존께서는 사위성의 기수급고독원에 머무르셨다.

이때 육군비구들이 우바새들에게 구절을 차례로 독송하는 법과 같이 말하게 시켰다. 이것을 인연으로 우바새들이 비구를 존경하지 않았고, 수순하지 않았으며, 서로에게 예배하지 않고서 머물렀다. 여러 비구들의 가운데에서 욕심이 적은 자들은 싫어하고 비난하였다.

"무슨 까닭으로 육군비구들은 우바새들에게 구절을 차례로 독송하는 법과 같이 말하게 시키는가? 이것을 인연으로 우바새들이 비구를 존경하지 않고, 수순하지 않으며, 서로에게 예배하지 않고서 머무르게 하는가?"

여러 비구들은 이 일로써 세존께 아뢰었고, 세존께서는 이 인연으로써 비구승가를 모으셨으며, 육군비구들에게 물어 말씀하셨다.

"육군비구들이여. 그대들이 진실로 우바새들에게 구절을 차례로 독송하는 법과 같이 말하게 시켰고, 이것을 인연으로 우바새들이 비구를 존경하지 않고, 수순하지 않으며, 서로에게 예배하지 않고서 머무르게 하였는가?"

"진실로 그렇습니다. 세존이시여."

세존께서는 여러 방편으로 꾸짖으셨다.

"어리석은 사람들이여. 그대들은 어찌하여 우바새들에게 구절을 차례로 독송하는 법과 같이 말하게 하고, 이것을 인연으로 우바새들이 비구를 존경하지 않고, 수순하지 않으며, 서로에게 예배하지 않고서 머무르게 하였는가? 어리석은 사람들이여. 이것은 오히려 믿지 않는 자는 신심이 생겨나지 않게 하고, …… 이미 믿었던 자는 일부가 전전하여 다른 곳으로 향하여 떠나가게 하느니라."

이와 같이 세존께서는 여러 종류의 방편으로써 육군비구들을 꾸짖고서 뒤에 부양이 어렵고 가르치고 양육함이 어려우며, …… 나아가 …… 여러 비구들을 위하여 적절한 법을 수순하여 설하신 뒤에 여러 비구들에게 알려 말씀하셨다.

"여러 비구들이여. 나는 열 가지의 이익을 까닭으로써 여러 비구들을 위하여 학처를 제정하겠나니, 그대들은 마땅히 이와 같이 학처를 송출할지니라.

'어느 누구의 비구일지라도 구족계를 받지 않은 자에게 구절을 차례로 독송하는 법과 같이 말하게 시키는 자는 바일제를 범하느니라.'"

2-1 '어느 누구'는 어느 태어난 곳의 이유, 이름의 이유, 족성의 이유, 계의 이유, 정사의 이유를 논하는 것이 아니고, 행하였던 지역의 어느 사람이 혹은 높은 법랍이거나, 혹은 낮은 법랍이거나, 혹은 중간의 법랍이었다면 이것을 '어느 누구'라고 말한다.

'비구'는 구걸하는 비구이니, 일을 쫓아서 걸식하는 비구, 할절의를 입은 비구, 사미비구, 자칭비구, 선래비구, 삼귀의를 이유로 구족계를 받은 비구, 현선비구, 진실비구, 유학비구, 무학비구, 화합승가를 의지한 이유로 백사갈마에 허물이 없어서 마땅히 여법하게 구족계를 받은 비구이다. 이 가운데에서 화합승가를 의지한 이유로 백사갈마에 허물이 없어서 마땅히 여법하게 구족계를 받은 비구이니, 곧 이것에서 '비구'의 뜻이라고 말하는 것이다.

'구족계를 받지 않은 자'는 비구와 비구니를 제외하고서 기타의 구족계를 받지 않은 자를 이름한다.

'구절'은 구절을 따르고 글자를 따르며 뜻을 따르는 것이다.

'구절'은 처음부터 함께 하고 끝도 함께 하는 것이다. '구절을 따르다.'는 처음에는 별도로 하고 끝은 함께 하는 것이다. '글자를 따르다.'는 '색(色)은 무상(無常)하다.'라고 이와 같이 말하는 것이니, 곧 색이라고 말하면서 멈추는 것이다. '뜻을 따르다.'는 '색은 무상하다.'라고 말하는 것이니, 곧 '수(受)는 무상하다.'라고 그 음성을 독송하는 것이다. 구절이거나, 구절을 따르거나, 글자를 따르거나, 뜻을 따른다면 모두 구절의 법이 차례가 된다고 이름한다.

'같이 독송하다.'는 구절에 의지하여 독송하는 자는 구절·구절에 바일제를 범한다. 글자에 의지하여 독송하는 자는 글자·글자에 바일제를 범한다.

'법'은 세존께서 설하신 것이거나, 성문께서 설하신 것이거나, 선인(仙人)이 설한 것이거나, 천인(天人)이 설한 것이고, 뜻을 갖추었으며, 법을 갖춘 것이다.

2-2 구족계를 받지 않은 자에게 구족계를 받지 않은 자라는 생각이 있었는데, 구절을 차례로 독송하는 법과 같이 말하게 시키는 자는 바일제를 범한다. 구족계를 받지 않은 자에게 구족계를 받지 않은 자라는 의심이 있었는데, 구절을 차례로 독송하는 법과 같이 말하게 시키는 자는 바일제를 범한다. 구족계를 받지 않은 자에게 구족계를 받은 자라는 생각이 있었는데, 구절을 차례로 독송하는 법과 같이 말하게 시키는 자는 바일제를 범한다.

구족계를 받은 자에게 구족계를 받지 않은 자라는 생각이 있었는데, 구절을 차례로 독송하는 법과 같이 말하게 시키는 자는 돌길라를 범한다. 구족계를 받은 자에게 구족계를 받지 않은 자라는 의심이 있었는데, 구절을 차례로 독송하는 법과 같이 말하게 시키는 자는 돌길라를 범한다. 구족계를 받은 자에게 구족계를 받은 자라는 생각이 있었는데, 구절을 차례로 독송하는 법과 같이 말하게 시키는 자는 범하지 않는다.

3-1 (구족계를 받지 않은 자와) 함께 배우는 때이거나, 함께 수습(修習)하

는 때이거나, 독송하는 경전과 게의 대부분을 통달하였던 자가 (그가한 게송을 빠트렸던 때에) 그것을 멈추게 하고 (이와 같이) 암송하라고가르치는 때이거나, (대중들이 고성으로 독송하는 때에 두려워서) 잠시멈추게 하는 때이거나, (재촉하여) 같이 독송하게 하는 때이거나, 미쳤던자이거나, 최초로 범한 자는 범하지 않는다.

[네 번째의 바일제를 마친다.]

5) 여미수구계자동숙(與未受具戒者同宿) 학처

1-1 그때 불·세존께서는 아라비읍(阿羅毗邑)의 아가라바(阿伽羅婆) 탑묘(塔廟)에 머무르셨다.

이때 여러 우바새들이 설법을 듣기 위하여 정사에 이르렀고 설법을마치고서 장로들은 각자의 정사로 돌아갔다. 한 젊은 비구가 우바새들과함께 강당(講堂)에 누웠는데, 정념(正念)을 잃었던 인연으로 무의식간에나형이 되었고, 잠꼬대하였으며, 코를 골았다. 여러 우바새들이 싫어하고비난하였다.

"무슨 까닭으로 대덕이 정념을 잃었던 인연으로 무의식간에 나형이되었고, 잠꼬대하였으며, 코를 골면서 누워있는가?"

여러 비구들은 그 우바새들이 비난하는 것을 들었다. 여러 비구들의가운데에서 욕심이 적은 자들은 싫어하고 비난하였다.

"무슨 까닭으로 여러 비구들이 구족계를 받지 않은 자들과 같이 묵었는가?"

여러 비구들은 이 일로써 세존께 아뢰었고, 세존께서는 이 인연으로써비구승가를 모으셨으며, 그 비구에게 물어 말씀하셨다.

"여러 비구들이여. 그대들이 진실로 구족계를 받지 않은 자들과 같이묵었는가?"

"진실로 그렇습니다. 세존이시여."

세존께서는 여러 방편으로 꾸짖으셨다.

"어리석은 사람들이여. 그대들은 어찌하여 구족계를 받지 않은 자들과 같이 묵었는가? 어리석은 사람들이여. 이것은 오히려 믿지 않는 자는 신심이 생겨나지 않게 하고, …… 이미 믿었던 자는 일부가 전전하여 다른 곳으로 향하여 떠나가게 하느니라."

이와 같이 세존께서는 여러 종류의 방편으로써 여러 비구들을 꾸짖고서 뒤에 부양이 어렵고 가르치고 양육함이 어려우며, …… 나아가 …… 여러 비구들을 위하여 적절한 법을 수순하여 설하신 뒤에 여러 비구들에게 알려 말씀하셨다.

"여러 비구들이여. 나는 열 가지의 이익을 까닭으로써 여러 비구들을 위하여 학처를 제정하겠나니, 그대들은 마땅히 이와 같이 학처를 송출할지니라.

'어느 누구의 비구일지라도 구족계를 받지 않은 자와 같이 묵는 자는 바일제를 범하느니라.'"

이와 같이 세존께서는 여러 비구들을 위하여 학처를 제정하여 세우셨다.

1-2 그때 세존께서는 아라비읍에서 뜻을 따라서 머무르셨다.

뒤에 구섬미국을 향하여 유행하셨고, 점차 구섬미국에 이르셨으며, 세존께서는 구섬미국의 바기라원(婆耆羅園)[17]에 머무르셨다. 여러 비구들은 사미 라후라(羅睺羅)[18]에게 말하였다.

"사미 라후라여. 세존께서는 구족계를 받지 않은 자와 함께 묵지 못하게 학처를 제정하셨네. 사미 라후라여. 그대는 스스로가 평상을 준비하게."

이때 사미 라후라는 평상을 얻지 못하였고 측간(廁間)의 가운데에서 묵었다. 이때 세존께서는 밤이 밝았으므로 평상에서 일어나셨고, 측간에 이르러 헛기침을 지으셨고, 라후라도 역시 헛기침을 지었다.

---

17) 팔리어 Badarikārāma(바다리카라마)의 음사이다.
18) 팔리어 Rāhula(라후라)의 음사이다.

"누구인가?"

"세존이시여. 저는 라후라입니다."

"라후라여. 무슨 까닭으로 이곳에 앉아 있는가?"

그때 사미 라후라는 이 일로써 세존께 아뢰었다. 이때 세존께서는 이 인연으로써 설법하셨고, 여러 비구들에게 알려 말씀하셨다.

"여러 비구들이여. 구족계를 받지 않은 자와 2일·3일을 함께 묵는 것을 허락하겠노라. 그대들은 마땅히 이와 같이 학처를 송출할지니라.

'어느 누구의 비구일지라도 구족계를 받지 않은 자와 같이 2일·3일을 넘겨서 만약 묵는 자는 바일제를 범하느니라.'"

2-1 '어느 누구'는 어느 태어난 곳의 이유, …… 혹은 중간의 법랍이었다면 이것을 '어느 누구'라고 말한다.

'비구'는 구걸하는 비구이니, 일을 쫓아서 걸식하는 비구, …… 곧 이것에서 '비구'를 뜻한다고 말하는 것이다.

'구족계를 받지 않은 자'는 비구와 비구니를 제외하고서 기타의 구족계를 받지 않은 자를 이름한다.

'같이'는 같은 한 처소이다.

'묵는 처소'는 완전히 덮였고 완전히 막혔거나, 대부분이 덮였고 대부분이 막힌 처소이다.

'2일·3일을 넘기다.'는 2일·3일 밤의 이상이다.

'만약 묵는 자'는 4일째의 날이 곧 밝았는데, 구족계를 받지 않은 자가 누워있는 처소에 비구가 그곳에 누워있는 자는 바일제를 범한다. 비구가 누워있는 처소에 구족계를 받지 않은 자가 그곳에 누워있었다면 비구는 역시 바일제를 범한다. 혹은 두 사람이 함께 누워있었어도 바일제를 범한다. 일어났으나 다시 3일을 누웠던 자는 눕는 것마다 바일제를 범한다.

2-2 구족계를 받지 않은 자에게 구족계를 받지 않은 자라는 생각이 있었는데, 같이 2일·3일을 넘겨서 묵는 자는 바일제를 범한다. 구족계를

받지 않은 자에게 구족계를 받지 않은 자라는 의심이 있었는데, 같이 2일·3일을 넘겨서 묵는 자는 바일제를 범한다. 구족계를 받지 않은 자에게 구족계를 받은 자라는 생각이 있었는데, 같이 2일·3일을 넘겨서 묵는 자는 바일제를 범한다.

절반이 덮였고 절반이 가려진 곳에서 같이 2일·3일을 넘겨서 묵는 자는 돌길라를 범한다. 구족계를 받은 자에게 구족계를 받지 않은 자라는 생각이 있었는데, 같이 2일·3일을 넘겨서 묵는 자는 돌길라를 범한다. 구족계를 받은 자에게 구족계를 받지 않은 자라는 의심이 있었는데, 같이 2일·3일을 넘겨서 묵는 자는 돌길라를 범한다. 구족계를 받은 자에게 구족계를 받은 자라는 생각이 있었는데, 같이 2일·3일을 넘겨서 묵는 자는 범하지 않는다.

2-3 2일·3일 밤을 묵었거나, 2일·3일 밤 이하를 묵었거나, 2일 밤을 묵고서 3일 밤이 곧 밝아지기 전에 떠나갔고, 다시 와서 묵는 자는 범하지 않는다. 완전히 덮였고 완전히 막히지 않았거나, 완전히 막혔고 완전히 덮이지 않았거나, 대부분이 덮였고 대부분이 막히지 않았는데 묵는 자는 범하지 않는다. 구족계를 받지 않은 자가 누워있는 처소에 비구가 그곳에 누웠거나, 비구가 앉았거나, 비구가 누워있는 처소에 구족계를 받지 않은 자가 그곳에 앉았다면 범하지 않는다. 미쳤던 자이거나, 최초로 범한 자는 범하지 않는다.

[다섯 번째의 바일제를 마친다.]

6) 공여인동숙(共女人同宿) 학처

1-1 그때 불·세존께서는 사위성의 기수급고독원에 머무르셨다.
그때 장로 아나율(阿那律)[19]은 곧 사위성에서 구살라국으로 갔고, 해가 저물 무렵 한 취락에 이르렀다. 그때 취락의 어느 한 여인은 복덕사(福德舍)를 설치하고 있었다. 장로 아나율은 여인의 처소로 가서 말하였다.

"대매여. 그대가 아무 문제가 없다면 나는 복덕사의 안에서 하룻밤을 묵고자 합니다."

"대덕이여. 묵으세요."

다른 여행객들이 역시 그 여인의 처소에 와서 이렇게 말을 지었다.

"대매여. 그대가 허락한다면 우리들은 복덕사 안에서 하룻밤을 묵고자 합니다."

"현자여. 그 사문이 먼저 왔습니다. 만약 그가 허락한다면 묵으세요."

이때 여행객들이 장로 아나율의 처소로 가서 이렇게 말을 지었다.

"대덕이여. 그대가 허락한다면 우리들은 복덕사의 안에서 하룻밤을 묵고자 합니다."

"현자여. 묵으십시오."

그때 그 여인은 장로 아나율을 보고서 갑자기 염심(染心)이 생겨났다. 그 여인은 아나율의 처소에 이르러 이렇게 말을 지었다.

"대덕이여. 존자께서는 이 사람들이 왔던 인연으로 요란스러워 안락하게 머무실 수 없습니다. 내가 대덕을 위하여 내 집안에 별도의 평상을 설치하겠습니다."

장로 아나율은 묵연히 허락하였고, 그 여인은 아나율을 위하여 집안에 평상을 설치하였고, 스스로가 꾸몄으며, 향을 바르고서 장로 아나율의 처소에 이르러 이렇게 말을 지었다.

"대덕이여. 존경스러운 스승께서는 단정하고 아름다우며, 나도 역시 단정하고 아름답습니다. 그러므로 대덕이여. 나는 존경스러운 스승의 아내가 되고자 합니다."

이와 같이 말하는 때에 장로 아나율은 말없이 묵연하였다. 두 번째에도 이렇게 말하였고, 나아가 세 번째에도 그 여인은 장로 아나율을 향하여

---

19) 팔리어 anuruddha(아누루따)의 음사이고, 천안 제일이다.

이렇게 말을 지었다.

"대덕이여. 존경스러운 스승께서는 단정하고 아름다우며, 나도 역시 단정하고 아름답습니다. 그러므로 대덕이여. 청하건대 나의 일체로써 그대의 소유로 삼으세요."

세 번째에 말하는 때에도 아나율은 말없이 묵연하였다. 그 여인은 옷을 벗고서 아나율의 앞으로 가서 혹은 서 있었고, 혹은 앉았으며, 혹은 위를 보고 누워있었다. 그때 아나율은 눈을 지긋하게 감고서 그 여인을 바라보지 않았고, 역시 말없이 묵연하였다. 그때 그 여인은 스스로가 말하였다.

"기이하구나! 여러 사람들은 백천 금전으로써 나에게 보냈는데, 이 사문은 내가 스스로 그를 구하는 이유인데도, 물러나서 나의 일체를 받아들이고 소유하고자 하지 않는구나."

곧 옷을 입고서 구수 아나율의 발에 저두(低頭)하였고, 아나율을 마주하고서 말하였다.

"대덕이여. 허물을 제어하지 못하여 죄를 범하였습니다. 원하건대 제 죄의 참회를 받아 주십시오. 이와 같이 마음을 따르면 미치고 어리석은 것이며, 마음을 따르면 어리석고 어두운 것이며, 마음을 따르면 선하지 않습니다. 대덕이여. 장차 다가올 죄의 방호(防護)를 위하여 원하건대 나의 죄에 대한 참회를 받아주십시오."

"대매여. 그대는 진실로 허물을 제어하지 못하여 죄를 범하였습니다. 이와 같이 마음을 따르면 미치고 어리석은 것이며, 마음을 따르면 어리석고 어두운 것이며, 마음을 따르면 선하지 않습니다. 대매여. 그대가 죄로써 죄를 인정하였던 까닭으로 나는 그대의 여법한 참회를 받아들이겠습니다. 대매여. 만약 죄로써 죄를 인정하였다면 장차 다가오는 죄를 방호할 것이니, 진실로 성자의 율에서 증장시키는 일입니다."

그 여인은 그 밤이 지나간 뒤에 스스로의 손으로 장로 아나율에게 단단하고 부드러운 맛있는 음식을 받들어 공양하여 배부르게 먹게 하였다. 장로 아나율이 음식을 먹고서 발우를 내려놓는 때에 여인은 공경스럽

게 예배하고 한쪽에 앉았다. 그녀가 한쪽에 앉았으므로 장로 아나율은
설법하여 열어서 보여주었고 가르쳐서 그녀가 환희하고 용약(踊躍)하게
하였다. 이때 장로 아나율의 설법과 가르침을 받아들여서 환희하고 용약
하였던 그 여인은 아나율을 마주하고서 말하였다.

"수승하십니다. 대덕이여. 수승하십니다. 대덕이여. 비유하면 넘어진
자를 일으킨 것과 같고, 덮어진 자를 나타나게 하신 것과 같으며, 미혹한
자를 위하여 도로를 가리킨 것과 같고, 역시 어둠 속에서 횃불을 높게
들어서 여러 눈을 갖춘 자가 여러 물건을 보게 하신 것과 같습니다.
이와 같이 존자 아나율은 여러 종류의 방편으로써 설법하여 열어서 보여주
셨습니다.

대덕이여. 나는 지금부터 세존께 귀의하고, 법에 귀의하며, 비구 승가에
귀의합니다. 존자시여. 청하건대 지금 이후부터는 목숨을 마치도록 나를
섭수하시어 삼보께 귀의하는 우바이가 되게 하십시오."

이때 장로 아나율은 사위성에 이르렀고, 이 일로써 여러 비구들에게
말하였다. 여러 비구들의 가운데에서 욕심이 적은 자들은 싫어하고 비난
하였다.

"무슨 까닭으로 장로 아나율은 여인과 함께 묵었는가?"

여러 비구들은 이 일로써 세존께 아뢰었고, 세존께서는 이 인연으로써
비구승가를 모으셨으며, 아나율에게 물어 말씀하셨다.

"아나율이여. 그대가 진실로 여인과 함께 묵었는가?"

"진실로 그렇습니다. 세존이시여."

세존께서는 여러 방편으로 꾸짖으셨다.

"아나율이여. 그대는 어찌하여 여인과 함께 묵었는가? 아나율이여.
이것은 오히려 믿지 않는 자는 신심이 생겨나지 않게 하고, …… 이미
믿었던 자는 일부가 전전하여 다른 곳으로 향하여 떠나가게 하느니라."

이와 같이 세존께서는 여러 종류의 방편으로써 아나율을 꾸짖고서
뒤에 부양이 어렵고 가르치고 양육함이 어려우며, …… 나아가 …… 여러
비구들을 위하여 적절한 법을 수순하여 설하신 뒤에 여러 비구들에게

알려 말씀하셨다.

"여러 비구들이여. 나는 열 가지의 이익을 까닭으로써 여러 비구들을 위하여 학처를 제정하겠나니, 그대들은 마땅히 이와 같이 학처를 송출할지니라.

'어느 누구의 비구일지라도 만약 여인과 함께 묵는 자는 바일제를 범하느니라.'"

2-1 '어느 누구'는 어느 태어난 곳의 이유, …… 혹은 중간의 법랍이었다면 이것을 '어느 누구'라고 말한다.

'비구'는 구걸하는 비구이니, 일을 쫓아서 걸식하는 비구, …… 곧 이것에서 '비구'를 뜻한다고 말하는 것이다.

'여인'은 인간의 여인이니, 야차녀, 아귀녀, 축생녀가 아니다. 처음부터 여인으로 태어났다면 여인이라고 말하는데, 하물며 장대한 여인이겠는가?

'함께'는 같은 한 처소이다.

'처소'는 완전히 덮였고 완전히 막혔거나, 대부분이 덮였고 대부분이 막힌 처소이다.

'만약 묵는 자'는 해가 지는 때에 여인이 처소에 누워있었는데, 비구로서 그곳에 눕는 자는 바일제를 범한다. 비구가 누워있는 처소에 여인이 그곳에 누워있었다면 비구는 역시 바일제를 범한다. 혹은 두 사람이 함께 누웠어도 바일제를 범한다. 일어났으나 다시 누웠던 자는 누웠던 것마다 바일제를 범한다.

2-2 여인에게 여인이라는 생각이 있었는데, 함께 묵는 자는 바일제를 범한다. 여인에게 여인이라는 의심이 있었는데, 함께 묵는 자는 바일제를 범한다. 여인에게 여인이 아니라는 생각이 있었는데, 함께 묵는 자는 바일제를 범한다.

절반이 덮였고 절반이 가려진 곳에서 함께 묵는 자는 돌길라를 범한다.

야차녀와 함께, 혹은 아귀녀, 혹은 황문녀, 혹은 축생녀와 함께 묵는
자는 돌길라를 범한다.

여인이 아니었고 여인이라는 생각이 있었는데, 함께 묵는 자는 돌길라
를 범한다. 여인이 아니었고 여인이라는 의심이 있었는데, 함께 묵는
자는 돌길라를 범한다. 여인이 아니었고 여인이 아니라는 생각이 있었는
데, 함께 묵는 자는 범하지 않는다.

2-3 완전히 덮였고 완전히 막히지 않은 곳이거나, 완전히 막혔고 완전히
덮이지 않은 곳이거나, 대부분이 덮였고 대부분이 막히지 않은 곳이거나,
여인이 앉아 있는 곳에 비구가 그곳에 앉았거나, 비구가 앉아 있는 곳에
여인이 그곳에 앉았거나, 둘이 함께 앉았거나, 미쳤던 자이거나, 최초로
범한 자는 범하지 않는다.

[여섯 번째의 바일제를 마친다.]

7) 여여인설법오육어(與女人說法五六語) 학처

1-1 그때 불·세존께서는 사위성의 기수급고독원에 머무르셨다.

그때 장로 우타이는 사위성에서 많은 단월의 집을 왕래하였다. 이때
장로 우타이는 이른 아침에 하의를 입고 옷과 발우를 지니고서 한 단월의
집에 이르렀다. 그때 시어머니가 집의 입구에 앉아 있었고 며느리는
내실의 입구에 앉아 있었다. 장로 우타이는 빠르게 시어머니가 있는
곳으로 갔고, 시어머니의 귀에 대고서 설법하였다. 그때 며느리는 이와
같이 생각을 지었다.

"그 사문은 시어머니의 정부(情夫)인가? 혹은 비방하는 말을 하는가?"

장로 우타이는 시어머니에게 개인으로 설법하고서 며느리가 있는 곳에
이르렀고, 귀에 대고서 설법하였다. 그때 시어머니는 이와 같이 생각을

지었다.

"그 사문은 며느리의 정부인가? 혹은 비방하는 말을 하는가?"

장로 우타이는 시어머니와 며느리에게 설법을 마치고서 떠나갔다. 그때 시어머니가 며느리에게 말하였다.

"그 사문이 너에게 무슨 말을 말하였는가?"

"어머니! 그는 나에게 설법하였습니다. 어머니에게는 무엇을 설하였습니까?"

"나에게도 역시 설법하였다."

그녀들은 싫어하고 비난하였다.

"무슨 까닭으로써 장로 우타이는 비밀스럽게 설법하는가? 진실로 마땅히 밝은 곳에서 공개적으로 설법해야 한다."

여러 비구들은 그녀들이 비난하는 것을 들었다. 여러 비구들의 가운데에서 욕심이 적은 자들은 싫어하고 비난하였다.

"무슨 까닭으로써 여인들을 위하여 설법하는가?"

여러 비구들은 이 일로써 세존께 아뢰었고, 세존께서는 이 인연으로써 비구승가를 모으셨으며, 장로 우타이에게 물어 말씀하셨다.

"우타이여. 그대가 진실로 여인들을 위하여 설법하였는가?"

"진실로 그렇습니다. 세존이시여."

세존께서는 여러 방편으로 꾸짖으셨다.

"어리석은 사람이여. 그대는 어찌하여 여인들을 위하여 설법하였는가? 어리석은 사람이여. 이것은 오히려 믿지 않는 자는 신심이 생겨나지 않게 하고, …… 이미 믿었던 자는 일부가 전전하여 다른 곳으로 향하여 떠나가게 하느니라."

이와 같이 세존께서는 여러 종류의 방편으로써 장로 우타이를 꾸짖고서 뒤에 부양이 어렵고 가르치고 양육함이 어려우며, …… 나아가 …… 여러 비구들을 위하여 적절한 법을 수순하여 설하신 뒤에 여러 비구들에게 알려 말씀하셨다.

"여러 비구들이여. 나는 열 가지의 이익을 까닭으로써 여러 비구들을

위하여 학처를 제정하겠나니, 그대들은 마땅히 이와 같이 학처를 송출할지니라.

'어느 누구의 비구일지라도 여인을 위하여 설법하는 자는 바일제를 범하느니라.'"

이와 같이 세존께서는 여러 비구들을 위하여 학처를 제정하여 세우셨다.

2-1 그때 우바이들은 여러 비구들을 보고서 이렇게 말을 지었다.

"여러 비구들께 설법을 청합니다."

"자매들이여. 여인들을 위하여 설법하는 것은 여법하지 않습니다."

"여러 대덕들이여. 다섯·여섯 마디라도 설법하여 주십시오. 이것을 이유로 곧 법을 얻을 수 있습니다."

"자매들이여. 여인들을 위하여 설법하는 것은 여법하지 않습니다."

두렵고 조심스러워서 설하지 않았다. 여러 우바이들은 싫어하고 비난하였다.

"무슨 까닭으로 여러 대덕들은 우리들이 청하여도 설법하지 않는가?"

여러 비구들은 우바이들이 싫어하고 비난하는 것을 들었다. 이때 여러 비구들은 이 일로써 세존께 아뢰었고, 세존께서는 이 인연으로써 설법하셨으며, 여러 비구에게 알려 말씀하셨다.

"여러 비구들이여. 여인들을 위하여 다섯·여섯 마디를 설법하는 것을 허락하겠노라. 여러 비구들이여. 그대들은 마땅히 이와 같이 학처를 송출할지니라.

'어느 누구의 비구일지라도 여인을 위하여 다섯·여섯 마디의 이상을 설법하는 자는 바일제를 범하느니라.'"

이와 같이 세존께서는 여러 비구들을 위하여 학처를 제정하여 세우셨다.

3-1 그때 육군비구들은 "세존께서는 여인을 위하여 다섯·여섯 마디를 설법하는 것을 허락하셨다."라고 듣고서 곧 무지(無知)한 남자를 배석(陪席)시키고 여인을 마주하고서 다섯·여섯 마디의 이상을 설법하였다. 여러

비구들 가운데에서 욕심이 적은 자들은 싫어하고 비난하였다.

"무슨 까닭으로 육군비구들은 무지한 남자를 배석시키고 여인을 마주하고서 다섯·여섯 마디의 이상을 설법하는가?"

그 여러 비구들은 이 일로써 세존께 아뢰었고, 세존께서는 이 인연으로써 비구 승가를 모으셨으며, 그 육군비구들에게 물어 말씀하셨다.

"육군비구들이여. 그대들이 진실로 무지한 남자를 배석시키고 여인을 마주하고서 다섯·여섯 마디의 이상을 설법하였는가?"

"진실로 그렇습니다. 세존이시여."

세존께서는 여러 방편으로 꾸짖으셨다.

"어리석은 사람들이여. 그대들은 어찌하여 무지한 남자를 배석시키고 여인을 마주하고서 다섯·여섯 마디의 이상을 설법하였는가? 어리석은 사람들이여. 이것은 오히려 믿지 않는 자는 신심이 생겨나지 않게 하고, …… 이미 믿었던 자는 일부가 전전하여 다른 곳으로 향하여 떠나가게 하느니라."

이와 같이 세존께서는 여러 종류의 방편으로써 육군비구들을 꾸짖고서 뒤에 부양이 어렵고 가르치고 양육함이 어려우며, …… 나아가 …… 여러 비구들을 위하여 적절한 법을 수순하여 설하신 뒤에 여러 비구들에게 알려 말씀하셨다.

"여러 비구들이여. 나는 열 가지의 이익을 까닭으로써 여러 비구들을 위하여 학처를 제정하겠나니, 그대들은 마땅히 이와 같이 학처를 송출할지니라.

'어느 누구의 비구일지라도 여인을 마주하고서 다섯·여섯 마디를 넘겨서 설법하는 자는 지혜로운 남자가 배석한 것을 제외하고는 바일제를 범하느니라.'"

4-1 '어느 누구'는 어느 태어난 곳의 이유, …… 혹은 중간의 법랍이었다면 이것을 '어느 누구'라고 말한다.

'비구'는 구걸하는 비구이니, 일을 쫓아서 걸식하는 비구, …… 곧 이것에서 '비구'를 뜻한다고 말하는 것이다.

'여인'은 인간의 여인이니, 야차녀, 아귀녀, 축생녀가 아니다. 지혜가 있어서 능히 선한 말, 악한 말, 거친 말, 거칠지 않은 말을 아는 것이다.

'다섯·여섯 마디를 넘기다.'는 다섯·여섯 마디의 이상이다.

'설하다.'는 구절에 의지하여 설하는 자는 구절·구절에 바일제를 범한다. 글자에 의지하여 독송하는 자는 글자·글자에 바일제를 범한다.

'법'은 세존께서 설하신 것이거나, 성문께서 설하신 것이거나, 선인이 설한 것이거나, 천인이 설한 것이고, 뜻을 갖추었으며, 법을 갖춘 것이다.

'지혜로운 남자가 배석한 것을 제외하다.'는 지혜로운 남자가 있다면 제외하는 것이다.

'지혜로운 남자'는 선한 말, 악한 말, 거친 말, 거칠지 않은 말을 아는 것이다.

4-2 여인에게 여인이라는 생각이 있었는데, 다섯·여섯 마디를 넘겨서 설법하는 자는 지혜로운 남자가 배석한 것을 제외하고는 바일제를 범한다. 여인에게 여인이라는 의심이 있었는데, 다섯·여섯 마디를 넘겨서 설법하는 자는 지혜로운 남자가 배석한 것을 제외하고는 바일제를 범한다. 여인에게 여인이 아니라는 생각이 있었는데, 다섯·여섯 마디를 넘겨서 설법하는 자는 지혜로운 남자가 배석한 것을 제외하고는 바일제를 범한다.

야차녀를 마주하고서, 혹은 아귀녀, 혹은 황문녀, 혹은 축생녀에게 사람의 모습이 있었는데, 다섯·여섯 마디를 넘겨서 설법하는 자는 지혜로운 남자가 배석한 것을 제외하고는 돌길라를 범한다.

여인이 아니었고 여인이라는 생각이 있었는데, 다섯·여섯 마디를 넘겨서 설법하는 자는 바일제를 범한다. 여인이 아니었고 여인이라는 의심이 있었는데, 다섯·여섯 마디를 넘겨서 설법하는 자는 바일제를 범한다. 여인이 아니었고 여인이 아니라는 생각이 있었는데, 다섯·여섯 마디를 넘겨서 설법하는 자는 범하지 않는다.

4-3 지혜로운 남자가 있었는데 다섯·여섯 마디를 넘겨서 설법하였거나, 다섯·여섯 마디의 이하를 설법하였거나, 서 있었고 다시 앉아서 설법하였거나, 서 있는 여인에게 앉아서 설법하였거나, 다른 여인을 마주하고서 설법하였거나, 또한 물었고 물음에 의지하여 설법하였거나, 다른 사람을 위하여 설법하였는데 여인이 들었다면 범하지 않는다. 미쳤던 자이거나, 최초로 범한 자는 범하지 않는다.

[일곱 번째의 바일제를 마친다.]

8) 대미수구계자설상인법(對未受具戒者說上人法) 학처

1-1 그때 불·세존께서는 비사리국 대림의 중각강당에 머무르셨다.

그때 대중들은 서로가 지식이었고 친근하였던 비구들이 바구강(婆裘河)의 언덕에서 하안거하였다. 이때 발기 지방은 기근으로 생활이 어려웠는데, 곡식은 병균을 인연으로 줄기와 잎은 말라 비틀어져서 젓가락과 같았으므로 취락에서 잔식(殘食)을 의지하여 생활하여도 쉽지 않았다. 그때 여러 비구들이 말하였다.

"지금 발기 지방은 기근으로 생활이 어려운데, 곡식은 병균을 인연으로 줄기와 잎은 말라 비틀어져서 젓가락과 같았으므로 취락에서 잔식을 의지하여 생활하여도 쉽지 않다. 우리들이 무슨 방편이라면 화합하여 일치되고, 투쟁이 없으며, 안은하게 우안거를 지내고, 또한 음식의 고통이 없겠는가?"

몇 사람의 비구들이 있어 이와 같이 말을 지었다.

"장로들이여. 우리들이 여러 거사들을 위하여 이와 같은 일을 짓는다면 그들은 이와 같이 우리들에게 보시하겠다고 생각할 것이며, 우리들은 화합하고 일치하여 투쟁이 없으며, 안은하게 우안거를 지내고, 또한 음식의 고통이 없을 것입니다."

혹은 몇 사람의 비구들이 있어 이와 같이 말을 지었다.

"멈추십시오. 장로들이여. 여러 거사들을 위하여 일을 짓더라도 무슨 소용이 있겠습니까? 장로들이여. 우리들이 여러 거사들을 위하여 사자(使者)를 짓는다면, 그들이 마땅히 보시하여 주겠다고 생각할 것이며, 우리들은 화합하고 일치하여 투쟁이 없으며, 안은하게 우안거를 지내고, 또한 음식의 고통이 없을 것입니다."

혹은 몇 사람의 비구들이 있어 이와 같이 말을 지었다.

"멈추십시오. 장로들이여. 여러 거사들을 위하여 일을 짓거나, 여러 거사들을 위하여 사자를 짓더라도 무슨 소용이 있겠습니까? 장로들이여. 우리들은 여러 거사들을 마주하고서 서로가 상인법(上人法)으로 '그 비구는 초선(初禪)을 얻은 자이고, 그 비구는 2선을 얻은 자이며, 그 비구는 3선을 얻은 자이고, 그 비구는 4선을 얻은 자이며, 그 비구는 예류과를 얻은 자이고, 그 비구는 일래과를 얻은 자이며, 그 비구는 불환과를 얻은 자이고, 그 비구는 아라한과를 얻은 자이며, 그 비구는 삼지(三智)20)를 얻었고, 그 비구는 육신통(六神通)을 얻었다.'라고 찬탄한다면, 그들은 마땅히 보시하여 주겠다고 생각할 것이며, 우리들은 화합하고 일치하여 투쟁이 없으며, 안은하게 우안거를 지내고, 또한 음식의 고통이 없을 것입니다. 여러 거사들을 마주하고서 서로가 상인법으로 찬탄한다면 가장 수승한 방편입니다."

그 여러 비구들은 여러 거사들의 앞에서 서로가 상인법으로 찬탄하였다.

"그 비구는 초선을 얻었고, 그 비구는 2선을 얻었으며, …… 나아가 …… 그 비구는 육신통을 얻었습니다."

이때 그 여러 사람들은 생각하였다.

'우리들은 진실로 선한 이익이 있고, 우리들은 진실로 공덕이 있구나. 이와 같은 여러 비구들이 우리들을 위하여 안거에 들어갔다. 이와 같은 여러 비구들은 지계(持戒)인 자이고, 선법을 행하는 자이다. 미증유(未曾

20) 아라한과를 성취한 성자가 갖춘 불가사의한 세 가지의 능력으로 천안명(天眼明), 숙명명(宿命明), 누진명(漏盡明)을 가리킨다.

有)의 이와 같은 비구들이 우리들을 위하여 안거에 들어갔다.'

이때 그들은 스스로가 담식(噉食)을 먹지 않았고, 부모를 공양하지 않았으며, 자녀에게 주지 않았고, 집안의 노비에게 주지 않았으며, 지식들에게 주지 않았고, 친족들에게 주지 않았으며, 그 음식을 가지고 비구들에게 베풀어 주었다. 그들은 스스로가 작식(嚼食)과 미식(味食)의 음식을 먹지 않았고, 부모를 공양하지 않았으며, 자녀에게 주지 않았고, 집안의 노비에게 주지 않았으며, 친구들에게 주지 않았고 친족들에게 주지 않고, 그 음식을 가지고 비구들에게 베풀어 주었다. 이와 같아서 여러 비구들은 아름다운 모습이 있었고, 여러 근(根)이 비대하였으며, 용모가 빛났고, 희열(喜悅)이 충만하였다.

1-2 안거를 마쳤다면 세존을 보려고 떠나가는 것이 여러 비구들의 상법(常法)이었다. 이때 여러 비구들은 3개월의 안거를 마치고서 처소의 좌구와 와구를 거두고서 옷과 발우를 지니고 비사리로 갔다. 점차 유행하여 비사리의 중각강당으로 갔고, 세존의 처소에 이르렀다. 이르러 세존께 예경하고서 한쪽에 앉았다.

그때 비사리에 있으면서 안거를 마쳤던 비구들은 기갈(飢渴)에 핍박받았던 인연으로 형체가 마르고 수척하였고, 용모가 초췌하였으며 힘줄이 모두 드러났다. 그러나 바구강 주변의 여러 비구들은 모습이 아름다웠고 여러 근이 비대하였고 용모가 빛났으며 희열이 충만하였다. 객비구를 함께 서로가 친절한 뜻으로 맞이하는 것이 곧 제불(諸佛)의 상법이었다. 그때 세존께서는 바구강 주변의 여러 비구들에게 물어 말씀하셨다.

"여러 비구들이여. 여러 일들은 견딜 수 있었는가? 음식은 만족하였는가? 하나로 화합하였는가? 투쟁하지 않았는가? 안은하게 우안거를 지냈는가? 음식의 고통은 없었는가?"

"세존이시여. 여러 일들은 견딜 수 있었고, 하나로 화합하였으며, 안은하게 우안거를 머물렀고, 음식의 고통은 없었습니다."

여래께서는 아시고서도 묻는 것이고, 역시 아시면서도 묻지 않는 것이며, 때를 아시고 묻는 것이고, 때를 알고도 묻지 않는 것이며, 여래께서는 뜻의 이익이 있다면 묻는 것이고, 뜻의 이익이 없다면 묻지 않는 것이니, 뜻의 이익이 없다면 여래께서는 곧 파괴된 교량(橋梁)과 같은 것이다.

이 인연을 까닭으로 불·세존께서는 비구들에게 물으셨고, 비구들을 위하여 설법하셨으며, 혹은 성문과 성문제자를 위하여 학처를 제정하여 세우시는 것이다. 그때 세존께서는 바구강 주변의 여러 비구들에게 이와 같이 말씀하셨다.

"여러 비구들이여. 그대들은 어떻게 하나로 화합하였고, 투쟁하지 않았으며, 안은하게 우안거를 지냈고, 음식의 고통은 없었는가?"

이때 여러 비구들은 이 인연으로써 세존께 아뢰었다.

"여러 비구들이여. 그대들은 진실로 상인법이 있었는가?"

"진실로 있었습니다. 세존이시여."

세존께서는 꾸짖으셨다.

"여러 비구들이여. 그대들은 어찌하여 입과 배를 위하였던 까닭으로 여러 거사들의 앞에서 서로가 상인법을 찬탄하였는가? 여러 비구들이여. 이것은 오히려 믿지 않는 자는 신심이 생겨나지 않게 하고, …… 나아가 …… 이미 믿었던 자는 일부가 전전하여 다른 곳으로 향하여 떠나가게 하느니라."

이와 같이 세존께서는 여러 종류의 방편으로써 여러 비구들을 꾸짖고서 뒤에 부양이 어렵고 가르치고 양육함이 어려우며, …… 나아가 …… 여러 비구들을 위하여 적절한 법을 수순하여 설하신 뒤에 여러 비구들에게 알려 말씀하셨다.

"여러 비구들이여. 나는 열 가지의 이익을 까닭으로써 여러 비구들을 위하여 학처를 제정하겠나니, 그대들은 마땅히 이와 같이 학처를 송출할지니라.

'어느 누구의 비구일지라도 구족계를 받지 않은 자를 마주하고서 만약 상인법이 있다고 설하였다면 곧 사실일지라도 바일제를 범하느니라.'"

2-1 '어느 누구'는 어느 태어난 곳의 이유, …… 혹은 중간의 법랍이었다면 이것을 '어느 누구'라고 말한다.

'비구'는 구걸하는 비구이니, 일을 쫓아서 걸식하는 비구, …… 곧 이것에서 '비구'를 뜻한다고 말하는 것이다.

'구족계를 받지 않은 자'는 비구와 비구니를 제외한다면 구족계를 받지 않은 자라고 이름한다.

'상인법'은 선정(禪定), 해탈, 삼매, 정수(正受), 지견(智見), 수도(修道), 증과(證果), 이오(離汚), 심리개(心離蓋), 낙정처(樂靜處) 등이다.

'선정'은 초선, 2선, 3선, 4선이다.

'해탈'은 공해탈(空解脫), 무상해탈(無相解脫), 무원해탈(無願解脫)이다.

'삼매'는 공삼매(空三昧), 무상삼매(無相三昧), 무원삼매(無願三昧)이다.

'정수'는 공정수(空正受), 무상정수(無相正受), 무원정수(無願正受)이다.

'지견'은 삼명(三明)이다.

'수도'는 4념주(四念住), 4정근(四正勤), 4신족(四神足), 5근(五根), 5력(五力), 7각지(七覺支), 8정도(八正道) 등이다.

'증과'는 증예류과(證預流果), 증일래과(證一來果), 증불환과(證不還果), 증아라한과(證阿羅漢果)이다.

'이오'는 이탐(離貪), 이진(離瞋), 이치(離癡)이다.

'심리개'는 심유탐리개(心由貪離蓋), 심유진리개(心由瞋離蓋), 심유치리개(心由癡離蓋)이다.

'락정'은 의초선락정(依初禪樂靜), 의이선락정(依二禪樂靜), 의삼선락정(依三禪樂靜), 의사선락정(依四禪樂靜)이다.

2-2 '만약 설하다.'는 구족계를 받지 않은 자를 마주하고서 "나는 이미 초선을 증득하였다."라고 말하는 자는 바일제를 범한다. '만약 설하다.'는 구족계를 받지 않은 자를 마주하고서 "나는 초선을 증득하였다."라고 말하는 자는 바일제를 범한다. '만약 설하다.'는 구족계를 받지 않은 자를 마주하고서 "초선은 이미 증득되었다." …… "나는 초선을 증득한

자이다.” …… “나는 초선의 자재한 자이다.” …… “초선은 내가 증득하였던 이유이다.”라고 말하는 자는 바일제를 범한다.

 ‘만약 설하다.’는 구족계를 받지 않은 자를 마주하고서 “나는 이미 2선, 3선, 4선을 증득하였고, 나는 2선, 3선, 4선을 증득한 자이며, 나는 2선, 3선, 4선에 자재한 자이고, 2선, 3선, 4선은 내가 증득하였던 이유이다.”라고 말하는 자는 바일제를 범한다.

 ‘만약 설하다.’는 구족계를 받지 않은 자를 마주하고서 “나는 이미 공해탈, 무상해탈, 무원해탈, 공삼매, 무상삼매, 무원삼매를 증득하였고, 나는 공해탈, 무상해탈, 무원해탈, 공삼매, 무상삼매, 무원삼매를 증득한 자이며, 공해탈, 무상해탈, 무원해탈, 공삼매, 무상삼매, 무원삼매에 자재한 자이고, 공해탈, 무상해탈, 무원해탈, 공삼매, 무상삼매, 무원삼매를 내가 증득하였던 이유이다.”라고 말하는 자는 바일제를 범한다.

 ‘만약 설하다.’는 구족계를 받지 않은 자를 마주하고서 “나는 이미 공정수, 무상정수, 무원정수를 증득하였고, 나는 공정수, 무상정수, 무원정수를 증득한 자이며, 공정수, 무상정수, 무원정수에 자재한 자이고, 공정수, 무상정수, 무원정수를 내가 증득하였던 이유이다.”라고 말하는 자는 바일제를 범한다.

 ‘만약 설하다.’는 구족계를 받지 않은 자를 마주하고서 “나는 이미 삼명을 증득하였고, 나는 삼명을 증득한 자이며, 삼명에 자재한 자이고, 삼명을 내가 증득하였던 이유이다.”라고 말하는 자는 바일제를 범한다.

 ‘만약 설하다.’는 구족계를 받지 않은 자를 마주하고서 “나는 이미 4념주, 4정근, 4신족을 증득하였고, 나는 4념주, 4정근, 4신족을 증득한 자이며, 나는 4념주, 4정근, 4신족에 자재한 자이고, 4념주, 4정근, 4신족을 내가 증득하였던 이유이다.”라고 말하는 자는 바일제를 범한다.

 ‘만약 설하다.’는 구족계를 받지 않은 자를 마주하고서 “나는 이미 5근, 5력을 증득하였고, 나는 5근, 5력을 증득한 자이며, 나는 5근, 5력에 자재한 자이고, 5근, 5력을 내가 증득하였던 이유이다.”라고 말하는 자는 바일제를 범한다.

‘만약 설하다.’는 구족계를 받지 않은 자를 마주하고서 "나는 이미 7각지를 증득하였고, 나는 7각지를 증득한 자이며, 나는 7각지에 자재한 자이고, 7각지를 내가 증득하였던 이유이다."라고 말하는 자는 바일제를 범한다.

‘만약 설하다.’는 구족계를 받지 않은 자를 마주하고서 "나는 이미 8정도를 증득하였고, 나는 8정도를 증득한 자이며, 나는 8정도에 자재한 자이고, 8정도를 내가 증득하였던 이유이다."라고 말하는 자는 바일제를 범한다.

‘만약 설하다.’는 구족계를 받지 않은 자를 마주하고서 "나는 이미 예류과, 일래과, 불환과, 아라한과를 증득하였고, 나는 예류과, 일래과, 불환과, 아라한과를 증득한 자이며, 예류과, 일래과, 불환과, 아라한과에 자재한 자이고, 예류과, 일래과, 불환과, 아라한과를 내가 증득하였던 이유이다."라고 말하는 자는 바일제를 범한다.

‘만약 설하다.’는 구족계를 받지 않은 자를 마주하고서 "나는 이미 탐욕을 버렸고, 성냄을 버렸으며, 어리석음을 버렸고, 이미 없앴으며, 이미 벗어났고, 이미 끊었으며, 이미 떠났고, 이미 버렸다."라고 말하는 자는 바일제를 범한다.

‘만약 설하다.’는 구족계를 받지 않은 자를 마주하고서 "나는 이미 심유탐리개, 유진리개, 유치리개를 증득하였고, 나는 심유탐리개, 유진리개, 유치리개를 증득한 자이며, 심유탐리개, 심유진리개, 심유치리개에 자재한 자이고, 심유탐리개, 유진리개, 유치리개를 내가 증득하였던 이유이다."라고 말하는 자는 바일제를 범한다.

‘만약 설하다.’는 구족계를 받지 않은 자를 마주하고서 "나는 이미 적정한 처소에서 초선, 2선, 3선, 4선을 증득하였고, 나는 적정한 처소에서 초선, 2선, 3선, 4선을 증득한 자이며, 적정한 처소에서 초선, 2선, 3선, 4선에 자재한 자이고, 적정한 처소에서 초선, 2선, 3선, 4선을 내가 증득하였던 이유이다."라고 말하는 자는 바일제를 범한다.

3-1 '만약 설하다.'는 구족계를 받지 않은 자를 마주하고서 "나는 초선과 함께 2선을 증득하였고, 나는 초선과 2선을 증득한 자이며, 초선과 2선에서 자재한 자이고, 초선과 2선을 증득하였던 이유이다."라고 말하는 자는 바일제를 범한다. '만약 설하다.'는 구족계를 받지 않은 자를 마주하고서 "나는 초선과 함께 3선을 증득하였고, 나는 초선과 3선을 증득한 자이며, 초선과 3선에서 자재한 자이고, 초선과 3선을 증득하였던 이유이다."라고 말하는 자는 바일제를 범한다. '만약 설하다.'는 구족계를 받지 않은 자를 마주하고서 "나는 초선과 함께 4선을 증득하였고, 나는 초선과 4선을 증득한 자이며, 초선과 4선에서 자재한 자이고, 초선과 4선을 증득하였던 이유이다."라고 말하는 자는 바일제를 범한다.

'만약 설하다.'는 구족계를 받지 않은 자를 마주하고서 "나는 초선과 함께 공해탈, 무상해탈, 무원해탈, 공삼매, 무상삼매, 무원삼매를 증득하였고, …… 초선과 공해탈, 무상해탈, 무원해탈, 공삼매, 무상삼매, 무원삼매를 증득하였던 이유이다."라고 말하는 자는 바일제를 범한다.

'만약 설하다.'는 구족계를 받지 않은 자를 마주하고서 "나는 초선과 함께 공정수, 무상정수, 무원정수를 증득하였고, …… 초선과 공정수, 무상정수, 무원정수를 증득하였던 이유이다."라고 말하는 자는 바일제를 범한다.

'만약 설하다.'는 구족계를 받지 않은 자를 마주하고서 "나는 초선과 함께 삼명을 증득하였고, …… 초선과 삼명을 증득하였던 이유이다."라고 말하는 자는 바일제를 범한다.

'만약 설하다.'는 구족계를 받지 않은 자를 마주하고서 "나는 초선과 함께 4념주, 4정근, 4신족을 증득하였고, …… 초선과 4념주, 4정근, 4신족을 증득하였던 이유이다."라고 말하는 자는 바일제를 범한다.

'만약 설하다.'는 구족계를 받지 않은 자를 마주하고서 "나는 초선과 함께 5근·5력을 증득하였고, …… 초선과 5근·5력을 증득하였던 이유이다."라고 말하는 자는 바일제를 범한다.

'만약 설하다.'는 구족계를 받지 않은 자를 마주하고서 "나는 초선과 함께 7각지, 8정도, 예류과, 일래과, 불환과, 아라한과를 증득하였고, …… 초선과 7각지, 8정도, 예류과, 일래과, 불환과, 아라한과를 증득하였던 이유이다.”라고 말하는 자는 바일제를 범한다.

‘만약 설하다.’는 구족계를 받지 않은 자를 마주하고서 “나는 초선을 증득하였고, 이미 탐욕을 버렸으며, 성냄을 버렸고, 어리석음을 버렸으며, 이미 없앴고, 이미 벗어났으며, 이미 끊었고, 이미 떠났으며, 이미 버렸다.”라고 말하는 자는 바일제를 범한다.

‘만약 설하다.’는 구족계를 받지 않은 자를 마주하고서 “나는 초선을 증득하였고, 나는 초선을 증득한 자이며, …… 나아가 …… 내가 증득하였던 이유이다.” 나는 심유탐리개를 증득하였고, …… 심유진리개를 증득하였고, …… 심유치리개를 증득하였던 이유이다.”라고 말하는 자는 바일제를 범한다.

‘만약 설하다.’는 구족계를 받지 않은 자를 마주하고서 “나는 2선과 함께 3선을 증득하였고, 2선과 함께 4선을 증득하였으며, …… 심유치리개를 증득하였던 이유이다.”라고 말하는 자는 바일제를 범한다.

‘만약 설하다.’는 구족계를 받지 않은 자를 마주하고서 “나는 심유치리개이고, 또한 초선, 2선, 3선, 4선을 증득한 자이며, …… 심유치리개이고, 또한 초선, 2선, 3선, 4선을 증득하였던 이유이다.”라고 말하는 자는 바일제를 범한다.

‘만약 설하다.’는 구족계를 받지 않은 자를 마주하고서 “나는 심유탐리개, 심유진리개이고, 또한 초선, 2선, 3선, 4선을 증득한 자이며, …… 심유탐리개, 심유진리개이고, 또한 초선, 2선, 3선, 4선을 증득하였던 이유이다.”라고 말하는 자는 바일제를 범한다.

‘만약 설하다.’는 구족계를 받지 않은 자를 마주하고서 “나는 초선, 2선, 3선, 4선, 공해탈, 무상해탈, 무원해탈, 공삼매, 무상삼매, 무원삼매, 공정수, 무상정수, 무원정수, 삼명, 4념주, 4정근, 4신족, 5근, 5력, 7각지, 8정도, 예류과, 일래과, 불환과, 아라한과 등을 증득하였고, 나는 이미 증득한 자이며, 나는 이미 탐욕을 버렸고, 나는 이미 성냄을 버렸으며,

나는 이미 어리석음을 버렸고, 이미 없앴으며, 이미 벗어났고, 이미 끊었으며, 이미 떠났고, 이미 버렸다." …… 나는 심유탐리개를 증득하였고, …… 심유진리개를 증득하였고, …… 심유치리개를 증득하였던 이유이다."라고 말하는 자는 바일제를 범한다.

4-1 '만약 설하다.'는 구족계를 받지 않은 자를 마주하고서 "나는 초선을 증득하였다."라고 말하려고 하였는데, "나는 2선을 증득하였다."라고 말하였으며, 마주하고서 비로소 이해한 자라면 바일제를 범하고, 이해하지 못한 자라면 돌길라를 범한다. 구족계를 받지 않은 자를 마주하고서 "나는 초선을 증득하였다."라고 말하려고 하였고, "나는 3선을 얻었다."라고, …… 4선을, …… 공해탈을, …… 심유치리개를 증득하였던 이유이다."라고 말하였는데, 마주하고서 비로소 이해한 자라면 바일제를 범하고, 이해하지 못한 자라면 돌길라를 범한다.

　구족계를 받지 않은 자를 마주하고서 "나는 2선을 얻었다."라고 말하려고 하였는데, "나는 3선을 얻었다."라고 말하였으며, …… 나아가 …… 심유치리개를 증득하였던 이유이다."라고 말하였으며, …… "나는 초선을 증득하였다."라고 말하였는데, 마주하고서 비로소 이해한 자라면 바일제를 범하고, 이해하지 못한 자라면 돌길라를 범한다.

　구족계를 받지 않은 자를 마주하고서 "나는 심유치리개를 증득하였던 이유이다."라고 말하려고 하였는데, "나는 초선을 얻었다."라고 말하였으며, …… 나아가 …… "심유진리개를 증득하였던 이유이다."라고 말하였으며, …… "나는 초선을 얻었다."라고 말하였는데, 마주하고서 비로소 이해한 자라면 바일제를 범하고, 이해하지 못한 자라면 돌길라를 범한다.

　구족계를 받지 않은 자를 마주하고서 "나는 초선, 2선, 3선, 4선, …… 나아가 …… 심유진리개를 증득하였던 이유이다."라고 말하려고 하였는데, "나는 심유치리개를 증득하였던 이유이다."라고 말하였으며, 마주하고서 비로소 이해한 자라면 돌길라를 범한다.

　…… 나아가 …… 구족계를 받지 않은 자를 마주하고서 "나는 2선,

3선, 4선을 증득하였고, …… 심유치리개를 증득하였던 이유이다.”라고
말하려고 하였는데, “나는 초선을 얻었다.”라고 말하였으며, 마주하고서
비로소 이해한 자라면 돌길라를 범한다.

5-1 구족계를 받지 않은 자를 마주하고서 “그대의 정사에 머무는 비구는
초선을 증득하였거나, 이미 증득하였을 것이다. 그 비구는 초선을 증득한
자이고, 자재한 자이며, 그 비구는 초선을 증득한 이유이다.”라고 말하였
다면 돌길라를 범한다.

구족계를 받지 않은 자를 마주하고서 “그대의 정사에 머무는 비구는
2선, 3선, 4선, 공해탈, …… 아라한과를 증득하였거나, 이미 증득하였을
것이다. 그 비구는 이미 탐욕을 버린 자이고, …… 나아가 …… 이미
성냄을 버린 자이고, …… 나아가 …… 이미 어리석음을 버린 자이고,
…… 나아가 …… 이미 버렸고, …… 나아가 …… 심유탐리개를, ……
나아가 …… 심유진리개를, …… 나아가 …… 심유치리개를 증득한 이유이
다.”라고 말하였다면 돌길라를 범한다.

구족계를 받지 않은 자를 마주하고서 “그대의 정사에 머무는 비구는
적정한 처소의 초선, 2선, 3선, 4선을 증득하였거나, 이미 증득하였을
것이다. 그 비구는 적정한 처소의 초선을 증득하였고, 자재한 자이며,
그 비구는 적정한 처소의 4선을 증득하였다.”라고 말하였다면 돌길라를
범한다.

구족계를 받지 않은 자를 마주하고서 “그대의 정사를 사용하거나,
그대의 옷을 입거나, 그대의 음식을 먹거나, 그대의 좌구(坐具)와 와구(臥
具)를 수용하거나, 그대의 자구(資具)와 약물을 수용하거나, …… 이미
그대의 정사를 사용하였거나, 이미 그대의 옷을 입었거나, 이미 그대의
음식을 먹었거나, 이미 그대의 좌구와 와구를 수용하였거나, 이미 그대의
자구와 약물을 수용하였거나, …… 그대가 정사를 주었던 이유로, 그대가
옷을 주었던 이유로, 그대가 음식을 주었던 이유로, 그대가 좌구와 와구를
주었던 이유로, 그대가 자구와 약물을 주었던 이유로 그 비구는 적정한

처소의 4선을 증득하였고, …… 제4선에서 적정한 처소의 4선을 증득한 이유이다."라고 말하였다면 돌길라를 범한다.

6-1 구족계를 받은 자의 처소에서 진실로 말이 있었거나, 최초로 범한 자는 범하지 않는다.

[여덟 번째의 바일제를 마친다.]

9) 설비구추죄(說比丘麤罪) 학처

1-1 그때 불·세존께서는 사위성의 기수급고독원에 머무르셨다.

그때 장로 우파난타 석자는 육군비구들과 투쟁하면서 불화하였다. 그는 고의로 출정한 죄로 그 죄를 마주하고서 승가 대중의 처소에서 별주를 애원하였다.

"승가께서는 나에게 별주를 주십시오."

이때 사위성에 한 무리의 사람들이 승가대중에게 음식을 주었다. 우파난타는 별주하는 비구였으므로 식당의 가장 아래의 자리에 앉았다. 육군비구들은 여러 우바새들에게 이와 같이 말하였다.

"현자여. 그대들이 공경하고 믿으며 친근하였던 장로 우파난타 석자가 진실로 신심의 보시를 받았던 손으로써 출정을 행하였고, 그는 고의로 출정한 죄를 범하였으며, 이것에 대하여 대중 승가의 처소에서 별주를 애원하였고, 승가는 이미 처소에 별주를 주었으며, 그는 별주하는 자리인 가장 하좌에 앉았구려."

여러 비구들 가운데에서 욕심이 적은 자들은 싫어하고 비난하였다.

"무슨 까닭으로 육군비구들은 비구의 추죄(麤罪)를 구족계를 받지 않은 자들에게 말하는가?"

여러 비구들은 이 일로써 세존께 아뢰었고, 세존께서는 이 인연으로써 비구승가를 모으셨으며, 그 육군비구들에게 물어 말씀하셨다.

"육군비구들이여. 그대들이 진실로 비구의 추죄로써 구족계를 받지 않은 자들에게 말하였는가?"

"진실로 그렇습니다. 세존이시여."

세존께서는 여러 방편으로 꾸짖으셨다.

"어리석은 사람들이여. 그대들은 어찌하여 비구의 추죄로써 구족계를 받지 않은 자들에게 말하였는가? 어리석은 사람들이여. 이것은 오히려 믿지 않는 자는 신심이 생겨나지 않게 하고, …… 이미 믿었던 자는 일부가 전전하여 다른 곳으로 향하여 떠나가게 하느니라."

이와 같이 세존께서는 여러 종류의 방편으로써 육군비구들을 꾸짖고서 뒤에 부양이 어렵고 가르치고 양육함이 어려우며, …… 나아가 …… 여러 비구들을 위하여 적절한 법을 수순하여 설하신 뒤에 여러 비구들에게 알려 말씀하셨다.

"여러 비구들이여. 나는 열 가지의 이익을 까닭으로써 여러 비구들을 위하여 학처를 제정하겠나니, 그대들은 마땅히 이와 같이 학처를 송출할지니라.

'어느 누구의 비구일지라도 추죄로써 구족계를 받지 않은 자들에게 말하는 자는 승가가 허락한 것을 제외하고는 바일제를 범하느니라.'"

이와 같이 세존께서는 여러 비구들을 위하여 학처를 제정하여 세우셨다.

2-1 '어느 누구'는 어느 태어난 곳의 이유, …… 혹은 중간의 법랍이었다면 이것을 '어느 누구'라고 말한다.

'비구'는 구걸하는 비구이니, 일을 쫓아서 걸식하는 비구, …… 곧 이것에서 '비구'를 뜻한다고 말하는 것이다.

'추죄'는 4바라이와 13승잔이다.

'말하다.'는 여인에게 말하거나, 혹은 남자에게 말하거나, 혹은 거사에게 말하거나, 혹은 출가자에게 말하는 것이다.

'구족계를 받지 않은 자'는 비구와 비구니를 제외하고서 그 남은 자들을 이름한다.

'승가가 허락한 것을 제외하다.'는 비구승가가 허락한 것을 제외하는
것이다.

승가가 그것을 허락하면서 유죄를 한정(限定)하고 별주를 한정하지
않았거나, 승가가 그것을 허락하면서 별주를 한정하고 유죄를 한정하지
않았거나, 승가가 그것을 허락하면서 유죄를 한정하고 별주를 한정하였거
나, 승가가 그것을 허락하면서 유죄를 한정하지 않고 별주를 한정하지
않는 것이 있다.

'유죄를 한정하다.'는 곧 죄를 지정(指定)받았다면 다만 그 죄를 말할
수 있다.

'별주를 한정하다.'는 곧 별주를 지정받았다면 다만 그 별주를 말할
수 있다.

또한 '유죄를 한정하고 별주를 한정하다.'는 죄를 지정받고 역시 별주를
지정받았다면 다만 그 죄와 별주에서 말할 수 있다.

'유죄를 한정하지 않고 별주를 한정하지 않다.'는 죄를 지정받지 않았고
역시 별주를 지정받지 않았다면, 죄를 한정하던 때에는 죄를 지정받았던
것을 제외하고 기타의 죄와 관련하여 말하는 자는 바일제를 범한다.
별주를 한정하던 때에는 별주를 지정받았던 것을 제외하고 기타의 별주와
관련하여 말하는 자는 바일제를 범한다.

유죄를 한정하고 또한 별주를 한정하던 때에는 죄를 지정받았던 것을
제외하고서, 별주를 지정받았던 것을 제외하고서, 기타의 죄와 기타의
별주와 관련하여 말하는 자는 바일제를 범한다. 죄를 한정하지 않고
별주를 한정하지 않았던 자는 범하지 않는다.

2-2 추죄에서 추죄라는 생각이 있었는데, 구족계를 받지 않은 자와 마주하
고서 말하는 자는 승가가 허락한 것을 제외하고는 바일제를 범한다.
추죄에서 추죄라는 의심이 있었는데, 구족계를 받지 않은 자와 마주하
서 말하는 자는 승가가 허락한 것을 제외하고는 바일제를 범한다. 추죄에

서 추죄가 아니라는 생각이 있었는데, 구족계를 받지 않은 자와 마주하고서 말하는 자는 승가가 허락한 것을 제외하고는 바일제를 범한다.

추죄가 아닌데 말하는 자는 돌길라를 범한다. 구족계를 받지 않은 자에게 추죄이거나, 혹은 추죄가 아닌 소소(小小)한 죄를 말하는 자는 돌길라를 범한다.

추죄가 아닌 것에서 추죄라는 생각이 있었는데, 구족계를 받지 않은 자와 마주하고서 말하는 자는 돌길라를 범한다. 추죄가 아닌 것에서 추죄라는 의심이 있었는데, 구족계를 받지 않은 자와 마주하고서 말하는 자는 돌길라를 범한다. 추죄가 아닌 것에서 추죄가 아니라는 생각이 있었는데, 구족계를 받지 않은 자와 마주하고서 말하는 자는 범하지 않는다.

2-3 일을 말하고 죄를 말하지 않았거나, 죄를 말하고 일을 말하지 않았거나, 비구승가가 허락한 때이거나, 미쳤던 자이거나, 최초로 범한 자는 범하지 않는다.

[아홉 번째의 바일제를 마친다.]

10) 굴지(掘地) 학처

1-1 그때 불·세존께서는 아라비읍의 아가라바 탑묘에 머무르셨다.

이때 아라비읍의 여러 비구들이 강당(講堂)을 수리하면서 스스로가 땅을 파냈고, 또한 시켜서 땅을 파냈다. 여러 사람들이 싫어하면서 비난하였다.

"무슨 까닭으로 사문 석자는 스스로가 땅을 파내고, 또한 시켜서 파내는가? 사문 석자는 하나의 명근(命根)을 상하게 하는구나."

여러 비구들의 가운데에서 욕심이 적은 자들은 싫어하고 비난하였다.

"무슨 까닭으로 아라비읍의 여러 비구들은 스스로가 땅을 파내고 또한 시켜서 파내는가?"

여러 비구들은 이 일로써 세존께 아뢰었고, 세존께서는 이 인연으로써 비구승가를 모으셨으며, 그 여러 비구들에게 물어 말씀하셨다.

"여러 비구들이여. 그대들이 진실로 스스로가 땅을 파냈고, 또한 시켜서 파냈는가?"

"진실로 그렇습니다. 세존이시여."

세존께서는 여러 방편으로 꾸짖으셨다.

"어리석은 사람들이여. 그대들은 어찌하여 스스로가 땅을 파내고 또한 시켜서 파냈는가? 어리석은 사람들이여. 이것은 오히려 믿지 않는 자는 신심이 생겨나지 않게 하고, …… 이미 믿었던 자는 일부가 전전하여 다른 곳으로 향하여 떠나가게 하느니라."

이와 같이 세존께서는 여러 종류의 방편으로써 여러 비구들을 꾸짖고서 뒤에 부양이 어렵고 가르치고 양육함이 어려우며, …… 나아가 …… 여러 비구들을 위하여 적절한 법을 수순하여 설하신 뒤에 여러 비구들에게 알려 말씀하셨다.

"여러 비구들이여. 나는 열 가지의 이익을 까닭으로써 여러 비구들을 위하여 학처를 제정하겠나니, 그대들은 마땅히 이와 같이 학처를 송출할지니라.

'어느 누구의 비구라도 만약 스스로가 땅을 파내거나, 또한 시켜서 파내는 자는 바일제를 범하느니라.'"

2-1 '어느 누구'는 어느 태어난 곳의 이유, …… 혹은 중간의 법랍이었다면 이것을 '어느 누구'라고 말한다.

'비구'는 구걸하는 비구이니, 일을 쫓아서 걸식하는 비구, …… 곧 이것에서 '비구'를 뜻한다고 말하는 것이다.

'땅'은 두 종류의 땅이 있나니, 생지(生地)와 불생지(不生地)이다.

'생지'는 모래, 자갈, 기와, 조약돌이 적게 있고 대부분이 흙이라면 생지라고 말한다. 불태우지 않은 땅도 역시 생지이다. 또한 흙을 쌓아두고서 폭우(暴雨)가 4개월 이상이면 역시 생지이다.

'불생지'는 순수한 자갈, 순수한 모래, 순수한 기와, 순수한 조약돌이고, 흙이 적고 모래, 자갈, 기와, 조약돌이 많은 것을 말한다. 역시 불태웠던 땅도 불생지이다. 또한 흙을 쌓아두고서 폭우가 4개월의 이하라면 역시 불생지라고 말한다.

'만약 파내다'는 스스로가 파내는 자는 바일제이다. 시켜서 파내는 자도 바일제이다. 한번을 명령하여 여러 번을 파낸 자는 하나의 바일제를 범한다.

2-2 땅에서 땅이라는 생각이 있었는데, 그것을 파냈고 시켜서 파냈거나, 파괴하였고 혹은 시켜서 파괴하였으며, 취하였고 혹은 시켜서 취하는 자는 바일제를 범한다. 땅에서 땅이라는 의심이 있었는데, 그것을 파냈고 시켜서 파냈거나, 파괴하였고 혹은 시켜서 파괴하였으며, 취하였고 혹은 시켜서 취하는 자는 돌길라를 범한다. 땅에서 땅이 아니라는 생각이 있었는데, 그것을 파냈고 시켜서 파냈거나, 파괴하였고 혹은 시켜서 파괴하였으며, 취하였고 혹은 시켜서 취하는 자는 범하지 않는다.

땅이 아닌 곳에서 땅이라는 생각이 있었는데, 그것을 파냈고 시켜서 파냈거나, 파괴하였고 혹은 시켜서 파괴하였으며, 취하였고 혹은 시켜서 취하는 자는 돌길라를 범한다. 땅이 아닌 곳에서 땅이라는 의심이 있었는데, 그것을 파냈고 시켜서 파냈거나, 파괴하였고 혹은 시켜서 파괴하였으며, 취하였고 혹은 시켜서 취하는 자는 돌길라를 범한다. 땅이 아닌 곳에서 땅이 아니라는 생각이 있었는데, 그것을 파냈고 시켜서 파냈거나, 파괴하였고 혹은 시켜서 파괴하였으며, 취하였고 혹은 시켜서 취하는 자는 범하지 않는다.

2-3 "이것을 아시오. 이것을 주시오. 이것을 운반하시오. 이것을 하고자 하오. 이것을 작정하시오."라고 말하는 자는 범하지 않는다. 고의가 아닌

자, 생각이 없는 자, 무지한 자, 미쳤던 자이거나, 최초로 범한 자는 범하지 않는다.

[열 번째의 바일제를 마친다.]

○【첫째로 망어품(妄語品)을 마친다.】

섭송으로 설하겠노라.

망어하는 것, 욕설하는 것과 이간하는 것과
구절과 두 종류의 묵는 것과
지혜가 있는 자를 제외하는 것과
진실로 있는 것과 추죄와 파내는 것이 있다.

11) 별초목(伐草木) 학처

1-1 그때 불·세존께서는 아라비읍의 아가라바 탑묘에 머무르셨다.

그때 아라비읍의 여러 비구들이 강당(講堂)을 수리하면서 스스로가 나무를 잘랐고, 또한 시켜서 잘랐다. 아라비읍의 한 비구가 나무를 잘랐는데, 그 나무에 머무르는 여수신(女樹神)이 비구를 향하여 말하였다.

"대덕이여. 자기의 주처(住處)를 지으려고 하면서 나의 주처를 자르지 마십시오."

그 비구는 즐거워하지 않았고, 따라서 그것을 베어내면서 작게 여수신의 팔뚝을 때렸다. 이때 그 여수신은 이렇게 생각을 지었다.

'나는 지금 마땅히 비구의 목숨을 빼앗아야겠다.'

여수신은 또한 생각하였다.

'내가 지금 이 비구의 목숨을 빼앗는다면 이것은 옳지 않은 것이다.

나는 마땅히 이 일로써 세존께 아뢰어야겠다.'

이때 여수신은 세존의 처소에 이르렀다. 이르러서 이 일을 세존께 아뢰었다.

"옳도다. 여수신이여! 옳도다. 여수신이여! 여수신이여! 그대는 비구의 목숨을 빼앗지 않았구나. 그대가 오늘 만약 비구의 목숨을 빼앗았다면 그대는 장차 많은 생에 악한 과보를 받았을 것이다. 여수신이여! 그대는 어느 곳에 나무가 있는 곳으로 가라. 그곳으로 가라."

여러 사람들이 싫어하면서 비난하였다.

"무엇을 위하여 사문 석자는 나무를 자르고, 또한 시켜서 자르는가? 사문 석자는 하나의 명근을 상하게 하는구나."

여러 비구들은 여러 사람들이 싫어하면서 비난하는 것을 들었다. 여러 비구들의 가운데에서 욕심이 적은 자들은 싫어하고 비난하였다.

"무슨 까닭으로 아라비읍의 여러 비구들은 스스로가 나무를 자르고, 또한 시켜서 자르는가?"

여러 비구들은 이 일로써 세존께 아뢰었고, 세존께서는 이 인연으로써 비구승가를 모으셨으며, 그 여러 비구들에게 물어 말씀하셨다.

"여러 비구들이여. 그대들이 진실로 스스로가 나무를 잘랐고, 또한 시켜서 잘랐는가?"

"진실로 그렇습니다. 세존이시여."

세존께서는 여러 방편으로 꾸짖으셨다.

"어리석은 사람들이여. 그대들은 어찌하여 스스로가 나무를 잘랐고 또한 시켜서 잘랐는가? 어리석은 사람들이여. 이것은 오히려 믿지 않는 자는 신심이 생겨나지 않게 하고, …… 이미 믿었던 자는 일부가 전전하여 다른 곳으로 향하여 떠나가게 하느니라."

이와 같이 세존께서는 여러 종류의 방편으로써 여러 비구들을 꾸짖고서 뒤에 부양이 어렵고 가르치고 양육함이 어려우며, …… 나아가 …… 여러 비구들을 위하여 적절한 법을 수순하여 설하신 뒤에 여러 비구들에게 알려 말씀하셨다.

"여러 비구들이여. 나는 열 가지의 이익을 까닭으로써 여러 비구들을 위하여 학처를 제정하겠나니, 그대들은 마땅히 이와 같이 학처를 송출할 지니라.

'어느 누구의 비구라도 만약 스스로가 나무를 자르고 또한 시켜서 자르는 자는 바일제를 범하느니라.'"

2-1 '초목'은 다섯 부류의 종자식물(種生)이 있나니, 곧 뿌리, 줄기, 마디, 가지, 종자의 다섯 종자가 있다.

'뿌리의 종자'는 울근(鬱根),[21] 양하(蘘荷),[22] 우사(宇奢),[23] 우사타(宇奢陀),[24] 아제의사(阿提義沙),[25] 흑려노(黑藜蘆),[26] 우서라(優西羅),[27] 파달모달가(巴達母達伽)[28] 등과 기타의 것이고, 뿌리로써 재배하는 식물이므로 뿌리의 종자(根種)라고 이름한다.

'줄기의 종자'는 보리수,[29] 뱅골보리수,[30] 무화과수,[31] 우담바라수,[32] 히말라야 삼나무,[33] 목질사과나무[34] 등과 기타의 것이고, 줄기로써 재배하는 식물이므로 줄기의 종자(莖種)라고 이름한다.

---

21) 팔리어 Haliddi(하리띠)의 음사로, 미나리과에 속한 여러해살이 풀이고, 뿌리를 돼지의 사료로 사용하므로 돼지풀이라고도 한다.
22) 팔리어 Siṅgivera(신기베라)의 음사로, 생강과에 속한 여러해살이 풀이고, 특이한 향기가 있어 땅속줄기는 향미료로 쓰인다.
23) 팔리어 Vacā(바차)의 음사로, 창포를 가리킨다.
24) 팔리어 Vacatta(바차따)의 음사로, 백창포를 가리킨다.
25) 팔리어 Ativisā(아티비사)의 음사로, 마늘을 가리킨다.
26) 팔리어 Kaṭukarohiṇī(카투카로히니)의 음사로, 신호련을 가리킨다.
27) 팔리어 Usīra(우시라)의 음사로, 나도기음새를 가리킨다.
28) 팔리어 Bhaddamūttaka(바따무따카)의 음사로, 향부자를 가리킨다.
29) 팔리어 Assattha(아싸타)의 음사로, 향부자를 가리킨다.
30) 팔리어 Nigrodha(니그로다)의 음사로, 향부자를 가리킨다.
31) 팔리어 Pilakkha(피라까)의 음사로, 향부자를 가리킨다.
32) 팔리어 Udumbara(우둠바라)의 음사이다.
33) 팔리어 Kacchaka(카짜카)의 음사이다.
34) 팔리어 Kapitthana(카피따나)의 음사이다.

 ‘마디의 종자’는 대나무,35) 사탕수수,36) 갈대37) 등과 기타의 것이고, 마디로써 재배하는 식물이므로 마디의 종자(節種)라고 이름한다.

 ‘가지의 종자’는 아취가(阿就伽),38) 파니사가(巴膩奢伽),39) 비리익랍(比利益拉)40) 등과 기타의 것이고, 가지로써 재배하는 식물이므로 가지의 종자(枝種)라고 이름한다.

 ‘씨앗의 종자’는 칠곡(七穀),41) 칠채(七菜)42) 등과 기타의 것이고, 씨앗으로써 재배하는 식물이므로 씨앗의 종자(種子種)라고 이름한다.

2-2 종자이었고 종자라는 생각이 있었는데, 자르고 혹은 자르게 시켰거나, 파괴하였고 혹은 파괴하게 시켰거나, 태웠고 혹은 시켜서 태웠던 자는 바일제를 범한다. 종자이었고 종자라는 의심이 있었는데, 자르고 혹은 자르게 시켰거나, 파괴하였고 혹은 파괴하게 시켰거나, 태웠고 혹은 시켜서 태웠던 자는 돌길라를 범한다. 종자에서 종자가 아니라는 생각이 있었는데, 자르고 혹은 자르게 시켰거나, 파괴하였고 혹은 파괴하게 시켰거나, 태웠고 혹은 시켜서 태웠던 자는 범하지 않는다.

 종자가 아니었고 종자라는 생각이 있었는데, 자르고 혹은 자르게 시켰거나, 파괴하였고 혹은 파괴하게 시켰거나, 태웠고 혹은 시켜서 태웠던 자는 돌길라를 범한다. 종자가 아니었고 종자라는 의심이 있었는데, 자르고 혹은 자르게 시켰거나, 파괴하였고 혹은 파괴하게 시켰거나, 태웠고 혹은 시켜서 태웠던 자는 돌길라를 범한다. 종자가 아니었고 종자가 아니라는 생각이 있었는데, 자르고 혹은 자르게 시켰거나, 파괴하였고

---

35) 팔리어 Ucchu(우쭈)의 음사이다.
36) 팔리어 Veḷu(베루)의 음사이다.
37) 팔리어 Naḷa(나라)의 음사이다.
38) 팔리어 Ajjuka(아쭈카)의 음사이다.
39) 팔리어 Phaṇijjaka(파니짜카)의 음사이다.
40) 팔리어 Hirivera(히리베라)의 음사이다.
41) 팔리어 Pubbaṇṇa(푸빤나)의 음사이다.
42) 팔리어 Aparaṇṇa(아파란나)의 음사이다.

혹은 파괴하게 시켰거나, 태웠고 혹은 시켜서 태웠던 자는 범하지 않는다.

2-3 "이것을 아시오. 이것을 주시오. 이것을 운반하시오. 이것을 작정하시오."라고 말하는 자는 범하지 않는다. 고의가 아닌 자, 생각이 없는 자, 무지한 자, 미쳤던 자이거나, 최초로 범한 자는 범하지 않는다.

[열한 번째의 바일제를 마친다.]

12) 작이어(作異語) 학처

1-1 그때 불·세존께서는 구섬미국의 구사라원에 머무르셨다.

그때 장로 천타(闡陀)는 비법(非法)을 행하였고, 승가의 가운데에서 죄를 힐난(詰難)하였다면 다른 말로 돌려가면서 "누가 죄가 있습니까? 무슨 죄가 있습니까? 무슨 까닭으로 죄가 있습니까? 그대들은 누구와 마주하고서 말하였습니까? 그대들은 어떻게 말하였습니까?"라고 말하였다.

여러 비구들의 가운데에서 욕심이 적은 자들은 싫어하고 비난하였다.

"무슨 까닭으로 구수 천타는 승가의 가운데에서 죄를 힐난하였다면 다른 말로 돌려가면서 '누가 죄가 있습니까? 무슨 죄가 있습니까? 무슨 까닭으로 죄가 있습니까? 그대들은 누구와 마주하고서 말하였습니까? 그대들은 어떻게 말하였습니까?'라고 말하는가?"

여러 비구들은 이 일로써 세존께 아뢰었고, 세존께서는 이 인연으로써 비구승가를 모으셨으며, 그 여러 비구들에게 물어 말씀하셨다.

"천타여. 그대가 진실로 승가의 가운데에서 죄를 힐난하였다면 다른 말로 돌려가면서 '누가 죄가 있습니까? 무슨 죄가 있습니까? 무슨 까닭으로 죄가 있습니까? 그대들은 누구와 마주하고서 말하였습니까? 그대들은 어떻게 말하였습니까?'라고 말하였는가?"

"진실로 그렇습니다. 세존이시여."

세존께서는 여러 방편으로 꾸짖으셨다.

"어리석은 사람이여. 그대는 어찌하여 승가의 가운데에서 죄를 힐난하였다면 다른 말로 돌려가면서 '누가 죄가 있습니까? 무슨 죄가 있습니까? 무슨 까닭으로 죄가 있습니까? 그대들은 누구와 마주하고서 말하였습니까? 그대들은 어떻게 말하였습니까?'라고 말하였는가? 어리석은 사람이여. 이것은 오히려 믿지 않는 자는 신심이 생겨나지 않게 하고, …… 이미 믿었던 자는 일부가 전전하여 다른 곳으로 향하여 떠나가게 하느니라."

이와 같이 세존께서는 여러 종류의 방편으로써 천타를 꾸짖고서 뒤에 부양이 어렵고 가르치고 양육함이 어려우며, …… 나아가 …… 여러 비구들을 위하여 적절한 법을 수순하여 설하신 뒤에 여러 비구들에게 알려 말씀하셨다.

"여러 비구들이여. 마땅히 천타 비구에게 이어죄(異語罪)를 지어서 주어야 하고, 마땅히 이와 같이 주어야 하느니라. 마땅히 한 총명하고 유능한 비구가 승가의 가운데에서 창언하여 말해야 한다.

'대덕 승가께서는 허락하십시오. 이 천타 비구는 승가의 가운데에서 죄를 힐문하였으나, 다른 말로 돌려가면서 말하였습니다. 만약 승가께서 때에 이르렀다면 승가께서는 천타 비구에게 이어죄를 지어서 주겠습니다. 이와 같이 아룁니다.'

'대덕 승가께서는 허락하십시오. 이 천타 비구는 승가의 가운데에서 죄를 힐문하였으나, 다른 말로 돌려가면서 말하였으므로, 승가는 천타 비구에게 이어죄를 지어서 주겠습니다. 여러 대덕들께서 천타 비구에게 이어죄를 지어서 주는 것을 인정하신다면 묵연하시고, 인정하지 않으신다면 말씀하십시오.'

'승가시여. 천타 비구에게 다른 말을 짓는 죄를 지어서 주는 것을 마쳤습니다. 승가께서 인정하신 것은 묵연하였던 까닭입니다. 나는 이와 같이 알고 이해하겠습니다.'"

이때 세존께서는 여러 종류의 방편으로써 천타를 꾸짖고서 뒤에 부양이 어렵고 가르치고 양육함이 어려우며, …… 나아가 …… 여러 비구들을 위하여 적절한 법을 수순하여 설하신 뒤에 여러 비구들에게 알려 말씀하셨다.

"여러 비구들이여. 나는 열 가지의 이익을 까닭으로써 여러 비구들을 위하여 학처를 제정하겠나니, 그대들은 마땅히 이와 같이 학처를 송출할지니라.

'만약 다른 말을 짓는 자는 바일제를 범하느니라.'"

이와 같이 세존께서는 여러 비구들을 위하여 학처를 제정하시고 세우셨다.

2-1 그때 구수 천타는 승가의 가운데에서 죄를 힐난을 받았고 '다른 말로 돌려가면서 말하는 자는 마땅히 죄를 얻는다.'라고 생각하였으며, 묵연한 것으로써 승가를 괴롭혔다. 여러 비구들의 가운데에서 욕심이 적은 자들은 싫어하고 비난하였다.

"무슨 까닭으로 구수 천타는 승가의 가운데에서 힐난을 받으면서 묵연한 것으로써 승가를 괴롭히는가?"

여러 비구들은 이 일로써 세존께 아뢰었고, 세존께서는 이 인연으로써 비구승가를 모으셨으며, 그 여러 비구들에게 물어 말씀하셨다.

"천타여. 그대가 진실로 승가의 가운데에서 힐난을 받으면서 묵연한 것으로써 승가를 괴롭혔는가?"

"진실로 그렇습니다. 세존이시여."

세존께서는 여러 방편으로 꾸짖으셨다.

"어리석은 사람이여. 그대는 어찌하여 승가의 가운데에서 힐난을 받으면서 묵연한 것으로써 승가를 괴롭혔는가? 어리석은 사람이여. 이것은 오히려 믿지 않는 자는 신심이 생겨나지 않게 하고, …… 이미 믿었던 자는 일부가 전전하여 다른 곳으로 향하여 떠나가게 하느니라."

천타를 꾸짖고서, 여러 비구들을 위하여 설법하셨으며, 여러 비구들에게 알리셨다.

"여러 비구들이여. 승가는 마땅히 천타 비구에게 다른 사람을 괴롭히는 죄(惱他之罪)를 주어야 하고, 마땅히 이와 같이 주어야 하느니라. 마땅히 한 총명하고 유능한 비구가 승가의 가운데에서 창언하여 말해야 한다.

'대덕 승가께서는 허락하십시오. 이 천타 비구는 승가의 가운데에서 힐문하였으나, 묵연한 것으로써 다른 사람을 괴롭혔습니다. 만약 승가께서 때에 이르렀다면 승가께서는 천타 비구에게 다른 사람을 괴롭히는 죄를 지어서 주겠습니다. 이와 같이 아룁니다.'

'대덕 승가께서는 허락하십시오. 이 천타 비구는 승가의 가운데에서 힐문하였으나, 묵연한 것으로써 다른 사람을 괴롭혔으므로, 승가는 천타 비구에게 괴롭히는 죄를 지어서 주겠습니다. 여러 대덕들께서 천타 비구에게 다른 사람을 괴롭히는 죄를 지어서 주는 것을 인정하신다면 묵연하시고, 인정하지 않으신다면 말씀하십시오.'

'승가시여. 천타 비구에게 다른 사람을 괴롭히는 죄를 지어서 주는 것을 마쳤습니다. 승가께서 인정하신 것은 묵연하였던 까닭입니다. 나는 이와 같이 알고 이해하겠습니다.'"

이때 세존께서는 무수한 방편으로써 천타를 꾸짖고서 뒤에 부양이 어렵고 가르치고 양육함이 어려우며, …… 나아가 …… 여러 비구들에게 알려 말씀하셨다.

"여러 비구들이여. 나는 열 가지의 이익을 까닭으로써 여러 비구들을 위하여 학처를 제정하겠나니, 그대들은 마땅히 이와 같이 학처를 송출할지니라.

'어느 누구의 비구일지라도 만약 다른 말을 짓거나, 아울러 다른 사람을 괴롭히는 자는 바일제이니라.'"

3-1 '다른 말을 짓다.'는 승가 가운데에서 일이거나, 죄로 힐문을 받았는데, 그것을 말하려고 하지 않았거나, 그것을 없애려고 하지 않으면서, 다른 말을 짓고 돌려가면서 "누가 죄가 있습니까? 무슨 죄가 있습니까? 무슨 까닭으로 죄가 있습니까? 그대들은 누구와 마주하고서 말하였습니까? 그대들은 어떻게 말하였습니까?"라고 말하였다면 이것을 '다른 말을 지었다.'라고 이름한다.

'다른 사람을 괴롭히다.'는 승가 가운데에서 일이거나, 죄로 힐문을 받았는데, 그것을 말하려고 하지 않았거나, 그것을 없애려고 하지 않으면서, 묵연한 것으로써 승가를 괴롭혔다면, 이것을 '다른 사람을 괴롭혔다.'라고 이름한다.

또한 능히 다른 말의 죄를 주는 때가 아니었고, 승가 가운데에서 일이거나, 죄로 힐문을 받았는데, 그것을 말하려고 하지 않았거나, 그것을 없애려고 하지 않으면서, 다른 말을 짓고 돌려가면서 "누가 죄가 있습니까? 무슨 죄가 있습니까? 무슨 까닭으로 죄가 있습니까? 그대들은 누구와 마주하고서 말하였습니까? 그대들은 어떻게 말하였습니까?"라고 말하는 자는 돌길라를 범한다.

다른 사람을 괴롭히는 죄를 주는 때가 아니었고, 승가 가운데에서 일이거나, 죄로 힐문을 받았는데, 그것을 말하려고 하지 않았거나, 그것을 없애려고 하지 않으면서, 묵연한 것으로써 승가를 괴롭히는 자는 돌길라를 범한다.

능히 다른 말의 죄를 주는 때이었고, 승가 가운데에서 일이거나, 죄로 힐문을 받았는데, 그것을 말하려고 하지 않았거나, 그것을 없애려고 하지 않으면서, 다른 말을 짓고 돌려가면서 "누가 죄가 있습니까? 무슨 죄가 있습니까? 무슨 까닭으로 죄가 있습니까? 그대들은 누구와 마주하고서 말하였습니까? 그대들은 어떻게 말하였습니까?"라고 말하는 자는 바일제를 범한다.

능히 다른 사람을 괴롭히는 죄를 주는 때이었고, 승가 가운데에서 일이거나, 죄로 힐문을 받았는데, 그것을 말하려고 하지 않았거나, 그것을 없애려고 하지 않으면서, 묵연한 것으로써 승가를 괴롭히는 자는 바일제를 범한다.

3-2 여법한 갈마에서 여법한 갈마라는 생각이 있었는데, 다른 말을 지어서 다른 사람을 괴롭히는 자는 바일제를 범한다. 여법한 갈마에서 여법한 갈마라는 의심이 있었는데, 다른 말을 지어서 다른 사람을 괴롭히는 자는 바일제를 범한다. 여법한 갈마에서 여법한 갈마가 아니라는 생각이

있었는데, 다른 말을 지어서 다른 사람을 괴롭히는 자는 바일제를 범한다.
　비법의 갈마에서 여법한 갈마라는 생각이 있었는데, 다른 말을 지어서
다른 사람을 괴롭히는 자는 돌길라를 범한다. 비법의 갈마에서 여법한
갈마라는 의심이 있었는데, 다른 말을 지어서 다른 사람을 괴롭히는
자는 돌길라를 범한다. 비법의 갈마에서 비법의 갈마라는 생각이 있었는
데, 다른 말을 지어서 다른 사람을 괴롭히는 자는 범하지 않는다.

3-3 알지 못하고서 물었거나, 질병으로 말하지 않았거나, 능히 승가에
언쟁을 일으키고 혹은 분쟁을 일으키며 혹은 투쟁을 일으키므로 말하지
않았거나, 능히 파승사가 있고 혹은 승가의 화합을 깨트리므로 말하지
않았거나, 비법이고 혹은 별중에 의지하며 혹은 여법하지 않은 갈마자가
갈마를 지었으므로 말하지 않았거나, 미쳤던 자이거나, 최초로 범한 자는
범하지 않는다.

　[열두 번째의 바일제를 마친다.]

　　13) 기혐경천(譏嫌輕賤) 학처

1-1 그때 불·세존께서는 왕사성의 가란타죽림원에 머무르셨다.
　그때 장로 답바마라자(畓婆摩羅子)는 승가를 위하여 방사와 음식을
나누어주었다. 이때 자(慈) 비구와 지(地) 비구는 새롭게 출가하여 덕이
적었던 까닭으로, 그들은 승가의 가운데에서 나쁜 방사와 거친 음식을
받았고, 그들은 장로 답바마라자를 비난하여 말하였다.
　"장로 답바마라자는 그의 욕망을 따라서 방사와 음식을 나누고 있다.
또한 그는 욕망을 따라서 청식(請食)을 지정(指定)하고 있다."
　여러 비구들의 가운데에서 욕심이 적은 자들은 싫어하고 비난하였다.
　"무슨 까닭으로 자비구와 지비구는 장로 답바마라자를 싫어하고 비난

하는가?"

여러 비구들은 이 일로써 세존께 아뢰었고, 세존께서는 이 인연으로써 비구승가를 모으셨으며, 그 여러 비구들에게 물어 말씀하셨다.

"비구들이여. 그대들이 진실로 장로 답바마라자를 싫어하고 비난하였는가?"

"진실로 그렇습니다. 세존이시여."

세존께서는 여러 방편으로 꾸짖으셨다.

"어리석은 사람들이여. 그대들은 어찌하여 장로 답바마라자를 싫어하고 비난하였는가? 어리석은 사람들이여. 이것은 오히려 믿지 않는 자는 신심이 생겨나지 않게 하고, …… 이미 믿었던 자는 일부가 전전하여 다른 곳으로 향하여 떠나가게 하느니라."

이와 같이 세존께서는 여러 종류의 방편으로써 여러 비구들을 꾸짖고서 뒤에 부양이 어렵고 가르치고 양육함이 어려우며, …… 나아가 …… 여러 비구들을 위하여 적절한 법을 수순하여 설하신 뒤에 여러 비구들에게 알려 말씀하셨다.

"여러 비구들이여. 나는 열 가지의 이익을 까닭으로써 여러 비구들을 위하여 학처를 제정하겠나니, 그대들은 마땅히 이와 같이 학처를 송출할지니라.

'만약 싫어하면서 비난하는 자는 바일제를 범하느니라.'"

이와 같이 세존께서는 여러 비구들을 위하여 학처를 제정하시어 세우셨다.

2-1 그때 자비구와 지비구는 세존께서 싫어하고 비방하는 것을 금지하셨던 인연으로, 마음속으로 여러 비구들이 모두 이 일을 들었다고 생각하였으며, 곧 여러 비구들의 근처에서 장로 답바마라자를 욕하였다.

"장로 답바마라자는 그의 욕망을 따라서 방사와 음식을 나누고 있다. 또한 그는 욕망을 따라서 청식을 지정하고 있다."

여러 비구들의 가운데에서 욕심이 적은 자들은 싫어하고 비난하였다.

"무슨 까닭으로 자비구와 지비구는 장로 답바마라자를 비난하는가?"

여러 비구들은 이 일로써 세존께 아뢰었고, 세존께서는 이 인연으로써 비구승가를 모으셨으며, 그 자비구와 지비구에게 물어 말씀하셨다.

"비구들이여. 그대들이 진실로 장로 답바마라자를 비난하였는가?"

"진실로 그렇습니다. 세존이시여."

세존께서는 여러 방편으로 꾸짖으셨다.

"어리석은 사람들이여. 그대들이여 어찌하여 장로 답바마라자를 꾸짖었는가? 어리석은 사람들이여. 이것은 오히려 믿지 않는 자는 신심이 생겨나지 않게 하고, …… 이미 믿었던 자는 일부가 전전하여 다른 곳으로 향하여 떠나가게 하느니라.

…… 나아가 …… 여러 비구들이여. 나는 열 가지의 이익을 까닭으로써 여러 비구들을 위하여 학처를 제정하겠나니, 그대들은 마땅히 이와 같이 학처를 송출할지니라.

'만약 승가의 지사인을 싫어하면서 비난하거나, 혹은 욕하는 자는 바일제를 범하느니라.'"

3-1 '싫어하면서 비난하다.'는 승가에서 비구를 뽑았던 이유로 곧 방사를 나누는 자이거나, 혹은 청식을 지정하는 자이거나, 혹은 죽(粥)을 나누는 자이거나, 혹은 과일을 나누는 자이거나, 혹은 담식(噉食)을 나누는 자이거나, 혹은 여러 작은 물건을 나누는 자이었는데, 부끄럽게 시키려고, 혹은 불명예를 얻게 시키려고, 혹은 곤혹스럽게 시키려고, 이와 같이 싫어하고 비난하며, 혹은 비구를 꾸짖는 자는 바일제를 범하느니라.

3-2 여법한 갈마에서 여법한 갈마라는 생각이 있었는데, 싫어하고 꾸짖는 자는 바일제를 범한다. 여법한 갈마에서 여법한 갈마라는 의심이 있었는데, 싫어하고 꾸짖는 자는 바일제를 범한다. 여법한 갈마에서 여법한 갈마가 아니라는 생각이 있었는데, 싫어하고 꾸짖는 자는 바일제를 범한다.

구족계를 받지 않은 자를 싫어하고 꾸짖는 자는 돌길라를 범한다. 승가에서 뽑지 않았던 구족계를 받은 자가 방사를 나누는 자가 되었거

나, 혹은 청식을 지정하는 자였거나, 혹은 죽을 나누는 자였거나, 혹은
과일을 나누는 자였거나, 혹은 담식을 나누는 자였거나, 혹은 여러 작은
물건을 나누는 자였던 이유로, 부끄럽게 시키려고, 혹은 불명예를 얻게
시키려고, 혹은 곤혹스럽게 시키려고, 이와 같이 싫어하고 비난하며,
혹은 비구를 꾸짖는 자는 돌길라를 범하느니라.

　승가에서 뽑았거나, 혹은 승가에서 뽑지 않았던 구족계를 받지 않았던
자가 방사를 나누는 자였거나, 혹은 청식을 지정하는 자였거나, 혹은
죽을 나누는 자였거나, 혹은 과일을 나누는 자였거나, 혹은 담식을 나누는
자였거나, 혹은 여러 작은 물건을 나누는 자였던 이유로, 부끄럽게 시키려
고, 혹은 불명예를 얻게 시키려고, 혹은 곤혹스럽게 시키려고, 이와 같이
싫어하고 비난하며, 혹은 구족계를 받은 자이거나, 구족계를 받지 않았던
자를 싫어하고 비난하며, 꾸짖는 자는 돌길라를 범하느니라.

　비법의 갈마에서 여법한 갈마라는 생각이 있었는데, 싫어하고 비난하
며, 꾸짖는 자는 돌길라를 범한다. 비법의 갈마에서 여법한 갈마라는
의심이 있었는데, 싫어하고 비난하며, 꾸짖는 자는 돌길라를 범한다.
비법의 갈마에서 비법의 갈마라는 생각이 있었는데, 싫어하고 비난하며,
꾸짖는 자는 범하지 않는다.

3-3 욕망에 의지하고, 성냄에 의지하며, 어리석음에 의지하고 두려움에
의지하는 자였던 사실에 근거하여 싫어하고 비난하였거나, 미쳤던 자이거
나, 최초로 범한 자는 범하지 않는다.

　[열세 번째의 바일제를 마친다.]

　14) 불거와구(不擧臥具) 학처

1-1 그때 불·세존께서는 사위성의 기수급고독원에 머무르셨다.

　　그때 여러 비구들이 추운 때에 와구를 노지(露地)에 펼쳐놓고 일광욕하였다. 사람이 음식의 때를 알렸는데, 와구를 거두지 않았고, 거두라고 시키지 않았으며, 또한 사람들에게 부탁하지 않고서 떠나갔는데, 와구는 마침내 비에 젖었다. 여러 비구들의 가운데에서 욕심이 적은 자들은 싫어하고 비난하였다.

　　"무슨 까닭으로 여러 비구들은 와구를 노지에 펼쳐놓고서 떠나가는 때에 거두지 않았고, 거두라고 시키지 않았으며, 또한 사람들에게 부탁하지 않고서 떠나갔으므로 와구를 비에 젖게 하는가?"

　　여러 비구들은 이 일로써 세존께 아뢰었고, 세존께서는 이 인연으로써 비구승가를 모으셨으며, 그 여러 비구들에게 물어 말씀하셨다.

　　"여러 비구들이여. 그대들이 진실로 와구를 노지에 펼쳐놓고서 떠나가는 때에 거두지 않았고, 거두라고 시키지 않았으며, 또한 사람들에게 부탁하지 않고서 떠나갔으므로 와구를 비에 젖게 하였는가?"

　　"진실로 그렇습니다. 세존이시여."

　　세존께서는 여러 방편으로 꾸짖으셨다.

　　"어리석은 사람들이여. 그대들은 어찌하여 와구를 노지에 펼쳐놓고서 떠나가는 때에 거두지 않았고, 거두라고 시키지 않았으며, 또한 사람들에게 부탁하지 않고서 떠나갔으므로 와구를 비에 젖게 하였는가? 어리석은 사람들이여. 이것은 오히려 믿지 않는 자는 신심이 생겨나지 않게 하고, …… 이미 믿었던 자는 일부가 전전하여 다른 곳으로 향하여 떠나가게 하느니라."

　　이와 같이 세존께서는 여러 종류의 방편으로써 여러 비구들을 꾸짖고서 뒤에 부양이 어렵고 가르치고 양육함이 어려우며, …… 나아가 …… 여러 비구들을 위하여 적절한 법을 수순하여 설하신 뒤에 여러 비구들에게 알려 말씀하셨다.

　　"여러 비구들이여. 나는 열 가지의 이익을 까닭으로써 여러 비구들을 위하여 학처를 제정하겠나니, 그대들은 마땅히 이와 같이 학처를 송출할지니라.

'어느 누구의 비구라도 승가의 와상(臥牀), 의자(椅子), 와요(臥褥), 좌요(坐褥) 등을 가지고 노지에 펼쳐놓거나, 펼쳐놓게 시키고서 떠나가는 때에 거두지 않았고, 거두라고 시키지 않았으며, 또한 사람들에게 부탁하지 않고서 떠나가는 자는 바일제를 범하느니라.'"

이와 같이 세존께서는 여러 비구들을 위하여 학처를 제정하시어 세우셨다.

1-2 그때 여러 비구들은 노지에 머물렀고, 음식의 때를 인연으로 와구를 거두어 놓아두었다. 세존께서는 비구들이 음식의 때에 와구를 거두어 놓아두었던 것을 보셨고, 이것의 인연으로써 설법하셨으며, 여러 비구들에게 알려 말씀하셨다.

"여러 비구들이여. 8개월의 비가 내리지 않는 때에는 장막의 안에, 나무의 아래에서 까마귀나, 혹은 매가 배회하지 않는 곳이라면 와구를 펼쳐놓도록 허락하겠노라."

2-1 '어느 누구'는 어느 태어난 곳의 이유, …… 혹은 중간의 법랍이었다면 이것을 '어느 누구'라고 말한다.

'비구'는 구걸하는 비구이니, 일을 쫓아서 걸식하는 비구, …… 곧 이것에서 '비구'를 뜻한다고 말하는 것이다.

'승가의'는 승가에 보시되어 주어진 승가의 물건이다.

'와상'은 네 종류의 와상이 있나니, 곧 마차라가(摩遮羅伽),[43] 문제(文蹄),[44] 구리라(句利羅),[45] 아알차(阿遏遮)[46] 등이다.

---

43) 팔리어 Masāraka(마사라카)의 음사이고, 침상의 다리에 구멍을 뚫고 매듭으로 연결한 것이다.
44) 팔리어 Bundikābaddha(분디카바따)의 음사이고, 침상의 끝과 매듭 부분을 태워서 고정한 것이다.
45) 팔리어 Kuḷīrapādaka(쿠리라파다카)의 음사이고, 양과 말의 구부러진 발과 같이, 구부러진 다리로 만든 것이다.
46) 팔리어 Āhaccapādaka(아하짜파다카)의 음사이고, 침상의 다리에 구멍을 뚫어 매듭으로 연결하고 핀으로 고정하며, 핀을 제거하면 다리를 없앨 수 있는 것이다.

'의자'는 네 종류의 의자가 있나니, 곧 마차라가, 문제, 구리라, 아알차 등이다.

'와요'는 다섯 종류의 와요가 있나니, 양모, 면, 나무껍질, 풀, 나뭇잎 등이다.

'좌요'는 나무껍질, 우서라(優西羅),[47] 문야초, 바바초 등이거나, 그 안에 다른 것을 넣은 것이다.

'펼치다.'는 스스로가 펼치는 것이다.

'펼치게 시키다.'는 다른 사람을 시켜서 그것을 펼치는 것이다. 구족계를 받지 않은 자에게 펼치게 시킨다면 스스로가 죄를 범하고, 구족계를 받은 자에게 펼치게 시킨다면 펼친 자가 죄를 범한다.

'떠나가는 때에 거두지 않다.'는 거두지 않는 것이다.

'거두라고 시키지 않다.'는 다른 사람에게 거두라고 시키지 않는 것이다.

'부탁하지 않고서 떠나가다.'는 비구에게 부탁하지 않거나, 혹은 사미에게 부탁하지 않거나, 혹은 정인에게 부탁하지 않는 것이고, 평소에 사람이 돌을 던져서 미치는 곳을 넘어서 떠나간다면 바일제를 범한다.

2-2 승가의 물건에서 승가의 물건이라는 생각이 있었는데, 와구를 노지에 펼쳐놓거나, 혹은 펼쳐놓게 시키고서 떠나가는 때에 거두지 않았고, 거두라고 시키지 않았으며, 또한 사람들에게 부탁하지 않고서 떠나가는 자는 바일제를 범한다.

승가의 물건에서 승가의 물건이라는 의심이 있었는데, 와구를 노지에 펼쳐놓거나, 혹은 펼쳐놓게 시키고서 떠나가는 때에 거두지 않았고, 거두라고 시키지 않았으며, 또한 사람들에게 부탁하지 않고서 떠나가는 자는 바일제를 범한다.

승가의 물건에서 승가의 물건이 아니라는 생각이 있었는데, 와구를 노지에 펼쳐놓거나, 혹은 펼쳐놓게 시키고서 떠나가는 때에 거두지 않았

---

47) 팔리어 Usīra(우시라)의 음사이고, 꽃이 피는 식물의 Poaceae(또는 Gramineae) 계열의 다년생의 잔디를 가리킨다.

고, 거두라고 시키지 않았으며, 또한 사람들에게 부탁하지 않고서 떠나가는 자는 바일제를 범한다.

치미리가(治彌利加),[48] 외투(外套), 바닥 양탄자(地毯), 깔개(薦), 짐승 가죽(獸皮), 발수건(足拭), 나무 깔개(板座) 등을 노지에 펼쳐놓거나, 혹은 펼쳐놓게 시키고서 떠나가는 때에 거두지 않았고, 거두라고 시키지 않았으며, 또한 사람들에게 부탁하지 않고서 떠나가는 자는 돌길라를 범한다.

개인의 물건에서 승가의 물건이라는 생각이 있었는데, 와구를 노지에 펼쳐놓거나, 혹은 펼쳐놓게 시키고서 떠나가는 때에 거두지 않았고, 거두라고 시키지 않았으며, 또한 사람들에게 부탁하지 않고서 떠나가는 자는 돌길라를 범한다.

개인의 물건에서 승가의 물건이라는 의심이 있었는데, 와구를 노지에 펼쳐놓거나, 혹은 펼쳐놓게 시키고서 떠나가는 때에 거두지 않았고, 거두라고 시키지 않았으며, 또한 사람들에게 부탁하지 않고서 떠나가는 자는 돌길라를 범한다.

개인의 물건에서 개인의 물건이라는 생각이 있었는데, 와구를 노지에 펼쳐놓거나, 혹은 펼쳐놓게 시키고서 떠나가는 때에 거두지 않았고, 거두라고 시키지 않았으며, 또한 사람들에게 부탁하지 않고서 떠나가는 자는 범하지 않는다.

3-1 거두고서 떠나갔거나, 거두게 시키고서 떠나갔거나, 다른 사람에게 부탁하고서 떠나갔거나, 햇볕에 말리고서 떠나갔거나, 재난의 때이거나, 미쳤던 자이거나, 최초로 범한 자는 범하지 않는다.

[열네 번째의 바일제를 마친다.]

---

48) 팔리어 Cimilika(치미리카)의 음사이고, 면직물 천으로 만든 깔개를 가리킨다.

15) 불거부구(不擧敷具) 학처

1-1 그때 불·세존께서는 사위성의 기수급고독원에 머무르셨다.

그때 십칠군(十七群) 비구들이 붕당을 맺고서, 그들은 머무는 때에 함께 머물렀고, 떠나가는 때에도 함께 떠나갔다. 그들은 혹은 와구를 정사의 가운데에 펼쳐놓고서 떠나가는 때에, 와구를 거두지 않았고, 거두라고 시키지 않았으며, 또한 사람들에게 부탁하지 않고서 떠나갔고, 좌구와 와구를 마침내 개미가 씹었다. 여러 비구들의 가운데에서 욕심이 적은 자들은 싫어하고 비난하였다.

"무슨 까닭으로 십칠군비구들은 와구를 정사의 가운데에 펼쳐놓고서 떠나가는 때에 거두지 않았고, 거두라고 시키지 않았으며, 또한 사람들에게 부탁하지 않고서 떠나갔고, 좌구와 와구를 개미가 씹게 하는가?"

여러 비구들은 이 일로써 세존께 아뢰었고, 세존께서는 이 인연으로써 비구승가를 모으셨으며, 그 여러 비구들에게 물어 말씀하셨다.

"여러 비구들이여. 그대들이 진실로 와구를 정사의 가운데에 펼쳐놓고서 떠나가는 때에 거두지 않았고, 거두라고 시키지 않았으며, 또한 사람들에게 부탁하지 않고서 떠나갔고, 좌구와 와구를 개미가 씹게 하였는가?"

"진실로 그렇습니다. 세존이시여."

세존께서는 여러 방편으로 꾸짖으셨다.

"어리석은 사람들이여. 그대들은 어찌하여 와구를 정사의 가운데에 펼쳐놓고서 떠나가는 때에 거두지 않았고, 거두라고 시키지 않았으며, 또한 사람들에게 부탁하지 않고서 떠나갔고, 좌구와 와구를 개미가 씹게 하였는가? 어리석은 사람들이여. 이것은 오히려 믿지 않는 자는 신심이 생겨나지 않게 하고, …… 이미 믿었던 자는 일부가 전전하여 다른 곳으로 향하여 떠나가게 하느니라."

이와 같이 세존께서는 여러 종류의 방편으로써 십칠군비구들을 꾸짖고서 뒤에 부양이 어렵고 가르치고 양육함이 어려우며, …… 나아가 …… 여러 비구들을 위하여 적절한 법을 수순하여 설하신 뒤에 여러 비구들에게 알려 말씀하셨다.

"여러 비구들이여. 나는 열 가지의 이익을 까닭으로써 여러 비구들을 위하여 학처를 제정하겠나니, 그대들은 마땅히 이와 같이 학처를 송출할지니라.

'어느 누구의 비구라도 승가 정사의 가운데에서 펼쳐놓거나, 펼쳐놓게 시키고서 떠나가는 때에 거두지 않았고, 거두라고 시키지 않았으며, 또한 사람들에게 부탁하지 않고서 떠나가는 자는 바일제를 범하느니라.'"

2-1 '어느 누구'는 어느 태어난 곳의 이유, …… 혹은 중간의 법랍이었다면 이것을 '어느 누구'라고 말한다.

'비구'는 구걸하는 비구이니, 일을 쫓아서 걸식하는 비구, …… 곧 이것에서 '비구'를 뜻한다고 말하는 것이다.

'승가의'는 승가에 보시되어 주어진 승가의 물건이다.

'와구'는 와요(臥褥), 치미리가, 외투, 바닥 양탄자, 깔개, 짐승 가죽, 니사단(尼師壇), 양탄자(毛氈), 대나무 자리(筵), 나뭇잎 자리(葉座) 등이다.

'펼쳐놓다.'는 스스로가 펼쳐놓는 것이다.

'펼쳐놓게 시키다.'는 다른 사람을 시켜서 그것을 펼쳐놓게 하는 것이다.

'떠나가는 때에 거두지 않다.'는 거두지 않는 것이다.

'거두라고 시키지 않다.'는 다른 사람에게 거두라고 시키지 않는 것이다.

'부탁하지 않고서 떠나가다.'는 비구에게 부탁하지 않거나, 혹은 사미에게 부탁하지 않거나, 혹은 정인에게 부탁하지 않는 것이고, 평소에 사람이 돌을 던져서 미치는 곳을 넘어서 떠나간다면 바일제를 범한다.

2-2 승가의 물건에서 승가의 물건이라는 생각이 있었는데, 와구를 펼치거나, 혹은 펼치게 시키고서 떠나가는 때에 거두지 않았고, 거두라고 시키지 않았으며, 또한 사람들에게 부탁하지 않고서 떠나가는 자는 바일제를 범한다.

승가의 물건에서 승가의 물건이라는 의심이 있었는데, 와구를 펼치거나, 혹은 펼치게 시키고서 떠나가는 때에 거두지 않았고, 거두라고 시키지 않았으며, 또한 사람들에게 부탁하지 않고서 떠나가는 자는 바일제를 범한다.

승가의 물건에서 승가의 물건이 아니라는 생각이 있었는데, 와구를 펼치거나, 혹은 펼치게 시키고서 떠나가는 때에 거두지 않았고, 거두라고 시키지 않았으며, 또한 사람들에게 부탁하지 않고서 떠나가는 자는 바일제를 범한다.

정사에서 돌을 던져서 미치는 안쪽이거나, 혹은 집회당에서, 혹은 장막 안에서, 혹은 나무의 아래에서 와구를 펼치거나, 혹은 펼치게 시키고서 떠나가는 때에 거두지 않았고, 거두라고 시키지 않았으며, 또한 사람들에게 부탁하지 않고서 떠나가는 자는 돌길라를 범한다.

개인의 물건에서 승가의 물건이라는 생각이 있었는데, 와구를 펼치거나, 혹은 펼치게 시키고서 떠나가는 때에 거두지 않았고, 거두라고 시키지 않았으며, 또한 사람들에게 부탁하지 않고서 떠나가는 자는 돌길라를 범한다.

개인의 물건에서 승가의 물건이라는 의심이 있었는데, 와구를 펼치거나, 혹은 펼치게 시키고서 떠나가는 때에 거두지 않았고, 거두라고 시키지 않았으며, 또한 사람들에게 부탁하지 않고서 떠나가는 자는 돌길라를 범한다.

개인의 물건에서 개인의 물건이라는 생각이 있었는데, 와구를 펼치거나, 혹은 펼치게 시키고서 떠나가는 때에 거두지 않았고, 거두라고 시키지 않았으며, 또한 사람들에게 부탁하지 않고서 떠나가는 자는 범하지 않는다.

3-1 거두고서 떠나갔거나, 거두게 시키고서 떠나갔거나, 다른 사람에게 부탁하고서 떠나갔거나, 장애가 있는 때이거나, 빠르게 돌아오겠다고 생각하고 곧 멈추고 그곳에 갔거나, 그것을 부탁한 사람에게 장애가 있는 때이거나, 재난의 때이거나, 미쳤던 자이거나, 최초로 범한 자는 범하지 않는다.

[열다섯 번째의 바일제를 마친다.]

16) 강출거(强出去) 학처

1-1 그때 불·세존께서는 사위성의 기수급고독원에 머무르셨다.

그때 육군비구들이 장로 비구들을 방해하고서 좋은 평상을 먼저 취하였고, 평상을 취하고서 장로 비구들을 쫓아냈다. 그때 육군비구들은 말하였다.

"우리들은 무슨 방편으로써 이곳에서 안거할 것인가?"

이때 육군비구들은 장로 비구들의 가운데에 설치된 평상에 비집고 들어가서 앉고서 말하였다.

"불편한 자는 떠나가시오."

여러 비구들의 가운데에서 욕심이 적은 자들은 싫어하고 비난하였다.

"무슨 까닭으로 육군비구들은 장로 비구들의 가운데에 펼쳐진 평상에 비집고 들어가서 앉는가?"

여러 비구들은 이 일로써 세존께 아뢰었고, 세존께서는 이 인연으로써 비구승가를 모으셨으며, 그 여러 비구들에게 물어 말씀하셨다.

"육군비구들이여. 그대들이 진실로 장로 비구들의 가운데에 펼쳐진 평상에 비집고 들어가서 앉았는가?"

"진실로 그렇습니다. 세존이시여."

세존께서는 여러 방편으로 꾸짖으셨다.

"어리석은 사람들이여. 그대들은 어찌하여 장로 비구들의 가운데에 펼쳐진 평상에 비집고 들어가서 앉았는가? 어리석은 사람들이여. 이것은 오히려 믿지 않는 자는 신심이 생겨나지 않게 하고, …… 이미 믿었던 자는 일부가 전전하여 다른 곳으로 향하여 떠나가게 하느니라."

이와 같이 세존께서는 여러 종류의 방편으로써 여러 비구들을 꾸짖고서 뒤에 부양이 어렵고 가르치고 양육함이 어려우며, …… 나아가 …… 여러 비구들을 위하여 적절한 법을 수순하여 설하신 뒤에 여러 비구들에게 알려 말씀하셨다.

"여러 비구들이여. 나는 열 가지의 이익을 까닭으로써 여러 비구들을 위하여 학처를 제정하겠나니, 그대들은 마땅히 이와 같이 학처를 송출할지니라.

'어느 누구의 비구라도 승가 정사의 가운데에서 먼저 비구들이 설치한 평상이라고 알았는데, 틈새를 비집고 들어가서 앉았으며, 〈불편한 자는 떠나가시오.〉라고 말하였다면, 다른 뜻이 있는 것이 아니고, 이것을 이유로 짓는 자는 바일제를 범하느니라.'"

2-1 '어느 누구'는 어느 태어난 곳의 이유, …… 혹은 중간의 법랍이었다면 이것을 '어느 누구'라고 말한다.

'비구'는 구걸하는 비구이니, 일을 쫓아서 걸식하는 비구, …… 곧 이것에서 '비구'를 뜻한다고 말하는 것이다.

'승가의 정사'는 승가를 위하여 조성한 것이다.

'알다.'는 장로라고 알았거나, 병자라고 알았거나, 승가가 설치한 승가의 물건이라고 알았던 것이다.

'틈새를 비집고 들어가다.'는 그 중간을 비집고 들어가는 것이다.

'설치된 평상에 앉다.'는 평상이나, 의자가 설치되었는데, 입구이거나, 혹은 출구의 근처인 곳으로 들어가는 자는 돌길라를 범하고 그 위에 앉는 자는 바일제를 범한다.

'다른 뜻이 있는 것이 아니고 이것을 이유로 짓는 자'는 기타의 어느 이유도 없었는데, 설치된 평상의 틈새에 갑자기 비집고 들어가서 앉는 것이다.

2-2 승가의 물건에서 승가의 물건이라는 생각이 있었는데, 설치된 평상의 틈새에 갑자기 비집고 들어가서 앉는 자는 바일제를 범한다. 승가의 물건에서 승가의 물건이라는 의심이 있었는데, 설치된 평상의 틈새에 갑자기 비집고 들어가서 앉는 자는 바일제를 범한다. 승가의 물건에서

승가의 물건이 아니라는 생각이 있었는데, 설치된 평상의 틈새에 갑자기 비집고 들어가서 앉는 자는 바일제를 범한다.

평상에, 의자에, 입구에, 혹은 출구의 근처인 바깥에 설치된 평상에 앉는 자는 돌길라를 범하고, 그 위에 눕는 자도 돌길라를 범한다.

정사의 근처에, 혹은 집회당에, 혹은 장막의 안에, 혹은 나무의 아래에, 혹은 노지에 설치된 평상에 앉았거나, 혹은 사람을 시켜서 설치하는 자는 돌길라를 범하고, 그 위에 눕는 자도 돌길라를 범한다.

개인의 물건에서 승가의 물건이라는 생각이 있었는데, 설치된 평상에 앉는 자는 돌길라를 범한다. 개인의 물건에서 승가의 물건이라는 의심이 있었는데, 설치된 평상에 앉는 자는 돌길라를 범한다. 개인의 물건에서 개인의 물건이라는 의심이 있었는데, 설치된 평상에 앉는 자는 돌길라를 범한다. 자기를 위한 개인의 물건인 평상에 앉는 자는 범하지 않는다.

3-1 병자가 들어갔거나, 더위와 추위의 고통이 두려워서 들어갔거나, 재난의 때이거나, 미쳤던 자이거나, 최초로 범한 자는 범하지 않는다.

[열여섯 번째의 바일제를 마친다.]

17) 강견출정사(强牽出精舍) 학처

1-1 그때 불·세존께서는 사위성의 기수급고독원에 머무르셨다.

그때 십칠군비구들이 말하였다.

"우리들은 이곳에서 안거합시다."

그리고 근처의 큰 정사를 수리하고 있었다. 육군비구들은 십칠군비구들이 정사를 수리하는 것을 보고서 이와 같이 말하였다.

"장로들이여. 십칠군비구들이 정사를 수리하고 있으니, 가서 그들을 쫓아냅시다."

한 사람이 말하였다.

"장로들이여. 기다리시오. 그들이 정사를 수리하고 있으니, 이것의 수리를 마친다면, 가서 그들을 쫓아냅시다."

이때 수리를 마쳤고, 육군비구들은 십칠군비구들에게 말하였다.

"비구들이여. 떠나가게. 이 정사는 우리들에게 귀속되었네."

"장로들이여. 어찌 먼저 알리지 않았습니까? 우리들은 마땅히 그 다른 정사를 수리하였을 것입니다."

"비구들이여. 이곳은 승가의 정사가 아닌가?"

"그렇습니다. 장로들이여. 이곳은 승가의 정사입니다."

"떠나가게. 이 정사는 우리들에게 귀속되었네."

"장로들이여. 이곳은 큰 정사이니, 그대들도 머무를 수 있고, 우리들도 머무를 수 있습니다."

"그대들은 떠나가게. 이 정사는 우리들에게 귀속되었네."

성내고 즐겁지 않았으므로 그들의 머리를 붙잡고 강제로 끌어냈다. 그들은 강제로 끌려 나가면서 울면서 소리쳤다. 여러 비구들이 이와 같이 말하였다.

"비구들이여. 무슨 까닭으로 그대들은 울면서 소리치는가?"

"장로들이여. 이 육군비구들이 성내면서 즐겁지 않았으므로 우리들을 승가의 정사에서 장차 끌어내고 있습니다."

여러 비구들의 가운데에서 욕심이 적은 자들은 싫어하고 비난하였다.

"무슨 까닭으로 육군비구들은 성내면서 즐겁지 않았으므로 승가의 정사에서 비구들을 끌어내는가?"

여러 비구들은 이 일로써 세존께 아뢰었고, 세존께서는 이 인연으로써 비구승가를 모으셨으며, 그 여러 비구들에게 물어 말씀하셨다.

"육군비구들이여. 그대들이 진실로 성내면서 즐겁지 않았으므로 승가의 정사에서 비구들을 끌어냈는가?"

"진실로 그렇습니다. 세존이시여."

세존께서는 여러 방편으로 꾸짖으셨다.

"어리석은 사람들이여. 그대들은 어찌하여 성내면서 즐겁지 않았으므로 승가의 정사에서 비구들을 끌어냈는가? 어리석은 사람들이여. 이것은 오히려 믿지 않는 자는 신심이 생겨나지 않게 하고, …… 이미 믿었던 자는 일부가 전전하여 다른 곳으로 향하여 떠나가게 하느니라."

이와 같이 세존께서는 여러 종류의 방편으로써 육군비구들을 꾸짖고서 뒤에 부양이 어렵고 가르치고 양육함이 어려우며, …… 나아가 …… 여러 비구들을 위하여 적절한 법을 수순하여 설하신 뒤에 여러 비구들에게 알려 말씀하셨다.

"여러 비구들이여. 나는 열 가지의 이익을 까닭으로써 여러 비구들을 위하여 학처를 제정하겠나니, 그대들은 마땅히 이와 같이 학처를 송출할지니라.

'어느 누구의 비구라도 성내면서 즐겁지 않았으므로 승가의 정사에서 비구를 끌어내거나, 혹은 시켜서 끌어내는 자는 바일제를 범하느니라.'"

2-1 '어느 누구'는 어느 태어난 곳의 이유, …… 혹은 중간의 법랍이었다면 이것을 '어느 누구'라고 말한다.

'비구'는 구걸하는 비구이니, 일을 쫓아서 걸식하는 비구, …… 곧 이것에서 '비구'를 뜻한다고 말하는 것이다.

'승가의 정사'는 승가를 위하여 조성한 것이다.

'비구를 잡다.'는 기타의 비구를 잡는 것이다.

'끌어내다.'는 방 안에서 붙잡고서 문밖으로 끌어내는 자는 바일제를 범한다. 문밖에서 밖을 향하여 끌어내는 자는 바일제를 범한다. 한 번을 끌어내면서 여러 방을 넘어가는 자는 하나의 바일제를 범한다. "끌어내시오."라고 명령하는 자는 돌길라를 범한다. 한 방에서 끌어내게 시키면서 여러 방을 넘어가는 자는 하나의 바일제를 범한다.

2-2 승가의 물건에서 승가의 물건이라는 생각이 있었는데, 성내면서 즐겁지 않았으므로 끌어내거나, 혹은 시켜서 끌어내는 자는 바일제를

범한다. 승가의 물건에서 승가의 물건이라는 의심이 있었는데, 성내면서 즐겁지 않았으므로 끌어내거나, 혹은 시켜서 끌어내는 자는 바일제를 범한다. 승가의 물건에서 승가의 물건이 아니라는 생각이 있었는데, 성내면서 즐겁지 않았으므로 끌어내거나, 혹은 시켜서 끌어내는 자는 바일제를 범한다.

그들의 자구(資具)를 끌어냈거나, 혹은 시켜서 끌어냈다면 돌길라를 범한다. 정사의 근처에서 끌어냈거나, 혹은 시켜서 정사의 근처에서 끌어냈거나, 혹은 집회당에서, 혹은 장막 안에서, 혹은 나무의 아래에서, 혹은 노지에서 끌어냈거나, 혹은 시켜서 끌어내는 자는 돌길라를 범한다. 그들의 처소에서 그들의 자구를 끌어냈거나, 혹은 시켜서 끌어냈다면 돌길라를 범한다.

구족계를 받지 않은 자를 데리고서, 혹은 정사의 근처에서, 혹은 집회당에서, 혹은 장막 안에서, 혹은 나무의 아래에서, 혹은 노지에서 끌어냈거나, 혹은 시켜서 끌어내는 자는 돌길라를 범한다. 구족계를 받지 않은 자를 데리고서, 그들의 처소에서 그들의 자구를 끌어냈거나, 혹은 시켜서 끌어냈다면 돌길라를 범한다.

개인의 물건에서 승가의 물건이라는 생각이 있었는데, 끌어냈거나, 혹은 시켜서 끌어내는 자는 돌길라를 범한다. 개인의 물건에서 승가의 물건이라는 의심이 있었는데, 끌어냈거나, 혹은 시켜서 끌어내는 자는 돌길라를 범한다. 개인의 물건에서 개인의 물건이라는 생각이 있었는데, 끌어냈거나, 혹은 시켜서 끌어내는 자는 범하지 않는다.

3-1 범계자를 끌어냈고 혹은 시켜서 끌어냈거나, 그들의 자구를 가지고 끌어냈고 혹은 시켜서 끌어냈거나, 미쳤던 자를 데리고서 끌어냈고 혹은 시켜서 끌어냈거나, 그들의 자구를 가지고 끌어냈고 혹은 시켜서 끌어냈거나, …… 투쟁자(鬪諍者), 투란자(諍亂者), 쟁론자(諍論者), 논의자(論議者)를 데리고서, 승가에서 분쟁(紛爭)을 일으키는 자를 데리고서 끌어냈고 혹은 시켜서 끌어냈거나, …… 혹은 그들의 자구를 가지고서, …… 문도이

고, 혹은 제자의 여법하지 않은 행을 가지고서, …… 혹은 그들의 자구를 가지고서, 끌어냈고 혹은 시켜서 끌어내는 자는 범하지 않는다. 미쳤던 자이거나, 최초로 범한 자는 범하지 않는다.

[열일곱 번째의 바일제를 마친다.]

18) 누상탈각상(樓上脫脚牀) 학처

1-1 그때 불·세존께서는 사위성의 기수급고독원에 머무르셨다.

그때 두 비구가 승가의 정사에서 한 사람은 중층(中層)의 위에 머물렀고, 한 사람은 아래에 머물렀다. 위층의 비구가 강(强)하게 탈각상(脫脚牀)[49]에 앉았는데, 침상의 다리가 빠지면서 떨어졌고, 아래에 있던 비구는 머리를 다쳤다. 그 비구는 고통스럽게 불렀고, 여러 비구들이 근처로 달려와서 그 비구에게 말하였다.

"장로여. 그대는 무슨 까닭으로 고통스럽게 불렀습니까?"

그 비구는 이 일로써 여러 비구들에게 말하였다. 여러 비구들의 가운데에서 욕심이 적은 자들은 싫어하고 비난하였다.

"무슨 까닭으로 비구가 승가의 정사에서 탈각상에 세차게 앉는가?"

여러 비구들은 이 일로써 세존께 아뢰었고, 세존께서는 이 인연으로써 비구승가를 모으셨으며, 그 여러 비구들에게 물어 말씀하셨다.

"비구여. 그대가 진실로 승가의 정사에서 탈각상에 세차게 앉았는가?"

"진실로 그렇습니다. 세존이시여."

세존께서는 여러 방편으로 꾸짖으셨다.

"어리석은 사람이여. 그대는 어찌하여 승가의 정사에서 탈각상에 세차게 앉았는가? 어리석은 사람이여. 이것은 오히려 믿지 않는 자는 신심이

---

49) 팔리어 Āhaccapādaka mañca(아하짜파다카 만차)의 의역으로, 다리를 끼울 수 있는 침상을 가리킨다.

생겨나지 않게 하고, …… 이미 믿었던 자는 일부가 전전하여 다른 곳으로 향하여 떠나가게 하느니라.”

이와 같이 세존께서는 여러 종류의 방편으로써 여러 비구들을 꾸짖고서 뒤에 부양이 어렵고 가르치고 양육함이 어려우며, …… 나아가 …… 여러 비구들을 위하여 적절한 법을 수순하여 설하신 뒤에 여러 비구들에게 알려 말씀하셨다.

“여러 비구들이여. 나는 열 가지의 이익을 까닭으로써 여러 비구들을 위하여 학처를 제정하겠나니, 그대들은 마땅히 이와 같이 학처를 송출할 지니라.

‘어느 누구의 비구라도 승가의 정사의 가운데에 있으면서 중층의 위에서 탈각상, 혹은 탈각 의자에 세차게 앉거나 혹은 눕는 자는 바일제를 범하느니라.’”

2-1 ‘어느 누구’는 어느 태어난 곳의 이유, …… 혹은 중간의 법랍이었다면 이것을 ‘어느 누구’라고 말한다.

‘비구’는 구걸하는 비구이니, 일을 쫓아서 걸식하는 비구, …… 곧 이것에서 ‘비구’를 뜻한다고 말하는 것이다.

‘승가의 정사’는 승가를 위하여 조성한 것이다.

‘중층의 위’는 항상 사람의 머리 위에 있는 곳이다.

‘탈각상’은 다리를 위에 끼우는 것이다.

‘탈각 의자’는 다리를 위에 끼우는 것이다.

‘앉다.’는 만약 앉는 자는 바일제를 범한다.

‘눕다.’는 만약 눕는 자는 바일제를 범한다.

2-2 승가의 물건에서 승가의 물건이라는 생각이 있었는데, 중층의 위에서 탈각상, 혹은 탈각 의자에 세차게 앉거나, 혹은 강하게 눕는 자는 바일제를 범한다. 승가의 물건에서 승가의 물건이라는 의심이 있었는데, 중층의 위에서 탈각상, 혹은 탈각 의자에 세차게 앉거나, 혹은 강하게 눕는

자는 바일제를 범한다. 승가의 물건에서 승가의 물건이 아니라는 생각이 있었는데, 중층의 위에서 탈각상, 혹은 탈각 의자에 세차게 앉거나, 혹은 강하게 눕는 자는 바일제를 범한다.

개인의 물건에서 승가의 물건이라는 생각이 있었는데, 중층의 위에서 탈각상, 혹은 탈각 의자에 세차게 앉거나, 혹은 강하게 눕는 자는 돌길라를 범한다. 개인의 물건에서 승가의 물건이라는 의심이 있었는데, 중층의 위에서 탈각상, 혹은 탈각 의자에 세차게 앉거나, 혹은 강하게 눕는 자는 돌길라를 범한다. 개인의 물건에서 개인의 물건이라는 생각이 있었는데, 중층의 위에서 탈각상, 혹은 탈각 의자에 강하게 앉거나, 혹은 세차게 눕는 자는 범하지 않는다.

3-1 중층의 위에 있지 않은 때이거나, 이마와 정수리가 닿는 곳이거나, 중층의 아래를 사용하지 않은 때이거나, 침상의 판자가 겹쳐있는 때이거나, 다리가 단단하게 묶인 때이거나, 그곳에 서 있으면서 손으로써 그것을 붙잡았고, 혹은 기대었던 때라면 범하지 않는다. 미쳤던 자이거나, 최초로 범한 자는 범하지 않는다.

[열여덟 번째의 바일제를 마친다.]

19) 작대정사지시(作大精舍指示) 학처

1-1 그때 불·세존께서는 구섬미국의 구사라원에 머무르셨다.

그때 장로 천타의 단월인 대신(大臣)은 천타를 위하여 정사를 지었다. 그러나 장로 천타는 정사를 완성하고서, 사람을 시켜서 두 번·세 번을 거듭하여 발라서 꾸몄으므로 무거운 압력의 인연으로 정사가 무너졌다. 장로 천타는 나무와 풀을 모으기 위하여 한 바라문의 보리밭을 밟아서 파괴하였다. 이때 바라문은 싫어하면서 비난하였다.

"여러 대덕들은 무슨 까닭으로 나의 보리밭을 밟아서 파괴하는가?"

여러 비구들은 바라문이 싫어하면서 비난하는 것을 들었다. 여러 비구들의 가운데에서 욕심이 적은 자들은 싫어하고 비난하였다.

"무슨 까닭으로 장로 천타는 정사를 완성하였는데, 두 번·세 번을 거듭하여 발라서 꾸몄고, 무거운 압력을 인연으로 정사가 무너지게 하는가?"

여러 비구들은 이 일로써 세존께 아뢰었고, 세존께서는 이 인연으로써 비구승가를 모으셨으며, 그 여러 비구들에게 물어 말씀하셨다.

"천타여. 그대가 진실로 정사를 완성하였는데, 두 번·세 번을 거듭하여 발라서 꾸몄고, 무거운 압력을 인연으로 정사가 무너지게 하였는가?"

"진실로 그렇습니다. 세존이시여."

세존께서는 여러 방편으로 꾸짖으셨다.

"어리석은 사람이여. 그대는 어찌하여 정사를 완성하였는데, 두 번·세 번을 거듭하여 발라서 꾸몄고, 무거운 압력을 인연으로 정사가 무너지게 하였는가? 어리석은 사람이여. 이것은 오히려 믿지 않는 자는 신심이 생겨나지 않게 하고, …… 이미 믿었던 자는 일부가 전전하여 다른 곳으로 향하여 떠나가게 하느니라."

이와 같이 세존께서는 여러 종류의 방편으로써 천타를 꾸짖고서 뒤에 부양이 어렵고 가르치고 양육함이 어려우며, …… 나아가 …… 여러 비구들을 위하여 적절한 법을 수순하여 설하신 뒤에 여러 비구들에게 알려 말씀하셨다.

"여러 비구들이여. 나는 열 가지의 이익을 까닭으로써 여러 비구들을 위하여 학처를 제정하겠나니, 그대들은 마땅히 이와 같이 학처를 송출할지니라.

'비구가 큰 정사를 짓는 때에 횡목(橫木)을 고정하기 위하여, 창문을 설치하기 위하여, 창문에 남겨진 곳을 제한하여 두 겹, 세 겹을 바르게 지시할 수 있다. 만약 이것을 넘겨서 지시하는 자는 비록 작물(作物)이 없는 곳의 비구일지라도 역시 바일제를 범하느니라.'"

2-1 '짓다.'는 스스로가 짓거나, 혹은 다른 사람을 시켜서 짓는 것이다.

'큰 정사'는 단월이 있는 정사이다.

'정사'는 내부를 발라서 꾸민 것이 있고, 외부를 발라서 꾸민 것이 있으며, 혹은 내부·외부를 발라서 꾸민 것이 있다.

'창문에 남겨진 곳을 제한하다.'는 창문에서 그것은 횡목의 주위가 2주(肘)의 절반이다.

'횡목을 고정하다.'는 문틀을 고정하는 것이다.

'창문을 설치하기 위하여'는 통풍(通風)을 위하여 백색을 바르거나, 흑색, 혹은 적색을 바르거나, 화만(華鬘), 초만(草鬘), 마갈어(摩竭魚)의 이빨50), 혹은 책란(柵欄)51)을 설치하는 것이다.

'작물이 없는 곳에서 비구가 두 겹, 세 겹을 바르게 지시할 수 있다.'는 작물은 바로 7곡(七穀)과 7채(七菜)이다. 작물이 있는 곳에서 그것을 비구가 지시하는 자는 돌길라를 범한다. 세로로 덮는 때에 두 번을 덮으라고 지시할 수 있으나, 세 번을 덮으라고 시켰다면 반드시 떠나가야 한다. 가로로 덮는 때에 두 번을 덮으라고 지시할 수 있으나, 세 번을 덮으라고 시켰다면 반드시 떠나가야 한다.

'만약 이것을 넘겨서 지시하는 자는 비록 작물이 없는 곳의 비구일지라도'는 기와로 덮는 때에 하나의 기와라면 하나의 바일제를 범하고, 돌로 덮는 때에 하나의 돌이라면 하나의 바일제를 범하며, 진흙으로 덮는 때에 하나의 덩어리라면 하나의 바일제를 범하고, 풀로 덮는 때에 하나의 묶음이라면 하나의 바일제를 범하며, 나무로 덮는 때에 하나의 나뭇잎이라면 하나의 바일제를 범한다.

2-2 두 번을 덮었고 세 번 이상을 덮으면서 넘겼다는 생각이 있었는데, 지시하는 자는 바일제를 범한다. 두 번을 덮었고 세 번 이상을 덮으면서

---

50) 팔리어 Makaradantaka(마카라단타카)의 음사이고, 꽃 모양의 디자인을 가리킨다.
51) 울짱 또는 울타리를 가리킨다.

넘겼다는 의심이 있었는데, 지시하는 자는 바일제를 범한다. 두 번을 덮었고 세 번 이상을 덮으면서 그 이하라는 생각이 있었는데, 지시하는 자는 바일제를 범한다.

두 번을 덮었고 세 번 이하를 덮으면서 넘겼다는 생각이 있었는데, 지시하는 자는 돌길라를 범한다. 두 번을 덮었고 세 번 이하를 덮으면서 넘겼다는 의심이 있었는데, 지시하는 자는 돌길라를 범한다. 두 번을 덮었고 세 번 이하를 덮으면서 그 이하라는 생각이 있었는데, 지시하는 자는 범하지 않는다.

2-3 두 번을 덮었고 세 번을 덮었거나, 두 번을 덮었고 세 번의 이하를 덮었거나, 산굴(山窟)에서, 석굴(石窟)에서, 초가집(草屋)이었거나, 다른 사람을 위하여 지었거나, 자기의 재물로 지었거나, 자기가 머무는 집을 제외하고 일반적으로 대중을 위하여 지었다면 범하지 않는다. 미쳤던 자이거나, 최초로 범한 자는 범하지 않는다.

[열아홉 번째의 바일제를 마친다.]

20) 용유충수(用有蟲水) 학처

1-1 그때 불·세존께서는 아라비읍의 아가라바 탑묘에 머무르셨다.

그때 아라비읍의 여러 비구들이 방사를 거듭하여 수리하면서 벌레가 있는 물이라고 알면서도 풀과 흙의 위에 뿌렸고, 시켜서 뿌렸다. 여러 비구들의 가운데에서 욕심이 적은 자들은 싫어하고 비난하였다.

"무슨 까닭으로 아라비읍의 여러 비구들은 벌레가 있는 물이라고 알면서도 풀과 흙의 위에 뿌리고, 또한 시켜서 뿌리는가?"

여러 비구들은 이 일로써 세존께 아뢰었고, 세존께서는 이 인연으로써 비구승가를 모으셨으며, 그 여러 비구들에게 물어 말씀하셨다.

"여러 비구들이여. 그대들이 진실로 벌레가 있는 물이라고 알면서도 풀과 흙의 위에 뿌렸고, 또한 시켜서 뿌렸는가?"

"진실로 그렇습니다. 세존이시여."

세존께서는 여러 방편으로 꾸짖으셨다.

"어리석은 사람들이여. 그대는 어찌하여 벌레가 있는 물이라고 알면서도 풀과 흙의 위에 뿌렸고, 또한 시켜서 뿌렸는가? 어리석은 사람들이여. 이것은 오히려 믿지 않는 자는 신심이 생겨나지 않게 하고, …… 이미 믿었던 자는 일부가 전전하여 다른 곳으로 향하여 떠나가게 하느니라."

이와 같이 세존께서는 여러 종류의 방편으로써 여러 비구들을 꾸짖고서 뒤에 부양이 어렵고 가르치고 양육함이 어려우며, …… 나아가 …… 여러 비구들을 위하여 적절한 법을 수순하여 설하신 뒤에 여러 비구들에게 알려 말씀하셨다.

"여러 비구들이여. 나는 열 가지의 이익을 까닭으로써 여러 비구들을 위하여 학처를 제정하겠나니, 그대들은 마땅히 이와 같이 학처를 송출할 지니라.

'어느 누구의 비구일지라도 벌레가 있는 물이라고 알면서도 풀에 뿌리거나, 혹은 흙의 위에 뿌리거나, 혹은 시켜서 뿌리는 자는 바일제를 범하느니라.'"

2-1 '어느 누구'는 어느 태어난 곳의 이유, …… 혹은 중간의 법랍이었다면 이것을 '어느 누구'라고 말한다.

'비구'는 구걸하는 비구이니, 일을 쫓아서 걸식하는 비구, …… 곧 이것에서 '비구'를 뜻한다고 말하는 것이다.

'알다.'는 스스로가 알았거나, 혹은 다른 사람이 알려주어서 아는 것이다.

'뿌리다.'는 만약 스스로가 뿌리는 자는 바일제를 범한다.

'시켜서 뿌리다.'는 다른 사람을 시켜서 뿌리더라도 역시 바일제를 범한다. 명령하여 첫 번째로 뿌리거나, 여러 번을 뿌리게 하는 자는 하나의 바일제를 범한다.

2-2 벌레가 있는 물이었고 벌레가 있는 물이라는 생각이 있었는데, 풀 위에 뿌리거나, 혹은 시켜서 뿌리는 자는 바일제를 범한다. 벌레가 있는 물이었고 벌레가 있는 물이라는 의심이 있었는데, 풀 위에 뿌리거나, 혹은 시켜서 뿌리는 자는 돌길라를 범한다. 벌레가 있는 물이었고 벌레가 없는 물이라는 생각이 있었는데, 풀 위에 뿌리거나, 혹은 시켜서 뿌리는 자는 범하지 않는다.

　벌레가 없는 물이었고 벌레가 있는 물이라는 생각이 있었는데, 풀 위에 뿌리거나, 혹은 시켜서 뿌리는 자는 돌길라를 범한다. 벌레가 없는 물이었고 벌레가 있는 물이라는 의심이 있었는데, 풀 위에 뿌리거나, 혹은 시켜서 뿌리는 자는 돌길라를 범한다. 벌레가 없는 물이었고 벌레가 없는 물이라는 생각이 있었는데, 풀 위에 뿌리거나, 혹은 시켜서 뿌리는 자는 범하지 않는다.

2-3 고의가 아닌 자이거나, 생각이 없는 자이거나, 무지한 자이거나, 미쳤던 자이거나, 최초로 범한 자는 범하지 않는다.

　[스무 번째의 바일제를 마친다.]

　○【둘째로 초목품(草木品)을 마친다.】

섭송으로 설하겠노라.

초목과 다르게 말하는 것과
싫어하는 것과 밝음이 나타나는 때와
그들의 두 가지 계율과
먼저 왔던 것과 끌어내는 것과
탈각상과 좌구와 와구와
창문과 벌레 등이 있다.

21) 교계비구니(敎誡比丘尼) 학처

1-1 그때 불·세존께서는 사위성의 기수급고독원에 머무르셨다.

그때 여러 장로 비구들이 여러 비구니들을 교계(敎誡)하면서 의복, 음식, 와구, 질병의 필수 의약품을 받아서 얻었으므로, 육군비구들은 이렇게 사유하였다.

'장로들이여. 여러 장로 비구들이 여러 비구니들을 교계하면서 의복, 음식, 와구, 질병의 필수 의약품을 받아서 얻었습니다. 장로들이여. 우리들도 역시 이 여러 비구니들을 교계해야 합니다.'

이때 육군비구들은 여러 비구니들의 앞에 이르러 이렇게 말을 지었다.

"여러 자매들이여 오시오. 우리들이 이곳에 이르렀으니, 우리들도 역시 그대들을 교계하겠소."

이때 여러 비구니들은 육군비구들이 있는 곳에 이르러 그들에게 예배하고 한쪽에 앉았다. 이때 육군비구들은 매우 적게 설법하였고, 세속적으로 말하면서 시간을 보냈으며, "여러 자매들은 떠나시오."라고 말하여 떠나가게 하였다. 이때 여러 비구니들은 세존의 처소에 이르러 예경하고 한쪽에 서 있었다. 세존께서는 한쪽에 서 있는 비구니들을 향하여 말씀하셨다.

"여러 비구니들이여. 교계에 만족하였는가?"

"세존이시여. 어찌 교계에 만족하였겠습니까? 육군비구들은 매우 적게 설법하였고, 세속적으로 말하면서 시간을 보냈으며, "여러 자매들은 떠나시오."라고 말하여 떠나가게 하였습니다."

이때 세존께서는 여러 비구니들에게 설법하시어 모두 환희(歡喜)하고 용약(踊躍)하게 하였다. 여러 비구니들은 세존의 설법을 인연으로 환희하고 용약하면서 세존께 예경하고 오른쪽으로 돌면서 떠나갔다.

세존께서는 이 인연으로써 비구승가를 모으셨으며, 육군비구에게 물어 말씀하셨다.

"육군비구들이여. 그대들이 진실로 비구니들을 위하여 교계하면서 매우 적게 설법하였고, 세속적으로 말하면서 시간을 보냈으며, "여러 자매들은 떠나시오."라고 말하여 떠나가게 하였는가?"

"진실로 그렇습니다. 세존이시여."

세존께서는 여러 방편으로 꾸짖으셨다.

"어리석은 사람들이여. 그대들은 어찌하여 비구니들을 위하여 교계하면서 매우 적게 설법하였고, 세속적으로 말하면서 시간을 보냈으며, '여러 자매들은 떠나시오.'라고 말하고 떠나가게 하였는가? 이것은 오히려 믿지 않는 자는 신심이 생겨나지 않게 하고, …… 이미 믿었던 자는 일부가 전전하여 다른 곳으로 향하여 떠나가게 하느니라."

이와 같이 세존께서는 여러 종류의 방편으로써 육군비구들을 꾸짖고서 여러 비구들에게 알려 말씀하셨다.

"여러 비구들이여. 비구니를 교계하는 사람을 뽑는 것을 허락하겠노라. 여러 비구들이여. 마땅히 이와 같이 뽑아야 하느니라. 마땅히 한 총명하고 유능한 비구가 승가의 가운데에서 창언(唱言)하여 말해야 한다.

"대덕 승가께서는 허락하십시오. 만약 승가께서 때에 이르렀다면 승가께서는 누구 비구를 뽑아서 비구니를 교계하는 사람으로 삼아주십시오. 이와 같이 아룁니다.'

첫 번째로 아룁니다.

'대덕 승가께서는 허락하십시오. 이 누구 비구를 뽑아서 비구니를 교계하는 사람으로 삼아주십시오. 여러 대덕들께서 누구 비구를 뽑아서 비구니를 교계하는 사람으로 삼는 것을 인정하신다면 묵연하시고, 인정하지 않으신다면 말씀하십시오.'

두 번째로 아룁니다.

'대덕 승가께서는 허락하십시오. 이 누구 비구를 뽑아서 비구니를 교계하는 사람으로 삼아주십시오. 여러 대덕들께서 누구 비구를 뽑아서 비구니를 교계하는 사람으로 삼는 것을 인정하신다면 묵연하시고, 인정하지 않으신다면 말씀하십시오.'

세 번째로 아룁니다.

'대덕 승가께서는 허락하십시오. 이 누구 비구를 뽑아서 비구니를 교계하는 사람으로 삼아주십시오. 여러 대덕들께서 누구 비구를 뽑아서 비구니를 교계하는 사람으로 삼는 것을 인정하신다면 묵연하시고, 인정하지 않으신다면 말씀하십시오.'

'승가시여. 누구 비구를 뽑아서 비구니를 교계하는 사람으로 삼는 것을 마쳤습니다. 승가께서 인정하신 것은 묵연하였던 까닭입니다. 나는 이와 같이 알고 이해하겠습니다.'"

이와 같이 세존께서는 여러 종류의 방편으로써 육군비구들을 꾸짖고서 뒤에 부양이 어렵고 가르치고 양육함이 어려우며, …… 나아가 …… 여러 비구들을 위하여 적절한 법을 수순하여 설하신 뒤에 여러 비구들에게 알려 말씀하셨다.

"여러 비구들이여. 나는 열 가지의 이익을 까닭으로써 여러 비구들을 위하여 학처를 제정하겠나니, 그대들은 마땅히 이와 같이 학처를 송출할지니라.

'어느 누구의 비구일지라도 만약 승가에서 뽑지 않았는데, 비구니를 교계하는 자는 바일제를 범하느니라.'"

이와 같이 세존께서는 여러 비구들을 위하여 학처를 제정하여 세우셨다.

2-1 그때 장로 비구들을 뽑아서 여러 비구니들을 교계하게 하였는데, 역시 의복, 음식, 와구, 질병의 필수 의약품을 받아서 얻었고, 육군비구들은 곧 의논하였다.

"장로들이여. 여러 장로 비구들이 여러 비구니들을 교계하면서 역시 의복, 음식, 와구, 질병의 필수의약품을 얻었습니다. 그러므로 장로들이여. 우리들도 경계의 밖으로 나가서 서로가 비구니들을 교계하는 사람으로 뽑아서 역시 여러 비구니들을 교계해야 합니다."

이때 육군비구들은 경계의 밖으로 나와서 서로가 비구니들을 교계하는 사람으로 뽑았으며, 비구니들의 근처에서 이렇게 말을 지었다.

"여러 자매들이여. 우리들도 역시 뽑혔고, 역시 이곳에 왔으므로, 우리들의 교계를 받으시오."

이때 여러 비구니들은 육군비구들이 있는 곳에 이르러 그들에게 예배하고 한쪽에 앉았다. 이때 육군비구들은 매우 적게 설법하였고, 세속적으로 말하며 시간을 보내고서 "여러 자매들은 떠나시오."라고 말하여 떠나가게 하였다. …… 나아가 …… 이와 같이 세존께서는 여러 종류의 방편으로써 육군비구들을 꾸짖고서 여러 비구들에게 알려 말씀하셨다.

"여러 비구들이여. 만약 8법을 갖추고 있는 비구라면 비구니를 교계하는 사람을 뽑는 것을 허락하겠노라. 첫째는 지계자(持戒者)이고, 둘째는 바라제목차(婆羅提木叉)의 위의(律儀)에 의지하여 몸을 섭수하여 머무르는 자이며, 셋째는 위의(威儀)를 구족한 자이고, 넷째는 작은 죄에도 두려움이 있는 자이며, 다섯째는 학처(學處)를 수지(受持)하고서 학습(學習)한 자이고, 여섯째는 다문자(多聞者)이며, 일곱째는 듣고 기억하면서 지니면서 집적(集積)하는 자이고, 여덟째는 그 여러 법에서 처음도 좋고 중간도 좋으며 끝도 좋고 문장과 뜻을 구족한 것과 같으며, 순일(純一)하고 원만하며 청정한 범행이라고 찬탄되는 비구이다.

이와 같이 그는 제법(諸法)에 다문이어야 하고, 억념하고 수지하여야 하며, 말로써 그것을 집적하여야 하고, 뜻을 모아서 한꺼번에 관찰해야 하며, 정견(正見)으로써 그것을 이해시켜야 하고, 또한 그는 능히 2부중(部衆)의 바라제목차를 상세하게 통하여 밝아야 하며, 계목(戒目)을 따라야 하고, 잘 분별하여 판결하면서 설명하여 드러내야 하며, 음성과 말하는 것이 좋아야 하고, 대부분의 비구니들의 처소에서 즐거이 사랑받아야 하고, 능력이 있어서 비구니들을 교계할 수 있어야 하며, 일찍이 세존께 출가하여 가사를 입고서 제정하신 무거운 죄를 범하지 않아야 하고, 20년의 법랍이거나, 20년 이상인 자이어야 한다. 여러 비구들이여. 이러한 8법을 갖추었던 비구라면 비구니들을 교계하는 사람으로 뽑아서 삼는 것을 허락하겠노라."

3-1 '어느 누구'는 어느 태어난 곳의 이유, …… 혹은 중간의 법랍이었다면

이것을 '어느 누구'라고 말한다.

'비구'는 구걸하는 비구이니, 일을 쫓아서 걸식하는 비구, …… 곧 이것에서 '비구'를 뜻한다고 말하는 것이다.

'뽑지 않다.'는 백사갈마(白四羯磨)에 따라서 뽑지 않은 것이다.

'만약 교계하다.'는 팔경법(八敬法)으로써 교계하는 자는 바일제를 범한다. 다른 법으로써 교계하는 자는 돌길라를 범한다. 1부승가(一部僧伽)에서 구족계를 받은 자를 교계한다면 돌길라를 범한다.

'비구니'는 2부승가의 가운데에서 구족계를 받은 자이다.

그 뽑혔던 비구는 방사를 청소하고, 여러 마시는 물과 사용하는 물을 놓아두어야 하며, 좌상(座牀)을 준비하고서 도반(同伴)인 비구를 배석시켜 앉아야 한다. 여러 비구니들이 이곳에 이르렀다면 그 비구에게 예배하고서 그러한 뒤에 마땅히 한쪽에 앉아야 하고, 그 비구는 마땅히 물어야 한다.

"여러 자매들이여. 대중들은 모두 모여서 화합하였습니까?"

만약 "존자(尊者)여. 우리들은 모두 모여서 화합하였습니다."라고 말하였다면, 마땅히 "여러 자매들이여. 팔경법을 잘 송출하였습니까?"라고 물어야 하고, 만약 "존자여. 잘 송출하였습니다."라고 말하였다면, 마땅히 "이것이 교계입니다."라고 드러내어 말해야 하며, "존자여. 잘 송출하지 않았습니다."라고 말하였다면, 마땅히 그것을 교계해야 한다.

첫째는 비록 구족계를 받고서 백 세(歲)가 지났던 비구니일지라도 그 날에 구족계를 받은 비구라면, 마땅히 예배하고, 일어나서 맞이하며, 합장하고 공경스럽게 청하여 모셔야 합니다. 이 법을 마주하고서 공경하고 존중하며, 받들어 행하고 마땅히 목숨을 마치도록 범하지 않아야 합니다.

둘째는 비구니는 비구가 머무르지 않는 정사의 안에서는 안거할 수 없습니다. 이 법을 마주하고서 공경하고 존중하며, 받들어 행하고 마땅히 목숨을 마치도록 범하지 않아야 합니다.

셋째는 매월 보름마다 비구니는 비구승가를 쫓아서 두 종류의 법인 곧 포살을 묻는 것과 교계를 받는 것을 청해야 합니다. 이 법을 마주하고서 공경하고 존중하며, 받들어 행하고 마땅히 목숨을 마치도록 범하지 않아야 합니다.

넷째는 안거를 마치면 비구니는 2부승가의 가운데에서 삼사(三事)의 자자(自恣)를 받아야 하나니, 곧 혹은 보았거나, 혹은 들었거나, 혹은 의심스러운 것입니다. 이 법을 마주하고서 공경하고 존중하며, 받들어 행하고 마땅히 목숨을 마치도록 범하지 않아야 합니다.

다섯째는 팔경법을 범한 비구니는 2부승가의 가운데에서 마땅히 보름의 마나타(摩那埵)를 행해야 합니다. 이 법을 마주하고서 공경하고 존중하며, 받들어 행하고 마땅히 목숨을 마치도록 범하지 않아야 합니다.

여섯째는 2년의 6법학계(六法學戒)를 수습한 식차마나(式叉摩那)는 2부승가의 가운데에서 구족계를 받는 것을 청해야 합니다. 이 법을 마주하고서 공경하고 존중하며, 받들어 행하고 마땅히 목숨을 마치도록 범하지 않아야 합니다.

일곱째는 어느 무슨 이유라도 논할 수 없이 비구니는 비구를 꾸짖거나, 욕하거나, 비방할 수 없습니다. 이 법을 마주하고서 공경하고 존중하며, 받들어 행하고 마땅히 목숨을 마치도록 범하지 않아야 합니다.

여덟째는 지금 이후부터는 비구니는 비구를 마주하고서 마땅히 충고할 수 없으나, 비구는 비구니를 마주하고서 충고할 수 있습니다. 이 법을 마주하고서 공경하고 존중하며, 받들어 행하고 마땅히 목숨을 마치도록 범하지 않아야 합니다.

만약 "존자여. 우리들은 모두 모여서 화합하였습니다."라고 말하였는데, 다른 법을 설하는 자는 돌길라를 범한다. 만약 "존자이시여. 우리들은 모두 모여서 화합하지 않았습니다."라고 말하였는데, 팔경법을 설하는 자는 돌길라를 범한다. 만약 함께 교계하지 않고서 다른 법을 설하는 자는 돌길라를 범한다.

3-2 비법(非法)의 갈마이었고 비법의 갈마라는 생각이 있었으며, 화합하

지 않는 비구니 대중에서 화합하지 않는다는 생각이 있었는데, 교계하는 자는 바일제를 범한다. 비법의 갈마이었고 비법의 갈마라는 생각이 있었으며, 화합하지 않는 비구니 대중에서 화합하지 않는다는 의심이 있었는데, 교계하는 자는 바일제를 범한다. 비법의 갈마이었고 비법의 갈마라는 생각이 있었으며, 화합하지 않는 비구니 대중에서 화합한다는 생각이 있었는데, 교계하는 자는 바일제를 범한다.

　비법의 갈마이었고 의심스러운 생각이 있었으며, 화합하지 않는 비구니 대중에서 화합하지 않는다는 생각이 있었는데, 교계하는 자는 바일제를 범한다. 비법의 갈마이었고 의심스러운 생각이 있었으며, 화합하지 않는 비구니 대중에서 화합하지 않는다는 의심이 있었는데, 교계하는 자는 바일제를 범한다. 비법의 갈마이었고 의심스러운 생각이 있었으며, 화합하지 않는 비구니 대중에서 화합한다는 생각이 있었는데, 교계하는 자는 바일제를 범한다.

　비법의 갈마이었고 비법의 갈마라는 생각이 있었으며, 화합하지 않는 비구니 대중에서 화합하지 않는다는 생각이 있었는데, 교계하는 자는 바일제를 범한다. 비법의 갈마이었고 비법의 갈마라는 생각이 있었으며, 화합하지 않는 비구니 대중에서 화합하지 않는다는 의심이 있었는데, 교계하는 자는 바일제를 범한다. 비법의 갈마이었고 비법의 갈마라는 생각이 있었으며, 화합하지 않는 비구니 대중에서 화합한다는 생각이 있었는데, 교계하는 자는 바일제를 범한다.

　비법의 갈마이었고 비법의 갈마라는 생각이 있었으며, 화합하는 비구니 대중에서 화합하지 않는다는 생각이 있었는데, 교계하는 자는 바일제를 범한다. 비법의 갈마이었고 비법의 갈마라는 생각이 있었으며, 화합하는 비구니 대중에서 화합하지 않는다는 의심이 있었는데, 교계하는 자는 바일제를 범한다. 비법의 갈마이었고 비법의 갈마라는 생각이 있었으며, 화합하는 비구니 대중에서 화합한다는 생각이 있었는데, 교계하는 자는 바일제를 범한다.

　비법의 갈마이었고 의심스러운 생각이 있었으며, 화합하는 비구니 대중에서 화합하지 않는다는 생각이 있었는데, 교계하는 자는 바일제를 범한다. 비법의 갈마이었고 의심스러운 생각이 있었으며, 화합하는 비구니 대중에서 화합하지 않는다는 의심이 있었는데, 교계하는 자는 바일제를 범한다. 비법의 갈마이었고 의심스러운 생각이 있었으며, 화합하는 비구니 대중에서 화합한다는 생각이 있었는데, 교계하는 자는 바일제를 범한다.

비법의 갈마이었고 여법한 갈마라는 생각이 있었으며, 화합하는 비구니 대중에서 화합하지 않는다는 생각이 있었는데, 교계하는 자는 바일제를 범한다. 비법의 갈마이었고 여법한 갈마라는 생각이 있었으며, 화합하는 비구니 대중에서 화합하지 않는다는 의심이 있었는데, 교계하는 자는 바일제를 범한다. 비법의 갈마이었고 여법한 갈마라는 생각이 있었으며, 화합하는 비구니 대중에서 화합한다는 생각이 있었는데, 교계하는 자는 바일제를 범한다.

여법한 갈마이었고 비법의 갈마라는 생각이 있었으며, 화합하지 않는 비구니 대중에서 화합한다는 생각이 있었는데, 교계하는 자는 돌길라를 범한다. 여법한 갈마이었고 비법의 갈마라는 생각이 있었으며, 화합하지 않는 비구니 대중에서 화합한다는 의심이 있었는데, 교계하는 자는 돌길라를 범한다. 여법한 갈마이었고 비법의 갈마라는 생각이 있었으며, 화합하지 않는 비구니 대중에서 화합한다는 생각이 있었는데, 교계하는 자는 돌길라를 범한다.

여법한 갈마이었고 의심스러운 생각이 있었으며, 화합하지 않는 비구니 대중에서 화합하지 않는다는 생각이 있었는데, 교계하는 자는 돌길라를 범한다. 여법한 갈마이었고 의심스러운 생각이 있었으며, 화합하지 않는 비구니 대중에서 화합하지 않는다는 의심이 있었는데, 교계하는 자는 돌길라를 범한다. 여법한 갈마이었고 의심스러운 생각이 있었으며, 화합하지 않는 비구니 대중에서 화합한다는 생각이 있었는데, 교계하는 자는 돌길라를 범한다.

여법한 갈마이었고 비법의 갈마라는 생각이 있었으며, 화합하는 비구니 대중에서 화합한다는 생각이 있었는데, 교계하는 자는 돌길라를 범한다. 여법한 갈마이었고 비법의 갈마라는 생각이 있었으며, 화합하는 비구니 대중에서 화합한다는 의심이 있었는데, 교계하는 자는 돌길라를 범한다. 여법한 갈마이었고 비법의 갈마라는 생각이 있었으며, 화합하는 비구니 대중에서 화합한다는 생각이 있었는데, 교계하는 자는 돌길라를 범한다.

여법한 갈마이었고 여법한 갈마라는 생각이 있었으며, 화합하는 비구니 대중에서 화합하지 않는다는 생각이 있었는데, 교계하는 자는 돌길라를 범한다. 여법한 갈마이었고 여법한 갈마라는 의심이 있었으며, 화합하는 비구니 대중에서 화합하지 않는다는 의심이 있었는데, 교계하는 자는 돌길라를 범한다. 여법한 갈마이었고 여법한 갈마라는 생각이 있었으며, 화합하는 비구니 대중에서 화합한다는 생각이 있었는데, 교계하는 자는 범하지 않는다.

3-3 함께 독송하였거나, 함께 질문하면서 "존자여. 설하시기를 청합니다."라고 말하였고, 설하여 보여주었거나, 질문으로써 물었거나, 질문을 받고서 대답하였거나, 다른 사람을 위하여 설하는 때에 비구니가 그것을 들었거나, 식차마나를 위하여 설하였거나, 사미니를 위하여 설하였거나, 미쳤던 자이거나, 최초로 범한 자는 범하지 않는다.

[스물한 번째의 바일제를 마친다.]

22) 교계비구니일몰(教誡比丘尼日沒) 학처

1-1 그때 불·세존께서는 사위성의 기수급고독원에 머무르셨다.

그때 여러 장로 비구들이 차례로 여러 비구니들을 교계하였다. 이때 차례가 돌아와서 장로 주리반특가(周利槃特加)[52]가 비구니들을 교계하는 때에 이르렀는데, 여러 비구니들이 이와 같이 말하였다.

"오늘의 교계는 마땅히 능히 만족하지 못하겠네요. 대덕인 주리반특가는 마땅히 그 하나의 게송을 반복하여 말할 것입니다."

이 여러 비구니들은 장로 주리반특가의 처소에 이르러 예배하고서 한쪽에 앉았다. 주리반특가는 한쪽을 향하여 앉은 여러 비구니들을 향하여 말하였다.

"여러 자매들이여. 대중들은 모두 모여서 화합하였습니까?"

"존자여. 우리들은 모두 모여서 화합하였습니다."

"여러 자매들이여. 팔경법을 잘 송출하였습니까?"

"존자여. 잘 송출하였습니다."

"여러 자매들이여. 이것이 교계입니다."

이 게송을 반복하여 말하였다.

마음이 높더라도 방일(放逸)함이 없다면
지혜를 배우는 성자(聖子)이고
항상 생각하는 마음이 적정(寂靜)하다면
고뇌가 다시 존재하지 않으리라.

여러 비구니들이 이와 같이 말하였다.

"우리들이 어찌 말하지 않았나요? '오늘의 교계는 능히 만족하지 못하겠네요. 대덕인 주리반특가는 마땅히 그 하나의 게송을 반복하여 말할 것입니다.'"

장로 주리반특가는 여러 비구니들이 비웃는 말을 들었다. 이때 장로 주리반특가는 허공으로 날아올라서 혹은 걸었고, 혹은 서 있었으며, 혹은 앉았고, 혹은 공중에서 누웠으며, 또한 연기를 내뿜었고, 몸을 태우면서 순식간에 사라졌으며, 이러한 게송과 다른 세존의 말씀을 매우 많이

---

52) 팔리어 Cūḷapanthaka(추라판타카)의 음사이다.

말하였다. 여러 비구니들이 말하였다.

"진실로 희유(希有)하다. 진실로 미증유(未曾有)이다. 진실로 우리들에게 존자 주리반특가와 같이 교계하였던 존자는 일찍이 없었습니다."

이때 장로 주리반특가는 비구니들을 교계하면서 날이 저물었으므로 "여러 자매들이여. 돌아가십시오."라고 말하여서 떠나가게 하였다. 여러 비구니들은 성문이 이미 닫혔던 인연으로 성문 밖에 머물렀고, 다음날에 이르러 성에 들어왔다. 여러 사람들이 싫어하고 비난하였다.

"이 여러 비구니들은 범행자가 아니다. 승원(僧園)의 가운데에서 비구들과 함께 묵고서, 지금 성안에 들어오는구나."

이때 여러 비구들은 여러 사람들이 싫어하고 비난하는 것을 들었다. 여러 비구들의 가운데에서 욕심이 적은 자들은 싫어하고 비난하였다.

"무슨 까닭으로써 장로 주리반특가는 일몰(日沒)의 때에 비구니들을 교계하는가?"

여러 비구들은 이 일로써 세존께 아뢰었고, 세존께서는 이 인연으로써 비구승가를 모으셨으며, 그 장로 주리반특가에게 물어 말씀하셨다.

"주리반특가여. 그대가 진실로 일몰의 때에도 비구니들을 교계하였는가?"

"진실로 그렇습니다. 세존이시여."

세존께서는 여러 방편으로 꾸짖으셨다.

"어리석은 사람이여. 그대들은 어찌하여 일몰의 때에도 비구니들을 교계하였는가? 어리석은 사람이여. 이것은 오히려 믿지 않는 자는 신심이 생겨나지 않게 하고, …… 이미 믿었던 자는 일부가 전전하여 다른 곳으로 향하여 떠나가게 하느니라."

이와 같이 세존께서는 여러 종류의 방편으로써 주리반특가를 꾸짖고서 뒤에 부양이 어렵고 가르치고 양육함이 어려우며, …… 나아가 …… 여러 비구들을 위하여 적절한 법을 수순하여 설하신 뒤에 여러 비구들에게 알려 말씀하셨다.

"여러 비구들이여. 나는 열 가지의 이익을 까닭으로써 여러 비구들을

위하여 학처를 제정하겠나니, 그대들은 마땅히 이와 같이 학처를 송출할
지니라.

'비록 뽑아서 삼았더라도 만약 일몰의 때에도 교계하는 자는 바일제를
범하느니라.'"

2-1 '뽑다.'는 백사갈마에 의지하여 뽑은 것이다.

'일몰의 때'는 해가 떨어지는 때이다.

'만약 교계하다.'는 팔경법으로써, 혹은 기타의 법으로써 교계하는 자는
바일제를 범한다.

'비구니'는 2부승가의 가운데에서 구족계를 받은 자이다.

2-2 일몰이었고 일몰이라는 생각이 있었는데, 교계하는 자는 바일제를
범한다. 일몰이었고 일몰이라는 의심이 있었는데, 교계하는 자는 바일제
를 범한다. 일몰이었고 일몰이 아니라는 생각이 있었는데, 교계하는
자는 바일제를 범한다.

만약 1부승가에서 구족계를 받은 자를 교계하는 자는 돌길라를 범한다.

일몰이 아니었고 일몰이라는 생각이 있었는데, 교계하는 자는 돌길라
를 범한다. 일몰이 아니었고 일몰이라는 의심이 있었는데, 교계하는
자는 돌길라를 범한다. 일몰이 아니었고 일몰이 아니라는 생각이 있었는
데, 교계하는 자는 범하지 않는다.

3-1 함께 독송하였거나, 함께 질문하면서 "존자여. 설하시기를 청합니다."
라고 말하였고, 설하여 보여주었거나, 질문하여 물었거나, 질문을 받고서
대답하였거나, 다른 사람을 위하여 설하는 때에 비구니가 그것을 들었거
나, 식차마나를 위하여 설하였거나, 사미니를 위하여 설하였거나, 미쳤던
자이거나, 최초로 범한 자는 범하지 않는다.

[스물두 번째의 바일제를 마친다.]

23) 교계비구니주처(教誡比丘尼住處) 학처

1-1 그때 불·세존께서는 석가국 가비라위성의 니구율수원에 머무르셨다.

그때 육군비구들은 비구니들의 주처로 갔고 육군비구니(六群比丘尼)를 교계하였다. 여러 비구니들이 육군비구니들을 마주하고서 이렇게 말을 지었다.

"여러 자매들이여. 우리들은 지금 교계를 받으려고 갑니다."

"여러 자매들이여. 우리들도 역시 교계를 위하여 머무르고 있습니다. 존자인 육군비구들이 이곳에서 우리들을 교계할 것입니다."

여러 비구니들의 가운데에서 욕심이 적은 자들은 싫어하고 비난하였다.

"무슨 까닭으로써 육군비구들은 비구니들의 주처에 이르러서 비구니들을 교계하는가?"

여러 비구니들은 이 일로써 비구승가에게 알렸고, 여러 비구들의 가운데에서 욕심이 적은 자들은 싫어하고 비난하였다.

"무슨 까닭으로써 육군비구들은 비구니들의 주처에 이르러서 비구니들을 교계하는가?"

여러 비구들은 이 일로써 세존께 아뢰었고, 세존께서는 이 인연으로써 비구승가를 모으셨으며, 그 장로 육군비구에게 물어 말씀하셨다.

"육군비구여. 그대들이 진실로 비구니들의 주처에 이르러서 비구니들을 교계하였는가?"

"진실로 그렇습니다. 세존이시여."

세존께서는 여러 방편으로 꾸짖으셨다.

"어리석은 사람들이여. 그대들은 어찌하여 비구니들의 주처에 이르러서 비구니들을 교계하였는가? 어리석은 사람이여. 이것은 오히려 믿지 않는 자는 신심이 생겨나지 않게 하고, …… 이미 믿었던 자는 일부가 전전하여 다른 곳으로 향하여 떠나가게 하느니라."

이와 같이 세존께서는 여러 종류의 방편으로써 육군비구들을 꾸짖고서 뒤에 부양이 어렵고 가르치고 양육함이 어려우며, …… 나아가 …… 여러 비구들을 위하여 적절한 법을 수순하여 설하신 뒤에 여러 비구들에게 알려 말씀하셨다.

"여러 비구들이여. 나는 열 가지의 이익을 까닭으로써 여러 비구들을 위하여 학처를 제정하겠나니, 그대들은 마땅히 이와 같이 학처를 송출할지니라.

'어느 누구의 비구일지라도 만약 비구니들의 주처에 이르러서 비구니들을 교계하는 자는 바일제를 범하느니라.'"

이와 같이 세존께서는 여러 비구들을 위하여 학처를 제정하여 세우셨다.

2-1 그때 마하파사파제구담미(摩訶波闍波提瞿曇彌)[53]는 병이 들었으므로 여러 장로 비구들이 마하파사파제구담미의 처소에 이르러 이렇게 말을 지었다.

"구담미여. 그대는 견딜 수 있습니까? 나아졌습니까?"

"존자여. 나는 견딜 수 없습니다. 나는 낫지 않았습니다. 존자여. 설법을 청합니다."

"대매(大姉)여. 비구니의 주처에 이르렀더라도 비구니를 위하여 설법한다면 여법하지 않습니다."

두려워하고 삼가하였으므로 설법하지 않았다. 이때 세존께서는 이른 아침에 하의를 입고 옷과 발우를 지니고서 마하파사파제구담미의 처소에 이르셨고, 펼쳐진 자리에 앉으셨으며, 이와 같이 구담미에게 말하였다.

"구담미여. 그대는 견딜 수 있습니까? 나아졌습니까?"

"세존이시여. 이전에는 여러 장로 비구들이 와서 나를 위하여 설법하였습니다. 이러한 까닭으로 나는 안락하였습니다. 그러나 지금은 세존께서 학처를 제정하신 인연으로 두려워하고 삼가하였으므로 설법하지 않았습니다. 이러한 까닭으로 나는 안락하지 않습니다."

이때 세존께서는 마하파사파제구담미를 위하여 설법하시어 열어서

---

53) 팔리어 Mahāpajāpati gotamī(마하파자파티 고타미)의 음사이다.

보여주셨고, 교계하셨으며, 용약하면서 환희하게 하셨고, 그러한 뒤에
자리에서 일어나서 떠나가셨다. 이때 세존께서는 이 인연으로써 비구승
가를 모으셨으며, 여러 비구들에게 알려 말씀하셨다.

"여러 비구들이여. 비구니의 주처에 이르러서 병든 비구니를 위하여
교계하는 것을 허락하겠노라. 여러 비구들이여. 그대들은 마땅히 이와
같이 학처를 송출할지니라.

'어느 누구의 비구라도 만약 비구니들의 주처에 이르러서 비구니들을
교계하는 자는 인연을 제외하고는 바일제를 범하느니라. 이 처소에서
말하는 인연은 나아가 비구니가 병든 때를 말하느니라.'"

3-1 '어느 누구'는 어느 태어난 곳의 이유, ······ 혹은 중간의 법랍이었다면
이것을 '어느 누구'라고 말한다.

'비구'는 구걸하는 비구이니, 일을 쫓아서 걸식하는 비구, ······ 곧 이것에
서 '비구'의 뜻이라고 말하는 것이다.

'이르다.'는 그 처소에 갔던 것이다.

'비구니 처소'는 비록 비구니가 하룻밤을 머물렀더라도 역시 처소이다.

'비구니'는 2부승가의 가운데에서 구족계를 받은 자이다.

'만약 교계하다.'는 팔경법으로써, 혹은 기타의 법으로써 교계하는 자는
바일제를 범한다.

'인연을 제외하다.'는 인연을 제외한 것이다.

'병'은 비구니가 능히 교계에 갈 수 없고 혹은 함께 머무를 수 없는
것이다.

3-2 구족계를 받는 자이었고 구족계를 받았다는 생각이 있었는데, 비구니
의 주처로 갔고, 인연이 없었으나 교계하는 자는 바일제를 범한다. 구족계
를 받는 자이었고 구족계를 받았다는 의심이 있었는데, 비구니의 주처로
갔고, 인연이 없었으나 교계하는 자는 바일제를 범한다. 구족계를 받는
자이었고 구족계를 받지 않았다는 생각이 있었는데, 비구니의 주처로

갔고, 인연이 없었으나 교계하는 자는 바일제를 범한다.

기타의 법으로써 교계하는 자는 돌길라를 범한다. 1부승가에서 구족계를 받은 자를 교계한다면 돌길라를 범한다.

구족계를 받지 않은 자이었고 구족계를 받았다는 생각이 있었는데, 비구니의 주처로 갔고, 인연이 없었으나 교계하는 자는 돌길라를 범한다. 구족계를 받지 않은 자이었고 구족계를 받았다는 의심이 있었는데, 비구니의 주처로 갔고, 인연이 없었으나 교계하는 자는 돌길라를 범한다. 구족계를 받지 않은 자이었고 구족계를 받지 않았다는 생각이 있었는데, 비구니의 주처로 갔고, 인연이 없었으나 교계하는 자는 범하지 않는다.

3-3 인연이 있었던 때이거나, 함께 독송하였거나, 함께 질문하면서 “존자여. 설하시기를 청합니다.”라고 말하였고, 설하여 보여주었거나, 질문으로써 물었거나, 질문을 받고서 대답하였거나, 다른 사람을 위하여 설하는 때에 비구니가 그것을 들었거나, 식차마나를 위하였거나, 사미니를 위하여 설하는 자는 범하지 않는다. 미쳤던 자이거나, 최초로 범한 자는 범하지 않는다.

[스물세 번째의 바일제를 마친다.]

24) 비난비구니교계(非難比丘尼教誡) 학처

1-1 그때 불·세존께서는 사위성의 기수급고독원에 머무르셨다.

그때 여러 장로 비구들이 여러 비구니들을 교계하면서 의복, 음식, 와구, 질병의 필수의약품을 받아서 얻었으므로, 육군비구들은 이와 같이 말을 지었다.

“여러 장로 비구들은 여러 비구니들이 법을 공경하도록 교계하는 것이 아닙니다. 여러 장로 비구들은 이러한 이양(利養)을 위한 까닭으로 여러 비구니들을 교계합니다."

　여러 비구들의 가운데에서 욕심이 적은 자들은 싫어하고 비난하였다.

　"무슨 까닭으로써 육군비구들은 '여러 장로 비구들을 여러 비구니들이 법을 공경하도록 교계하는 것이 아닙니다. 여러 장로 비구들은 이러한 이양을 위한 까닭으로 여러 비구니들을 교계합니다.'라고 이와 같이 말을 짓는가?"

　여러 비구들은 이 일로써 세존께 아뢰었고, 세존께서는 이 인연으로써 비구승가를 모으셨으며, 그 장로 육군비구들에게 물어 말씀하셨다.

　"육군비구들이여. 그대들이 진실로 '여러 장로 비구들을 여러 비구니들이 법을 공경하도록 교계하는 것이 아닙니다. 여러 장로 비구들은 이러한 이양을 위한 까닭으로 여러 비구니들을 교계합니다.'라고 이와 같이 말을 지었는가?"

　"진실로 그렇습니다. 세존이시여."

　세존께서는 여러 방편으로 꾸짖으셨다.

　"어리석은 사람들이여. 그대들은 어찌하여 '여러 장로 비구들을 여러 비구니들이 법을 공경하도록 교계하는 것이 아닙니다. 여러 장로 비구들은 이러한 이양을 위한 까닭으로 여러 비구니들을 교계합니다.'라고 이와 같이 말을 지었는가? 어리석은 사람이여. 이것은 오히려 믿지 않는 자는 신심이 생겨나지 않게 하고, …… 이미 믿었던 자는 일부가 전전하여 다른 곳으로 향하여 떠나가게 하느니라."

　이와 같이 세존께서는 여러 종류의 방편으로써 육군비구들을 꾸짖고서 뒤에 부양이 어렵고 가르치고 양육함이 어려우며, …… 나아가 …… 여러 비구들을 위하여 적절한 법을 수순하여 설하신 뒤에 여러 비구들에게 알려 말씀하셨다.

　"여러 비구들이여. 나는 열 가지의 이익을 까닭으로써 여러 비구들을 위하여 학처를 제정하겠나니, 그대들은 마땅히 이와 같이 학처를 송출할지니라.

　'어느 누구의 비구일지라도 만약 '여러 장로 비구들을 이양을 위한 까닭으로 여러 비구니들을 교계합니다.'라고 이와 같이 말을 짓는 자는 바일제를 범하느니라.'"

2-1 '어느 누구'는 어느 태어난 곳의 이유, …… 혹은 중간의 법랍이었다면 이것을 '어느 누구'라고 말한다.

'만약 이와 같이 말을 짓다.'는 대중 승가에서 구족계를 받은 비구니를 교계하는 사람으로 뽑았는데, 악구(惡口)로써, 욕설(罵)로써 곤혹(困惑)스럽게 시키려고 "의복을 위하여, 음식을 위하여, 와구를 위하여, 질병의 필수 의약품을 위하여, 존중받기 위하여, 명예를 위하여, 공경받기 위하여 교계하는 것입니다."라고 이와 같이 말을 짓는 자는 바일제를 범한다.

'이양을 위하다.'는 의복을 위하여, 음식을 위하여, 와구를 위하여, 질병의 필수 의약품을 위하여, 존중받기 위하여, 명예를 위하여, 공경받기 위한 것이다.

2-2 여법한 갈마이었고 여법한 갈마라는 생각이 있었는데, 거짓으로 말을 짓는 자는 바일제를 범한다. 여법한 갈마이었고 여법한 갈마라는 의심이 있었는데, 거짓으로 말을 짓는 자는 바일제를 범한다. 여법한 갈마이었고 비법의 갈마라는 생각이 있었는데, 거짓으로 말을 짓는 자는 바일제를 범한다.

구족계를 받은 자를 마주하고서 승가 대중이 비구니를 교계하는 사람으로 뽑지 않았던 이유로 악구로써, 욕설로써 곤혹스럽게 시키려고 "의복을 위하여, 음식을 위하여, 와구를 위하여, 질병의 필수 의약품을 위하여, 존중받기 위하여, 명예를 위하여, 공경받기 위하여 교계하는 것이다."라고 이와 같이 말을 짓는 자는 돌길라를 범한다.

승가 대중이 비구니를 교계하는 사람으로 보냈거나, 혹은 보내지 않은 이유로 악구로써, 욕설로써 곤혹스럽게 시키려고 "의복을 위하여, 음식을 위하여, 와구를 위하여, 질병의 필수 의약품을 위하여, 존중받기 위하여, 명예를 위하여, 존경받기 위하여 교계하는 것이다."라고 이와 같이 말을 짓는 자는 돌길라를 범한다.

비법의 갈마에서 여법한 갈마라는 생각이 있었는데, 거짓으로 말을 짓는 자는 돌길라를 범한다. 비법의 갈마에서 여법한 갈마라는 의심이 있었는데, 거짓으로 말을 짓는 자는 바일제를 범한다. 비법의 갈마에서 비법의 갈마라는 생각이 있었고, 거짓으로 말을 짓는 자는 범하지 않는다.

3-1 그 사실에 의지하여 "복을 위하여, 음식을 위하여, 와구를 위하여, 질병의 필수 의약품을 위하여, 존중받기 위하여, 명예를 위하여, 공경받기 위하여 교계하는 것이다."라고 말하였다면 범하지 않는다. 미쳤던 자이거나, 최초로 범한 자는 범하지 않는다.

[스물네 번째의 바일제를 마친다.]

25) 시여의비구니(施與衣比丘尼) 학처

1-1 그때 불·세존께서는 사위성의 기수급고독원에 머무르셨다.

그때 한 비구가 사위성 안의 도로에서 걸식하였는데, 한 비구니도 역시 그 도로에서 걸식하였다. 그 비구가 비구니에게 알려 말하였다.

"대매여. 빠르게 어느 곳으로 가십시오. 마땅히 어느 음식을 줄 것이오."

그 비구니도 역시 이와 같이 말하였다.

"대덕이여. 어느 곳으로 가십시오. 마땅히 어느 음식을 줄 것입니다."

그들은 계속하여 서로를 보았고 번려가 되었다. 이때 승가 대중은 의복을 나누어주었다. 그때 비구니는 교계를 받고자 비구의 처소로 갔고 이르러 예배하고서 한쪽에 서 있었다. 한쪽에 서 있는 비구니를 마주하고서 그 비구는 이렇게 말을 지었다.

"자매여. 이것은 나에게 나누어주었던 옷입니다. 그대가 수용하겠습니까?"

"존자여. 수용하겠습니다. 나에게 낡은 옷이 있습니다."

이때 그 비구는 옷을 그 비구니에게 주었고, 그 비구는 낡은 옷을 받았다. 여러 비구들이 그 비구에게 말하였다.

"장로여. 그대는 마땅히 옷을 지으십시오."

그때 이 비구는 이 일로써 여러 비구들에게 말하였다. 여러 비구들의 가운데에서 욕심이 적은 자들은 싫어하고 비난하였다.

"무슨 까닭으로써 비구가 옷을 가지고서 비구니에게 주는가?"

여러 비구들은 이 일로써 세존께 아뢰었고, 세존께서는 이 인연으로써 비구승가를 모으셨으며, 그 비구에게 물어 말씀하셨다.

"비구여. 그대가 진실로 옷을 가지고서 비구니에게 주었는가?"

"진실로 그렇습니다. 세존이시여."

"그대의 친족인가? 친족이 아닌가?"

"세존이시여. 친족이 아닙니다."

세존께서는 여러 방편으로 꾸짖으셨다.

"어리석은 사람이여. 친족이 아닌 남자가 친족이 아닌 비구니를 마주하고서 위의와 위의가 아닌 것과 청정한 행과 청정한 행이 아닌 것을 알지 못하는가? 어리석은 사람이여. 이것은 오히려 믿지 않는 자는 신심이 생겨나지 않게 하고, …… 이미 믿었던 자는 일부가 전전하여 다른 곳으로 향하여 떠나가게 하느니라."

이와 같이 세존께서는 여러 종류의 방편으로써 그 비구를 꾸짖고서 뒤에 부양이 어렵고 가르치고 양육함이 어려우며, …… 나아가 …… 여러 비구들을 위하여 적절한 법을 수순하여 설하신 뒤에 여러 비구들에게 알려 말씀하셨다.

"여러 비구들이여. 나는 열 가지의 이익을 까닭으로써 여러 비구들을 위하여 학처를 제정하겠나니, 그대들은 마땅히 이와 같이 학처를 송출할지니라.

'어느 누구의 비구일지라도 친족이 아닌 비구니에게 옷을 주는 자는 바일제를 범하느니라.'"

이와 같이 세존께서는 여러 비구들을 위하여 학처를 제정하여 세우셨다.

2-1 그때 여러 비구들은 두려워하고 삼가하였으므로 여러 비구니들에게 옷을 주지 않고서 교역하였다. 여러 비구니들은 싫어하고 비난하였다.

"무슨 까닭으로써 대덕들이 우리들과 옷을 교역하는가?"

이때 여러 비구들은 여러 비구니들이 싫어하고 비난하는 것을 들었다. 그때 여러 비구들은 이 일로써 세존께 아뢰었고, 세존께서는 이 인연으로써 설법하셨으며, 여러 비구들에게 알려 말씀하셨다.

"여러 비구들이여. 5중(五衆)과 함께 옷을 교역하는 것을 허락하겠노라. 곧 비구, 비구니, 식차마나, 사미, 사미니 등의 이 5중을 마주하고서 함께 옷을 교역하는 것을 허락하겠노라. 여러 비구들이여. 그대들은 마땅히 이와 같이 학처를 송출할지니라.

'어느 누구의 비구일지라도 친족이 아닌 비구니에게 교역하는 것을 제외하고서 옷을 주는 자는 바일제를 범하느니라.'"

3-1 '어느 누구'는 어느 태어난 곳의 이유, …… 혹은 중간의 법랍이었다면 이것을 '어느 누구'라고 말한다.

'비구'는 구걸하는 비구이니, 일을 쫓아서 걸식하는 비구, …… 곧 이것에서 '비구'의 뜻이라고 말하는 것이다.

'친족이 아니다.'는 7대(代)에 이르도록 부모에 얽혀진 친족이 아닌 자이다.

'비구니'는 2부승가의 가운데에서 구족계를 받은 자이다.

'옷'은 말한다면 여섯 가지의 옷의 가운데에서 하나이고, 마땅히 정시한다고 말하는 최소한의 양(量)이다.

'교역을 제외하다.'는 교환하는 옷을 제외하고, 다른 옷을 주는 자는 바일제를 범한다.

3-2 친족이 아니었고 친족이 아니라는 생각이 있었는데, 교역하는 것을

제외하고서 옷을 주는 자는 바일제를 범한다. 친족이 아니었고 친족이 아니라는 의심이 있었는데, 교역하는 것을 제외하고서 옷을 주는 자는 바일제를 범한다. 친족이 아니었고 친족이라는 생각이 있었는데, 교역하는 것을 제외하고서 옷을 주는 자는 바일제를 범한다.

만약 1부승가에서 구족계를 받은 자에게 교역하는 것을 제외하고서 옷을 주는 자는 돌길라를 범한다.

친족이었고 친족이 아니라는 생각이 있었는데, 교역하는 것을 제외하고서 옷을 주는 자는 돌길라를 범한다. 친족이었고 친족이 아니라는 의심이 있었는데, 교역하는 것을 제외하고서 옷을 주는 자는 바일제를 범한다. 친족이었고 친족이라는 생각이 있었는데, 교역하는 것을 제외하고서 옷을 주는 자는 범하지 않는다.

3-3 친족인 자이거나, 교역하였던 물건이거나, 무거운 물건을 주고서 가벼운 물건을 받았거나, 혹은 가벼운 물건을 주고서 무거운 물건을 받았거나, 비구니가 친근하다고 생각하고서 그것을 취하였거나, 잠시 취한다는 생각으로써 그것을 취하였거나, 옷을 제외하고서 다른 자구(資具)를 주었거나, 식차마니에게 주었거나, 사미니에게 주었거나, 미쳤던 자이거나, 최초로 범한 자는 범하지 않는다.

[스물다섯 번째의 바일제를 마친다.]

26) 비친족비구니봉의(非親族比丘尼縫衣) 학처

1-1 그때 불·세존께서는 사위성의 기수급고독원에 머무르셨다.

그때 장로 우타이는 옷을 잘 지었는데, 한 비구니가 우타이의 처소에 이르러 이렇게 말을 지었다.

"존자여. 바라건대 나를 위하여 옷을 지어주세요."

이때 장로 우타이는 그 비구니를 위하여 옷을 꿰맸고, 그러한 뒤에 아름다운 색으로 염색하였으며, 아울러 그 가운데에 남녀가 교합(交合)하는 모습을 그려서 넣었고, 그것을 접어서 놓아두었다. 그 비구니가 우타이의 처소에 이르러 이렇게 말을 지었다.

"대덕이여. 그 옷은 어디에 있나요?"

"자매여. 이 옷이오. 접어서 놓아두었으니 가지고 떠나서 그것을 보관하시오. 비구니 승가가 교계를 받으러 가는 때에 이 옷을 입고 마땅히 비구니 대중의 뒤에 다니시오."

이때 그 비구니는 옷을 가지고 떠나갔고, 비구니 승가가 교계를 받고자 가는 때에 이 옷을 입고서 비구니 대중의 뒤를 따라갔다. 여러 사람들이 싫어하고 비난하였다.

"이 여러 비구니들은 진실로 간사한 사람들이고, 악한 사람들이며, 부끄러움이 없는 사람들이다. 그들의 옷에 남녀가 교합하는 모습의 그림이 있구나!"

여러 비구니들이 이렇게 말을 지었다.

"이 옷을 바로 누가 지었는가?"

"대덕이신 우타이가 지었습니다."

"간사한 사람이고, 악한 사람이며, 부끄러움이 없는 사람이다. 오히려 이것을 짓지 않을 것인데, 존자인 우타이는 오히려 지었구나!"

이때 여러 비구니들이 이 일로써 여러 비구들에게 알렸고, 여러 비구들의 가운데에서 욕심이 적은 자들은 싫어하고 비난하였다.

"무슨 까닭으로써 대덕인 우타이는 비구니를 위하여 옷을 꿰매었는가?"

여러 비구들은 이 일로써 세존께 아뢰었고, 세존께서는 이 인연으로써 비구승가를 모으셨으며, 그 장로 그 비구들에게 물어 말씀하셨다.

"비구여. 그대가 진실로 비구니를 위하여 옷을 꿰매었는가?"

"진실로 그렇습니다. 세존이시여."

"어리석은 사람이여. 친족이 아닌 남자가 친족이 아닌 비구니를 마주하고서 위의와 위의가 아닌 것과 청정한 행과 청정한 행이 아닌 것을 알지 못하는가? 어리석은 사람이여. 이것은 오히려 믿지 않는 자는 신심이 생겨나지 않게 하고, …… 이미 믿었던 자는 일부가 전전하여 다른 곳으로 향하여 떠나가게 하느니라."

이와 같이 세존께서는 여러 종류의 방편으로써 우타이를 꾸짖고서 뒤에 부양이 어렵고 가르치고 양육함이 어려우며, …… 나아가 …… 여러 비구들을 위하여 적절한 법을 수순하여 설하신 뒤에 여러 비구들에게 알려 말씀하셨다.

"여러 비구들이여. 나는 열 가지의 이익을 까닭으로써 여러 비구들을 위하여 학처를 제정하겠나니, 그대들은 마땅히 이와 같이 학처를 송출할 지니라.

'어느 누구의 비구일지라도 친족이 아닌 비구니를 위하여 옷을 꿰맸거나, 혹은 시켜서 꿰매는 자는 바일제를 범하느니라.'"

2-1 '어느 누구'는 어느 태어난 곳의 이유, …… 혹은 중간의 법랍이었다면 이것을 '어느 누구'라고 말한다.

'비구'는 구걸하는 비구이니, 일을 쫓아서 걸식하는 비구, …… 곧 이것에서 '비구'의 뜻이라고 말하는 것이다.

'친족이 아니다.'는 7대(代)에 이르도록 부모에 얽혀진 친족이 아닌 자이다.

'비구니'는 2부승가의 가운데에서 구족계를 받은 자이다.

'옷'은 말하자면 여섯 가지의 옷의 가운데에서 하나이고, 마땅히 정시한다고 말하는 최소한의 양이다.

'만약 꿰매다.'는 스스로가 꿰매면서 매번 바느질하는 자는 바일제를 범한다.

'시켜서 꿰매다.'는 다른 사람을 시켜서 꿰매는 자도 역시 바일제를 범한다.

명령하여 한 번을 꿰매게 시켰거나, 여러 번을 꿰매게 시키는 자는 바일제를 범한다.

2-2 친족이 아니었고 친족이 아니라는 생각이 있었는데, 꿰맸거나, 혹은 시켜서 꿰매는 자는 바일제를 범한다. 친족이 아니었고 친족이 아니라는 의심이 있었는데, 꿰맸거나, 혹은 시켜서 꿰매는 자는 바일제를 범한다. 친족이 아니었고 친족이라는 생각이 있었는데, 꿰맸거나, 혹은 시켜서 꿰매는 자는 바일제를 범한다.

만약 1부승가에서 구족계를 받은 자에게 꿰맸거나, 혹은 시켜서 꿰매는 자는 돌길라를 범한다.

친족이었고 친족이 아니라는 생각이 있었는데, 꿰맸거나, 혹은 시켜서 꿰매는 자는 돌길라를 범한다. 친족이었고 친족이 아니라는 의심이 있었는데, 꿰맸거나, 혹은 시켜서 꿰매는 자는 돌길라를 범한다. 친족이었고 친족이라는 생각이 있었는데, 꿰맸거나, 혹은 시켜서 꿰매는 자는 범하지 않는다.

3-1 친족인 자이거나, 옷을 제외하고서 그 다른 자구를 꿰맸거나, 혹은 시켜서 꿰맸거나, 식차마니를 위하여, 사미니를 위하여 꿰맸거나, 미쳤던 자이거나, 최초로 범한 자는 범하지 않는다.

[스물여섯 번째의 바일제를 마친다.]

27) 약비구니동도행(約比丘尼同道行) 학처

1-1 그때 불·세존께서는 사위성의 기수급고독원에 머무르셨다.

그때 육군비구들이 먼저 비구니들과 약속하고서 같이 도로를 다녔으므로, 여러 사람들이 싫어하고 비난하였다.

"우리들은 아내가 있어서 떨어져서 걷는 것과 같이, 그 사문 석자들도 역시 비구니와 함께 다니는구나."

여러 비구들은 여러 사람들이 싫어하면서 비난하는 것을 들었다. 여러 비구들의 가운데에서 욕심이 적은 자들은 싫어하고 비난하였다.

"무슨 까닭으로써 육군비구들은 먼저 비구니들과 약속하고서 같이 도로를 다니는가?"

여러 비구들은 이 일로써 세존께 아뢰었고, 세존께서는 이 인연으로써 비구승가를 모으셨으며, 그 육군비구들에게 물어 말씀하셨다.

"육군비구들이여. 그대들이 진실로 먼저 비구니들과 약속하고서 같이 도로를 다녔는가?"

"진실로 그렇습니다. 세존이시여."

세존께서는 여러 방편으로 꾸짖으셨다.

"어리석은 사람들이여. 그대들은 어찌하여 먼저 비구니들과 약속하고서 같이 도로를 다녔는가? 어리석은 사람들이여. 이것은 오히려 믿지 않는 자는 신심이 생겨나지 않게 하고, …… 이미 믿었던 자는 일부가 전전하여 다른 곳으로 향하여 떠나가게 하느니라."

이와 같이 세존께서는 여러 종류의 방편으로써 육군비구들을 꾸짖고서 뒤에 부양이 어렵고 가르치고 양육함이 어려우며, …… 나아가 …… 여러 비구들을 위하여 적절한 법을 수순하여 설하신 뒤에 여러 비구들에게 알려 말씀하셨다.

"여러 비구들이여. 나는 열 가지의 이익을 까닭으로써 여러 비구들을 위하여 학처를 제정하겠나니, 그대들은 마땅히 이와 같이 학처를 송출할지니라.

'어느 누구의 비구일지라도 먼저 비구니들과 약속하고서 같이 도로를 다니는 자는 비록 한 취락의 중간이라도 역시 바일제를 범하느니라.'"

이와 같이 세존께서는 여러 비구들을 위하여 학처를 제정하여 세우셨다.

2-1 그때 여러 비구들과 비구니들이 사지(沙祇)에서 사위성을 향하여 함께 도로를 떠나갔다. 그때 여러 비구니들이 여러 비구들에게 말하였다.

"우리들이 존자들과 함께 떠나갈 수 있나요?"

"자매들이여. 먼저 비구니들과 약속하고서 같이 도로를 떠나갈 수 없고, 여법하지 않습니다. 그대들이 먼저 떠나가거나, 혹은 우리들이 먼저 떠나가야 합니다."

"대덕들이여. 존자들께서는 최상의 사람이므로, 존자들께서 먼저 떠나가십시오."

이때 뒤에 떠나갔던 여러 비구니들은 도중(道中)에서 도둑들을 만나서 옷을 빼앗겼다. 이때 여러 비구니들은 사위성에 이르러 이 일로써 여러 비구니들에게 알렸다. 여러 비구니들은 이 일로써 여러 비구들에게 알렸고, 여러 비구들은 이 일로써 세존께 아뢰었다. 세존께서는 이 인연으로써 설법하셨으며, 여러 비구들에게 알려 말씀하셨다.

"여러 비구들이여. 두려움과 위험이 있다고 알았다면 무리를 지어서 도로를 떠나갈 것이니, 먼저 비구니들과 약속하고서 도로를 같이 떠나가는 것을 허락하겠노라. 여러 비구들이여. 그대들은 마땅히 이와 같이 학처를 송출할지니라.

'어느 누구의 비구일지라도 먼저 비구니들과 약속하고서 같이 도로를 떠나간다면, 비록 한 취락의 중간이라도 인연을 제외하고는 바일제를 범하느니라. 이것에서 말하는 인연은 두려움과 위험이 있다고 알았다면 무리를 지어서 도로를 떠나가는 때가 필요한 것을 말한다.'"

3-1 '어느 누구'는 어느 태어난 곳의 이유, …… 혹은 중간의 법랍이었다면 이것을 '어느 누구'라고 말한다.

'비구'는 구걸하는 비구이니, 일을 쫓아서 걸식하는 비구, …… 곧 이것에서 '비구'의 뜻이라고 말하는 것이다.

'먼저 약속하다.'는 "자매들이여. 우리들은 떠나가겠습니다.", "대덕들이여. 우리들도 역시 떠나가겠습니다.", "대덕들이여. 우리들은 떠나가겠습니다.", "자매들이여. 우리들은 떠나가겠습니다.", "오늘, 혹은 내일, 혹은 뒤의 날짜에 우리들은 떠나가겠습니다."라고 이와 같이 약속하는 자는 돌길라를 범한다.

'비구니'는 2부승가의 가운데에서 구족계를 받은 자이다.

'같이'는 한꺼번에 일어나는 것이다.

'비록 한 취락의 중간이라도'는 취락의 근처이거나, 매번 취락의 중간이라면 바일제를 범한다. 취락이 없는 광야에서 매번 절반의 유순(由旬)이라면 바일제를 범한다.

'인연을 제외하다.'는 인연을 제외하는 것이다.

'위험'은 이 도로에서 도둑들의 주처, 식당, 서 있는 곳, 앉는 곳, 눕는 곳을 보였던 곳이다.

'두려움'은 이 도로에서 도둑들에게 죽은 사람을 보았거나, 옷을 빼앗겼던 사람을 보았거나, 얻어맞은 사람을 보았던 것이다.

'무리를 지어서 도로를 떠나가는 것이 필요하다.'는 무리를 짓지 않는다면 도로를 다닐 수 없는 것을 말한다. 두려운 곳을 떠나가면서 두려움이 없는 처소의 때라면 "자매들이여. 떠나십시오."라고 그곳을 떠나게 시켜야 한다.

3-2 먼저 약속하였고 먼저 약속하였다는 생각이 있었는데, 비록 한 취락의 중간일지라도 인연을 제외하고서 같이 도로를 다니는 자는 바일제를 범한다. 먼저 약속하였고 먼저 약속하였다는 의심이 있었는데, 비록 한 취락의 중간일지라도 인연을 제외하고서 같이 도로를 다니는 자는 바일제를 범한다. 먼저 약속하였고 먼저 약속하지 않았다는 생각이 있었는데, 비록 한 취락의 중간일지라도 인연을 제외하고서 같이 도로를 다니는 자는 바일제를 범한다.

비구가 약속하였고, 비구니가 약속하지 않은 자는 돌길라를 범한다.

먼저 약속하지 않았고 먼저 약속하였다는 생각이 있었는데, 같이 도로를 다니는 자는 돌길라를 범한다. 먼저 약속하지 않았고 먼저 약속하였다는 의심이 있었는데, 같이 도로를 다니는 자는 돌길라를 범한다. 먼저 약속하지 않았고 먼저 약속하지 않았다는 생각이 있었는데, 같이 도로를 다니는 자는 범하지 않는다.

3-3 만약 인연이 있었거나, 약속하고서 떠나가지 않았거나, 비구니가 먼저 약속하였고 비구가 약속하지 않았거나, 약속을 어기고서 떠났거나, 사고의 때이거나, 미쳤던 자이거나, 최초로 범한 자는 범하지 않는다.

[스물일곱 번째의 바일제를 마친다.]

28) 약비구니동승선(約比丘尼同乘船) 학처

1-1 그때 불·세존께서는 사위성의 기수급고독원에 머무르셨다.

그때 육군비구들이 먼저 비구니와 약속하고서 같이 배를 탔는데, 여러 사람들이 싫어하고 비난하였다.

"우리들이 아내가 있어서 배에서 유람하는 것과 같이, 그 사문 석자들도 역시 먼저 비구니들과 약속하고서 같이 배에서 유람하는구나."

여러 비구들은 여러 사람들이 싫어하면서 비난하는 것을 들었다. 여러 비구들의 가운데에서 욕심이 적은 자들은 싫어하고 비난하였다.

"무슨 까닭으로써 육군비구들은 먼저 비구니들과 약속하고서 같이 하나의 배를 타는가?"

여러 비구들은 이 일로써 세존께 아뢰었고, 세존께서는 이 인연으로써 비구승가를 모으셨으며, 그 육군비구들에게 물어 말씀하셨다.

"육군비구들이여. 그대들이 진실로 먼저 비구니들과 약속하고서 같이 하나의 배를 탔는가?"

"진실로 그렇습니다. 세존이시여."

세존께서는 여러 방편으로 꾸짖으셨다.

"어리석은 사람들이여. 그대들은 어찌하여 먼저 비구니들과 약속하고서 같이 하나의 배를 탔는가? 어리석은 사람들이여. 이것은 오히려 믿지 않는 자는 신심이 생겨나지 않게 하고, …… 이미 믿었던 자는 일부가 전전하여 다른 곳으로 향하여 떠나가게 하느니라."

이와 같이 세존께서는 여러 종류의 방편으로써 육군비구들을 꾸짖고서 뒤에 부양이 어렵고 가르치고 양육함이 어려우며, …… 나아가 …… 여러 비구들을 위하여 적절한 법을 수순하여 설하신 뒤에 여러 비구들에게 알려 말씀하셨다.

"여러 비구들이여. 나는 열 가지의 이익을 까닭으로써 여러 비구들을 위하여 학처를 제정하겠나니, 그대들은 마땅히 이와 같이 학처를 송출할 지니라.

'어느 누구의 비구일지라도 먼저 비구니들과 약속하고서 같이 하나의 배를 타고서 올라가면서 유람하였거나, 혹은 내려가면서 유람하는 자는 바일제를 범하느니라.'"

이와 같이 세존께서는 여러 비구들을 위하여 학처를 제정하여 세우셨다.

2-1 그때 많은 비구와 비구니들이 사지에서 사위성을 향하여 함께 도로를 다녔는데, 도중에서 마땅히 강을 건너는 때에 여러 비구니들이 여러 비구들을 마주하고서 이와 같이 말을 지었다.

"우리들이 역시 존자들과 함께 건너갈 수 있나요?"

"자매들이여. 먼저 비구니들과 약속하고서 함께 같은 배로 건너갈 수 없고, 여법하지도 않습니다. 그대들이 먼저 건너가거나, 혹은 우리들이 먼저 건너가야 합니다."

"대덕들이여. 존자들께서는 최상의 사람이시니, 존자들께서 먼저 건너 가십시오."

뒤에 건너던 여러 비구니들은 도둑들에게 옷을 빼앗겼다. 이때 여러 비구니들은 사위성에 이르렀고, 이 일로써 여러 비구니들에게 알렸다. 여러 비구니들은 이 일로써 여러 비구들에게 알렸고, 여러 비구들은 이 일로써 세존께 아뢰었다. 세존께서는 이 인연으로써 설법하셨으며, 여러 비구들에게 알려 말씀하셨다.

"여러 비구들이여. 강을 가로질러서 건너가는 때라면, 먼저 비구니들과 약속하고서 같이 하나의 배를 타고서 건너가는 것을 허락하겠노라. 여러 비구들이여. 그대들은 마땅히 이와 같이 학처를 송출할지니라.

'어느 누구의 비구일지라도 먼저 비구니들과 약속하고서 같이 하나의 배를 타고서 올라가면서 유람하였거나, 혹은 내려가면서 유람하는 자는 강을 가로질러서 건너가는 것을 제외하고서 바일제를 범하느니라.'"

3-1 '어느 누구'는 어느 태어난 곳의 이유, …… 혹은 중간의 법랍이었다면 이것을 '어느 누구'라고 말한다.

'비구'는 구걸하는 비구이니, 일을 쫓아서 걸식하는 비구, …… 곧 이것에서 '비구'의 뜻이라고 말하는 것이다.

'먼저 약속하다.'는 "자매들이여. 우리들은 건너가겠습니다.", "대덕들이여. 우리들도 역시 건너가겠습니다.", "대덕들이여. 우리들은 건너가겠습니다.", "자매들이여. 우리들은 건너가겠습니다.", "오늘, 혹은 내일, 혹은 뒤의 날짜에 우리들은 건너가겠습니다."라고 이와 같이 약속하는 자는 돌길라를 범한다. 비구니가 올라탔던 배에 비구가 올랐다면 바일제를 범한다. 비구가 올라탔던 배에 비구니가 올라탔다면 바일제를 범한다. 혹은 두 사람이 같이 배에 올라탔다면 바일제를 범한다.

'비구니'는 2부승가의 가운데에서 구족계를 받은 자이다.

'같이'는 한꺼번에 일어나는 것이다.

'위'는 강물의 위로 향하면서 유람하는 것이다.

'아래'는 강물의 아래로 향하면서 유람하는 것이다.

'가로질러서 건너가는 것을 제외하다.'는 가로질러서 건너가는 것을 제외하는 것이다.

'비록 한 취락의 중간이라도'는 취락의 근처이거나, 매번 취락의 중간이라면 바일제를 범한다. 취락이 없는 광야에서 매번 절반의 유순이라면 바일제를 범한다.

3-2 먼저 약속하였고 먼저 약속하였다는 생각이 있었는데, 같이 하나의 배를 타고서 올라가면서 유람하였거나, 혹은 내려가면서 유람하는 자는

가로질러서 건너가는 것을 제외하고서 바일제를 범한다. 먼저 약속하였고 먼저 약속하였다는 의심이 있었는데, 같이 하나의 배를 타고서 올라가면서 유람하였거나, 혹은 내려가면서 유람하는 자는 가로질러서 건너가는 것을 제외하고서 바일제를 범한다. 먼저 약속하였고 먼저 약속하지 않았다는 생각이 있었고, 같이 하나의 배를 타고서 올라가면서 유람하였거나, 혹은 내려가면서 유람하는 자는 가로질러서 건너가는 것을 제외하고서 바일제를 범한다.

비구가 약속하였고, 비구니가 약속하지 않은 자는 돌길라를 범한다.

먼저 약속하지 않았고 먼저 약속하였다는 생각이 있었는데, 같이 하나의 배를 타고서 올라가면서 유람하였거나, 혹은 내려가면서 유람하는 자는 가로질러서 건너가는 것을 제외하고서 돌길라를 범한다. 먼저 약속하지 않았고 먼저 약속하였다는 의심이 있었는데, 같이 하나의 배를 타고서 올라가면서 유람하였거나, 혹은 내려가면서 유람하는 자는 가로질러서 건너가는 것을 제외하고서 돌길라를 범한다. 먼저 약속하지 않았고 먼저 약속하지 않았다는 생각이 있었는데, 같이 하나의 배를 타고서 올라가면서 유람하였거나, 혹은 내려가면서 유람하는 자는 가로질러 건너가는 것을 제외하여도 범하지 않는다.

3-3 가로질러서 건너가는 때이거나, 약속하지 않고서 올랐거나, 비구니가 약속하였고 비구는 약속하지 않았거나, 약속을 어기고서 올랐거나, 사고의 때이거나, 미쳤던 자이거나, 최초로 범한 자는 범하지 않는다.

[스물여덟 번째의 바일제를 마친다.]

29) 사비구니취식(使比丘尼取食) 학처

1-1 그때 불·세존께서는 왕사성의 가란타죽림원에 머무르셨다.

그때 투란난타(偸蘭難陀) 비구니는 한 특별한 신심있는 집에서 항상 베푸는 음식을 받았는데, 여러 장로인 비구들도 역시 그 거사가 음식에 청하였다. 이때 투란난타 비구니는 이른 아침에 하의를 입고 옷과 발우를 지니고서 그 집에 이르렀고, 거사를 마주하고서 이와 같이 말하였다.

"거사여. 무슨 까닭으로 이렇게 많은 양의 단단하고 부드러우며 맛있는 음식을 준비합니까?"

"대자(大姊)여. 나는 여러 장로들을 청하였습니다."

"거사여. 그 장로들은 어떤 사람입니까?"

"존자 사리불(舍利弗), 존자 대목건련(大目犍連), 존자 대가전연(大迦旃延),[54] 존자 마하구히라(摩訶俱稀羅),[55] 존자 마하겁빈나(摩訶劫賓那),[56] 존자 마하주나(摩訶周那),[57] 존자 아나율(阿那律), 존자 리바다(離婆多),[58] 존자 우바리(優波離), 존자 아난(阿難), 존자 라후라(羅睺羅)입니다."

"거사여. 그대는 무슨 까닭으로 큰 용(大龍)들을 방치하고 작은 용(小龍)들을 청하였습니까?"

"대자여. 어느 사람이 큰 용입니까?"

"존자 제바달다(提婆達多), 존자 구가리가(拘迦利迦), 존자 가류라제사(迦留羅提舍), 존자 건타달다(騫馱達多), 존자 사무타달(娑勿陀達)입니다."

마땅히 투란난타가 이렇게 쓸모없이 악구(惡口)하는 때에 여러 장로 비구들이 들어왔다.

"거사여. 그대는 진실로 큰 용들을 청하였네요."

"대자여. 그대는 지금의 존자들로써 작은 용을 삼았는데, 지금에 또한 큰 용을 삼으셨구려."

이것을 이유로 그 집에서 쫓겨났고, 아울러 항상 베풀어 주었던 음식도

---

54) 팔리어 mahā kaccāna(마하 카짜나)의 음사이다.
55) 팔리어 mahā koṭṭhika(마하 코띠카)의 음사이다.
56) 팔리어 mahā kappina(마하 카삐나)의 음사이다.
57) 팔리어 mahā cunda(마하 춘다)의 음사이다.
58) 팔리어 revata(레바타)의 음사이다.

끊어졌다. 여러 비구들의 가운데에서 욕심이 적은 자들은 싫어하고 비난하였다.

"무슨 까닭으로써 제바달다는 비구니가 시켜서 주선(周旋)하였다고 알고서도 음식을 취하는가?"

여러 비구들은 이 일로써 세존께 아뢰었고, 세존께서는 이 인연으로써 비구승가를 모으셨으며, 그 제바달다에게 물어 말씀하셨다.

"제바달다여. 그대가 진실로 비구니가 시켜서 주선하였다고 알고서도 음식을 취하였는가?"

"진실로 그렇습니다. 세존이시여."

세존께서는 여러 방편으로 꾸짖으셨다.

"어리석은 사람이여. 그대는 어찌하여 비구니가 시켜서 주선하였다고 알고서도 음식을 취하였는가? 어리석은 사람이여. 이것은 오히려 믿지 않는 자는 신심이 생겨나지 않게 하고, …… 이미 믿었던 자는 일부가 전전하여 다른 곳으로 향하여 떠나가게 하느니라."

이와 같이 세존께서는 여러 종류의 방편으로써 제바달다를 꾸짖고서 뒤에 부양이 어렵고 가르치고 양육함이 어려우며, …… 나아가 …… 여러 비구들을 위하여 적절한 법을 수순하여 설하신 뒤에 여러 비구들에게 알려 말씀하셨다.

"여러 비구들이여. 나는 열 가지의 이익을 까닭으로써 여러 비구들을 위하여 학처를 제정하겠나니, 그대들은 마땅히 이와 같이 학처를 송출할지니라.

'어느 누구의 비구라도 비구니가 시켜서 주선하였다고 알고서도 음식을 취하는 자는 바일제를 범하느니라.'"

이와 같이 세존께서는 여러 비구들을 위하여 학처를 제정하여 세우셨다.

2-1 그때 왕사성에서 출가하였던 한 비구가 친족의 집에 이르렀는데, 여러 사람들은 오랫동안 보지 못하였던 대덕이 왔으므로 공경하고 존중하여 음식을 공양하고자 하였다. 그 집안에 특별히 신심있는 비구니가

있었는데, 여러 사람들을 마주하고서 이렇게 말을 지었다.

"현자들이여. 대덕께 음식을 공양하세요."

그 비구가 말하였다.

"세존께서는 비구가 비구니가 시켜서 주선하였다고 알았다면 음식을 취하는 것을 금지하였습니다."

두려워하고 삼가하였으므로 취하지 않았고, 때가 지나서 능히 걸식을 다녔으나 음식을 얻지 못하였다. 이 비구는 정사에 이르러 이 일을 여러 비구들에게 알렸고, 여러 비구들은 이 일로써 세존께 아뢰었다. 세존께서는 이 인연으로써 설법하셨으며, 여러 비구들에게 알려 말씀하셨다.

"여러 비구들이여. 재가인이 이전의 일로 먼저 공양하고자 음식을 준비하였고, 그러한 뒤에 비구니가 시켜서 주선하였다면 수용하는 것을 허락하겠노라. 여러 비구들이여. 그대들은 마땅히 이와 같이 학처를 송출할지니라.

'어느 누구의 비구라도 비구니가 주선하여 시켰다고 알고서도 음식을 취하는 자는 재가인이 일로 먼저 준비하였던 것을 제외하고서 바일제를 범하느니라.'"

3-1 '어느 누구'는 어느 태어난 곳의 이유, …… 혹은 중간의 법랍이었다면 이것을 '어느 누구'라고 말한다.

'비구'는 구걸하는 비구이니, 일을 쫓아서 걸식하는 비구, …… 곧 이것에서 '비구'의 뜻이라고 말하는 것이다.

'알다.'는 스스로가 알았거나, 혹은 다른 사람이 그에게 알렸거나, 혹은 스스로가 그것을 알린 것이다.

'비구니'는 2부승가의 가운데에서 구족계를 받은 자이다.

'주선하다.'는 일이 아니었어도 먼저 주고자 하였거나, 일이 아니었어도 먼저 짓고자 하였거나, 사람들이 있는 가운데에서 "존자는 설법을 잘하는 자이고, 존자는 다문자이며, 존자는 법사(法師)이고, 존자는 율사이며, 존자는 논사(論師)이니, 존자를 공양에 청하고, 존자를 위하여 짓는 것을 청하세요.”라고 말하였다면, 이것을 주선하였다고 이름한다.

'음식'은 다섯 종류의 담식(噉食) 가운데에서 어느 한 종류의 담식이다.

'재가인이 일로 먼저 준비하다.'는 혹은 친족이었거나, 혹은 청을 받았거나, 혹은 본래 준비하였던 것이다. 재가인이 일로 먼저 준비한 것을 제외하고서 음식을 취하는 자는 돌길라를 범한다. 매번 음식을 삼키는 자는 바일제를 범한다.

3-2 주선하였고 주선하였다는 생각이 있었는데, 재가인이 일로 먼저 준비한 것을 제외하고서 음식을 취하는 자는 바일제를 범한다. 주선하였고 주선하였다는 의심이 있었는데, 재가인이 일로 먼저 준비한 것을 제외하고서 음식을 취하는 자는 돌길라를 범한다. 주선하였고 주선하였다는 생각이 없었는데, 재가인이 일로 먼저 준비한 것을 제외하고서 음식을 취하는 자는 범하지 않는다.

1부승가에서 구족계를 받은 비구니가 주선한 음식을 취하는 자는 돌길라를 범한다.

주선하지 않았고 주선하였다는 생각이 있었는데, 취하는 자는 돌길라를 범한다. 주선하지 않았고 주선하였다는 의심이 있었는데, 취하는 자는 돌길라를 범한다. 주선하지 않았고 주선하였다는 생각이 없었는데, 취하는 자는 범하지 않는다.

3-3 재가인이 일로 먼저 준비하였거나, 식차마나가 주선하였거나, 다섯 종류의 담식을 제외하고서 다른 일체의 음식을 먹었거나, 미쳤던 자이거나, 최초로 범한 자는 범하지 않는다.

[스물아홉 번째의 바일제를 마친다.]

30) 독여비구니공좌(獨與比丘尼共坐) 학처

1-1 그때 불·세존께서는 사위성의 기수급고독원에 머무르셨다.

그때 장로 우타이(優陀夷)의 옛 아내가 출가하여 비구니가 되었는데, 항상 장로 우타이의 처소에 이르렀고, 우타이도 역시 항상 그 비구니의 처소에 이르렀다. 이때 장로 우타이는 혼자서 그녀와 함께 하나의 비밀스러운 처소에 앉아있었다. 여러 비구들의 가운데에서 욕심이 적은 자들은 싫어하고 비난하였다.

"무슨 까닭으로써 우타이는 혼자서 비구니와 함께 하나의 비밀스러운 처소에 같이 앉아있는가?"

여러 비구들은 이 일로써 세존께 아뢰었고, 세존께서는 이 인연으로써 비구승가를 모으셨으며, 그 우타이에게 물어 말씀하셨다.

"우타이여. 그대가 진실로 혼자서 비구니와 함께 하나의 비밀스러운 처소에 같이 앉아있었는가?"

"진실로 그렇습니다. 세존이시여."

세존께서는 여러 방편으로 꾸짖으셨다.

"어리석은 사람이여. 그대는 어찌하여 혼자서 비구니와 함께 하나의 비밀스러운 처소에서 같이 앉아있었는가? 어리석은 사람이여. 이것은 오히려 믿지 않는 자는 신심이 생겨나지 않게 하고, …… 이미 믿었던 자는 일부가 전전하여 다른 곳으로 향하여 떠나가게 하느니라."

이와 같이 세존께서는 여러 종류의 방편으로써 우타이를 꾸짖고서 뒤에 부양이 어렵고 가르치고 양육함이 어려우며, …… 나아가 …… 여러 비구들을 위하여 적절한 법을 수순하여 설하신 뒤에 여러 비구들에게 알려 말씀하셨다.

"여러 비구들이여. 나는 열 가지의 이익을 까닭으로써 여러 비구들을 위하여 학처를 제정하겠나니, 그대들은 마땅히 이와 같이 학처를 송출할지니라.

'어느 누구의 비구일지라도 혼자서 비구니와 함께 하나의 비밀스러운 처소에 같이 앉아있는 자는 바일제를 범하느니라.'"

2-1 '어느 누구'는 어느 태어난 곳의 이유, …… 혹은 중간의 법랍이었다면 이것을 '어느 누구'라고 말한다.

'비구'는 구걸하는 비구이니, 일을 쫓아서 걸식하는 비구, …… 곧 이것에서 '비구'의 뜻이라고 말하는 것이다.

'혼자'는 한 비구와 한 비구니가 함께 있는 것이다.

'비구니'는 2부승가의 가운데에서 구족계를 받은 자이다.

'비밀스럽다.'는 보았어도 비밀이 있었거나, 들었어도 비밀이 있는 것이다.

'보았어도 비밀스럽다.'는 눈을 가렸거나, 눈썹을 들었고 머리를 들어도 바라볼 수 없는 것이다.

'들었어도 비밀스럽다.'는 항상 말을 들을 수 없는 것이다.

'앉다.'는 비구니의 옆에 앉았거나, 비구가 혹은 앉았고, 혹은 누웠다면 바일제를 범한다. 비구의 옆에 앉았거나, 비구니가 혹은 앉았고, 혹은 누웠다면 바일제를 범한다. 두 사람이 함께 앉았거나, 혹은 누웠다면 바일제를 범한다.

2-2 비밀스러웠고 비밀스럽다는 생각이 있었는데, 혼자서 비구니와 앉아있는 자는 바일제를 범한다. 비밀스러웠고 비밀스럽다는 의심이 있었는데, 혼자서 비구니와 앉아있는 자는 바일제를 범한다. 비밀스러웠고 비밀스럽지 않다는 생각이 있었는데, 혼자서 비구니와 함께 앉아있는 자는 바일제를 범한다.

비밀스럽지 않았고 비밀스럽다는 생각이 있었는데, 혼자서 비구니와 앉아있는 자는 돌길라를 범한다. 비밀스럽지 않았고 비밀스럽다는 의심이 있었는데, 혼자서 비구니와 함께 앉아있는 자는 바일제를 범한다. 비밀스럽지 않았고 비밀스럽지 않다는 생각이 있었는데, 혼자서 비구니와 함께 앉아있는 자는 범하지 않는다.

3-1 약간의 지혜가 있는 자가 배석(陪席)하였거나, 서 있으면서 앉아있지 않았거나, 비밀스럽지 않아서 바라볼 수 있었거나, 마음을 내려놓고 앉았거나, 미쳤던 자이거나, 최초로 범한 자는 범하지 않는다.

[서른 번째의 바일제를 마친다.]

○【셋째로 교계품(敎誡品)을 마친다.】

섭송으로 설하겠노라.

뽑지 않았던 것과 일몰과
비구니 처소와 이익으로 옷을 주는 것과
옷을 꿰매는 것과 함께 다니는 것과
배와 음식을 취하는 것과 혼자인 것이 있다.

國譯 Ι 釋 普雲(宋法燁)

대한불교조계종 제2교구본사 용주사에서 출가하였고, 문학박사이다. 현재 대한불교조계종 교육아사리(계율)이고, 제방의 율원 등에도 출강하고 있다.

논저 Ι 논문으로 「통합종단 이후 불교의례의 변천과 향후 과제」 등 다수. 저술로 『신편 승가의범』, 『승가의궤』가 있으며, 번역서로 『마하승기율』(상·중·하), 『십송율』(상·중·하), 『보살계본소』, 『근본설일체유부비나야』(상·하), 『근본설일체유부비나야약사』, 『근본설일체유부비나야파승사』, 『근본설일체유부비나야잡사』(상·하), 『근본설일체유부필추니비나야』, 『근본설일체유부백일갈마』 외, 『안락집』(상·하) 등이 있다.

팔리율 Ι PALI VINAYA Ι

釋 普雲 國譯

2022년 12월 30일 초판 1쇄 발행

펴낸이 · 오일주
펴낸곳 · 도서출판 혜안
등록번호 · 제22-471호
등록일자 · 1993년 7월 30일

주   소 · ☏ 04052 서울시 마포구 와우산로 35길3(서교동) 102호
전   화 · 3141-3711~2 / 팩시밀리 · 3141-3710
E-Mail · hyeanpub@daum.net

ISBN 978-89-8494-693-4 93220

값 40,000 원